本书获得华东师范大学精品教材建设专项基金资助

经典教材
教参系列

全球政治中的国际非政府组织

·上·

张丽君　编著

天津出版传媒集团

天津人民出版社

图书在版编目(CIP)数据

全球政治中的国际非政府组织：上、下 / 张丽君编
著. -- 天津：天津人民出版社, 2020.11
经典教材教参系列
ISBN 978-7-201-16624-7

Ⅰ.①全… Ⅱ.①张… Ⅲ.①非政府组织-教材
Ⅳ.①D564

中国版本图书馆 CIP 数据核字(2020)第 214179 号

全球政治中的国际非政府组织：上、下
QUANQIU ZHENGZHI ZHONG DE GUOJI FEIZHENGFU ZUZHI

出　　版	天津人民出版社
出 版 人	刘　庆
地　　址	天津市和平区西康路 35 号康岳大厦
邮政编码	300051
邮购电话	(022)23332469
电子信箱	reader@tjrmcbs.com

责任编辑	王　玎
特约编辑	郭雨莹
装帧设计	明轩文化・王　烨　TEL:23674746

印　　刷	天津新华印务有限公司
经　　销	新华书店
开　　本	710 毫米×1000 毫米　1/16
印　　张	31.5
插　　页	4
字　　数	500 千字
版次印次	2020 年 11 月第 1 版　2020 年 11 月第 1 次印刷
定　　价	138.00 元(上、下)

前　言

在传统国际政治中，主权国家被视为国际体系内最根本、最重要，甚至是唯一的国际行为主体，国际秩序的演变和发展由主权国家主导，主权国家是一切权力的来源。然而随着时代的发展，国际政治已经不只是国家间政治，大量非国家行为体也参与到了国际政治中。特别是自20世纪后半期以来，国家之外的其他各种非国家行为体不论在数量规模、网络密度，还是活动范围上，都有了空前的发展，形成了稠密的跨国和国际社会关系网络，有力地冲击了传统的"以国家为中心"的国际政治模式。

非政府组织是非国家行为体的重要组成，非政府组织的存在和发展使主权国家所处的国际环境发生了重要变化，自20世纪70年代以来，不断有国内外学者探讨国际政治中的非政府组织，并试图解决以下问题：非政府组织在国际关系中是如何发挥作用的？它们对国际政治产生了什么样的影响？非政府组织参与国际进程是偶然的还是大量存在的？非政府组织对国际政治的影响是普遍的，还是局部的和个别的？哪些非政府组织可以对国际政治产生影响？它们在何种问题领域容易发挥影响？非政府组织在国际政治中试图去抵制、诱导和约束着国家去做什么和不做什么，以及非政府组织影响国家的限度。

经过多年的发展和理论探讨，非政府组织作为国际行为主体的重要性已经不容置疑。尤其进入21世纪以来，非政府组织不仅数量和规模迅速增长和扩大，而且从事国际事务的能力有了极大的提高。非政府组织对国际事务的参与遍及人类生活的各个层面：国际和平、地区安全、贫困治理、经济发展、环境治理、人权保护、人道主义救援，等等。非政府组织广泛介入国际事务使主权国家的外交议程和外交问题领域空前扩展，也对主权国家的外交造成巨大压力；非政府组织常常对一个国家的外交行为和政策进行评价和判断，可能成为国家树立良好外交形象的重要媒介，也可能成为国家声誉受损的直接起因。在此情形下,任何一个在意自己国际形象的国家都不可能忽视非政府组织的影响,非政府组织已经成为主权国家的重要交往对象,如何稳妥地拓展同国际非政府组织的关系,促进外交的全方位发展,已成为国家外交议程上的重要议题。

非政府组织与众多政府间国际组织也形成了密切关系,通过机构机制、会议机制、论坛机制等体系,定期或不定期地参与国际事务,为政府间国际组织提供咨询意见、建议和政策分析,为政府间国际组织起草文件、报告、协议,协助政府间国际组织实施发展项目和进行各种专业领域的评估工作;各种重大国际场合都少不了非政府组织的身影,从联合国召开的儿童、环境、人权、人口、社会发展、妇女等议题的峰会,到其他专门性国际组织的国际裁军、核安全、能源治理、债务减免、气候行动会议,都有非政府组织参与;非政府组织正全方位、多角度地渗透进多边外交领域,协助政府间国际组织推动国家进入国际议程,监督国家违反国际法的行为,促使国家履行其签署的条约,促进国家遵守国际规则。

随着非政府组织在国际政治地位和影响力的增强, 关于非政府组织的争议也越来越多, 如: 非政府组织在国际政治中的作用是正面的还是负面的? 非政府组织在国际政治中是否是中立的,是代表全球利益还是狭隘的意识形态? 在国际和平与安全问题上,非政府组织是促进了地区和平,还是导致地区形势复杂化和地区不稳定? 在贫困、环境、卫生等全球性问题的治理过程中,非政府组织与主权国家和政府间国际组织是共同协作,还是有所排斥,降低了效率? 在国际政治中,许多问题因产生的背景和原因不同导致不同的结果,其复杂性常常是难以想象的,国际政治中的非政府组织也一样,它们具有多面性, 宗旨目标和行动方式五花八门, 有广泛关注人类共同利益,充满理想主义的一面,但也存在着一些根深蒂固的不足和结构性问题,特别是起源于发达国家的非政府组织,深深印有西方文化的烙印,带有西方的意识形态色彩,在国际政治中的负面作用受到颇多诟病。

本套书(上、下两册)详细探讨和较为完整地展示了全球政治中的国际非政府组织。全套书由前言和七章组成,上册的内容包括前言、导论、国际非政府组织与其他国际行为体的关系、国际非政府组织与世界和平的维护、国际非政府组织与全球贫困的消除;下册的内容包括非政府组织与国际人权的保护、非政府组织与全球环境治理、非政府组织与全球卫生治理。全套书提供了关于国际非政府组织的基本知识,如国际非政府组织的概念、属性、类型、活动方式;国际非政府组织的发展历程;国际非政府组织与主权国家、政府间国际组织、跨国公司等国际行为主体的关系;探讨了国际非政府组织在全球治理热点问题上的行动、策略、进展、影响、挑战、困境,涉及安全、发展、人权、环境与卫生等多个领域的问题。其中,安全问题包括:核军控、核安全、地区冲突;发展问题包括:贫困治理、联合国发展议程、国际发展援助、发展中国家气候适应能力建设、"贫困女性化"问题、最不发达国家的债务减免;人权问题包括:国家在人权问题上的变化、国际人权规范的形成及实施、难民的人权保护;环境问题包括:国际环境规范的形成及实施、国家在环境问题上的行为变化、极地及海洋环境治理;卫生问题包括:国际卫生规范的形成及实施、全球艾滋病的防治。

全球化深刻地改变了国际政治世界,国际非政府组织的发展及其对国际事务的参与极大地丰富了国际行为主体的构成,尽管主权国家依然是国际政治中主要的行为主体,但却不再是主宰国际事务的唯一角色,国际非政府组织在国际政治中的多重作用日益受到重视,认真探讨全球政治中的国际非政府组织是不容回避的新课题。

目　录

上　册

下　册

第一章
导 论

随着非政府组织在全球范围内的迅速发展和壮大，非政府组织在全球政治中的地位和作用越来越引人注目，但关于什么是非政府组织却有诸多不同说法，到目前为止，并没有统一的关于非政府组织的界定。那么什么是国际非政府组织呢？本章将从非政府组织的概念、特征、类型、主要活动方式及其历史发展等方面，对全球政治中的非政府组织做全面考察。

第一节 国际非政府组织的概念

要考察什么是国际非政府组织，首先要明确非政府组织的内涵，因为从很大程度上来说，正是这些独特的内涵赋予了非政府组织在全球政治中与其他行为体相比不同的优势或缺陷，进而也决定了非政府组织的活动方式、行动策略与追求目标。

一、什么是非政府组织

作为一种国际政治现象，非政府组织是一个久已存在的事实。在国际关系理论中，非政府组织也不是一个什么新鲜的词语，许多学者都在频繁地使用这个词语；在日常生活中，人们在心里也可能都明白这个词大致上指什么。但要确切地给它一个明确的界定却并非易事，在学术界，关于确定的国际非政府组织的概念始终存在着分歧。所以在研究全球政治中的非政府组织时，首先要做的事，就是对目前关于非政府组织的界定进行梳理，从而明确它的核心含义。

(一)国际组织对非政府组织的规定性说明

1.联合国对非政府组织的规定性说明

一般认为,"非政府组织"(Non-governmenial Organization,NGO)这一词最初正式加以使用的,是 1945 年在联合国通过的《联合国宪章》中,在第 10 章的第 71 条款中提出:"经济及社会理事会得采取适当的办法,俾与各种非政府组织会商有关于本理事会职权范围内之事件。"此后,联合国的两个文件对非政府组织进行了规定性说明:一是经济及社会理事会(以下简称"经社理事会")的 1950 年第 288(ⅹ)号决议;二是经社理事会的 1968 年第 1296(XLIV)号决议,这两个文件对非政府组织的定义是:"凡不是根据政府间协议建立的国际组织都可被看作非政府组织。"①这个说明虽然模糊,但在实践中却非常清楚,非政府组织专指得到联合国承认的国际性民间组织,这使大量国内社会的民间组织被排斥在了非政府组织之外。

1996 年,经社理事会 1996/31 号名为"与非政府组织咨商关系决议"的决议再次对什么是非政府组织进行了解释,主要包括以下要点:非政府组织不是由政府实体或者政府间协定建立的组织;该组织所涉事项应在经社理事会和其附属机构的权限范围内,组织的目标和宗旨应符合《联合国宪章》的精神、宗旨和原则;该组织应有助于联合国工作的开展和促进对联合国宗旨与活动的理解和实施;该组织应建立总部和拥有相应的工作人员,以及经民主程序通过的组织章程;该组织的决定应通过全体会议、代表大会或者其他代表机构做出,并建立对决策机构负责的执行机构。②

2003 年,联合国在相关文件中对非政府组织做了新的描述:"在地方、国家间组织起来或国际性的非营利的自愿的公民团体",将非政府组织概念的外延扩展到了地方和国家层面的公民团体,使其不再局限在"国际"的范畴。此外,还规定了非政府组织的性质和功能,这些组织需要"面向任务,由兴趣相同的人们推动,他们提供各种各样的服务和发挥人道主义作用,向政府反映公民关系的问题、监督政策和鼓励在社区层次上的政治参与;它们提供分析和专门知识,充当早期预警机制,帮助监督和执行国际协议"。③

① 刘贞晔.国际政治领域中的非政府组织:一种互动关系的分析[M].天津人民出版社,2005:53.
② 黄志雄.国际法视角下的非政府组织:趋势、影响与回应[M].中国政法大学出版社,2012:89.
③ 王杰,张海滨,张志洲.全球治理中的国际非政府组织[M].北京大学出版社,2004:13.

总体来看,联合国是最早使用非政府组织一词的机构,联合国对非政府组织的界定在内涵上越来越丰富, 这使非政府组织日益具有积极的制度性含义和参与国际公共决策的特殊地位。

2.三大国际经济组织对非政府组织的定义

(1)世界银行对非政府组织的界定

除了联合国之外,作为世界上最大的发展援助机构,世界银行长期以来高度重视与非政府组织的合作,设有"非政府组织与公民社会部",多年来出版了大量有关非政府组织(NGO)和市民社会组织(CSO)的研究报告,如《世界银行的合作伙伴——非政府组织》(1996)、《共同工作——世界银行是公民社会的合作伙伴》(2000)、《非政府组织法的立法原则》(2000)。在这些文件中,非政府组织是指"在某一特定法律系统下,不被视为政府部门一部分的协会、社团、慈善信托、基金会、非营利公司或其他法人";它们"不以营利为目的,即使有赚取任何利润,也不可以将这种利润分配";"工会、商会、政党、利润共享的合作社或教会,均不属于非政府组织"。①在世界银行的界定中,非政府组织具有这样的特性:独立性、非营利性、形式多样性、资金依赖慈善捐赠、志愿服务性以及利他性。

近年来,世界银行在文件中较少使用非政府组织一词,更多的是使用公民社会组织,对非政府组织的界定主要是基于对公民社会组织的认识上。如世界银行在其官网上指出:"公民社会是家庭、市场和国家之间的一个空间,其中包括各种非营利组织, 及旨在改善所代表的社会群体之生活状况的各种正式或非正式的特殊利益团体";"工会、媒体、非官方机构、草根组织、社区基层组织、宗教联合会、民间思想库等政策研究机构,以及其他各种类型具有积极的社会影响力的组织构成了公民社会";"公民社会包括出现在公共生活中的广泛的非政府组织和非营利组织,这些组织基于伦理、文化、政治、科学、宗教或慈善等方面的考虑,表达其成员和他人的利益和价值观"。②由此可见,公民社会组织包括的群体更加广泛,非政府组织是公民社会的重要组成部分。

---

① 崔云开.国际制度环境下中国政府与非政府组织关系研究[M].南京师范大学出版社,2011:28.

② Who We Are About .Civil Society[EB/OL].[2017-5-24].http://www.worldbank.org/en/about/partners/civil-society#2.

（2）国际货币基金组织对非政府组织的界定

国际货币基金组织使用更多的也是"公民社会组织"一词。国际货币基金组织在官网上指出，公民社会组织是指实际存在于各成员国的广泛的公民协会（Citizens' Association），其社会作用是提供福利、服务或对特定群体进行政治影响；公民社会组织包括商务论坛、宗教社团、工会、当地社区组织、非政府组织、慈善基金会和智库。①

（3）世界贸易组织对非政府组织的界定

世界贸易组织自建立以来就与非政府组织在与国际贸易有关的各种问题上保持定期对话。世界贸易组织没有专门对非政府组织进行定义的文件，但从相关资料可以看出，世界贸易组织将非政府组织看作是公民社会组织或非国家行为体（NSA）的组成部分。

世界贸易组织认为非政府组织可以是国际层面的,也可以是区域层面、国家层面和次国家层面的（international, regional, national, and sub-national）；非政府组织包括：各种职业团体,如正式和非正式部门的工会和协会、合作协会；各种权利组织,如消费者组织、人权组织、妇女权利组织、环境 / 气候正义组织；各种文化组织；各种公民委员会,等等,这些组织具有"决策权和政治影响力""话语框架 / 重构权"以及"规则制定和标准制定权"。②

此外,其他国际组织与非政府组织在国际事务中也有诸多交往与合作,所以也对非政府组织进行了界定,如欧盟委员会对非政府组织最新界定是："任何独立于公共机构、政党、商业组织的非营利、非公共法律机构（non-public law body）都是非政府组织"③。国际协会联盟对非政府组织的界定是：非政府组织是指由私人或没有任何政府参与或代表的组织合法建立的组织,非政府组织可以是地方层面、国家层面的,也可以是国际层面的。④

---

① What is civil society[EB/OL]. [2017-04-17].http://www.imf.org/external/np/exr/facts/civ.htm.

② NGOs and the WTO. The WTO maintains regular dialogue with non[EB/OL].[2018-12-11].https://www.wto.org/english/forums_e/ngo_e/ngo_e.htm.

③ EU. Beneficiaries of EU funds implemented directly by the Commission in 2017 released | European Commission [EB/OL].[2018-02-11].https://ec.europa.eu/info/news/beneficiaries-eu-funds-imp.

④ UIA. What is a non-governmental organization(NGO)[EB/OL].[2017-06-04].https://www.uia.org/yearbook qt-yb_intl_orgs=3#yearbook_pages-page_yb_faq-4.

(二)学者们关于非政府组织的界定

在学术界,关于非政府组织最为权威的界定,来自美国约翰·霍普金斯大学公民社会研究中心主任莱斯特·萨拉蒙(Lester M. Salamon),他提出非政府组织有七个共同特性:①组织性,即作为一个组织存在,有一定的正式结构,有成文的章程、制度,有固定工作人员;②民间性,即在制度上与政府分离,独立于政府体系之外,不是政府及其附属机构,也不隶属于政府或受其支配;③非营利性,即不以营利为目的,不进行分红或利润分配;④自治性,即能够自主决策和自主活动,能够进行自我管理;⑤志愿性,即组织的成员并非受某种外在强制,而是秉持志愿精神自愿组成,其活动经费也来自志愿捐赠;⑥非政治性,指不是政党组织,不参加竞选等政治活动;⑦非宗教性,即不以开展传教和礼拜等宗教活动谋求扩大宗教力量为目的。①

其他一些国内外国学者也对非政府组织的定义进行了界定。总体来看,学术界关于非政府组织的界定,突出了非政府组织相对于政府和企业的功能优越性,强调了非政府组织的工作领域是政府和市场不能或不愿干的事情,以及非政府组织与政府部门和企业不同。非政府组织不提供主要的、普遍的、基本的公共服务,也不赚取利润,而是提供那些具有多样性、特殊的、容易被政府忽略或政府提供效率不高的公共物品,或企业觉得无利可图的产品和服务。②

(三)非政府组织的其他名称

非政府组织的历史可以追溯到中世纪时期基于基督教会发展起来的慈善事业,正是那时的慈善机构历经文艺复兴与宗教改革,脱离教会转入世俗社会成为今天非政府组织的雏形。③在漫长的历史中,非政府组织的形态千差万别,极其庞杂。国家的市场经济水平、政治体制、历史传统、语言习惯、文化观念、法律制度不同,非政府组织在其中发挥的作用也有差异,名称也各种各样,如非营利组织、志愿组织、独立部门、第三部门、新社会运动组织、人民组织、跨国社会运动组织、慈善组织、免税组织、基金组织、社会经济组织、公益法人、国民社会组织、公民社会、民间团体、互助组织、草根组织,等等。

---

① 张清.非政府组织的法治空间:一种硬法规制的视角[M].知识产权出版社,2010:41.

② 马全中.非政府组织概念再认识[J].河南社会科学,2012(10):36-39.

③ 张清.非政府组织的法治空间:一种硬法规制的视角[M].知识产权出版社,2010:55.

非政府组织称谓强调的侧重点虽然不同，但在很多时候却可以交替使用。在美国，非政府组织被称为非营利组织或免税组织。[①]在英国，非政府组织被称为慈善组织、非营利组织或志愿组织，英国有专门的慈善法确认慈善组织的法律地位，规定其行为和活动范畴。非政府组织，在德国被称为志愿组织，在法国被称为社会经济组织，在意大利被称为基金组织，在瑞典被称为国际社会组织，在日本被称为公益法人。[②]

二、国际非政府组织的"国际性"含义

国际组织和学术界对国际非政府组织的"国际性"的认识也不完全相同，有的认为国际性是指国际非政府组织的成员构成应该是多国的；有的认为国际性意味着非政府组织的目的是国际性的，即具有国际性目标；还有的认为国际性是指其组织活动是跨越国界的。[③]总之，关于非政府组织的"国际性"充满了争议。

（一）经社理事会对"国际性"的解释

对非政府组织"国际性"含义最有权威性的解释来自联合国经社理事会。联合国经社理事会在 1950 年的 288（Ⅹ）号决议中，将非政府组织界定为"不是依据政府间协议建立的国际组织"，尽管文件中没有对非政府组织的"国际性"做出详细明确的解释，但实践中对于哪些非政府组织具有"国际"性质却持极为严格的标准。1968 年联合国经社理事会决议对其在实践中所执行的衡量国际非政府组织的标准做出了进一步规定：一个国际组织必须是"具有代表性并具有被承认的国际地位"；具有"国际性"意味着代表不同国家和地区的一大批人们，有自己的领导机构，有一个民主产生的章程以及民主决策程序。这实际上说明了国际非政府组织的"国际性"，即它必须具有跨国界的行动范围，并且其结构也应该是国际性的。

1996 年，联合国经社理事会对国际非政府组织"国际性"的解释出现了

① 李培林，徐崇温，李林.当代西方社会的非营利组织：美国、加拿大非营利组织考察报告[J].河北学刊，2006(2)：71-80.

② 王杰，张海滨，张志洲.全球治理中的国际非政府组织[M].北京大学出版社，2004：10-12.

③ 徐莹.当代国际政治中的非政府组织[M].当代世界出版社，2006：14-15.

新变化,认为国际非政府组织主要涉及是否从事某种跨越国界的活动,其成员和经费来源并未被特别强调,换句话说,组织成员结构和经费来源的国际性不再是衡量国际非政府组织的重要标准,组织活动目标的国际性成了唯一衡量标准,因为成员结构和经费来源不会对其"国际性"产生实质影响。①

(二)国际协会联盟对"国际性"的解释

对国际非政府组织"国际性"的另一种权威解释来自国际协会联盟(U-nion of International Associations,UIA)。②国际协会联盟是一个从1950年就开始对非政府组织进行数据统计和研究的权威机构。国际协会联盟根据自己的经验,对国际非政府组织的"国际性"做出了如下解释:

从目标来看,必须真正具有国际性质,并意图在至少三个国家开展活动。因此,诸如保护努比亚古迹的国际行动委员会或盎格鲁－瑞典社团等机构都应排除在外。仅仅致力于纪念特定个体的社团也同样没有资格,即使它们对国际社会做出了重大贡献。

从成员来看,必须有至少三个国家的个人或集体参与,且拥有充分的投票权利;会员资格必须对组织开展活动范围内的任何合适的个人或实体开放,封闭的组织是不包括在内的。从结构来看,必须有章程规定组织的正式结构,使成员有权定期选出管理机构和职员;必须有常设总部和保证活动开展连续性的规定。

从职员来看,为了便于管理操作,在某个时期内职员可以来自同一个国家,但即便是这样,在规定期限内总部和职员应该在成员国中实行轮值制。

从预算来看,主要预算必须来自至少三个国家,并且不以营利为目的,因此很多在北美开展活动,预算却几乎完全来自美国的国际联盟和社会团体不包括在内。

从与其他组织的关系来看,可与其他组织有正式地联系,但必须有证据

① 刘贞晔.国际政治领域中的非政府组织:一种互动关系的分析[M].天津人民出版社,2005:59.

② 国际协会联盟(也译作国际协会联合会、国际社团联合会)是一个非营利性的非政府国际研究机构和文献中心。总部设在比利时布鲁塞尔。该组织由诺贝尔和平奖得主亨利·拉方丹与现代资讯科学奠基人保罗·奥特勒共同创建于1907年。它的主要目的是记录国际组织(包括IGOs和INGOs)的工作、国际会议和世界问题,促进关于这些问题的公众意识。此外,它也通过培训和网络机会支持和促进国际协会的工作。它在联合国经社理事会和联合国教科文组织拥有咨商地位。Union of International Associations[EB/OL].[2017-09-11].https://en.wikipedia.org/wiki/Union_of_International_Associations.

表明自己的独立性。

此外,必须具有有效的当前活动的证据,处于不活跃状态超过四年的组织应被视为"解散"或"休眠"。①

相比联合国,国际协会联盟对非政府组织"国际性"的规定比较狭窄,照此规定,在国际层面上活动的一些非政府组织,如人权观察就被排除在外了,因为人权观察的绝大部分组织成员和经费都来自美国,但它在国际政治舞台上的活动却是极为突出的。

(三)学术界关于"国际性"的解释

相比国际组织的规定,学者们主张比较宽泛地理解国际非政府组织的"国际性",即在非政府组织的"国际性"方面留下了一定的差别空间。

从跨国活动范围来看,有学者认为非政府组织的成员只要来自两个以上国家就可以称为具有"国际性"了,不必非要三个,如美国社会学家西德尼·塔罗于2001年在《跨国政治:国际政治中的论争与制度》一文中认为国际非政府组织就是"成员来自两个以上国家并具有国际性目标,通过与国家、私营行为体和国际组织间的经常性互动主要为其他国家公民提供服务的非政府组织"②。

从组织结构来看,有学者认为,总体而言,目前非政府组织在国际法上尚未有正式法律地位,非政府组织的"国际"与"国内"之分,仅在于它们的组织与活动范围是否跨越了一国的边界,所以它的"组织"硬件(结构)便可不必给予太多关注。欧洲委员会都对此有明示,如欧洲委员会指出非政府组织赖以产生和持续存在的章程,应受某一国内法的调整。换言之,非政府组织就是从事国际活动的国内组织。③

从国际政治的实践来看,在联合国和其他国际多边机构的官方文件中,很少使用"国际非政府组织",而是普遍使用"非政府组织"这一词语。因为随着全球化的发展,国内事务与国际事务越来越难有明确的界限,非政府组织活动的国内性与国际性变得越来越模糊了;而且参与联合国等多边机构事

---

① Types of International Organization. Non-governmental[EB/OL].[2017-06-04].https://www.uia.org/archive/types-organization/toy.

② 徐莹.政治机会结构视角下国际非政府组织与发达国家间关系探析[J].云南师范大学学报(哲学社会科学版),2008,40(4):77-82.

③ 黄志雄.国际法视角下的非政府组织:趋势、影响与回应[M].中国政法大学出版社,2012:92.

务和国际多边活动的非政府组织国际性程度差异很大，有些在联合国经社理事会注册的非政府组织只是"偶尔"关注联合国会议的活动。

如果这样的话，关于国际非政府组织"国际性"的三个方面——组织目的与活动范围的跨国性与国际性、组织机构的国际性、资金或其他主要资源来源与使用的国际性，只要三者居其一即可。不过，需要说明的是，一些发展中国家的非政府组织，虽然资金来源是国际性的，即它们得到了发达国家政府或国际机构的资金援助，但因为主要关注当地基层或地方的发展与人道事务，通常并不被认为是国际非政府组织，这从联合国等主要国际机构的联系名单中也可以得到佐证。

三、国际非政府组织的国际法地位

20 世纪以来，作为民间社会组织化的重要形式和国际关系的新主体，国际非政府组织在国际舞台的蓬勃发展，成为国际社会重大的组织制度创新。然而，这却带来一个突出的国际法理论困境：一方面，国际非政府组织日益深入参与国际关系，在发起和推动讨论新的国际法议题，倡议召开相关国际会议，参与有关国际公约的起草、谈判甚至签署、监督公约的执行，推动公约的补充修订等国际法制订和适用的各个环节，均发挥着不可或缺的重要影响和独特作用。另一方面，这样一个重要、庞大的组织群体，却由于其民间社会的组织构成和性质，始终徘徊于国际法体系之外，成为"国际法外组织"，衍生出一系列国际法律问题。国际非政府组织的国际法律地位问题在国际法律秩序中始终处于两难的困境。[①]从应然的角度看，国际非政府组织通过自身的努力，已具备了成为国际法主体的资格。但从实然的角度看，国际非政府组织依然缺失国际法主体地位。

（一）从应然的角度看国际非政府组织的国际法地位

从应然的角度看，国际非政府组织应该被赋予国际法律主体地位。冷战的结束及科学技术的迅猛发展，使国际非政府组织不仅在数量上有了突飞猛进的发展，其巨大的影响力也引起了主权国家、政府间国际组织及其他国际行为体的关注。在实践中，这些国际行为体积极寻求与非政府组织建立法

---

① 毕莹.从国际法视角看国际非政府组织在华法律地位[J].社团管理研究,2012(6):35-37.

律关系,乃至各种合作关系,国际非政府组织已经具备了国际法主体地位的资格。

所谓国际法主体资格,是指具备独立参与国际关系的能力、能够直接享有国际法基本权利承担基本义务, 以及能够独立参与国际诉讼进行求偿的能力。

首先,国际非政府组织具备独立参与国际关系的能力。独立性是国际非政府组织的一个基本特性,如果丧失了独立性,也就失去了作为国际非政府组织的资格。国际非政府组织在实践中与主权国家及政府间国际组织有着不可分割的关系,如在国际人权领域,大赦国际(世界性人权组织)促进《禁止酷刑公约》的缔结及监督签署国实施;在国际环境法领域,国际非政府组织不但创设了大量的国际"软法",而且在国际环境公约的创设方面也起到了很重要的作用。国际非政府组织与主权国家及政府间国际组织之间存在着频繁且密切的交往关系。[①]

其次,国际非政府组织具备直接承担国际权利及义务的能力。虽然目前国际社会没有一部专门的、普遍性的国际公约对国际非政府组织进行法律约束,但是从其他的一些普遍国际公约及区域性公约里面,是可以发现国际非政府组织的这种能力的。如在人权领域里面所规定的社团权利（right of organization）,《欧洲人权公约》第 25 条规定了国际非政府组织的申诉权;在环境领域国际公约里面所规定的环境知情权。在承担国际义务方面的国际条约主要有:《联合国人权保卫者宣言》第 18 条第 2、3 款直接规定了国际非政府组织为实现个人权利和自由应该承担的责任;1979 年通过的《消除一切形式种族歧视国际公约》第 4 条要求一切组织遵守法律的义务,及联合国经社理事会做出的取得咨商地位的国际非政府组织所应享有及承担的国际义务;1986 年通过的《关于承认国际非政府组织法律人格的欧洲公约》更是直接地规定了国际非政府组织所应享有及承担的国际法权利及义务。[②]

再次,国际非政府组织具备参与国际诉讼直接求偿的能力。关于国际非政府组织参与国际诉讼的案例不胜枚举。在"彩虹勇士号案"中,绿色和平组

---

① 何志鹏,刘海江.国际非政府组织的国际法规制:现状、利弊及展望[J].北方法学,2013,7(4):125—132.

② 何志鹏,刘海江.国际非政府组织在国际法中的尴尬地位:现状、原因及对策[J].广西社会科学,2013(5):93—97.

织与法国达成协议,通过仲裁的方式,从法国获赔近 800 万美元。在一些国际区域法院中,国际非政府组织都具备这种能力,如欧洲人权法院及非洲人权法院;而在国际司法机构中,国际非政府组织大多是以"法庭之友"(Amicus curiae)面目出现的,如世界贸易组织争端解决机制在多数案件中,都欢迎并接受相关非政府组织为法庭提供相关信息。近年来,对国际非政府组织代表公共利益参与到国际诉讼中的讨论越来越多。

上述论证表明,国际非政府组织已经通过自身的努力,具备了成为国际法主体的资格。

(二)从实然的角度看国际非政府组织的国际法地位

在现实情况中,国际非政府组织的国际法主体地位实然与应然有着很大的差距。从实然的角度看,经过数十年的艰苦探索和尝试,目前国际社会对于国际非政府组织的国际法律地位已有一定的承认,如对国际红十字会的国际法主体地位的承认;区域政府组织对授予国际非政府组织国际法律地位也做了一系列努力:如欧洲人权法院根据《欧洲人权公约》第 34 条规定:如果任何个人、非政府组织、个人组织宣称一个缔约国侵犯了其公约和公约议定书所规定的权利,是受害者,则法院可以受理该个人、非政府组织、个人组织的申请。缔约国不得以任何形式阻碍此权利的行使,给予了非政府组织诉讼资格地位。类似地,非洲人权法院也给予非政府组织诉讼资格地位。[1]但是这种国际法律地位的授予毕竟仅发生在特定区域及特定领域,并没有在全球形成普遍性。

国际非政府组织国际法主体地位缺失还表现在没有专门的、普遍的国际公约对国际非政府组织进行管制约束,从而确定国际法主体地位。虽然有1986 年《关于承认国际非政府组织国际法律地位欧洲公约》的存在,但毕竟加入国较少,加上该公约本身设置的缺陷,其所起到的作用是很微弱的。应然与实然的差距,显示了国际非政府组织在国际法中的尴尬地位。[2]

---

① 王东.论非政府组织在区域人权法庭中的法律地位[J].云南大学学报(法学版),2014(4):139-146.

② 何志鹏,刘海江.国际非政府组织在国际法中的尴尬地位:现状、原因及对策[J].广西社会科学,2013(5):93-97.

第二节　国际非政府组织的类型与活动方式

尽管国际非政府组织的属性有争议,国际法律地位也十分尴尬,但并没有阻碍国际非政府组织的迅速发展,目前国际非政府组织数量庞大,对其分类的标准各种各样,其活动方式也五花八门。

一、国际非政府组织的类型

(一)联合国对国际非政府组织的分类

联合国经社理事会将拥有咨商地位的国际非政府组织分为三类:一是那些关心经社理事会的大多数活动,为其目标在做贡献,以及有广泛代表性的国际非政府组织,它们具有"全面咨商地位"(General Consultative Status),可以向经社理事会提交议案并在其会议上发言;二是在经社理事会的少数几个特定的活动领域具有特别能力和特别关切的,在它们拥有或寻求咨商地位的领域里有一定知名度,这类非政府组织具有"专门(特别)咨商地位"(Special Consultative Status);三是"注册(名册)咨商地位"(Roster Consultative Status)类国际非政府组织,它们不具有一般或特定的咨商地位,但偶尔对经社理事会或其分支机构或联合国其他机构能作与其能力相称的贡献。

(二)世界银行对国际非政府组织的分类

世界银行是联合国体系诸多机构中最早意识到非政府组织在发展活动中具有优势的机构,也是最早利用非政府组织的优势去促进发展项目实现的机构。非政府组织的一些特点,如具有较高的可信性,负责且较具创新和开拓精神以及能够较好地反映服务对象的意愿等,正是世界银行所需要的。

在合作过程中,世界银行将拥有咨商地位的国际非政府组织分成了两类:一是运作型非政府组织,其主要目的是设计、执行与发展有关的工程项目;二是倡议型非政府组织,其主要目的是捍卫和促进某一特殊事业,并寻求影响世行的政策与实践。目前越来越多的国际非政府组织,特别是一些实力强的非政府组织既参与运作又参与倡议,成为综合型的非政府组织。

(三)其他分类

此外,为了研究和工作方便还出现了各种各样的分类,主要有:

国际非政府组织依据活动范围分为跨国的、区域的或洲际间以及全球性的;依据活动领域分为致力于单一问题的专门性组织(例如:环境组织、生物物种保护组织、人权组织、妇女组织、裁军组织、贸易组织等)和从事多领域活动与综合性组织;根据活动内容分为政治型、经济型、科技专业型、社会工作型;依据活动宗旨分为追求普遍利益的组织(如人权、环境、救助类型的国际非政府组织)和追求特殊利益的组织(如劳工组织、行业协会);依据活动组织者和参与者的性质分为志愿者为主型和专业人士为主型;依据它们对政府的态度可分为亲政府的、与政府对立的以及介于二者之间的独立性非政府组织;依据它们是否接受政府部门的资助与捐赠分为只接受社会资助或以接受社会资助为主的非政府组织,和以接受政府部门资助为主的非政府组织(这类非政府组织称为准非政府组织)。

依据国际非政府组织的结构分为结构紧凑型和分散型,或集中型和相对独立型。如一些国际非政府组织,尽管其活动主要是在国际上进行的,但其总部设在某个国家,在价值观等方面具有该国的典型色彩,其设在其他国家和地区的办事机构仅仅是它的派出机构。这种组织结构是紧凑型的,人权观察就属于这种类型。分散型的组织有典型的伞状组织、分布加盟模式等,著名的非政府伞状组织如国际禁雷运动、国际刑事法庭联盟等,它们仅有一个组织间协调办公室、一个协调官和一个网站。分布加盟型在许多非政府组织中较普遍,如大赦国际的一些国际分部就是当地人权组织积极分子申请加入的。①

依据地缘经济与政治结合的标准可分为北方的(发达国家的)国际非政府组织和南方的(发展中国家的)国际非政府组织。依据活动目标可分为发展取向的和非发展取向的两大类:前者既有发达国家的非政府组织,也有发展中国家的非政府组织,主要在发展中国家从事活动,涉及乡村发展、扶贫、教育、妇女儿童权利、计划生育、卫生保健、扶持小企业、社区发展、农业合作与信贷、环境保护等领域;后者主要从事人道主义救济、难民救援、人权事务和反战、反核等领域的活动。②

---

① 刘贞晔.国际政治领域中的非政府组织:一种互动关系的分析[M].天津人民出版社,2005:62-64.
② 张清.非政府组织的法治空间:一种硬法规制的视角[M].知识产权出版社,2010:44.

二、国际非政府组织的活动方式

非政府组织的活动已遍及国际社会生活的方方面面，不同的国际非政府组织针对的问题性质不同、技术手段不同、运作策略不同,活动方式也多种多样,国际非政府组织可能采用各种方式实现其宗旨和目标。

（一）温和的活动方式

国际非政府组织的温和活动方式主要有:倡议与游说、发布信息影响公众和舆论、参与和协调政府间国际组织的决策、提供议题领域的技术支援和发展援助服务、提供人道主义救援、促进国际法的编纂和发展、监督政府履行国际条约、参与国际诉讼。

这些活动方式的目标对象包括普通民众、企业（公司）,也包括中央政府、政府各部门、各种政府间国际组织;既使用传统传播手段,也使用新媒体;既通过制度化方式直接参与,也通过对话广泛参与;既提供发展援助服务,也实施人道主义救援;既通过提出新的国际条约、参与新条约的起草和谈判影响国际法的形成和发展,也作为诉讼方、法律顾问参加国际诉讼程序影响国际活动。这些活动方式比较温和,主要是建立在与主权国家或政府间国际组织合作的基础上。

（二）对抗性的活动方式

除了温和的活动方式外,国际非政府组织也采取抗议活动实现目标。抗议活动包括抵制消费、抗议税收、游行示威、占据交通要道、阻止各国代表前往会场、向政治领导人请愿、甚至砸毁店铺的玻璃,与警察发生冲突。

非政府组织之所以会策划组织抗议活动,是因为它们并不总是能够通过温和方式达到自己的目标。知名的抗议性活动如:1997年抵制经济合作与发展组织国家多边协议的活动;1999年西雅图世界贸易组织会议期间大规模的抗议活动;2000年布拉格世界银行会议期间和2003年坎昆的部长理事会期间的反全球化运动。①这些事例都显示出,非政府组织虽然在国内与国际事务中的地位仍然较为边缘化, 但在发起和动员国际性的社会行动对抗

---

① 钟青.理想主义 VS 现实主义? ——WTO 坎昆会议反全球化运动侧记[J].时代经贸,2003(4):40-42.

主权国家和政府间国际组织方面,也有巨大的能量。

第三节　国际非政府组织的发展历程

一、国际非政府组织的早期发展

主权国家体系在欧洲的确立、欧洲独特的社会基础、工业革命的发生、科学技术的发展、欧洲合作的氛围、跨国宗教及学术网络的存在,以及来自不同国家的个人之间的频繁接触,共同促进了欧洲民间的国际化态度,为国际非政府组织在欧洲的诞生提供了基础。

(一)第一次世界大战(以下简称一战)前国际非政府组织的发展状况

作为国际行为体,非政府组织的历史渊源甚为久远,但现代意义上的非政府组织最早产生于19世纪前期。据统计,1874年之前,世界上共有32个国际非政府组织,到1914年时则达到了466个。早期的非政府组织发展并不快,在绝对数量上也为数不多,且仅分布在局部区域,基本上亦限于欧洲地区。主要的类型有:

1.和平组织

1815年和平会社开始萌芽;1828年美国和平会成立;1866年和平主义者组成了普遍和平联盟。

2.贸易组织

从1866年左右开始,科布登俱乐部(The Cobden Club)开始在欧洲形成,以推动国家间更加自由的贸易。国际关税改革协会于1856年成立,致力于推动关税制定公开化。

3.科学技术组织

如1864年成立的国际大地测量学协会,主要致力于研究和测定地球形状、大小和地球重力场,以及测定地面点几何位置。1852年成立的世界印刷联盟,主要致力于研究和推广印刷技术,为印刷行业建立交流平台。

4.国际法组织

在1872年到1914年之间,出现了26个与法律相关的非政府组织,它们致力于研究各国法律,解决国家间的法律冲突,促进各国法律的统一,改进国际法,并通过国际法的完善促进各国间的理解,促进世界和平。两个重要的国际法协会——国际法学会和国际法协会就是在这一时期形成的。

5.宗教组织

在一战之前,国际非政府组织大都有着浓厚的宗教背景,由宗教团体或教会组织所创建,奉行基督教经典《圣经》,倡导人们要有奉献精神和谦卑态度,用善意去爱众人,参与者主要是提供志愿服务,目的在于促进社会教育和福利。

有人认为最古老的宗教国际非政府组织是 1734 年在瑞士成立的摩拉维慈善会堂;也有人认为成立于 1855 年的世界基督教青年会联盟才是第一个真正意义上的国际非政府组织。1865 年于伦敦成立的救世军(The Salvation Army)也属于此类组织。这些宗教组织早期的海外活动主要集中在非洲、亚洲、中东和拉美地区传播福音,但同时也建立学校和诊所,提供教育、社会服务和卫生服务,并积极参与当地的农业、建筑以及供水等社区发展项目。

6.人道主义救援组织

世界上最负盛名的人道主义救助性国际非政府组织,是 1863 年亨利·杜南特在经历了索佛利诺战役之后组建的红十字国际委员会。在红十字国际委员会的推动下,相关国家通过了政府间协议《日内瓦公约》,规定红十字国际委员会的人员可以在战时求助伤员和难民,并接触战俘,其中的中立原则也为后来针对儿童及非战争人员制定并实施的中立条款奠定了基础。

7.专门性组织和劳工组织

专门性和劳工组织具有强烈的世界主义精神、社会责任感和道义诉求,它们看到了当时的社会问题,并试图在社会中建立跨国道义共同体,从社会正义的角度促成对特定人群(如妇女、儿童、奴隶、劳工)和特定问题(如人权问题)的关注,并通过全球行动(当时主要集中在欧洲和美国)纠正和消解这些问题。致力于奴隶问题的国际非政府组织有:1839 年成立的“泛英反奴协会”(现名为反奴国际),1875 年成立的致力于废除奴隶制的国际废奴联合会,1899 年成立的致力于抵制贩卖人口的国际禁贩人口机构。这些非政府组织的诞生同当时在欧美十分猖獗的奴隶贸易密切相关。致力于提升妇女应对社会问题能力和意识的国际非政府组织,如基督教妇女禁酒联盟(1874)、世界妇女委员会(1888)、世界基督教妇女青年会(1894);致力于维护劳工权利的国际非政府组织,如国际工人协会(1864)、烟草工人世界联盟

（1876）、争取周休日国际联盟（1876）、工人国际联盟（1901）、职业病国际协会（1906）。①

此外，这一时期还出现了专门致力于研究国际组织和促进国际组织交流的国际非政府组织——国际协会联盟（UIA）。国际协会联盟最早可追溯到1895年，主要是出版科学类作品，后来又增加了报纸、图解材料和其他信息源，并建立了相应的国际机构，目的是"评估和描述世界各地盛行的国际主义程度"②。1907年亨利·拉方丹（Henri La Fontaine）③和保罗·奥特勒（Paul Otlet）④正式建立了国际协会联盟，作为文献中心和研究机构提升国际组织间的合作，其总部设在布鲁塞尔。1910年第一届世界国际组织大会在布鲁塞尔召开，137个国际民间组织的代表和13个政府代表参加了这次会议，共同讨论了彼此关心的问题，关注了国际教育、出版物和文献管理以及其他一般性的服务；在卡内基国际和平基金会支持下，1910—1911年国际协会联盟出版了《国际组织年鉴》，对约150个国际组织做了介绍。一战初期，有许多国际非政府组织与国际协会联盟保持着活跃和频繁的工作往来；1914年国际协会联盟已经将230个（约半数的）国际非政府组织联合起来，但随着战争的爆发，非政府组织受到极大影响，组织的活动放慢，有些甚至完全消失。⑤

总体来看，这一时期国际非政府组织已有一定程度的发展，出现了各种各样的非政府团体，致力于人们关注的重要领域（如和平、贸易、科学、法律）和弱势人群（如难民、战俘、妇女、儿童、奴隶、劳工）。但国际非政府组织的作用尚未得到国际社会的正式承认，参与国际事务的途径较为单一，发挥作用的方式主要是参加国际会议，活动的效果有限；另外，内部组织也欠成熟，组织之间几乎没有联系。无论是在成员人数和资金数量还是组织的机构设置的合理性及人员的职业化上，还很不成熟，极大地影响了国际非政府组织在

---

① 徐莹.当代国际政治中的非政府组织[M].当代世界出版社,2006:32—36.

② UIA's History[EB/OL].[2017-06-04].https://www.uia.org/history.

③ 亨利·拉封丹是一个国际律师、国际法教授、做了36年的比利时参议员。他也是一个社会主义者、著名的目录学家、和热诚的国际主义者。1913年被授予诺贝尔和平奖，以表彰他和平运动对的贡献。

④ 保罗·奥特莱特信息科学之父，是一个律师、目录学家、政治活动家，一个怀有国际主义议程的乌托邦者。

⑤ UIA's History[EB/OL].[2017-06-04].https://www.uia.org/history.

国际政治中作用的连续性和稳定性。

(二)两次世界大战与国际非政府组织的发展

两次世界大战对国际非政府组织的发展造成很大影响。一战结束后,随着和平的恢复和国际联盟的诞生,国际非政府组织的建立有所回升,1919年新成立的国际非政府组织有40个;国际非政府组织的活动也开始活跃,如在国际联盟的支持下,国际协会联盟创办了国际大学,来自11个国家的50位教授为十几个国家的代表举办讲座。20世纪30年代之前,无论是在数量的增长,还是在对国际社会的影响上都呈上升态势。然而随着30年代危机的到来及各国之间敌意的加深,国际非政府组织的增长速度开始呈下滑趋势,1935年共有750个国际非政府组织,其中新建的大约有22个。第二次世界大战(以下简称二战),爆发后,国际非政府组织的处境艰难,如国际协会联盟的工作遭受了一系列挫折和困难:工作场所被所在国家收回,一些收藏和档案不得不移到别处,工作条件极其艰难。德国占领则带来了更为深重的灾难,国际协会联盟的63吨期刊被销毁,到1943年,国际协会联盟的工作减少到只进行文献整理活动和出版三期国际协会联盟公报。①

1.这一时期国际非政府组织的类型和活动领域

二战时期国际非政府组织的数量增长缓慢,但并没有停滞,1942年有13个新组织成立,1944年国际非政府组织的数量为1083个。这一时期国际非政府组织的类型和活动领域主要有:

(1)私人慈善机构

20世纪初,随着工业化和城市化的推进,社会财富日益集中到欧美国家一部分成功的企业家和实业家手中,他们便把巨额财产的一部分拿出来成立专门的慈善机构和基金会。

这种私人慈善机构最初都带有比较浓重的宗教色彩,但随着时间的推移逐渐摆脱了宗教的束缚,如卡内基基金会将主要资金投入到高等教育领域,包括教育普及和提高、推广先进的教学手段、捐赠黑人教育等;洛克菲勒基金会起初的重点是发展医学、公共卫生和农业,20世纪20年代末、30年代初开始重视社会科学和人文学科;福特基金会主要关注全球人口增长,不断向普林斯顿人口研究所等人口研究机构提供资金,后来也关注国际和平、

---

① UIA's History[EB/OL].[2017-06-04].https://www.uia.org/history.

教育、艺术、科技、社会科学、社会改良、种族问题和人权,通过出资创办研究机构、颁发奖学金、捐款、捐赠图书仪器、向国外派遣专家等方式进行慈善活动。这些基金会试图以科学方法和技术手段解决社会问题,并通过自身行动肩负起国际社会责任。

(2)经济组织和专业性组织

一战之后,各国间经济联系进一步密切,人们对经济联合的愿望增强,而此时还没有出现一个有力的国际经济管理的政府间合作体系,这为此类国际非政府组织的形成提供了条件。经济领域的国际非政府组织迅速增长,金融类组织从战前占国际非政府组织总数的3.3%增至9.5%,商业工业类组织从5.7%增至8.3%。

其中最为突出的是成立于1919年的国际商会(International Chamber of Commerce,ICC),当时世界上还没有约束贸易、投资、商业的规则体系,国际商会的创始人坚信私营部门最有资格制定全球商业标准,于是采取行动建立了这一为世界商业服务的非政府组织,它由当时众多的商界精英以及各国的商业团体组成,被称为"商业的世界议会";1923年国际商会建立了国际商会仲裁院(the International Court of Arbitration);1933年第一次出版了《跟单信用证统一惯例》(Uniform Customs and Practice for Documentary Credits);1936年出版了《国际贸易术语解释通则》,在制定国际经济规则、协调国际经济关系、解决国际经济争端方面发挥了重要作用;1944年参加了布雷顿森林会议,[①] 为规划二战后的世界经济秩序、制定国际贸易规则、建立国际贸易组织提供了建议。

除了经济领域外,由于国际交往的密切,各国公众在其他领域也产生了共同利益与相互依赖,一些跨国的专业性非政府组织也应运而生。

(3)紧急救助组织和社会救济组织

两次世界大战给人类带来了严重的战争创伤,以此为契机出现了一些紧急求助性国际非政府组织,如1914年成立的美国战地服务团(American Field Service,AFS),主要由英法联军中的战地救护人员组成,战时进行医疗运输和战地救护行动,战后进行民族文化沟通研究和交流;二战爆发后,美国战地服务团重新组织了救护服务,在北非、法国、意大利、印度、缅甸进行

---

① History[EB/OL].[2017-09-17].https://iccwbo.org/about-us/who-we-are/history/.

救助和医护服务。

战争也导致大量难民和贫民的出现，救助难民和贫民成为国际非政府组织的重要工作。一战结束后，战争带来的动乱使各国人民贫病交加，生活凄楚，这使红十字国际委员会和其他慈善团体工作十分繁忙。在此背景下，一些社会救济组织应运而生，如1919年建立的拯救儿童。到1921年夏天时，已经有29个非政府组织参加对俄国灾民的救济行动。国际乐施会（1942）、天主教救济服务组织（1943）、世界救济组织（1944）、凯尔国际（1945）则是二战期间建立起来的社会救济组织，专门救助因饥荒和灾难造成的无家可归的人们。这些组织不仅在一定程度上加速了全球范围内的战后重建，也令世界各国更加了解战争带给人类的灾难与痛苦，激发了人们避免战争重建和平的愿望。

2.这一时期国际非政府组织的特点

两次世界大战之间，由于世界形势的变化，国际非政府组织体现出以下不同于前一时期的特点：

（1）活动中心转移到了日内瓦

一战前，大部分国际非政府组织的总部设在巴黎或者布鲁塞尔。[①] 1920年1月国际联盟第一次议会会议在巴黎举行，同年11月国际联盟总部迁至日内瓦。作为国际联盟的附属机构，国际劳工组织的总部也迁往了日内瓦。当时国际联盟的主要任务是保障国际和平与促进国际合作，通过集体安全、裁军、和平解决国际争端，保证会员国的领土完整和政治独立，并对违背者实行经济制裁；国际劳工组织的工作则涉及工厂的工作时间、失业、产妇保护、妇女的夜间工作和青年就业的最低年龄等问题。为了倡议和游说的方便，许多关注劳工、和平、宗教、卫生和人道主义事务的非政府组织将总部迁至了日内瓦。20世纪20年代末，总部设在日内瓦的国际非政府组织从3个增加到60个。

（2）行动能力有所提升

一战前，国际非政府组织只能通过促使政府就某问题采取行动，不具备自己独立动员资源进行行动以解决问题的能力。随着救济组织在一战中及战后初期的迅速发展，它们已无须依靠政府，而是能够利用自己的人力、物

---

① 一战前约2/3国际非政府组织的总部设在布鲁塞尔。

力、资金独立开展救济活动,从而增强了自身的行动能力。

(3)参与国际事务的方式和作用领域多样化

一战以前,国际非政府组织主要是不定期的参与国际会议;一战以后,国际联盟、国际劳工组织的成立为国际非政府组织提供了常设的活动对象。国际非政府组织可以通过更多的影响途径发挥作用。如国际非政府组织参与国联活动的方式有:向国联散发相关备忘录、向国联发出请愿书、在日内瓦举行抗议行动;以咨商身份参与国联召开的会议,甚至能够作为其中的一方签订会议最终决议,包括裁军会议、经济会议等;派出代表或以"顾问成员"的身份参与国联委员会工作,在国联多个委员会中担任辅助角色,参加国联所有的难民和救济计划,1924 年国联理事会要求非政府组织向阿尔巴尼亚提供援助,非政府组织成为国际联盟难民与救济领域重要的活动伙伴。此外,非政府组织也影响着与国联关系密切的其他组织,如劳工、裁军、环境保护、交通与通信领域的组织,发挥着不容忽视的作用。[1]

二、冷战时期国际非政府组织的发展

(一)二战后至 20 世纪 70 年代国际非政府组织的发展

经历了二战中发展的低潮后,国际非政府组织在战后恢复且稳定增长。以 1960—1966 年的国际非政府组织发展状况为例,国际非政府组织数量最多的依然是欧洲,其次是美洲、亚洲、大洋洲,非洲国际非政府组织的数量虽然不及前两个大洲,但增长速度迅速。

不过,由于冷战的爆发和持续,国际非政府组织在国际发展领域的能力并没有能够充分发挥出来。冷战初期,西方国家普遍强调向东欧以及第三世界国家提供发展援助,以防范共产主义的威胁和扩散,这使得发展援助成为冷战双方带有浓重意识形态色彩的政治手段以及争取新兴独立国家的重要筹码,[2]所以向这些地区提供的发展援助,主要是通过双边并部分通过多边渠道实施,这使操作类国际非政府组织的活动受到很大限制。尤其是在 20世纪五六十年代,冷战造成了国际组织内部的分裂,美苏两国的对抗影响到

---

① 王杰,张海滨,张志洲.全球治理中的国际非政府组织[M].北京大学出版社,2004:133-141.
② 李小云,唐丽霞,武晋.国际发展援助概论[M].社会科学文献出版社,2009:22.

经社理事会对于国际非政府组织参与联合国的安排;冷战还使政治、安全、军事问题成为重中之重,不利于擅长经济和社会事务的国际非政府组织发挥作用。

冷战限制了国际非政府在国际发展领域的活动,却为少数非政府组织进行反共活动创造了氛围。冷战期间,并非仅仅是美苏及其盟国政府间的激烈斗争,大量非政府组织亦投身其中,扮演了各种角色,对冷战的发展起了重要作用。亨利·迈耶斯建立的冷战委员会便是典型代表。1961年年初,迈耶斯与一些志同道合者成立了冷战委员会,并以此为平台,投入到反击所谓共产主义扩张的斗争中,展开极其频繁的教育传播活动,宣传共产主义扩张给美国带来的威胁,敦促政府采取有力措施,加强对外宣传战。他们与国内各相关非政府组织及国会议员密切联系,共同鞭策政府采取行动,获得了许多民间组织的支持和响应,从而加剧了国内外的冷战气氛。可以说,一些反共的非政府组织并非冷战的旁观者或被动参与者,而是主动参与者、积极推动者和有力支持者,在动员本国民众、演变敌国民心等方面,发挥了政府无法发挥的作用。[①]

当然,在这段时间也有一些国际非政府组织并不支持本国政府的冷战,它们活跃在救助难民、扶贫和环保领域,努力推动国际社会经济的可持续发展。如乐施会和凯尔国际为难民和贫民提供了大量人道主义救助;反奴协会、妇女组织国际联络委员会等人权组织,参加了起草《难民公约》,以及消除偏见和歧视的会议;抑制噪声国际联合会、防止空气污染协会国际联盟等环保组织,提出了关注环境问题。

(二)20世纪70年代末至冷战结束国际非政府组织的发展

从70年代末至冷战结束国际非政府组织的发展呈现如下特点:

1.在国际援助中受到重视

70年代,欧洲的福利国家模式陷入危机,为了缓解政府压力,许多国家在放弃福利国家政策的同时,主张市场优先,并希望自治的公民社会组织能够在一定程度上替代政府的某些职能。非政府组织提供的社会福利比政府运作成本低且效益高的认知在西方国家成为共识,在国际发展和紧急援助

---

① 白建才.美国民间的冷战斗士:亨利·迈耶斯及其冷战委员会[J].陕西师范大学学报,2016(6):48-60.

方面也越来越倚重于国际非政府组织。

实践证明,由国际非政府组织承担原本由官方运作的发展援助项目,其最大的优点是可以节约操作成本,非政府组织在发展中国家的贫困地区,开展一些小规模的项目,能够使其提供的服务直接到达最需要扶助的弱势群体,组织贫困地区居民成功采取自助和自救措施。第二个优点是非政府组织应变能力快,在基础性医疗卫生服务、非正式教育以及其他社会发展领域具有专业技能,可以直接使受援助地区受益。越来越多的双边援助项目将非政府组织纳入其中,操作类国际非政府组织的数量迅速上升。

2.活动空间和渠道变得广泛

石油危机以后,美苏关系缓和,冷战局面松动,联合国议程不断扩展,国际社会开始强调发展、环保、人口和粮食等新问题,并不断将非政府组织及其内部专业人员,纳入国际性大会的各项安排中,这使国际非政府组织获得了更为广泛的活动空间。在斯德哥尔摩环境会议、布加勒斯特世界人口大会、罗马世界粮食大会、墨西哥国际妇女大会、温哥华联合国人居大会以及纽约世界儿童峰会上,非政府组织都扮演了重要角色,发展、人权、环境、妇女、人口控制成为非政府组织影响最为突出的领域。同时,非政府组织参与国际事务的渠道日益制度化,可以通过制度化渠道参与联合国的工作,直接参与联合国的项目实施,对国际组织和国际议程的影响也日益加强。

3.在世界各地的数量迅速增加

除了在国际社会的活动频率提高外,这一时期国际非政府组织的数量也出现了跳跃式增长,国际非政府组织的分布从原先主要局限于欧洲扩大到各大洲的大多数国家与地区,特别是亚洲地区。据世界银行的报告,自20世纪80年代以来,在亚洲部分地区活动的非政府组织的数量几乎翻了一番。日本非政府组织国际合作中心编纂的《1994年积极参与国际合作的日本非政府组织名录》显示,日本参与国际合作的非政府组织数量1969年为10个,到1992年增至186个,几乎每5年就增长0.5倍至1倍。在南亚,印度在1971年"孟加拉难民危机"后,人民对其现有体制的不满和失业率居高不下激发了他们的"自助"热情,多种多样新型的非政府组织大量涌现,导致印度出现了非政府组织的发展高潮。在印度南部农村有一个叫迈拉达的非政府组织,其宗旨就在于帮助银行和穷人之间建立联系,成为银行和穷人之间的中介人。在东南亚,马来西亚出现了众多妇女非政府组织,展开运动改善妇女的财产所有权、继承权、就业权,反对性骚扰和家庭暴力,保障女性的地位与权利;在柬埔寨,大约30至40个非政府组织在政府没有脱贫替代方案的情况下,向乡村和城市的小本经营者提供了微型贷款。①

4.内部发展更加成熟

国际非政府组织内部的发展也日益成熟,除了成员人数和资金数量大幅度增长外,在职业化方面也迈出了新的步伐,很多组织已经拥有了一批具备专业知识的工作人员,并且逐步改变了二战前基本上相互隔绝的状态,组织间的联系初步发展起来,同一主题领域组织之间的联合,各类组织之间的交流也增加了。不断提高的组织能力、相互联合的力量、制度化了的参与地位,使它们有更为丰富的参与手段,进行面向各国政府的活动,成为政府的咨询者、建议人,直接或间接地向政府施加影响,甚至可以调解政府间的争端。②

三、冷战结束以来国际非政府组织的发展

冷战的结束和经济全球化的加深给世界带来了一系列变化,也使国际非政府组织有了新发展。

(一)冷战结束以来国际非政府组织发展的特征

1.数量的爆炸性增长

冷战后国际非政府组织数量爆炸性地增长,但由于这类组织性质、规模、活动领域各异,各国对其定义比较模糊,很难对它们的数量做出精确统计。据《国际组织年鉴》统计,1989年国际非政府组织的数量为22334个,1999年为45674个,2009年为55853个,20年间国际非政府组织增加了33519个;2017年的《国际组织年鉴》显示,全球共有69000多个国际非政府组织,活跃的为37000多个,处于休眠状态的为32000多个。国际非政府组织分布在全球300多个国家和地区,增长速度远远超过政府间国际组织。据统计,2009年国际组织的总数为63397个,其中国际非政府组织占到国际组织总数的88.1%,目前国际非政府组织仍以每年1200个的速度增加,政府间

---

① 李文.关于亚洲非政府组织发展的几个问题[J]. 当代亚太,2000(4):47-49.
② 王杰,张海滨,张志洲.全球治理中的国际非政府组织[M]. 北京大学出版社,2004:153-154.

国际组织数目的增长则非常缓慢。①

2.分布的全球性

冷战的结束、全球化进程的加深、发展议程重要性的突显,促进了国际非政府组织的增长,也为国际非政府组织的发展提供了机遇。一些发达国家的非政府组织纷纷进入非洲和亚洲的最不发达国家和地区、原共产主义地区以及其他发展中国家,在这些国家建立了一大批基层组织、分支机构和社区组织,承担起当地的社会经济服务,加强了当地基层民众与政府、商业部门、地方与国家以及世界之间的联系。这种大规模的扩张和广泛的分布与一些非政府组织所具有的强大实力分不开,如绿色和平组织的经费、成员数量和活动范围相当可观, 绿色和平组织在全球 26 个国家和地区有办公室,在55 个国家展开活动,支持者约为 290 万人。

3.活动方式的多样化和组织行动的网络化

国际非政府组织原来以在国内影响政府行为为主, 冷战后转向双管齐下:一边在国内游说、施压于政府;一边越过政府,直接卷入某些国际事务,并形成行动组织网络。这构成了冷战后非政府组织兴起的突出特点。来自不同领域、不同国家的非政府组织形成跨国网络或联盟的现象逐渐增多,运作也日益成熟,在几次著名运动中,设立跨国联盟有效协调立场、整合力量,已成为国际非政府组织的常规性协作方式。

如在推动设立国际刑事法院的运动中,来自 150 个国家的约 2500 个非政府组织组成了一个 "国际刑事法院联盟"(Coalition for the International Criminal Court,CICC);在推动禁止使用杀伤人员地雷的运动中,来自 90 多个国家的上千个非政府组织组成了一个 "国际禁止地雷运动"(The International Campaign to Ban Landmines,ICBL); 在推动禁止集束弹药的运动中,来自约 100 个国家的 350 多个非政府组织组成了"集束弹药联盟"(Cluster Munition Coalition,CMC);在推动国际气候谈判活动中, 来自 100 多个国家的850 多个非政府组织组成了 "气候行动网络"(Climate Action Network,CAN)促进政府和个人采取行动,将人为引起的气候变化控制在生态可持续水平。通过组织大联盟, 相关非政府组织还卓有成效地推动了有关谈判,"国际禁

---

① The comprehensive resource of over 69,000 international organizations.[EB/OL].[2017–06–04]. https://www.uia.org/yearbook.

止地雷运动"组织与其总协调人还共同获得了 1997 年诺贝尔和平奖。

4.南方与北方国际非政府组织的差距扩大

尽管有一些学者相信冷战后非政府组织在国际关系中的兴起是全球性、具有普遍意义,南方与北方国际非政府组织的合作也在加强。但事实上,二者有较大区别,而且差距越来越大。

首先,西方发达国家的非政府组织在数量、规模和国际影响上大大超过发展中国家,并对后者的活动施加较大影响。造成这种情况的原因,主要是各国国家的社会关系和民众参与意识的不同, 西方非政府组织有较长的历史、丰富的经验以及政府的资金和制度支持,跨国的非政府活动需要大量财力,发展中国家非政府组织的发展缺乏国内资金"扶持"。①

其次,南北双方的非政府组织在一些具体问题上分歧严重。由于双方发展的历史不同,面对的发展任务不同,所以优先关注的领域和强调的问题往往存在很大差异。如对人权内容的界定上,长久以来北方的人权非政府组织强调公民权与政治权利是最重要的, 而南方国家的非政府组织则更认同公民的经济、社会和文化权利。

最后,南北方非政府组织的国际影响力差距巨大。从与国际组织和国际机构的地理距离来看,由于历史的原因,全球主要的国际组织和国际机构主要设立在发达国家,特别是美国和西欧、北欧国家,北方非政府组织起源于这些国家,多数(约有超过 2 /3)也将总部设立在这些国家,所以更加便于接触。从在国际事务中设置议题的能力来看,北方非政府组织长期参与国内国际事务,积累了丰富的活动经验,它们为国际组织和机构提供的信息、专业知识和咨询服务,更容易受到国际组织和机构的重视,提出的议题会被优先考虑。从参与国际事务的人力资源来看,北方非政府组织规模大、资金雄厚容易吸引人才,如退休外交官、科学家、经济学家以及从事发展援助和研究发展问题的专业人员,这些人具有西方的教育背景和文化理念,思维方式和治理思路也是西方式的, 丰富的工作经验使他们几乎垄断了所有有关全球性问题的话语权,在决定发展中国家应该遵循怎样的发展道路,应该接受怎样的教育,应该实施怎样的民主形式,应该要求和拥有怎样的权利,应该得到什么样的发展援助等方面进行干预。而南方非政府组织在力量和资源方

---

① 范士明.国际关系中的非政府组织浅析[J].当代亚太,2000(4):33-34.

面与北方非政府组织差距悬殊,势单力薄而始终处于被边缘化的地位,它们的声音经常被忽视,很难参与联合国的决策过程。这就导致多数国际发展援助项目都会有意无意地贯穿西方意识形态, 并更多地以西方社会的价值标准作为衡量尺度。①

冷战后国际非政府组织在数量和规模上迅速增长, 在国际关系中的影响力不断上升与以下因素密切相关:第一,"第三条道路"理论的兴起。该理论主张减少国家对经济社会的控制, 重视政府和市民社会在治理方面的合作和互动,为国际非政府组织获得相应的政治机会创造了宽松的社会氛围。第二,全球环境危机的加剧。如:环境污染、毒品泛滥、核武器扩散、疾病蔓延肆虐、地震、海啸、台风、飓风、水灾频繁,这些全球性危机的多发、频发、突发、重发给人类带来了广泛危害性、持续威胁性、巨大破坏性和深重灾难性,对此单个国家力量根本无法全面应对。②第三, 全球贫富差距的扩大。全球化在给少数发达国家带来好处的同时, 也在全球范围内造成了贫富分化的鸿沟,为扶贫帮困的国际非政府组织的发展创造了机会。第四,人类面临的安全威胁复杂化。国际非政府组织在冲突解决的各个环节,例如:冲突预防、冲突解决、维护和平、人道主义救助和和平重建都发挥着不可忽视的作用。③第五,通讯信息技术的发展和新媒体的出现为国际非政府组织动员公众、进行倡议和宣传活动提供了方便。④此外,冷战后政治民主化的发展和政府间国际组织更加重视自身民主化的趋势, 也是推动国际非政府组织迅速发展的重要原因。

(二)冷战结束以来国际非政府组织对国际政治的影响

如果说政府间国际组织的出现及其在国际政治中主体资格的认定,是打破了一直由国家独享国际体系行为体的局面,国际体系内从此有了"国家行为体"与"非国家行为体"之分的话,那么非政府组织的兴起与发展则进一步改变了这种局面。①非政府组织以全新的、充满勃勃生机的面孔,存在并活

---

① 徐莹.残缺的独立性:国际非政府组织首要结构性困难解析[J].世界经济与政治论坛,2008(3),108-112.

② 李丹.全球危机治理中国际非政府组织的地位与作用[J].教学与研究,2010(3):69-75.

③ 黄志雄.国际法视角下的非政府组织趋势、影响与回应[M].中国政法大学出版社,2012:7-8,14-16.

④ 卿志军,李民.互联网对NGO发展作用机制的研究[J]. 今传媒, 2012(3):21-23.

跃于国际国内舞台,在当代国际关系领域里产生了广泛的国际政治效应。具体来说,有以下方面:

1. 推动国际政治多元化发展

国际非政府组织推动国际政治多元化发展,有力地冲击了国际政治中传统的"国家中心"模式。在传统的国际关系中,占主导地位的是主权国家。国际秩序的演进、变迁和发展也由主要国家,特别是大国通过彼此间激烈的利益博弈,采用战争或和平方式建构而成。国家在相当长时间里被视为国际体系内最根本、最重要,甚至是唯一的行为体,国际政治中所有的权力来源于国家,为了实现自由与自我价值,每个人都必须确认自己是某一个国家的公民,民族的团结与融合只有通过自己所在的国家才能实现。

国际非政府组织的发展使国际体系内行为体的数量发生了变化。首先,非政府组织的出现使国家在国际政治活动中增添了新的国际交往对象,国际政治中产生了越来越多的非政府组织与主权国家间的跨国政治关系。其次,非政府组织与政府间国际组织以及其他非国家行为体也展开了大量活动,形成了新的多边政治关系,"通过参与国际系统的价值分配过程,非政府组织极大地提高了自己在其中的地位和能力,并扩大了在全球空间内的规模和密度。这意味着国家间的国家中心网络,已经从整体上失去了自我支撑的能力,已经受到非政府组织这类跨国家中心网络的影响","国家中心"的国际政治模式在非政府组织的冲击下饱受侵蚀。②

2. 为国际政治增添了合法性因素

自国际政治中出现非政府组织的活动以来,国家间政治的诸多环节上就嵌入了越来越多的民众关注,国家间政治已不仅仅是表达国家利益的场所,也是表达民间力量意愿的场所,如红十字国际委员会对制定战争规则的影响,国际禁雷运动对地雷使用规范和《渥太华禁雷公约》的影响,人权组织对难民公约的影响,环保组织对气候变化公约的影响,都体现了民间力量在国际问题上的意愿,国家间政治不得不考虑来自民间的声音。

非政府组织对政府间国际组织事务的参与,也增强了国际多边决策的合法性和国际社会的民主化。一般而言,国际制度的合法性基础在于向国际社会提供公共物品的能力以及国际社会中各行为体对之的赞同或同意。在

---

①② 姜川.非政府组织在当代国际关系中的影响和作用[J].国际关系学院学报,2006(5):35-40.

传统上,政府间组织如联合国、国际货币基金组织、世界贸易组织、世界银行是国际制度向国际社会提供公共物品的主要载体。然而在全球化不断深入的国际环境中,这些政府间国际组织由于"俱乐部模式"造成"内嵌式自由主义",越来越不适应多元的国际社会,其得到国际体系内不同行为体的赞同也就越发困难,由此,国际政府间组织乃至国际制度的合法性也必然遭到更为严峻的挑战。

国际非政府组织天然地体现民众意愿为国际制度的合法性提供了相当大的保障,联合国、国际货币基金组织、世界贸易组织、世界银行等政府间国际组织都因为大量地接受国际非政府组织的参与,而加强了其合法性的基础。国际制度因国际非政府组织的参与,不但超越了"俱乐部模式"和意识形态,而且也超越了民族国家的局限,这种可持续的治理模式是在地方、国家和全球层面上,通过国际非政府组织的协调和推动建立起制度化的联系渠道。①

3. 强化了"软力量"在国际政治中的作用

国际非政府组织强化了"软力量"在国际政治中的作用。综观近代以来国际关系历史, 国际格局经历了以欧洲列强为中心的多极国际格局和以美苏两个超级大国为主导的两极国际格局, 大国的称雄争霸主导着国际格局的发展轨迹,国家的"硬力量"对于称雄争霸的国家具有其他要素无可比拟的意义。今天虽然军事或经济等"硬力量"依然重要,但由于国际政治民主化发展,"硬力量"的重要性相对减弱,道义性"软力量"日益成为衡量国家权力的重要标准。而国际非政府组织恰恰在国家能否获得道义性力量方面扮演着越来越重要的角色。

国际非政府组织常常对一个国家的外交行为和政策进行评价和判断,使这个国家在国际社会拥有一个积极的或消极的"国家形象",良好的或糟糕的"国家声誉"。如果一个国家倾向于参与国际合作,遵守承诺和共同规则就可能积累良好的国家声誉,反之,就可能被非政府组织渲染和传播为令人讨厌的国家。良好的国家形象意味着国家的行为和政策得到了国际社会的默许、认可和支持,消极的国家形象则会受到国际社会的谴责或施压促变,甚至国际干预。例如,国际非政府组织在人权领域的活动,对于褒贬国家形

---

① 叶江.试论国际非政府组织对当代国际格局演变的影响[J].国际观察,2007(3):58-64.

象具有重要意义，一些国际非政府组织会定期将一些国家在人权领域的丑陋行为暴露于众目睽睽之下,利用曝光羞辱国家不合"道义"的行为。如果一个国家重视自己的国际形象,非政府组织的这种行为便会收到改变国家行为和政策选择的效果;如果被置之不理,在很多情况下也可能起到败坏和丑化国家形象的作用,影响国际社会对国家声誉判断。①

4. 增强了"公益政治"和"权利政治"的影响力

国际非政府组织增强了"公益政治"和"权利政治"的影响力。自威斯特伐利亚体系产生以来,国际关系就没有摆脱主权者的权力和利益观。无论是多国均势、两极格局、霸权统治,还是阶级斗争的国际主义,反映的都是某一主权国家的权力观和利益观,正如摩根索所言:"在整个历史时代中,不管社会、经济和政治条件如何,国家总是在争夺权力的过程中彼此相遇。"而非政府组织在国际政治中的活动,对这种传统政治观念提出了有力挑战。非政府组织在国际政治中的活动超出了纯粹私益政治的范围,代表着一种公益观,非政府组织建立的基础是公益价值原则,而非主权原则(或民族利益原则);坚称全球主义理念,而非国际主义理念;声称自己是普通民众的代言人,而非政府利益的代言人。非政府组织以公益政治为自己的目标和追求获得了各个层面的同情和支持,②形成了国际政治中强大的"公益政治"现象。

另一方面,非政府组织在国际政治中的活动为权力的运行,增添了权利政治的约束。非政府组织所倡导的各种各样的权利准则:可持续发展、人权保障、种族民族平等、宗教自由与宽容等,已经成为执政者进行统治及主权国家在国际上赖以存在的合法性基础。非政府组织强调宗教信仰自由要以宗教宽容为前提,不能以一种宗教教义剥夺人的其他信仰的权利;经济增长要以生态环境的承载力为前提,不能以破坏生态环境为代价获取物质利益;要对严重的反人类罪行实施有效的制止和惩罚,迫使某些个人(国家元首)承担责任等等。这与传统的现实主义权力政治目标完全不同,在国际关系史上,自马基雅维利以来,道德性被剔除出政治之外,道德观念不能指导政治实践,指导政治实践的只能是政治运行本身的规则,即权力运行规则。非政

---

① 刘贞晔.国际政治领域中的非政府组织:一种互动关系的分析[M].天津人民出版社,2005:282–283.

② 崔开云.国际制度环境下中国政府与非政府组织关系研究[M].南京大学出版社,2011:56.

府组织在国际政治中的行为改变了这一传统,在权力政治之外,催生了具有道德和人性色彩的"权利政治"和"公益政治"空间的出现,增强了"权利政治"和"公益政治"在国际政治中的影响力。①

思考题:

1.如何界定国际非政府组织的概念?

2.国际非政府组织的类型和活动方式有哪些?

3.国际非政府组织产生的历史背景是什么?

4.国际非政府组织在不同时期的特点与活动领域是什么?

5.冷战后国际非政府组织迅速发展的原因是什么?

6.试析国际非政府组织在国际政治中的影响?

---

① 刘贞晔.国际政治领域中的非政府组织[M].天津人民出版社,2005:282-283.

第二章
国际非政府组织与其他国际行为体的关系

尽管在 19 世纪中后期欧洲就出现了一批颇具影响力的国际非政府组织,但由于历史的局限,当时它们主要通过国际会议与主权国家发生简单的互动;一战后,国际联盟建立,非政府组织有更多的途径参与国际事务,但由于政府间国际组织尚未充分发展,非政府组织与政府间国际组织以及主权国家的互动水平都非常有限;二战结束后,一系列政府间国际组织的建立为非政府组织参与国际事务提供了制度保障,加之跨国公司的迅速发展,非政府组织在国际政治中互动的对象增加,与这些国际行为体之间的互动程度提高。冷战结束以来,非政府组织在国际关系中扮演的角色更加多样,与其他行为体之间的关系更加密切,对其他行为体的影响也日益增强。

第一节 国际非政府组织与主权国家的关系

国际非政府组织与主权国家之间的关系经历了一个长期演变的过程,二者关系极为复杂,国际非政府组织越来越多地影响主权国家,对以国家为中心的国际关系模式提出了严峻挑战。

一、国际非政府组织与主权国家关系的一般模式

(一)国际非政府组织与主权国家的四种关系
国际非政府组织与主权国家的关系通常有四种:
一是合作与互补关系。在国家不能够或不愿意提供公共物品的领域,非政府组织作为替补身份出现,国家也乐于非政府组织作为自己的替代角色。
二是依赖与制约关系。国家拥有多种丰富的资源,可以为非政府组织提供多样化的支持:如财政支持、政策支持、资讯支持,或授权非政府组织承担

项目和某种服务。非政府组织成为国家的代理人,合法顺利地展开活动,双方形成不对称的依赖关系;如果非政府组织坚持自己的自治性和独立性,在某些方面对国家形成制约,国家能够对非政府组织的活动进行有效限制。

三是各行其是的关系。双方互相尊重对方,国家给予非政府组织合法地位,但并不寻求通过资助的方式,将非政府组织纳入自己机构的"辅助者"范围;非政府组织则在法律规定范围内活动,不接受政府资助,不迎合也不抵制政府工作。

四是对立与竞争的关系。国家权力十分强大,垄断各种社会资源,要求社会服从国家;非政府组织坚决坚持自己的独立性与自治性,强调自己的议程、目标和行动计划,并关注政治性议题。在这种情况下,双方不可避免地出现冲突和紧张,非政府组织被政府视为威胁和对立面,双方形成对立与竞争关系。

(二)双方形成不同类型关系的原因

国际非政府组织与主权国家形成不同类型关系的原因在于,国际非政府组织和国家对待彼此的态度都是双重的和矛盾的。

1.从国际非政府组织来看

对于国际非政府组织而言,国家的身份多重的:

首先,国家是其帮助对象。无论是在全球治理中,还是在国家治理中,国家都是主要的和重要的治理主体,国际非政府组织与国家在治理上的追求并不对立。事实上,在很多议题上,国际非政府组织与国家的治理目标与愿望是一致的,所以在国家治理失灵和无力时,国际非政府组织愿意成为国家的帮手。

其次,国家是其依赖对象。毕竟主权原则还是现代国际关系体系的基石,国家始终都是国际社会中最重要的行为体。与主权国家相比,国际非政府组织的行动和号召往往缺乏权威,而且由于其收入主要靠会费和公私捐助,一般在经济上并不宽裕,来源也不稳定,一些国际非政府组织出自生存和发展的考虑,或出于在实施项目、提供服务时减少来自政府的阻力、获取政府配合的考虑,并不排斥甚至是主动要求来自国家的资金赠予。国际非政府组织对国家资源的依赖性,也会使其选择做国家的帮手。

最后,国家是其监督对象。在治理中,国家的治理原则、对治理议题的优先考虑可能会与国际非政府组织不一致,双方在采取什么样的治理政策措施方面会产生分歧,在对待和履行一些国际条约或公约的态度上也会不同,国际非政府组织认为,国家在治理中没有尽力,会将国家看作是自己的监督对象,并采取种种监督措施。

2.从国家来看

对于国家而言,国际非政府组织的身份也是多重的:

首先,国际非政府组织是国家权威的挑战者。自威斯特伐利亚体系形成以来,国家主权就是至高无上的,国家已经习惯了拥有至高无上的权力。然而随着国际非政府组织规模和活动领域的不断扩展,力量和影响范围不断增强,国际非政府组织常常提出与国家不同的议题规则,并希望国家遵守与履行,无论从哪个角度看都影响到了国家固有的权力。

其次,国际非政府组织是国家安全的破坏者。当国际非政府组织的活动越来越多地涉及政治、安全和人权等较为敏感的领域时,国家担心它们的介入会使自己国家的政治、经济、社会事务决策变得复杂和效率低下,甚至认为国际非政府组织的某些活动是在干涉内政,导致国家主权和安全受损。在此情形下,国家对国际非政府组织的态度会从默认改为提防,并出台一系列相应的举措,如规范国际非政府组织的设立、征收税金、要求业务报告、稽核程序、拒绝它们参与政府计划或政策制定等手段,以便加强对国际非政府组织活动的防范与监管,限制国际非政府组织的越轨行为,或是政府所不愿看到的国际非政府组织开展的某些活动,将国际非政府组织纳入可控制的范围内。

最后,国际非政府组织是国家外交与治理的辅助者。当国际非政府组织放弃对政府的挑战,主动将议题变为政府政策的延伸,其行为有助于扩展政府的活动范围和活动能力,帮助实现政府既定目标时,国家就会将国际非政府组织视为进行治理事务的辅助者,默认甚至大力支持其活动,如为国际非政府组织输入资金、为国际非政府组织的活动提供种种便利。这一方面有助于国家指导和管理国际非政府组织的活动;另一方面也可以使国家更加深入地影响国际非政府组织,推动国际非政府组织在外交中成为促进国家利益的助手,在国内治理中的活动与政府政策保持一致,增强治理效果。

二、国际非政府组织与发达国家政府的关系

发达国家的制度为非政府组织的发展提供了不可或缺的资源和机会,

发达国家的政治传统对非政府组织采取包容的态度。发达国家与非政府组织在外交和对外援助中总体上形成了合作的关系，但在环境和人权保护领域也存在不可避免的冲突。

(一)国际非政府组织与发达国家政府的合作

非政府组织与发达国家政府的合作主要有以下方面：

1.在外交谈判中的合作

在外交谈判层面上，非政府组织因其专业性、权威性和具有广泛的网络，在对外联络方面表现得极为主动，常常参与政府的对外谈判和政策控制，为政府牵线、搭桥、疏通是其活动的主要内容。有时候一些非政府组织会直接参与国与国之间的谈判，以劝说和施加压力的形式使得有利于本国政府的谈判取得成功。例如：很大一部分核军控国际非政府组织都在美国，它们长期受美国主流政治和价值观的影响，在核军控谈判问题上接受美国政府的引导，自觉或不自觉地从美国的利益和立场出发考虑核军控问题，在一定程度上成为美国核军控谈判力量的补充和延伸。①

2.在对外发展援助和救援中的合作

在对外发展援助和国际人道主义救援中，国际非政府组织是发达国家官方发展援助的主要承接者。作为发达国家和发展中国家之间的中介，除了向发展中国家输送资金、食品以及其他的援助资源外，国际非政府组织还从事操作性发展活动，即向发展中国家派出专门人员运用自己的资源在当地直接从事发展活动。

来自经济合作与发展组织的数据显示：自20世纪80年代末或90年代初，美国、加拿大、德国、荷兰、瑞士和一些北欧国家，每年通过非政府组织发放的对外援助资金占到其外援资金总额的10%到25%；20世纪90年代初，英国对外粮食援助的75%，瑞典对外紧急救助资金的40%，1996年法国对外紧急援助资金的46%，欧盟慈善办公室50%的援助资金都是通过非政府组织发放出去的。

无论是面对自然灾害还是战争、冲突等人为的灾难，非政府组织都能以高效和迅速的反应，在那些人身安全不能得到保证的复杂环境下发挥重要作用。也正是鉴于此，发达国家政府通过非政府组织拨出的对外紧急赈灾救

① 刘华平.析冷战结束后核军控领域的非政府组织[J].世界经济与政治,2002(1):28-31.

助款项,呈不断上升的趋势;而对外紧急救助资金的大幅上升反过来又吸引了越来越多的发达国家非政府组织从事这类活动。在2000年连续遭受龙卷风袭击的莫桑比克、2001年发生强烈地震的印度古吉拉特邦、2002年不断受到旱灾侵袭和政治动荡困扰的非洲之角地区、2004年遭受印度洋海啸袭击的南亚和东南亚地区,都能够看到大批国际非政府组织的身影。

3.在公共外交中与政府合作

发达国家的非政府组织在公共外交实践中具有丰富的经验,是发达国家开展公共外交的重要资源。以非政府组织在哈萨克斯坦的公共外交为例,可以看出其在美国对中亚公共外交中的重要性。

哈萨克斯坦作为中亚领土面积最大的国家,凭借丰富的资源和重要的地缘政治地位,成为中亚"牵一发而动全身"的"支轴国家"。在美国针对中亚的"安全、民主和能源"三个政策目标中,哈萨克斯坦是关键一环,而公共外交是美国在哈推进这些政策目标的重要手段之一,非政府组织则是美国在哈萨克斯坦开展公共外交活动的重要力量。哈萨克斯坦独立之后,美国许多非政府组织在哈设立办公室开展项目。据统计,在哈萨克斯坦注册的西方非政府组织多达699家,其中比较有影响力的有美国国家民主基金会、和平队、国际研究与交流委员会、美国欧亚基金会、自由之家、美国亚洲协会等。它们与美国政府关系密切,接受美国官方的资助。例如:和平队是在肯尼迪政府的大力推动之下建立的,该组织由美国国务院提供资金,活动由美国总统办公厅直接管理。

非政府组织具有灵活性和隐蔽性,比美国政府更适合也更有可能完成某些任务。在对哈萨克斯坦的外交中,常常是美国官方机构牵线搭桥,提供资金,非政府组织管理执行各种项目。如非政府组织"美国教育和语言研究合作委员会"(American Council for Collaboration in Education and Language Study,ACCELS)的主要任务就是管理美国向哈萨克斯坦提供的一些奖学金项目,在1993年到2000年间共有一千多名哈民众参加了该组织的交流项目。

经过多年的努力,美国对哈萨克斯坦的公共外交取得了相当的成功:首先是美国在哈萨克斯坦民众之中的国家形象大为改善和提高,特别是青年一代,对美国及美国的文化表现出了明显的好感和向往,许多优秀学生首选的留学国家都是美国。其次是哈精英的亲美情绪变得明显,特别是那些从美国的名校学成归来的精英们,一些在哈国内高校执教;还有一些积极创办公民组织,参与社会活动,逐渐成为哈国内的"意见领袖"和哈国内自由派、反对派的中坚力量,支持美式自由民主,并且要求纳扎尔巴耶夫总统退休。①

4.配合政府干涉发展中国家的内政外交

一些非政府组织常年受到政府的资助,配合自己国家的政府干涉发展中国家内政外交,实现国家对外战略成为其重要任务之一。"无国界记者"组织便是典型案例。"无国界记者"于1979年由罗伯特·梅纳德倡议设立,总部设在法国巴黎,该组织声称自己是一个致力于保护记者免受迫害和推进新闻自由的国际性非政府组织,每年会发布"新闻自由指数"评价世界各国的新闻自由程度,并披露全球性的迫害记者事件和限制新闻自由的案例。但该组织接受美国、法国和其他一些西方国家的组织和机构的资助,如美国国家民主基金会、索罗斯基金会和"自由古巴中心"等,并按照这些国家政府和机构的口味发表针对古巴政府的不利言论,强烈谴责古巴政府粗暴对待记者、侵犯记者人权,并以"涉嫌资助恐怖主义"为由要求欧洲银行冻结古巴政府的账户。

另外一些非政府组织则由于具有政府背景而积极帮助政府干涉发展中国家的内政外交,如美国国家民主基金会（The National Endowment for Democracy,NED）②。1983年,该组织由美国国会依据《美国国内税收法》第501条第3款正式设立,其活动只受国会监督,国会最初决定每年为民主基金会拨款1800万美元,2003年国会对民主基金会的拨款大幅增加并首次超过4000万美元。目前美国国家民主基金会与美国国务院、国际开发署、中央情报局都有密切联系,经常承接美国中央情报局的某些项目,对发展中国家施加政治影响。③

(二)国际非政府组织与发达国家的冲突

在现实当中,如果非政府组织提供主要由政府资助的、大部分甚至完全由政府定义的服务,双方就会保持合作关系。反之,非政府组织经费独立,则会在价值观和具体政策上追求自我,与政府发生冲突。此外,也有一些非政府组织在具体问题上与政府观念相左,为了保持中立而拒绝继续接受政府

---

① 杨恕,郭旭岗.美国对哈萨克斯坦公共外交述评[J].俄罗斯东欧中亚研究,2015(3):79-88.

② 也译作美国国家民主捐赠基金会,简称民主基金会。

③ 徐莹.残缺的独立性:国际非政府组织首要结构性困难解析[J].世界经济与政治论坛,2008(3):108-111.

的资助。

1.双方在环境保护领域的冲突

在全球环境保护领域中,国家利益、民族利益与全球利益存在一定程度的冲突。在这种情况下,政府优先考虑的是国家利益,而非政府组织最为关注的则是全球性的和普遍的利益;政府优先选择的是国内的经济利益,非政府组织则将环境保护放在首位。非政府组织为了使国家在某些环境议题上有所改变或积极作为,就会运用信息、说服和批评、抗议、影响公众舆论,甚至采取直接行动等手段向政府施加压力。

以绿色和平组织反对核试验为例。长期以来,绿色和平组织一直反对法国进行核试验。1973 年,绿色和平组织成员驾船向位于南太平洋的穆卢勒瓦礁进发,抗议法国的核试验。1985 年,绿色和平组织的船只——彩虹勇士号前往法属波利尼西亚进行核试验抗议准备活动。船上搭载了一批监测放射性的仪器,打算通过得到的监测数据使公众意识到核试验对环境构成的危害,掀起反对法国政府的声势。但消息被法国特工获知,法国总统密特朗为了避免核试验节外生枝,命令除掉彩虹勇士号,船上的摄影师不幸遇难。绿色和平组织掀起抗议活动,法国政府不得不道歉,并赔偿 700 万美元。1992年宣布放弃地下核试验, 这与绿色和平组织及其他非政府组织的反核努力不无关系。①

2.双方在人权保护领域的冲突

在人权保护问题上,政府通常将国家安全置于首要位置,而非政府组织则将始终坚持人权保护第一,这不可避免地会导致双方的冲突。如红十字国际委员会主席 2003 年访问华盛顿时,与时任美国国务卿的鲍威尔、国家安全顾问赖斯以及国防部副部长沃尔福威茨等人, 特别讨论了伊拉克局势和被美军囚禁的战俘问题。在提及古巴关塔那摩湾的美国拘留所时,他请求美国当局按正当的法律程序, 为当时六百多名关押在该处的被拘留者的待遇做出实质性改变,在海内外给布什政府施加了一定的压力。

3.双方在战争救援中的冲突

非政府组织与政府的矛盾也出现在战争救援中。以"9·11"事件后美国对阿富汗和伊拉克实施军事打击这一事件为例,面对这场所谓针对"恐怖主

---

① 桑颖.国际环境非政府组织:优势和作用[J].理论探索,2007(1):136–138.

义"的战争,多个非政府组织表示,它们无法保持中立,更无法继续进行它们在这个国家的救援工作。英国乐施会由于不满英国政府的立场决定停止接受来自英国政府的资助,而此前,英国政府是英国乐施会最大的资助者。无国界医生组织在损失了多名工作人员之后撤出阿富汗,以保持其中立的立场。可见,非政府组织虽然在资金方面同发达国家政府有着千丝万缕的联系,但是其中还是有一些非政府组织在具体的人道主义救援和发展项目上,表现出了同政府的距离,以维持自己的独立性和声誉。①

三、国际非政府组织与发展中国家政府的关系

国际非政府组织与发展中国家政府的关系十分复杂。在早期,为了防止国外势力渗透,保护国家安全和社会稳定,发展中国家政府大都会对国际非政府组织的活动空间加以限制。随着时代的发展,国际非政府组织和发展中国家政府之间的关系也在变化:一方面,由于互相需要,双方出现了由对立走向缓和,由冲突走向合作的趋势,且日益明显;另一方面,双方的分歧依然存在,发展中国家政府对国际非政府组织的不信任,依然使其在发展中国家的活动受到限制。从总体上来说,国际非政府组织与发展中国家政府的关系是既合作补充,又伴随着对抗与冲突。

(一)双方的"合作与补充"关系

一般而言,操作性或发展援助型国际非政府组织都会受到发展中国家政府的欢迎,有些发展项目甚至是发展中国家政府争取过来的,双方在发展援助领域形成了"合作与补充"的关系。

以中国为例。2006 年在中国长期活动的国际非政府组织达 1000 个左右,加上开展短期合作项目的组织数量,总数可能多达 6000 个。2016 年,在中国的国际非政府组织约 7000 多家,它们在中国非常活跃,给中国带来有益的经验,也带来资金,②每年通过它们流入中国的活动资金达数亿美元,其

---

① 徐莹.政治机会结构视角下国际非政府组织与发达国家间关系探析[J].云南师范大学学报,2008(4):77-82.

② 傅莹.中国现在已经有 7000 多家境外非政府组织[EB/OL].[2016-03-04].http://news.youth.cn/gn/201603/t20160304_7703377.htm.

活动范围涉及二十多个领域:扶贫、助残、环保、卫生、教育、文化、司法、劳工维权等,对中国的发展产生了积极影响,分析如下:

首先,国际非政府组织给中国带来了新项目和新思路。在中国目前的社会转型中,政府和社会都面临着大量的社会问题,而自发的非政府组织和草根组织的涌现正是对这些挑战的回应。然而对于刚刚诞生的本土非政府组织来说,要对付像环保、扶贫、弱势群体救助这类严重的、有些是全新的问题,资金和人力资源非常有限,它们需要更多的引导、经验和新想法。国际非政府组织进入中国后可以起到政府和国内组织起不到的作用,它们对中国的一个主要贡献就是把在其他国家,特别是发展中国家的积累起来的经验、摸索出来的项目和工作方式介绍到中国来。在国际非政府组织带进中国的新理念和项目中,最有影响的是第三部门和民间社会、草根组织成长、参与式运作、能力建设、环境可持续性发展、善治、小额信贷、弱势群体救助及生态旅游等。所有这些组织的主旨是通过自下而上的参与来推动一个民主公正的社会的发展。

其次,国际非政府组织给中国带来了大量的资金。每年国际非政府组织在中国活动投入的资金达到 2 亿美元左右,主要投向中国一些迫切需要扶持的或者具有创新性的社会发展活动,这些资金产生了较大的实际效果。这对中国社会的发展,特别是对急需资金的社会发展领域来说有重要意义,如福特基金会对中国国内草根组织的经费支持。经费是中国非组织发展的主要障碍,对小的、自发的草根组织的生存,经费更是致命的问题,海外资金对于很多草根组织的建立和发展实际上成了关键。仅以一些有名的自治的国内非政府组织为例,2000 年 "地球村"85%的、"自然之友"52%的收入来自福特基金会。①

再次,国际非政府组织直接帮助中国解决了一些实际问题,对中国社会的发展起到了一定的促进作用。如在环境保护方面,国际非政府组织在中国开展了各种形式的环保倡议和实践活动。如举办讲座、演讲等环境意识教育活动,开展环境保护科学和技术的研究、开发及普及活动;促进环保领域的公众参与活动和相关机制的建立;为环保活动提供资金、设备、技术等方面的资助或援助;开展各种形式的活动,包括保护野生动植物与自然生态,治

---

① 马秋莎.全球化、国际非政府组织与中国民间组织的发展[J]. 开放时代,2006(2):119–137.

理水、大气污染,治理水土流失,垃圾分类,资源再利用等;为环境污染受害者开展法律咨询等援助;积极推动环境保护的国际交流等。在扶贫开发方面,国际非政府组织与各级政府合作,开展了包括生存、技术、教育、卫生、文化、实物扶贫等在内的各种扶贫及开发活动,为消除贫困做出了积极的贡献。一系列的扶贫项目对加快扶贫开发进程,推动扶贫机制和制度创新起到了积极的作用。[①]

最后,国际非政府组织也为其他发展中国家的发展提供了资金和项目,如 1990 年越南接受国际非政府组织援助 2000 万美元;自 21 世纪以来,国际非政府每年都会向越南推出项目和注入资金,2002 年国际非政府组织在越南推出 1500 多个合作项目,投入资金近 1 亿美元;2006 年推出 2600 多个合作项目, 投入资金近 2 亿美元;2010 年接受国际非政府组织的援助超过 20 亿美元;2016 年国际非政府组织在越南开展 2000 个援助项目,承诺援助额约 3 亿美元。越南政府认为本国正处于转型期,经济结构的调整,增长模式的变化,天气及环境呈复杂化态势等带来了一系列挑战,国际非政府组织的援助恰逢其时。其他东南亚发展中国家,如菲律宾、泰国、马来西亚、柬埔寨、老挝、文莱的政府与国际非政府组织之间也保持一定的合作关系。

(二)双方的"对抗与冲突"关系

还有一些国际非政府组织不受发展中国家欢迎,这主要有两方面的原因:一是这些非政府组织对发展中国家存在政治意图,二是它们在受援国从事违法犯罪活动。

1.非政府组织在发展中国家的政治活动

有些非政府组织在本国政府的授意下对对象国政府采取批评态度,反对其现行政策(如人权政策、发展政策、军备政策),甚至对其政治制度和价值观进行谴责,这会使对象国政府视之为威胁。在严重对立的情况下,这些国家的政府就会禁止这些国际非政府组织在其领土上活动, 将其机构或人员驱逐出境。

非政府组织在发展中国家的政治活动主要有:

(1)颠覆发展中国家政权

以中亚、中东国家为例。该地区一系列"颜色革命"的发生,如格鲁吉亚

---

① 金彪.外国非政府组织在中国活动的影响[J].云南社会科学,2008(4):118-122.

的"玫瑰革命"、乌克兰的"橙色革命"、吉尔吉斯斯坦的"郁金香革命"、伊拉克的"紫色革命"、黎巴嫩的"雪松革命"等,莫不与非政府组织具有密切关系。国际非政府组织或是在这些国家资助当地非政府组织,为它们进行人员培养,或是直接设立分部指挥当地的公民运动,在颠覆这些国家政权的过程中发挥了重要作用。它们的不良行为严重损害了国际非政府组织的良好形象,一些国家改变了以往欢迎或默认国际非政府组织的态度,加强了管理,制定出台了一些限制非政府组织参与政治的政策法规,严密监视国际非政府组织的财务活动,审查它们援助本国非政府组织的合法性,防止"颜色革命"蔓延,以保障国家安全和社会稳定。

（2）干涉发展中国家内政

发展中国家大多处于转型中,政治、经济和社会制度各有特色,一些非政府组织却指责这些国家缺乏民主,常常以帮助它们实现民主为借口干涉其内政,双方由此发生冲突。如"美国国家民主研究所"（National Democratic Institute,NDI）声称自己的宗旨是在发展中国家与政党、政府和公民团体合作,帮助发展中国家"建立和加强民主机构",在柬埔寨进行相关活动。2017年柬埔寨外交部指责该组织违反了柬埔寨对于非政府组织管理的法律,并且存在税务问题,柬埔寨政府要求该组织停止活动,并责令其外籍人员在一周内全部离境。[1]在印度由于类似的政治原因,国际非政府组织也受到限制,如:2015年绿色和平组织和美国福特基金会在印度遭到融资限制,比尔及梅林达·盖茨基金会的财务状况遭到调查,大约九千个非政府组织的国外资金许可证被取消。

（3）从事间谍活动

如巴基斯坦一直以来都对所谓"外国援助组织"保持警惕,担心其以"援助"为伪装,实际执行间谍行动。2017年巴基斯坦认为有21家非政府组织,包括索罗斯创办的"开放社会基金"、总部位于南非的"行动援助"等组织涉嫌从事间谍活动,对它们进行了驱逐。

2.非政府组织在发展中国家的违法犯罪活动

除了政治意图外,国际非政府组织的一些非法行为也成为发展中国家

---

① 朱继东.管理 NGO,美国是"州官放火"[EB/OL].[2017-08-25].http://opinion.huanqiu.com/hqpl/2017-08/11175001.html.

加强非政府组织管理的重要原因。国际非政府组织的非法行为有如下五种：

（1）涉嫌通过捐赠途径向发展中国家倾倒、转移医疗垃圾造成环境污染

2005 年基督后一天圣徒教会（Church of Jesus Christ of Latter-day Saints Foundation）向中华慈善总会捐赠的医疗器械由天津口岸入境，经北京、安徽和湖北出入境检验检疫局检验，发现其中有过期、废弃的医疗物资和器械，涉嫌通过捐赠的形式向中国倾倒医疗垃圾。

（2）涉嫌腐败行为

美国妈妈联谊会（United Moms Charity Association）是一个在美国新泽西州注册非政府组织，自 2000 年开始与中华慈善总会合作，重点支持云南丽江地区的助孤项目，但在与中国非政府组织的合作过程中，由于监管不力助长了腐败行为。

（3）非法集资

"世界和平慈善基金总会"（World Peace and Charity Foundation，WPCF）是 2004 年在蒙古国注册成立的非政府组织。2004 年以来，其在北京、浙江、广东等地向社会募集捐款，并且向借款人承诺高额回报。

（4）非法窃取基因资源

一些国际非政府组织实质上是本国政府和企业的代言人，以医学援助为名，在大别山等全国比较穷的地方，通过免费抽血体检等形式，获取我国人口的基因资源，获取用于对哮喘病、糖尿病和高血压等疾病的研究基因。[①]

（5）违反主权国家社会禁忌

在非洲，同性恋仍是多数国家的禁忌，但一些非政府组织却资助乌干达国内的同性恋或同性恋组织，宣扬同性恋权利和招募儿童同性恋者，2012 年乌干达政府取缔 38 家宣扬同性恋的非政府机构。

从根本上来说，国际非政府组织的成立或活动必须符合其所在国的相关法律法规，尊重所在国的政治制度、风俗习惯，避免与援助对象国政府产生冲突与对抗，从而保证自己的公益性和独立性，真正为对象国的经济社会发展做出贡献。

---

① 程志勇，刘志超.境外非政府组织的另一面[J].党政论坛，2012（2）：49-50.

第二节 国际非政府组织与政府间国际组织的关系

一、国际非政府组织与国际联盟的非制度性合作

国际非政府组织与政府间国际组织的关系始于国际联盟(简称国联),国际联盟曾尝试把非政府组织纳入国联体系,在其盟约的 24 条和 25 条中规定:"为国际社会的法制化",应把那些"以促进健康、避免灾难、减轻世界所遭受的苦难为目标"的非政府组织纳入国联的管理之下。1921 年国联理事会再次重申上述规定。

国际非政府组织与国联的非制度性合作主要有三种,其体如下:

(一)通过非正式方式互相支持

非政府组织内部的一些决议可以发表在国联的杂志上,非政府组织被邀参加国联的一些会议,在国联一些委员会里设置的技术顾问享有政府代表的权利,但没有投票权。在这种条件下,非政府组织关注、支持国联的工作和政策发展。与此同时,国联关注、收集、公布有关非政府组织的情报和信息,出版《关于国际组织工作信息》的季刊和《国际组织手册》等。

(二)在主要领域展开合作

随着非政府组织活动领域的扩展,国联与非政府组织在重要领域,如在和平与裁军、卫生、运输、统计、难民、妇女和儿童权利,经济、金融、贸易、商业展开了合作。在和平与裁军方面,非政府组织参加了国联理事会建立的裁军临时混合委员会,为和平解决国际争端大会和 1925 年的《洛加诺公约》做了大量准备工作;在卫生方面,国际劳工组织和红十字联合会参加了国联筹建卫生组织的会议;在运输方面,铁路管理国际联盟参加了国联主持的与铁路、港口有关的讨论大会,国际船商会、国际船运大会参加了国联的海运委员会;在统计方面,国际统计学会参加了国联的有关统计的国际合作会议;在难民方面,红十字国际委员会等非政府组织参加了国联几乎所有的难民救助项目,致力于难民服务、反饥饿、减少疾病的工作;在妇女和儿童权利方面,"国际拯救儿童联盟"提出儿童权利宣言,1924 年得到国联大会通过。

在经济、金融、贸易、商业领域的合作就更为频繁了。以国际商会为例,

国联的经济和金融部门曾派代表参加国际商会（International Chamber of Commerce, ICC）的早期会议，并邀请国际商会参加国联 1920 年在布鲁塞尔召开的国际金融会议。在国联 1923 年的简化报关手续会议上，国际商会获准派遣 8 名具备咨商能力的代表参加会议，提出的许多建议还被写入了条约；在国联 1927 年的废除进出口限制的大会上，国际商会获准派 4 名代表参加；1928 年国际商会参加国联会议，起草了双边税收条约，建立了国联财政会议；此外，国际商会还参与了国联关于工业财产方面的讨论、与国联合作制定仲裁条约、协助国联召开国际汇票会议、制定商法，国际商会卷入了国联的许多经济金融工作。除国际商会外，国际合作联盟、国际工会联盟、国际协会联盟、国际劳工组织都参与了国联的经济、金融、贸易和商业活动。①

（三）建立联系机构

国际联盟在与非政府组织合作的相关领域还设立了一些联系机构。1921 年国联设立了专门机构，负责与红十字国际委员会及该领域其他非政府组织的联系与合作，非政府组织在该委员会的邀请下，可为国联提供健康方面的咨询；1925 年国际组织联合委员会成立，"拯救儿童国际联盟"参与其中进行旨在改善儿童教育和福利的工作；1927 年国联建立经济咨询委员会，国际商会在该委员会取得 3 个席位，并享有投票权。此外，"妇女儿童交通管制国际局"在国联一个常设的"妇女儿童交通管制咨询委员会"中取得了代表资格，"援助年轻妇女国际联盟"在国联的另一个名为"保护儿童、青年人"的常设咨询委员会中享有一个顾问席位。

非政府组织虽然是以非正式的方式与国联在有限的领域展开合作，但这种合作的意义却十分重大：首先，非政府组织摆脱了单独活动的孤立状态，开始了进入国际体制的初步尝试，参与更高级的政府间交往。其次，非政府组织取得了与其他国际组织合作的经验，得到了政府间组织和各国政府的支持，在宗教、人权、商业等领域取得了成就。②再次，非政府组织通过与国联的联系，建立了非正式的通信网络，形成了以北欧、北美为中心的公民社会组织网络，影响逐渐扩散到英国、法国的附属地及亚洲的日本、中国。

---

① 王铁军.跨国社会力量与国际治理体系的演变[M].上海世纪出版集团,2011:101–109.

② 王文.论非政府组织在联合国体系中的地位和作用[J].国际论坛,1999(6):8–12.

在当时的历史条件下,尽管国联与非政府组织的合作只是非制度性的,也足见国联对非政府组织的重视。但是在 1932 年以后,非政府组织在国联的活动开始收缩,只有少量的非政府组织参与国联的事务,原因是国联自身组织内部的原因以及国际局势的紧张,对非政府组织无暇顾及,态度也较为冷漠,二战开始后国联名存实亡,非政府组织与国联的联系就更少了。

二、国际非政府组织与联合国的关系

(一)联合国经社理事会咨商制度的形成与发展

1.联合国经社理事会咨商制度的提出

在联合国建立之初,非政府组织就参与了相关事务。1944 年反法西斯盟国胜利在望,为了协调战后国际关系,美英苏在华盛顿附近的敦巴顿橡树园举行会议,讨论战后联合国的组织机构,非政府组织也在国际社会呼吁关注联合国的建立;1945 年来自世界各地(主要是西方国家)的非政府组织代表应邀出席旧金山制宪大会,再次呼吁国际社会支持联合国的建立,同时也提出在制定《联合国宪章》时要反映非政府组织的立场。

《联合国宪章》第 71 款对非政府组织的要求做了回应,该条款授权联合国经社理事会同那些与该理事会所管理的事务有关的非政府组织进行磋商并做出适当安排。这是国际法上首次正式承认国际非政府组织的存在,成为非政府组织在联合国获得咨商地位的法律依据。尽管法律依据在1945 年就提出来了,但非政府组织在经社理事会的咨商制度的形成却花了很长时间。

2.冷战时期的咨商制度

1946 年,英国首相温斯顿·丘吉尔在美国富尔顿发表"铁幕演说",正式拉开了冷战序幕。同年,国联大会再次提出了非政府组织的咨商问题,要求经社理事会尽快做出适当安排。按照政治家们最初的设想,只有少数地位比较高的国际非政府组织才可以对经社理事会施加显著影响,但申请咨商地位的非政府组织的数量大大超过预期,经社理事会不得不建立了一个委员会,来审议有关非政府组织的安排。1946 年,经社理事会第二次会议的第 2/3号决议指出,给予非政府组织咨商地位的目的在于获得专业人士的建议和技术上的帮助,以及让这些具有代表性的组织表达它们的意见;决议还对获取咨商地位的非政府组织的资格、咨商地位的性质、类别和特权等做了规定。1950年,经社理事会通过288B(Ⅹ)号决议,制定了联合国与非政府组织关系的首份规则。

1968年经社理事会对咨商制度安排进行了审查和修改,在非政府组织的资金来源、构成的全球性、定期报告制度,以及取消咨商地位的规定等几方面增加了内容,形成了1296(XLIV)号决议。

决议将非政府组织在理事会的咨商地位分为三种类型,[①]并对其权利做了详细说明:①具有普遍咨商地位的非政府组织可以指派代表列席经社理事会的会议,在会上陈述意见,对会议的议程提出建议,还可以提交书面报告,或直接向非政府组织委员会或联合国秘书长提出建议,要求其在理事会的行动计划里加进关于非政府组织利益的条款,这种地位仅给予少数对经社理事会几乎所有领域的活动都有关联的非政府组织。②具有特别咨商地位的非政府组织可以派代表作为观察员,出席理事会的各种公共会议,也可以提交在自己专业领域内的书面陈述和书面发言,接受咨询,那些在经社理事会的部分特殊活动领域(如卫生、人权等)具有专长,并特别关心某方面活动的非政府组织可以取得这种地位。③具有注册咨商地位的非政府组织只能派代表出席有关自己领域的会议,而不能提交书面陈述,这种地位给予那些对经社理事会的某一方面工作能够提供有用的咨询的非政府组织。[②]

决议也对这些取得咨商地位的非政府组织的活动做了限制,出现以下状况时其咨商地位会被经社理事会取消:①若发现某个非政府组织暗中接受了政府的指示,或受政府财政支持的影响进行活动;②滥用其咨商地位、出于毫无根据的政治目的,从事违背联合国宪章宗旨和原则的反对联合国会员国的活动;③在三年里没能对联合国做贡献时。

但在冷战背景下,非政府组织在联合国的咨商地位带有鲜明的政治色彩,是否拥有咨商地位或拥有哪类咨商地位,经常受到政治因素的影响和制

---

① 这三类非政府组织是:普遍咨商地位(General Consultative Status),也译作普通咨商地位、全面咨商地位、一般咨商地位;特别咨商地位(Special Consultative Status),也译作专门咨商地位;注册咨商地位(Roster Consultative Status),也译作名册咨商地位。

② 何志鹏,刘海江.国际非政府组织的国际法规制:现状、利弊及展望[J].北方法学,2013,7(4):125-132.

约。它们在联合国体系内的地位,取决于西方阵营在经社理事会占优势,还是苏联阵营占优势;取决于它们是西方阵营的,还是苏联阵营的。冷战期间,发展中国家与发达国家也常常围绕非政府组织的咨商制度展开斗争。最为著名的是对非政府组织咨商制度的两次审查。第一次审查是在 1968 年,一些第三世界国家认为咨商制度被西方国家主宰,提出反省授予非政府组织咨商地位的标准,考查西方国家对非政府组织活动影响的程度,重新定义对三类非政府组织的要求;第二次审查是在 1978 年,阿根廷提出了对咨商制度进行审查的动议,要求经社理事会采取措施终止非政府组织滥用理事会所赋予它们的权利。①

总体来看,冷战时期非政府组织的咨商制度逐渐建立,特别是 1968 年的修订对于非政府组织法律架构、运营方式,组织活动范围以及基本责任设置了较为成熟、完善的法律框架。但世界和平与安全之类的"高政治"操纵在美苏两个超级大国手中,联合国都难以有所作为,更不用说非政府组织。冷战气氛下联合国的主要工作是在经济、社会、发展这些"低政治"领域,非政府组织通过咨商制度对联合国工作的贡献也多体现在经济、社会和发展领域。

3.冷战结束后的咨商制度

冷战后,世界范围内的非政府组织数量剧增,在国际事务中的表现也更为积极。一些较具国际视野的非政府组织深入联合国的贸易、环境、人权、难民、裁军、卫生等领域开展活动,方式更为直接,影响力也不断扩大,被列入经社理事会咨询地位名单的非政府组织在 20 世纪 90 年代初达到 969 个。

1992 年联合国通过《经济及社会理事会议事规则》,联合国许多组织和机构与在经社理事会没有咨商地位的非政府组织也发展了务实的、基于机构和民间社会组织的共同需要的关系。1996 年经社会又通过了 1996/31 号决议,与此前的一些决议相比,1996/31 号决议最为明显的是降低了非政府组织获得咨商地位的门槛:第一,以前能够取得经社会咨商地位的非政府组织只局限于国际性组织,而 1996/31 号决议则允许主权国家的国内非政府组织向经社会申请咨商地位, 为中小型非政府组织参与联合国活动提供了便

---

① 郑启荣.试论非政府组织与联合国的关系[J].外交学院学报,1999(1):55-59.

利,扩大了联合国系统与非政府组织的接触面。①第二,联合国可邀请非政府组织参加部分由联合国主办的国际会议及其筹备过程,拥有经社会咨商地位的非政府组织只需履行报名手续即可参会。第三,没有咨商地位的非政府组织也可参加联合国主力的会议及其筹备工作,但需向会议秘书处提出申请,提交本组织宗旨、章程、与会议相关的工作资料、年度财务报表以及成员情况等,经审批合格后可以参加会议。②

自经社理事会 1996/31 号决议明确非政府组织申请咨商地位的基本条件、权利和义务以来,成功获得经社理事会咨商地位的非政府组织数量迅速上升,2014 年 9 月,全球共 4045 个非政府组织获得了经社理事会咨商地位,其中全面类的有 142 个,特别类的有 2926 个,名册类的有 977 个;2016 年 9 月,全球获得经社理事会咨商地位的非政府组织已增加到 4513 个:全面类的有 149 个,特别类的有 3389 个,名册类的有 975 个。③

(二)国际非政府组织参与联合国事务的机制

国际非政府组织除了通过咨商制度参与联合国事务外,还可以通过包括会议机制、论坛机制、机构机制的一套体系,来和联合国的经社理事会及其附属机构及联合国其他机构进行联系,开展活动;而联合国方面也要通过这一套体系对与之合作的国际非政府组织的活动进行监督和管理。

1.会议机制

会议机制,即指国际非政府组织通过参与联合国各类会议筹备阶段的活动,出席联合国各类会议,影响联合国议事日程及出席会议的主权国家和政府间国际组织代表立场等方式,来参与联合国事务。国际非政府组织参与联合国各类会议的方式主要有:参加会议文件的起草、会议议程的设计安排(由于会议的主要内容及议题主要是在筹备阶段形成的,非政府组织被秘书处邀请去参加会议议题报告的草拟工作,可借机将其政治主张和诉求融入为会议提供的报告中);影响代表团成员的组成,如推举非政府组织代表参

① 孙海燕.从国际法视角看联合国与非政府组织的制度化联系[J].北京大学学报,2008,45(4):138-143.

② 吴琳.联合国是非政府组织参与国际事务的重要舞台[J].当代世界,2010(4):39-42.

③ List of non-governmental organizations in consultative status with the Economic and Social Council as of 1 September 2016 [EB/OL].[2017-06-09].https://documents-dds-ny.un.org/doc/UNDOC/GEN/N16/470/64/PDF/N1647064.pdf?OpenElement.

加官方代表团;为某些代表团提供工作报告和准备背景材料;参加会议准备小组以及成为会议报告的起草人;在会场内外通过发放宣传材料、游说与会代表等方式来争取得到代表团对其立场的赞同以影响国际决策。

2.论坛机制

论坛机制,是国际非政府组织参与和影响联合国决策的又一重要方式。联合国在召开国际会议的同时同地,往往会举行平行的、相同议题的非政府组织国际论坛,增强国际非政府组织对联合国事务的参与。第一次非政府组织国际论坛是在1972年斯德哥尔摩人类环境大会期间召开的,以后成为惯例。1992年联合国在里约召开的环境与发展世界首脑峰会,18000名非政府组织的代表参加了与其同时举办的非政府组织论坛。1995年的联合国第四届世界妇女大会召开时,35000名非政府组织的代表参与了同期的非政府组织论坛。随着时间的推移,非政府组织国际论坛规模日益庞大,有时甚至超过联合国主持的国际会议本身,逐渐成为非政府组织讨论国际问题的重要场所。

目前,联合国环境与发展大会、人权大会、粮食大会、妇女大会等重要活动都专门设立了平行的非政府组织论坛。作为联合国国际会议的辅助性会议,非政府组织论坛一般"先于大会一周召开,并与大会有两三天交叉",形式包括规模不等的讨论会和专题讨论会,讨论议题丰富而自由,非政府组织可以提出自己的思想主张、行动计划和解决问题的方法,吸引人们对联合国议题的关注;就特定问题以及联合国的目的与活动进行信息传播和公众舆论动员。显而易见,参与论坛活动的非政府组织,虽然未直接介入联合国对发展问题的决策过程,但它们的主张和意见所产生的重大影响是决不可忽视的。[1]

3.机构机制

所谓机构机制,是指国际非政府组织在参与联合国事务的实践中,同联合国体系内从事发展活动的许多机构建立起制度和运作上的联系。

第一种类型的机构机制是联合国体系内设立的专门处理非政府组织事务或加强与非政府组织联系的机构。联合国公共信息部(Department of

---

① 马方方.国际非政府组织与联合国联系机制研究[EB/OL].[2017-06-09].http://www.chinanpo.gov.cn/700101/92592/newswjindex.html.

Public Information,也译作公共新闻部)是最早的此类机构,享有公共信息部联系地位的非政府组织,可参加公共信息部的非政府组织年会、全球问题每周例会和信息研讨会,还可获得公共信息部颁发的联合国大厦通行证,与公共信息部联合开展新闻项目,获得联合国信息材料,借阅联合国文件等。[1]非政府组织联络服务处(UN Non-Government Liaison Service)是联合国在1975年专门设立的另一个致力于建立并促进联合国系统和非政府组织联系的机构,主要就非政府组织在联合国系统内审议和协商的发展及其相关议题的相互理解、对话与合作,加强联合国系统与欧洲、日本和北美地区的非政府组织网络在发展信息、教育、活动和政策宣传等领域的合作;帮助非政府组织,尤其是来自发展中国家的非政府组织,参与联合国有关发展议题的讨论。

其他机制还有:经社理事会下设的非政府组织委员会、秘书处新闻部下设的非政府组织科、秘书处经济和社会事务部下设的非政府组织科。随着国际非政府组织参与联合国活动形式和途径的多样化,获得经社理事会咨商地位已不再是它们参与联合国事务的唯一选择,取得正式关系并不是非政府组织与联合国合作的先决条件。这也意味着这些联系机制是独立于经社理事会咨商制度的。

第二种类型的机制是非政府组织与联合国机构的非正式联系机制。如联合国安理会和人权事务会以及其他一些机构并没有特设非政府组织部,但保持着与非政府组织长期合作的关系。

非政府组织参与安理会活动的非正式机制有:①为安理会提供决策信息。安理会对和平与安全问题的决策是以大量和可靠的信息为基础的,而这些信息应该由媒体、当事国政府和秘书处提供,事实上,这三个信息渠道都把非政府组织作为信息的主要源头。②具有经社会咨商地位和公共信息部联系地位的非政府组织,可旁听安理会的公开会议。安理会成员还可举行"阿里亚模式"会议,听取有关非政府组织通报情况或建议。为与安理会正式会议区别开来,这种会议一般在安理会会议厅、磋商会议室之外举行,安理会成员自愿参加。③许多非政府组织还共同在每月初与安理会轮值主席进行讨论,表达对当月安理会各个议题的看法。④非政府组织还直接参加维和

---

① 吴琳.联合国是非政府组织参与国际事务的重要舞台[J].当代世界,2010(4):39-42.

行动中的人道主义救援工作,为战争中的受伤者、难民提供救济。①

联合国人权机制也与非政府组织保持着长期合作的关系。目前非政府组织参与人权机制的方式有:①在成员国与特别机制(如酷刑问题特别报告员、缅甸人权状况特别报告员)的对话中发言,还能够在一些以往只有政府代表才能参加的决议磋商中与政府讨价还价。②享有咨商地位的非政府组织可旁听审议,并在人权理事会通过审议报告时发言。③根据理事会决议,即使不具备咨商地位的非政府组织亦可推荐专家候选人竞选特别机制代表,并可参与理事会下属的"少数人论坛"和"社会论坛"等会议。④任何非政府组织都可递交涉及受审国家的人权报告,经人权高级专员办公室编辑后作为审议的基础参阅材料之一。②

此外,联合国可持续发展委员会(CSD)、联合国可持续发展世界大会(WSSD)、联合国发展基金会(FFD)、联合国贸易和发展会议(UNCTAD)、联合国儿童基金会(UNICEF)、世界卫生组织(WHO)、国际粮农组织(FAO)都与非政府组织建立了不同形式的联系机制,使得更多的非政府组织可以参与到联合国工作中来,成为不可或缺的一部分。

第三种类型的机制是非政府组织与联合国专门机构的合作机制。如世界卫生组织为规范其与非政府组织的合作制定了《指导世界卫生组织与非政府组织关系的政策》,其中第10条规定:获得资格认证的与世界卫生组织建立正式合作关系的非政府组织享有以下权利:①可指定一名代表参与执行委员会会议和卫生大会以及在它们权力范围内召集的委员会和会议,但无表决权;②可在此类会议上就涉及该非政府组织的议程项目作解释性发言;③可提交与此类会议有关的陈述,其性质和范围应由总干事决定。③

除了上述机制外,非政府组织还可通过承担联合国发展计划与项目参与联合国活动。这些行动计划有:药物控制计划、发展计划、环境计划、粮食计划,人口基金、儿童基金等,非政府组织主要为行动计划的决策提供信息,为计划的实施提供咨询。此外,联合国旗下有众多旨在落实千年发展目标的具体项目,其中不乏公益性强、专业技术要求高、社会合作环境好的发展类项目。非政府组织,特别是获得联合国经社会咨商地位的非政府组织一般都

---

①② 吴琳.联合国是非政府组织参与国际事务的重要舞台[J].当代世界,2010(4):39-42.

③ 李宝俊,金彪.全球治理中联合国与非政府组织的关系[J].现代国际关系,2008(3):50-53.

是社会公益性机构,集中了各领域的专家和技术人员,拥有较强的公信力和知识优势,民众基础和社会认可程度较高,有利于在各国政府和政府间组织难以触及的领域开展活动。联合国非常支持具有经社会咨商地位,或与其他联合国机构建立合作关系的非政府组织承包部分项目,允许其执行联合国决策、反馈执行情况,并对下一步实施计划提出建议。①

(三)国际非政府组织与联合国合作的动因

国际非政府组织同联合国进行合作的动因来自双方,双方在执行其使命的过程中都迫切需要对方。

1.从国际非政府组织方面来看

国际非政府组织建立与发展同联合国的关系的主要原因有:

一是获取联合国资金资助。非政府组织为了开展活动、扩大自身的影响,需要从各种渠道获得资助。战后以来,联合国体系成为全球发展援助资金的筹集与分配的主要枢纽之一。大量的发展援助资金年复一年地经联合国各机构,如世界银行、联合国开发计划署和联合国粮农组织流向发展中国家,国际非政府组织通过与联合国及其各联系机构建立关系,可以开通来自联合国体系的资助渠道。

二是获得联合国的道义支持。如2014年"无国界医生"在阿富汗昆都士的医院遭美军空袭,造成包括医护人员、儿童、病人在内的37人伤亡,"无国界医生"发表声明称这次袭击严重违反了国际人道主义法,并以最强烈的言辞谴责这起恐怖的突袭。联合国人权事务高级专员立刻做出了支持性回应,联合国人权高专侯赛因声称,无论是国际社会还是阿富汗军事武装,在任何时候都有义务尊重和保护平民,尤其是医疗机构和医护人员。这一事件完全是一场悲剧,不可原谅,甚至可能是犯罪,要求美国和北约对突袭事件进行迅速、全面和透明独立的调查,且结果必须公之于众。如果法庭确认这起事件是故意的,那么这起针对医院的空袭就可能构成战争罪。

三是通过影响政府间国际组织的决策,影响本国政府的决策。一些非政府组织(特别是发展中国家的)之所以积极参与联合国体系的活动,目的在于对本国的政府决策施加影响。因为它们在本国不为政府所重视,主张和要求也难以体现在政府政策之中,参与联合国的活动一方面可借助联合国获

---

① 吴琳.联合国是非政府组织参与国际事务的重要舞台[J].当代世界,2010(4):39-42.

得国际地位和国际影响力,迫使政府正视其主张和要求,另一方面也可以使其自己的主张和要求融入联合国议程,引起政府的重视。①

2.从联合国体系方面看

联合国之所以主动和积极地同非政府组织建立与发展关系,主要出于以下考虑:

(1)弥补人力资源的不足

首先,非政府组织的工作人员在动员当地资源方面能发挥独的作用。联合国体系内各组织推行的发展项目体现的是一种自上而下的设计、实施和监督。以往的评估表明,单纯由官方援助组织或国际组织实施项目的成效缺乏持续性,因为这些项目往往缺少当地民众的参与。非政府组织由于具有灵活性、享有社区民众的信任、接近穷人和独立于政府,在动员当地民众参与方面有特别的优势,促使国际援助方案适应当地的情况,也使国外的援助者了解当地的具体条件,从而可降低发展项目设计与实施成本,提高效率和延长项目效果的持续时间。正因为如此,在发展中国家,联合国帮助穷人、老人、妇女、儿童、残疾人脱贫、扶贫的项目经常是由非政府组织来完成的,尤其在亚洲,有很多这种组织专门负责执行联合国扶贫计划在某些贫困地区的小型扶贫项目。

其次,非政府组织的工作人员在联合国的维和行动与人道主义救援中能发挥重要作用。联合国各组织机构从事活动的很多地区战火纷飞、内乱不已,且这些地区的多数当事国政府机构腐败,效能很低,甚至瘫痪、基本丧失效能,联合国机构任务艰巨,但又没有足够的人力去直接执行任务。在这种情况下,非政府组织对联合国来说就十分重要。非政府组织广泛的基层组织网络,遍布世界各个角落的工作人员或志愿人员,可以有效地为联合国各机构提供帮助,如抢救、医治伤病员,交换战俘;为难民、灾民运送、分发救援物资,红十字国际委员会就经常帮助联合国完成这样的行动计划和人道主义工作。

再次,由于缺少人手,联合国的行为是反应式的和危机处理式的,而非政府组织则由于工作人员充裕,可以持续不懈地致力于特定问题的解决,进行长期细致的发展工作,认真从事调查、质询、讨论与项目可行性的分析,以

---

① 赵黎青.非政府组织与联合国体系[J].欧洲,1999(5):34-45.

及对发展项目的评估等工作。

（2）弥补传播资源的不足

非政府组织有不可小视的传播资源。如前所述，非政府组织可以观察员身份出席联合国各理事会及附属机构组织召开的重要国际会议或国际论坛，在这种场合，非政府组织不仅会发表自己的意见，提出自己的决议草案，也会协助联合国宣传公益主张，或动员公众舆论，对成员国的政府代表施加影响支持联合国的倡议和决议；而非政府组织的"民间性""公益性"无疑有助于提高联合国传播知识、思想和决议的效果。在其他场合，一些势力强大的非政府组织不但拥有自己的传播媒介，还通过其他各种知名媒体和公众舆论，运用宣传、游说，组织报告会、提供专业意见等手段影响公众观念、政府立场和决策，所以非政府组织不但能够提升联合国传播的效果，也能增强联合国信息传播的频率和速度，以弥补联合国传播资源的不足。

（3）弥补知识和技术资源的不足

有些非政府组织本身就是专业研究机构，它们的成员大多是知识分子，集中了许多本行业的专家，他们在一些问题上的专业见解对联合国有非常重要的参考价值，在许多专业问题上联合国都不得不寻求非政府组织的帮助。如自然保护国际联盟是环保领域的一个非常著名的非政府组织，在环保领域拥有丰富的专业技术和人才资源。该组织的六个专家委员会是由多知名的技术专家、科学家、政策专家所组成的工作网，致力于世界自然保护事业，活跃在大约180个国家。从20世纪60年代开始，该组织就已积极从事环境法律方面的工作，协助起草了许多国际公约以及国内环境立法框架，目前国际贸易中的濒危物种的保护协议、《生物多样性公约》《迁移物种公约》和世界宪章的自然保护部分等，都是在自然保护国际联盟的草案的基础上开始并形成的。再如，在裁军领域的非政府组织中有许多武器专家和核物理学家，其成员对自己关注的领域有深入的研究，对情况了如指掌，易于提出前瞻性的看法，能不断提出一些新思想、新观念与新措施，且有系统的理论根据。[①]非政府组织凭借其技术和知识资源方面的优势，经常参与联合国的决策、计划等前期起草评估工作，为联合国会议提供咨询意见和建议，进行法律、科学、技术和政策分析，可以起到弥补联合国相关方面知识和技术资

① 杨扬.全球治理视角下联合国与非政府组织的关系[J].河南师范大学学报,2008(1):74-78.

源不足的问题。

（4）强化联合国存在的合法性基础

非政府组织的民间性有助于增强联合国的合法性。联合国的工作常常被批评存在"民主赤字"问题。非政府组织作为民众的代表参与联合国事务，影响其决策过程，表达的是国际范围内的民众意愿，体现的是国际范围内的民众力量，而非仅仅是各国政府的意愿和要求。非政府组织参与联合国事务促进了联合国工作的民主化，从而增强了联合国的合法性。

非政府组织的公益性也有助于增强联合国的合法性。非政府组织声称不受自身利益的驱动，而是代表"全球的良心"，出于社会道义致力于某个特定全球性问题的解决，非政府组织对联合国事务的参与，可使联合国数据和信息来源多元化，使联合国政策和规则的制定更加关注普遍的全球利益，而不仅仅是某个国家或某些国家的特殊利益；更加关注国际公众的愿望，并积极做出反应和回馈，成为一个更加透明和更负责任的国际组织，从而也更加具有合法性。

（5）促进联合国的效率与责任

首先，作为官僚机构，联合国存在官僚主义、官僚作风和腐败现象，同时作为政府间国际组织，联合国常常受制于成员国政府，尤其在与大国利益密切相关的一些问题上，联合国软弱无力，工作拖沓。非政府组织对此一直不满，常常会通过批评、谴责、监督、揭露等手段，提醒联合国改变官僚主义的工作方法。

其次，非政府组织的机构体制、工作程序与联合国有很大差别，联合国的行动需要通过正式的程序和机制，要有法律的依据，因此在解决一些有风险和前景不明确的问题会行动迟缓，或者裹足不前；非政府组织则不需要正式的程序和机制，可以及时和灵活地对问题和危机做出反应，而且对风险和失败的承受力也较大。在联合国不便出面的情况下或难以预测结果的事情上，非政府组织可以迅速行动，促进联合国的效率与责任。

最为典型的是在国际人权事务上。联合国人权委员会有保护人权的职能，但它也是一个政府间组织，权力来源于主权国家，要服务于主权国家的需求。这种相互矛盾的职能使其在许多情况下处于十分尴尬的境地。非政府组织在此类问题上却少有顾及，如：《联合国禁止酷刑公约》《儿童权利保障公约》、人权委员会的特别报告人制度和人权高级专员等对国家主权形成某种约束的公约和制度,都是由非政府组织酝酿、提出和推动产生的。[1]此外,在一些具有政治敏感性的国际法领域,联合国往往不便进行干预,非政府组织的舆论影响和"道德制裁"可以帮助联合国对公约实施监督,丰富和发展国际法的执行手段,在一定程度上克服了国际法的"软法"特性。[2]

(四)国际非政府组织与联合国之间的问题

然而联合国与国际非政府组织在合作中也存在一些问题:

1.国际非政府组织在联合国事务中的角色和参与权限一直不明

非政府组织参与联合国事务的权利仍然有限,与其期望相差甚远:①非政府组织仅限于参与诸如经社理事会及其职司委员会等论坛,在相关论坛和会议中的发言时间更有限,因此无法有效地表达意见。②非政府组织取得咨商地位的审批程序复杂冗长。在申报过程中必须提交大量的支持材料,审批过程可能需要几年时间,并且申请极有可能因为政治原因而非技术原因被拒绝。[3]③非政府组织参与大型会议的安排是临时性的、混乱的,能否获得参与大型会议的资格依然有一定的政治性。④非政府组织与联合国的两个重要机关——联合国大会和安全理事会之间的联系上缺乏有效的正式途径。目前取得咨商地位的非政府组织中只有国际红十字会有资格参加联合国大会。非政府组织同安理会制度上的联系几乎没有,非政府组织对于同安理会的关系还不满意,希望能够更多地参与安理会工作。

2.国际非政府组织参与联合国事务导致决策过程缓慢

非政府组织在与联合国的合作中时常发生冲突。在联合国或其下属机构举行会议或活动期间,有些非政府组织进行示威游行,对各国政府与联合国的政策表示抗议,并施加压力,干扰了政府间谈判进程。这引起了一些联合国成员国的不满,它们认为联合国对非政府组织过于开放,非政府组织数量的增长已经超出了联合国的承受能力;非政府组织的某些要求特别是进入大会/安理会或参与决策机制的要求是不合理或不现实的、超出了目前宪章许可范围的改革。[4]

---

① 蔡拓,刘贞晔.人权非政府组织与联合国[J].国际观察,2005(1):41.

② 黄德明.论非政府组织与联合国关系的现状及改革前景[J].当代法学,2006(3):27-34.

③ 莫万友.非政府组织参与全球治理的准入制度探析[J].河北法学,2013,31(2):34-39.

④ 李宝俊,金彪.全球治理中联合国与非政府组织的关系[J].现代国际关系,2008(3):50-53.

3.国际非政府组织在一些国际事务中对联合国的主导地位构成挑战

目前无论在和平、安全之类的高级政治领域,还是在诸如环境、贫困和社会发展之类的低级政治领域,非政府组织已经不再像冷战时期那样完全在联合国的框架内处理国际事务了。首先,出现了非政府组织为实现自己的目标绕开联合国进行外交的现象。如在禁止杀伤人员地雷问题上,非政府组织绕开联合国与主要大国,与中小国家一起在联合国之外签署了《禁止杀伤人员地雷公约》。其次,非政府组织在某些地区和领域的优势弱化了联合国的主导地位。如在非洲,从资源争端到族际暴力和种族战争,非政府组织的身影无处不在,非政府组织在非洲事务中的优势弥补了联合国的缺陷,但也成为联合国在该地区进行治理的竞争对手。最后,非政府组织的介入使联合国实施行动的形势复杂化。非政府组织在冲突中的行动可能与解决冲突的总体目标背离,进一步加剧冲突或者使冲突旷日持久;非政府组织的活动还可能因受到国际或国内某种政治力量的操纵,背离中立和正义的立场,使活动本身成为冲突因素的一部分,导致冲突复杂化;非政府组织为冲突地区提供的人道主义援助,表面上看来是无害和慈善的,实则可能支持了冲突地区的战争经济,导致战争与冲突的长期化。①

三、国际非政府组织与其他政府间国际组织的关系

(一)国际非政府组织与世界银行的关系

1.世界银行是最早意识到非政府组织价值的发展机构

世界银行最初是为了二战后的欧洲重建而建立的。从 20 世纪 50 年代起,世界银行从重建转向开发,用贷款的方式资助重大的经济开发项目;60年代开始,世界银行重点资助大坝、发电厂和电信等基础设施;到 70 年代,健康、教育和住房等大众需求方面的建设也加入到了世界银行的资助范围;80 年代,世界银行开始强调可持续发展,即减少贫困、扶助边缘化人群、保护环境。由于世界银行承担起了反贫困的任务,需要国际非政府组织将服务直接送达需要扶助的人群, 所以它是最早意识到非政府组织在发展活动中的优势的机构, 也是最早利用非政府组织的各种优势去促进发展项目实现的

① 胡志方.非政府组织在解决非洲冲突中的作用与影响[J].西亚非洲,2007(5):18—22.

机构。世界银行与非政府组织在共同致力于社会经济发展事业的过程中形成了四种协作联系机制：政策性对话机制、操作性合作机制、研究和分析合作机制、以及世行对非政府组织的支持机制。

2.非政府组织与世界银行的合作

世界银行与国际非政府组织正式建立联系是在 1980 年"小企业发展研讨会"之后。1981 年，世界银行非政府组织委员会成立，来自世界各地的 14 个非政府组织领导人参加了大会。1982 年世界银行设立了非政府组织——世界银行联席委员会，为世界银行的高级官员同非政府组织代表之间的对话提供正式场所。世界银行操作政策部下设有非政府组织处，其使命就是促进世行与非政府组织之间的对话与合作，充当世界银行与非政府组织之间的信息交流中心。这个处建立了有关全球范围发展领域里七千多个非政府组织情况的资料库，并且公开对外提供咨询与查询。

世界银行在 1983 年设立了小额无偿资助项目，目的是促进非政府组织、学术界、政府、企业界以及新闻媒介等之间的对话与信息交换。1984 年世界银行成立了非政府组织工作组。1988 年欧洲非政府组织在世界银行／国际货币基金组织柏林年会期间组织了国际论坛，非政府组织代表在会上发了言，后来成为一种惯例。1989 年，非政府组织工作组提出要反思世界银行推行的发展模式，并建议吸收各类民众参与世界银行的工作，1994 年世界银行 50 周年庆典时，大批非政府组织举行了抗议活动，主要是在债务问题上批评世界银行，但这为世界银行和公民社会建立战略伙伴关系提供了契机。

1994 年世界银行建立了公共信息中心，推动世界银行、政府同非政府组织之间的对话，支持非政府组织参与世行的研究与分析以及借贷活动。世界银行还通过提供资助支持世行同非政府组织之间的政策性对话。[①]1995 年，沃尔芬森被任命为世界银行总裁，积极同世界银行的批评者们展开对话，并利用一切机会同非政府组织进行接触，积极促成世界银行与非政府组织的合作，在同"第三世界网络""美国乐施会"等非政府组织对话的基础上，通过了著名的"结构调整参与性评估倡议"。1999 年，世界银行提出并制定"综合发展框架"（Comprehensive Development Framework），使非政府组织在制定发

① 赵黎青.非政府组织同世界银行的协作机制[J].世界经济研究,1999(5):15-18.

展战略时有一席之地。

世界银行的工作得到了非政府组织的肯定,《经济学人》杂志赞扬世界银行通过不懈的努力改善了同非政府组织的关系,"从环境政策到债务缓解,非政府组织都处于世界银行政策的中心,而且常常由他们决定政策。新的世界银行更加透明"。非政府组织通过全球网络对世界银行产生了重要影响:通过影响公共舆论和媒体将问题提到国际日程上;推动寻找替代性的经济方案,如提出替代结构调整计划的建议;传播知识促进草根政治联系影响世界银行的贷款项目;通过促进公共责任性、透明性等改善治理机制;提供其他渠道,如以社会资本或参与项目过程等方式提供服务。

3.非政府组织对世界银行的批评

非政府组织很早就对世界银行的发展活动提出了批评,认为它对经济危机国家提供的许多重建项目,尤其是结构调整计划,给所在国人民带来了环境和社会的负面影响。在国际治理中,非政府组织试图表明,经济改革必须考虑对发展中国家带来的社会后果和政治现实。20世纪80年代,非政府组织强烈批评世界银行的结构调整计划,指责计划的社会后果,要求世界银行考虑各国具体的国情,要有"人道的面孔"和"人道的步伐"。一开始,世界银行拒绝说这是实现增长必须付出的代价,只要实现了经济增长,各种不良影响就会消失,由于筹款渠道的问题,多边债务不可以减免,减免造成的负面影响会到处蔓延。随着人们的反对呼声日益高涨,世界银行改变了态度。沃尔芬森上台后立即采取行动,全面减免了"重债贫穷国家"的债务,其后在东亚金融危机中的行为,既显示了它同公民社会团体的密切合作,又显示了公民社会团体对国际经济的影响。①

(二)国际非政府组织与世界贸易组织的关系

1.国际非政府组织参与世界贸易组织活动的历史

世界贸易组织脱胎于关税及贸易总协定(GATT,简称"关贸总协定"),而在GATT时期,相关的协定既没有在文本中做出有关与非政府组织开展咨商与合作的任何规定,实践中也鲜有这样的操作,非政府组织要求参与GATT事务的呼声也不强烈。20世纪70年代以前,贸易治理机构并不是非政府组织展开斗争的主要场所。

---

① 王铁军.全球治理机构与跨国公民社会[M].上海世纪出版集团,2011:338—345.

　　1973年关贸总协定缔约国部长级会议在东京展开第七轮多边贸易谈判,谈判范围包括削减或取消关税和非关税壁垒,以及任何妨碍或破坏工农业产品世界贸易。东京回合后,关税不再是重要的贸易壁垒,社会经济生活中越来越多的领域,如劳工、人权、童工、保护动物、大气和海洋污染,与贸易问题挂钩,关注此类社会问题的非政府组织与世界贸易组织的关系变得密切起来。

　　世界贸易组织从成立至今,关于其是否应进一步向非政府组织开放的争论就有没有停止过。世界贸易组织被批评只支持反映跨国公司利益的政策,只维护跨国公司的利益。世界贸易组织还被批评日常工作不受监督,缺乏透明度;各国政府的利益,尤其是发达国家政府的利益主导了世界贸易组织的决策论坛;世界贸易组织虽然拥有各种利益的代表,却排斥了受贸易自由化影响最大的群体。

　　世界贸易组织一直在努力改善与非政府组织的关系。1995年,在世界贸易组织建立之初,世界贸易组织成员确立了与非政府组织协商与合作的法律基础(见马拉喀什协定第2节)。1996年,总理事会明确了任务规定,为世界贸易组织与非政府组织关系的运作提供了基础。世界贸易组织的三次部长级会议:新加坡会议(1996)、日内瓦会议(1998)、西雅图会议(1999)则对世界贸易组织与非政府组织关系的发展起到了重要作用。[1]

　　新加坡会议在对市民社会组织的认可上迈出了非常重要的一步。在新加坡会议上,与世界贸易组织议题直接相关的非政府组织可以派代表参加,但双方的关系还没有正式化;新加坡会议后,出席部长级会议的非政府组织数量逐次增多。日内瓦会议时,一些非政府组织进行了场外示威游行引起了决策者的注意。总干事鲁杰罗意识到世界贸易组织的主要挑战是公众关心的问题,如金融动荡、发展、边缘化、环境、就业、健康和文化差异,世界贸易组织需要投入大量精力加强与公民社会的联系,但并未决定确立接纳非政府组织进入世界贸易组织工作程序的方针。[2]

　　在吸引贸易领域之外的非政府组织,如环境、劳工以及发展领域等的非政府组织来参与部长级会议这一点上,西雅图部长级会议具有分水岭意义。

---

① NGOs and the WTO[EB/OL].[2017-06-09].https://www.wto.org/english/forums_e/ngo_e/ngo_e.htm.
② 王铁军.全球治理机构与跨国公民社会[M].上海世纪出版集团,2011:183-185.

西雅图会议上非政府组织不但在场外进行了更大规模的抗议活动,健康(如无国界医生,MSF)以及人权领域的非政府组织对世界贸易组织的部长级会议的参与也十分引人注目。①西雅图会议显示了非政府组织在国际贸易方面的力量,2001年世界贸易组织总干事穆尔正式邀请了世界上647个非政府组织出席在卡塔尔首都多哈举行的世贸组织第四次部长会议。

2.国际非政府组织对世界贸易组织的态度

非政府组织对世界贸易组织的态度分为三种:一是尽管对世界贸易组织的某些方面有意见,但总体上支持世界贸易组织的治理思路,如国际商会等商人组织和思想库;二是对世界贸易组织持批评的态度,但积极与世界贸易组织发生联系,以便对其进行改变,如国际工会联合会(ICFTU)、乐施会、基督教援助、世界自然基金会(WWF);三是反对世界贸易组织并要求彻底废除这个组织, 如 "人民的全球行动 (People's Global Action)""全球抵抗""GATT观察""第三世界网络(Third World Network)"。②

3.关于国际非政府组织参与世界贸易组织事务的争议

反对国际非政府组织参与世界贸易组织事务的理由如下:

第一,非政府组织已经有了国内的参与途径,那么允许其在日内瓦还享有发言权就超越合理尺度了。允许非政府组织双层参与的后果非但不是加强民主,反而有害民主。如果一个非政府组织的观点已得到政府的支持,那它自然没有什么理由再要求参与国际层面的活动,那些代表少数者利益的非政府组织希望在国际层面发言,但却不具有正当性,因为它们没有通过国内民主程序的认可。

第二,非政府组织的参与会使世界贸易组织成员方更难达成共识。世界贸易组织目前的谈判之所以能进行, 是因为每一个成员方表述的都是一元式意见,这样各方才可以就彼此之间的不同意见进行讨价还价。如果非政府组织也能参与这一谈判进程并允许其发表意见,谈判不仅会变得极其混乱,也势必进一步陷入僵局。透明度的增强会使利益集团有机会削弱政府在世界贸易组织论坛中的谈判力量。允许非政府组织进一步参与会导致决策程序为特殊利益所掌控, 导致特殊利益集团在世界贸易组织内占有不恰当的

---

① 徐昕.非政府组织制度性参与WTO事务研究[M].同济大学出版社,2011:102–103.

② 王铁军.全球治理机构与跨国公民社会[M].上海世纪出版集团,2011:183–185.

影响力。

第三,非政府组织本身也缺乏正当性。世界贸易组织并没有对人民造成直接影响,没有直接影响个人,世界贸易组织的规则是针对成员方政府的。而非政府组织既没有针对全体人民的可问责性,也不是经由全体人民选举的代表。通常情况下,非政府组织只是各种狭隘利益的倡议者和维护者。与政府不同,它们无意从全局的角度去关注各种社会利益间的平衡。如果非政府组织有所代表,那么它们代表了谁,谁来享受非政府组织运动所取得的成果及分担非政府组织运动所需要的成本? 在非政府组织联盟中, 谁替谁说话,当参与者众多时,争议是如何解决的? 在过滤彼此的分歧以相互沟通时,谁的声音得到了倾听? 谁的利益被无情地忽略? 草根阶层的声音是如何受到不同机构的调和?

第四, 大多数发展中国家反对非政府组织进一步参与世界贸易组织,因为在它们看来,绝大部分非政府组织,尤其是那些关注环境或劳工议题的非政府组织所宣扬或倡议的观点,不符合发展中国家基于目前经济发展水平所决定的利益观。此外,工业化国家的非政府组织正表现出组织结构日渐完善以及资金支持越加雄厚的发展趋势。发展中国家担心如果允许非政府组织扮演更强大的角色进一步加剧其在世界贸易组织被边缘化的现状。换句话说,有了非政府组织的助阵,它们担心谈判的天平会愈加倾向于发达国家。①

支持国际非政府组织参与世界贸易组织事务的观点如下:

第一,通过本国政府之外的渠道向国际社会发表意见,对于那些生活在非民主国家的人民而言是至关重要的。

第二,能够通过本国政府之外的渠道向国际社会发表意见,对于那些来自弱小国家的人民而言是至关重要的。传统政治模式下,弱小国家政府本身都很难确保其声音在国际层面得到倾听, 更不用说保证贫困国家的非政府组织无法有效地参与世界贸易组织。

第三,在谈判协议时,各国经选举产生的政府官员们为避免不利后果总是不愿冒风险。这使得政策制定过程非常低效,有时即使明明存在可以合作的解决方案,他们也往往选择不作为。考虑到全球治理中存在此类可能的机能障碍,国际非政府组织可以担当催化剂的作用促使协议的最终达成。

---

① 徐昕.非政府组织制度性参与 WTO 事务研究[M].同济大学出版社,2011:47-49.

第四,非政府组织能比国家更好地抛弃国界的干扰,从而准确地界定问题并提出解决方案。①

(三)国际非政府组织与国际货币基金组织的关系

1.国际非政府组织与国际货币基金组织关系的演变

(1)20世纪90年代中期以前二者的关系

在80年代前期,国际货币基金组织主要是通过出版物、印刷品和研讨会开展同非政府组织的活动,1989年建立了公共事务署处理与市民社会组织的关系。这一时期尽管国际货币组织越来越多地干预第三世界债务危机,并扩大了结构调整项目的资助,但非政府组织对国际货币基金组织的行动却并未给予很多关注。从1989年以后非政府组织召开了一系列公众会议,但只有为数不多的非政府组织把主要精力放在国际货币基金组织身上。

国际货币基金组织也不存在关于非政府组织的制度性安排,如定期会议。不过,在一些特定场合可能会约见某个非政府组织,或在研讨会和社会活动中与非政府组织会晤,或有意通过第三方政府机构、跨国机构和媒体等安排同非政府组织的间接联系。一般来说,国际货币基金组织会议同市民社会组织联系最多的场所是在华盛顿总部,在项目所在国国家的首都也会发生一些联系。

国际货币基金组织倾向于同经济学组织发生联系,建立联系的组织大多是大学、思想库、经济学界的顾问,尤其是相关金融产业和对外投资机构。国际货币基金组织同英美研究机构、商业组织,尤其是银行组织、产业组织和商会有着密切的联系,如参加这些组织的商业论坛;非政府组织如"国际金融学会"也常常向国际货币基金组织发布一些报告,并提出相应的建议。国际货币基金组织与日本国际金融中心、美国银行家协会、布雷顿森林委员会、美国商会都有密切联系。但国际货币基金组织很少同工会等非政府组织联系,同非经济类研究团体和非商业论坛也总是保持一定的距离,1995年后才谋求同工会组织的经常性联系,并与直接关注发展的非政府组织对话,但很少同宗教组织,尤其是非基督教组织联系。

总的来看,在20世纪90年代中期以前,国际货币基金组织并没有引起跨国非政府组织的过多关注,而国际货币基金组织同有关发展、环境、性别

---

① 徐昕.非政府组织制度性参与WTO事务研究[M].同济大学出版社,2011:53-54.

以及其他团体的非政府组织的关系起步较晚,且疑虑重重。①

(2)20世纪90年代中期以后二者的关系

国际货币基金组织同非政府组织关系的大发展始于90年代中期以后:1994年非政府组织"50年足够"成立、1995年伦敦的非政府组织建立了布雷顿森林计划监督和影响国际货币基金组织;1997年亚洲金融危机之后,国际非政府组织把国际货币基金组织看作是国际金融事务的权力机构,抗议迅速增加。非政府组织持续对国际货币基金组织发起攻击,国际货币基金组织不得不进行回应,但由于对非政府组织不熟悉,往往把它看作是公共关系的一部分,因而主要由其对外关系部发布一些文件进行解决。自1995年以来,基金组织增加了同有关减免债务的非政府组织的联系,召开了一百五十多次会议,国际货币基金组织渐渐习惯频繁同公民社会举行会议,与非政府组织面谈,在总部增加了同公民社会的联系。债务和发展欧洲网络(EURODAD)及"2000年大赦联盟"成为国际货币基金组织"政策发展和评议部"的座上客,许多项目都吸收了市民社会组织的意见,如在1999年,国际货币基金组织和世界银行重新确定了其在低收入国家进行结构调整的方法,新的反贫困战略以前所未有的规模吸收了非政府组织的合理意见。

尽管20世纪90年代国际货币基金组织与非政府组织的关系取得了引人注目的进步,但是许多部门仍然拒绝同非政府组织谈判,对非政府组织的关注还不够,非政府组织对具体的基金援助宏观经济项目决策很难发挥直接影响。还有就是世界银行和联合国发展项目在20世纪90年代中期就已设立了专门机构同非政府组织开展联系,但国际货币基金组织却迟迟没有相关机构。对外关系部的公共事务署在整个国际货币基金组织的机构结构中只处于边缘地位。总的来说,国际货币基金组织与公民社会的联系比世界银行少。

(3)21世纪以来二者的关系

21世纪以来,非政府组织和国际货币基金组织的相互关系越发密切,国际非政府组织把国际货币基金组织当作实施全球经济治理的主要场所,国际货币基金组织的管理层和工作人员也把国际非政府组织看作当代世界政治中的重要行为者,非政府组织已被看作对国际货币基金组织的政策决策

---

① 王铁军.全球治理机构与跨国公民社会[M].上海世纪出版集团,2011:326.

和政策结果发挥重要影响的因素。非政府组织与国际货币基金组织关系的日益密切主要有两个方面的原因。

一是由于非政府组织能力的发展，特别是发达国家的非政府组织拥有强大的政治资源、财政实力和游说技巧。在国际舞台上，北方非政府组织和南方非政府组织结成了联盟和网络，并逐渐关注国际金融问题，他们或者希望让公众知道国际金融体系的不平等，或者想影响决策，还有的希望引起具体政策的变化。目前关注全球金融问题的非政府组织有乐施会、地球之友、"布雷顿森林计划""拉丁美洲动员组织协会(ALOP)""非洲自愿发展组织论坛(FAVDO)"，宗教组织如"发展和团结国际合作(CIDSE)"，劳工组织如"国际工会联合会(ICFTU)"。

二是由于国际货币基金组织对非政府组织重要性的肯定。国际货币基金组织认为民间社会组织在经济和社会问题具有专长，它们当中有许多关注国际货币基金组织和其他国际组织工作的核心问题。民间组织越来越多地利用广泛的网络追求自己的活动目标，尝试在一系列问题上影响政策，其影响遍及公民、议会和政府。国际货币基金组织有责任保持自己工作的透明度，向国际社会解释自己的工作，倾听受自己影响的人们的观点。此外，民间组织可以突出重要问题；提供信息补充官方数据；提供不同于官方的见解和观点；强化国家的所有权政策，这对稳定与改革成功至关重要。同市民社会组织的建设性对话有助于增进彼此间的相互了解，增加对改革的支持。因此这些年来，国际货币基金组织一直强调与市民社会组织在全球层面和国家层面进行信息共享、决策咨询与展开对话，使自己不论是对会员国还是对公众都变得更加透明和负责。

国际货币基金组织更加积极地参与市民社会组织以及立法团体的活动。国际货币基金组织刚开始与市民社会组织接触时通常只是在全球层面，是对经济社会正义团体倡议的一种呼应；在国家层面，尤其是在低收入国家，国际货币基金组织与市民社会组织的接触非常有限。近年来国际货币基金组织的政策有了很大发展，越来越多地关注通过参与方式促进低收入国家的减贫，强调透明度和良治，广泛的联系和交流也成为国际货币基金组织在国家层面工作的一个组成部分。为了体现国际货币基金组织与市民社会组织对话的重要性，2003年国际货币基金组织在其网站(www.imf.org)上发布了工作人员与市民社会组织工作关系指南，在征询了工作人员和民间社会组织的意见后,2015年更新了这一指南,对一些问题(如在当地和全球层面上与市民社会组织互动相关的问题上)提出了实用建议;指南还鼓励国际货币基金组织继续扩大与市民社会组织的联系。

2.国际非政府组织对国际货币基金组织的态度

国际非政府组织对国际货币基金组织的态度可分为三派:赞同派、改革派和激进派。

(1)赞同派。大多数与商业有关的非政府组织,如日本国际金融中心、经济研究机构、拉美经济研究基金会、伦敦海外发展学会(ODI)、国际经济学会、少数非政府组织及工会组织都接受现行的贸易理论,赞同国际货币基金组织的行动和目标。

(2)改革派。主要力量为"自由工会国际联合会""世界劳工联合会"。谋求改进现行规则和机构中存在的缺点,但不要求深层社会结构的变革,在不挑战现行秩序的情况下修改指导思想、政策和运行程序。其要求大致为:改变对政府贷款的条件、取消贫穷国家的债务、更多的民主、在更大的全球治理背景下进行改革。国际货币基金组织的政策涉及汇率、政府预算、货币供给、私有化等,常常给就业、教育、卫生医疗、住房和弱势人群等带来负面影响。而调整的代价总是在落在穷人、妇女、少数民族身上,从而加剧了社会不平等。市场的成功分化了社会。国际货币基金组织往往把自己的政策当作具有放之四海而皆准普遍性,忽视了各地社会和文化的差异性。

此外,有人还要求国际货币基金组织将腐败、民主、裁军和人权作为项目贷款的条件。国际货币基金组织是所有全球经济治理机构中最缺少参与性和责任性的机构,许多非政府组织要求重新在成员国中间分配选票,同联合国建立更密切的关系,要求直接的公民参与和政策咨商地位,要求国际货币基金组织更多地对公众开放,增加透明度。

(3)激进派。不仅反对现行政策,也反对其指导原则,谋求改变社会秩序。认为全球化并没有带来它所许诺的增长,许多中低收入国家的经济却没有取得增长。

3.国际非政府组织对国际货币基金组织政策的影响

(1)使国际货币基金组织增加了社会政策。20世纪90年代以前,国际货币基金组织几乎没有任何社会政策,其计划根本不考虑社会后果,对教育、就业、健康、住房和易受损害的脆弱人群没有任何保护措施,1994年国际货币基金组织在其宏观经济计划里加入了"社会安全网",希望减少对穷人和弱者的影响。这与非政府组织是分不开的。非政府组织也从生态的角度做出了贡献。①

(2)使国际货币基金组织在制度上更加透明。非政府组织促使国际货币基金组织创立新机构和新部门,使国际货币基金组织的咨商过程、透明度和评估机构都发生了变化。例如,国际货币基金组织同研究机构的联系,使之了解经济学的最新发展,从而改变了许多国际货币基金组织官员的政策立场;再如,同世界银行相比,非政府组织参与国际货币基金组织决策的程度较低,但后来国际货币基金组织以咨商方式对非政府组织的要求做出了回应,并在减贫政策文件指南框架中正式承认了非政府组织在其决策中的咨商地位。此外,非政府组织要求国际货币基金组织有更大的责任性,建立了专门机构如"国际货币基金组织透明性和责任性研究小组"对国际货币基金组织做出评价。②正是非政府组织使国际货币基金组织在制度方面对公众更加公开,在透明性方面大有改进。

第三节　国际非政府组织与跨国公司的关系

一、跨国公司的概念与权力特征

(一)什么是跨国公司

跨国公司(Transnational Corporation,TNC)最早出现在 19 世纪六七十年代,受技术条件所限,早期的跨国界企业数量不多,规模不大,经营范围十分有限,因而国际影响也很小。二战以后科技革命,尤其是交通、通信技术革命推动了传统国际企业向现代跨国公司的飞跃性转变。大型公司在一国设立总部,同时控制设在多国的生产、销售及开发机构,并能按照利润和效率最大化的原则,在全球范围内,统一协调地配置资金、技术、劳务与资源,从而形成以总部为中枢的全球网络与企业集团。

---

① 王铁军.全球治理机构与跨国公民社会[M].上海世纪出版集团,2011:338.

② 同上,2011:333–334.

"跨国公司"这个词是里恩索尔 1960 年在卡内基工业大学工业经济学院创立 10 周年纪念会上第一次提出的。同一时期,在西方国家的报刊上经常出现"多国公司""国际公司""宇宙公司"之类的名称。直到 1974 年,由联合国经济社会理事会做出决议,统一使用"跨国公司"这一名称。①

根据联合国经济社会理事会的决议,跨国公司的特征包括:①一般都有一个实力雄厚的大型公司为主体,通过对外直接投资或收购当地企业的方式,在两个或两个以上国家建立有子公司或分公司的实体;②在一个决策体系中进行经营,有完整的决策体系和最高决策中心,子公司或分公司有自己的决策机构,可以根据自己经营的领域和不同特点进行决策活动,但其决策必须服从于最高决策中心;③各实体通过股权或其他方式形成联系,其中的一个或几个实体有可能对其他的实体施加重大影响,各实体共同分享知识资源和分担责任;④从全球战略出发安排自己的经营活动,在世界范围内寻求市场和合理的生产布局,定点专业生产和销售产品,以牟取最大的利润;⑤有强大的经济技术实力、快速的信息传递和资金跨国转移优势以及较强的国际竞争力;⑥在某些地区对某些产品具有垄断性。在此定义下,一方面,跨国公司与母国有着千丝万缕的联系;另一方面,跨国公司的利益目标与经营网络遍及全球,跨国公司具有民族性与全球性的双重属性。②

21 世纪以来,网络的普及推动了一些跨国公司与母国的联系愈加松散,走向独立于母国的"全球性公司"——全球性整合企业。典型代表是米塔尔钢铁公司、趋势科技公司、国际商业机器公司(IBM)。全球性整合企业是一个开放、模块化的企业,无论其规模大小,都是一个架构在全球资源上的、将自己整合到网状的结构之中的新型业务设计。③

(二)跨国公司的权力特征

长期以来,民族国家是唯一的国际行为主体。反映在国际关系理论上,对民族国家主权的界定和阐述一直是传统国际关系理论的重要内容。从 1513 年意大利政治家马基雅维利发表《君主论》开始,直至汉斯·摩根索的《国家间政治》一书问世,传统的现实主义国际关系理论均强调在国际关系

---

① 范菊华.跨国公司在国际关系中的作用[J].现代国际关系,1999(12):40-43.
② 韩朝东.论跨国公司的权力性质及其对世界政治的影响[J].世界经济与政治,1996(11):13-16.
③ 贾琳.再论跨国公司的国籍问题[J].企业经济,2012(9):184-187.

中,唯一的行为主体是民族国家,主权是民族国家根本的属性,是不能割让的。20世纪以后,这种情况发生了重大变化。全球化的发展使国际社会的行为体多元化,国际关系领域中陆续出现了一些非国家行为主体,如政府间国际组织、国际非政府组织和跨国公司。这些非国家行为主体参与国际活动,制定国际游戏规则,承担国际义务,推动和加深各主权国家在政治、经济和文化上的相互依存,日益成为当代国际关系中最活跃的因素。

作为当代世界政治重要的跨国行为体,跨国公司的政治权力表现出与国家极不相同的特征。几百年来,国家作为国际政治中占支配地位行为主体,其权力的产生主要是通过将政治权力军事化。传统的现实主义理论认为,国际社会处于无政府状态,国家的生存之道是自助,军事安全是最重要的国际价值,而武力是最为有效的手段。军事力量是国家权力的重要来源,军事强国在总体权力结构之中占据最为有利的地位,强国总是希望而且能够在权力竞争时把经济、文化等具体领域的问题同军事力量联系起来,从而使得总体上的强国同时也能在各个具体的领域中拥有最大的权力。[①]

在当代世界政治现实中,总体权力结构的作用依然有效,武力依然具有重要作用,但武力作为权力工具的地位却下降了。相反,经济与科技处于越来越重要的地位。作为国际经济主角,跨国公司以商业规则和经济要素最佳配置要求进行全球化,以无国界方式运行,把经济和技术作为中心点,广泛地联系政治、文化等多个领域,控制着全球范围内的商品、技术、服务贸易以及国际直接投资,从而获得较为普遍和强大的经济权力。

近年来,跨国公司的实力迅猛发展,在全球经济、政治、社会生活中的影响力急剧扩张。同时,世界贸易组织、国际货币基金组织和世界银行全力促进国际经济法律自由化,放松管制,扩大开放,在贸易、投资和金融自由化过程中,跨国公司的经济实力进一步转化为强大的权力。[②]跨国公司的财富赋予其力量以直接或间接的方式对母国或东道国政府施加影响,促使它们改变对外政策,从而影响国家间的关系;跨国公司在经济上的权力还使其有能力和机会卷入国际机构的活动,参与国际问题的讨论与解决以及国际经济法律的制定,从而影响国际规则的制定。跨国公司的政治权力是通过经济影

① 韩朝东.论跨国公司的权力性质及其对世界政治的影响[J].世界经济与政治,1996(11):13-16.
② 李春林.跨国公司的国际人权责任:基本现状与发展趋势[J].云南社会科学,2012(4):119-124.

响产生的,随着经济与政治的高度融合,凭借由经济权力转换而来的政治权力,跨国公司的影响已深刻地渗入过去完全由国家主控的对外关系和国际关系领域。①

二、跨国公司与非政府组织作为国际行为体的区别

跨国公司和国际非政府组织都是国际政治中新兴的非国家行为体,二战后不论是数量还是能力都有迅猛发展,不论是在发达国家还是在发展中国家都有快速扩张,它们都有影响政府间国际组织以及国家双边或多边政治经济谈判议程的能力,都有影响国际法制定和修改的能力,但它们之间的区别明显胜于共同性。

（一）资源的区别

跨国公司的财富用中国古代的一句成语"富可敌国"来形容丝毫不过分。世界排名前 250 名的大型跨国公司的总销售额约相当于全球生产总值的 1/3,100 多家跨国公司的年销售额超过 500 亿美元,而全球仅有 60 个国家的国内生产总值超过这一数字。微软、苹果、壳牌等著名公司在经济实力排名上超过许多发展中国家,所以它们也被形象地称为"帝国",如"微软帝国""传媒帝国""石油帝国"。

非政府组织则不同,非政府组织是非营利的,非政府组织的运作资金主要依靠捐赠。非政府组织一般不接受来自跨国公司的捐款和其他物资的赠予,原因主要是:①出于保持中立性或公正性的理念,担心接受捐赠后受到跨国公司政策的牵制,影响自我愿望的实现和正义形象的扭曲,如太平洋环境组织和绿色和平组织都不接受直接来自跨国公司的捐款;②一些非政府组织把跨国公司看作是全球问题的制造者,所以在资金捐赠方面跟它们划清界限;③一些道义理念上较为激进的非政府组织认为金钱是具有腐蚀性的东西,金钱的诱惑会使人放弃理想、背叛信念,丧失道德和良知,不但自己声称不以组织和活动作金钱交易,不进行投资和利润分配,而且不接受跨国公司的捐赠。所以大多数非政府组织的生存和发展都受到财政问题的困扰。不过,也有一些非政府组织虽然声称自己是非营利组织,实际上不但赢取巨

---

① 刘鸣.经济全球化条件下国家与非国家行为体的关系[J].世界经济与政治,2002(11):48-53.

额利润,而且接受大型跨国公司赞助。如国际足联(FIFA),该组织的收入非常惊人,这与国际足联接受大型跨国公司赞助不无关系。

(二)价值取向的区别

从性质上来看,跨国公司与非政府组织有不同的价值取向。非政府组织的价值取向是公益,利他主义、无私奉献是其基本伦理精神,这种伦理使命使它们常常致力于解决贫困、灾难、妇女、儿童、环境等社会问题和谋取政治平等、经济公正、社会正义,它们所服务的对象大多是被主流社会所忽视或排斥的社会弱势群体,这些人在社会地位、财富分配、政治权力行使、法律权利享有等方面处于相对不利地位,在发展方面潜力相对匮乏,非政府组织希望通过自己志愿性的活动,使这些弱势群体能够机会均等地参与社会的发展,并公平地分享社会发展的成果。而跨国公司的价值取向是获得利益(利润),经营原则是成本最小化或利润最大化,在市场条件下并不会自觉地向社会提供公共产品与公共服务,而是借此获得利润。

从行为动机看,跨国公司的行动是主观为自己,客观为社会,如果不能获利,就不会自觉地为社会提供公共物品与公共服务,甚至会出现欺骗社会的现象。跨国公司承担社会责任的范围较为狭窄,多是在自己的体系内承担义务,最终目的依然是为了公司效益。①

作为营利组织的跨国公司一般只会提供私人物品。不过也有人认为,跨国公司会有公益行为。因为全球化转型造成了国际社会对国际或区域性公共产品的巨大而又持续的需求,国际或区域性公共产品呈现严重的供不应求,仅仅依靠官方和私人基金会的资金是不够的。在这种情况下,跨国公司及基金会会响应国际社会的呼吁协助相关国家提供国际或区域性公共产品,如与东道国合作提供环境类的公共产品,改善当地自然环境。但跨国公司提供公共产品,最终是为了企业自身,提供环境类的公共产品在一定程度上促进了东道国自然环境的改善,但也是为了缓解跨国公司的生产经营活动对当地造成的环境压力,缓和跨国公司与东道国人民之间的对立和冲突局面,树立良好的企业形象和消费者口碑。②

---

① 邹昭晞,李志新.跨国公司管理[M].清华大学出版社,2013:350-352.
② 黄河.全球化转型视野下的跨国公司与全球治理[J].国际观察,2017(6):122—136.

（三）同主权国家关系的不同

1.跨国公司、非政府组织与母国的关系

从跨国公司与母国的关系看，早期的跨国公司几乎是欧美帝国主义国家的专利，它们都与母国有着唇齿相依的政治经济联系。母国的政治军事势力扩张到哪里，它们的跨国公司就跟到哪里。母国为公司谋求经济特权，提供政治保护，公司则为母国的全面控制而服务。跨国公司则成为母国加深殖民统治的工具，由于它掌握了经济生活中最重要的三个关键因素：技术、资本和销售网络，因而可以与母国一起对其他民族和全球经济发展进程发号施令，控制其他国家的某些行业乃至经济命脉。

冷战后，跨国公司对母国的意义更加重大：

第一，跨国公司是母国综合国力的象征。当今的大型跨国公司都是本国经济的支柱根基，是本国政府财政收入的重要来源，国家对外直接投资和对外出口贸易的主体，跨国公司在海外的广泛分布能使母国控制资源、畅通无阻地获取原材料、占据一定的市场份额，从而保证母国在海外制造业和服务业的扩展，维持了母国在世界市场上的主导地位。

第二，跨国公司可能成为母国形象的"代言人"。建构主义理论认为，国家形象不是与生俱来的，而是在与国际体系中其他行为体长期的、持续的互动过程中形成的。跨国公司作为国际市场的行为主体进入其他国家的市场交换领域后，在与该国的互动中有意无意中就会成为母国形象的"代言人"，其管理理念、产品和服务质量、品牌价值等不仅影响着东道国民众对该跨国公司的形象评价，也影响着他们对该跨国公司母国的形象评价。例如，麦当劳在全球扩张的过程中，客观上在其全球化员工、供应商、消费者等群体中传播着美式个人主义、平等、自由、分权等价值观和国家形象。①

第三，跨国公司加强了发展中国家对自己母国的依赖性。发达国家跨国公司对发展中国家的投资，促进了发达国家与发展中国家政治经济相互依赖关系的发展；但这种南北相互依赖的关系在更多时候、更大程度上是发达国家在处理南北关系上的权力资源。②

第四，跨国公司有助于母国推行对外战略。在美国，从马歇尔计划开始，

① 顾杰,胡伟.对跨国公司开展公共外交的思考[J].青海社会科学,2014(4):34-40.
② 辛平.跨国公司对国家主权影响的多重性[J].外交评论,2006(6):56-62.

许多人就认识到跨国公司是加强外国经济以遏制共产主义的一个方法,通过跨国公司输出美国技术、资本和管理专门知识,可以展示一种替代共产主义或社会主义经济发展模式的道路。①

第五,跨国公司有助于母国价值观念、意识形态和制度文化的传播。跨国公司因在全球有太多的利益需要保护,往往凭借强大的经济实力卷入母国与投资国的外交领域,以产品和服务理念传播本国价值观念、意识形态和自由企业制度文化。增强国际公众对公司认同感的同时,也培养了国际公众对母国文化和意识形态的认同和友好情感。所以通常情况下,母国一般都会为本国跨国公司的全球营销活动保驾护航,只有母国政策不利于跨国公司追求利润、发财致富时双方才会产生冲突。

非政府组织则在国内依法享有不纳税的优惠,对本国政府财政几乎没有任何贡献,甚至依靠获得政府的部分资助,主要是从纯粹价值的角度传播公益理念和推进道义事业,在国际社会培养国际公众对本组织或自己国家的认同感,对政府贡献的是社会价值。双方发生冲突或对抗多是因为本国政府的价值观念或对外政策与自己的价值体系相冲突。

2.跨国公司、非政府组织与东道国的关系

从与东道国的关系看,跨国公司和非政府组织都会给东道国带来双重影响。

(1)积极影响

跨国公司对东道国的积极影响是可以使东道国获得用于投资的资金、先进技术技能、管理经验技巧,帮助东道国从国内市场转向国际市场,为开发东道国经济的相对优势的新活动提供出口市场,最终促进东道国经济发展。在一定的情形下,在相互依赖的两国关系中总体上处于相对弱势地位的国家,也可以利用跨国公司带来的相互依赖实现自己的对外政策目标。东道国可以利用跨国公司在其国内有投资的这种条件,对其采取某些胁迫或给以种种经济利益的许诺,来迫使或诱使其对母国施加影响,从而达到维护国家主权、增强国家权力的目的。

例如,即使像菲律宾这样的国家、在20世纪60年代也能运用将美国跨国公司在其国内的分公司国有化的威胁,来促使美国政府扩大贸易优惠。改

---

① 王晓文."霸权稳定论"与西方跨国公司对外投资行为[J].理论视野,2008(8):48-51.

革开放后的中美关系,总体上说是一种不对称的相互依赖关系。保持中美关系的稳定、发展,对中国改革开放战略的推行具有重大意义。中国经济持续快速的发展,对美国跨国公司有着巨大的吸引力。"作为相对弱势的中国,一方面借用美国跨国公司作为与美国政府重要的沟通渠道,一方面借用美国跨国公司对美国政府的政治影响力,在中美冲突的议题间,增加议价的筹码与条件,以减低敏感性与脆弱性相互依赖关系的成本付出。"①从 1989 年美国国会中有关中国最惠国问题年度表决到 2001 年中国成功加入世贸组织,美国跨国公司的作用是不容忽视的。

非政府组织对东道国的积极影响也在于可以给东道国带来社会发展的资金和社会治理经验,但主要帮助东道国改善人权、医疗卫生、妇女儿童教育、环境保护领域状况,缓解或消除贫困,最后促进东道国社会发展。

(2)消极影响

跨国公司和非政府组织对东道国都有不可忽视的消极影响,跨国公司和非政府组织开展的各种活动,可能直接或间接地削弱国家行使主权的意愿、能力和效果。跨国公司在其发展过程中凝聚起来的经济力量会衍生出巨大权力,非政府组织在其活动过程中也会产生强大的影响力,跨国公司和非政府组织在其活动过程中对东道国施加影响的手段和方式有相似之处,如干涉东道国内政、培植代理人或组成压力集团游说政府、资助研究机构通过权威人士提出政策建议、广告宣传等。就跨国公司而言,典型的案例是 1953 年英国石油公司在帮助推翻伊朗摩萨德政府中发挥了重要作用,此外,20 世纪 90 年代,一些美国石油公司对安哥拉政府同安盟游击队之间的内战有很大影响。②而在 90 年代中亚的"颜色革命"中,非政府组织也发挥了不能忽视的作用。

但二者最终的目的有所不同,跨国公司的最终目的是通过影响东道国消费文化,改变大众消费心理、就业观念,为公司产品打开市场;通过改变东道国政府的外交政策(如国际战略、利益目标)和经济政策(如贸易壁垒、财政金融、企业管制以及其他各种经济法规)为公司创造更有利的经济环境,获取利润。非政府组织则是通过直接鼓动东道国公众的价值观念,或间接资

---

① 辛平.跨国公司对国家主权影响的多重性[J].外交评论,2006(6):56-62.

② 迟德强.浅析跨国公司对国家政治主权的影响[J].江汉论坛,2007(7):29-32.

助东道国反对势力造成东道国政治动荡不安、社会失序，最终使东道国进行政治民主改革，改变政治体制。

正是由于非政府组织与跨国公司作为新兴的国际行为主体有本质性差异，双方在国际政治的对抗与冲突成为不可避免。双方的对抗与冲突不仅表现在经济与贸易领域，更涉及人权、劳工权利、环境保护，甚至发达国家与发展中国家的贫富差距和发展正义等问题。为此，非政府组织掀起一系列广泛深入持久的、既相互衔接又相互纽结的社会运动，包括消费者运动、劳工运动、环保运动、女权运动、社会责任投资运动、可持续发展运动，等等，改变人们的价值观念、消费观念以及可持续发展观念，维护劳工利益和环境利益。在非政府组织的影响下，消费者们越来越关心所购买的商品的制作是否符合基本的人权标准和环保标准，他们把"拒绝购买"作为手段，迫使企业为了市场份额而不得不认真听取消费者的声音。特别是对那些有品牌的跨国公司，为保证其长期效益，不能仅仅考虑其利润因素，而必须考虑其利益相关者的诉求，这种新的价值观和新的社会力量正在迫使企业按照其相应的道德要求调整经营行为。①

三、国际非政府组织与跨国公司的人权责任

传统的国际人权保护框架往往以国家为中心，主要对国家进行人权责任的规制。非政府组织历史上对国际人权的保护通常都是针对主权国家的，对跨国公司侵犯人权的事件关注较少。然而经济全球化及国家放松管制，意味着至少在经济领域，国家并不一定是人权侵犯的主要来源，它们也并非一定能够对侵犯者施加足够控制以防止人权被侵犯，所以侵犯人权的跨国公司成为非政府组织的行动目标。②

（一）跨国公司侵犯人权的历史与现状

1.跨国公司侵犯人权的历史

跨国公司对人权的侵犯可谓历史久远。最早期的跨国公司，如英国和荷兰的东印度公司，就已开始在亚洲、非洲和美洲滥用它们的权力，颠覆和破

---

① 赵洋.非政府组织对国家行为的影响——以国际人权事务为例[J].教学与研究,2015(2):63-70.

② 李春林.跨国公司的国际人权责任:基本现状与发展趋势[J].云南社会科学,2012(4):119-124.

坏当地的政府,剥削当地的人民,攫取当地的资源。英国东印度公司还曾在中国、印度等亚洲国家大量贩卖鸦片,严重危害这些国家人民的健康。这些公司的恶行引发了早期的消费者人权抗议运动。

二战时期,除了德、日、意法西斯国家所从事的肆意践踏人权的罪行外,跨国公司(如瑞士银行、欧洲的保险公司)也实施了大量侵犯人权的行为。此外,被指控侵犯人权的跨国公司还有:福特汽车公司、西门子电子公司、大众汽车公司、戴姆勒、奔驰公司以及 IBM 等世界著名的跨国公司。

2.常见的跨国公司侵犯人权行为

二战后,经济全球化的迅猛潮流推动了跨国资本的国际流动,跨国公司的数量不断增加,跨国公司凭借其强大的垄断优势和竞争优势,在经济社会领域实施了很多侵犯人权的行为。主要有以下四类:

(1)侵犯生命权、自由权以及身体完整权

依据相关国际公约,生命权、自由权及身体完整权属于人格权的一部分,是人与生俱来的权利人人有权享有生命、自由和人身安全,非依法律规定和程序,任何人不得予以剥夺,甚至国家也不得加以剥夺。但一些大型跨国公司的此类行为却屡见不鲜,如 1984 年印度的美资联合碳化物印度有限公司所属工厂贮存毒气的金属罐泄漏,致使当地居民 2000 多人丧生,5 万多人失明,10 多万人受到不同程度的毒害;再如有些跨国公司为求牟利不惜卷入战争,在美伊战争中哈利伯顿公司(Halliburton)、贝克特尔集团(Bechtel)等跨国公司参与瓜分战利品,在刚果内战中,跨国公司通过从冲突中各方或者它们的中间人手中购买自然资源;在尼日利亚等国家甚至发生了跨国公司雇用的保安人员在圈地和保护公司设施的过程中折磨和杀戮当地居民的事件。①

(2)种族歧视和性别歧视

跨国公司的种族歧视行为主要发生在南非。1995 年南非真相与和解委员会披露了跨国公司在南非实行种族隔离制度中所扮演的角色, 认为跨国公司对推行种族隔离政策的南非政府所赖以生存的经济方面发挥了重要作用, 一些企业尤其是采矿企业积极卷入帮助南非政府设计和实施种族隔离政策;而其他一些企业则从与南非政府安全机构的合作中获益,大多数企业

---

① 何易.论跨国公司的国际人权责任[J].武汉大学学报,2004,57(3):403-407.

都从南非的种族主义制度中获得利益。涉及 IBM 公司、荷兰皇家壳牌公司及埃克森－美孚等能源公司、瑞士联合银行、瑞士信贷银行、花旗银行在内的21 家欧美跨国公司。此外，一些跨国公司也被指责对顾客或工作人员进行种族歧视，由此引发公众和相关非政府组织的声讨。

跨国公司的性别歧视行为则主要发生在一些信仰伊斯兰教的国家和地区，例如：星巴克（Starbucks）、麦当劳（McDonald's）、希尔顿（Hilton）、百胜（Yum Brands）等美国知名跨国公司，在经营活动中存在严重的对女性顾客进行性别歧视的行为。这些跨国公司把男性与女性顾客的餐饮区域严格分隔开来，女性只能进入遮有长窗帘的小单间，不能跨入专属于男性的区域；男性的区域通常豪华舒适，比得上西方标准；而女性的区域破旧，星巴克甚至不给女性提供座位；这些跨国公司还禁止女性在没有丈夫的陪同下进入其营业地。2012 年宜家被指删除了其在阿拉伯地区分发的宣传册以及网站上的女性图像，招致乌克兰女权组织费曼（FEMEN）成员的抗议和外界的广泛批评。①此外，一些跨国公司也被指责在员工的升迁问题上存在性别歧视问题。

（3）侵犯劳工权利

根据相关的劳工公约，核心的劳工权利包括：结社自由和集体议价权、禁止歧视、禁止强迫劳动和抵债劳动以及使用童工、遵守有效的健康和安全规则、鼓励人力资本的形成等。但一些跨国公司对国际法的这些规定并未给予足够的重视和遵守，它们被指控违反劳工标准，侵犯劳工权利，包括不支付加班费、使用童工和强迫劳动、违反最低工资的规定、禁止成立工会、性别歧视以及危险的工作条件等。如 20 世纪 90 年代末英国攀岭集团（Pentland Group）在巴基斯坦使用童工遭到抗议，耐克（Nike）、盖璞（Gap）利用发展中国家的"血汗工厂"获取丰厚利润；有一些国际上著名的品牌，如耐克公司、迪士尼公司、沃尔玛公司、苹果公司、飒拉（ZARA）、可口可乐公司等均曾因违反劳工权利而受到起诉。②

（4）侵犯健康权

个人健康是人之为人的幸福、尊严的重要条件。《联合国宪章》《世界人权宣言》《世界卫生组织章程》都提出过健康权问题，健康权成为国际习惯法

---

① 王哲.跨国公司侵犯人权行为的法律规制[J].时代法学,2014,12(1):96-103.
② 迟德强.论跨国公司的人权责任[J].法学评论,2012(1):100-105.

的一部分。但一些跨国公司经营的产品明显侵犯了人的健康权,如烟草公司的烟草制品具有危害性和致癌性。大量医学和科学证据表明,吸烟会导致肺癌、心脏病、肺气肿以及其他严重疾病。所有烟草制品都具有致癌性。一旦染上烟瘾,便很难戒除。吸烟导致的二手烟会使非吸烟者患上严重疾病,包括肺癌和心脏病。[①]

凡此种种,都是跨国公司侵犯人权的行径,而随着跨国公司在全球数量的增多,这种现象有愈演愈烈的倾向。而且与国内公司相比,跨国公司牵涉的利害关系人范围更广,对社会的影响力度更大。由此,非政府组织对跨国公司侵犯人权和种种行径愈加关注。

(二)国际非政府组织约束跨国公司侵犯人权行为的活动

20世纪90年代以后,"大赦国际""人权观察"这些以前只关注国家人权问题的非政府组织开始关注跨国公司的人权问题。近年来,越来越多的非政府组织致力于推动跨国公司改善人权,如公司观察、绿色和平组织、国际自由工会联盟、对环境负责任组织、社会责任国际、全球报告倡议组织等,它们认为跨国公司是社会的基本细胞,理应承担起维护人权和劳工权益、促进环境保护等社会责任,在推动跨国公司承担人权责任方面担当着重要角色。

国际非政府组织的主要工作有:

1.支持和发起抗议运动抵制跨国公司的侵犯人权行为

20世纪90年代,一些鞋类和服装跨国公司为了获取更高的利润,将代工厂从高成本地区转到了低成本的东南亚和南亚。在东南亚,亚美自由劳工研究所和印度尼西亚联合对一些生产出口产品的工厂进行了研究,发现在这些工厂中为耐克公司进行生产的企业工资最低,于是全球交流组织(Global Exchange)、"敦促变革(Press for Change)"利用主流媒体越来越关注耐克工厂的恶劣工作条件带来的契机,形成了一股国际性的、反对耐克的血汗代工厂的运动。[②]2013年孟加拉国拉纳大厦坍塌事故后,一些非政府组织又发起"良心消费"(Ethical consumption)运动,要求公众尽量把钱给那些社会认可的生产商去赚,而不是花钱购买那些逃税、克扣工人工资和破坏环境

①李敏.论跨国烟草公司的人权保护责任[D].浙江大学,2018:3-7.
②张思思.试论跨国公司之人权责任[J].武汉大学学报:哲学社会科学版,2012(3):101-104.

的厂商的产品,通过消费行为抵制跨国公司的侵权行为。①

2.发起责任认证活动,开展责任消费和责任投资运动

自20世纪90年代以来,欧美国家陆续成立了一批专门致力于企业社会责任的非政府组织——企业社会责任组织(Corporate social responsibility,CSR),主要有两类:一类主要是致力于生产守则制定和监察认证,如美国的"公平劳工协会"和"国际社会责任组织"、荷兰的"洁净衣服运动"、英国的"道德贸易行动"和"地毯标志基金会";另一类主要是对公司实施企业社会责任进行推广和咨询服务的专业化国际组织,如社会责任商业联合会(BSR)、欧洲企业社会责任协会(CSR EUROPE)、社会和伦理责任协会、世界可持续发展商业理事会、哥本哈根中心。它们发起了一系列责任认证活动,如:英国的"道德贸易运动"(ETI)发起的"道德贸易基本守则"(Ethical Trading Initiative Base Code)、欧洲的"洁净衣服运动"(CCC)发起的"成衣公平贸易约章"(the Fair Charter for Garments)、美国"公平劳动协会"(FLA)通过的"工作场所生产守则"(Workplace Code of Conduct)、美国"国际社会责任"组织(SAI)发起的"社会责任8000"(SA8000);还开展了大量对跨国公司利益形成机制产生重要影响的民间运动,如责任消费运动、社会责任投资运动。

3.监督跨国公司是否履行承诺

非政府组织常常对跨国公司的侵权行为进行曝光,并对它们做出的承诺进行后续监督。如2014年非政府组织"清洁成衣运动"称,2013年孟加拉国拉纳大厦(Rana Plaza)坍塌事故中牵涉的27家著名服装品牌中,仅有5家向受害者支付了赔偿金。已支付赔偿金的5家服装品牌分别是飒拉的母公司的蒂则诺纺织工业公司(Inditex)、西班牙时装品牌芒果(Mango)、加拿大百货巨头罗布劳(Loblaw)、丹麦工作服制造商福神(Mascot)以及西班牙百货商场英格列斯(El Corte Ingle's)。而爱尔兰罗布劳时尚品牌普利马克(Primark)、大众品牌马特兰(Matalan)、沃尔玛、意大利服装零售商贝纳通(Benetton)、美

---

① "良心消费"是指购买没有伤害和剥削人类,没有虐待动物,没有伤害和污染环境等符合道德良知的商品的消费。"良心消费"支持的价值观有:公平正义、关怀弱势、环境保护、多元文化传承及社区发展,而工厂化养殖、血汗工厂、压榨农民、虐待动物、破坏原生林、非法排污等违背道德的行为,都是"良心消费"所尽力摈弃的。

国零售商杰西潘尼（J.C.Penney）等 22 家相关企业，都没有支付赔偿。[①]一些非政府组织在调集和运用公众舆论以监督跨国公司是否履行承诺方面做了许多卓有成效的工作。很多知名的跨国公司都因失信而遭到过非政府组织的调查和严厉批评。

（三）国际非政府组织约束跨国公司侵犯人权行为的成效与困境

国际非政府组织在人权问题上与跨国公司的斗争取得了一定的成效，但也面临不少问题。

1.取得的成效

（1）非政府组织的一些行动获得了跨国公司的认可

非政府组织发起的责任消费运动、社会责任投资运动，以及一系列责任认证活动得到了一些跨国公司的认可。以 1997 年"国际社会责任"组织发起制定的 SA8000 为例，[②]这一社会责任国际标准要求生产商和经销商不使用或不支持使用童工；不使用或不支持使用强迫性劳动；为劳工提供安全、健康的工作环境制定社会责任和劳动条件的政策等，迅速获得了广泛支持和认同。一些跨国公司纷纷加入这一行列，要求产品配套企业和合作企业遵守这一标准，并迅速将企业社会责任运动扩展到生产制造基地的发展中国家，印尼、泰国、越南、中国等发展中国家先后成为该运动的焦点地区。

（2）一些跨国公司实施了新的劳工标准

如 1998 年 5 月为了回应国际媒体对耐克公司人权纪录的猛烈抨击，耐克的首席行政执行官宣布在其亚洲的制造厂实行新的劳工标准，包括提高最低工资标准、改善厂房空气质量、允许非政府组织和外部审计有更多机会进入耐克的制造厂、扩展雇员的教育培训、资助大学科研机构有关"全球化生产与负责任的商业实践"的研究。从耐克的网站上看，它在社区事务、多样性、环境保护等诸多方面做了诸多承诺，并辟有专栏讨论"负责任的商业实践"问题，这些承诺的许多内容实际上都涉及人权责任。[③]

---

① 张惊.孟加拉国塌楼事故后续:仅 5 家服装厂支付赔偿金[EB/OL].[2014-03-08].https://www.tnc.com.cn/info/c-001001-d-3439059.html.

② 社会责任标准"SA8000"，是 Social Accountability 8000 International standard 的英文简称，是全球首个道德规范国际标准。其宗旨是确保供应商所供应的产品符合社会责任标准的要求。SA8000 标准适用于世界各地，任何行业，不同规模的公司。

③ 何易.论跨国公司的国际人权责任[J].武汉大学学报(哲学社会科学版),2004(5):403-407.

（3）一些跨国公司开始认真考虑和履行自己的社会责任

以葛兰素史克公司为例。作为医药界的大型跨国公司，葛兰素史克声称对社会负责，不仅意味着要生产高质量的产品，让更多患者可及，同时还要考虑采取一系列公益、环保行动，给社会、公众带来更多价值。为此，葛兰素史克公司采取了以下措施：第一，在一些最贫穷国家，专利药的价格不超过发达国家药价的 25%，就是成本价；第二，将在最不发达国家赚到的利润的 20% 进行再投资，用于强化这些国家的医疗体系；第三，待批的疟疾疫苗专为撒哈拉以南非洲地区的幼童设计，获批后将以非营利价格供应；此外，公司还与三家慈善组织建立全球合作伙伴关系，并派遣志愿者加入这些慈善组织，帮助培训卫生工作者，服务于当地的贫困人口和边缘群体。其中最为著名的是葛兰素史克与"拯救儿童"组织的合作，双方携手开发适合于儿童的药物，共同改善儿童获得基本医疗保健的机会，使最贫穷社区能够得到医疗卫生人员的帮助，并在全球层面和地方层面努力推动加强儿童健康的政策。葛兰素史克与非政府组织的合作被 C&E 咨询机构视作非政府组织合作伙伴关系的晴雨表，连续两年评为最受尊敬的合作伙伴关系。[①]

（4）约束跨国公司侵权行为的国际准则陆续出台

在非政府组织的压力下，国际组织和国际机构日益重视通过制定国际规范约束跨国公司侵犯人权的行为，一些相关的行动计划和准则陆续出台。如 2000 年联合国正式启动"全球契约"计划，号召跨国公司遵守包括人权、劳工标准在内的十项基本原则。2003 年联合国经社理事会人权委员会增进和保护人权小组委员会第 55 届会议通过《跨国公司和其他工商企业在人权方面的责任准则》，对跨国公司活动所涉及的国际法原则进行了全面论述，明确指出跨国公司和其他工商企业在其各自的活动和影响范围内，有义务增进、保证实现、尊重、确保尊重和保护国际法和国内法承认的人权。[②]经合组织也发布了《经合组织跨国企业准则》和《经合组织公司治理原则》鼓励跨国公司在任何经营的地方都尊重人权、雇佣和劳资关系和消费者利益。[③]国

① 100 PULSE volunteers at Save the Children[EB/OL].[2019-09-01].https://gskpulsevolunteers.com/category/pulse-ngo-partners/save-the-children/.

② 迟德强.论跨国公司社会责任的国际立法[J].东岳论丛,2011(1):186-189.

③ 萨楚拉.跨国公司人权责任探析[J].湖北大学学报,2015,42(3):121-126.

际劳工组织通过的《关于工作中基本原则和权利宣言》也敦促跨国公司响应企业社会责任的国际倡议或活动,履行企业社会责任。

2.取得成效的原因

非政府组织的责任认证行动和标准之所以能够取得一定的成效,原因是两方面的。

从非政府组织来看,首先,非政府组织通过的标准和守则是以联合国和国际劳工组织的"基础性条约"为蓝本,以国际自由工会联盟(International Confederation of Free Trade Unions,ICFTU)于1997年12月通过的基本守则为基本框架的;引入了独立认证原则与机制和工人以及"第三方"表达意见的机制,建立了改善违法守则规定公司状况的补救机制。①其次是一些致力于这一活动的非政府组织势力强大,在该领域有不可忽视的国际影响力。如国际自由工会联盟势力强大,拥有联合国经社理事会的咨商资格,并与国际劳工组织密切合作,与国际货币基金、世界银行和世界贸易组织也保持联系,有多种渠道对政府间国际组织进行游说和劝说通过保护劳工的国际规范。

从跨国公司来看,首先,在一些跨国公司看来,承担社会责任有益于拓宽经营的渠道。如葛兰素史克公司认为非政府组织可以帮助公司进行创新,拓宽药品及疫苗的可及性。自2013年起,葛兰素史克公司与"拯救儿童"组织共同培训卫生工作者服务于当地人口。其次,跨国公司的经营者们不可能是人权问题专家,并不了解人权规范,在遵守和执行人权标准方面他们需要外界的帮助,而非政府组织的人权社会责任认证标准恰好为他们提供帮助。再次,任何对跨国公司的不利舆论都会直接影响其市场营销,或导致消费者抵制其产品,或者有关国家政府较为严厉的制裁,使市场份额下跌,为了避免利润受损,跨国公司也不敢忽视非政府组织在社会责任运动中提出的倡议。②最后,侵犯人权的行为也会使跨国公司形象和声誉受到影响,导致公司难以吸引优秀人才和管理者;相反,如果能够采取遵守国际社会颁布的社会责任标准改善人权,则会得到媒体,非政府组织以及消费者的大力支持,减

---

① 殷格非,崔征,吴福顺.跨国公司:企业社会责任实践的急先锋[EB/OL].[2005-09-21].http://finance.sina.com.cn/review/observe/20050921/14361987595.shtml.

② 汪玮敏.跨国公司人权责任的规制及其反思[J].行政与法,2008,22(4):114-116.

少抗议和罢工风险。①

　　跨国公司意识到认可和遵守社会责任标准,采取积极的人权行为,不仅能提高公司核心业务的运营和在东道国的投资效益,改善公司财务状况,而且能维护公司的声誉,所以日益主动响应国际社会关于企业社会责任的倡议,将人权问题提上自己的议事日程,并有意识地承担企业社会责任。

　　3. 非政府组织约束跨国公司侵犯人权行为的困境

　　(1)非政府组织的约束缺乏强制性和全局性

　　非政府组织消除跨国公司侵权行为的活动多种多样,也得到了整个国际社会支持与认可。但非政府组织所能发挥的作用主要限于道德方式上,并无权力设立针对跨国公司的强有力的监控机制,而非政府组织与全球跨国公司的数量差距之大,又使得它们根本无暇顾及所有跨国公司的行为运作,只能在局部和典型的范围内发挥其监督作用。②

　　(2)东道国法律存在缺陷

　　跨国公司的人权责任意味着跨国公司在跨越国家和地区限制,进行生产和商品经营、从事投资、技术、劳务的活动,获取利润最大化时,必须主动自觉遵循国际法、母国国内法以及东道国有关标准,不在生产经营活动中侵犯劳工及消费者的基本人权。③然而现行法律框架不足以规制跨国公司在东道国侵犯人权的行为,特别是在有些东道国,没有实力和法律对其进行规制,甚至跨国公司的有些侵犯人权行为,在东道国法律体系下根本不构成违法;或者母国没有意愿进行规制,即便有相关立法,也存在诸多缺陷,实际效果有限。④

　　(3)非政府组织对抗跨国公司侵权行为的力量有限

　　跨国公司在全球化进程中,甚至在形成世界经济甚至政治蓝图上都扮演了重要的角色。经济上的权力使它们能够自由地决定在哪里建立制造工厂的地点、使用谁来为自己制造产品、支付给工人的报酬、工人的工作条件以及对危险副产品的处理。由于发展中国家劳动力和原材料更加便宜,以及

　　① 张思思.试论跨国公司之人权责任[J].武汉大学学报:哲学社会科学版,2012(3):101-104.
　　② 宋永新,夏桂英.跨国公司的国际人权责任[J].浙江大学学报(人文社会科学版),2006(6):95-103.
　　③ 徐涛、张晨曦.论跨国公司保护人权的社会责任[J].政治与法律,2005(2):34.
　　④ 王哲.跨国公司侵犯人权行为的法律规制[J].时代法学,2014,12(1):96-103.

法律法规的不健全,许多跨国公司已经将其生产环节转移到这些国家,以降低成本或增加利润。①人们希望非政府组织发挥重要作用,改善发展中国家的人权劳工状况,但现实中由于财力和资源的巨大差异,非政府组织与跨国公司并非势均力敌。

四、国际非政府组织与跨国公司的环境责任

近几十年来全球环境逐步恶化,对人类的生存和发展形成了严峻的威胁和挑战。影响环境的因素很多,如人口、消费、技术,但为消费而进行的生产和销售活动,是造成环境损害的最重要的一个环节,跨国公司是这个环节上重要的罪魁祸首之一,跨国公司在全球的生产和销售对环境污染和生态的破坏有着不可忽视的影响。因此,跨国公司的环境侵权问题日益成为非政府组织关注的重大问题与焦点问题。

（一）跨国公司污染和破坏环境的事件及方式

自 20 世纪六七十年代以来,跨国公司损害生态与环境事件层出不穷,典型事件主要有:壳牌石油公司、道化学公司、标准果品公司等大型跨国公司采用二溴氯丙烷作为杀虫剂造成的"香蕉杀虫剂事件";得克萨斯海湾石油公司造成的"厄瓜多尔石油开发污染事件";美国联合碳化物公司的印度子公司造成的"博帕尔毒气泄漏事件";以及 BP 石油公司造成的"墨西哥湾石油泄漏事件"。这些事件对当地居民的生活和健康造成了直接影响,石油泄漏事件还使海洋生态和海洋物种处境危险。

目前,一些跨国公司还以多种方式破坏和污染生态环境,主要有:

1.转移淘汰的产业和技术

利用发展中国家普遍较低的环境要求,通过国际经济合作或经营的途径,将污染密集型产业,特别是发达国家已淘汰的技术、设备、生产工艺、产品、危险废物等,通过投资方式转移到发展中国家,然后通过国际贸易买进这些在其国内受到环境法严厉控制所不能生产的初级产品,再次将资源破坏和环境污染转移到第三世界国家。

---

① 袁文全.跨国公司社会责任的国际法规制[J].法学评论,2007(3):64-68.

2.破坏性开采自然资源

不断扩张自然资源开发的范围。跨国公司在全球范围内更多地获得开采矿、开采煤碳及钻探原油等空间的权利,但不注意如何保护和利用资源,造成了生态环境的严重破坏。

3.将垃圾出口到发展中国家

大量出口洋垃圾,严重污染了发展中国家的水质、大气、土地,影响发展中国家人民的身体健康。通常跨国公司采取付高额处理费用等形式,将那些难以处理或处理成本较大的垃圾输往发展中国家。例如,美国的一些企业以付出较高的垃圾处理费用作为诱饵,向发展中国家输出各类废料垃圾,其处理成本远远低于在美国国内。

(二)国际非政府组织限制跨国公司侵害环境行为的活动

国际非政府组织限制跨国公司侵害环境行为的活动主要有:

1.发布报告进行信息披露

非政府组织常常以发布报告披露信息的方式,向公众警示跨国公司的某个产品对人体或环境的危害性,通过公众舆论向跨国公司施加压力。如1989年自然资源保护委员会曾发布了一份报告,指出在苹果产品中使用催熟剂阿拉尔(Alar)有害人体健康,阿拉尔比官方机构公布的安全添加剂的致癌率高出240倍,这一信息经电视媒体披露后,在报刊和杂志上出现了大量的批评性报道,要求停止阿拉尔的销售,最终迫使美国皇家联合化学公司在1990年停止了阿拉尔的生产。

2.发起倡议和运动

为了使污染环境的跨国公司感受到更加强大的压力,一些具有共同目标和追求的非政府组织会联合起来共同发起倡议或运动。如1991年地球行动网络(Earth Action Network)、危险废物公民信息交换中心(The Citizens Clearinghouse for the Hazardous Waste)和孩子免受污染(Kids Against Pollution)等一些团体组织了声势浩大的"退回"运动,号召人们抵制麦当劳公司的塑料包装,最终使麦当劳公司决定停止生产传统的塑料包装盒而转向使用纸包装。[1]1995年绿色和平与其他环保组织共同组织了反对壳牌石油公司炸沉石油存储平台计划的运动和抵制壳牌产品的运动,导致壳牌产品在整个欧

---

① 何易.论跨国公司的国际人权责任[J].武汉大学学报,2004(3):404-405.

洲的销售量下降了 30%，最终壳牌石油公司撤销了原计划，宣布将存储平台拖到陆地上进行拆除粉碎处理。1997 年热带雨林行动网络（Rainforest Action Network）、绿色和平组织和其他非政府组织发动了一场说服美国最大的古木产品零售商和其他家具生产公司销售经过认证的木材的运动，起到了保护环境的作用。

3.提供法律咨询和支持

非政府组织还常常利用自己的专业或行业特长，为跨国公司的受害者提供法律咨询服务。据哥伦比亚《时代报》报道，2012 年美国和加拿大的跨国矿业公司非法开采金矿和其他金属矿的热潮，严重破坏了拉美一些国家，特别是秘鲁、哥伦比亚和玻利维亚等国的热带森林。一些非政府组织，如公民观察、泛美矿业协会向当地居民提供了反对跨国公司非法开采矿业的法律咨询，让他们以国际劳工组织的 169 协定为依据，要求投资者对采矿所造成的变化应与当地的社区磋商。这一行动使得一些投资计划在智利、秘鲁和阿根廷受阻，如美国公司在秘鲁北部的贡加项目计划投资 48 亿美元，遭到卡哈马卡地区居民的反抗；加拿大公司也中止了在阿根廷和智利的开矿计划。

4.建立并监督跨国公司遵守保护环境的标准

建立保护环境的标准和系统也是非政府组织限制跨国公司侵害环境行为的重要方式。20 世纪 80 年代，公众对全球森林遭受的破坏日益关注，但抵制砍伐热带雨林活动的大规模抗议不但没有取得成功，还带来诸多负面影响，许多原始森林都被开采转变为经济林。一些环境非政府组织开始思考改变这一状况。1990 年环境、人权非政府组织的代表和关心森林命运的木材商、消费者在美国加利福尼亚召开会议，商讨建立通过认证体系，鉴别木材制品来源于经营管理良好林地的事宜。1993 年森林管理委员会（Forest Stewardship Council，FSC）成立，致力于促进负责任的世界森林经营。它为能够严格遵循森林管理标准的纸浆厂、造纸厂、印刷厂、地板厂、家具厂等提供认证，证明其产品中所使用的木材和纸张都来自可持续发展的、合法的且允许采伐的森林资源。同时，它也监督那些公司和厂家是否遵守了标准。如果没有遵守，森林管理委员会将拒绝为它们发放森林管理证，或吊销它们以前的证明，以示惩戒。目前森林管理委员会的证明已成为家居产业界公认的环保标签。

(三)国际非政府组织与跨国公司在环保领域的合作

在环境保护领域,出于各自的考虑,国际非政府组织与跨国公司展开了不同形式的合作,也取得了一些积极的效果。

1.双方在环保领域合作的原因

(1)从非政府组织来看

首先,通过与跨国公司在环境保护领域的长期互动,非政府组织对跨国公司对人类社会的发展福利的意义有了新的认识。一些非政府组织认为跨国公司对人类社会,特别是对发展中国家的作用与影响是双重的,不能只强调其消极面。所以许多非政府组织不再纯粹以对抗方式来对待跨国公司,或一味地对特定公司行为进行消极的描述,转而与跨国公司进行对话,试图使用高质量的研究、理性的劝说和道德争论来影响跨国公司的管理者,甚至于让公司自愿同意在他们的管理规则中建立生产原则,并去实施和监督其履行情况,构建了影响和改变跨国公司行为方式的新渠道。

其次,非政府组织认为,在环境问题上,仅仅对跨国公司进行道德施压也不一定能取得好的效果,与跨国公司进行协商与合作,利用跨国公司在全球经济中巨大的影响力,也许能够更加有效和有力地解决问题。全球报告倡议组织负责人就指出,人们越来越期待商业能够朝着有利社会的方向发展,从改善世界的目的看,商业机构比慈善组织更有力度。①

再次,通过合作可以加强对跨国公司的约束力。以森林管理委员会和全球最大的家具用品零售商——宜家的合作为例。在多年的合作中,宜家坚持使用来源于可持续的森林的木材,森林管理委员会颁发发给宜家证书。对宜家而言,宜家的企业形象得到宣传,消费者了解到宜家产品是环保的,对企业加强了信任;对森林管理委员会而言,则达到了保护森林的目的。

最后,非政府组织与跨国公司合作也可以改善自己的财务问题。跨国公司实力雄厚,可以为非政府组织的环保活动提供资金。C&E 咨询服务机构对欧洲的跨国公司和英国的慈善机构进行了调查,结果发现大约有三分之一的公司向合作的慈善机构进行了投资,投资金额达到 1000 万英镑甚至更高,而且有三分之二的公司将这种合作伙伴关系定义为"战略性的"。

---

① 新浪公益.全球报告倡议组织 GRI:推动全球可持续发展[EB/OL].[2013-05-21].http://gongyi.sina.com.cn/gyzx/2013-05-21/113142894.html.

（2）从跨国公司来看

首先，缓解社会压力。不承担保护环境的社会责任，跨国公司会面临内外多重压力和指责，运作得非常艰难。为此，跨国公司也希望非政府组织为自己的环境决策提供建议，如印度博帕尔地区环境危机后，壳牌公司意识到了公布环境报告的重要性，但当时尚无任何国际标准可供参考，于是，壳牌公司召集了来自商业、政府、当地社区和媒体等领域的二百多人，为其环境报告提出建议，缓解舆论压力。①

其次，节约费用。非政府组织可以帮助公司到达公司凭借自身之力无法到达的那部分市场。如全球最大的消费日用品生产商宝洁公司表示，在过去的十年里，公司的"可持续性项目"在致力于环保的非政府组织协助下已经为公司节省了近十亿美元。

再次，吸引人才。非政府组织有时比公司更容易吸引并留住那些怀揣理想主义的毕业生——双方的合作伙伴关系可以让非政府组织把这种魔力传递给公司。事实上，某些公司的社会责任部雇用的员工都曾经在非政府组织工作过，他们现在负责的政策正是他们为非政府组织工作时所倡导的那些政策。

最后，调解冲突。如世界自然基金会（WWF）曾经帮助可口可乐公司缓解了与印度的冲突，这一冲突一度导致印度最高法院要求可口可乐公司提交其严加保密的配方。

2.双方合作的主要形式

越来越多的跨国公司愿意把绩效评估从短期经济效益，扩大到长期的社会环境影响和增值，这与非政府组织促进更为道德和负责任的商业活动是相互促进的。因此，双方开始联手创造出了多种形式的合作。典型的有两种：一是建立合作项目，二是共同创办可持续发展产业。前者往往由跨国公司出资资助，且规模比较大。如壳牌石油公司与世界自然基金合作研究社会和环境问题，并且发表了系列报告，指导森林种植业的最佳环境实践活动。再如日本电气公司与日本野生鸟类协会联合跟踪候鸟的年度迁移栖息，以及在中国、韩国、印度、蒙古和俄罗斯的湿地监测计划。后者是指跨国公司与非政府组织在可持续发展领域的合作，如尤尼莱佛公司、英荷公司和世界自

①　新浪公益.全球报告倡议组织 GRI：推动全球可持续发展[EB/OL].[2013-05-21].http://gongyi.sina.com.cn/gyzx/2013-05-21/113142894.html.

然基金联合建立海上管理委员会,以支持可持续渔业;杜邦公司和西班牙的非政府组织联合采取行动,恢复湿地,支持西班牙的环境教育,建立地下水保护模式及实施零排放计划。①

3.双方合作的成效

(1)企业社会责任观念基本被跨国公司接受

目前,尽管国际社会还没有统一的企业社会责任定义,许多重要的国际组织对企业社会责任的表述不一致,但是在非政府组织的推动下,企业社会责任所涉及的基本内容已经被跨国公司接受。跨国公司普遍承认在创造利润、对股东利益负责的同时,也要承担对员工、消费者、社区和环境的社会责任,包括遵守商业道德、生产安全、职业健康、保护劳动者的合法权益、保护环境、支持慈善事业、捐助社会公益、保护弱势群体等。跨国公司认为,随着公众对环境和社会问题的重视,不注意环保和违反社会、道德底线的企业,即使没有被政府或监管部门惩罚,也会因为投资者和消费者的不满而失去在市场上的竞争力。承担企业社会责任对树立良好的品牌形象和社会形象,对公司自身的可持续发展具有重要的意义。②

(2)非政府组织制定的规则和标准被大多数跨国公司接受

以全球报告倡议组织(Global Reporting Initiative,GRI)发布的《可持续发展报告指南》为例。③该指南最初发布于2000年,目的是使综合经济、环境和社会三重业绩的报告成为像财务报告一样的惯例,其本身并不制定评价标准,而是规范企业或组织披露信息的范围和程序。2002年,在约翰内斯堡举办的全球可持续发展世界首脑会议上,全球报告倡议组织颁布了第二版《可持续发展报告指南》,获得了政府、商界、社会和劳工界的强烈响应。2006年第三版《可持续发展报告指南》得到了全世界大公司和非政府机构的大力支持,④超过八成的世界500强企业制订和发布企业社会责任报告,向公众汇

---

① 朱素梅.全球环保领域中的跨国公司及其环境外交[J].世界经济与政治,2000(5):66-67.

② 殷格非,崔征,吴福顺.跨国公司:企业社会责任实践的急先锋[EB/OL].[2005-09-21].http://finance.sina.com.cn/review/observe/20050921/14361987595.shtml.

③ 1997年由美国非政府组织对环境负责经济体联盟、联合特勒斯研究所共同发起成立,1999年联合国环境规划署联加入,其目的在于提高可持续发展报告的质量、严谨度和实用性,提高全球范围内可持续发展报告的可比性和可信度,其发布的《可持续发展报告指南》获得全球认同和采用。

④ 张静.全球化背景下跨国公司伦理冲突与沟通[M].时事出版社,2013:110-111.

报企业的环境、经济、公益和社会责任表现已成为国际趋势。2013年欧盟委员会发布的一项调查结果表明,《可持续发展报告指南》是欧洲公司最广泛认可的企业社会责任指南,是欧洲大型企业编写可持续发展报告时最主要的框架,使用频率(31%)仅次于全球契约(32%)。随着越来越多的企业利益相关方(如投资人、合作伙伴等)对企业可持续发展的关注,《可持续发展报告指南》在全球的接受度正不断提升。①

（3）一些跨国公司采取了环保措施并从中获益

如美国杜邦公司从1990年起已经达成了自动减排72%的温室气体,超出原来自订的减少65%的温室气体排放目标,被美国商业周刊评选为"绿色企业"的首位;被气候控制协会(Climate Control Group)授予气候变化类环保奖。杜邦公司每年在环境保护的改进和开发方面的举措已经开始使公司受益:首先原料利用率提高,降低了生产成本;其次在废料处理中,杜邦逐渐为自己开辟了一个新的收入来源。2010年杜邦全球工厂至少有10%的能源需求和25%的收入来自可再生资源。②其他的一些大型跨国公司也日益致力于环保运动,并把环保作为一种自觉行动,主动使用再生能源。

（4）国际社会日益重视跨国公司的环境责任

经合组织的《经合组织公司治理原则》《经合组织跨国企业准则》建议跨国公司自觉遵守国际法,尊重相关国家及其消费者的环境权益。2000年联合国"全球契约(Global Compact)"的十项原则中有三项涉及跨国公司的环境行为,要求企业应对环境挑战应未雨绸缪;企业应主动增加对环保所承担的责任;企业应鼓励无害环境技术的发展与推广。③

（5）唤醒了消费者的可持续消费意识

消费者决定购买什么样的商品,决定着跨国公司生产什么样的商品。消费者的选择是跨国公司承担保护环境的社会责任的主要压力。所以非政府组织一直不遗余力地向消费者宣传"可持续消费",号召消费者要采取符合人的健康和环境保护标准的消费行为和消费方式,如重视物资的回收利用、

---

① 张静.全球化背景下跨国公司伦理冲突与沟通[M].时事出版社,2013:110-111.
② 殷格非,崔征,吴福顺.跨国公司:企业社会责任实践的急先锋[EB/OL].[2005-09-21].http://finance.sina.com.cn/review/observe/20050921/14361987595.shtml
③ 萨楚拉.跨国公司人权责任探析[J].湖北大学学报,2015,42(3):121-126.

能源的有效使用、对生存环境和物种的保护,特别是要购买符合环保标准的产品。在非政府组织的影响下,公众开始抵制不符合环保标准的产品。

(四)国际非政府组织与跨国公司环保合作的困境

非政府组织与跨国公司之间形成了一定的合作,并产生了良好的社会和环境效益。但关于非政府组织与跨国公司之间的合作也存在质疑。

1.是否真的有助于挽回跨国公司的声誉

C&E 咨询机构在调查时向各个公司提出了一个问题,它们是否相信与非政府组织的合作能够满足自己的目标?答案并不乐观。大多数公司之所以与非政府组织展开合作,目的就是提高声誉;但实际上这种合作对公司声誉的影响非常有限,以 BP 石油公司为例,多年来该公司向致力于环境保护的非政府组织投资了数百万英镑,可在墨西哥湾漏油事件发生后,这种合作并未能保住公司的声誉,该公司前首席执行官约翰·布朗甚至曾是某个非政府组织的董事会成员,所以有人质疑与非政府组织的环保合作有什么用呢?

2.是否背叛了自身的原则

从非政府组织的角度来讲,在与跨国公司的合作中,常常会被指责背叛了自身原则。如著名的环境非政府组织——美国环保协会(Environmental Defense Fund)长期致力于人类社会的可持续发展,关注领域涉及水、大气、海洋、人体健康、食品安全以及生物多样性等。美国环保协会积极倡导以市场手段解决环境问题,例如臭氧层破坏、酸雨和城市光化学烟雾污染等;美国环保协会提出的排污权交易概念成为《京都议定书》的核心思想。美国环保协会与 8 个世界级大型企业合作,劝说它们自愿削减温室气体排放。但在实施碳排放交易项目,推动区域碳排放权交易市场建立,特别是在欧洲碳交易市场上,美国环保协会宣传市场机制冒了很大风险,因为在这一过程中其他非政府组织曾指责美国环保协会背叛了自己一贯的原则,一旦碳交易机制惨遭失败,就会令其所有支持者蒙羞。

3.是否真的有助于解决劳工问题

以孟加拉国拉纳大厦纺织大楼倒塌为例,大楼坍塌,导致多人死亡、受伤和失踪。全球最知名的一些非政府组织一直致力于改善大型服装公司供应商的状况,这些大型服装公司包括贝纳通、英格列斯百货、普利马克以及沃尔玛。位于拉纳大厦的纺织厂同时为这几家服装公司供货。但是结果呢?供应商依然容忍如此恶劣的工作环境,那么非政府组织的善意努力又有什么意义呢？

4.遵循非政府组织的价值观念是否有利于跨国公司发展

根据非政府组织的价值观念，在环保成为时代主流的国际社会，跨国公司只有按照合乎环保的标准行事，才能实现权利与义务的平衡，才能使自己树立良好的国际形象，减少企业与消费者的矛盾与对立。跨国公司也只有按照合乎环保的标准行事，才能有助于改善发展中国家和不发达国家的经济社会条件，促进发展，反过来创造出更有利于跨国公司贸易和投资的稳定的国际环境。[①]但现实问题是，依据非政府组织的主张，跨国公司的获益程度如何？以麦当劳为例，近年来麦当劳在环保上屡有动作，采购"可持续牛肉"就是其中一个典型的例子。由于牛肉产业在温室气体排放等方面对环境造成的负面影响最为严重，因此近年来牛肉被认为是最不环保的食物之一。而"可持续牛肉"则是在2012年"全球可持续牛肉圆桌会议（GRSB）"上由麦当劳及其他全球牛肉业者提出的概念，简而言之就是以更高效率生产牛肉，从而减少对土地、水等自然资源的占用但又不减弱其营养价值。然而，麦当劳获得的益处却十分有限。

跨国公司思考的是市场，非政府组织思考的是权利，双方的距离使其合作处于困境之中。

思考题：

1.国际非政府组织与主权国家的关系有哪几种模式？

2.为什么国际非政府组织容易成为西方国家政府的"代理人"？

3.发展中国家政府与国际非政府组织的关系如何？

4.联合国的非政府组织咨商制度是如何形成的？

5.举例说明非政府组织与其他政府间国际组织的关系。

6.国际非政府组织与跨国公司在人权领域有哪些冲突与对抗？

7.国际非政府组织与跨国公司在环境保护领域有哪些冲突与对抗？

---

① 何易.论跨国公司的国际人权责任[J].武汉大学学报：哲学社会科学版,2004(5):403-407.

第三章
国际非政府组织与世界和平的维护

在世界和平与安全舞台上,主权国家历来是主角。然而二战结束以来,一些国际非政府组织不断积极地介入维护世界和平与安全的活动,如控制核武器、核安全、国际裁军、国际禁雷、禁止集束弹药、防止常规武器扩散以及地区冲突的预防和管理。它们通过宣传动员公众舆论,研究危机、冲突与安全问题,主持召开各种会议、印制和散发大量宣传资料、组织各种抗议活动,以及以观察员身份列席有关会议等,对主权国家的和平与安全政策以及地区的稳定,施加了不可忽视的影响。非政府组织在国际舞台上的作用不断增大,一定程度上改变了主权国家的和平与安全议程,虽然难以完全左右大局,但无疑对主权国家固有的利益形成了不小的挑战。

第一节　世界和平领域中的国际非政府组织

一、国际非政府组织致力于和平问题的起源及其发展

(一)国际非政府组织早期的和平活动

在人类社会经历沧海桑田的历史变迁中,战争连绵不断,而"和平"作为"战争"的对立物,也一直是人类最基本的愿望和诉求,并成为人类追求的最朴素最美好的理想之一。近代以来,随着资本主义的发展,战争的规模越来越大,程度越来越激烈,与此同时,也逐渐形成了一种和平主义的思潮和社会运动。非政府组织对世界和平的关注源于欧洲的现实,从 17 世纪末、18 世纪初连续的几次王朝战争,到 19 世纪初的拿破仑战争,欧洲常年处于战争阴云笼罩之下, 战争所引起的苦难、伤亡和财物损失迫使人们探寻解决之道。非政府组织在这方面做了不懈的努力,它们常常致力于和平与安全问题

以及国际法的研究,推动国际法的编纂,传播国际法知识和平理念;在危急时刻组织运动呼吁人们抵制战争;在战争中救死扶伤,提供人道主义救助。非政府组织的活动增强了世界对战争与和平问题的认识,维护世界和平成为人们的强烈愿望。

19 世纪从事和平活动的非政府组织主要在欧美,著名的组织如罗马世界和平公会、巴黎和平自由国际联盟、伦敦和平协会、美利坚和平协会、国际法律协会、国际和平与自由联盟,到 1900 年世界上约有 425 个和平团体。这一时期,国际非政府组织的和平会议主要探讨如何通过限制和裁减军备实现和平,但作用可谓微乎其微。其时,资本主义正处于从自由向垄断过渡时期,开拓海外市场,掠夺殖民地,来自民间的和平呼声对这种主流政治和主流思潮的影响十分微弱。①

20 世纪初,和平运动迅速发展。1900—1914 年,美国国内大约产生了 50 个致力于和平的非政府组织。一战期间,反战和平运动此起彼伏,各国成立了许多反征兵、反暴力的和平组织。一战结束后,如何避免类似战争的重演、实现持久和平,成为战后国际社会面临的重大挑战,不仅各国政治家们积极谋划战后秩序,西方各国的民间团体和非政府组织也寻找实现持久和平的方法,并通过跨国的活动来推行其主张。

(二)国际非政府组织在两次世界大战之间的和平活动

一战后,欧美不但出现了反战潮流,而且一些比较重要的国际和平团体也不断壮大,如 1918 年成立的国际联盟协会(The League of Nations Union)主要致力于促进国际正义、集体安全、永久和平,宣传国际仲裁和全面裁军,在英国和平运动中是最大最有影响力的组织。②1921 年成立的坚持绝对和平主义的"不再战运动",宣传"一切战争都是错误的",号召其成员不以任何方式参加或支持任何性质的战争,该组织出版的《不再战》刊物一度达 1.5 万份。1919 年在美国成立的基督教和平团体"国际和解联谊会",在盛行新教的欧美国家都有分支组织;同年在日内瓦成立的国际妇女争取和平与自由联盟(Women's International League for Peace and Freedom),会员遍及 48 个国家,

---

① 刘华平.非政府组织与核军控[M].中国社会科学出版社,2008:21.

② League of Nations Union. [EB/OL].[2017–10–07].https://en.wikipedia.org/wiki/League_of_Nations_Union.

在 16 个国家设有分支组织；1921 年成立的和平组织"防止战争全国理事会"，到 1935 年有 21 个成员组织和 10 个协作组织，通过对国会的游说活动对美国政府施加影响。①

两次世界大战期间，非政府组织从事的和平运动主要有两个方面：一是裁军运动，二是使战争非法化运动。从事裁军运动的主要是美国的和平团体，它们要求联邦政府尽快让军人复员，将军队数量裁减到战前的水平。同时，面对二战后很快出现的美英日海军军备竞赛，和平团体用各种方式向联邦政府施压，要求美国政府与英日谈判，停止海军竞赛。倡导战争非法化运动的是由莱文森创立的"美国促进战争非法化委员会"，该组织促成了强大的反战舆论，推动了《凯洛格－白里安公约》(又名《非战公约》)的签署。《凯洛格公约》的签订无疑是非政府组织和平运动的一个重要成就，它使战争非法化的理念变成了国际法，表明国际社会达成一项重要的共识：诉诸战争是一种犯罪，它违反了国际法，会受到所有国家的谴责和抵制。②

这一时期非政府组织在组织形式上与战前自愿参与、组织松散的和平团体不同，具备了高度专业化特征，大多数和平团体都是由专职的带薪职员负责日常运作。参与和平团体工作的人士包括律师、商人、教育家、作家和记者，他们既把这些非政府组织当作实现个人理想和抱负的地方，又将其当作一份维持生计的职业。这种专业化和组织化使各个和平组织都有自己稳定的机制、一致的理念、合理的分工和迅速采取行动的能力，从而可以组织大规模的和平运动，但和平运动还是未能阻止二战的爆发。在当时的历史条件下，非政府组织认为一切战争都是错误的，不应该以任何形式进行或参与战争，这种观念未免过于理想主义，有时反而会事与愿违，鼓励战争，倡导"战争既不人道也不合理，防止战争应当永远都是国家政策首选"需要一定的历史条件。

二、国际和平非政府组织的类型

国际和平领域的非政府组织的活动，主要集中在核军控与裁军、限制常

---

① 徐蓝.第一次世界大战与欧美和平运动的发展[J].世界历史,2014(1):4-19.

② 王立新,王睿恒."积极和平":美国的和平运动与一战后国际秩序的构建[J].社会科学战线,2013(8):75-87.

规武器、冲突预防和冲突解决、和平重建、反战等方面，但由于和平与安全问题的多元化与多样性，不同时代有不同类型的国际和平非政府组织，同一时代根据不同的标准可以划分出的类型也千差万别。

（一）一战后和平非政府组织的类型

20 世纪 20 年代是国际主义与和平主义盛行、各种和平团体和非政府组织迅速成长的时代。不过，这些和平组织在实现和平的方式上往往存在很大分歧，主要有以下类别：

1.法治主义团体

法治主义团体在政治与社会领域较为保守，崇尚法治，认为法律比政治具有更高的道德性。主要由法学家、律师、法官以及政界和教育领域的精英组成，追求法治基础上的和平，主张用国际法和国际仲裁取代战争作为解决国际纠纷的方式，并且认为用法治取代权力政治是维持欧洲稳定唯一可靠的办法，不主张对国际秩序进行根本的变革。

当时的法治主义者认为，只要拥有强有力的国际法和国际组织，战争是可以避免的。美国著名的工业家、慈善家安德鲁·卡耐基就是其中之一。为实现这一信念，他大量捐款资助和平研究，并提出建立机构对公众进行和平教育，在全国推广仲裁司法，促进世界商业免受战争的威胁。1910 年，他宣布资助 1000 万美元信托资金创办卡耐基基金会（后称研究院），成立了世界上第一个致力于研究和平问题和推广世界事务的公众教育机构"卡耐基国际和平基金会"。同一时期的同类组织还有"美国和平协会"和"美国国际法协会"。

2.国际主义团体

国际主义和平团体主要由社会科学家、教育家、律师和记者等自由派人士组成。国际主义和平团体深信，随着工业化导致的相互依赖不断加深，世界已经和以往大不相同，正在发展成一个相互依赖的世界共同体。为了避免战争对国际秩序和各国经济造成破坏，必须在专家的指引下，通过科学的制度手段，控制和改变国际无政府状态下的混乱，实现一种可靠的、可操控的长久和平。他们还认为战争源自旧欧洲均势体制的不稳定，主张在集体安全的基础上构建新秩序，通过科学设计的国际机制防止战争的爆发，坚信只有通过集体安全体系，和平才能得以维护，美国的"实现和平联盟""国联无党派协会"和"外交政策协会"就是这样的非政府组织。

3.自由和平主义团体

自由和平主义团体主要由三部分组织组成:基督教团体、妇女组织与反对一切战争的激进和平主义团体。与法治主义团体和国际主义团体不同的是,自由和平主义团体反对战争是从道德伦理和宗教信仰的角度出发,把战争看作一种社会罪恶,反对国家使用战争作为对外政策的工具。自由和平主义者不仅反对战争暴力,而且反对社会上存在的一切形式的结构暴力,哪怕是为了制止暴力的"暴力",从根本上否定了使用暴力的合理性和合法性。

(二)二战后和平非政府组织的类型

二战后,国际和平非政府组织迅速发展,根据这些国际非政府组织的工作性质,可以将它们分为专业性的和非专业性的。

1.专业性的国际和平非政府组织

如美国科学家联盟(The Federation of American Scientists)、普格瓦什关于科学和世界事务会议 (Pugwash Conferences On Science and World Affairs)、斯德哥尔摩国际和平研究所 (Stockholm International Peace Research Institute)、卡耐基国际和平基金会(Carnegie Endowment for International Peace)、裁军与安全独立委员会 (The Independent Commission on Disarmament and Security)、堪培拉消除核武器委员会(简称堪培拉委员会,Canberra Commission on the Elimination of Nuclear Weapons)、大规模毁灭性武器委员会(The Weapons of Mass Destruction Commission)、国际危机组织 (The International Crisis Group)等。

这类非政府组织关注的范围主要是传统的和平与安全领域, 涉及的具体问题包括武力的控制与使用、武器及制造武器特殊材料的技术升级与扩散、危机反应与处理战争后果及附带效应、预防和化解冲突的方法、围绕和平与安全问题的外交与国际关系等。对这些问题的认识需要极高的专业素质和相应背景,涉及军事技术与材料领域的科学家、工程师及政治家、外交人士和国际关系学者是此类非政府组织或咨询机构的中坚力量。

2.非专业性的国际和平非政府组织

二战后关注和平与安全问题的非政府组织远远不止那些专业性的,更多的是一些非专业性的,它们的活动兼有人道主义、环保主义、生态主义或社会主义特征。这些组织不仅关注军备竞赛或战争本身,也关注它们对自然与人类社会所造成的附带效应及其潜在的威胁, 如战争与冲突导致的平民流离失所和伤亡、特种武器对环境和人畜的危害、人道主义救济、军工集团对社会财富的掠夺等。

这些"业余的"非政府组织主要有以下五类:

第一,职别组织。由某一职业为主的人,如律师、医生、工程师组成。此类组织从行业角度反对核武器,无论宣传教育提供信息,还是咨询游说都很有说服力。如瑞典的律师反核国际协会(The International Organization Associa-tion of Lawyers Against Nuclear Arms);德国的工程师和科学家反扩散国际网络(The International Network of Engineers and Scientists Against Proliferation);美国的社会责任医师(Physicians for Social Responsibility)、国际防止核战争医生组织(International Physicians for the Prevention of Nuclear War)、忧思科学家联盟(The Union of Concerned Scientists)、退休将领要求和平(Retired Generals Call for Peace)、医生保卫和平组织(Physicians for Peace)等。

其中,律师反核国际协会由律师和法律学者组成,从国际法角度分析核武器政策,促进国际法与和平解决国际争端的有效机制的发展,努力废除各类不人道的武器,控制国际武器贸易,根据法律适用程序和法律机制推进安全概念,促进建立和使用国际刑事法院和其他法律程序,以应对违反国际人道主义法的罪行;社会责任医师和国际防止核战争医生组织则是从医学的角度,论证核试验对人体健康造成的巨大危害,证明核战争将没有输赢。这些观点以科学研究为基础,对普通公众和决策者具有同样的影响力。由于对和平的突出贡献,国际防止核战争医生组织在 1985 年获诺贝尔和平奖。

第二,妇女组织。战争作为人类文明的负面产物对各个时代的女性都产生巨大的影响。在历史上,女权主义和平研究一直强调战争以及其他种种暴力行为给女性带来的伤害,一些妇女组织很早就致力于对战争罪恶的控诉,认为战争不仅直接伤害发起它和参与它的男人,更伤害到了后方的女人;而且战争的破坏性并不会随着停战条约的签订而结束,在战后很长一段时期内,它仍会持续地在精神上折磨女人们。"战争让女人走开"只是一个神话而已,女性从未置身于战争之外,所以反对战争,争取和平始终是妇女组织的追求。如妇女争取和平与自由国际联盟的宗旨是团结具有不同政治和哲学倾向的妇女,研究、宣传和协助消除导致战争的政治、社会、经济及心理因素,并为实现和平而努力;其首要目标是实现全面、普遍裁军,力争消除任何冲突和暴力,以和平方式解决问题;加强旨在防止战争的跨国活动,制定国际法。①

20 世纪六七十年代西方女权运动兴起,极大地提高了妇女关于战争与和平的认识,大量妇女组织在这一时期成立,并参加了随后的反核和平运动;80 年代美国"冻结核武器"运动的一些知名领袖人物,如兰德尔·福斯伯格(Randall Forsberg)、海伦·凯蒂科特(Helen Caldicott)、贝蒂·邦柏斯(Betty Bumpers)都是女性,贝蒂·邦柏斯后来还领导成立了"和平网络(Peace Links)",将全国关心军备竞赛问题的妇女团结起来共同从事反战斗争。其他的类似组织还有"母亲呼吁核裁军"(美国西海岸的一个群众性妇女组织)、费曼(乌克兰的一个反核女权组织)。21 世纪以来,国际社会对妇女、和平与安全问题的讨论进入了新的阶段,国际上关于妇女在战争、冲突、暴力中的角色有了新的认识,妇女作为战争的受害者、和平进程的参与者、政治决策的参与者的多重角色得到了认可,妇女组织也成为维护世界和平的重要力量。

第三,宗教组织。多种多样的宗教传统,形成了多种多样的宗教非政府组织,基督教、天主教、佛教、伊斯兰教、犹太教都在本教义中宣扬和平、调解冲突、敦促和解。反对暴力、维护世界和平与宗教组织的信仰,在本质上具有相当大的一致性,因此大部分宗教组织都谴责军备竞赛,反对核战争。如基督教青年会的宗旨之一就是保卫上帝创造的万物不受损坏,为后代保存、保护地球的资源;世界宗教和平组织以制止冲突、消除贫困、保护地球为宗旨。宗教非政府组织在冲突频繁的地区十分活跃,如在非洲地区它们不但参与冲突预防和解决,也参与和平建设,在地区安全中发挥着很大的作用。②

第四,人道主义组织。如红十字国际委员会声称其特有的人道使命,就是保护武装冲突和其他暴力局势受难者的生命与尊严,并向他们提供援助。其他的一些从事人道主义工作的非政府组织也会记录和报告相关国家对战争法和国际人权准则的违反情况,推动控制核武器和常规武器国际公约的形成,维护世界和平与安全。

第五,群众性组织与和平运动。群众性组织有两层含义:一是主要由普通群众组成,利用专业性非政府组织的研究成果进行游行、示威活动,对政

---

① Disarmament programme[EB/OL].[2018−12−11].http://wilpf.org/what−we−do/disarmament/.
② 马恩瑜.宗教非政府组织在非洲国家的角色参与及影响[J].西亚非洲,2009(7):38−42.

府施加直接压力的组织；二是面向广大群众，致力于联系、宣传、教育、发动群众，开展反对核武器、要求核裁军的组织。群众性组织有强大的宣传、舆论作用。在反核反战实践中，群众性组织与和平运动与专业性研究组织或职别组织之间保持着密切联系，如绿色和平组织从 1971 绿色和平组织建立以来，就一直与反核专业组织有着密切的联系，反对战争，支持以非暴力途径化解冲突，主张消除每个国家拥有的所有大杀伤力武器，尽力阻止各式的核武器研发以及使用。

第二节　国际非政府组织与核军控、核安全

在国际政治中，和平与安全问题属于"高级政治"，核军控、核安全涉及国家军事与国防政策和对外安全战略，是"高级政治"中的高级政治。非政府组织虽然很早就开始影响国家的裁军和军备控制问题，但要想发挥实质性的影响还是极为艰难的，核军备是一国军事力量的集中体现，国家对核军备的控制依然具有高度的垄断权。但随着核军备以及其他核材料对人类威胁的加大，主权国家的安全观发生了很大的变化，为非政府组织影响核军控、核安全问题创造了空间，非政府组织可以通过多种渠道影响政府核军控、核安全政策和公众的核军控和核安全意识。

一、国际非政府组织与冷战时期的核军控、核安全

二战后，大规模和全球性的战争结束了，但世界远远没有和平与安全，军备竞赛、核扩散、国际危机、地区冲突与战争，一系列威胁世界的和平与安全的因素依然存在。在这种情势下，出现了一批致力于此类问题的国际非政府组织，它们维护世界和平与安全的运动声势浩大，时起时伏。

（一）冷战时期非政府组织的反核反战运动

20 世纪 40 年代后期至 60 年代初期，是非政府组织进行和平运动的重要时期。当时以美国为首的北约和以苏联为首的华约在欧洲重兵对峙，美苏两个阵营在相互敌视中，不断提高对峙的门槛，军备竞赛的技术升级换代，武器的储备规模越来越大；在亚洲，朝鲜战争爆发，美国不断威胁再次使用核武器，这使世界和平与安全所面临的威胁也达到了前所未有的高度，非政

府组织强烈要求禁止原子弹和反对战争的呼声四起。一个标志性事件是1950年世界保卫和平大会常设委员会发表了《斯德哥尔摩宣言》,要求无条件禁止原子武器;另一个标志性事件是1955年伯特兰·罗素发起反核运动,"争取核裁军运动"组建,出现了一批固定的、专门的和平组织。1966年后,非政府组织在世界范围内掀起了反对越南战争的浪潮,尽管各地的抗议活动起因不同,而且方式、特点各异,但大多数国家都出现了以反对美国在越南的军事行动,和声援越南抗击美国为主要形式的反战示威。

　　20世纪70年代中期至80年代中期,非政府组织主要是反对美苏两个超级大国新一轮核军备竞赛和世界核战争的危险。1979年北约通过"双重决议",针对苏联在东欧部署SS-20型导弹,决定从1983年起在西欧部署美国中程导弹,激起了西欧声势浩大的反核和平运动浪潮,并在世界范围内引起强烈反响。①1980年伯特兰·罗素和平基金会发表了一份由英国著名历史学家爱德华·帕尔默·汤普森执笔的"欧洲核裁军倡议书",批评了威胁和平的东西方政治和军事领导人,呼吁人们要通力合作,敦促美苏两个超级大国从欧洲撤除所有核武器,把整个欧洲大陆从核武器的威胁之下解放出来。以这份倡议为基础,从1982年开始每年举办一次的欧洲核裁军大会,非政府组织是重要的参加者。在亚太地区,和平运动也提升到一个新高度。日本的两大反核组织:日本禁止原子弹氢弹协议会和日本反原子弹氢弹大会共同领导民众抗议核竞赛,征集到数百万份反核请愿签名。新西兰和澳大利亚的和平主义者们则封锁港口不允许核动力战舰进入,并组织了一定规模的抗议活动,反核浪潮席卷太平洋岛国。②

　　冷战时期致力于核军控的国际非政府组织具有特殊的地位,在沟通东西方和影响国际舆论方面发挥了很大的作用,致使美苏在展开军备竞赛的同时,不得不考虑非政府组织的存在和舆论压力,都注意抓"和平"的旗帜。同时,冷战时期非政府组织发起的和平运动,也不可避免地打上了"冷战"的痕迹。

　　(二)冷战时期非政府组织对核军控的影响

　　核军控是核军备控制的简称,指对核力量的规模、对核武器和核运载系

---

① 汪铮.和平运动:历史与现实[J].欧洲研究,1996(1):68-76.
② 邓超.论当代西方和平运动的主要发展趋势[J].当代世界与社会主义,2015(4):88-94.

统的研制、实验、部署、生产、使用、裁减和转让等的限制性规定。它可以是对核武器的数量、类型、性能以及核力量的规模、编制、装备、部署实施限制的任何方法或过程。其主要目的是减少核战争危险,减少核军备竞赛中的不稳定因素,增加可预见性及降低国防费用。核军备控制既可以通过单方面的措施进行,也可以依照双边、多边、全球规模的协议及条约实施。①美苏冷战限制了非政府组织在政治经济领域的活动空间,但美苏疯狂的核军备竞赛却为非政府组织在和平与安全领域发挥作用提供了契机。

冷战时期非政府组织在核军控中的作用有以下方面:

1.进行核军控研究、提供独立可信的核军控信息

控制核军备,首先要了解核军备的状况。然而几乎所有的主权国家从国家安全考虑,一般都不会公开本国核军备的真实状况。各国都倾向于刺探别国的核军备实情,而对自己的信息尽量隐瞒。冷战时期美苏常常宣称自己的核军备水平落后于对方,以此作为自己扩军的借口。在核军备状况存在虚假性的情况下进行真正的核裁军是十分困难的,所以一些非政府组织通过艰辛的资料搜集和严谨的科学分析,向公众提供比官方数字更为真实的信息,让公众和各国政府对世界核军备状况有所了解。在这方面最为著名的是1966年成立的斯德哥尔摩国际和平研究所,该所长期对核军控问题进行独立的专门研究。此外,国防信息中心(Center of Defense Information)、美国科学家协会也会将自己的研究成果通过出版物、广播、电视及其他新闻媒体发布,向国际社会提供军控信息,补充和纠正政府公布的数据和信息,使人们了解国际军控的真实情况。②

2.培养公众的核军控意识

由于核武器的复杂性和机密性、核军控的高技术化和专业化,核问题不容易被一般公众所掌握和了解,一些有核国家因为种种原因,又不愿意对公众进行核问题方面的教育。而一些非政府组织(如美国科学家联盟、肩负社会责任的医生组织等)拥有核领域的科学家和学术权威,比普通民众更了解核武器对人类的危害,常常会积极投入人类的和平事业中,利用自己所掌握的专业知识和信息,启迪民智,唤起人们对核威胁的认识,使公众了解有关

① 张宏,岳杨.中东地区核军备控制态势分析[J].国际论坛,2011(4):6-10.

② 刘华平.非政府组织与核军控[M].中国社会科学出版社,2008:82-84.

核武器、核战争的危险和核裁军的必要性,培养了公众的核军控意识。①

3. 推动核裁军、军控外交以及军控条约的形成

非政府组织在核裁军、军控外交以及军控条约的形成过程中也扮演着重要的角色。如"普会"在冷战时期发起各种会议并影响各国政府裁军政策。1957 年该组织倡导的科学家国际会议在普格瓦什举行,会议讨论了三个主题:在和平和战争中使用原子能导致的危险、核武器控制、科学家的责任。在其成立后的十五年中经历了第二次柏林危机、古巴导弹危机、华约组织国家入侵捷克斯洛伐克以及越南战争。该组织在核裁军问题上发挥了重要作用:一是通过自己的工作,发表专业见解和观点影响舆论,对核竞赛双方施加强大的压力;二是在两个阵营出现僵局的时以召开年会、研讨会、座谈会,邀请双方学者、政府官员进行交流,建立政府外交之外的"二轨外交",通过开放的对话缓和紧张气氛,为美苏双方沟通做出了很大贡献;三是为一些军控条约的形成做了大量的前期工作,如《部分禁止核试验条约》(1963)、《核武器不扩散条约》(1968)、《反弹道导弹条约》(1972)、《禁止生物武器公约》(1972)。

4.监督政府的核计划

在核军控方面,监督政府核计划是非政府组织的重要活动之一。忧思科学家联盟(the Union of Concerned Scientists)是监督政府核计划的著名非政府组织之一。②该组织从环境保护的角度长期致力于核武器控制和反对核战争,1981 年针对美苏在欧洲部署战区核导弹计划,动员公众进行反对;1983 年针对里根总统的"星球大战计划"展开声势浩大的太空非武器化运动,捍卫 1972 年达成的反导防御条约;21 世纪以来致力于反对美国部署导弹防御计划和发展小型战术核武器钻地弹的计划。③

(三)冷战时期非政府组织与核安全的维护

1.冷战时期的核安全概念

尽管冷战时期的核裁军、核军控运动声势浩大,但核安全的概念却一直十分模糊。核安全概念最早出现在 20 世纪 70 年代国际原子能机构(Inter-

① 刘华平.非政府组织与核军控[M].中国社会科学出版社,2008:50–57.

② 忧思科学家联盟于 1969 年成立,著名领导人为诺贝尔奖获得者亨利·肯德尔,成员主要是麻省理工学院的担心科学技术被滥用的教师和学生。

③ 刘贞晔.全球公民社会研究:国际政治的视角[M].中国政法大学出版社,2015:150.

national Atomic Energy Agency,IAEA）的《核安全准则》（Nuclear Security Guidelines)中。1979 年,国际原子能机构制定了《核材料实物保护公约》。这是早期与具体防范核扩散问题相关的一个最重要的国际公约。该公约确认一切国家有权为和平目的发展和利用核能，并合法享有和平利用核能所可能产生的潜有利益,深信有必要促进和平利用核能方面的国际合作,但也希望防止非法取得和使用核材料所可能引起的危险。然而当时它涉及的范围狭窄,仅针对国际核材料运输安全问题,并未对核安全有明确界定,也没有把保护公众不受放射性危害、预防核泄漏等事故的发生列入核安全的范畴。

2.冷战时期非政府组织促进核安全的活动

尽管国际社会关于核安全的概念还比较模糊，但非政府组织促进核安全的活动却很早就开始了。冷战时期在核安全领域比较活跃的非政府组织有两类：一类是专业性的非政府组织,如忧思科学家联盟、国际防止核战争医生组织、核裁军运动；另一类是环境非政府组织,如地球之友、绿色和平等。这些非政府组织意识到核能作为一种极为高效的清洁能源,在给人类带来巨大利益的同时,也存在着潜在的巨大技术风险和管理风险,一旦在细微的技术环节和管理环节出现纰漏,即会导致核材料的泄漏、污染和扩散,给生态环境和人类社会带来极为严重的灾难。非政府组织促进核安全的行动使国际社会意识到核安全问题,并逐渐将核安全提到国际议事日程上。

冷战时期非政府组织的促进核安全的活动有：

(1)促进核能使用的安全性

战后为了提倡、管理原子能在科学科技、公共福利上的和平用途,以及美国所有的核生产设备、核反应堆、相关技术资讯及研究结果的安全,美国建立了原子能委员会（United States Atomic Energy Commission,AEC),并通过了原子能法案。1954 年美国国会赋予原子能委员会促进并管制核能的使用的职权,要求其制定管制标准保护一般民众的安全和相关工业的发展；60 年代以后许多核管制标准被批评太弱,包括辐射剂量标准、环境保护标准、核反应堆的位置与安全标准。1974 年美国核能管理委员会（Nuclear Regulatory Commission,NRC)建立,主要工作是负责监督反应堆的安全和安保、反应堆的许可证颁发和更新、放射性材料的许可证颁发、放射性核素安全许可证颁发和乏燃料管理包括贮存、安全,回收和处置。从美国原子能委员会的建立到美国核能管理委员会的运作，都有非政府组织（如美国科学家联盟、"普会"、美国社会责任医师、忧思科学家联盟)的参与。特别是 NRC 建立后,非政府组织参与其中,监督核能事务,监督核医学和核安全,为保护公众健康和核能安全发挥了重要作用。

(2)监督核废料的处理

1954 年苏联建成世界上第一座核电机组后,其他发达国家的核电工业也相继发展起来。美国、德国、法国、英国、加拿大都建立了自己的沸水堆机组、压水堆核电站或沸水堆核电站。20 世纪 70 年代的石油危机将世界核电的发展推向新的高潮,到 1988 年时全球核电装机容量达 319.50MW,全球核能发电量占全球总发电量的 15.29%。①伴随着核电工业大发展的是核废料的处理问题,当时在"核电有益社会"的广泛宣传下,公众对核废料的处理项目并不存在很大争议。但非政府组织对此始终持怀疑态度,如 1961 年法国出台法令申明,因公共安全的需求,国家要建立核废料再处理厂——拉海格(LaHaguesite)再处理厂,绿色和平组织始终认为这个核废料再处理厂会带来危险的污染,对该处理厂进行了持续的监督。

(3)发起反核运动

70 年代中期以后核事故层出不穷,核泄漏造成的核辐射、核污染对人类健康和生态环境产生了极为严重的危害,引起了诸多群众性非政府组织的关注,并组织了大规模的示威抗议活动。1977 年西班牙毕尔巴鄂发生的反核能示威吸引了多达 20 万人参与;1979 年美国宾夕法尼亚州的三英里岛核电站 2 号反应堆发生放射性物质外泄事故,导致电站周围 80 千米范围内生态环境受到严重污染,增加了民众对核能安全性的忧虑,在纽约引起了一场 20万人参与的反核示威;1986 年乌克兰切尔诺贝利核电站的第 4 号反应堆发生了爆炸,连续的爆炸引发了大火并散发出大量高能辐射物质到大气层中,辐射尘涵盖了大面积区域,所释放出的辐射线剂量是二战时期爆炸于广岛的原子弹的 400 倍以上,再次引起了反核运动,参加者多为环保主义者或专业人士,他们在当地、全国乃至世界范围内组织运动。

(4)阻止核试验

1985 年法国在南太平洋进行核爆炸试验,以反对核试验为宗旨的绿色

---

① 中国报告网.全球核电发展的四个历程[EB/OL].[2017-08-15].http://market.chinabaogao.com/dianli/0Q52923942017.html.

和平组织派遣"彩虹勇士号"轮船进驻新西兰奥克兰港,准备抗议法国核试验,法国在核试验问题上态度强硬,派遣特工炸沉"彩虹勇士"号,激起公众对绿色和平组织的同情,绿色和平组织因此名声大振。

（5）关注北极地区的核污染

冷战时期是美苏两个超级大国进行核竞赛的时期,也是欧洲国家大力发展核的时期,这两项活动都对北极地区造成了严重的核污染。绿色和平组织很早就开始关注苏联在北地群岛（Severnaya Zemlya）核试验释放的放射性污染物,巴伦支海和喀拉海放射性废料和废弃核反应堆的处理,以及通过鄂毕河（Ob River）和叶尼塞河（Yenisei）流入北冰洋的放射性污染物等。[①]

二、国际非政府组织与冷战后的核军控、核安全

（一）冷战后的核军控、核安全形势

冷战结束后,核军控取得了一些成就。1991 年美苏正式签署《美苏关于削减和限制进攻性战略武器条约》,1993 年美俄两国签署《美俄关于进一步削减和限制进攻性战略武器条约》,1995 年 179 个缔约国以协商一致的方式决定无限期延长《不扩散核武器条约》,1996 年《全面禁止核试验条约》通过,1998 年启动禁止生产武器用裂变材料公约的谈判达成一致。国际核军控事业取得相当大的进展。在核裁军与核不扩散领域取得的成果,使人们开始对世界安全持乐观态度,对人类控制核武器的决心和能力又充满信心。但从随后的情况来看, 人类并未充分和有效地利用冷战结束给世界带来的控制和消减核灾难的机会,国际核军控、核安全依然面临不少挑战。

1.从核大国来看

冷战后美俄关系不稳定, 彼此已经达成的核军控条约大多数没有按计划实施。《第二阶段削减战略武器条约》要求拆除的所有陆基分导式多弹头导弹是俄罗斯最具威力的核武器,条约使美国在核武器的数量上略占优势,美俄之间的核战略平衡出现倾斜。俄罗斯国家杜马强调该条约会使美国取得战略优势,损害俄罗斯的安全因而最初拒绝批准。更重要的是,冷战后美国继续强化北约军事集团,在地缘政治上对俄罗斯形成巨大压力。同时,美

---

① 唐尧.核安全观视角下的北极核污染治理问题研究[J]. 南京政治学院学报,2015(1):79~84.

国还大力发展国家导弹防御计划(NMD)和战区导弹防御计划(TMD)。1998
年美英因武器核查问题轰炸伊拉克,1999 年北约轰炸南联盟,美俄更加剑拔
弩张。

21 世纪初,俄罗斯公布"现实遏制"战略,强调核武器在国家军事战略中
的地位和作用,确定俄罗斯最重要的优先方向,就是要把核力量保持在足以
实施战略遏制和地区性遏制的水平上。2001 年,美国宣布单方面退出《反弹
道导弹条约》,把战略层次的"先发制人"落实为美军核作战行动的指导原
则,不仅降低了使用核武器的门槛,而且增加了核武器使用的灵活性。①美俄
的核战略使核武器的使用范围明显扩大。此外,英法在裁减核武库的同时,
也仍在积极推进各自的核武器现代化计划。冷战后世界形势虽趋向缓和,但
核大国并未因此放弃核威慑政策,反而利用这一时机强化其核国际地位,给
正在缓和的国际形势增添了一层阴影,使世界和平继续受到恐怖的核威胁。

2.从地区来看

核大国的做法在一定程度上鼓励了那些急于发展核武器的国家,使一
些地区出现了激烈的核竞赛。在南亚地区,1998 年印巴两国一举越过核门
槛,两国关系转变成为核条件下的对抗关系,双方为使自己的核力量武器
化、实战化而加倍努力;在中东地区,2003 年伊朗宣布发现并提炼出铀,2006
年宣布恢复铀浓缩活动,最终突破了国际原子能机构框架,伊朗强烈坚持它
作为不扩散核武器条约(NPT)的签约国有权利和平利用核能,为中东原本动
荡复杂的局势更添一份不安定的因素,人们担心伊朗拥有核武器之后,由较
为温和的逊尼派穆斯林主政的阿拉伯国家,如沙特阿拉伯、埃及甚至叙利亚
将可能用多长时间拥有核武器;在东北亚地区,2006 年朝鲜进行了核试验,
朝鲜的行为使未来的"核世界"充满了不确定性,人们担心日本、韩国能够再
保持多久的无核状态。②对于这些急于发展核武器的地区性国家来说,核武
器具有巨大的诱惑力,核武器可以改变自己在地区内的弱国和小国地位。作
为"穷人的武器",核武器越来越为这些国家所重视,而大国斗争的复杂性也
为这些国家发展核武器提供了可乘之机。③

---

①②王仲春,刘平.试论冷战后的世界核态势[J].世界经济与政治,2007(5):6-13.

③ 刘华平.非政府组织与核军控[M].中国社会科学出版社,2008:119.

3.从国际核不扩散机制来看

目前的国际核不扩散机制存在诸多问题：

第一，不公正问题。该机制将全球所有国家分成有核国家和无核国家，把防止的对象放在无核国家上，具有明显的歧视性。在核不扩散机制中，一直存在着核大国与无核国、美国等西方国家和第三世界国家、防止核扩散与和平利用核能之间的矛盾。

第二，缺乏对地区性强国的约束力。核不扩散机制对正处于核门槛的主要国家无可奈何。对于那些强行加入核俱乐部的地区性强国和严重违反核不扩散规定的国家，核不扩散机制除了采取制裁、谴责等有限手段外，别无他策，约束力度十分有限。核不扩散机制像所有强权政治一样，主要是针对那些没有反抗能力的弱小国家，却阻止不了其他大国发展核武器。

第三，核不扩散机制内部往往无法做到大国协调一致。由于利益关系，大国在对待具体的核扩散行为和国家时，很难达成一致意见，很大程度上削弱了国际核不扩散机制的作用。

第四，核查手段难有突破。目前的核查手段包括视察、监视和探测三种，无论哪一种手段，都必然涉及法律和技术因素。法律方面，对一国进行核查必然涉及该国的主权，因而难以顺利、彻底和有效地进行；技术方面，由于扩散国家躲避核查的手段在不断发展，再先进的探测技术也不可能做到万无一失。在此情况下，某些国家一旦拥有核武器，必然打破该地区原有的力量平衡，引起地区性核军备竞赛。而国际社会对违反核不扩散机制的国家束手无策，又会刺激其他处于核门槛的国家发展自己的核武器，从而引起核扩散的"多米诺骨牌"效应。[①]事实上也是如此，印度、巴基斯坦分别在 1998 年和 1999 年进行了核试验和导弹试验，引发了南亚核军备竞赛，严重损害了国际核不扩散体制的权威性和有效性，增加了地区核战争的危险。

4.在核安全方面，冷战结束以后核事故的危险犹存，甚至更大

科技和政治形势的发展为核扩散提供了客观有利条件。首先，随着科学技术的发展和各国对核技术管制的放松，核武器的原理和制造技术已不再神秘，核技术的转让比较广泛，在一定程度上也促发了核武器的扩散；其次，核材料和核武器管理制度漏洞多，使某些国家、地区或组织可能很容易地获

① 楼冕.冷战后的核扩散及防扩机制浅析[J].世界经济与政治论坛,2003(2):71-75.

得核材料甚至成品核武器;最后,核人才的流失,也间接造成了核材料及核武器的扩散。"9·11"恐怖袭击事件的发生已经证明,那些不受任何国家控制的隐蔽组织具有精心筹划,并成功发起大规模恐怖袭击行动的能力。而不断被披露的涉及多个国家和地区的国际地下核交易网也使人们认识到,现有的国际法律和出口管制方面的强制措施,显然不足以阻止核技术、核材料扩散的趋势。①

(二)冷战后非政府组织核军控活动面临的挑战与机遇

1.冷战后非政府组织核军控活动面临的挑战

(1)公众对核军控的关注有所下降

冷战结束后,由于美苏(俄)两个超级核大国的对抗缓解,发生世界核战争的危险减小,核军控与核裁军不再是国际社会关心的首要问题,普通公众对核武器的关心与担心都相对减弱,转而关心与切身利益有关的具体现实问题。在这种形势下,新闻媒体也减少了对包括核军控问题在内的国际报道。

(2)资金困境

公众对核军控问题兴趣的下降,使非政府组织在筹措资金方面遇到了一些困难。一些冷战时期因惧怕核战争爆发对非政府组织进行资助的基金会、财团或个人,随着冷战的结束与核战争危险的减小不愿意再继续资助反核运动与核裁军研究,导致一些致力于核军控的非政府组织经费来源减少,活动受到限制,不少此类非政府组织因缺乏经费而解散。

2.冷战后非政府组织核军控活动面临的机遇

冷战结束后,东西方意识形态对抗的减弱,一些核国家政策发生变化,使核军控领域的非政府组织在资源、信息和政治自由度方面获得了更加有利的发展环境。

首先,一些国家出于某些考虑,压缩了政府对军控和裁军的研究与宣传,如美国的官方军控组织在调整中收缩,这种状况客观上加强了非政府组织发展的必要性,非政府组织可以填补政府机构收缩造成的空缺,在核军控的宣传、研究、咨询等方面发挥更多更大的作用。

其次,冷战结束后联合国为非政府组织参与国际军控事务提供了更多的机会和条件。非政府组织常常联合中小国家,在联合国军控舞台上提出倡

---

① 王仲春,刘平.试论冷战后的世界核态势[J].世界经济与政治,2007(5):6-13.

议,起草核裁军方案,游说或鼓动其他国家,特别是无核国家接受,然后在联合国有关裁军会议上正式提出,为主权国家的讨论提供方案,非政府组织在裁军事务中的作用不断加强。

再次,冷战结束后核战争危险虽然有所减小,但如前所述,一些重要的核军控问题依然存在,在某些方面甚至更加严峻,如核扩散、核走私、核恐怖活动的危险性都较以前增强了。

此外,冷战的结束也没有使核大国停止对核武器的改进与发展,只要核武器存在,在冲突中使用核武器的可能性就始终存在,因此非政府组织追求的核军控目标依然存在,国际核武器的控制依然需要非政府组织的努力。[①]

(三)冷战后非政府组织核军控活动的特点

冷战结束以后非政府组织的核军控活动主要有以下特点:

1.反核运动更加理性化

冷战后许多专业性非政府组织越来越清楚地认识到普通公众的强大作用,更加重视教育和发动群众,从理论和行动纲领上对群众性非政府组织提供帮助与指导,尽可能向他们宣传自己的主张,借用后者的力量,自下而上,间接地对政府施加压力,实现自己的裁军思想。而群众性组织及运动则充分利用研究性非政府组织的最新科研成果,提出有深度的核裁军建议和口号。二者主动配合,互相支持:专业研究为群众性运动及时提供斗争的工具;群众性运动反过来支持非政府组织提出的主张与建议,使之转化为政治力量,影响政府决策,群众性反核运动趋于理性,不再像过去一样,动辄举行大规模的游行或街头抗议。同时,便捷的通信、交流工具,使群众性组织和运动也更加容易国际化。

2.反核运动体现出高度的跨国性和全球性

冷战后非政府组织在政策议题上提出了建立全球性国际机制的运动目标。这一方面是由于议题本身跨越了国界而具有全球性质,单纯地针对一国政府施加压力已不足以解决问题;另一方面,网络化的通信技术发展为和平运动的全球化创造了条件。信息传播技术的发展大大提高了非政府组织的信息发布和设置议程的能力、动员的能力以及行动的能力。2000 年,消除核武器条约运动(Abolition Treaty 2000 Campaign,简称"废核 2000")就是以网络

① 刘华平.非政府组织与核军控[M].中国社会科学出版社,2008:121-123.

为主,在全球范围内展开宣传教育活动的、规模最大的一个国际性核裁军群众组织,①是冷战后非政府组织反核运动全球化的体现。

3."联合"成为核军控领域非政府组织扩大影响的主要手段

这种"联合"首先体现在非政府组织之间的联合。如 1995 年已签订 25 年的《不扩散核武器条约》在联合国审定,以确定是否延期。来自世界各地的几十个非政府组织共同起草了"废核 2000"的文件,提出核裁军的"11 点方案",吸引了包括著名的非政府组织——"核裁军运动"(Campaign for Nuclear Disarmament)在内的全球九十多个国家的两千多个长期致力于大规模杀伤性武器治理的非政府组织加盟。②非政府组织的声音虽然不能马上被决策者接受并转变为行动,但一旦出现合适的政治气候,建立在广泛调查研究基础上的建议与意见,会很容易转化成为正式讨论的议题。

此外,非政府组织加强了与中等无核国家的联合。中等无核国家(如澳大利亚、加拿大、瑞典)既有相当的政治经济实力又在国际社会享有很高的声望,这些国家从经济实力来讲有能力发展核武器,但出于政治考虑放弃核武器选择。然而,它们放弃核选择的条件是有核武器国家必须逐步消除核武器。因此,这类国家在反对核武器扩散、要求核裁军方面,具有特殊的影响力与地位。核军控领域的非政府组织主动联合这些国家,为后者在国际舞台上的核裁军政策献计献策。很多核军控领域的非政府组织的思想和研究成果,被中等无核武器国家所接受,从而更容易地将民间话题上升为主权国家之间讨论的议案。③

4.以高层外交与全球公众宣传活动相结合推动反核运动

冷战后国际核军控领域里涌现出了更多由知名外交官、资深政治家和军事领导人组成的非政府组织。例如,由美国和俄罗斯退休高级军事将领组成的"退休将军组织",任职期间这些将领们不得不在其位谋其职,奉行核威慑政策,支持并执行国家的核军备竞赛政策,但长期与核武器打交道使他们熟知核武器的威力与性能,深谙核武器对人类文明的巨大威胁。冷战结束后,他们以自己的亲身经历呼吁消除核武器,人数虽不多,却十分具有影响

①② 刘贞晔.全球公民社会研究:国际政治的视角[M].中国政法大学出版社,2015:152–153.
③ 陈蕴.核军控领域的非政府组织及其在 9·11 之后的发展[N].环球市场信息导报,2012(3):95–102.

力,在非政府组织的高层外交中扮演着重要的角色。再如,由全球前国家领导人、资深政治家、外交家和军事领导人的联盟组织——"全球零核倡议"组织,其成员包括美国前总统吉米·卡特、苏联首脑戈尔巴乔夫这样的重要人物。2008年"全球零核倡议"组织主办巴黎峰会上,邀请数百位前政要为"全球零核倡议"宣言签字,商讨如何将"零核运动"更深刻地席卷全球。巴黎峰会之后,"全球零核倡议"组织又组织这些高级别的资深外交家前往莫斯科和华盛顿,对美俄领导人施加压力。奥巴马在布拉格发表演讲后,这些政要表示支持美俄两国发布的号召实现"全球零核"的倡议,支持美俄两国领导人从削减各自的核武库做起,号召其他国家积极参与"全球零核"多边谈判的决定。这种高层外交扩大了非政府组织反核的声势,增强了向全球公众宣传反核理念的效果。

5.调整战略策略拓宽关注领域

冷战以后,核军控的传统领域依然受到非政府组织的关注,如"普会"继续就核裁军问题而努力,关注的主要领域有:传统核裁军问题,如美国和俄罗斯的核裁军问题、欧洲核武器问题;核扩散问题,如在中东地区,以色列的核武器问题、伊朗核计划、阿拉伯国家对核武器和核扩散的态度;在亚洲地区,如印度与巴基斯坦核关系、印度核交易效应、朝鲜核武器存在或核扩散危险问题;也致力于减少和严格控制常规武器,消除常规武器以及其他武器造成的武装冲突。但由于东西方意识形态对峙的缓和,致力于核军控的国际非政府组织的活动更加频繁,关注领域也更为广泛。

如"肩负社会责任的医生组织"把相当的精力转向环境问题,全球变暖、臭氧层变薄、有毒化学品扩散、世界人口爆炸等都成为其关注的重点。它从保护环境的角度,呼吁各国停止军备竞赛,以和平方式解决国家之间的冲突。"医生防止核战争国际协会"在继续为消除核武器而努力的同时,致力于防止任何战争、寻找和平解决暴力与冲突的新途径。"普会"也开始讨论新兴科学和技术的发展可能带来的不稳定和冲突风险、气候变化、环境恶化,资源稀缺以及不公平等问题。

6.对核军控进行超前研究

如"普会"1991年就无核世界提出建议,1993年出版了《无核武器世界探索》;美国大西洋理事会1993年完成了核军控报告《进一步控制核武器:主要核国家的未来步骤》;堪培拉委员会1996年提出了一个分阶段、分步骤全面消除核武器的报告；普林斯顿大学能源与环境研究中心核政策研究项目组织的跨学科研究小组，自1996年推出了一系列关于核军控的研究报告,把裁减核武器数量与降低警戒状态紧密联系起来,提出了有明确时间表的分步骤裁军方案。美国核政策委员会1997年提出了针对核武器问题研究的最后报告,即《美国的未来:建设一个无核世界》。①

7.督促各国履行《不扩散核武器条约》规定的义务

21世纪初,印度和巴基斯坦相继进行核试爆,国际核军备竞赛和核扩散趋势恶化,激发了非政府组织反核军备竞赛和核扩散的行动,它们在向联合国提出消除核武器和防止常规武器扩散的主张和建议的同时，督促各国立即履行《不扩散核武器条约》规定的义务,做出承诺关闭研发新式核武器的实验室,解除核武器的待命状态。

(四)冷战后非政府组织与核安全的维护

1.冷战后国际社会对核安全的界定

冷战后,核走私形势的严峻和恐怖主义活动的日益猖獗,国际社会对核安全问题更加关注，核安全的内涵也逐渐清晰。2005年国际原子能机构对《核材料实物保护公约》进行了修订,修订后的公约名称为《核材料与核设施的实物保护公约》,覆盖了国内敏感材料的运输、储存以及核设施安全等诸多方面。国际原子能机构的核安全咨询组还专门对核安全进行了定义:"核安全是指对涉及核材料、其他放射性物质或与其相关设施的偷盗、破坏、非授权进入、非法转移及其他恶意行为的防范、探测和反应。"

但这一定义与2004年联合国安理会通过的1540号决议,2005年联合国大会通过的《制止核恐怖主义行为国际公约》,以及近年来一些国家和国际组织提出的加强核安全的相关倡议、政策相对照,存在一定的问题:这一定义关注的主要是核材料、放射性材料及相关设施的安全,没有把核信息、核技术及核专家的安全包括在内;未将核武器的安全包括在内;对于核安全主要防范对象的规定也显得过于抽象、笼统。②

2.非政府组织在核安全领域的活动

冷战后非政府组织活动基本上在国际社会认定的核安全范围，如核材

① 刘华平.非政府组织与核军控[M].中国社会科学出版社,2008:124-146.
② 张沱生.非国家行为体的核扩散与核安全[J].外交评论,2010(3):22-30.

料、放射性材料及相关设施的安全,非政府组织都已经成为促进核安全的最为活跃的力量。主要活动有:

(1)抗议核试验

绿色和平组织是世界上最大、最有影响力的积极致力于维护核安全的非政府组织。冷战后,根据其"亲临环境破坏现场"的原则和信念,多次不顾危险组织前往核武器实验区的抗议活动。1995 年法国在南太平洋重新进行核试验。这次绿色和平组织采用的不是以往那种单打独斗的方式,而是在世界范围内动员广泛的抗议活动。在这次行动中绿色和平组织充分利用了最新的通信技术手段,包括大量传真、卫星电话和刚刚出现的国际互联网,即时地将信息在全球媒体中大量播出。这使全世界都在密切关注南太平洋上这场紧张的斗争。迫于绿色和平组织动员起来的国际舆论压力,法国最终放弃了进一步核试验的计划。①

(2)监督主权国家核废料的处理

冷战时期建立的拉海格再处理厂是法国最重要的高中度放射性核废料堆放仓库,曾被宣称为处理核废料的全球榜样。但 20 世纪 90 年代以后,医学专家和教授们的一系列研究结果却表明, 白血病儿童及患者的患病概率与去拉海格沙滩的次数有着明显关联:患者母亲在怀孕期间光顾过沙滩(患者的患病风险比一般人高出 4.5 倍),患者本人去过沙滩(2.9 倍),患者食用过当地海产品(3.7 倍),该地被指责为是"全世界污染最严重的地方"。绿色和平组织曾在拉海格处理厂的入海排放口取样,证实其污染的存在。2000 年绿色和平组织的网络摄像机对准拉海格核废料处理现场, 观测到那里每天有 100 多万升放射性液体废料被倒入大西洋, 于是把摄像机拍摄的图像传输到正在讨论如何处置核废料的会议中心, 让与会的官员们认识到问题的严重性,由此动员公众支持自己的立场。②

(3)提高核设施的安全性

美国忧思科学家联盟一直参与美国核管理委员会的工作,该机构负责监管核反应堆;核材料在医学、工业和学术领域以及核燃料生产设施方面的

---

① 郑安光.市民社会组织和大规模毁灭性武器控制:一种全球治理的视角[J].国际观察,2004(6):45-50.

② 桑颖.国际环境非政府组织:优势和作用[J].理论探索,2007(1):136-138.

用途;核材料和核废物的运输、贮存处置以及核设施退役。忧思科学家联盟的任务之一就是发现该机构有关安全法规及执行方面的缺陷，并监督其改进。"9·11"事件后,核安全问题成为人们关注的焦点,忧思科学家联盟指出了美国核电厂管理中存在的问题,如忽略了突袭和水基攻击的可能性、未能解决乏燃料贮存设施的脆弱性,建议美国核管理委员会进行改进,加强核设施的安全性。

(4)宣传预防核恐怖主义的措施

忧思科学家联盟指出,在美国和世界面临的所有恐怖主义威胁中,也许最严重的是恐怖分子在城市中建造或获得核武器并将其引爆。恐怖组织引爆炸一枚核武器,就会使数十万人死亡。预防核恐怖主义最重要的就是防止恐怖分子获得核弹材料或武器。忧思科学家联盟提出了可行的解决办法:第一,逐步停止使用高浓铀用于民用目的,以减少或限制获取核敏感材料的机会。[1]第二,核废料中的钚分离出来后,可以转化为在核反应堆中重复使用的核燃料,为了减少核燃料在加工和运输过程中被盗,应限制核废料的再加工和再利用。[2]第三,加强相关材料的管理,避免恐怖分子获得制造核武器所需的可行炸弹的专业知识。第四,避免处于学术环境、工业环境或医疗环境中的高浓缩铀(HEU)或钚成为寻求核武器材料的恐怖分子的目标。第五,加强对战术核武器的存放和管理。此外,忧思科学家联盟认为,核恐怖主义的预防,还需要采取综合行动:教育公众,动员媒体,法律干预,游说国会和决策者制定具体的政策和计划。[3]

(5)参与北极的核污染问题

由于核污染的危害具有全球性、长远性、致命性和不可挽救性。冷战时期相关国家遗留在北极地区的放射性核污染源依然存在, 所以如何消除该地区的核污染源依然是一项重要的任务。冷战后,核潜艇的使用、退役和事故也易造成放射性核污染。如俄罗斯退役的核潜艇就没有足够的安全设施来储存由退役核潜艇产生的核废料,且缺乏国际标准的管理和操作规程。[4]地球之友、绿色和平等非政府组织不仅研究上述问题,也时刻监督着问题处

---

①②③ Nuclear weapons[EB/OL].[2019-10-09].https://www.ucsusa.org/nuclear-weapons/nuclear-terrori-sm#.W-af6y277fY.

④ 唐尧.核安全观视角下的北极核污染治理问题研究[J].南京政治学院学报,2015(1):79-84.

理的进程。

三、首届核安全峰会以来国际非政府组织的核军控、核安全

2010 年世界瞩目的首届核安全峰会在美国华盛顿举行，与会各国代表签署了《华盛顿核安全峰会公报》《华盛顿核安全峰会工作计划》，不仅就全球范围内加强核安全和应对核恐怖主义威胁达成了共识，而且表达了与会各国为维护和强化国际核不扩散体制共同行动的意愿。但是国际核扩散形势还是日趋复杂而严峻，国际核安全形势不容乐观，核能与核技术的利用快速发展，核恐怖主义威胁凸显，地区热点核问题复杂难解，核安全问题的综合性、复杂性和多变性明显上升，迫切需要开展全球治理。

（一）首届核安全峰会以来的核军控、核安全形势

1.国际安全中的首要问题依然是国际核扩散

核扩散，主要指有核武器国家与非国家行为体的增多。1970 年生效的《不扩散核武器条约》有两方面的防扩散内容：一方面禁止核武器国家，即 1967 年以前制造并爆炸了核武器或其他核装置的国家，向任何接受者转让核武器或其他核爆炸装置，或是协助、鼓励、诱导非核武器国家和地区生产或以其他方式获得核武器或核装置；另一方面，禁止非核武器国家和地区接受、制造或以其他方式获得核武器或核装置。该条约 1995 年无限期延长，但国际防核扩散依然任重道远：

全世界尚有印度、巴基斯坦和以色列三国一直拒绝加入，印度和巴基斯坦 1998 年进行了核试验，成为事实上的核武器国家，美国在核身份认定问题上偏袒印度，导致南亚出现核军备竞赛。印巴之间长期相互敌对，存在引发核冲突的危险。

朝鲜作为缔约国，2003 年宣布退约，并进行核试爆，一意孤行坚持发展核武器，致使半岛局势持续不稳。朝鲜核问题使国际社会谋求实现朝鲜半岛无核化的努力陷于僵局，2016 年以来，朝鲜的核武试验和导弹试验再次推高地区安全危机。2017 年鉴于美国将战略武器大规模引入朝鲜半岛，并实施联合军演，朝鲜宣布不参加联合国禁止核武器条约谈判。2018 年，朝鲜在基本上完成了前期的试验，包括原子弹的试爆，运载工具的初级试验后，宣布通过弃核实现半岛无核化目标，但美国对朝政策却充满犹疑和矛盾。

中东还存在核扩散风险，以色列在核武器问题上采取模糊政策，既不承认也不否认自己拥有核武器。伊朗长期从事核活动，2006年宣布成功生产出纯度3.5%的低纯度浓缩铀，成为国际"核八强"之一；2010年布什尔核电站投入运营；2013年伊朗与伊核问题六国就核问题进行谈判，2015年伊朗签署《联合全面行动计划》（即伊核问题全面协议），使伊朗核问题暂时缓解。2018年美国退出这一协议，并宣布恢复对伊朗的所有制裁。特朗普政府全面遏制伊朗的政策鼓励以色列、沙特等国与伊朗直接对抗，加剧地区紧张局势，同时也可能刺激更多中东国家将走上核武道路，使国际核不扩散体系受到冲击。

2.核与恐怖主义相结合的风险上升

核能与核技术的广泛应用导致越来越多的核材料分散到世界各地，而一些国家和地区缺乏有效的保护，致使这些核材料与核技术严重流失。一旦恐怖分子获得核武器或核材料，并发动核恐怖袭击，将对人类造成严重危害。目前国际上尚未发生真正意义上的核恐怖袭击，但不时发生的核材料与放射性物质丢失、被盗事件暴露了其潜在的风险，核恐怖主义的幽灵仍在徘徊。①

3.核事故带来风险

全球核电和核技术利用事业方兴未艾，但如何防范核事故带来的风险仍是国际核安全面临的普遍问题。特别是福岛核事故，使人们更清楚地看到了发展核电的风险。一些国家表示要放弃核电，但是全球核电产业发展大势未变。核安全既可能是军事意义上的，也可能是非军事意义上的，非军事意义上的核风险给人类带来的灾难并不亚于军事意义上。②

（二）首届核安全峰会以来非政府组织的核军控活动

1.宣传核武器的危险，提升国际社会的核军控意识

以国际禁止核武器运动（International Campaign to abolish nuclear weapon，ICAN）的宣传活动为例，③国际禁止核武器运动从四个方面国际社会展示了

---

① ② 傅小强.从全球治理角度认识国际核安全问题[J].现代国际关系，2016（3）：1-4.

③ 国际禁止核武器运动是一个由非政府组织组成的国际联盟。2017年在101个国家有468个伙伴组织，主要致力于促进遵守和执行《联合国禁止核武器条约》。2017年国际废除核武器运动（ICAN）获得诺贝尔和平奖。挪威诺贝尔委员会称，为表彰其"为引起对使用核武器带来的人道主义灾难后果的关注而进行的工作，以及为达成禁止类似武器的协议而做出的开创性努力"。

核武器的危险：

第一，人道主义向度。该组织告诉人们，一旦使用核武器会造成灾难性的后果，核辐射的影响从最初的爆炸发生到许多年后，仍然会给人类带来死亡和无尽的痛苦，核武库的生产、测试和部署带来的影响也是无法容忍的，目前根本就没有有效的人道主义应对方法，禁止和彻底废除核武器是彻底消除其造成的人道主义灾难的唯一保证。

第二，安全的向度。国际核武器运动认为关于核武器的认识一直存在一些神话：一些国家拥有核武器是可以的；核武器再次被使用似乎不太可能；核武器可以在战争中合法使用。但现实却是，一旦说到核武器，根本就没有安全可言；只要部分国家拥有核武器，其他国家也会想拥有，世界因此会处于不稳定状态；任何核武器的使用都会导致滥杀无辜，违反国际人道主义法。因此，除非全面废除核武器，否则核武器将会在国家间滋生恐惧和不信任，或再次被有意或无意地使用，导致灾难性后果，核国家坚持的"核威慑"观念会加剧全球的不安全。

第三，环境的向度。该组织认为核武器不但会造成巨大的气候灾难，而且会浪费资源。首先，核武器是有史以来唯一有能力摧毁地球上所有复杂的生命形式的装备。全球核武库的爆炸会造成毁灭性的农业崩溃和普遍的饥荒。核爆炸的当量所产生的烟尘将导致全球气温和降雨量的急剧下降。其次，核武器测试点在全球 60 多个地点进行，但通常都在土著和少数民族居住的地方，这些测试影响了从事该工作的人员、下风口和下游社区以及全球人口的健康。国际防止核战争医师组织（The International Physicians for the Prevention of Nuclear War）估计，约 240 万人会死于 1945 年至 1980 年期间进行的大气层核试验。

第四，经济发展的向度。该组织认为核武器项目会占用大量本该用于卫生保健、教育、救灾、减缓气候变化、发展援助等领域的公共资金。从全球来看，核武器的年度支出数额惊人，据负责推进无核世界的主要联合国机构——裁军事务办公室（The Office for Disarmament Affairs）的统计，2010 年的核武器支出是向非洲提供的官方发展援助的两倍以上，相当于约有 1.6 亿人口的孟加拉国的国内生产总值。这些资金本可以用于实现千年发展目标。在全球有数亿人口饿着肚子的时候，拥核国家却每天花费近巨额资金维持和更新其核武库。①

总之,该组织认为核武器是有史以来最具破坏性的、不人道的和滥杀滥伤的武器。无论是在造成的破坏规模上,还是在其独特的、持续的、扩散的破坏性上都远远超过其他任何武器。②在大城市引爆一枚核弹可能造成数百万人死亡,使用数十或数百枚核弹将破坏全球气候,造成大面积的饥荒。③一直以来,国际社会低估了核武器的威胁,所以宣传核武器的破坏性,提高国际社会的核军控意识是该组织的责任和义务。受到 20 世纪 90 年代国际禁雷运动成功的鼓舞,自成立以来,国际禁止核武器运动一直在努力推动形成强有力的公众支持废除核武器的全球风潮。通过参与各种不同的团体,与红十字会和志同道合的政府合作,重塑了关于核武器的辩论,使消除核武器的势头日益加强。

2.对核问题进行研究展开相关教育活动

活跃在核军控、核安全领域的非政府组织通过多种形式展开教育活动,帮助公众认识核战争带来的风险。

以国际核战争防护医师(IPPNW)为例。首先是发布报告,国际核战争防护医师发布了名为《核饥荒:20 亿人面临的风险——核战争对农业、粮食供应和人类营养的全球影响》的报告,指出核战争将严重破坏全球气候和农业生产,使 20 多亿人的生命处于危险之中;还解释了印度和巴基斯坦等国家相对较小的核武器库为什么可能造成持续的全球变暖,并对地球生态系统产生破坏。④

其次是发挥医学院学生的专业优势。国际核战争防护医师认识到作为卫生专业人员,医学院的学生可以在维护地球健康方面起到积极作用,所以设置了一系列的项目使学生通过展览、讲座,甚至走上街头教育中小学生和公众了解核武器和核战争的后果。如核武器遗产项目(Nuclear Weapons In-

---

① The facts[EB/OL].[2018-01-03].http://www.icanw.org/the-facts/catastrophic-harm/a-diversion-of-public-resources/.

② The facts[EB/OL].[2018-01-03].The legacy of nuclear testing.http://www.icanw.org/the-facts/catastrophic-harm/the-legacy-of-nuclear-testing/.

③ The facts[EB/OL].[2018-01-03].http://www.icanw.org/the-facts/catastrophic-harm/.

④ Nuclear Famine: climate effects of regional nuclear war The facts[EB/OL].[2018-11-03].http://www.ippnw.org/nuclear-famine.html.

heritance Project）。在这个项目中，医学院的学生通过举办专题讨论会，帮助人们进一步认识依靠军事力量和核武器的安全政策带来的政治和人道主义后果；赋予年轻一代在地方、区域和国际层面上开展裁军活动的机会。学生们在荷兰、德国、菲律宾、芬兰、挪威以及罗马尼亚和英国，分别举办了与地雷、核武器有关的研讨会。

另外一种形式是 IPPNW 反核自行车巡回赛（IPPNW Biking Against Nukes Tour）。2010 年，来自世界各地的医学院学生和年轻医生骑自行车穿越德国、法国和瑞士，经巴塞尔的 IPPNW2010 届世界大会，沿途不断呼吁建立无核武器的欧洲，并与政治家会面，举行公开示威活动，参观德国最后一个剩余的核武器基地。2012 年这些学生又组织了骑自行车从长崎抵达日本广岛，途经 IPPNW2012 届世界大会的活动。活动产生全球性效应，使全球北方和南方国家的学生通过反核自行车巡回赛联合起来反对核武器。①

3.影响国内立法机构阻止政府形成发展核武器的政策

阻止政府形成推动核武器发展的政策一直是非政府组织的目标。如"废核 2000" 的组织成员曾发起 "转移核武器运动"（Move the Nuclear Weapons Campaign），该运动主要是通过影响有核国家的立法机构削减核武器预算，终止对制造核武器的公司的投资，而将这些资源用于社会、环境和经济需求。②忧思科学家联盟也是类似的非政府组织，自特朗普上台以来，该组织多次在推特、新闻发布会等公开场合就核武问题发表自己的看法，指出在特朗普的推动下，美国现行核政策发生转变，核武器现代化已压倒核安全问题，成为优先议题，美国"必须大幅增强和扩充核武库"；忧思科学家联盟认为，美国激进的核武器政策是危险的、代价高昂的，这会导致核战争的发生，使美国和全球世界变得不安全；该组织动员公众通过网络新媒体向国会议员呼吁，反对增加核战争机会的核武器政策，限制总统不受限制的发射核武器的权力，对特朗普政府的新核武器政策说不。③

①IPPNW Medical Student Movement[EB/OL].[2018-09-08].http://www.ippnw.org/medical-students.html.

②Pope Francis denounces nuclear weapons possession[EB/OL].[2017-11-12].http://www.abolition2000.org/en/news/2017/11/12/pope-francis-denounces-nuclear-weapons-possession/.

③ Secure[EB/OL].[2017-01-03].https://secure.ucsusa.org/onlineactions/QBtjfS7-fkSTrae7uaibrQ2?_ga=2.56008674.879655268.1540025427-462160405.1540025427.

4.游说联合国和主权国家通过《联合国禁止核武器条约》

2010年审查核不扩散条约时,所有国家都对使用核武器造成的灾难性的人道主义后果表示深切关注,所以2013—2014年召开了三次关注核爆炸的人道主义影响的重大会议,会议汇集了世界各国政府以及国际组织和学术机构的代表。会议期间,非政府组织国际禁止核武器运动担任了民间社会协调员,使127个国家做出履行人道主义责任的承诺,完善了现有控制核武器的法律制度。此后,国际禁止核武器运动又倡议建立一个联合国特别工作组审查推进核裁军的具体建议,并于2016年2月、5月和8月在日内瓦举行会议发表报告,建议举行禁止核武器条约谈判,同年12月该组织成功游说联合国大会通过具有里程碑意义的决议,启动关于"禁止核武器的具有法律约束力的文件"谈判,结束了在多边核裁军谈判努力中二十多年的停滞不前。2017年3月、6月和7月在联合国总部纽约进行谈判,有超过135个国家和民间社会成员参加。在整个谈判过程中,国际禁止核武器运动与各国政府共同努力使条约最为有力和有效。世界上2/3的国家投票赞成接受协议。①

(三)首届核安全峰会以来非政府组织促进核安全的活动

目前,国际社会对核安全内涵仍存在分歧。

在国际原子能机构(International Atomic Energy Agency,IAEA)的官方文件和官网上,与中文"核安全"对应着的有两个词:"Nuclear Security"和"Nuclear Safety"。②其中,"Nuclear Security"是指在核材料使用、储存和运输过程中,对盗窃、蓄意破坏、未经授权获取、非法转让等恶意行动所采取的预防、探测和响应措施;"Nuclear Safety"是指采取措施确保核设施的正常运行、预防事故的发生、减轻事故后果、限制可能的事故后果,以保护工作人员、公众及环境免受不当的辐射危害。"Nuclear Safety"中的"Safety"主要涉及对源的控制,而源有很多不同的类型,因此可包括核安全、辐射安全、放射性废物安全以及运输安全等方面。简单说来,在国际原子能机构的定义中,"Nuclear Security"主要指保护核材料的安全,即防扩散;"Nuclear Safety"是指和平安全

---

① International Campaign to Abolish Nuclear Weapons[EB/OL].[2017-11-13].http://www.ippnw.org/ican.html.

② "Nuclear Security"也被翻译为"核安保"。

利用核能。概言之,核安全就是要防止或减轻由于核武器、核材料、核技术的扩散以及核意外事故给人类造成的相关损害。

学者们也对核安全进行了界定,除了认同国际原子能机构的定义外,还进行了补充和完善:①核安全不仅是指采取措施确保核设施的正常运行,也应包括在核设施的设计、建造和退役期间,为保护人员、社会和环境免受可能的放射性危害所采取的技术和组织上的综合措施。①②将"Nuclear Security"和"Nuclear Safety"明确区分:和"Nuclear Safety"是狭义的核安全,指核材料、核设施发生事故的可能性,是保证这些设施本身的物理安全;"Nuclear Security"是广义的核安全,指核材料、核设施是否能够安全保管、是否会被恐怖分子滥用的可能性,是保证这些材料和设施不被非法获得和非法使用的保管监管安全。③细化了核安全中的核扩散,将核扩散分为横向和纵向的核扩散安全问题,横向核扩散指技术、核武器在地理范围上的扩散;纵向核扩散则指有核国家核武器、核技术在质量上的升级。②④明确了核安全的防范对象:其一是防止尚未拥有核武器的国家获取核武器或核武器研发能力,即防止通常意义上的核扩散;其二是防范各种恐怖主义组织以及犯罪组织等非国家行为体进行核恐怖主义活动;其三是防止在安全和平利用核能的过程中发生核意外事故。③

尽管国际机构多次对核安全进行定义,但由于此问题过于敏感,往往对要不要把核武器安全明确包括在核安全的定义之内,采取回避态度,所以至首届核峰会召开之前,依然是一个悬而未决的问题。④

就国际社会理解的核安全来看,首届核安全峰会后非政府组织促进核安全的活动主要有以下内容:

1.关注日本福岛核泄漏事故

首届核安全峰会后不久(2011 年 3 月)日本发生了核泄漏事故。地震中,福岛第一核电站 1–4 号机组中的反应堆先后发生爆炸,引起严重的核泄漏。为了防止反应堆再次爆炸,日本声称只能依靠不断向反应堆注水来控制升

---

① 樊吉社.核安全与防扩散:挑战与应对[J].美国问题研究,2010(1):18–35.

② 彭光谦.世界核安全态势处在"临界点"[J].现代国际关系,2007(1):14–15.

③ 朱明权.核军控:新的挑战和美国的责任[J].美国问题研究,2010(1):36–51.

④ 张沱生.非国家行为体的核扩散与核安全[J].外交评论,2010(3):22–30.

温,但这种方法造成了至少 6 万吨高放射性污水的产生,部分污水泄漏到机组附近的地下隧道、竖井甚至海中,严重污染了土壤、地下水和附近海域的海水。随后,在没有向周边国家告知的情况下,日本东电公司将万余吨的核污水直接排放入海。专家推测,30 年后福岛第一核电站排入海水中的放射性物质将扩散至整个太平洋,放射性物质有可能经食物链在鱼类和贝类体内积聚,进而对海洋生态安全构成巨大威胁。鉴于核泄漏事故造成的严重危害,日本经济产业省原子能安全保安院决定将福岛第一核电站核泄漏事故等级提高至 7 级。这使日本核泄漏事故等级与切尔诺贝利核电站核泄漏事故等级相同。①

自这一事故发生以来,绿色和平进行了持续关注,主要活动有:

第一,举行纪念活动。福岛事故三周年之际,在世界各地举行纪念活动,特别是在日本议会大厦前进行游行,要求日本政府放弃危险的核计划。

第二,对核染污进行调查并撰写报告。绿色和平的日本和韩国事务所在 2016 年对日本福岛附近河流和海底沉积物的放射性污染进行调查,并公布了调查报告,指出在福岛附近海底提取的样品中检测到的"铯 -137"放射性数值最大已达到 120bq,高达 2011 年地震前测定数值 0.26bq 的 461 倍。而以核电站为中心、半径 4 千米的区域内放射性数值基本均达到 120bq。②另外,在流经福岛县南马相市的某河流中提取的堆积物样品中,检测出的"铯 -13"和"铯 -137"的含量最高高达 29800bq,超过海底沉积物最大值的 200 倍;在福岛核电站附近很多江流的沉积物中检测到的放射性污染均很高。绿色和平指出:"在海底沉积物中检测到的放射性数值将告诉人们地震灾害带来了多么严重的环境污染,该污染还将持续多长的一段时间。"③

第三,质疑日本"福岛正常化"。批评安倍政府造假。2017 年日本政府认为,福岛地区的核辐射符合国际组织认定的安全生活等级,欲切断对核泄漏事故幸存者的房屋供给,并劝说受到事故影响的民众返回福岛的居住地。但却遭到绿色和平组织和辐射专家的质疑。绿色和平组织辐射专家范德·普特

---

① 杨振姣,罗玲云.日本核泄漏对海洋生态安全的影响分析[J].太平洋学报,2011,19(11):92-101.

② bq:贝克勒尔,放射性核素度量单位。

③ 穆秋月.韩媒:日本福岛核电站海域核放射值高达震前 461 倍[EB/OL].[2016-07-22].http://world.huanqiu.com/exclusive/2016-07/9210931.html.

表示，日本政府制定政策的基础并不是基于科学或是对公众健康利益的保护，政府正在制造一种"核泄漏事件发生 6 年后居民返回福岛是很正常的"的假象。绿色和平组织呼吁安倍政府继续提供财政援助，使福岛居民不必在家乡彻底安全前被迫返回。①

第四，以福岛事故为契机宣传"核电不安全"观念。二战后核能由军事目的转移到民用核电项目，但核电并没有因为成为民用项目而变得安全。绿色和平组织指出，现在核电的现实与 20 世纪没有什么不同。它本质上是危险的，实践一次又一次证明，安全与核电是一个矛盾。核反应堆的老化，特别是长期运行对材料和大型部件的影响，在全世界的核工业中都是普遍的。安全反应堆是一个神话。任何核反应堆都可能发生事故，导致大量致命辐射释放到环境中。即使在正常操作期间，放射性物质也会定期排放到空气和水中。

与此同时，由于电力市场的竞争加剧以及满足股东期望的需要，核电运营商不断努力降低成本而忽视安全。在主要的核电力运营的国家过去都存在着核事故，如美国三里岛核电站事故、苏联切尔诺贝利核电站事故、日本福岛核电站事故，对人类生存环境造成了不可逆化的影响。此外，核电站还受到了核恐怖主义的威胁，核电厂极易受到蓄意的破坏和恐怖袭击行为的影响，甚至一直以来极力促进核电使用的国际原子能机构（IAEA）也承认，大多数核电站存在着安全隐患，一旦遭遇恐怖袭击，后果不堪设想。

2.关注核电站的使用与建立

（1）关注旧核电站的安全性

2013 年以来，绿色和平就欧洲地区旧核电站的安全性问题向公众和政府发出警示：在比利时，绿色和平组织的飞艇在杜尔核电站附近飞行，②传递着"核能，永不安全"的信息；在荷兰，绿色和平组织的 30 名成员进入泽兰的 Borssele 核电站，在核反应堆顶部绘制了一个裂缝，以证明发电厂已经陈旧且不安全。

（2）阻止新核电站的建立

绿色和平组织也实施了一系列阻止新核电站建立的活动：在匈牙利反

---

① 张敏彦.日本"福岛正常化"遭质疑：是政府营造的假象[EB/OL].[2017-02-25].http://news.xinhuanet.com/asia/2017-02/25/c_129495863.htm.

② 杜尔核电站是比利时最老的核电站、原计划于 2015 年关闭，延迟至 2025 年，且不符合欧盟关于核能的有关标准。

对扩建 Paks 2 核电站的计划,呼吁匈牙利议会撤回对扩建核电厂的支持;在韩国,举行了反对在三陟市社区建造核电厂的示威活动;在约旦,以巨型横幅呼吁公众支持可再生能源,反对使用核能。除了绿色和平组织外,其他一些组织也积极从事相关活动,如"走出核能"组织提出现如今最为紧迫的事是停止进一步制造核垃圾。

(3)对使用核电站的新方式提出警示

2018 年俄罗斯建立的世界首座漂浮核电站——"罗蒙诺索夫院士"号将被投入使用,俄罗斯官方称"罗莫诺索夫院士号"将能够供应 20 万人的城镇用电量,为世界上最偏僻的地方居民提供能暖,并减少 5 万吨废弃排放。但环保组织对此提出了不同的看法,绿色和平称,"罗蒙诺索夫院士"号隐藏着巨大的安全风险,是"漂浮的切尔诺贝利"和"核泰坦尼克",一旦发生核泄漏,将会在北极甚至北半球造成严重的核污染,北极的生态系统相当脆弱,稍有不慎就会造成毁灭性的破坏。其他的反核组织也警告,如同所有核电站一样,绝对安全并不存在,除了核废料发射污染危险,还有恐怖主义袭击破坏的危险。①

3.影响政府的核能政策

国际防止核战争医生组织设立有核能项目,重点是防止建造昂贵、不清洁和危险的新核反应堆,保护公共卫生、国家安全和节约纳税人的钱。该组织认为尽管六十年前第一座民用核反应堆就被启用,但核反应堆仍然是不经济的,并存在未解决的安全问题,对公共卫生构成威胁。该组织要求美国政府必须停止对核能工业的补贴,集中精力发展可再生能源和制定低成本高效率的能源方案,满足公众对能源的需求。

4.为政府的核安全管理机构提供咨询和建议

福岛事故后,美国忧思科学家联盟向美国核管理委员会提出了建议,如修改其关于恐怖分子袭击核电厂能力的假设,确保核电厂得到充分保护免受威胁;推进评估计划,修改其判断强制安全演习的方式;制订授权私人保安人员成功完成联邦监督培训课程并定期重新认证的计划;提出新的反应堆设计更安全的要求,防止陆基和水基的恐怖袭击;要求反应堆所有者改善

---

① 搜狐网.俄罗斯推出全球第一座水上漂浮核电站[EB/OL].[2018−05−20].http://www.sohu.com/a/232266831_100137570.

现有干燥木桶储存设施的安全性。同时,还向美国核管理委员会提出认真对待核安全,加强监管框架的建议,如增加应急计划区域。①它还要求美国核管理委员会通过建立合理、系统和连贯的监管框架以实现适当的平衡防御,考虑地震、洪水等自然灾害导致的风险对核电厂的影响。②该组织的建议部分被核管理委员会接受,采用了新流程,修改了监督指南。③

5.参与解决北极核污染治理的新问题

目前,北极地区放射性核污染已是一个全球性议题,未来可能导致以下新问题,如北极核污染地区会损害消费国居民的利益和健康;该地区核污染物将随洋流在全球范围内蔓延,并对人类健康构成严重威胁,在未来极有可能对周围国家周边海域的生态环境产生不利影响。传统上,这些问题更多是通过政府开展外交活动加以解决,但目前在政府层面上很难达成共识,所以国际社会对非政府组织在北极地区核污染治理上寄予厚望,希望非政府组织的非传统外交可以发挥一定的作用,④非政府组织一直在北极核污染治理中发挥着重要作用。

四、国际非政府组织在核军控、核安全领域的影响与挑战

(一)国际非政府组织在核军控、核安全领域的影响

1.影响了人们对核及核安全的认识

二战后非政府组织的反核反战运动,特别是20世纪70年代以来开展的环境保护运动,影响了一代人对核及核安全的认识。非政府组织在核问题上对公众进行的教育、对核危害的宣传,使公众对核形成了较为负面的印象和价值观。人们对核战争的恐惧,对看不到的射线下意识的担心,对于暴露在核辐射中的不确定性,对于可能的技术灾难的疑虑,诸如此类的想法根深

---

① Nuclear power[EB/OL].[2018-05-20].https://www.ucsusa.org/nuclear-power/nuclear-power-accidents/preventing-american-fukushima#.W-KIxae77fY.

② Preventing American Fukushima full report[EB/OL].[2018-05-20].https://www.ucsusa.org/sites/default/files/attach/2016/03/Preventing-American-Fukushima-full-report.pdf.

③ Nuclear power[EB/OL].[2018-05-20].https://www.ucsusa.org/nuclear-power/nuclear-plant-security#.W-KELqe77fY.

④ 唐尧.核安全观视角下的北极核污染治理问题研究[J].南京政治学院学报,2015(1):79-84.

蒂固,很大程度上正是非政府组织塑造了人们的核风险认知。反对任何核能的使用几乎成为一种意识形态和感情。

在可以预见的未来,人们对核武器的存在以及对使用核能的反对和担心依然很难消除。虽然目前核电站事故在记录的伤亡情况非常少,但是人们一般都会认为反应堆事故会很严重。非政府组织与大众媒体、好莱坞电影等对核事故的故事建构,如大量核物资泄漏,成千上万的人死亡,影响到了人们对核电站事故的感知,从而让人们对核事故特别担心,进而一旦发生核武器扩散、核事故,会对人们对核能的态度产生很大影响。[1]可以说,非政府组织反核军备竞赛和核扩散的行动传播了核武器危险的知识,影响了人们对核威胁的认识和思维,培育了人们的核威胁意识,对世界范围内的公众具有重要的教育意义,使公众将核与危险、战争联系在一起,在公众中确立了反核才能确保和平的观念。[2]

2.塑造和传播了反核反战话语,培育了反核反战和平理念

非政府组织的反核反战运动,不在于是否直接阻止了核竞赛的升级和核战争的爆发,而在于通过坚持不懈的活动,将国家的核政策带入了全球公众的视野,在很大程度上塑造和传播了核军控和"无核世界"的话语。这种话语使人们意识到核武器带给全世界的风险,使国家政府发展核能面临着巨大的政治压力;使核武器的军事和政治效用遭到质疑,增强了反对核军备、核战争的合法性。

正是在反核反战话语氛围下,限制核武器扩散,对已有核武器进行严格控制并逐步销毁,最终彻底消灭核武器,回归到没有核武器的世界,成为国际公众的理想,也成为一些国家或国家领导人的理念。[3]非政府组织的反核反战话语在塑造全球安全环境、培育和平理念、推动核裁军方面发挥了重要作用,为将来"无核世界"的可能性奠定了重要基础。

3.对于国际政治气候的转变具有潜移默化的功效

如果从现实主义的视角来看,反核反战运动虽然声势浩大,吸引了成千

---

① 韩自强,顾林生.核能的公众接受度与影响因素分析[J].中国人口·资源与环境,2015(6):107-111.

② 刘贞晔.全球公民社会研究:国际政治的视角[M].中国政法大学出版社,2015:145-146.

③ 程晓勇."无核世界"构想及其区域性实践:基于东南亚无核区的分析[J].太平洋学报,2014(5):43-51.

上万积极的支持者,但对各国政府政策的实际影响力极其有限;然而从建构主义的视角来看,一些国家或国家领导人"无核世界"理念的形成,与非政府组织发起的世界反核运动不无关系。

非政府组织的反核反战运动从核武器诞生之时萌芽,历经半个多世纪,先后出现过多次高峰。在非政府组织的反核反战运动推动下,一些"拥核"国家做出了回应,如美国政府成立了"原子能国际政策专门委员会",研究如何对核武器进行国际管制;美苏两国开始讨论缓和核军备竞赛问题,并在后续谈判中一度接近达成全面销毁核武器的协议。①也正是一些非政府组织,如"普会""堪培拉消除核武器委员会""2000 年消除核武器条约运动""大规模毁灭性武器委员会"提出的消除核武器的具体方案为无核国家提供了借鉴,使它们在联合国相关议事场所,一次又一次地提出要求消除核武器的裁军议案。②国际政治气候的变化一定程度上是源于非政府组织潜移默化的力量。

4.促进了核军控、核安全对话的持续

在核军控领域,近年来核军控对话机制一直在持续。联合国框架下的《禁止武器级裂变材料禁产公约》对话邀请 25 国政府专家,就公约谈判建言献策。中、英、法、美、俄轮流举办"五核国"会议,共商核军控、不扩散、战略稳定事宜,成为相对稳定的对话机制。在该框架中,中国牵头的"五核国"核术语和定义问题工作组的研究工作平稳推进。

在核安全领域,核安全峰会也一直在召开。2010 年首届核安全峰会的主题为加强国际合作应对核恐怖主义威胁,各国就应采取的多边合作措施进行了讨论;2012 年核安全峰会讨论了应对核威胁、安全保卫核原料和设施、防止非法核走私、强化放射性物质的管理等议题;2014 年核安全峰会上,与会各方就全球核安全体系建设、国际原子能机构作用、核材料、放射源、核安全与核能安全等问题展开讨论;2016 年核安全峰会上,各国强调要采取积极措施防止非国家行为者获取可用于恶意目的核材料及其他放射性材料,通过减少核恐怖主义威胁、加强核安全以营造和平稳定的国际环境;要本着自愿原则并根据各自国内法和国际义务参与国际组织和倡议(联合国、国际原子能机构、国际刑警组织、打击核恐怖主义全球倡议、防止大规模杀伤性武

① 孔光,姚云竹."无核武器世界"运动评析[J].世界经济与政治,2009(9):73-75.

② 刘华平.奥巴马"无核世界"倡议对国际核裁军的影响[J].和平与发展,2009(5):40-44.

器扩散全球伙伴计划)。

此外,一些无核武器国家组还成了联盟,如新议程联盟(巴西、埃及、爱尔兰、墨西哥、新西兰、南非)、不扩散与裁军倡议(澳大利亚、加拿大、墨西哥、智利、德国、日本、尼日利亚、荷兰、菲律宾、波兰、土耳其、阿联酋)、维也纳十国集团(澳大利亚、奥地利、加拿大、丹麦、芬兰、匈牙利、爱尔兰、荷兰、新西兰、挪威、瑞典)、不结盟运动等,积极参加《不扩散核武器条约》审议大会筹备会,借机发声。

(二)国际非政府组织在核军控、核安全领域的挑战

不过,综观多年来反核反战运动,可以发现非政府组织在核军控、核安全方面也面临着诸多问题。

1.核大国核裁军政策的转变收效甚微

美国在对外关系中热衷单边主义,在军控领域亦如此:拒不批准自己带头谈判达成的《全面禁止核试验条约》,退出束缚自己手脚的《反导条约》,在核不扩散领域执行双重甚至多重标准。2016 年奥巴马在总统任期行将结束之际,公开废弃其初任总统时所做出的"无核世界"承诺,宣布在"下一个十年"每年投入 350 亿美元用于更新美国核武库,800 亿美元用于打造保障美在更长时期内保持美核技术优势的"核试验基地";特朗普当选后大规模更新核武库,引起了俄罗斯的核反弹,针对美国和北约提出"必要时将使用战术核武器进行反击",北约秘书长的回应是"必要时将使用核武器"相威胁。①这些做法使国际社会中充满了不信任感,国际核裁军事业多年来没有取得任何进展,核扩散势头也没有得到有效的遏止。冷战结束了,"全球性核战争的危险大大降低了,但是核打击的风险却上升了",因为核扩散加剧了:更多的国家拥有了核武器;核试验依然在继续;核机密和核材料充斥黑市贸易;制造核弹的技术广为扩散;恐怖分子决心购买、制造或者偷窃核弹。所有这一切均使国际核不扩散机制面临着越来越严重的挑战。②

2.核问题的解决仍然取决于重要的核国家

非政府组织通过自己的努力可能延缓政府实施某一军事计划,但很少

---

① 林利民,袁考.当前国际安全乱象与国际安全治理的困境与出路[J].现代国际关系,2017(04):27–34.

② 刘华平.奥巴马"无核世界"倡议对国际核裁军的影响[J].和平与发展,2009(5):40–44.

能迫使政府完全放弃该计划解决核问题。和平与安全毕竟属于高级政治领域,涉及国家安全与国家的核心利益,国家在和平与安全问题上做出让步会小心翼翼。

从半个多世纪的"无核世界"运动来看,"无核世界"实现的可能性显然取决于核国家,尤其是核大国的态度和行动。事实上,历次无核运动的高峰都与核国家的核政策息息相关。从国际政治历史与现实情况来看,核大国的核裁军行为总是建立在缓和核对抗、推动核不扩散、应对反核运动压力、核武器战略地位认识变化、防范核风险和核恐怖主义、削减军费开支、引领国际舆论等综合因素的考虑上,非政府组织的反核反战运动只能起到辅助性的推动作用。

从俄罗斯的核裁军行为来看,从 1991 年底到 1993 年初,俄罗斯在外交上倾向于西方,安全上侧重于防御,为了换取美国的经济援助,在核裁军谈判中做出大幅度的让步。但随着俄美关系的变化,俄罗斯的核裁军又开始强调服务于国家的安全战略。在未来,俄罗斯核裁军、军控政策仍将受到其安全战略的制约。在俄罗斯推行现实遏制战略中,核遏制是真正具有威慑力的遏制力量。保持俄罗斯实行现实遏制战略所需要的"最低限度"的核力量是俄罗斯核裁军的底线。俄罗斯核裁军与军控政策仍是俄罗斯与美国等西方国家讨价还价的筹码。俄罗斯核裁军的目标,一是维护俄罗斯的国家安全与国家利益;二是在保持核大国、核威慑的前提下,以核裁军谈判消除西方对俄罗斯的威惧。[①]

奥巴马政府倡议"无核世界"的动机依然不脱以上因素的窠臼,奥巴马"无核武世界"理念的背后,隐藏着其长远的战略考虑,即在无核条件下,建立全球范围的反导系统,将运载核武器的导弹转型为运载常规大规模杀伤性炸弹的运载工具,以确保和维持美国在全球的军事绝对优势。所以美国在承诺有限核裁军的同时,大力发展导弹防御系统,不但在欧洲部署导弹防御系统,而且也逐渐将亚洲的日本、韩国和澳大利亚纳入导弹防御系统之中。"无核武世界"的实现就等于美国掌握了远程攻击任何国家而不会遭到反击

---

① 曾宪洪.俄罗斯安全战略的演变与核裁军政策[J].武汉大学学报(哲学社会科学版),2006,59(2):216–220.

的绝对胜局。①2017年以来,美国的"核武战略"正在逐渐向备战大国冲突回归,美国国防预算明确提出,强化核武是为反制俄罗斯。

3.《禁止核武器公约》缺乏大国和军事组织的支持

《禁止核武器条约》体现了绝大多数参加谈判会议的成员的愿望,包括民间社会,加强了现有的国际裁军机制。条约明确规定缔约国不应发展、生产、制造或以其他方式获得、拥有或储存核武器,也不应使其领土或其管辖的任何地方存在其他国家的核武器;条约还规定拥有核武器的国家应当以不可逆转的方式消除核武器,并规定了具体的核查机制。共有124个国家参加了《禁止核武器条约》的谈判。在表决中,除了新加坡投弃权票,荷兰投了反对票之外,其他122个国家都投了赞成票,其中包括伊朗。但是还有40多个国家没有参加谈判,包括安理会五个常任理事国、大多数西方国家、朝鲜、韩国、巴基斯坦、印度、以色列和日本等。没有大国的参与,约束力何来? ②

此外,作为知名的地区性军事组织,北约也发表声明称自己反对《禁止核武器条约》,并表示只要核武器存在,其就是"拥核组织"。北约认为《禁止核武器条约》违背现有的不扩散和裁军体系。该条约有破坏《不扩散核武器条约》和国际原子能机构担保制度之嫌,《不扩散核武器条约》是近50年来全世界不扩散和裁军努力的基础,朝鲜引发的危机突显了维持和加强《不扩散核武器条约》现行框架的重要性。北约表示作为奉行通过威慑、防御、裁军、不扩散和军控手段巩固安全原则的盟国,北约成员国无法支持该文件。

4.恐怖主义核扩散的挑战

传统上,非政府组织反核的重要方式是,游说拥有核武器的国家控制核武器进行核裁军。但"9·11"事件以来,恐怖主义与大规模杀伤性武器相结合导致的核扩散,成为核威胁的一种重要形态。近年来,随着"伊斯兰国"的崛起与"基地"组织的卷土重来,核恐怖主义的威胁不只是一种纯粹的想象,而是正在不断变成可怕的现实。恐怖主义组织寻求大规模杀伤性武器尤其是核武器的企图始终未变。制造恐怖气氛、扩散恐惧心理是恐怖活动所要达致的效果之一。而核爆炸或核放射性材料泄漏所造成的对生命的大规模杀伤

---

① 赵平.美国"无核武世界"主张与国际核裁军展望[J].当代世界与社会主义,2010(4):111-113.

② 初晓慧.联合国通过《禁止核武器条约》,核大国无一参与[EB/OL].[2012-07-08]http://news.sina.com.cn/w/sy/2017-07-08/doc-ifyhvyie0629860.shtml.

和对环境的长久性破坏，使其成为恐怖分子制造恐怖气氛进而实现政治目的的有力手段。因此，长期以来，恐怖主义组织就一直对获得核武器和核材料情有独钟。恐怖主义组织获取核装置或核材料的能力不断增强。

特别是"伊斯兰国"，在过去几年里占领了叙利亚、伊拉克的大片土地，控制了数片油田，获得了数十亿美元的资产，还招募了萨达姆时期的大批化工专家和物理学家，并继续向全球招募核物理学家等。在此背景下"伊斯兰国"一旦获取足够的核材料，成功制造粗糙核装置的可能性显然就会增大。此外"伊斯兰国"还可以通过地下黑市购得核武器或核材料。恐怖主义组织或借助跨国犯罪集团长期经营的全球走私网络，以逃避海关和反恐部门的检测，将核材料或其他放射性材料及武器运入目标国家并发动袭击。例如"伊斯兰国"就曾毫不掩饰地宣称，计划从巴基斯坦购买核武器并利用墨西哥和南美的毒品走私路线将核武器运入美国。①恐怖主义组织与主权国家的运作规则完全不同，非政府组织失去了明确的游说目标，传统的运动方式失效。

5.非政府组织自身的问题

首先是独立性问题。在核军控领域，非政府组织的作用必须通过影响政府决策才能体现出来。要实现这一目的，就需要想方设法接近政府决策层。本质（独立于政府）与目的（为了影响政府决策而想方设法接近决策）之间的这种内在矛盾甚至悖论，使非政府组织在具体活动和运作中面临着的问题是：如何在既保持独立地位、又能有效影响政府决策之间把握平衡。一些非政府组织的资金由政府资助或由政府控制，不得不受政府控制；还有一些非政府组织为了能更好地影响政府决策，与政府走得太近，这在一定程度上使非政府组织在核军控问题上失去独立性。②

事实上，与其他领域的非政府组织相比，核军控国际非政府组织更易受主权政治的影响，其中立性与客观性不可避免地会受到主权政治的侵蚀。如果非政府组织只是作为政府政治的延伸，其代表性和存在的基础将发生动摇。目前核军控国际非政府组织有很大一部分是美国国内的，或者以美国为基地的国际非政府组织。其中有一部分长期受美国主流政治的影响，再加上

---

① 陈庆鸿.核恐怖主义并非"天方夜谭"[J].现代国际关系，2016(3):13-14.

② 刘华平.析冷战结束后核军控领域的非政府组织[J].世界经济与政治，2002(1):28-31.

美国政府的主动引导,使它们在一定程度上作为美国力量的补充和延伸,自觉或不自觉地从美国的利益和立场出发考虑核军控问题。①

其次,和平非政府组织在不同地区和国家存在着明显的发展不平衡状况。发达国家的非政府组织在数量、经费和人才方面都占优势,更了解核军控的有关问题,能经常不断地提出有系统理论和自成体系的主张、建议或提案,并充分利用日新月异的信息技术来传播自己的观念,进行大规模的宣传。而发展中国家的非政府组织起步晚、数量少,对核问题、军事问题的了解也不充分,所以和平类的非政府组织发展较为缓慢,在国际和平与安全事务中的作用也十分有限。

此外,非政府组织的行为方式会引发争议。如 2011 年一队绿色和平组织成员潜入位于塞纳河畔的一座核电站,还有一队环保人士设法爬上一座反应堆的建筑顶部,目的是宣传"安全核能不存在",说明该核电站的安全管理存在漏洞;2012 年绿色和平组织的一名环保人士凭借机动滑翔伞从空中进入核电站,并向站内投掷一枚烟幕弹后降落,通过这种行动向法国大选的候选人传达信息:核能并不安全,核电设施存在安全漏洞。非政府组织这种危险的抗议和宣传行为在国际社会颇受争议。

第三节　国际非政府组织与限制常规武器规范的形成及实施

冷战时期,在全球两大军事力量紧张对抗的背景下,国际社会限制武器的焦点都集中在非常规武器,且主要是针对大规模杀伤性武器。冷战后,两大军事集团之间爆发战争的阴霾消散,世界出现力量多极化、矛盾分散化、斗争区域化的特点,地区性战争和冲突日益频繁,非常规武器的使用受到诸多限制,常规武器的使用却在地区冲突和国家内战中带来巨大的人道主义灾难,于是国际社会的关注越来越多地投向如何更好地控制最有可能在众多内战中使用的武器装备。为此,联合国强调"军备透明",加强了对武器出口转让的管理和控制,实行武器转让登记,建立世界武器登记制度,并在此基础上,形成了一系列限制常规武器的国际规范,如《禁止地雷公约》《集束弹药公约》和《武器贸易公约》。从对这些问题的关注到这些国际规范的制

---

① 刘华平.析冷战结束后核军控领域的非政府组织[J].世界经济与政治,2002(1):28-31.

定、健全和实施,非政府组织都扮演了不可或缺的角色。

一、国际非政府组织与《国际禁雷公约》的形成及实施

(一)国际非政府组织对地雷问题的关注

最早使用地雷是在一战,1915 年地雷首次大量用于战争, 但直到 20 世纪 30 年代,地雷问题才引起世人的注意。二战期间及战争结束后,杀伤性地雷的使用在世界范围内有了广泛的增长,由此引发的人道主义灾难引起了人道主义救助组织的关注。对杀伤性地雷的最早关注产生于由红十字国际委员会开展的解决人道主义法律冲突的过程中,1956 年红十字国际委员会拟定规则草案改进 1949 年《日内瓦公约》确定的对普通平民提供的保护,地雷问题随之在一些国际活动场所被提及。1971 年和 1972 年红十字国际委员会召开关于武装冲突中的国际人道主义法律方面的政府专家会议,地雷问题被正式提出。会上红十字国际委员会向各国政府代表提出,杀伤性地雷具有导致不必要的损伤或不能区分伤害对象的非人道的伤害,杀伤性地雷的使用可能与人道主义国际法律相违背。随即红十字国际委员会发布了一份报告,并召集了该议题的会议,后来红十字国际委员会的会议报告被联合国采用。

20 世纪 70 年代以后的各种冲突中,地雷以空前的规模被投入使用并且在很多情况下直接针对平民,特别是美军在越南战场上部署的地雷超过了 1 亿颗,且大多数地雷的位置是不清楚的;与此同时,美国还在亚洲其他地方部署地雷,引发了人道主义灾难;在 20 世纪 80 年代,地雷遍布第三世界,被广泛用于阿富汗战争、柬埔寨战争,并导致大量的平民伤亡。在阿富汗战争期间,苏军在打击阿富汗反叛势力时使用了数以百万颗计的地雷。冷战期间地雷的生产和出口都在继续:两大阵营的国家大量地制造地雷、并将其出口给发展中国家, 国际舆论开始反对地雷的使用;1980 年由博比·穆勒领导的越战退伍老兵基金会(Vietnam Veterans of America Foundation, VVAF)和托马斯·格博尔领导的"医师国际"(Medico International)开始倡导限制地雷使用的国际运动, 为后来的"国际禁雷行动"(International Campaign to Ban Landmines, ICBL)奠定了基础。

90 年代冷战结束了,但地区性冲突依然在继续,地雷的使用更加广泛,造成了空前的人道主义灾难。其中,内战持续多年的柬埔寨成为杀伤性地雷

毁灭性效应的"活广告",众多非政府组织的注意力从潜在的核冲突威胁转移到了真实的战争和具有报复意义的损毁性武器所造成的悲剧性后果上。1991 年 6 个反地雷的非政府组织:国际残障组织(Handicap International)、人权观察组织(Human Rights Watch)、国际医疗组织(Medico International)、地雷咨询团体(Mines Advisory Group)、人权医师组织(Physicians for Human Rights)及美国越战退役军人基金会(Vietnam Veterans of America Foundation)基于对地雷危害的深刻认识,发起了全球性的禁止地雷活动。1992 年 ICBL 正式成立,1993 年来自四十多个非政府组织的五十多名代表,在伦敦召开了第一次国际非政府组织的会议,协商禁止地雷活动的战略;随后,其他一些国家建立了禁止地雷运动的组织,初步形成禁雷网络,积极从事各种禁雷活动,推进禁雷计划的实施。

(二)国际非政府组织与国际禁雷规范的形成

禁止地雷的非政府组织形成后,便采取了以下方式,努力使禁雷议题成为国际社会普遍接受的规范,并推动各国展开全面禁止地雷的条约谈判,最终形成了全面禁止地雷的国际公约。

1.在联合国展开相关活动

1995 年,联合国主持召开特定常规武器审查会议及其预备会议是非政府组织对各国政府展开密集少说活动的开始。在预备会议上,联合国秘书长邀请国际红十字会作为一个专家观察员参加审查会议准备工作,国际红十字会代表被允许在会议上发言、提交提议、分发文件,并且被要求准备两份工作文件;国际禁雷运动的代表在审议特定常规武器的全体会议上发表讲话,并且在会议期间通过提供信息、参与合作、游说政府代表团。在众多非政府组织的努力下,1996 年在挪威首都奥斯陆正式形成新的"地雷议定书"。

2.扩大国际网络

国际禁雷运动成立后,迅速扩大了国际网络,禁雷网络囊括了人权组织、儿童权利组织、妇女组织、难民组织、医疗组织、人道主义救助组织,还邀请众多名人加盟,如联合国秘书长、罗马教皇约翰·保罗二世、大主教德斯蒙德·图图、英国王妃戴安娜、法国总统密特朗。名人活动的直接结果是禁雷议题迅速得到报纸、杂志、广播、电视的广泛报道,使禁雷议题众所周知,得到普遍支持,使主权国家在是否接受禁雷议题上受到前所未有的压力,从而选择支持或有限支持国际禁雷运动的主张和立场。[①]

3.与支持禁雷议题的国家形成联盟

在国际禁雷运动中,有一些积极进步的国家,非政府组织很快争取到了它们的支持,并推动形成了一个支持国际禁雷议题的核心国家小组的出现,这些支持国际禁雷议题的国家都是中等国家或小国,如丹麦、挪威、奥地利、比利时、荷兰、加拿大,它们在国际援助和安全议题方面享有良好的国际声誉,在推动国际禁雷议题扩散和被接受过程中发挥了重要作用。[②]

4.运用最有效的信息传播工具

在宣传国际禁雷议题时,非政府组织最大限度地利用了电台、电视、纪录片、戏剧、书报、国际会议等工具。传播的信息既有基于实地调查的各种相关数据,如地雷使用、埋藏的数据,也有地雷受害者的伤亡数据,两种数据相结合,极大地展示了地雷造成的悲剧。一些图片、动画,如轮椅上的儿童、拐杖、残肢、遗弃的鞋子都触目惊心,极富感染力,对观者产生了强大的震撼作用。

在非政府组织积极宣传和推动下,在地雷问题上支持全面禁令的国家不断增加,1997年加拿大首都渥太华举行《禁止地雷公约》的签署大会,148个国家和非政府组织出席会议,当场就有122个国家签署公约。公约在得到45个国家批准后,于1999年正式生效,131个国家签署、65个国家批准。

《禁止地雷公约》的主要内容包括:立即、全面地禁止杀伤人员地雷。缔约国在任何情况下都不得使用、发展、生产、获取、保留或转让杀伤人员地雷;现存的所有杀伤人员地雷应在公约生效后的4年内予以销毁,现有雷区在10年内清扫干净;各缔约国应将本国执行公约的措施、库存和境内布雷的详细情况及销毁计划等向联合国秘书长提交年度报告;如缔约国之间就履约问题产生疑问,可提出澄清要求,甚至可要求赴该国进行"现场调查"。根据《禁止地雷公约》,大多数国家都接受条约的约束,不再使用、生产、储存和转让杀伤人员地雷。

---

① 刘贞晔.国际政治领域中的非政府组织:一种互动关系的分析[M].天津人民出版社,2005:140.
② 徐莹.政治机会结构视角下国际非政府组织与发达国家间关系探析[J].云南师范大学学报,2008(4):77-82.

(三)国际非政府组织的国际禁雷运动:意义与问题

1.国际非政府组织的国际禁雷运动的意义

(1)非政府组织具有促成国际安全新规范和制度形成的功能

《禁止地雷公约》表明,非政府组织在促成国际安全的新规范和制度方面具有重要意义。20世纪一个很重大的成就就是国际规范和制度的形成,《禁止地雷公约》出现以前,国际规范大多是由主权国家合作在国际组织框架内制定的。然而,《禁止地雷公约》表明非政府组织也是"新的国际规范的重要发起者和促进者",非政府组织在国际禁止地雷规范和制度的形成中发挥了至关重要的推动作用:从动员世界舆论、发起国际性会议,到参与国际公约的制定、监督《禁止地雷公约》的实施、发展国际法等方面,国际非政府组织都非常活跃。非政府组织通过"创造、强化、补充和监督国际规范",改变和影响了国际规范结构,进而作用于主权国家政府和整个全球治理体系。[①]

(2)非政府组织具有重构国家安全利益的功能

《禁止地雷公约》的达成还表明非政府组织具有改变国家理念,构建国家利益的功能。许多地雷生产国和使用国愿意签署并遵行这样一种全面禁止地雷的公约,打破了地雷的使用属于国家固定不变的利益的看法,国家在地雷议题上的利益认同发生了明显变化。大多数国家由最初将地雷看作是一种具有较高军事价值的必要武器,转变到国际禁雷运动所倡导的立场:地雷的使用价值远远低于它的人道主义成本。在禁雷过程中,国际禁雷运动为国家"重新界定自身利益"提供了新的导向,在其中扮演了一个"诱导型"和"批评型"教师的角色。大多数国家在没有威慑和惩罚威胁的压力下,因国际非政府组织发起和推动的禁雷运动的影响和禁雷公约的形成而对国家利益产生了新的认知,改变政策和行为,通过国际非政府组织的教化,国家被动型学习而被社会化到了新的国际规范和价值观念中去。[②]

(3)国家使用地雷的观念和行为发生了积极的变化

大多数国家都接受《禁止地雷公约》的约束,不再使用、生产、储存和转

---

① 王孔祥.国际禁止地雷运动中的非政府组织[J].南京理工大学学报,2012(3):95-102.

② 刘贞晔.国家的社会化、非政府组织及其理论解释范式[J].世界经济与政治,2005(1):26-31.徐步华.跨国社会运动对全球治理的影响——以减债、禁雷和反大坝运动为例[J].世界经济与政治论坛,2011(4):66-79.

让杀伤人员地雷。几乎所有国家(包括不是《禁止地雷公约》缔约国的国家和并不赞成立即禁雷的国家),都同意他们需要为做到最终消除杀伤人员地雷这个目标而努力。自从1997年《禁止地雷公约》通过以来,全世界191个国家中,已经有152个国家同意遵守该协议的各项条款,55个地雷生产国中有41个停止生产地雷,并在这个过程中销毁了全世界已知的2.6亿枚库存地雷中的6200枚。

2.非政府组织的国际禁雷运动面临的问题

(1)非政府组织在国际安全领域依然处于边缘地位

非政府组织的国际禁雷运动展示了其在国际政治领域重要性的同时,也反映了其在和平与安全领域的边缘地位,它们在和平与安全领域的作用还是十分有限的。在国际关系中,主权国家依然是拥有最高权威的和具有最广泛行为能力的国际行为体,安全是主权国家的核心利益,什么是安全,怎样才安全,依然由主权国家说了算。

(2)主权国家关于地雷效用的观念改变有限

《禁止地雷公约》达成之前,许多主权国家把地雷看作是一种重要的防卫武器,十分看重地雷的军事效用。如美国要保留在朝鲜半岛使用"傻雷"(没有自毁和自动失效功能的雷)和"智雷"(有自毁和自动失效功能的雷)的权力;俄罗斯要用地雷保护核电厂和恐怖分子可能袭击的目标;古巴、巴基斯坦等国认为反步兵地雷是一种自卫武器,对军事技术相对落后的发展中国家来说,尤其那些有边界争端的发展中国家,地雷仍有其军事价值。①

公约生效二十多年后,美国、俄罗斯及其他非缔约国依然认为根据《联合国宪章》,各国有权选择合法的军事手段(包括地雷在内)保护本国的安全。美国、古巴、波兰、芬兰、俄罗斯、中国、朝鲜、韩国、新加坡、缅甸、印度、巴基斯坦、叙利亚、埃及、利比亚、摩洛哥和索马里等国家都未加入禁雷公约。美国声称,如果签署公约,美国不但无法满足自己国家安全的需要,也无法实现对朋友和盟国的安全承诺;尚未加盟公约的叙利亚及缅甸政府军,以及阿富汗、哥伦比亚等国的武装势力仍有新的埋藏地雷的情况。这样的实践意味着,在目前阶段还不能说使用杀伤人员地雷受到习惯国际法的禁止。

---

① 王玲.反地雷被炒热的背后[J].世界知识,1997(6):24-25.

（2）作为武器的地雷在不断升级换代

地雷一直是主权国家改进和研发的小型武器之一，一些国家虽然不再使用和出口旧式地雷，但从来没有停止对地雷性能和威力上的改进，如美国把普通的地雷改造升级，于是出现了核地雷。核地雷是利用原子核裂变反应时释放出来的巨大能量，来杀伤有生力量和破坏目标的地雷，可设置在地面、地下或水中，多采用定时引信和有线电、无线电操纵的遥控引信。原子地雷爆炸时，不仅能大量杀伤人，还可炸毁装甲车辆，破坏道路、桥梁、机场、港口等设施，炸毁水坝、河堤，造成泛滥和放射性物质沾染区，其破坏范围和作用都是普通地雷所无法比拟的。

（3）排除地雷困难重重

以中亚地区为例。目前，中亚五国中只有塔吉克斯坦和土库曼斯坦签署了《关于禁止使用、储存、生产和转让杀伤人员地雷及销毁此种武器的公约》，而哈萨克斯坦、乌兹别克斯坦和吉尔吉斯斯坦三国没有签署条约，这三国的地下至少还埋有约三百万颗地雷。中亚的雷区主要分布在塔吉克斯坦中部地区以及乌兹别克斯坦、塔吉克斯坦和吉尔吉斯斯坦三国交界地区，其中最有名的雷区位于乌吉塔三国交界处的费尔干纳盆地，被当地人称作"死亡地带"。在这片 2500 平方千米的土地上，无论是公路还是山间小路上都埋着地雷，许多人在此地触雷身亡。随着地区局势的逐步稳定，人们纷纷呼吁这些中亚国家排除地雷，但彻底排除地雷还有诸多困难：首先，中亚各国边界还存在很多问题。乌兹别克斯坦与相邻国家都有边界争端。乌兹别克斯坦不仅在本国边境地区埋了地雷，而且在有争议的边境地区也埋了地雷。吉尔吉斯斯坦曾试图在有争议的边境地区排雷，但乌警告说，如果吉单方面排雷，乌将部署更多的地雷。其次，缺乏排雷资金。乌吉塔三国都属于世界贫困国家。仅塔吉克斯坦一个国家要排除所有的地雷，就需要 1500 万美元。再次，中亚国家仍然面临恐怖威胁。发生在乌兹别克斯坦首都塔什干和布哈拉州的系列恐怖爆炸事件表明，中亚的安全形势仍很脆弱，这一切都为中亚 3 国保留地雷提供了借口。①

---

① 关健斌.乌兹别克斯坦最近真不太平 恐怖爆炸不断[EB/OL].[2004-03-31].http://pic1.people.com.cn/GB/junshi/1077/2468032.html.

（4）非国家行为体在使用地雷

如果主权国家使用地雷还有所顾忌的话，一些武装团体、恐怖分子则无所顾忌地使用地雷制造伤亡。如在叙利亚战场，极端分子大量使用地雷使官兵在战区因触雷而重伤。

非政府组织认为，在国际禁雷方面国际社会尚需在以下方面加大努力：将危险区域标明并清除；进行地雷安全教育；对遇难者进行救助；销毁库存地雷；达成有关战争中地雷和爆炸残留物的国际协定。因此，国际禁雷运动在《2017—2021年战略》中提出其未来的战略重点是与集束弹药联盟联合起来，共同达到以下目标：目标一是：不再使用集束弹药或杀伤人员地雷，包括两个方面，即一方面到2020使《集束弹药公约》至少达到130个缔约国；另一方面是加强对集束弹药和地雷的规范。目标二是减少集束弹药或地雷污染的土地。具体而言，一是督促集束弹药缔约国尽快在其设定的最后期限前根据公约的第4条完成清理工作；二是督促禁雷条约缔约国尽快在其设定的最后期限，或最迟在2025年根据公约的第5条完成清理工作；三是为完成地雷和集束炸弹清除工作从国内和国际筹集足够的资金。目标三是使地雷和集束弹药受害者生活质量取得重大进展：一是督促缔约国行动起来，将解决受害者和其他有类似需要的人的问题作为国家的优先事项；二是从国内和国际层面增强受害者在决策中的能力，使其参与有意义且可持续；三是筹集足够资金履行条约承诺和对地雷和集束弹药受害者的义务。①

二、国际非政府组织与《集束弹药公约》的形成及实施

（一）国际非政府组织对集束弹药问题的关注

集束弹药，又称子母弹，是一种能在预定高度或时间自动打开或发射数十甚至数百个子弹药的弹药，通常通过战斗机、火箭或大炮发射。这些子弹药在碰击地面或坚硬的目标时发生爆炸。它的设计目的是通过提高杀伤面积来提高杀伤效能。一些先进的集束弹药爆炸后形成的杀伤面积甚至有几个足球场那么大。集束弹药的这种构造特点，使其具有很强大的作战性能。

---

① What we do[EB/OL].[2017-02-02].http://www.icbl.org/en-gb/about-us/what-we-do/strategy-2017-0202.aspx.

首先,集束弹药具有较大的瞬间火力覆盖范围和较高火力密集度,是对军用机场、重兵集结地域和导弹阵地等军事目标实施火力封锁和打击的重要手段。其次,集束弹药具有对多种目标实施打击的能力,可以同时担负反装甲、摧毁地面军事设施和杀伤作战人员等多种作战任务,是一种有效的地面压制武器。因此,集束弹药经常被用于战场,尤其被用来摧毁敌方的机场和军事基地。①

　　早在二战期间,苏联和德国的军队就曾经使用过集束弹药,冷战期间,美军在越南战争也使用了集束弹药。集束弹药的危害性引起了人道主义问题,受到国际社会的高度关注。从 20 世纪 80 年代到 20 世纪 90 年代前期,一些非政府组织一直密切关注集束弹药带来的危害。但总体而言,这些组织在国际上的声音并不强大。一个重要的原因是单独的非政府组织规模较小,关注的领域和发挥的影响力都难以与国家和政府间国际比肩。为了加强自身行动能力,非政府组织开始越来越多地通过组织跨国联盟,来推动和实现自己的目标。90 年代,来自五十多个国家的上千个非政府组织发起了声势浩大的"国际禁雷运动",在成功推动 1997 年《禁止杀伤人员地雷公约》签署后,其中的一部分非政府组织参与地雷和其他战争遗留爆炸物清理、受害者援助工作,实际工作使它们开始关注同样可能对平民产生重大危害,但未受该公约约束的集束弹药问题,为集束弹药联盟的形成奠定了基础。

　　(二)国际非政府组织与《集束弹药公约》的形成

　　冷战之后国际局势的若干新变化,特别是集束弹药在两次海湾战争、1999 年科索沃战争、2002 年阿富汗战争和 2003 年伊拉克战争中的广泛使用对平民造成的严重伤害,为非政府组织建立联盟,倡导禁止集束弹药运动发挥作用提供了契机。2003 年,以国际禁雷运动中关注集束弹药问题的一些非政府组织为基础形成了集束弹药联盟主要通过其成员改变政府在集束炸弹问题上政策和行动,通过市民社会组织运动和媒体,提高公众对集束弹药问题的关注意识。②为了形成《集束弹药公约》,以该联盟为首的国际非政府组织主要展开了以下活动:

---

① 朱利江.从国际法角度看《集束弹药公约》[J].武大国际法评论,2010(1):108–122.

② About us[EB/OL].[2017–09–03].http://www.stopclustermunitions.org/en-gb/about-us/who-we-are/the-cmc.aspx.

1.提高公众意识为公约谈判奠定国际舆论

一些规模和影响大的组织,如国际助残组织(Handicap International)、挪威人民援助组织(Norwegian People's Aid)在这一过程中发挥了重要作用,如国际助残组织发布报告指出, 由于集束弹药是通过提高杀伤面积提高杀伤效能的,因此,对那些战斗员与平民居民以及军事目标与民用物体混合在一起的区域使用集束弹药,就非常有可能杀伤平民居民和毁坏民用物体,导致人道灾难,集束弹药引起的伤亡有98%都是平民。①除了发布报告外,国际非政府组织还在政府间外交会议上现身说法, 以受害者和联盟成员的双重身份发出呼吁;一些国际非政府组织的分支机构则在国内层面开展现场调研,并积极游说各国政府,对于国际公众深入理解集束弹药联盟的立场,驳斥一些国家为使用集束弹药进行辩护和拖延谈判起到了重要作用, 使国际社会形成了有利于公约谈判的国际舆论。

2.与志趣相似的国家结成"伙伴关系"

在集束弹药问题上, 一些国家与集束弹药联盟有着相似的态度, 如挪威、奥地利、秘鲁、爱尔兰、新西兰,这些国家首先通过国内立法手段全面禁止了集束弹药的生产、销售、储存和使用,并极力在世界范围内推动产生一个公约,成为推动谈判进程的"核心集团国家",集束弹药联盟与它们形成了"伙伴关系",一道牵头发起"奥斯陆进程",在国际宣传中多次肯定与赞扬这些为集束弹药谈判做出的努力。

3.向持反对态度的国家政府进行游说

在"奥斯陆进程"中,制定强有力的国际条约对集束弹药加以有效约束,受到不少国家的反对, 美国及其主要军事盟友就不同程度地属于这一类立场,法国、德国、日本、荷兰、英国形成了所谓"志趣相近国家"集团,虽然参加了谈判,但总体上对谈判持观望、拖延、阻挠态度。针对这些国家的态度,集束弹药联盟举行新闻发布会进行了批评和揭露, 与立场相似的国家合作对上述国家展开了游说活动, 如与英国军队几名退役且与集束弹药联盟观点一致的将领,联合在《泰晤士报》上发表公开信,呼吁英国政府放弃现有储存的集束弹药,得到了英国政府的回应,英国放弃了其要求将该国 M-73 集束弹药排除在公约禁止范围内外的基本立场,支持禁止所有集束弹药,包括英

---

① 朱利江.从国际法角度看《集束弹药公约》[J].武大国际法评论,2010(1):108-122.

国目前正在使用的弹药。日本在受到游说后,也出人意料地宣布接受公约。

4.在联合国展开推动工作

在《集束弹药公约》形成过程中,国际非政府组织也在联合国展开工作,取得了联合国支持和肯定:联合国在2002年就对集束弹药问题加以关注,2005年时任联合国秘书长安南第一次发表了关于集束弹药的声明,呼吁并大力支持各国制定专门性公约,解决集束弹药产生的人道问题;2007年联合国裁军研究所与国际助残组织联合发布报告,指出全球有4.4亿枚没有爆炸的集束弹药,把大量日常生活的土地变成了雷场,尚未爆炸的子弹药不仅阻碍经济和社会发展,妨碍冲突后恢复和重建,延误或阻止难民和境内流离失所者回返,可能会对国家和国际建设和平和人道援助工作产生负面影响;联合国发展规划署等机构负责人也参与了"奥斯陆进程"的历次外交会议。①

在国际非政府组织的努力下,《集束弹药公约》最终于2008年通过。集束弹药联盟是"奥斯陆进程"的重要的发起者、坚定的捍卫者和主要的参与者,对于整个谈判进程和最终结果都发挥了重要的影响。公约的主要内容和几乎所有关键问题都受到非政府组织立场的影响,如在公约禁止或限制的范围、过渡期问题、对集束弹药受害者的救助问题、联合军事行动问题。公约不但要求缔约国全面禁止在武装冲突中使用集束弹药,毫无例外地销毁储存的集束弹药,建立一个没有集束弹药的世界,而且澄清了与非缔约国的军事合作和行动是否受到禁止的问题,对国际人道法、国际裁军法的完善有重要意义。

(三)国际非政府组织与《集束弹药公约》的实施

尽管"奥斯陆进程"作为一个谈判框架已经完成使命,但集束弹药联盟并没有停止或减缓工作的步伐,而是积极扮演着公约善后者的角色,2008年都柏林会议结束以后,联盟的工作重点转为推动公约的签署、生效和有效实施。2009年集束弹药开展了密集的全球批准运动,确保30个国家及时批准公约,以便使公约生效,并开始公约实施的正式进程。但是《集束弹药公约》在实施过程中也存在一定的问题。

首先是缺乏主要军事大国的参与。公约在第21条规定了与本公约非缔约国的关系。它规定缔约国应鼓励非缔约国批准或加入该公约,目标是吸引

---

① 朱利江.从国际法角度看《集束弹药公约》[J].武大国际法评论,2010(1):108—122.

所有国家参加该公约,而且还应将其根据该公约承担的义务通知所有非缔约国政府,促进落实公约订立的规范,并应尽一切努力说服非缔约国不使用集束弹药。尽管如此,在这一点上,《集束弹药公约》还是重蹈了《渥太华公约》的覆辙。在使用、发展、生产、储存和转让集束弹药方面的主要军事大国不太可能在不久的将来批准或加入该公约。它们对集束弹药的立场是限制,而不是完全禁止。没有这些国家的参加,就很难实现该公约的目的和宗旨。①

其次是例外条款的困扰。这种困扰也出现在《渥太华公约》中,虽然《渥太华公约》规定缔约国在任何情况下决不使用、发展、生产、获取、储存、保留或转让杀伤人员地雷,但同时规定为发展探雷、扫雷或销毁地雷的技术和进行这方面的训练而保留或转让一定数量的杀伤人员地雷是允许的,而且为销毁地雷目的而转让杀伤人员地雷也是允许的。这就是所谓的"例外条款"。从实践来看,一些缔约国看来可能在滥用这种例外条款,其真实的目的可能是为了保留一定数量的杀伤人员地雷。根据"地雷监察"(Landmine Monitor)2006年的报告,"有69个缔约国以该条约的例外条款为依据保留有超过22万7000枚杀伤人员地雷。几乎没有缔约国对它们为什么要保留这么多杀伤人员地雷做出任何解释"②。这可能使例外条款不再成为例外条款。

三、国际非政府组织与《武器贸易条约》的形成及实施

(一)国际非政府组织对武器贸易问题的关注

哪里有武器交易,哪里就会有潜在的战争威胁和正在进行的武装冲突。战争意味着敌对势力之间的杀戮,而武器,特别是常规武器,往往是进行残酷杀戮的重要工具,所以早在1899年第一次海牙国际会议期间,非政府组织就开始关注武器控制问题了。一战结束后,一些非政府组织开始探讨如何通过限制和裁减军备实现和平。二战后国际和平非政府组织迅速发展,部分非政府组织就军事武器的发展、军火交易和生产,以及裁军和非军事化等事项展开研究。1980年联合国艰难地达成了《禁止或限制使用某些可被认为具有过分伤害或滥杀滥伤作用的常规武器公约》《关于无法检测的碎片议定书》《禁止或限制使用地雷(水雷)、诱杀装置和其他装置的议定书》和《禁止

---

① ② 朱利江.从国际法角度看《集束弹药公约》[J].武大国际法评论,2010(1):108–122.

或限制使用燃烧武器议定书》，但在当时非政府组织发挥作用的空间有限，并未明确提出以有力的、全面的、具有法律约束力的条约限制常规武器的国际贸易。

冷战结束后常规武器的扩散成为导致地区冲突及部族纷争加剧和长期化的关键诱因。军火走私分子用飞机、轮船运来的军火使许多内战越打越大，久战不决。在非洲，塞内加尔的反叛者由于获得大量来自乌克兰、白俄罗斯、亚美尼亚的武器，使塞政府军无法预测反对派的实力，迟迟不能行动；苏丹、索马里、肯尼亚等地的恐怖分子从国际贩毒和武器走私集团手中购得武器，导致大量平民伤亡，致使这些地区的人道主义状况恶化，影响社会进步与经济发展，阻碍民族和解，造成政局动荡不安。①这使国际社会看到世界常规武器市场缺乏规范，武器的非法交易与走私，给人类未来经济社会发展带来负面影响对世界和平与安全的威胁不亚于"大规模杀伤性武器"。

非政府组织是最先认识到常规武器扩散能对人们的生活和生计产生大规模毁灭性影响的团体，控制武器联盟(the Control Arms Coalition)指出："20世纪80年代的国家安全主要受制于冷战政治，核武器竞赛是点燃内战和摧毁国计民生的最大威胁；苏联解体后国际社会进入政治动荡和冲突的新时期，苏联的加盟共和国争相出售冷战期间储备下来的包括小武器在内的各种武器，造成比核武器更多的死亡、伤害和破坏。"②为限制常规武器贸易，红十字国际委员会、斯德哥尔摩和平研究所、大赦国际等非政府组织主要进行了以下活动③：

1.就军费和武器贸易进行统计并公之于众

在国际贸易中，其他商品的国际贸易统计资料十分翔实准确，军火的国际交易状况却极为神秘，有关统计破洞百出。原因是军火是一种特殊的商品，直接与对人类生命和财产造成灾难的战争相联系。许多国家出于国

---

① 张国凤.非洲的非法军火贸易及其影响[J].西亚非洲,2004(3):29-33.

② Saferworld our history[EB/OL].[2017-09-02].https://www.saferworld.org.uk/who-we-are/history.

③ Eg:Safer world,Global Action to Prevent War,Global Security Institute(GSI),Group for Research and Information on Peace and Security(GRIP),Coalition to Stop Gun Violence,Carnegie Commission on Preventing Deadly Conflicts,Carnegie Endowment for International Peace,Center for Arms Control and Non-Proliferation.

家安全考虑,对军用品贸易的数量、价值、类型或闭口不言,或有意隐藏若干重要项目,研究者和公众都难以获取真实的世界军火贸易信息。鉴于此,一些非政府组织专门搜集并整理军火贸易的数据和资料,并向国际社会披露相关信息,宣传武器贸易的严重后果,如斯德哥尔摩国际和平研究所自建立以来一直进行这项工作,成为国际上在此领域卓有成效的少数权威性机构之一。①

2.出版和发布与武器有关的报告,提高国际社会对武器贸易问题危害性的认知

自 20 世纪 90 年代起,红十字国际委员会一直在呼吁更为严格地规制国际武器和弹药的转让,以减少因武器可获性约束不力而造成的苦难。1995年红十字国际委员会受各国委托开展一项相关研究,1999 年发布了版题为"武器的可获性与武装冲突中的平民处境"的报告,红十字国际委员会首次记录了因武器可获性控制不力可能造成的人道问题。这份报告总结说,武器的普遍可获得性会助长违反国际人道法的行为并妨碍为受害者提供援助。②自 1999 年完成此项研究以来,红十字国际委员会一直就武器贸易的危害进行宣传,呼吁国际社会就更为严格地规范武器和弹药的国际转让达成共识。③

3.形成限制武器贸易的国际联盟

20 世纪 90 年代初,非政府组织开始以国际联盟的形式在全球层面展开各种社会运动,持续不断地进行倡议,活动方式包括协调倡导、研究和政策分析、国际公众动员、高清数字媒体交流,广泛吸纳相关组织参与、与支持武器控制的政府建立伙伴关系。④限制武器贸易的非政府组织国际联盟通过自己的分支机构在国家、区域和全球层面与政府官员或国际组织领导人进行对话,劝告他们履行义务,鼓励他们逐步发展健全和透明的武器控制法律体

---

① 陈炳福.SIPRI 是如何进行国际军火贸易统计的[J].世界经济,1992(3):23-25.

② 武器贸易条约筹备委员会.红十字国际委员会关于武器贸易条约标准的发言[EB/OL].[2011-03-01].http://www.icrc.org/chi/resources/documents/statement/arms-trade-treaty-criteria-statement-2011-03-01.htm.

③ 池子华,冯盼盼.盘点 2011 国际红十字运动新动态[EB/OL].[2016-12-21].http://hsz.xzjw.gov.cn/news/ShowArticle.asp ArticleID=13.

④ 91About Our Work[EB/OL].[2014-03-01].https://controlarms.org/control-arms/.

系,使他们明确对国际军火贸易进行透明有效的监管,是防止非法和不负责任的武器贸易,减少人类痛苦的必要条件。①

4.推动国际组织展开禁止武器扩散和贸易的活动

1992 年非政府组织"更安全世界"迫使 12 个欧共体国家采纳武器出口行为准则,为使所有武器生产国承担起自己的国际义务迈出了第一步。此后,该组织又开展了一系列活动推动国际组织开展限制武器贸易的活动:1996 年在调查的基础上形成研究报告,向欧盟提出如何帮助那些受小武器扩散危害的非洲国家的建议;1997 年支持 15 个诺贝尔和平奖得主在联合国倡议建立武器转让国际行为准则;1998 年肯定欧盟武器出口行为准则最终达成的意义,同时批评欧盟还没有达到国际社会的期望;2001 年帮助联合国与欧盟制定巴尔干小武器、轻武器区域实施计划(该计划涉及该区域 10 个国家解决武器暴力武器贩运的问题),主导"Biting the Bullet"项目,为联合国形成《防止、打击和消除小武器和轻武器非法贸易的行动纲领》提供最佳实践。②其他非政府组织也有类似的活动,如国际小武器行动网络(The International Action Network on Small Arms,IANSA)参与 2001 年联合国小武器非法贸易会议的游说,该会议达成了一致的《防止、打击和消除小武器和轻武器非法贸易的行动纲领》。③

5.提出制定具有法律约束力的全球武器贸易条约的建议

国际社会通过设立专门机构和谈判,达成国际条约等方式,规范和禁止了核武器、化学和生物武器的研发、制造和使用,但对各种不同类型的常规武器的规范却是一个空白,常规武器可以轻而易举地在世界范围内流动,流向冲突地区和以侵犯人权闻名的国家,激起并延续冲突,涂炭生灵,削弱经济社会发展,危及国际和平与安全的领域。为应对这一问题,少数几个非政府组织最先明确了武器贸易的概念,④并提出要制定有力的、全面的、具有法

---

① Effective arms control[EB/OL].[2011-03-09].https://www.saferworld.org.uk/effective-arms-control/effective-arms-control.

② Saferworld our history[EB/OL].[2017-09-02]. https://www.saferworld.org.uk/who-we-are/history.

③ The International Action Network on Small Arms .About IANSA and IANSA Resources[EB/OL].[2017-09-02].https://www.iansa.org/.

④ The Arms Trade Treaty: a global arms trade standard[EB/OL].[2016-09-12].https://www.saferworld.org.uk/effective-arms-control/the-arms-trade-treaty.

律约束力的国际规范限制常规武器的贸易。①

受到国际非政府组织呼吁和倡议的影响，国际社会对常规武器扩散带来的危害日益重视，并将制定规范各种常规武器转让的国际协定提上联合国议程。1991 年联合国大会第 46 届联大通过了题为"军备透明"的第 46／36L 号决议，决议认为增加军备透明有助于制约军备生产和武器转让，要求联合国秘书长制定并在联合国总部设立常规武器登记册，以登记国际武器转让的数据以及成员国提供的军事资产、武器采购与生产及有关政策情况；并吁请成员国每年向联合国秘书长提供上一年度列入登记范围的常规武器进出口情况，1992 年联合国秘书长在纽约设立《联合国常规武器登记册》。1996 年世界卫生组织在第 49 届大会上将武器暴力界定为世界范围内的公共卫生问题，并发布了《小武器与全球卫生组织》的文件，指出武器暴力是一个重要的健康问题，也是一个很大程度上可以预防的问题，减少武器暴力和冲突的努力已成为"道德上的迫切需要"。②2001 年联合国会员国通过谈判达成了《打击跨国有组织犯罪公约关于打击非法制造和贩运枪支及其零部件和弹药的补充议定书》（简称《枪支议定书》）、《防止、打击和消除小武器和轻武器非法贸易的行动纲领》；2005 年联合国会员国又达成了《使各国能够及时和可靠地识别和追查非法小武器和轻武器的国际文书》（简称《国际追查文书》）。这些都为推动限制常规武器贸易条约的谈判，以条约限制常规武器的国际贸易奠基了基础。

（二）国际非政府组织与《武器贸易条约》的形成

从 2006 年启动缔约国会议谈判，到 2013 年以联合国大会表决方式通过，联合国《武器贸易条约》的最终草案定下八项内容，涵盖已有的《联合国常规武器登记册》中七种常规武器，加上一项轻、小武器类，共八项。从筹备会议到大会召开，各方各执己见，谈判进行得异常艰难，国际非政府组织在其中发挥了不可忽视的作用。

1.参与联合国会议审查各项工作进展情况

2006 年 6 月非政府组织代表与各国政府、国际组织和区域组织在联合

---

① 刘毅强.武器贸易条约倡议与中国[J].北大国际法与比较法评论,2012(12):127.

② Physicians and Armed Violence[EB/OL].[2017-09-02].http://www.ippnw.org/physicians-armed-violence.html.

国总部举行会议,审查条约的各项工作进展情况,处理以后国际合作援助问题,并对未来可能遭遇的种种挑战进行评估。①同年 12 月,武器贸易问题终于走进第 61 届联合国大会。经过激烈争论,大会通过了名为《迈向武器贸易条约:建立常规武器进口、出口和转让的共同国际标准》的第 A/RES/61/89 号决议。此后,各种反对轻小武器的国际非政府组织作为单独的一方,直接参与到联合国军控领域的大会,②还关注联合国"政府专家工作组(GGE)"的进展,以及各国对条约可行性的态度,成为督促条约各项工作不断向前推进的重要力量。③

2.会议筹备期间建立协调机构支持条约谈判

2010 年 7 月—2011 年 7 月条约进入会议筹备阶段。2010 年联合国多次召开相关会议,武器条约的谈判并不顺利,为了支持和推动条约谈判,2011年控制武器联盟成立了控制武器秘书处(控制武器联盟的协调机构),为联盟的成员提供支持,代表联盟成员在联合国工作,并为推进该运动提供领导。联盟成员来自不同社会阶层,包括政策专家、律师、宗教领袖和团体、妇女网络、医护人员、议员、研究人员和活动家等,秘书处利用广泛的联盟伙伴关系展示民间社会对武器贸易的更严格规定的支持;整合集体专长、技术和能量,并将民间活动、直接倡导与决策者相结合,使武器贸易条约谈判具有明确的人道主义目标和较强的约束力,对保证条约的推进至关重要。④

3.在谈判期间对条约草案提出修改建议

一些在和平领域知名的国际非政府组织,如红十字国际委员会、斯德哥尔摩国际和平研究所,不仅长期关注武器问题,而且拥有众多相关国际法专家,还具有向联合国提交建议的资格,如红十字国际委员会在 2011 年 2—3月的纽约武器贸易条约筹备会议上,就《武器贸易条约》中的武器和交易范畴以及武器贸易条约标准。在提交的文件中,国际非政府组织指出了条约草案的不足,并提出了修改建议。

---

① 李雪平.联合国集体安全体制发展的重要里程碑——《武器贸易条约》述评[J].国际法研究,2014(1):59-68.

② 赵裴.轻小武器出口国际管制机制的现状与问题[J]. 现代国际关系,2009(7):9-14.

③ Brief history of the UN process to negotiate the ATT[EB/OL].[2017-09-02]. http://reachingcriticalwill.org/disarmament-fora/att.

④ About Our Work[EB/OL].[2016-12-01]. https://controlarms.org/control-arms/.

第一,增加要求确保相关国家遵守国际人道法。国际非政府组织指出,文本应明确规定相关国家防止武器转让的义务,虽然草案已对此有所涉及,但在关键问题上还是不明晰, 即国家将如何防止武器转移到非法市场和未经授权的最终用户和最终用途。所以应要求相关国家在进行武器转让时,评估发生严重违反国际人道法行为的可能性;如果某些转让的武器明显有可能被用于实施严重违反国际人道法的行为,则应当禁止转让。①

第二,扩大武器限制范围。国际非政府组织认为,条约的范围仍局限在联合国常规武器登记册(UNROCA)中使用的条款,而这些条款是在冷战结束时制定的,考虑的主要是防止突然性袭击和大规模进攻性军事行动,没有将地对空导弹包括在内,而地对空导弹与无人机、小武器和轻武器一样,在主要常规武器的国际贸易中相当大的份额;此外,还提出武器的运输、转运、租借等行为都列入《武器贸易条约》的管辖范围。②

第三,为条约增加反规避条款和定期审查机制。国际非政府组织提出,《武器贸易条约》需要有一个反规避条款来弥补草案文本中的漏洞,以确保各国不通过漏洞逃避其义务,如供应配套元件(这些元件包含武器系统零部件,可在接收国组装),缔结许可生产安排和进行它们认为不属于条约范围内的技术转让;还提出,《武器贸易条约》的草案文本仅提出缔约国会议“审查实施情况,并考虑解释本条约所产生的问题”,并不能确保条约涵盖的武器贸易能及时被审查;如果条约最后一项能明确包括对条约范围的义务也要审查,会使执行更有效。③

第四,建议对草案中一些措辞进行补充修改,如红十字国际委员会会认为草案从第一条起使用的“应当在适当时加以考虑”的措辞,表示各国有权选择是否应用列出的标准,这与第一部分有关现有国际义务的标准不符,建议将其改为“应用”;还建议修改第 1 款第 2 项和第 2 款第 2 项,使条款更明确有效,更周全和措辞一致。红十字国际委员会对草案措辞字斟句酌,提出

①② 武器贸易条约筹备委员会.红十字国际委员会关于武器贸易条约标准的发言[EB/OL].[2011–03–01].http://www.icrc.org/chi/resources/documents/statement/arms–trade–treaty–criteria–statement–2011–03–01.htm.

③ Tilman Brück and Paul Holtom ,Will the arms trade treaty be stuck in the past? [EB/OL].[2013–03–26] https://www.sipri.org/commentary/essay/2013/will–arms–trade–treaty–be–stuck–past.

合理的建议,为拟定"具有法律约束力的关于常规武器转让的尽可能高的共同国际标准的文书"做出了重要贡献。①

4.在谈判外交大会期间向相关国家施加压力或提供支持

2012年7月谈判外交大会召开。经过多轮磋商,各会员国对缔结条约的必要性和原则性框架达成了共识,但对条约草案的具体内容仍存在较多分歧,尤其是对常规武器的范围的划定、对违反国际人权法和国际人道主义法的理解以及条约实施的具体措施等。在谈判的最后阶段,由于美国、俄罗斯等国要求给予更多的谈判,8月联合国再次召开有关《行动纲领》执行情况的审查会议。

几百个非政府组织参加了谈判外交大会,会议期间它们向一些拖后腿国家提出批评施加压力。如大赦国际批评美国在条约签订的最后关头"突然变脸"显示了奥巴马政府的软弱,在谈判马上取得突破性进展时,美国这个世界最大的常规武器出口国决定放弃的举动"令人震惊"。②乐施会指出,美国失去推进这一条约的勇气,将导致成千上万无辜平民每年死于因为不受监管的武器转让导致的武装暴力。③控制武器联盟也对美国、俄罗斯在条约谈判大会最后阶段的表现表示遗憾,呼吁这些国家拿出勇气改进条款,达成具有较强约束力的条约。

另一方面,非政府组织对在武器贸易问题上与自己志同道合的大部分中小国家给予了强大的支持。这些中小国家认为西方国家对常规武器非法贸易睁一只眼闭一只眼,使自己生产的武器通过走私渠道、黑市走进冲突地区,使冲突地区非法武器泛滥,给冲突地区带来了后果惨重的灾难,因此它们希望看到一个比较严格的"充满活力"的条约,来自世界各国成百上千的非政府组织在国际场合多次肯定与赞扬这些国家的态度,对这些国家给予了强大的支持。④

---

① 池子华,冯盼盼.盘点2011国际红十字运动新动态[EB/OL].[2016-12-21].http://hsz.xzjw.gov.cn/news/ShowArticle.asp?ArticleID=13.

② 央视网.联合国新国际武器贸易条约流产 美国受到指责[EB/OL].[2012-07-30].https://news.qq.com/a/20120730/000750.htm.

③ 孙宇挺.各国未就《武器贸易条约》达成一致 潘基文失望[EB/OL].[2012-07-28].http://world.huanqiu.com/roll/2012-07/2961683.html.

④ 刘毅强.《武器贸易条约》流产幕后[J].中国经济周刊,2012(40):33-35.

5.在谈判终期阶段公布数据、举行会议并对条约草案提出建议

外交大会结束以后,国际社会希望能够继续推动《武器贸易条约》的谈判进程,联合国决定在 2013 年 3 月进行条约的终期谈判。斯德哥尔摩国际和平研究所向联合国《武器贸易条约》会议提交了国际武器转让的最新数据,并与联合国裁军事务厅、埃伯特基金会共同组织了主题为"转让、透明度与《武器贸易条约》"的会议,提出了进口国防止常规武器和弹药转移风险可采取的措施, 说明了国际军火贸易的透明度为什么能够帮助各国实现条约中提出和规定的目标,对世界和平、安全和稳定产生重大影响。①

在条约形成过程中,国际非政府组织提出的部分建议被接受,并在条约中体现出来,如条约宗旨中指出,根据《1949 年日内瓦四公约》,尊重并确保尊重国际人道主义法,并根据《联合国宪章》和《世界人权宣言》,尊重并确保尊重人权,在条约的措辞方面也接受了国际非政府组织的建议,国际非政府组织在条约谈判过程中发挥了重要作用。

(三)国际非政府组织与《武器贸易条约》的实施

2013 年 4 月联合国大会以 154 票赞成、3 票反对、23 票弃权的表决结果通过了《武器贸易条约》。条约为监管八类常规武器的国际贸易制定了国际标准,其对象包括坦克、装甲战车、大口径大炮、战斗机、攻击直升机、战舰、导弹与导弹发射器,以及小型军火。遵守条约的缔约国将设立管制武器出口的机制,以确保所输出的武器不被用于种族灭绝、战争或落入恐怖分子和犯罪团伙手中。联合国领导人和各国政要对条约进行了高度评价,认为条约是具有里程碑意义的历史性的外交成就, 是强力、有效和可以付诸实施的条约,将阻止充作战争罪行的武器出口,挽救性命和减少因世界武装冲突所造成的惨重伤亡。②国际非政府组织也将条约的生效视作是和平主义的胜利。截至 2016 年底,在联合国全部 193 个成员国中,有 130 个国家签署该条约,正式缔结条约的国家达到 87 个。③

目前《武器贸易条约》虽然已经成为国际法,也在一定程度上起到了减少由于不负责任和管理不善的武器和弹药销售而造成的痛苦和死亡, 但仍

---

① SIPRI expert presents new arms transfers data at ATT negotiations[EB/OL].[2013-03-26] https://www.sipri.org/news/2013/sipri-expert-presents-new-arms-transfers-data-att-negotiations.

②③ 田胜,吕伟.《武器贸易条约》与《联合国常规武器登记册》比较研究[J].中国航天,2017(3):28-32.

有许多工作要做,以确保条约目的的实现。为了促进条约的有效实施,国际非政府组织做了如下努力:

1.参与缔约国会议

参与缔约国会议是国际非政府组织促进条约实施的重要途径。如2015年《武器贸易条约》首届缔约国大会在墨西哥坎昆举行,非政府组织与缔约国、非缔约国、国际和地区组织以及军工企业代表都参加了这次会议。会议给予非政府组织在全体会议上发言的权利,会议期间与会各方就缔约国大会未来的议事规程、报告模式、筹款事宜和常设秘书处的作用等事项展开实质性的讨论,非政府组织也阐述了自己的主张,其间控制武器联盟发起倡议,提出设立《武器贸易条约》监督员(The ATT Monitor),让政府承担起责任的重要方式,①后来会议通过闭门投票的方式通过了设立《武器贸易条约》的监管机构,即《武器贸易条约》常设秘书处,标志着推动条约实施方面取得了较大的进展,非政府组织的参与对于条约的实施至关重要。

2.指出条约实施过程中存在的问题

非政府组织指出了条约实施过程中存在的问题,如斯德哥尔摩国际和平研究所指出:根据要求,缔约国需向联合国提交一份关于条约执行的一次性报告和关于武器进口和出口的年度报告。这样的报告模式有益于确保信息标准化,但一些关键性的问题没有得到解决,如在规定的时间内要提供的细节水平以及将公布什么信息。各国并未就采取什么模式报告达成一致,只给出了一个临时版本,鼓励缔约国使用。这种报告模式与现有的联合国报告机制不同,缔约国的报告不会自动公开,相反它需要得到各国的明确许可才能使用。此外,虽然秘书处和未来缔约国的临时预算和财务规则也通过了,但有关秘书处的职能和职能的某些预算细节和问题仍有待解决。②

3.争取扩大签署国和批准范围

非政府组织认为缔约国第一次会议为《武器贸易条约》的长期运作提供了框架,但未来条约能否成功还取决于一系列更广泛的问题能否得到妥善解决,如能否使更多的国家加入条约,能否确保所有国家有效地应用该条

---

①② Sibylle Bauer,Mark Bromley 'Rules of the Road' for the Arms Trade Treaty agreed in Cancun but stiffer tests lie ahead[EB/OL].[2015-08-28].https://www.sipri.org/commentary/expert-comment/2015/rules-road-arms-trade-treaty-agreed-cancun-stiffer-tests-lie-ahead.

约,以及能否为各国提供实施方案。为此,国际非政府组织利用自己在军备控制方面的技术专长,广泛宣传条约,共同动员和影响公众和政治意见,使尽可能多的国家有效应用条约。①国际非政府组织的目标是要确保更多的国家加入条约,推进条约的普遍化,促使各国政府高效履行条约,为未来的武器转让决策建立较高的国际准则。②目前,国际非政府组织这方面的工作主要集中在非洲和南亚地区。③

4.帮助缔约国履行公约

根据相关国际法的规定,一旦一个国家签署了一项多边条约,那么该国就不能做出有损该条约目的和宗旨的行为。缔结《武器贸易条约》,成为《武器贸易条约》缔约国,就意味着条约对该国具备法律约束力,该国需遵守条约的各项规定。只有缔约国高质量地执行条约,才能确保条约的有效性。但事实上,并不是所有缔约国都能够完全履行自己的承诺,一些处于冲突地区的,特别是那些低收入和低能力的发展中国家,由于缺乏履约能力,且得不到外部援助,从而无法兑现自己的承诺。在这种情况下,非政府组织会为需要帮助的国家提供实施《武器贸易条约》承诺所需的法律法规和技术支持,使这些国家有能力制定新的法律、法规、程序、技术、基础设施。④

另外,《武器贸易条约》涵盖了一系列不同的问题,包括转移控制、库存管理和边境管制,希望解决这些问题防止武装暴力和减少冲突,但冲突地区的许多国家要完成这些工作,必须寻求国际社会的援助。虽然包括欧盟在内的援助计划已经启动,但由于财政紧张,仍有大量的缺口有待填补,因此非政府组织也呼吁有能力的捐助国兑现提供援助的承诺,为这些国家提供有效的援助。⑤

5.监督缔约国履行公约

《武器贸易条约》的缔约国中有一些虽然有能力履行自己的承诺,但却

---

① The Arms Trade Treaty: a global arms trade standard[EB/OL].[2018–06–15].https://www.saferworld.org.uk/effective–arms–control/the–arms–trade–treaty.

② About Our Work. https://controlarms.org/control–arms/.

③ Important progress made towards ATT Universalization in South Asia[EB/OL]. [2018–06–15]. https://controlarms.org/blog/important–progress–made–towards–att–universalization–in–south–asia/.

④ About Our Work[EB/OL].[2018–06–15].https://controlarms.org/control–arms/.

⑤ Sibylle Bauer, Mark Bromley 'Rules of the Road' for the Arms Trade Treaty agreed in Cancun but stiffer tests lie ahead[EB/OL].[2015–08–28].https://www.sipri.org/commentary/expert–comment/2015/rules–road–arms–trade–treaty–agreed–cancun–stiffer–tests–lie–ahead.

为了追逐武器贸易带来的利益,或明或暗地不履行自己的承诺。在这种情况下,非政府组织主要是通过审查缔约国的武器出口状况,或指责缔约国违约行为监督缔约国履约。非政府组织"更安全世界"就是一个较为典型的案例,该组织通过审查英国武器出口管制委员会(CAEC)对英国武器出口状况的报告进行监督。①

(四)实施《武器贸易条约》的意义与挑战

对于人类社会来说,安全的需要高于一切。安全需要法律化和制度化的保障体系,因此国际非政府组织推动《武器贸易条约》的实施有重要意义,但也面临一系列问题与挑战,将对条约的普遍性和有效性产生不利影响。

1.实施《武器贸易条约》的意义

(1)填补了限制和监管武器国际规范的空白

条约是第一个具有法律约束力的有关常规武器贸易和防止武器非法贸易标准的国际协议,开创性地确立了国家武器控制制度、缔约国会议制度、国际合作制度,为常规武器贸易设置了全球性标准,填补了限制武器国际规范的空白;还制定了常规武器出口评估的一系列标准,规定通过出口评估、转用监管以及武器出口记录等措施,对常规武器国际贸易加以监管,并在联合国专设了秘书处,填补了对常规武器贸易监管的缺失。条约为缔约国更为有效地适用条约创造了可能,为常规武器贸易透明度的提高做出了贡献。②

(2)有助于遏制冲突地区武装冲突和恐怖主义的升级

武器走私是冲突地区武装冲突和恐怖主义的重要原因,特别是非洲那些长期处于动荡和武装冲突的国家,各个派别、部落、恐怖组织对常规武器的需求非常大,小武器、轻武器以及弹药的走私都对地区安全构成严重挑战。非洲国家的代表在条约的谈判中曾表示,只要能够配备弹药,现有的留在非洲的武器可使用十年有余。《武器贸易条约》将作战坦克、装甲战斗车、大口径火炮系统、作战飞机、攻击直升机、军舰、导弹和导弹发射器、小武器和轻武器八个类型的常规武器都进行了限制,并将弹药和零部件也作为出口监管的内容,使监管武器的范围扩大了,对于遏制地区冲突的升级十分

---

① Effective arms control[EB/OL].[2015-08-28].https://www.saferworld.org.uk/effective-arms-control/effective-arms-control.

② 刘晓豹.武器贸易条约与国际人道法的实施[D].对外经贸大学,2016:38.

有益。此外,武器走私还会使冲突地区成为恐怖分子、贩毒集团和其他武装组织的聚集地,并助长暴力犯罪和敏感技术的扩散,条约监管范围的增加也有益于有冲突国家控制恐怖主义的蔓延,也更加有利于实现条约的宗旨和目标。

(3)缓解冲突地区的人道主义危机

《武器贸易条约》将限制武器贸易与国家的人道主义保护责任联系起来,也有助于缓解冲突地区的人道主义危机。该条约的第6条和第7条对武器转让的许可条件进行了规定:缔约国在批准武器及弹药和零部件出口时,如果"了解到"这些武器将被用于犯下灭绝种族罪、危害人类罪、严重违反1949年《日内瓦(四)公约》的行为,实施针对受保护民用物品或平民的袭击,或其作为缔约国的国际文书所规定的其他战争罪,则不得批准出口。该条约还规定武器出口国在出口武器时, 应评估这些武器及弹药和零部件是否会破坏和平与安全, 是否会用于严重违反国际人道主义法和国际人权法的行为,是否会用于与恐怖主义和跨国有组织犯罪有关的行为。此外,该条约也是第一个承认国际军火贸易与性别暴力之间的联系的国际条约。该条约的第7条第4款禁止会带来实施或促成严重的基于性别的暴力行为, 或严重暴力侵害妇女和儿童行为的武器贸易。①这些体现了该条约的人道主义功能:阻止向违反国际人道主义法和国际人权法的国家出口武器,阻止向恐怖主义等组织出口武器, 促使缔约国进行武器交易时更多地考虑人道主义义务。该条约加强了武器流通监管体制建设,避免武器流入特定国家和组织,制造新的人道主义灾难。

(4)强化缔约国维护世界和平与安全的义务

该条约规定武器出口国、进口国、过境和转运国都应加强武器监管,防止武器流入非法市场或用于未经许可的最终用途;要求缔约的出口国建立和维持国家管制制度,保留武器出口批准书或实际出口记录,进口国向出口国提供"可包括最终用途或最终用户文件"在内的信息,以便出口国进行评估;该条约还规定,缔约国间在立法、机构能力建设、技术、物资或资金等方面开展国际援助。该条约指明了缔约国对常规武器国际贸易走向或国际流

---

① Arms trade: the current situation[EB/OL].[2016-08-23].http://wilpf.org/what-we-do/disarmament/arms-trade/arms-trade-the-current-situation/.

动的法律监管义务，使其维持国际和平与安全的工作重心有了更为务实的落脚点,强化了国家维护世界和地区和平的义务。

2.实施《武器贸易条约》面临的挑战

(1)《武器贸易条约》实施的效果有限

首先是缔约国不遵守承诺。红十字国际委员会指出,许多国家虽然已经加入国际条约,承诺要规范武器在境内的流通,但是这些国家依然参与非法武器的转让。在冲突局势中,特别是在中非共和国、叙利亚、伊拉克和南苏丹,由于此类转让推波助澜致使数万平民丧命、受伤或被迫流离失所,此类武器对医疗和人道援助带来了巨大威胁。①其次是该条约对军火黑市的影响有限。公开的军火市场受到诸多条件制约以后,一些国家和地区、国际犯罪集团、恐怖组织及武装冲突各方转而寻求各种秘密渠道进行武器贸易。《武器贸易条约》的目标是切断世界范围内侵犯人权国家和组织的武器供应,不少非政府组织将这一条约生效视为和平主义的胜利,但显然这种冠冕堂皇的条约影响不到国际军火黑市,各种武装力量和恐怖组织依然能够通过各种渠道获得武器装备,致使国际社会为限制非法军火贸易的努力效果微乎其微。

(2)《武器贸易条约》本身的问题

第一,在适用主体方面,条约存在严重漏洞。该条约没有禁止向未经授权的非国家行为体转让武器。毒枭、海盗、政府反对派和叛军、国际恐怖主义分子、黑社会帮派都是武器转让的重要对象,这些掌握武装的非国家行为体活跃在全球军火市场上,进行武器黑市交易,严重危及地区和国际和平。然而该条约却没有对限制向这些非国家行为体转让武器做出规定,这对条约的有效性是一个不小的破坏。②

第二,该条约过分偏向于武器出口国而忽视武器进口国的权利。一些国家质疑该条约忽视了武器进口国的权利。该条约规定进口国有义务向出口国提供武器最终用途或最终用户文件等信息,以便出口国进行出口评估,出

---

① 红十字国际委员会.武器:红十字国际委员会针对武器贸易发出警告[EB/OL].[2015-08-24] https://www.icrc.org/zh/document/weapons-icrc-sounds-alarm-arms-trade.

② 毛瑞鹏.《武器贸易条约》的特点和缺陷[EB/OL].[2013-04-12].http://finance.ifeng.com/money/roll/20130412/7898021.shtml[EB/OL].[2013-04-12].http://finance.ifeng.com/money/roll/20130412/7898021.shtml.

口国可能会出于政治目的或政治偏见来评估进口国。①另一方面,该条约未明确规定针对出口国的责任机制,可能导致出口国无视其新的责任。事实上,武器出口大国在武器转让过程中,除了对自己不喜欢的进口国以武器贸易监管为借口干涉其内政外,还常常采取双重标准,不断要求他国控制军备,对某些冲突地区或"恐怖国家"实行武器禁运,自己却去争夺巨大的军火利润,对非法军火贸易睁一只眼闭一只眼,甚至成为最大的军火推销商。武器出口大国在军贸领域对经济利益的角逐,造成了进口国与出口国之间的严重分歧,威胁着世界安全。②

此外,还有些国家更是指责条约涉及的武器种类范围太狭窄。由于各国立场差异极大,该条约所确立的规范不一定能被各国普遍接受。因此,该条约的达成仅仅是国际社会规范武器贸易的一个开始,不能弥合各个国家间的分歧。

(3)关于条约价值观的争议

该条约的根本出发点是保护平民免受种族灭绝、战争犯罪、种族清洗、反人类和粗暴侵犯人权等行为,但有关人权和人道主义的标准往往具有很大的政治敏感性;对"违反人权"问题的认定,不同的国家有不同的标准,很难客观判断。从实际来看,该条约基本上是欧洲大国主导的,以欧盟武器出口准则为蓝本的,体现的是典型的欧洲式价值观和欧盟防务工业的理念,维护的是欧洲大国在国际常规武器贸易中制定规则的权利。该条约体现的只是部分国家的价值观,以这种价值观和理念为基础的条款,忽视了价值观不同的国家的利益,并为西方国家干涉价值观不同的国家制造了借口,会损害被干涉国家的自卫权利。

(4)主权国家对武器贸易的认知

《武器贸易条约》未能得到普遍认同最重要的原因还是主权国家对武器贸易的认知。武器贸易依然被某些缔约国甚或非缔约国视作是重要的国家利益和维护国家安全的必须手段,主权国家的这种认知使得限制常规武器

---

① 毛瑞鹏.《武器贸易条约》的特点和缺陷[EB/OL].[2013-04-12].http://finance.ifeng.com/money/roll/20130412/7898021.shtml[EB/OL].[2013-04-12].http://finance.ifeng.com/money/roll/20130412/7898021.shtml.

② 赵裴.轻小武器出口国际管制机制的现状与问题[J].现代国际关系,2009(07):12-17.

的难度甚至超过对核武器的限制。

从武器出口国来看,主要武器出口国大部分是西方发达国家,它们对武器贸易的认知是武器贸易关乎国家的经济利益、政治利益。首先,武器贸易是世界公认的利润巨大的行业之一,在国际市场上合法地销售大量武器可获得高额的经济回报。其次,生产和销售武器可以在一定程度上解决军火生产大国部分人员的就业,起到刺激经济发展的作用。此外,武器出口也是维护和加强与传统盟友的政治关系、与新盟友建立密切关系的重要手段。武器贸易带来的巨大经济利益和政治利益,使武器出口国将武器出口看作是重要的国家利益,该条约对武器出口的限制也被其视作是对其国家利益的损害。在此情形下,主权国家对武器贸易的认知很难发生变化,要想通过条约的实施来压缩甚或切断这一利益链条,绝对不会那么容易。①

从武器进口国来看,主要武器进口国绝大部分是发展中国家,它们出于国家防务、安全政策需要,将武器贸易看作是国家的安全利益和政治利益。首先,国际和地区安全机制不健全、国家间频繁使用武力和武力威胁的现实,促使这些国家只能通过加强军备建设来自保,担心缔结《武器贸易条约》会削弱自身的防卫能力,这使得它们对建立轻小武器出口国际管制机制持消极态度。其次,这些国家担心制定规范严格的轻小武器出口国际管制机制,会强化主要武器出口国以及主要武器出口公司在武器贸易中的地位,使得实力较弱的武器进口国在国家安全等问题上严重受制于主要武器出口国。最后,在发展中国家,特别是非洲等动荡地区,轻小武器的正规贸易与非法贸易、转运与储藏等问题,严重影响到这些国家政府与反政府武装之间的对抗关系,使得这些国家在轻小武器出口国际管制机制问题上十分谨慎。②武器贸易具有鲜明的政治色彩,这使发展中国家很难改变对武器贸易的传统认知。

正是由于上述原因,《武器贸易条约》并没有得到国际社会的普遍认可。历史上国际社会也签署过一些同样愿望良好但没有实际效用的文件,如禁止从飞行器上投掷杀伤性武器公约、禁止集束弹药公约、禁止地雷公约等,

---

① 李雪平.联合国集体安全体制发展的重要里程碑——《武器贸易条约》述评[J].国际法研究,2014(1):59-68.

② 赵裴.轻小武器出口国际管制机制的现状与问题[J].现代国际关系,2009(7):9-14.

都被主要大国长期无视或忽视。

(5)武器贸易是一种与国际局势紧密相关的活动

武器是能够直接对人类产生杀伤及对物体产生巨大破坏作用的器械，它的生产与贸易不仅受一般商品规律的制约，而且与世界政治、经济、军事态势有明显的正相关性，武器贸易体现着世界军事的紧张程度，武器贸易额则是世界安全局势的晴雨表。只要世界不稳定，局部地区冲突存在，就会刺激武器市场。21世纪以来，地区性武装冲突与局部战争呈现不断加剧之势：在中东，资源、领土、宗教以及中东以外国家的干预导致该地区国家间关系紧张，冲突不断升级，这使这些国家特别强调武器装备对发展国防的重要性；在亚洲，特别是南亚地区，印度和巴基斯坦的克什米尔争端、阿富汗问题导致的持久军事较量，都刺激着武器进口需求；在非洲，种族冲突和对石油、钻石等自然资源的争夺导致非洲安全局势动荡，武器进口需求增加；在拉美，委内瑞拉、厄瓜多尔和玻利维亚等出于强化军力的考虑和反美外交政策倾向，也加大了武器进口。连绵不断的冲突与战争为武器贸易提供了可观的市场，这是《武器贸易条约》力所不及的。[①]

思考题：

1.致力于和平与安全的国际非政府组织有哪些？

2.国际非政府组织在核军控、核安全领域的作用和影响，以及面临的挑战有哪些？

3.国际非政府组织在国际安全规范形成中的作用是什么？

---

① 赵裴.轻小武器出口国际管制机制的现状与问题[J].现代国际关系,2009(7):9-14.

第四章
国际非政府组织与全球贫困的消除

  贫困是世界经济发展中的常态现象,作为"无声的危机",不仅严重阻碍了贫穷国家的社会经济发展,也是地区冲突、恐怖主义蔓延和环境恶化等问题的重要根源。为引起国际社会对贫困问题的重视,动员世界各国采取具体行动,1992年联合国大会将每年的10月17日定为国际消除贫困日,后来又将1997年至2006年定为第一个"国际消除贫困十年",2008年至2017年定为第二个"国际消除贫困十年"。2000年,联合国千年首脑会议把到2015年将世界极端贫困人口减半作为联合国千年发展目标之一,并将2015年的主题定为"构建一个可持续发展的未来:一起消除贫穷和歧视"。响应联合国的号召,政府间国际组织和机构、各国政府、非政府组织、私人部门,从不同的角度和不同的层次直接参与反贫困行动。非政府组织在反贫困中与其他行为主体形成了密切的互动与合作,从全球发展议程的形成到国际发展援助的实施,从发展中国家消除贫困能力的建设到免除发展中国家债务的倡议,非政府组织成为影响反贫困进程和效率的重要力量。

第一节 全球贫困治理领域中的国际非政府组织

一、国际非政府组织从事贫困治理的历史

  从19世纪中期到20世纪初,西方国家陆续出现了一些开展国际性扶贫济困活动的非政府组织,如1865年成立的救世军(Salvation Army)、1897年成立的慈善社(Caritas)、1905年创建的浸礼会世界联盟(Baptist World Alliance)及其附属机构浸礼会世界援助(Baptist World Aid),等等。它们的宗旨是为弱势的受苦受难受灾群体提供人道主义援助,主张爱穷人,在拯救穷人

灵魂的同时，满足穷人身体的需要。它们通过各种社会服务工作和慈善事业，如为穷人建造居住的房舍，设立食物分发中心、兴办农场、学校、医院等改善穷人的生活状况。

（一）非政府组织在两次世界大战中的扶贫济困

历史上，战争是导致贫困人口迅速增加的重要原因，每次战争之后都会出现大量流离失所的穷人，每次世界大战时期或大战后都会有一些扶危济困的非政府组织应运而生。

一战导致欧洲普遍贫困化，于是涌现出不少致力于消除贫困的国际非政府组织，它们的慈善活动以救济为特征，主要向处于灾难之中的民众直接提供食品、医疗和收容等人道主义救援服务；也通过调查报告、媒体宣传，或与政府间国际机构合作为弱势群体寻求救援资源。

拯救儿童就是一个比较典型的案例。战后的欧洲满目疮痍，饥荒使儿童营养不良，佝偻病、肺结核病流行，受饥荒影响的儿童形象令人震惊，为了帮助这些儿童，拯救儿童基金会应运而生。20 世纪 20 年代，该组织通过在报纸上刊登广告、在电影院里放映儿童艰难处境的影片，筹集了大量资金、食物、衣物，帮助了德国、奥地利、法国、比利时、匈牙利、亚美尼亚和俄罗斯多个国家处于失学和困境中的孩子。拯救儿童提出的《儿童权利宣言》被国际联盟采纳，为后来《联合国儿童权利公约》的形成奠定了基础。30 年代该组织建立了儿童保护委员会，为非洲和亚洲儿童的权利进行游说；1933 年发表《失业与儿童：调查》的研究报告，展开为儿童争取充足营养权利运动，后来还帮助西班牙内战中的儿童难民；二战爆发前成为国际援助委员会（the Inter Aid committee）的成员，参加了从欧洲大陆到英国的救援犹太儿童的任务。①

二战使生灵遭受涂炭，为了帮助陷于水火中的贫困人群，1942 年由一批英国教友会教徒、社会行动家和牛津大学学者发起成立了牛津饥荒救济委员会（Oxford Committee for Famine Relief）致力于英国本土以及世界范围内的扶贫、灾难救助、人道主义援助等慈善活动。②二战结束之际，为了救济贫困人群，"凯尔（Care）"成立了"凯尔"由 22 个具有民间、宗教、合作和劳工背景的美国慈善团体组成，是"美国对欧汇款联合体"（the Cooperative for American

① Our history[EB/OL].[2016–01–02].https://www.savethechildren.org.uk/about–us/our–history.
② 1965 年该组织改名为乐施会（Oxfam）。

Remittances to Europe,CARE)的缩写。①该团体为当时数百万人需要粮食和救济物资的人提供帮助,"凯尔"发明了著名的"关怀包",包中装有黄油、奶粉、罐头肉、巧克力和口香糖等食品,为处于艰难困苦中的人提供维持生命必需的补给。

(二)二战后非政府组织扶贫方式的变化

1.20 世纪 80 年代以前:"输血援助"

二战结束后,一些非政府组织开始在联合国进行消除贫困的国际倡议,如 1958 年世界基督教联合会(the World Council of Churches)向联合国全体代表提出 1%目标,即富裕国家应至少把 1%的国民总收入用于对发展中国家的援助。

不过,20 世纪 80 年代以前,多数非政府组织的活动主要是直接针对需要援助的群体进行食品分发、医疗卫生服务,或帮助贫困国家进行基础设施建设。如"凯尔国际"认为,贫困主要是缺乏基本的商品,服务和医疗保健,所以对贫困者给予物质援助或社会服务,尤其是直接提供食品,是其常用的扶贫方式;60 年代该组织开拓了初级卫生保健项目,70 年代又聚焦非洲的大饥荒,供紧急救援。宣明会 60 年代在亚洲、拉丁美洲、非洲、中东和东欧展开消除贫困的工作;70 年代采取更广泛的社区发展模式,成立紧急救济处,关注水、卫生、教育、卫生、贫困人口收入等社区需求来解决贫困问题。②"拯救儿童"在 60 年代通过医疗队和服务队在欧洲、亚洲、非洲、西印度群岛提供直接援助,在韩国、摩洛哥、尼日利亚、西印度群岛开展"免于饥饿的自由"的项目,防止饥荒和食物短缺的出现;70 年代在孟加拉国、埃塞俄比亚、尼加拉瓜、洪都拉斯和非洲的萨赫勒地区开展发展项目和应急响应。

其他非政府组织也基本类似,主要是通过募集社会资金,尤其是从海外

---

① 凯尔国际名字的含义有一个变化的过程。起初是"美国对欧汇款联合体"(the Cooperative for American Remittances to Europe)的缩写,随着欧洲经济的复苏,凯尔的活动转向亚洲国家,主要在日本、菲律宾、韩国、印度和巴基斯坦。20 世纪 50 至 60 年代,凯尔在拉丁美洲和非洲国家也开始进行发展活动。由于服务范围和地域范围的扩大,凯尔 1953 年将自己缩写名称的内涵改为"无处不在的美国救援联合会"(the Cooperative for American Relief Everywhere);在 1993 年为了反映自己计划和影响更加广泛的范围,再次改变了缩写词的含义,为"无处不在的援助与救济"(Cooperative for Assistance and Relief Everywhere)。CARE's History.[2018-02-06].https://www.care-international.org/who-we-are/cares-history.

② Our history[EB/OL].[2016-01-02].https://www.wvi.org/our-history.

筹措援助资金,直接为陷于贫困,或面临饥荒、旱涝灾害和战乱等情境的弱势群体提供资金、物资等经济资源、救助服务或其他基本生存提供保障,以强制投入的方式打破贫困所固有的恶性循环,帮助贫困人口渡过生活危机,以体现其人道主义关怀,这种济贫方式被称作"生存扶贫"。在紧急情况下,这种援助不失为一种有效方式,特别是在即时性的大规模旱灾、战乱中,其他形式的援助远水不解近渴,直接援助具有不可替代的作用。但这种应急性的援助方式,不能在技术、人口素质、可持续发展等方面起到长远作用,长久下去贫困地区的人们不仅不能脱贫,还会对援助产生依赖心理。

这一时期虽然非政府组织秉承非政治、非宗派和国际合作的观念为消除世界贫困而努力,但当时的国际政治形势制约着其行动。如冷战开始后,"拯救儿童"从苏联东欧如波兰、南斯拉夫和匈牙利撤出;1956年苏伊士危机之后又被迫离开中东的一些地区。[①]

2.20世纪80年代以后:"造血援助"

80年代以后,随着国际范围内对发展中国家贫困问题研究的深入,国际社会逐渐认识到,贫困不仅仅是因为收入低下,而且是由于贫困人群获得基本物质福利的机会和能力的缺失,所以日益重视发展中国家贫困地区以及最不发达国家的能力建设,越来越多地帮助需要援助的地区进行自我发展培训和能力提升,从"输血援助"转向"造血援助",从生存扶贫转向发展扶贫,实现由救助式扶贫向开发式扶贫方式的转变。

在这种发展观的影响下,许多非政府组织也认为输血式的援助作用有限,更重要的是通过授权,组织和动员本土资源提高其自身的能力建设,通过对当地的基层支持组织和基层组织的能力培养,达到当地非政府组织和国际非政府组织在援助上的有效互动,改善贫困人口发展能力的脆弱性,使贫困地区实现自力更生的可持续发展。

为此,非政府组织常常开展旨在提高贫困人口自主摆脱贫困能力的项目,如实施长期粮食安全项目和可持续农业计划;开展各种形式的职业和技术培训,将大量有用的信息和实用技术传授给当地穷人,使之掌握一定的生产技能,帮助其顺利就业,以实现技术扶贫;设立小额信贷项目,资助贫困人口自谋职业,实现自我发展;通过提供资金,增加贫困人口特别是少年儿童受

---

① About us[EB/OL].[2016-01-02].https://www.savethechildren.org.uk/about-us/our-history.

教育的机会,实现教育文化扶贫;通过改善医疗卫生基础设施,关注老、弱、病、残、孕等特殊群体的卫生保健,以实现卫生健康扶贫;提供环保产品和技术指导,向农村提供优良作物品种,为城市贫民举办各类职业技术培训班。

(三)冷战结束后非政府组织的"权利扶贫"

冷战结束后,阿马蒂亚·森对贫困与发展问题的研究、对权利与贫困辩证关系的强调,在国际社会引起强烈反响,人们对"权利扶贫"有了更深入的认识。整个国际社会在注重"发展扶贫",积极培养援助对象的自立能力的同时,也开始关注造成其贫困的国内政治社会因素和国际环境因素,努力进行"权利扶贫"。

受此氛围影响,非政府组织对贫困根源的认识也发生了变化,如凯尔国际认为在国内社会遭受排斥、边缘化和歧视,造成的缺乏权利、机会和财产才是造成贫困的真正原因,于是提出了"以权利为基础的发展方式"和"无处不在的援助合作与救济"。[1]冷战结束后,非政府组织普遍比以往更注重"权利扶贫",除了直接援助、对受援国进行能力建设外,也更加积极地为贫困国家和贫困人群的发展争取有利的国内环境和国际环境。

非政府组织的"权利扶贫"从国内和国际两个层面展开。

1.国内层面

在国内层面,非政府组织自称是草根阶层诉求的代言人,着力于促进国内和地方制度和政策层面的改善,以求从根本上解决贫困与发展的问题。

它们的行动主要有:①推进政府贫困政策的完善。如在肯尼亚、乌干达和坦桑尼亚,非政府组织在扶贫的同时,经常在公共领域中就其关注的政策问题提出见解,并积极说服决策者接受自己的观点,也通过倡议、游说、融入、合作等方式促使政府政策改变,将普通民众在减贫中的参与权逐渐纳入国家决策者的视野,为扶贫活动提供更便利的条件。②改进地方政府的管理方式。地方政府因与基层组织合作提高了服务水平,不少非政府组织的专业人士参与到地方政府甚至中央政府中,为政府管理改革注入了新思想。③建立自己的传播媒介影响政府减贫决策,不仅出版自己的期刊、信息公报、研究报告,还制作广播、电视节目和通过该组织网站反映其对家庭暴力、儿童维权、妇女生育保健等问题的看法,并评估、监督政府一些相关政策的实施

---

① About us[EB/OL].[2016-01-02].http://www.care-international.org/about-us/history.aspx.

情况。④促进最不发达国家民间组织的能力建设,帮助这些组织应对管理和运作过程中遇到的挑战。①

2.国际层面

在国际层面,非政府组织常常在重大的国际活动场合,宣传自己治理贫困的主张,并组织抗议活动对发达国家提出批评;还积极参与国际社会关于贫困治理的政策制定,影响国际社会和所在国家的减贫议程,以确立有益于发展中国家经济社会发展的话语体系、价值体系和行动议程。

非政府组织在国际层面的主要活动方式有:①强化有利于最不发达国家的发展议程。如"最不发达国家观察"在世界社会论坛(WSF)、共同富裕人民论坛(CPF)、联合国贸易和发展会议(UNCTAD)、联合国经社理事会(UN ECOSOC)、八国集团首脑会议,以及其他国际和区域进程的战略性国际活动期间,会议就与最不发达国家有关的问题和关切,与联合国机构、发达国家政府、最不发达国家政府、发展伙伴政府和机构、相关多边机构以及媒体和民间社会的代表进行接触和会晤,对其进行倡议、宣传、游说,并组织相应的运动。②②组织与大国峰会平行的论坛为不发达国家争取减免债务。如自2001年以来非洲国家的一些非政府组织随着七国峰会的召开组织的"穷国峰会"(也称"穷国论坛"),历届会议议题都围绕穷人关注的发展问题展开。自成立以来,"穷国峰会"引起了越来越多的全球关注。③③形成浩大的抗议活动为发展中国家争取平等贸易的权利。如非政府组织抗议世界贸易组织的活动。④④召开会议促使各种贸易协定考虑发展中国家的可持续发展。一些非政府组织对各种区域贸易协定对发展中国家可持续发展的威胁也十分警惕。如一个名为"我们的世界不出售(Our World Is Not for Sale)"的非政府组织和一些民间团体,就曾在2014年与联合国贸易和发展会议联合组织过关于这个问题的公开研讨会,讨论各种"自贸协定"给2015年后的贸易议程造成的威胁。

① 安春英.非洲的贫困与反贫困问题研究[M].中国社会科学出版社,2010:175-178.
② Who we are[EB/OL].[2016-01-02].http://www.ldcwatch.org/index.php/who-we-are/introduction.
③ 陶短房."穷国峰会"呼唤自己救自己[N].[2008-07-11].环球时报
④ 李丹.NGO反全球化运动与全球治理[J].东南学术,2006(1):58-64.

二、全球贫困治理领域中的非政府组织的类型

非政府组织在全球贫困治理中的作用主要体现在帮助贫困国家脱离贫困,由于造成贫困原因的多样性和非政府组织对贫困根源认识的多元化,其活动涉及多方面、多领域,所以很难对全球贫困治理中的非政府组织进行详尽的分类。以下是比较常见的分类。

(一)操作型的非政府组织与倡议型的非政府组织

根据非政府组织的活动方式可将其分为操作型的非政府组织和倡议型的非政府组织。

1.操作型国际非政府组织

操作型国际非政府组织直接从事运作性的发展项目和活动,这些活动可以是单独从事,也可以是与其他机构合作,如同一国政府、联合国经社理事会、联合国开发计划署、世界银行等。运作性发展项目范围非常广泛,如从事农村和城市社区的基础设施建设,供水供电、修桥修路;采取环保措施,提供环保产品和技术指导;实施扶贫计划,向农村提供优良作物品种,为城市贫民举办各类职业技术培训班;从事扫盲教育和普法教育;提供卫生保健服务,为某种类型的疾病免费诊疗,消除地方性疾病等。

由于造成发展中国家,特别是最不发达国家贫困的原因多种多样,操作型非政府组织会通过多种途径致力于消除这些国家的贫困,如物质援助、资金援助和教育援助。

2.倡议型非政府组织

倡议型非政府组织则是就贫困治理的相关议题开展倡议活动,其倡议和游说既有针对一国政府的,也有针对政府间国际组织的;在针对政府间国际组织的活动中,既有全球层面的,也有地区层面的。相对于直接从事运作性的发展项目的国际非政府组织而言,倡议型非政府组织不提供具体产品和服务,而是进行倡议性活动,为发展中国家以及最不发达国家争取发展的权利,在国际多边机构中争取制定有利于消除不发达国家贫困的国际规则。

最近几年发展起来的著名的反贫困倡议型非政府组织,如"最不发达国家观察(LDC Watch)""社会观察(Social Watch)""一次运动(One Campaign)"等,它们的功能就是督促各国政府、联合国系统以及其他国际组织履行承诺,

在国家、区域和国际层面上承担起消除贫困和不平等的责任。活动的方式包括进行倡议、培养人们的反贫困意识、监测反贫困政策的落实，等等。

（二）北方的非政府组织与南方的非政府组织

世界贫困的消除是与南北关系有密切联系的一个问题。一些贫困国家作为重要的能源、资源供应地和世界上最大的未开发市场，对发达国家具有重要战略意义。但是贫穷、疾病和冲突增加了贸易、投资和资源开发的风险；绝望、饥饿和战乱则可能滋生极端宗教主义和恐怖主义，对地区和国际安全构成威胁。从长远战略利益和现实需要考虑，发达国家和发展中国家都逐渐认识到，日益增大的南北差距，不仅妨碍了经济全球化进程，同时也不利于全球经济增长。非政府组织长期在贫困地区从事发展援助，对此有更加深刻的理解和体会，是推动南北对话与合作、共同解决全球性的经济和发展问题的重要力量。

根据这些非政府组织的母国，可将其分为发达国家的非政府组织（北方的国际非政府组织）和发展中国家的非政府组织（南方的国际非政府组织）。

1.北方的非政府组织

北方的国际非政府组织来自经济发展水平较高的国家，在发达国家注册并以发达国家为主要募捐来源，捐款的来源包括宗教团体、私人基金和慈善组织、研究组织、志愿医生、护士、工程师、农业科学家甚至经济学家联合会等。这类组织的总部虽然设在发达国家，但主要活动范围在贫困国家。它们在贫困国家进行的活动主要有：维护当地弱势群体的利益，帮助当地人解决各种困难和问题，如灌溉、耕种、资金流动、紧急救助、保护妇女儿童健康、提高妇女权益、扶贫和保护环境等。援助方式包括项目扶贫、直接援助、能力建设援助。北方的非政府组织在认识贫困问题时，强调反贫困是一个赋予穷人权利的过程。从这种理念出发，在实践中会把为贫困人口争取参与政治经济决策权，推进政府良治作为主要活动，以此确保穷人有获得基本需求（如食品、基本医疗和其他服务、稳定的就业等）的途径，从而过上有尊严的生活。

这类型的非政府组织数量很大，有的在国际上享有崇高的声望，例如福特基金会（the Ford Foundation）、明爱国际（caritas International）、拯救儿童（Save the Children）、凯尔国际（CARE International）、乐施会（Oxfam）、行动援助（Action Aid International）、基督教援助（Christian aid）、国际救饥会（Food for

Hungry International)、世界宣明会（World Vision International）、关爱世界（Concern Worldwide）、天主教救援服务会(Catholic Relief Service)、教会世界服务会（Church World Service）、美国公谊会服务委员会（American Friends Service Committee）、信义宗世界救济会（Lutheran World Relief）、国际美慈（Mercy Corps International）、世界儿童村（World Villages for Children）、天主教救济会(Catholic Relief Services)、基督教援助(Christian Aid)、天主教海外发展基金会(Catholic Agency for Overseas Development)、水援助(Water Aid)、国际青年援助理事会(International Youth Aid Council)、海外发展研究所(Overseas Development Institute)、海外志愿服务社(VSO)，等等。

北方非政府组织在捐助的管理、使用和分配方面有着丰富的经验，是南北合作进行发展援助的主要渠道之一。但并非所有北方的非政府组织都实力雄厚，也并非所有的活动都会遍及全球范围，有些北方非政府组织由于传统、实力或资金来源问题，只关注某些地区的贫困问题，如"送给非洲的礼物"组织（Gift For Africa）、"建设非洲"组织（Build Africa）、"非洲的承诺"组织（African Promise）、缅甸援助（Burma Aid）、英国菲律宾援助基金会（Philippine Aid Foundation Of The United Kingdom）、孟加拉国伙伴关系战略（Bangladesh Partnership Strategy）。

2.南方的非政府组织

在全球贫困治理中，除了来自北方国家的非政府组织在提供巨大的援助、捐赠及技术扶持外，发展中国家，特别是一些新兴的发展中国家由于经济实力的增强、视野的拓宽，其非政府组织也日益加入到了全球贫困治理的行列，帮助不发达国家摆脱贫困。这些国际非政府组织也被称为南方非政府组织，如中国的扶贫基金会、中华慈善总会、中国光彩事业促进会、中国青少年发展基金会、中国国际民间组织合作促进会(简称中国民促会)。①

(三)世俗非政府组织与宗教非政府组织

帮助穷人和弱势群体是所有合法宗教的共同特征，在国际非政府组织中除了世俗非政府组织外，还有大量宗教非政府组织，它们既从事操作型的国际发展援助事务，也进行促进全球发展的倡议活动。

---

① 刘戈，陈建军.中国的 NGO 正走向全球[EB/OL].[2016-03-24].http://japan.people.com.cn/n1/2016/0324/c35467-28222526.html.

　　从整体分布来看，参与全球贫困治理的国际宗教非政府组织的多数具有西方背景：或是西方基督宗教，或是总部建在西方的非基督宗教（如设在英国的伊斯兰救助等）。从援助的内容和性质来看，它们从事的国际援助包括短期的紧急人道主义救援（如灾难救援、重建等）和长期的发展援助。在具体的运作过程中，宗教非政府组织虽具宗教特征，但却立足于世俗社会，服务于世俗社会。

　　从理论上讲，对于宗教非政府组织来说，其宗教和非政府组织双重特征使得它们既可从宗教机构，也可从世俗机构获取资源。但从现实来看，20 世纪 80 年代后，发达国家政府及政府间国际组织认识到非政府组织在贫困治理中优势，已日益通过政策安排将愈来愈多的资金和项目以发包的形式，交由非政府组织运作。对于旨在致力于国际发展援助的宗教非政府组织来说，资源的单一性，特别是仅依靠宗教资源肯定不利于其组织的顺利运作。为此，大多数宗教非政府组织也积极汲取这些源自世俗机构的资源，这使其资源的来源呈现出多元化的特征。总的来说，与世俗非政府组织相比，不论是国际紧急救援，还是长期发展援助，宗教非政府组织都将行动置于信仰框架之中，并付之以神圣性意义。对它们来说，援助的最终目的是借此来实现社会公义和人之尊严。①

三、国际非政府组织在全球贫困治理中面临的问题与挑战

（一）是援助还是干涉内政

　　不少发展中国家的政府和学者都认为，国际非政府组织难以摆脱西方势力的控制，如当它们对非洲国家进行援助时，意图可能是好的，效果也是好的，但造成的深远影响是："结出了帝国主义的果。"②这种观点的依据是，早在殖民时代很多西方非政府的民间组织团体就已经在为帝国主义服务，如基督教传教士、探险队，他们宣称给非洲带去了文明，可非洲人民只看到了新的外国统治者和忍受着沉重的压迫，现在他们担心历史会重演。如索罗

---

　　① 李峰."救世与救心"：国际宗教非政府组织国际发展援助的特征世界宗教研究[J].2014（2）：33–44.

　　② 胡志方.非洲非政府组织研究综述[J].西亚非洲,2006（1）：74–75.

斯建立的开放社会基金会在非洲设立了"南非开放社会倡议"和"西非开放社会倡议",负责 27 个非洲国家的相关事务,奉行的宗旨是:"致力于建设和维持开放社会的基础结构和公共设施",但实质是向那些"不够民主"的国家输出美国的意识形态和价值观念,掀起民主浪潮,这种对非洲援助实际上是干涉非洲国家的内政。①

(二)规模和实力问题

由于规模、综合实力的不足,无论是一些非政府组织的组织机构、志愿工作人员的素质,还是那些组织的管理能力均有待于提高,在扶贫项目实施中,面对需要救助的庞大贫困群体,非政府组织常常感到心有余而力不足,非政府组织在全球贫困治理中的影响力受限。非政府组织面临的社会环境与法制环境限制了它们的发展空间。②

(三)内部观念分歧

非政府组织在如何消除世界贫困,使世界可持续发展的问题上观点并不一致。有的将经济增长视作发展中国家脱贫的有效策略,有的却强调环境保护对发展中国家的意义。如非政府组织"世界增长(World Growth)"和地球之友和绿色和平等非政府环保组织在如何帮助发展中国家脱离贫困的问题上,就存在严重分歧。地球之友和绿色和平反对棕榈油的生产和使用,并实施了一系列活动抵制棕榈油产业,如向化妆品和食品公司施加压力,游说政府实施贸易禁令,力求在新的联合国气候变化条约中建立限制棕榈油生产的方案。"世界增长"组织却认为限制棕榈油(可持续性植物油)生产和贸易的举动,会破坏发展中国家消除贫困的成功战略,并阻碍发展中国家的减排机遇。③

第二节　国际非政府组织与联合国发展议程的形成及实施

联合国成立之初,就确立了和平、发展和人权的方向和目标,并在实践

---

① 刘鸿武,沈蓓莉.非洲非政府组织与中非关系[M].世界知识出版社,2009:176—177.

② 安春英.非洲的贫困与反贫困问题研究[M].中国社会科学出版社,2010:175—178.

③ 杨东海.国际非政府组织"反棕榈油运动"威胁世界贫困人口[EB/OL].[2009—10—09].http://www.chinadevelopmentbrief.org.cn/news—1176.html.

中形成了全球发展治理的理念、议程和行动。2000 年以前,联合国通过"四个发展十年"战略治理全球贫困,基本上形成了可持续发展的概念;2000 年,联合国提出千年发展目标,规定了 21 世纪第一个 15 年全球发展议程的核心内容和国际发展合作的主要框架。2016 年国际社会迎来了第二个 15 年的发展议程《改变我们的世界:2030 年可持续发展议程》。①在联合国全球发展议程的形成和不断发展的过程中,国际非政府组织发挥着不可忽视的作用。

一、反贫困观念及联合国反贫困战略的发展

(一)贫困定义及反贫困观念的变化

随着人类社会发展不断演进的一个过程,人们对贫困的定义也在不断地深入和丰富。

1.以收入界定贫困

最初,人们对于贫困的认识主要局限在避免饥饿和营养不良这一贫困的内核上。1901 年英国学者朗特里用收入定义英国的贫困,1981 年世界银行开始对各发展国家进行消费和收入贫困测算②,在《1981 年世界发展报告》中,世界银行指出:"当某些人、某些家庭或某些群体没有足够的资源去获取他们那个社会公认的,一般都能享受到的饮食、生活条件、舒适和参加某些活动的机会,就是处于贫困状态。"③贫困,一般是指物质生活困难,即一个人或一个家庭的生活水平达不到一种社会可接受的最低标准,他们缺乏某些必要的生活资料和服务,生活处于困难境地。但这仍然属于经济意义上的范畴。基于收入的标准仍是许多国家和地区判断谁是穷人的主流观念,经济意义上的收入贫困也因此成为当今各国反贫困中一个非常重要的概念。

2.以能力界定贫困

随着社会的发展,世界银行对贫困的界定发生了相应变化,开始用能力定义贫困概念。在《1990 年世界发展报告》中,世界银行认为贫困不仅指物质的匮乏,还包括低水平的教育和健康,并将贫困定义为"缺少达到最低生活

---

① 徐奇渊,孙靓莹.联合国发展议程演进与中国的参与[J].世界经济与政治,2015(4):43-66.
② 王小林.贫困标准及全球贫困状况[J].经济研究参考,2012(55):41-50.
③ 罗遐.1980 年代中期以来中国贫困问题研究综述[J].学术界,2007(6):247-257.

水准的能力"。

之后,能力贫困理论的主要代表——1998年诺贝尔经济学奖得主阿玛蒂亚·森在《作为自由的发展》中更为系统地论述了这一观点,他认为应该改变传统的使用个人收入或资源的占有量作为衡量贫富的参照,应该引入能力的参数来测度人们的生活质量,因为贫困的真正含义不是收入低下,能力不足才是导致贫困的根源。根据阿玛蒂亚·森的观点,贫困可以定义为对能力的多项剥夺,即贫困是一个人缺乏执行其所期望的行动和过一种自觉的生活的必备手段。这里所说的能力包括五个方面:经济能力(基于收入和资产);人的能力(健康、教育和获取食物,水和居住);政治能力(自由、言论、影响力,权力);社会文化能力(地位、尊严、归属、文化认同);保护能力(抵御风险)。[①]

以能力定义贫困改变了传统流行的将贫困等同于收入的狭隘界限,使人们认识到解决贫困和失业的根本之道是提高个人的能力,而不是单纯的物质或失业金救济,拓宽了对贫困研究和理解的新视野。但在现实中,很多贫民并不缺乏必要能力,而是缺乏发挥能力的机会和权利。权利不足造成机会有限,机会有限影响了经济收入,并最终导致贫困。"能力理论"的缺陷是只强调主观能力,却忽略了权利。

3.以权利界定贫困

学者们在看到能力对于脱离贫困的重要性的同时,也认识到了权利对于解决贫困问题的意义。早在20世纪70年代,英国著名学者汤森在对发达国家的"新贫困"研究中发现,贫困是一个被侵占、被剥夺的过程。在这一过程中,人们逐渐地、不知不觉地被排斥在社会生活主流之外。奥本海默也认为,贫困夺去了人们建立未来大厦的工具,它悄悄夺去了人们享有生命不受疾病侵害、有体面的教育、有安全的住宅和长时间的退休生涯的机会。阿玛蒂亚·森在此基础上提出了权利贫困概念,指出贫困者之所以贫困,根本在于穷人应该享有的基本权利往往被系统性地剥夺,从而使他们陷入贫困的恶性循环。

贫困的权利说得到了国际组织的认同,世界银行在《2000/2001世界发

---

①马库斯·洛伊.千年发展目标与可持续发展目标——人类发展目标同全球公共产品目标的结合[J].国际展望,2014(4):50-65.

展报告》中指出：贫困是一种福利的被剥夺状态，不仅仅意味着低收入、低消费，缺衣少药，没有住房，生病时得不到治疗，不识字而又得不到教育，还包括风险和面临风险时的脆弱性，没有发言权、缺乏影响力和被社会排斥在外。[1]越来越多的学者也认为："经济贫困其实是社会权利贫困的折射和表现，经济贫困的深层原因不仅仅是各种经济要素不足，更重要的是社会权利的贫困。"[2]

4.以各种指数衡量贫困

1990年，联合国开发计划署在《1990年人类发展报告》中首次提出了人类发展指数（Human Development Index，HDI），即以"预期寿命、教育水平和生活质量"三项基础变量，按照一定的计算方法，得出的综合指标，衡量各国或地区人类生活质量和社会发展程度。2010年联合国开发计划署第一次公布了多维贫困指数（Multidimensional Poverty Index，MPI），包括三个维度（10个指标），即健康（营养状况、儿童死亡率）、教育（儿童入学率、受教育程度）、生活水平，其中生活水平以饮用水、电、日常生活用燃料、室内空间面积、环境卫生和耐用消费品为参考项。MPI可以反映多维贫困发生率和多维贫困发生的强度，还能反映不同个体或家庭在不同维度上的贫困程度为参考项。MPI从微观层面展现了个体的贫困状况、贫困的深度，反映了贫困人口所处的真实情况，是全球广泛使用的测量贫困的标准之一。[3]

综上所述，贫困大致上可分为四类：第一类，关键词是"匮乏"，从单纯的物质匮乏，一直到将社会的、情感的和精神文化的等等各方面的"匮乏"都包含在内；第二类的关键词是"能力"，其视角是贫困是相关的个人或群体能力的缺乏；第三类的关键词是"地位"，其视角是贫困是相关的个人或群体的阶层地位排序处于社会底层；第四类的关键词是"排斥"或"剥夺"，其视角是贫困是个人或群体遭受社会排斥或社会剥夺。国际社会对贫困的认识是多层面的，有的时候是将贫困视为一种社会事实，理解为一种现实的客观存在；有的时候是将贫困视为一种公众的社会评价，加入了主观的价值判断的因素；还有的时候是将贫困视为一种社会分配的结果，加入了现行的社会制度

---

① 安春英.非洲贫困化与全球化[J].西亚非洲,2003(3):24-28.
② 朱霞梅.反贫困的理论与实践研究——基于人的发展视角[D].复旦大学,2010:37-40.
③ 王小林.贫困标准及全球贫困状况[J].经济研究参考,2012(55):41-50.

的因素。①

随着人们对贫困的认识的不断深入，出现了反贫困的概念和理论。目前，关于反贫困(Anti-Poverty)概念有三种表述：一是 Poverty reduction，即减少贫困的因素，强调反贫困的过程性，反贫困的重点在于减少贫困人口的数量；二是 Poverty alleviation，即减轻、缓和贫困的程度，强调重点在于减缓贫困的程度；三是 Poverty eradication，其含义为根除、消灭贫困，强调反贫困的目标最终在于消除贫困。

(二)联合国的"四个发展十年"计划

二战后，免于贫困的权利被纳入国际人权法的保护范围。《世界人权宣言》通过规定每个人享有社会保障权、工作权、适当生活水准权和受教育权来确保每个人免于贫困的权利的实现。《经济、社会和文化权利国际公约》规定本公约缔约国应当确保人人享有免于饥饿的基本权利和免于匮乏的权利。《联合国宪章》也明确指出，要"促成国际合作，以解决国际属于经济、社会、文化及人类福利性质之国际问题，且不分种族、性别、语言或宗教，增进并激励对于全体人类之人权及基本自由之尊重"。②消除贫困不仅意味着世界的繁荣，而且意味着人的经济社会权利的实现，自 20 世纪 60 年代以来，联合国提出了"四个发展十年"计划，以帮助发展中国家摆脱贫困。

1.前两个"发展十年"计划中的发展观念

联合国的第一个"发展十年"计划始于 1961 年，当年联合国大会通过了《联合国发展十年：国际合作方案(一)》，指出发展中国家的经济和社会发展不仅对这些国家，而且对实现国际和平与安全以及增进世界繁荣都具有重要意义，还把经济增长速度、国民生产总值和工业化水平作为主要的追求目标和衡量指标，鼓励发达国家增加对发展中国家的援助和投资。"第一个发展十年"期间，发展中国家的经济增长取得了显著成绩，却并没有惠及普通老百姓特别是农村人口，没有使贫困状况有所改善。

联合国在制订第二个十年国家发展战略时，明显地注意了社会目标。这些目标集中在教育、保健、营养、住房等基础设施，以及收入分配、土地改革

① 唐钧.追求"精准"的反贫困新战略[J].西北师大学报(社会科学版),2016,53(1):5-13.
② 联合国. 联合国宪章 [EB/OL].[2018-12-22]http://www.un.org/zh/sections/un-charter/chapter-i/index.html.

和居民组织。在此期间,联合国将发展概括为经济增长加上社会变革。与"第一个发展十年"相比,"第二个发展十年"所确定的战略目标虽然有所改进并提出了一些农村开发问题,但其核心仍然是经济增长。导致了发展中国家盲目地追求经济增长,忽视农业发展及底层人口的利益,使农业停滞,底层人成为"社会边缘穷人"。①

2.后两个"发展十年"计划中的发展观念

1980年,联合国宣布20世纪80年代为联合国第三个发展十年,并通过了《联合国第三个发展十年国际发展战略》。除了延续前两个发展十年所注重和倡导的经济发展维度、社会发展维度以及公平合理的世界经济秩序外,第三个发展十年战略首次在环境维度的发展观念上做出初步探索,提出了可持续发展概念;并且在发展观念的经济、社会维度上具体地构建了一系列评价指标。此外,联合国的发展观在人权维度上也有进一步延伸,联合国大会1986年12月4日第41/128号决议通过《发展权利宣言》,试图通过规定每个人都享有参与、促进并享有经济、社会、文化和政治发展的权利,来充分实现所有人权和基本自由,从而最终确保每个人免于贫困的权利的实现,这标志着联合国开始从权利的层面认识反贫困问题。在1993年维也纳世界人权大会上,世界各国政府都承认"普遍存在的极端贫困现象阻碍了人们完全和有效地享有人权";在1995年于哥本哈根举行的社会发展问题世界首脑会议上,减少全球范围内的贫困首次被明确地认可为发展和人权政策的主要目标之一。发展的关切点已经从国家、民族的发展扩展到了对个人发展的关注,并强调"发展的最终目的,是在全人类充分发展过程和公平分配中得来的利益的基础上,不断地增进他们的福利",这在后来也成了千年发展目标及其指标体系的雏形和基础。②

二、国际非政府组织与联合国千年发展目标的形成及实施

贫困问题是全球性的问题和挑战,联合国先后制定了四个"发展十年"计划推动发展中国家,特别是最不发达的经济社会发展。这些规划虽不断得

---

① 尚玥佟.发展中国家贫困化理论与反贫困战略[D].中国社会科学院研究生院,2001:31-33.

② 徐奇渊,孙靓莹.联合国发展议程演进与中国的参与[J].世界经济与政治,2015(4):43-66.

到修改和完善,但在消除世界贫困方面还存在诸多局限,如在推动发展中国家工业化进程的同时,也加大了发展中国家的城乡差距和对立,使发展中国家的贫困人口急速增加。①鉴于此,联合国宣布启动"联合国千年行动"计划,并呼吁各国政府加倍努力,争取按照联合国千年首脑会议所确定的时间框架实现消除贫困、促进发展等各项目标。

(一)国际非政府组织与联合国千年发展目标的形成

联合国的"千年发展目标(The Millennium Development Goals,MDGs)"包括 8 个总目标和 21 项具体目标,涉及经济、社会、环境等领域,多数以1990 年为基准年,2015 年为完成时限,是最全面、最权威、最明确的发展目标体系,已成为衡量全球发展进程的首要标准和进行国际发展合作的重要框架。②千年发展目标并不是一夜形成的,它是建立在 20 世纪 90 年代达成的全球共识的基础上的。20 世纪 90 年代早期至中期,联合国召开的关于儿童、环境、人权、人口、社会发展和妇女等议题的系列峰会形成的众多行动议案是千年发展目标的共识性基础。而这些峰会往往有众多非政府组织参加,议案的提出、修改、完善和实施也都离不开非政府组织的参与。

1.国际非政府组织与千年发展目标中的儿童问题

千年发展目标源于 1990 年的世界儿童大会,众多国际非政府组织,如"拯救儿童"、宣明会都参加了这次会议,贡献了自己的智慧。当时会议做出了一项非同寻常的承诺,即决定在 2000 年前努力结束大量存在的儿童死亡及营养不良的状况,并为全世界儿童的生存和正常发展提供必要保护。会议重申了"儿童至上"原则,即在资源分配时,儿童的基本需求应该得到高度优先重视的原则,并认为只有在"一切为了儿童"的新道德观被普遍接受时,结束大量存在的儿童死亡及营养不良的状况, 并为所有儿童的生存和正常发展提供必要的保护才能实现,会议通过《儿童生存、保护和发展的宣言》,制定了关于儿童生存、发展与保护等 6 个主要目标,这些目标后来演化为了千年发展目标中的减少婴幼儿、产妇死亡率、普及教育等目标。

2.国际非政府组织与千年目标中的环境问题

自 1972 年联合国环境会议后,国际社会涌现出许多致力于解决环境问

---

① 谈世中,彭磊.实现千年发展目标需要全球共同努力[J].求是杂志,2005(23):59-61.
② 黄超.理想与现实:"千年发展目标"的局限与前景[J].外交评论,2013(5):142-154.

题的国际非政府组织,为千年目标中环境指标的制定做出贡献。如水援助是一个致力于提高贫困国家卫生状况的国际非政府组织,目标是人们能够拥有清洁用水、像样的厕所和良好的卫生环境。该组织从 20 世纪 80 年代就开始在津巴布韦和斯里兰卡这些卫生状况较落后的国家工作。1992 年该组织与其他环境组织一道参加了联合国环境与发展大会,该会议强调了确保环境可持续性或可持续发展的重要性,围绕环境和可持续发展主题,形成了《关于环境与发展的里约热内卢宣言》和《21 世纪议程》等文件,要求国家将环境与发展问题纳入政策、规划,并就保护大气层、制止砍伐森林、维护生物多样性、保护淡水资源的质量和供应等形成一系列目标。这些目标的广泛认同是千年发展目标中目标 7"确保环境的可持续能力"的重要共识基础。至1993 年,该组织在全球范围内共进行了 1000 个环境卫生项目;至 1999 年共帮助了 600 万人提高卫生状况,积累了丰富的环境治理经验;2000 年该组织与其他国际非政府组织共同游说联合国,将关于卫生设施的问题加入到了千年发展目标中,使"人们能够使用清洁用水是一项人权"成为联合国的观念。①

3.国际非政府组织与千年目标中的妇女人权问题

全球妇女领导中心等国际非政府组织曾多次参加联合国会议,如 1993年的维也纳世界人权大会、1994 年的开罗国际人口与发展大会、1995 年的北京世界妇女大会,在会上就妇女问题提出自己的建议和主张。在维也纳人权会议上,《维也纳宣言》重申人权和基本自由的承诺,提出根除对妇女一切形式的隐含和公开的歧视,所有国家到 2000 年普遍批准《消除对妇女一切形式歧视公约》,特别优先设法降低婴儿死亡率和产妇死亡率,减少营养不良、减少文盲,让人们能享用安全的饮水和基础教育;在开罗国际人口与发展大会上,《国际人口与发展会议行动纲领》提出减少婴幼儿、产妇死亡率等人口和发展目标;在北京世界妇女大会上,建立了 12 个确保性别平等、消除对妇女和女童一切形式歧视以及赋予妇女权利的重要关切与行动,提出了要确保接受教育的平等机会,指出各国政府要采取措施,在所有级别的教育中消除因性别等原因或任何其他形式的歧视,以达到平等接受教育的目标。这些会议上提出的目标与千年发展的目标 2、3、4 和 5 都息息相关。②

---

① Our history[EB/OL].[2017-09-08].https://www.wateraid.org/our-history.
② 黄超.千年发展目标塑造中的全球共识性与大国主导性[J].国际展望,2014(4):68-81.

从总体上看，联合国于 20 世纪 90 年代召开的系列峰会所达成的诸多目标和共识,促进了千年发展目标的形成,每一次会议都有大量各领域的非政府组织积极参与, 而会议也特别强调非政府组织参与的重要性, 如 1990 年的世界儿童大会在"以后的实施步骤"中提出,在促进儿童福利的普遍努力中,必须寻求联合国系统以及其他国际组织和区域性组织的支持;要求非政府组织更多地参与,以补充这一领域中各国的努力和国际的联合行动。事实上,非政府组织在儿童问题的纲领性文件的形成、保护儿童任务的明确、如何监督成员国履行儿童公约和兑现承诺、如何应对儿童问题的挑战等方面都提出了自己的建议。在环保、人权、妇女、人口等问题领域也是如此,非政府组织常常在会前提出建议, 提供相关数据和信息；在会议期间发表演讲、进行游说;会后又发起履行承诺的倡议,推动会议精神的贯彻落实,深刻地影响了千年发展目标的形成。

(二)国际非政府组织与联合国千年发展目标的实施

自联合国千年发展目标提出以来,各种国际性、区域性、全国性及地方性的非政府组织,围绕贫困、教育、健康、人权及环境等领域或问题联合起来,宣传自己的宗旨和目标,反映贫困群体的需求和愿望,成为实现千年发展目标的重要力量。

1.全球层面的参与

(1)参与联合国推动千年发展目标的相关活动

如国际非政府组织参与了联合国千年运动。2002 年, 联合国秘书长科菲·安南建立了联合国千年运动(UN Millennium Campaign)以推动各国公民参与实现千年发展目标。在各种非政府组织的支持和协助下,该运动通过建立联合国千年运动网站,制作关于贫穷、教育、妇女权利、产妇保健和环境的影片,以及组织各种与千年发展目标相关的研讨会和宣传活动,大力促进各国政府和公众将实现千年发展目标,放在各项公共议程的优先地位,并且通过强调对抗全球贫困是一种值得的投资, 来增强千年发展目标在各国政府的经济、社会乃至政治决策中的重要地位。①

联合国千年运动虽然总部设在纽约, 但在非洲、亚洲和欧洲都设有分支,民间团体、商业组织、宗教团体和青年团体都是其在全球合作伙伴。在非

---

① 叶江,崔文星.联合国千年发展目标实绩评析[J].上海行政学院学报,2014(2):27-36.

洲,拥有众多成员的宗教组织、青年组织、妇女组织、农民组织都加入到了联合国千年运动中,在肯尼亚、莫桑比克、尼日利亚和其他国家以一个被称为"huduma"的手机平台滚动推出千年发展目标的计划,拓展沟通联系,建立目标政策平台,支持能力建设活动,激发公民与各国政府的积极合作,以实现千年发展目标。①在亚洲,青年组织、宗教组织作为联合国千年运动的民间社会联盟伙伴(civil society coalition partners),参与了在印度、菲律宾、孟加拉国、尼泊尔、巴基斯坦和印度尼西亚等国家的推动千年目标的活动,在区域和国家层面支持参与性咨商,加速千年发展目标的实现进程。②

(2)发挥专业特长在不同领域促进千年目标各项指标的实现

2000 年千年发展目标描绘出解决全球贫困问题的蓝图后, 一些国际非政府组织就积极响应联合国的号召,将自己的组织宗旨、行动计划、援助项目与这些雄心勃勃的发展目标联系在一起, 成为全球努力实现这些目标的重要组成部分。

以"拯救儿童"组织为例,该组织是一个保护儿童权益的历史悠久的组织。主要工作包括:为遭受洪水、饥荒和战争等灾难的儿童提供救生物资和情感支持;改善儿童获得食物和卫生保健的机会;为贫困和处于社会边缘的儿童提供接受教育的机会;保护世界上最脆弱的儿童(如那些由于战争、自然灾害、极端贫困和剥削而与家人分离的儿童),帮助其家庭走出贫困的恶性循环。③通过努力,该组织对千年发展目标关于儿童指标,做出了令人印象深刻的贡献。

千年发展目标规定,到 2015 年 5 岁以下儿童的死亡率减少 2/3,极端贫困和饥饿减半,所有的孩子都能上学。至 2011 年, 拯救儿童使五岁以下儿童死亡人数下降到 700 万人以下;从 2006 到 2009 年,帮助受冲突影响国家和地区的 140 万名儿童进入学校;还在东南亚海啸、苏丹达尔富尔冲突和巴基斯坦地震中挽救了无数的儿童。④此外,2011 年拯救儿童发起的全球范围的"五年内新生儿零死亡"运动,呼吁世界各国领导人采取行动阻止儿童死亡,

---

① Africa[EB/OL].[2015-08-15].http://www.endpoverty2015.org/regions/africa/.

② Asia[EB/OL].[2017-11-19].http://www.endpoverty2015.org/regions/asia/.

③ What We Do[EB/OL].[2017-11-19].https://www.savethechildren.net/what-we-do.

④ About us[EB/OL].[2015-08-15].https://www.savethechildren.org.uk/about-us/our-history.

获得了广泛的公众支持,提高了公众和政府完成儿童指标的意识,推动了千年发展目标在疫苗接种、营养和新生儿健康方面取得突破,挽救了数百万儿童的生命。

2.区域层面的参与

非政府组织在区域层面也发挥了非常重要的作用,不论是在非洲地区,还是在南亚地区,都有大量的非政府组织从事消除贫困的各种工作。特别是在些容易被国际社会忽视的地区,非政府组织的工作不但填补了空白,而且为联合国评估千年发展目标的落实情况提供了数据。如太平洋岛屿地区,由于没有战乱,它的贫困常常被忽视。一些非政府组织深入这些地区进行实地调查,关注其千年目标的落实情况,并探究了内在原因。

以宣明会为例,该组织是著名的国际性救援、发展及公共教育机构,在妇女儿童健康和保护、救灾及重建、教育、医疗卫生、农林环保/小型基建、社区复原力等方面有丰富的经验,分支机构和项目遍及北美、欧洲、亚洲等区域。该组织对太平洋岛屿地区千年发展目标的落实情况给予了特别关注。

首先,对该地区千年发展目标的整体状况进行了评估。该组织在一份报告中指出,太平洋岛屿地区美丽而和平,却隐藏着人类发展的挑战。太平洋岛屿论坛的14个国家中,只有库克群岛和纽埃岛有望在最后期限之前实现所有千年发展目标,基里巴斯、巴布亚新几内亚和所罗门群岛不会取得任何进展,其他国家的进展则参差不齐。[①]

其次,对区域千年目标进行了跟踪调查,提供了该地区千年发展目标1、3、4、5的进展,指出稀缺的资源、狭小的市场、偏僻的地域限制了经济增长、就业机会和出口机会,目标1(减少贫困)仍然是该地区最大的挑战之一;经济增长和性别平等(目标3)是相辅相成的,在过去15年中,该地区在促进两性平等方面进展甚微或毫无进展,妇女在议会中的代表比例是世界上最低的,基于性别的暴力非常盛行和可怕,大约57%的妇女和女孩遭受某种形式的虐待;该地区的孕产妇、新生儿和儿童健康方面也缺乏进展,该地区的有些国家,每16个孩子中就有1个会在5岁以下死亡,那些幸存下来的孩子有50%的人会发育迟缓。导致这一状况的主要原因:一是岛屿、高山地形使

---

① Ahead of the release of the final MDG report, World Vision Advocacy Manager for the Pacific outlines challenges faced by the region[EB/OL].[2015-07-02].https://www.wvi.org/.

这一地区很难获得基本的医疗和其他服务,诊所缺乏基本药物、设备和清洁的水,产妇生育环境恶劣;二是该地区信息闭塞,对营养不良、不清洁的水、恶劣的卫生条件,以及普遍的贫困等一系列问题缺乏理解。①

最后,为促进该地区千年目标的落实采取了行动。宣明会指出:虽然该地区实现千年目标的挑战十分严峻,但该地区在千年目标的落实上取得进步并非不可能的。宣明会认为,以知识和工具来武装人们促使其自助是问题的关键,宣明会在当地的分支机构以社区为基础,通过各种活动加强当地对千年目标的落实:首先,提高当地人对市场的认识,提升其收入及技能,改善农民的生活;其次,在瓦努阿图的塔纳岛培训了社区卫生志愿者和家长,教他们识别、预防和治疗营养不良,并取得巨大成功。此外,还对该地区深受气候变化影响的国家进行人道主义救援。如2015年南太平洋岛国瓦努阿图遭遇热带风暴"帕姆"重创,人员伤亡和财产损失情况严重,通信和电力受损,特别是在一些偏远地区,多座村庄被完全摧毁,宣明会为当地人提供帮助的同时,发布当地受灾状况,呼吁国际社会支援。②

3.国家层面的参与

在国家层面上,非政府组织也在不同的环节上参与了推动千年目标落实的活动,例如准备减贫战略文件和千年发展目标报告、筹集发展援助资金、援助项目的实施与监督、参与国家层面的有关联合国千年发展目标的确立、实施、推进等众多国际会议。非政府组织在各方面都十分活跃,有着突出的表现。

非政府组织对各国落实千年发展目标的决策过程和政策有效性的评估有着重要的影响。在某些情况下,如在印度尼西亚,千年发展目标增加了政府问责制并被非政府组织用来作为促使政府官员负责的工具。另一方面,非政府组织在揭示国家一级的发展进程常常忽略最脆弱的群体,以及与千年发展目标不相符合方面经常发挥关键性作用。比如加纳、印度、马拉维和莫桑比克都有自己千年发展目标的影子报告,这些报告确定各自国家在千年发展目标进展方面的差距,并指出决策者需要将发展议程的重点放在贫困

---

①② Ahead of the release of the final MDG report, World Vision Advocacy Manager for the Pacific outlines challenges faced by the region[EB/OL].[2015-07-02].https://www.wvi.org/.

地区和社区。在某些情况下,这促进了政府的积极响应。①

(三)千年发展目标的完成状况与挑战

1.千年发展目标取得的进展

经过十几年努力,千年发展目标取得了重要的实质性进展,使成千上万的人摆脱了贫困,改变了人们的生活。

第一,贫困人口减少,特别是亚洲一些地区的贫困人口数量迅速下降。根据联合国《千年发展目标2015年报告》的统计,全球极端贫困人口已从1990年的19亿降至2015年的8.36亿,比2015年最后期限提前5年实现了全球赤贫人口减半的目标,远远低于既定目标。一直以来,全球贫困人口主要集中在非洲撒哈拉以南地区和亚洲的一些地区,尽管非洲地区的减贫情形不尽如人意,但东亚和太平洋地区的贫困人口迅速减少,贫困发生率从1999年的37.6%下降到2012年的7.2%,13年内贫困人口减少5.4亿人,占全球脱贫人口总数的63%,对千年发展目标的实现做出了巨大贡献。南亚地区基本完成贫困人口减半的目标,13年内贫困人口减少2.6亿人,贫困发生率从1999年的41.8%下降到2015年的18.8%。依照当前全球贫困人口规模、千年发展目标期间全球减贫速度以及世界各地区经济增长速度推测,到2030年东亚和太平洋地区、欧洲和中亚地区、拉美和加勒比地区、南亚地区将完全有可能消除本地区贫困人口,实现到2030年可持续发展目标的减贫任务。②

第二,在可靠饮用水供给方面取得重大进展。实现了将缺乏可靠饮用水的人口比例减半的目标。在1990—2015年间,有26亿人获得改善的饮用水源,2010年全球使用改善水源的人口比例达到89%,比计划提早5年实现了"千年发展目标"关于饮用水质量的具体目标;改善了2亿多贫民窟居民的生活条件,超过了"千年发展目标"1亿人的具体目标。③

第三,在减少营养不良人口、控制肺结核等方面取得一定进展。全世界营养不良的人口比例从1990—1992年间的23.2%下降到2010—2012年间的14.9%;2010年至2011年间,每10万人中肺结核病例数下降了2.2%,全世界基本实现制止肺结核蔓延并扭转肺结核发病率的具体目标;全球疟疾

---

① 叶江,崔文星.联合国千年发展目标实绩评析[J].上海行政学院学报,2014(2):27–36.
② 余芳东. 国际贫困线和全球贫困现状[J].调研世界,2016(5):62–64.
③ 姚琨. 联合国2015年后发展议程浅析[J].国际研究参考,2015(10):32–36.

发病率自 2000 年以来下降了 17%,疟疾死亡率下降了 25%。

第四,降低 5 岁以下儿童死亡率方面取得了一定进展。1990 年以来,全球 5 岁以下儿童死亡率由 1990 年的每千活产 90 例死亡,下降到 2013 年的 46 例。与 1990 年 5 岁以下儿童死亡 1260 万人相比,2012 年下降到 660 万人。1990—2012 年,5 岁以下儿童死亡率降低了 47%。

第五,2015 年发展中地区的小学净入学率达到 91%,小学教育性别均等总体上得以实现。

2.千年发展目标存在的问题

千年目标的许多理想还未实现,《千年发展目标 2015 年报告》指出:目前仍有大量人口未能获得帮助,特别是最贫困和最易受伤害的人群;性别不平等依然存在;贫富差距和城乡差异仍然较大;气候变化和环境恶化制约发展;全球约有 1/3 的人仍在使用未经改善的卫生设施。[①]具体来看:

第一,贫困人口数量依然十分庞大。在全球层面仍有 1.3 亿人生活在极端贫困中,超过 8.5 亿人还没有足够的食物。根据《千年发展目标 2015 年报告》,撒哈拉以南非洲占全球贫困人口的一半,依然是极端贫困人口聚集区,该地区极端贫困人口在区域内所占比重由 1990 年的 57% 下降到了 2015 年的 41%,但并没有实现极端贫困人口比例减半目标,非洲撒哈拉以南地区贫困人口不仅没有减少反而增加,由 1990 年的 2.91 亿增加到了 2015 年的约 3.66 亿,是全球唯一没有完成千年发展目标减贫任务的地区;按千年发展目标期间的减贫速度推算,到 2030 年非洲撒哈拉以南地区仍将有 3.2 亿贫困人口,该地区贫困发生率仍将在 20% 以上。全球贫困发生率最高的前 10 个国家也都属于非洲地区,其贫困发生率在 60% 以上。[②]南亚极端贫困人口比例虽然由 1990 年的 52% 下降到 2015 年的 17%,极端贫困人口数量相应地由 6.20 亿减少到了 2.86 亿,但该地区极端贫困人口仍占全球贫困人口总数的 34%。[③]而依据联合国可持续发展目标测算,预测 2030 年全球总人口为90 亿人,全球贫困人数在 3% 以下,这意味着贫困绝对人数要在 2.7 亿人以下。

---

① 姚琨.联合国 2015 年后发展议程浅析[J].国际研究参考,2015(10):32–36.

② 这 10 个国家是:马达加斯加、布隆迪、刚果(金)、马拉维、利比里亚、几内亚比绍、中非、赞比亚、卢旺达、莱索托.

③ 黄超.理想与现实:"千年发展目标"的局限与前景[J].外交评论,2013(5):142–154.

非洲撒哈拉以南地区和南亚地区的贫困人口数量使 2030 年可持续议程的实现难度加大。①

第二,妇女就业平等、降低孕产妇死亡率等目标的实现依然遥不可及。妇女在获得正规经济部门的生产性就业机会、生产性资源时仍然是被歧视的对象,全球有超过一半的妇女处于脆弱就业状况;在获取经济资产以及参与公共决策方面仍受到不公正对待;在性保健和生殖保健等方面仍处于不利地位,暴力包括冲突中的性暴力仍在伤害妇女和儿童;产妇在健康、性别、生殖健康等方面的权利仍然没有得到保障;孕产妇死亡率下降,但速度缓慢。在过去 20 年中,全球产妇死亡率下降了 47%,但全球不同国家和地区产妇死亡率存在巨大差异,全球 99% 的孕产妇死亡发生在发展中国家。其中超过半数死亡发生在撒哈拉以南非洲,1/3 发生在南亚。1990—2013 年,全球孕产妇死亡率每年仅下降 2.6%,远低于千年发展目标的 5.5% 的年降低率。富国和穷国的孕产妇死亡率存在很大差距,反映出获得妇幼保健服务机会的不平等和健康的不公平。千年发展目标的目标 5 优先关注的 75 个国家中,只有 9 个国家实现了目标。全球孕产妇死亡率下降了 47%,也未达到降低 3/4 的目标。②

第三,降低 5 岁以下儿童死亡率的目标难以实现。尽管自 1990 年以来 5 岁以下儿童死亡率在降低,但下降的速度仍然不足以实现到 2015 年在 1990 年死亡率基础上下降 2/3 的千年发展目标。每年仍有 5000 万儿童得不到有资质人员提供的保健服务。在千年发展目标 4 优先关注的 75 个国家中,只有 17 个国家实现了千年发展目标 4,即与 1990 年相比,降低 2/3 儿童死亡率。至 2015 年,5 岁以下儿童死亡率降低了一半以上,但未能达到千年发展目标中下降 2/3 的目标。③

第四,在实现环境目标方面比较差。环境可持续性受到严重威胁,全球二氧化碳排放量正在加速增长,目前排放量已比 1990 年的水平高出 46%,全世界已经在经受气候变化的严重影响;全球资源严重减少,森林、物种和鱼类资源不断流失,处于资源枯竭和过度捕捞野生鱼类种群的比例快速上升,保护生物多样性的目标没有达到,鸟类、哺乳动物和其他物种都在加速灭绝。

---

① 余芳东.国际贫困线和全球贫困现状[J].调研世界,2016(5):62-64.
②③ 胡嘉晋.全球千年发展妇幼健康目标的差距与实现[J].医学与哲学,2015,8(8A):11-13.

第五,在全球发展伙伴关系方面,旷日持久的经济危机产生严重影响,官方发展援助自 2011 年开始下降。在其他关键领域,"千年发展目标"也未能取得较大进展:很多国家仍然面临不可持续的债务问题,"基本药物"仍然过于昂贵和难以获取, 而就数字通信而言, 发达国家与发展中国家之间的"数字鸿沟"依然严重。①

第六,八项目标取得的进展是不平衡的。这种不平衡首先体现在区域和国家之间,以减少营养不良目标为例,各个地区和国家的进展差距很大:东南亚、东亚、高加索和中亚以及拉丁美洲进度较快,而加勒比、南亚特别是撒哈拉以南非洲和大洋洲进步很慢,其中西亚在 1990—1992 年至 2010—2012 年间营养不良人群的比例还在上升。②其次,这种不平衡也存在于国家内部不同群体之间,以各国内部的减贫来看,各国内部在实现"千年发展目标"方面表现参差不齐,贫困人口和农村地区人口仍处于不公平地位。2011 年农村地区只有 53% 的分娩得到熟练保健人员的照顾,而在城市地区,这一数字是 84%。另外,农村地区多达 83% 的人口不能获得改良的饮用水源。那些最贫穷和最边缘化、最受歧视的地区和国家进步很小。

3.千年发展目标的挑战

对于千年发展目标最大的挑战是"最不发达国家(Least developed country,LDC)"状况的改变。③2000 年以后,联合国对最不发达国家的标准进行了修改,并为最不发达国家及其发展伙伴提出了相关政策和措施,以扭转其处于全球化边缘地位的趋势,促使其融入世界经济体系。但由于这些国家国内政治动乱、武装冲突等不利因素影响,国际社会,尤其是发达国家对最不发达国家的援助指标和减轻债务负担的安排未能兑现,加之最不发达国家所面临的外部经济条件没有明显改善,最不发达国家的贫困状况仍在恶化。

经过多年发展,最不发达国家在世界经济体系中仍然处于弱势地位。为

①② 黄超.理想与现实:"千年发展目标"的局限与前景[J].外交评论,2013(5):142—154.

③ "最不发达国家"一词最早出现在 1967 年"77 国集团"通过的《阿尔及利亚宪章》中。1971 年联合国大会通过了正式把最不发达国家作为国家类别的 2678 号决议,并制订了衡量最不发达国家的 3 条经济和社会标准,把 24 个成员国列为最不发达国家,即所谓"最穷国"。1990 年联合国发展计划委员会对最不发达国家的划定做出规定,把最不发达国家定义为那些长期遭受发展障碍的低收入国家,特别是人力资源开发水平低和有严重结构性缺陷的国家。

了加速最不发达国家的减贫进程,2011 年联合国召开第四届最不发达国家会议,将主题设定为"合作削减贫困",通过了《伊斯坦布尔宣言》和《2011—2020 十年期支援最不发达国家行动纲领》,提出今后十年将世界最不发达国家的数量减少一半的目标,还将生产能力、基础设施、能源、科技和创新、私人经济发展、农业和粮食安全、贸易、社会发展、教育和培训等确定为优先发展的领域,希望能够为最不发达国家建立经受得起外来冲击的强大经济,使他们在减免债务、获得更多融资渠道和市场准入等方面取得进展。[1]但目标的实现仍然很渺茫,因为经过前三届的会议,世界上最不发达国家的数量不是减少了,而是增加了。目前,共有 48 个国家被联合国定为"最不发达国家":非洲 34 个、亚洲 9 个、加勒比地区 1 个、太平洋地区 4 个。[2]自从 1967 年界定这一类别以来,只有 4 个国家(博茨瓦纳、佛得角、马尔代夫、萨摩亚)脱离了最不发达国家地位。

　　最不发达国家面临多重艰巨挑战:全球粮食、能源、金融和经济危机以及气候变化。尤其是战争和冲突严重伤害了最不发达国家经济,使许多国家丧失了多年艰苦奋斗的成果。千年发展目标期间国际社会,包括联合国发展机构、地区发展机构、发达国家、新兴发展中国家为它们提供了各种资助和发展项目,但收效甚微。这使国际社会努力寻找千年发展目标实施过程中存在的问题,并为如何应对殚精竭虑。

三、国际非政府组织与 2030 年发展议程的形成及实施

　　千年发展目标取得的成果体现出人类遭受的苦难在减轻,这证实了计

---

　　① 联合国.《2011-2020 十年期支援最不发达国家行动纲领》(《伊斯坦布尔行动纲领》)[EB/OL].[2011-05-09].https://www.docin.com/p-1469383213.html.

　　② 非洲 34 个:安哥拉、贝宁、布基纳法索、布隆迪、中非共和国、乍得、科摩罗、刚果民主共和国、吉布提、赤道几内亚、厄立特里亚、埃塞俄比亚、冈比亚、几内亚、几内亚比绍、莱索托、利比里亚、马达加斯加、马拉维、马里、毛里塔尼亚、莫桑比克、尼日尔、卢旺达、圣多美和普林西比、塞内加尔、塞拉利昂、索马里、南苏丹、苏丹、多哥、乌干达、坦桑尼亚联合共和国、赞比亚。亚洲(9 个):阿富汗、孟加拉国、不丹、柬埔寨、老挝、缅甸、尼泊尔、东帝汶、也门。加勒比(1 个):海地。太平洋(4 个):基里巴斯、所罗门群岛、图瓦卢、瓦努阿图。自从 1967 年界定这一类别以来,4 个国家脱离了最不发达国家地位:博茨瓦纳(1994 年 12 月)、佛得角(2007 年 12 月)、马尔代夫(2011 年 1 月)、萨摩亚(2014 年 1 月)。

划所提供的解决方案的有效性。但是千年发展目标在很多目标上进展缓慢，千年发展目标仍存在极大的局限性。于是，国际社会在千年发展目标尚未结束之时，就又开始筹谋2030年可持续发展议程了。

（一）国际非政府组织与2030年可持续发展议程的形成

2015年9月联合国正式通过2015年后发展议程，即《2030年可持续发展议程》。该议程包含一套涉及17个领域、169个具体问题的可持续发展目标，向国际社会承诺将在2016—2030年之间消除贫困和饥饿并实现可持续发展。6个月后又确定了一个包含230个指标的可持续发展目标全球指标框架，以监测169个具体目标并跟踪进展，目标是创建一个没有贫困、饥饿、疾病、匮乏并适于万物生存的世界。[①]在联合国2030年可持续发展议程形成过程中，国际非政府组织进行了广泛的参与和介入，在联合国制定、出台和实施2030议程过程中，在促进改革、影响政策、参与监测和维护问责制方面发挥了重要作用。

1.为2030年可持续发展议程的形成提供意见和咨询报告

千年发展目标的实施于2015年到期。早在2010年联合国就启动了"2015年后国际发展议程"，希望在2015年联合国第70届大会完成谈判。2011年9月联合国系统工作组成立，并于2012年5月开始进行全球专题咨询；同年7月2015年后联合国发展议程高级别名人小组成立；五百多个民间组织参与"反思千年目标，展望2015年后发展政策"论坛；2013年联合国大会可持续发展目标开放工作组成立；2012年和2013年，联合国出台四份涉及2015年后议程的报告，设定了2015年后议程的基调；2015年联合国关于2030年可持续发展议程的行动更加频繁，举办了妇女健康和发展论坛、2015年后发展变革性议程高级别主题辩论会、2015年青年论坛、第65届联合国新闻部非政府组织会议等。

联合国的这些活动关注内容十分广泛，不仅在政府间谈判中提倡开放和包容，听取专家学者等各方意见，还利用信息技术和互联网平台，组织了形式多样的活动，提供多种表达意见的渠道，鼓励利益相关者广泛参与决策

---

① 联合国大会.变革我们的世界：2030年可持续发展议程[EB/OL].[2015-09-25].https://www.un.org/zh/documents/treaty/files/A-RES-70-1.shtml.

过程。①尤其是在联合国总部召开的联合国政府团的一些会议、经社理事会组织的政府相关的一些边会，对非政府组织的参会者开放，为非政府组织更好地了解政府的相关活动并与政府开展对话、合作提供了渠道和平台，为非政府组织参与可持续发展议程的制定提供了更好的机会，一些重要的国际组织和非政府组织纷纷推出相关咨政报告。②

2.影响 2030 年可持续发展议程的议题

2012 年在巴西里约热内卢召开的"里约 +20"联合国可持续发展大会，是联合国历史上最重要的会议之一。包括非政府组织在内的各界代表超过 5 万人云集，围绕可持续发展在消除贫困方面的作用以及可持续发展的体制框架展开讨论。参加这次峰会的中国民间组织发起了减贫和可持续发展倡议，其中，中华环保基金会、中华环保联合会、中国国际民间组织合作交流促进会等 15 家中国非政府组织还联合向大会提交了《中国非政府组织推动减贫和可持续发展倡议书》，提出发展中国家减贫在资金、技术和能力建设等方面的需求，并建议各国政府、非政府组织及国际组织间加强交流合作、互相支持，期望大会尊重各国可持续发展自主权，推动实现世界经济、社会、环保的全面、协调、可持续发展。最终"里约 +20 峰会"宣言提出的可持续发展议题包括：扶贫、水和卫生、食品和营养安全以及可持续农业、能源、可持续旅游、可持续交通运输、可持续城市和人类定居、健康和人口、促进充分就业和生产性就业、所有人体面的工作和社会保障、洋和海的可持续发展、小岛屿发展中国家、最不发达国家、内陆发展中国家、非洲及地区行动、减少灾害风险、气候变化、森林、生态多样性、沙漠化、土地退化和干旱、山脉、化学物质和废弃物、可持续消费和生产、采矿、教育、性别平等和赋予妇女权力。③这些议题都是非政府组织长期关注和推动的。

3.促进 2030 年可持续发展议程的执行力

非政府组织强调民间力量在 2030 年可持续发展议程执行过程中的"参

---

① 陈迎.联合国 2015 年后发展议程：进展与展望[J].中国地质大学学报：社会科学版,2014,9(5)：15–22.

② 肖巍,钱箭星.公平的发展：2015 后议程之"钥"[J].复旦学报：社会科学版,2015(5)：131–138.

③ 马库斯·洛伊.千年发展目标与可持续发展目标——人类发展目标同全球公共产品目标的结合[J].国际展望,2014(4)：50–65.

与监测和维护问责制",提出要提高 2030 年可持续发展议程的执行力。以可持续发展议程中的促进性别平等目标为例,如何将性别平等纳入 2030 年可持续发展议程是非政府组织的一大关注点。为此,一些妇女组织创立了相关网站来描绘可持续发展议程中的性别平等目标,如消除对妇女的暴力,关注气候变化对妇女的影响,强调基层草根组织的参与和能力建设,重视妇女减贫,提出生殖健康与身心健康。这些目标都应列入议程,人权、公平、可持续应作为制定议程的原则,推动性别主流化,保证妇女充分参与政治与经济决策并获得领导地位。为保证目标的实现,非政府组织主张推动政府与非政府合作,制定强有力的问责措施,[①]还强调要支持促进性别平等的国家机制、加强国家和地方规划及政策拟订、执行各种方案和项目、监测各部门履行承诺的进展情况、追究责任等方面的建设。[②]这使各国政府及联合国各机构能够更加充分地认识到如何确保 2030 年可持续发展议程的落实。

4.为联合国制定 2030 年可持续发展议程提供地区和国别信息

2030 年可持续发展议程确定前,许多国家的民间组织都表现活跃,如在 2013 年联合国 2015 年后发展议程高级别名人小组大巴厘岛会议上,"拯救儿童"与世界宣明会联合派出 3 名儿童大使,就东南亚地区存在的如下问题:残疾儿童获得教育权利的不平等问题、青少年生殖健康问题以及决策过程中对儿童问题的重视提出了建议和见解;"拯救儿童"(英国)在北京举办联合国 2015 年后发展议程与儿童发展圆桌会议,邀请致力于儿童发展与儿童服务的政府官员、学者和实践工作者共同探讨如何更好促使中国儿童发展状况贴近千年发展目标,并将中国儿童发展的特点和诉求纳入 2015 年后发展议程设定之中。"拯救儿童"还发布了名为《让贫穷在我们的时代结束(Ending Poverty in Our Generation)》的报告,为后千年发表目标设定了新的框架,提出零目标,即彻底消除贫困、彻底消除饥荒、彻底消除可以避免的儿童死亡率以及所有的儿童都能平等的享受教育。[③]

---

① 罗蔚婷.千年发展目标和 2015 年后发展议程中的性别平等与妇女赋权[J].中国妇运,2013(9):40–42.

② 和建花.联合国妇地会第 60 届非政府组织论坛观察——可持续发展与妇女赋权[J].妇女研究论丛,2016,5(3):124–128.

③ 郭婷.后千年发展目标制定在即民间组织发力政策倡导[J].中国发展简报,2013(3):1–3.

(二)国际非政府组织与 2030 年可持续发展议程的实施

1.将支持 2030 年可持续发展目标纳入自己的发展战略

2030 年可持续发展议程形成后,多数非政府组织都将议程目标纳入了自己的发展战略,在不同的领域以不同的方式促进议程目标的实现。如海外志愿服务社的战略是"以人为本",加强对边缘化和贫困的影响,通过援助项目扩大和深化自己的影响、动员全球公民支持可持续发展目标、把志愿服务作为实现可持续发展目标的有力工具。①"拯救儿童"组织制定了新全球战略——"2030 年儿童目标"。在新战略中提出要实现三个突破:一是保证孩子的生存权,即保证 5 岁以下的儿童不会由于可预防性疾病而死亡;二是保证孩子学习的权利,即使所有孩子从优质基础教育中有所获;三是保护儿童免于受暴力侵害,②帮助那些最贫困和边缘化的孩子,尽一切努力确保"一个孩子都不被落下"。③

2. 在各种国际会议上呼吁各国重视实现可持续发展议程的意义和挑战

一些有国际影响力的非政府组织将在重大场合呼吁,作为推进可持续发展议程的重要方式。如明爱国际的 165 个基层网络组织努力在国家、地区和全球层面采取行动呼吁公平和负责任的政策和行动,特别是在世界范围内的高级别会议和活动中开展活动,包括联合国大会、联合国气候变化框架公约、八国集团、世界经济论坛、世界社会论坛、全球移民与发展论坛以及全球粮食安全委员会。该组织指出,可持续发展议程是促进社会、经济和环境发展的全球性重要议程,给予世界建立正义、平等、关怀和尊严的机会,将经济公正和社会公正带给穷人,各国应当将它视为优先完成的任务,很多国家做出了承诺,但实现或持续发展议程面临着诸多巨大的挑战:人口不断增长,自然灾害增加,环境退化和气候变化的影响。④基督教援助也在各种国际

---

① Our People First Strategy[EB/OL].[2015-09-29].https://www.vsointernational.org/sites/default/files/VSO%20People%20First%20Strategy%202016.pdf.

② Sustainable Development Goals: Not Just a Piece of Paper[EB/OL].[2015-09-29].https://blogs.savethechildren.org.uk/2015/09/sustainable-development-goals-not-just-a-piece-of-paper/?_ga=2.109212678.2057525647.1533256611-781669070.1533256611.

③ Our Global Strategy- Ambition for Children 2030[EB/OL].[2015-09-29].https://www.savethechildren.net/our-global-strategy-ambition-children-2030.

④ Caritas shares the vision and commitment contained in the Sustainable Development Goals.[EB/OL].[2017-09-29].https://www.caritas.org/what-we-do/development/how-caritas-works-on-development/.

场合提醒人们,世界上有些地区享有和平与安全,但依然有 50 亿人生活在受脆弱性、冲突或大规模刑事暴力影响的地区。这些国家贫困率居高不下,人们在无尽的暴力和冲突之中挣扎。冲突和战争破坏着叙利亚和中东其他地区的局势,暴力行为破坏着中美洲的安宁,在中美洲暴力犯罪率甚至高于该地区内战期间的死亡率。如果不解决暴力,建设和平,就不可能实现可持续发展。该组织将"应对暴力,建造和平"(Tackling Violence and Building Peace)作为自己全球战略计划的一个变革目标。①

3.参加联合国相关会议进一步探讨 2030 年可持续发展议程中的议题

2016 年联合国妇女地位委员会在纽约联合国总部举行第 60 届非政府组织论坛。有一千多个各类非政府组织的八千多名代表注册参会,实际参会人数超过四千人。整个非政府组织论坛包括了非政府组织磋商会、早间吹风会、午间倡导培训会、区域核心组会议以及四百五十多场平行会议。会议上国际非政府组织探讨了诸多可持续发展议程上的议题:可持续发展对女童和妇女的意义;女童和妇女从赋权及可持续发展中的收获;妇女和女童需要的赋权和可持续发展的类型和形式;妇女人权与可持续性发展及消除歧视公约的关联;妇女赋权的新工具及策略;妇女作为增长和可持续发展的中心;妇女赋权与妇女议题的多样性;女童发展的机会窗口与可持续发展;性别平等与妇女赋权;等等。国际非政府组织认为,2030 年可持续发展议程,为各国妇女赋权和发展描绘了新的路线图,性别平等和妇女赋权不仅局限于可持续发展议程目标 5 中,也体现在其他目标中,例如贫困、饥饿、健康、教育、水和环境卫生、就业、城市、气候变化、和平和包容性社会等,②提出各国在发展规划中应把妇女置于中心位置,发挥妇女组织推动妇女发展的重要作用。

(三)实施 2030 年可持续发展议程面临的挑战

2030 年可持续发展议程希望通过 15 年努力,实现多个领域的多个具体问题的可持续发展目标,最终建立一个没有贫困、饥饿、疾病、匮乏并适于万

---

① Christian Aid Tackling Violence, Building Peace Global Strategy 2016[EB/OL].[2017-09-29].http: //programme.christianaid.org.uk/programme -policy -practice/sites/default/files/2016 -12/tvbp -tackling - violence-building-peace-report-2016.pdf.

② 和建花. 联合国妇地会第 60 届非政府组织论坛观察——可持续发展与妇女赋权, 妇女研究论丛,2016,5(3):124-128.

物生存的世界。但从目前全球发展状况来看,完全实现这一目标任重道远,2030 年可持续发展议程的实施面临诸多严峻挑战:

1.战乱和动乱的威胁

目前战乱和动乱地区的贫困和饥荒问题依然严重,形成贫困的根源难以消除。根据粮农组织 2017 年发布的《作物前景与粮食形势》报告,虽然世界部分区域的农业获得丰收,但在有些地区,旷日持久的战事和动乱导致流离失所者和饥饿人数不断增加。需要外部粮食援助的国家大约有 37 个,其中 28 个在非洲。在非洲北部,南苏丹的内部冲突不仅引发了国内饥荒,而且导致也门和尼日利亚北部居民面临极大的局部饥荒风险。南苏丹约有 550 万人处于严重的粮食不安全状况,该国 2017 年的玉米和高粱价格是 2016 年的 5 倍。索马里大约有 320 万人急需粮食和农业方面的援助,在也门这个数字高达 1700 万。在尼日利亚北部,冲突已造成受影响地区 710 万人面临严重的粮食不安全状况;伊拉克、叙利亚和中非共和国,战乱导致的难民迁移,也给接收社区当地粮食供应造成了巨大的压力。[①]

2.恶劣天气条件的威胁

2017 年,东非由于春季降雨不足,秋季暴发黏虫疫情,加上当地爆发冲突事件等原因,估计有 2650 万人需要人道主义援助,而随着淡季高峰的到来, 这一形势进一步恶化。埃塞俄比亚估计有 780 万人处于粮食不安全状况,干旱给该国南部地区的作物和畜牧生产造成破坏。此外,肯尼亚、坦桑尼亚和乌干达一些地区的当地玉米价格飙升,涨幅高达 65%。斯里兰卡继遭受严重干旱之后,又受到暴雨和局部地区洪水的肆虐,贫困依然是这些地区发展过程中最大的困扰。[②]

3.贫困地区贫困人口规模大,贫困程度深,分布面广

贫困地区的战争冲突、难民问题,以及恶劣的气候条件增加了贫困人口的脆弱性。贫困人口规模大,贫困程度深,分布面广,除了收入不足以外,还表现为缺乏必要的教育、医疗、住房、社会保障等。可持续发展目标提出到 2030 年消除一切形式的全球贫困目标,这里的一切形式包括教育、医疗、生活水平三个方面的十个指标,即儿童死亡率和营养不良比例,受教育年限和

---

①② 联合国粮农组织.内部冲突和干旱致使粮食不安全形势加剧[EB/OL].[2017-06-12].http://www.fao.org/news/story/zh/item/892941/icode/.

中学入学率,水、电、燃料、卫生设施、住房、基本家用电器拥有等。即使到2030 年消除了全球极端贫困,但是教育、医疗、住房、社会保障等方面的贫困现象未必能够完全消除。[1]

第三节　国际非政府组织与国际发展援助

二战后以来,消除世界贫困和推动发展中国家经济发展一直是国际社会的焦点问题。不论是主权国家还是相关国际组织,都把消除贫困列为其政策的核心内容之一。财政、物资、理念、制度、技术、知识和人员等各方面的援助不断进入发展中国家,对发展中国家的经济发展和贫困消除起到了一定的作用。但以政府或政府间国际组织为中心的扶贫机制存在一定的局限性。冷战结束以后,随着国际社会对低收入国家的减贫和发展问题的高度重视,国际援助制度迅速发展,国际援助体系变得更加多元和复杂,大量的非政府组织也参与其中。目前的国际援助体系是一个包括三类提供援助的行为体的松散的聚合:第一类是主权国家,这些主权国家包括属于发展援助委员会的经合组织成员国、不属于发展援助委员会的经合组织成员国、不属于经合组织的欧盟新成员国、中东石油输出国组织国家以及新兴的发展中国家。第二类是多边援助机构,包括国际开发协会、国际货币基金组织、联合国专门机构,以及区域性发展银行。第三类是非政府组织,如国际援助行动、基督教援助组织、乐施会、拯救儿童等。一方面,这些非政府组织参与政府的对外援助和一些国际多边援助机构的援助活动;另一方面,它们也靠自己筹集的资金提供一些人道主义援助和发展援助。[2]

一、国际发展援助

(一)什么是国际发展援助?

早期的国际发展援助(International Development Assistance),指的是国家政府或国际机构通过货币或实物形式,将资源转移到发展中国家,以促进受

---

① 余芳东.国际贫困线和全球贫困现状[J].调研世界,2016(5):62-64.
② 丁韶彬.国际援助制度与发展治理[J].国际观察,2008(2):46-52.

援国经济发展的拨款和优惠贷款。国际发展援助分为有偿和无偿两种,其形式有赠予、中长期无息或低息贷款,国际发展援助的目标是促进发展中国家经济发展和社会福利提高,缩小发达国家与发展中国家之间的贫富差距。①国际发展援助是在价值规律和市场体系以外的非经济性因素作用下,资金、技术知识等生产要素在国家之间的配置、流动和转移,是以国家或政府的政策行为对双边或多边的国际关系进行调整的产物。②

近年来,国际发展援助的概念出现了新变化:

首先,援助目的的变化。有些学者认为,它是指:"一种特殊形式的国家之间的转移支付,可以看成是,一个国家对另一个国家提供无偿的或优惠的货物或资金,用以解决受援国所面临的政治、经济、社会、环境等各种发展过程中遇到的问题"。③在这里,援助的目的不再只是促进经济发展,还包括促进发展中国家政治、社会、环境的发展。不过,国际发展援助作为对外援助的一种,其着眼点在于促进受援国的发展,因此,通常不包含援助国与受援国之间的军事援助等政治目的非常强的援助形式。④

其次,援助形式的变化。有的学者认为,国际发展援助中的无偿援助,不仅是指无需偿还的现金、物资、设备、技术、资料,还包括服务转移支付。⑤还有的学者认为,国际发展援助也是一种经济合作形式。⑥

最后,援助主体的变化。通常来讲,国际发展援助的主体是发达国家、国际组织或国际多边机构、非政府组织以及少数高收入的发展中国家(如一些欧佩克国家)及其建立的机构。但近年来,随着新兴国家在经济上的崛起,新兴国家日益在国际发展援助中占据重要地位,"南南合作"框架下的国际发展援助是双方一种互利合作,是发展中国家之间交换资源、技术、知识以及专业技能,且东道国对其发展项目拥有全部所有权。⑦

(二)多边发展援助

多边发展援助是指多边国际机构(如联合国发展系统、世界银行、区域性开发银行以及区域性组织等多边机构)利用多边国际成员国捐款、认缴股

①⑥ 储祥银.国际经济合作务实[M].对外经济贸易大学出版社,2015:293.

② 沈丹阳.官方发展援助:作用、意义与目标[J].国际经济合作,2005(9):30-32.

③④ 李小云、唐丽霞、武晋.国际发展援助概论[M].社科文献出版社,2009:1-2.

⑤ 王国庆.国际官方发展援助分配研究[D].中国社会科学研究院,2012:27.

⑦ 唐丽霞、李小云.国际发展援助体系的演变与发展[J].国外理论动态,2016(7):46-54.

本、优惠贷款及在国际资本市场借款或业务受益等,按照援助计划向发展中国家或地区提供的援助。

1.联合国机构的多边发展援助

联合国发展系统拥有三十多个组织和机构。直属联合国发展系统的主要组织和机构有:经济社会理事会、开发计划署、粮农组织、工发组织、人口活动基金会、世界卫生组织、教科文组织、技术合作部、儿童基金会、技术合作促进发展部、贸易与发展会议、环境规划署、粮食计划署等。这些组织机构主要是向发展中国家提供无偿的资金援助和技术援助。其援助领域涉及国家内部治理、民主执政、农业、运输通信、教育、技术和社会服务、贫困治理、自然资源、航运、信息技术、公共管理、环保、卫生、人道主义救助等。其中有些机构,如开发计划署仅负责项目协调、项目评估、审计监督等,项目的具体实施则交由联合国其他机构或非政府组织;有些机构则为国际社会就发展问题进行交流、合作提供场所,或就发展中国家的贫困问题进行研究、分析,并形成报告。

2.多边发展银行的发展援助

多边发展银行是为发展中国家的经济和社会发展活动提供资金援助和专业咨询及技术的机构,在全球层面和区域层面都有分布。全球层面的如世界银行集团、国际货币基金组织和各种区域开发银行及组织。世界银行集团由国际复兴开发银行、国际开发协会、国际金融公司、多边投资担保机构和国际投资争端解决中心五个成员机构组成,多以优惠贷款的方式提供财政援助,是全世界发展中国家获得资金和技术援助的重要来源。国际货币基金的使命是为陷入严重经济困境的国家提供协助,给予需要帮助的国家资金援助,或协助其管理国家财政。此外,这两个机构也热衷于帮助贫困国家解决上层建筑问题,如世界银行提出"综合发展框架",帮助贫困国家改善政府管理、机构能力、制度法规建设、反腐败、反洗钱。[①]

地区层面的多边发展银行主要是一些为促进某一区域发展,而根据区内各国之间的协定设立的区域性金融机构,如:亚洲开发银行、非洲开发银行、泛美开发银行、欧洲投资银行、加勒比海开发银行、国际合作银行、中美洲经济一体化银行、东非开发银行、西非开发银行。主要为成员国或地区成

---

① 焦佳凌.中国反贫困行动中国际资源利用问题研究[D].复旦大学,2008:13.

员的经济发展筹集与提供资金,为会员国或地区成员拟定发展项目和规划,并为项目和规划的执行提供技术援助。

3.其他国际组织的多边发展援助

除了联合国发展机构和多边发展银行外,其他不同类型的国际组织也在多边发展援助发挥着不可忽视的作用。如经合国组织,它与世界银行或国际货币基金组织不同,并不发放援助资金,也不实施援助项目和规划,主要是在政策研究和分析基础上,提供咨询,为援助国提供一个思考和讨论问题的场所,援助国可就援助问题进行协商,研究如何帮助发展中国家提高参与全球经济和克服贫困的能力,并制定有关规定和标准,进行双边审查、多边监督,协调和督促援助国的援助实施过程。此外,该组织还负责定义发展援助的一系列概念、制定援助的各项评价标准、公布了援助的各类报告,方便世界各国了解援助的现状、发展以及问题,引导各国关注援助的不同方面,着力提高援助的有效性。①此外,欧盟、欧佩克也都是多边发展援助体系中的重要主体。

多边发展援助通过整合援助国的力量,统筹各国间优势,协调援助国援助政策,共同应对全球问题。虽然多边发展援助的资金主要来源于援助国的捐助,但其执行主体却是国际多边机构,其援助行为在多数情况下是多边机构成员国意见妥协的结果,而不受某个国家单独意志所左右,因此这类援助本身包含的私利性较弱,附加条件较少,更有利于受援国的使用,在国际社会有着较高的声誉。多边援助机构是发展中国家反贫困的最重要的国际资源,不但为发展中国家的贫困治理补充了资金、缓解了地区性贫困,而且推动了反贫困管理体制的完善、培养了目标群体的可持续发展能力,为发展中国家的贫困治理做出了重大贡献。②

(三)双边发展援助

双边发展援助也称政府开发援助,主要指发达国家为促进和提升发展中国家的经济发展水平和福利水平,向发展中国家或多边机构提供的援助,是二战后兴起的一种典型的经济外交模式。双边发展援助通常通过签订发展援助协议或经济技术合作协议,由援助国直接提供无偿或有偿款项、技

---

① 严婷婷.多边发展援助及中国参与情况研究[D].外交学院,2011:10–20.

② 黄承伟.论发展扶贫开发领域国际交流与合作的作用及对策[J].学术论坛,2005(1):97–101.

术、设备、物资等,帮助受援国发展经济或渡过暂时困难。

双边发展援助具有公共性,如一些国家在受援国的基础设施、教育、健康领域实施的援助项目,或在人道主义灾难后实施的项目,明显体现出非营利性、利他性、非排他性等公共品的特点。在双边发展援助中,援助国可以完全控制自身提供援助的对象、数量、方式,具有针对性强、灵活性大的特点。另一方面, 双边发展援助是一种有附带条件的束缚性援助,具有明显的政治、经济和外交战略目标,容易产生影响力,但也因此招致批评。

二、国际非政府组织与多边发展援助

二战结束以来, 国际发展援助逐渐成为国际社会进行发展干预的重要手段,在促进发展中国家消除贫困、改善环境、能力培训、提高社会治理效率等方面,发挥了不可忽视的作用。国际发展援助体系也在不断发展,援助主体不断增加、援助领域不断调整、援助手段和方式不断完善,援助体系逐渐呈现系统化、制度化、规范化的基本特征。[①]联合国相关机构、国际货币基金组织、世界银行、世界贸易组织、欧盟等国际组织都把国际非政府组织视作重要的合作伙伴和天然盟友, 形成了政府间国际组织与国际非政府组织相互合作的发展援助现象。

(一)国际非政府组织对多边发展援助的推动

非政府组织是国际组织发展援助的有力推动者, 推动的方式主要有两种:一是参加国际组织举办的发展会议,在此类会议上,非政府组织往往通过提出自己的主张和倡议,推动国际组织的发展援助;二是自己组织和举办关于发展援助的国际会议, 增强非政府组织与联合国以及各国非政府组织之间的联系与沟通,从而推动国际组织的发展援助。

1.参加国际组织的发展会议

如 2001 年联合国贸易和发展会议秘书长鲁本斯·里库佩罗提出动员非政府组织,特别是最不发达国家的非政府组织,参加消除贫困的行动计划,来自全球六百多个非政府组织的代表出席了联合国最不发达国家会议非政府组织论坛,并就最不发达国家现状、如何使最不发达国家尽快摆脱贫困,

---

① 唐丽霞,周圣坤,李小云.国际发展援助新格局及启示[J].国际经济合作,2012 (9):65–69.

以及非政府组织在解决贫困问题中的作用等议题进行了讨论。非政府组织在论坛活动后发表的新闻公报中说，非政府组织强烈希望在国际社会以及官方组织的支持下，为消除最不发达国家的贫困现象做出努力。提出的主题包括：在2015年以前使最不发达国家的贫困人口减少50%；减少最不发达国家债务；鼓励向最不发达国家投资和进行人道主义援助；向最不发达国家所有产品开放市场；修改世贸组织中不利于不发达国家的贸易规则。

2.组织和举办关于发展援助的国际会议

如2007年中国民间组织国际交流促进会在北京组织和举办了第二届联合国——非政府组织非正式区域网络亚太地区研讨会，主题是"消除贫困与饥饿——公民社会(市民社会组织)的责任与作用"，来自巴基斯坦、孟加拉国、印度、印度尼西亚、日本、马来西亚、斯里兰卡、泰国、越南和中国的38家非政府组织与联合国经济和社会事务部(DESA)非政府组织处主管、第60届联合国新闻部／非政府组织年会执委会主席，交流和讨论了本国及本组织在消除贫困、落实联合国千年发展目标方面的情况，为推动相关发展援助献言献策。

(二)国际非政府组织对多边发展援助活动的参与

1.作为国际组织的合作伙伴为当地社区提供各种援助服务

(1)健康和营养服务

改善儿童健康状况是降低贫穷的努力之一。联合国儿童基金会在全球范围具有广泛的保健措施，并与非政府组织建立了牢固的合作伙伴关系。作为联合国儿童基金会的合作伙伴，非政府组织会了解导致儿童健康状况恶化的多种因素，每天努力工作为处境最危险的儿童提供有效的解决方法。如2016年袭击海地的飓风"马修"给当地社区带来毁灭性的影响，破坏了大多数民众的生计：海地儿童的营养状况持续恶化；传染病的蔓延，特别是缺乏安全饮用水而导致的腹泻导致难民增加患上营养不良；受灾地区70%至100%的农作物被毁造成食物短缺，及早发现和治疗急性营养不良者成为紧迫的问题，一些非政府组织如世界医师协会(Medecins du Monde)，作为联合国儿童基金会合作伙伴，通过流动诊所向受灾民众提供必要的健康和营养服务，直至常规的健康服务恢复运作。

(2)心理咨询服务

战争使刚果民主共和国东部千疮百孔，非政府组织"治愈非洲(Heal

Africa)"与联合国儿童基金会合作,为遭受强奸和性别歧视的受害者提供免费的医疗和社会心理咨询服务。"治愈非洲"组织已经训练了三百多名咨询人员来确认性暴力案件,秘密地为受害者提供支持并适当进行转送工作,使受害者可以在康复期间享受到各种服务。咨询人员还与社区领导合作,帮助人们提高有关抵制性别歧视的意识。2003 年以来,"治愈非洲"组织已为刚果民主共和国北基伍省超过 2.9 万名性暴力的受害者提供了多项服务。

（3）教育援助

非政府组织"托斯坦(Tostan)"在联合国儿童基金会支持下,在塞内加尔建立了"赋予社区权力项目",该项目致力于教育当地人民,用当地语言向村民宣传有关妇女健康和人权的知识, 让他们能够自己选择是否摒弃诸如早婚和女性割礼等传统习俗。埃塞俄比亚的非政府组织"神童研讨会"认为大众传媒是缩小发展中国家巨大的教育鸿沟的最低本高效并且最直接的方式。2010 年神童研讨会制作的电影讲述了一个年轻的女孩挑战有害习俗的短片,赢得了联合国儿童基金会奖项。

2.与国际组织合作推广发展项目

联合国开发计划署作为联合国专门发展筹资机构, 是联合国发展援助系统的典型代表,是全球多边发展合作体系的重要平台之一。联合国开发计划署的发展援助工作主要是为发展中国家提供技术上的建议、培训人才并提供设备,特别是对最不发达国家进行帮助。三十多年来,作为联合国从事发展的全球网络,联合国开发计划署充分利用其全球发展经验,支持发展中国家制定应对发展挑战的解决之道, 并为发展中国家开展南南合作和参与全球发展提供协助。不少非政府组织都参加联合国开发计划署在发展中国家的减少贫困项目。

以中国为例, 联合国开发计划署在中国推广的项目 84%以上是直接与十多个政府部委、非政府组织和私营机构合作执行的。联合国开发计划署在中国的项目范围广泛, 包括少数民族地区的发展、保护环境权益和公平正义、加速中国千年发展目标的实现、灾害管理、能源与环境、南南合作,非政府组织已成为联合国开发计划署在中国的重要合作伙伴。

3.与国际组织合作进行人道主义救援

全球紧急人道主义救助历来是国际组织的重要行动, 而非政府组织则是参与这一行动的中坚力量, 在行动中为国际组织的行动提供人力资源支援,为受灾地区提供直接的物质帮助。如印度洋海啸发生后,澳大利亚国际非政府组织同参与救援的联合国及其附属机构进行了广泛合作。澳大利亚救助工程师注册协会作为联合国的待命合作伙伴,向联合国粮食计划署、联合国联合后勤中心、联合国难民事务高级专署3个联合国附属机构提供了8名后勤人员和7名工程师。澳大利亚明爱协会与联合国粮食计划署合作,向印尼亚奇省6万灾民发放922吨食品。澳大利亚穆斯林救助与世界银行合作,通过世行的资助整修8个抽水站和90多个单向流量控制阀,是联合国及其附属机构在人道救助中的得力助手,辅助联合国进行赈灾物资的调配分发、灾区基础设施的重建以及疫病的防治。①

(三)多边发展机构对国际非政府组织的认可与支持

近年来,非政府组织越来越多地参与救助饥饿和贫困人口的实地工作,多边发展机构对非政府组织在发展援助中的作用高度认可与支持,以粮农组织、世界粮食计划署和世界银行为例可见一斑。

粮农组织指出,非政府组织的技术专长及在全球抗击饥饿斗争中发挥了关键作用。在各种有关粮食安全的问题上,粮农组织需要非政府组织的知识、才能和协助。粮农组织多年来一直在技术工作、实地应急行动、培训及能力建设和最佳农作规范推广等方面,与数百个民间社会组织(非政府机构、社区组织、专业协会、网络等)开展合作。②联合国世界粮食计划署在抗击全球饥饿方面,也与全球超过三千个非政府组织建立了富有成果的伙伴关系,非政府组织代表世界粮食计划署运输、存储和分发食品。

世界银行也高度重视非政府组织对自己发展援助工作的参与。世界银行作为联合国的专门机构之一,是联合国所属的经营国际金融业务的机构,也是全世界最大的发展援助机构之一。世界银行的目标是消除极端贫困,促进共同繁荣,世界银行声称自己是发展中国家金融和技术援助的重要来源,是发展中国家减少贫困和支持发展合作伙伴。从其成立到现在一直将建立"没有贫困的世界"作为目标,一方面与主权国家合作消除贫困,另一方面也和非政府组织一起积极消除世界贫困。扶贫问题是世界银行与非政府组织

---

① 徐莹.国际非政府组织参与人道主义救援的基本路径[J].今日中国论坛,2007(7):78—80.

② 粮农组织.粮农组织与民间社会组织伙伴关系战略[EB/OL].[2017-09-08].http://www.fao.org/partnerships/zh/.

政策对话的核心问题之一。

世界银行传统上侧重于在发展中国家搞一些大型项目,如水坝、电站、基础设施。但是从世界各国的实际发展经历看,大型项目在改善穷人处境方面所具有的影响是相当小的。进入 20 世纪 90 年代后,世界银行转而强调从事一些小型的社区项目,公开承认非政府组织在社区发展参与中的重要作用,支持非政府组织参与活动,鼓励当地的民众参与。世界银行通过支持非政府组织参与其发展项目,促进工作效率,增强工作成果的可持续性。世界银行还支持非政府组织参加自己召开的减贫会议,在 1993 年召开的"克服全球饥饿"大会中,非政府组织参与了会议的主要过程,并对会议的讨论和报告产生了重要影响。非政府组织的专门知识以及它们同当地民众的联系,有力地推动了世界银行在贫困国家的各种发展项目(扶贫、妇女处境的改善、民众参与和环境保护),得到了世界银行的高度认可。①

三、国际非政府组织与双边发展援助

(一)国际非政府组织在对外援助中的优势

二战后发达国家向发展中国家提供援助的制度化安排逐渐形成,这些早期的发展援助活动往往以"政府对政府"的宏观援助为主。非政府组织虽然也有一些参与,但主要是致力于人道主义传统的救助活动,与官方的合作较少。20 世纪 80 年代以后,随着贫困问题成为国际社会的主要议题,自上而下的传统对外援助模式的局限性越来越明显。

首先,政府援助会遗漏真正的穷人。许多发达国家政府侧重面向整个社会发展的援助。这种援助往往与官方的商业利益捆绑,援助取向没有专门针对社会中的贫困人口,致使在实施过程中,形式上面向整个社会,实际上难以真正惠及穷人,反而容易使受援助国家的政治经济精英从中获益,取得"社会中的权势阶层和富有者受益"的反效果。在许多发展中国家,有众多的低收入的贫困人口几乎从未受到政府的惠顾。

其次,在有些国家,政府体制是垂直等级式,政府官员逐级对上负责,政府在社会经济发展中自上而下地分配资源,这种体制和分配方式会带来两

---

① 赵黎青.非政府组织同世界银行的协作机制[J].世界经济研究,1999(5):15-18.

个方面的消极效应：一是各级官员们考虑的只是迎合上级的意愿，而不是基层贫困民众的需要，所以在实践中他们喜欢搞大型而豪华的工程项目，穷人和其他弱势社会群体根本无法从中获益；二是腐败问题，政府官员利用手中掌握的贫困指标分配权、扶贫资金配置权等公共权力，为自己和亲属谋取利益，使扶贫效果受到损害。

此外，不少发达国家的官方援助会更多地考虑援助国自身的商业利益，因此项目侧重于提高市场效率和促进企业的中长期发展，贫穷民众的真实需求并未放在重要位置，这种援助不但难以触及贫困问题的核心根源，而且还可能加剧南北半球的贫富分化，给发展中国家带来不堪重负的债务，使其处境更加恶化。①

与政府相比，国际非政府组织在发展援助中具有很多优势：

一是贴近贫困群体。不同于政府更多受政治或利益集团的驱使，非政府组织最大的优势在于贴近需要救济的群体，一些非政府组织根据贫困居民的实际需求设计了发展项目，这使项目的实施具有较强的针对性。非政府组织还强调目标对象的参与，通过参与进一步了解扶贫对象，减少遗漏扶贫对象和错误扶贫的现象，避免扶贫信息不对称造成的不公平和资金浪费。

二是身份中立，容易被政府、政府间国际组织以及扶助对象同时接受，在三者之间起到很好的沟通作用，充当政府、政府间国际组织和扶助对象之间的传递纽带，提高援助效果。

三是拥有专业知识和管理理念。如太平洋乡村机构、英国海外自愿服务社、福特基金会、香港乐施会、英国无国界卫生组织等。这些组织和机构的常常将自己的专业知识、援助理念和管理模式带入发展中国家，改变发展中国家贫困群体的思维观念，唤起其参与意识，改善当地人们的生存状态。②

四是具有创新精神。国际非政府组织与政府以及政府间国际组织相比具有更多的灵活性，更容易在扶贫过程中创新。这种创新的优势既表现在新技术和新的生产方式的创新，如引用和推广新的适用的技术，发展新技能，使穷人能够有效地运用这些技术，采用新的生产方法，也表现在新的社会组织方式的创新，如提高穷人的觉悟，促使他们组织起来，建立基层组织，通过

① 赵黎青.非政府组织的扶贫事业[J].中国农村经济，1998（9）：28–32.
② 王飓.非政府组织与农村贫困的消除[J].海南大学学报，2009（3）：262–265.

合作的努力去积极参与同他们的切身利益攸关的各项事业和决策过程。

五是非政府组织参与政府的对外援助也使一国外交更具亲和力，是提升、改善和塑造国家形象的重要途径。国际非政府组织在与受援国国民的日常接触中寻求认同，以独立于国家的姿态在国际舞台上表达意见，往往可以做到"政府做不到的事"，这种优势可以转换为政府的外交资源，提升国家外交"软实力"。①

在上述认识的影响下，传统的政府对外援助模式发生了很大变化，各国的对外援助都积极吸纳非政府组织的参与，不仅建立了制度化的合作路径，而且有相当比例的援外资金是通过非政府组织来执行的，国际非政府组织开始越来越多地参与和介入到双边发展援助中。

（二）国际非政府组织在政府对外援助中的参与

非政府组织很早就开始参与政府的对外援助了。但从整体上来看，20世纪80年代以前非政府组织在政府对外援助中的参与并未受到足够重视，非政府组织参与政府对外援助真正进入"黄金时代"是在80年代中期以后。

1.国际非政府组织参与政府对外援助的"黄金时代"

80年代中期以后之所以被称为非政府组织参与政府对外援助的"黄金时代"，主要是因为：

第一，非政府组织在对外援助领域占了很大比例。在80年代中期到90年代末，非政府组织在对外援助领域占了很大比例。如到90年代中期，肯尼亚大约有40%～50%的教育服务和35%的健康服务是由非政府组织提供的，在加纳和马拉维，分别有40%和30%的健康服务由非政府组织提供。②美国、瑞典等非政府组织参与对外援助机制较成熟的国家，到1995年，依托非政府组织开展援助比例上升到30%左右并有进一步上升的趋势。2002年，美国对外援助中大约有41%是通过非政府组织进行的。为了降低援助项目的管理成本，提高援助实效性，法国政府也积极支持民间或非政府组织参与对外援助。③

第二，参与多边发展援助的非政府组织数量在上升。有研究表明在发达

①② 杨义凤,邓国胜.国际 NGO 参与对外援助的变迁及对中国的启示[J].中国行政管理,2014（3）:109–113.

③ 季开胜.法国对外援助的经验教训及其借鉴意义[J].法国研究,2015(2):1–8.

国家和发展中国家从事发展工作的民间组织数量数以万计。在美国,参与国家国际开发总署(USAID)援助活动的本土民间组织约 580 家,还有 95 家来自美国以外的国家,以及 6 家合作社型机构;在澳大利亚,超过 200 家的民间组织提供资金开展海外发展合作;在瑞典,超过 1000 家的民间组织从事海外发展合作项目;日本在亚洲的国际合作民间组织有 200 家左右,在非洲的约有 60 家;在拉丁美洲的有 20 多家。①

第三,非政府组织参与的对外援助领域广泛,涉及紧急救灾、医疗卫生、初等教育、农业发展、小额信贷、职业技能和创业、性别平等、志愿活动、生物多样性、气候变化、环境保护、人权保护、能力建设、政策倡导和国民教育等多个领域。②

第四,发达国家建立了资助非政府组织的制度或专门与非政府组织合作的部门。例如,日本政府在 1988 年第四次官方发展援助中期计划中,肯定了日本非政府组织在农村区域发展方面的积极作用,并提出加强与非政府组织相关领域合作的方针。1989 年日本政府建立了"草根无偿资金援助制度"(2003 年改名为"草根人类安全保障无偿资金合作"),支持非政府组织在亚洲、非洲、中南美洲与当地的地方公共团体、教育和医疗机构开展一些规模比较小的项目,为非政府组织参与政府对外援助提供资金保障。③

2. 关于非政府组织参与政府对外援助的质疑

但是在非政府组织参与政府对外援助方面也出现了诸多质疑,如非政府组织参与对外援助的效率和效果究竟如何? 有学者认为对这个问题的回答一直缺乏实证数据,人们对非政府组织的有效性评价更多的是建立在道义和价值信念的基础上的,是建立在对非政府组织公益性、利他性的美好向往基础之上的,因而它并不是真实的。到 20 世纪 90 年代末期,已经有大量研究认为非政府组织参与对外援助的效率与之前的预期并不相符。

首先是非政府组织参与对外援助的效率优势问题。有研究表明,非政府组织和政府在发展援助中所用的方法和结果基本上类似。发展援助中的小项目或许看上去比大项目更有效率,主要是与项目的规模有关,而与哪个机构运营该项目无关。项目的规模和复杂性是影响灵活性和效率的关键,而非

①② 汪沁.发达国家民间组织参与对外援助制度初探[J].国际经济合作,2015(1):85-91.

③ 胡澎.日本 NGO 的发展及其在外交中的作用[J].日本学刊,2011(4):115-128.

执行机构的性质,面对大规模和复杂的项目,任何机构的效率都会不可避免的降低。对印度、肯尼亚、加纳、马拉维等国家的研究证明了这一点,政府和非政府组织在所费的成本方面基本差不多。特别是在非洲地区,虽然非政府组织为当地贫困群体提供了很大比例的公共服务,但这并没有带来当地政府公共服务能力的提升。相反,有些发展中国家政府甚至减少在这方面的财政开支,最终导致这些地区公共服务质量的恶化,所以说非政府组织的参与未必一定会有利于受援国政府能力和当地社区公共服务质量的提升。①

其次,非政府组织在发展援助中的角色出现了一些让人不安的变化。西方援助国本希望通过非政府组织推动受援国达到"良治",消弭腐败,因此它们要求承担对外援助的非政府组织,承诺要按照其意愿进行发展援助,如受援国进行政治体制改革,实行民主选举制度,必须把非政府组织纳入国家决策过程中,等等。作为政府发展援助的中间人,国际非政府组织联合当地非政府组织向受援国政府提出要求,如果政府对援助的使用未能如其所愿,就表示强烈反对,这一方面是对受援国家内政的干涉,另一方面,这对本身效率不高、政策执行力低的受援国家是雪上加霜。比如,用援助款在尼日利亚拉各斯修条公路,竟要花费五六年时间,每种利益都必须照顾到,②降低了发展援助的效率。

最后是对非政府组织参与对外援助效果的可持续性提出质疑。例如,芬兰国际发展合作部的研究认为非政府组织只能接济 15%～20% 的穷人,而能做到持续改变的人数比重更低,复杂的、持续的改变离不开政府及其政策的改变。联合国社会发展研究所的分析也认为,或许国际非政府组织在微观领域和社区层面能够取得更大的成绩,但面对复杂问题,成功的比例在下降。相反,只有当地政府才能发展出清晰的政策,长期致力于贫困问题的解决。③

上述现象使非政府组织在发展援助中具有优势的说法,遭到广泛的批评和质疑。多数发达国家改变了对外援助的战略,重新加大对受援国政府的支持,国际非政府组织在对外援助中的地位受到一定程度的冲击。

---

①③ 杨义凤,邓国胜.国际 NGO 参与对外援助的变迁及对中国的启示[J].中国行政管理,2014(3):109-113.

② 黎文涛.发展援助背后的玄机[J].世界知识,2009(18):42-43.

（三)政府对国际非政府组织参与对外援助的规制与改革

1. 政府对国际非政府组织参与对外援助的规制

为了保障民间组织有序参与国际发展合作，大多数发达国家对民间组织参与发展援助都制定了相应的战略、政策和规定。例如，一般要求参与的民间组织为正式机构，如在民政部门、税务部门、内政部门登记的非营利组织或公司等，并要求有一定年限的从业经验；机构的预算必须达到一定的规模；机构必须有一定的治理水平。对不同的机构通常也有不同的项目申请规定。由于各国的规章制度差异很大，作为一个合法的民间组织各个国家登记注册的规制通常不一样，有很多不同的法律制度；对参与援外方面的法律、政策也各不一样。

以英国为例，在英国，慈善和非营利团体需要向慈善法人委员会申请并通过严格的审查，如果从事对海外慈善活动还需要遵守这些规定：首先要在英国慈善委员会注册为国际慈善或海外救灾机构；其次，机构在现金、资产等方面的管理有特殊的规定；最后，在选择受援国合作伙伴、雇佣当地员工、项目的监督和报告，以及其他如反恐方面的法律等也均有要求。[①]

2. 政府对国际非政府组织参与对外援助的改革

（1)降低非政府组织在对外援助中的重要性

非政府组织在对外援助中的实际效果，使国际重新意识到政府在发展中的重要性，即离开了受援国政府制定的有效的政策，不可能实现长期发展。这使发达国家重新对受援国政府进行直接资助，加大对受援国政府的资助力度，在减贫战略的制定等政策领域，尽可能地加强与受援国政府的沟通与合作。这种变化使非政府组织的角色发生了变化。从宏观上说，虽然有些非政府组织仍然可以参与到政府间的互动和决策过程中去，但其重要性已然在下降甚至被边缘化，非政府组织在对外援助中更多的是扮演项目执行者、服务提供者的角色。[②]

（2)提高对非政府组织的管理和监督

为了改善非政府组织对外援助的效率，发达国家建立了筛选、管理、评

---

① 汪沁.发达国家民间组织参与对外援助制度初探[J].国际经济合作,2015(1):85-91.
② 杨义凤,邓国胜.国际NGO参与对外援助的变迁及对中国的启示[J].中国行政管理,2014(3):109-113.

估和监督机制,提高从事发展援助的非政府组织的质量。以英国为例,英国国际发展署设计了严格的非政府组织筛选标准,重点资助规模大、有实力、公信力强的老牌非政府组织;在监管和评估方面,英国国际开发署制定了统一的评估流程和标准,注重评估过程中实际效果的测量,以确保评估机制的有效性;在这种严格的管理制度下,只有英国乐施会、英国救助儿童会、英国基督教援助、英国天主教海外发展基金、世界自然基金会等综合实力排名位于前十的非政府组织才能获得官方资助。①

（3）鼓励非政府组织与本土非政府组织建立合作关系

为了增强援助的效果,发达国家鼓励非政府组织加强对受援国本土非政府组织和受益人能力的培育,甚至在契约条款中明确要求接受资助的非政府组织在项目执行过程中要与受援国本土非政府组织合作,对那些与本土非政府组织保持中长期合作关系的非政府组织给予一定比例的资助。前者如乐施会、宣明会等非政府组织与政府签订的多数资助协议都包含通过与受援国本土非政府组织合作、通过后者提供服务、帮助提升本土非政府组织的能力等工作内容;后者如英国的联合基金计划、治理和透明基金等资助项目为在受援国开展长期发展项目的非政府组织提供资金支持。②

第四节　国际非政府组织在全球贫困治理中的行动与倡议

非政府组织是全球贫困治理的重要主体。一方面,它们通过参与政府的双边援助和国际援助机构的多边援助活动促进全球贫困治理;另一方面,它们自行筹集资金,依靠自己的专业知识、技术特长,以及在国际社会的影响力积极行动和倡议,促进全球贫困治理。通常情况下,非政府组织在发展中国家优先聚焦于导致贫困的一些普遍性问题,如自然灾害、气候变化、公共卫生、性别贫困、债务减免等,向发展中国家提供与能力建设相关的知识、技术和等方面的支持,帮助发展中国家提高适应能力和发展能力,在促进发展中国家能力建设方面发挥了独特而重要的作用。

本节将以国际非政府组织与发展中国家气候适应能力的建设、国际非

---

①② 杨义凤,邓国胜.国际 NGO 参与对外援助的变迁及对中国的启示[J].中国行政管理,2014（3）:109–113.

政府组织与"贫困女性化"问题的治理,以及国际非政府组织与贫困国家债务的减免为例,展现国际非政府组织在全球贫困治理中的行动与倡议。

一、国际非政府组织与发展中国家气候适应能力的建设

全球气候变化与发展中国家的贫困有直接关系。根据 2013 年世界银行发布的报告——《降低热度:极端气候、区域性影响与增强韧性的理由》(*Turn Down the Heat: Climate Extremes, Regional Impacts, and the Case for Resilience*),处于沿海城市和低洼岛屿的贫民社区是世界上最易受气候变化影响的地区,这些地区利用资源适应气候变化的能力最弱;在未来三十年,气候变化将日益威胁到撒哈拉以南非洲的粮食供给,威胁到南亚和东南亚的农田与水资源;极端天气将把他们的家园和生活置于险境。[1]世界银行最新的预测再次提醒人们,气候变化对全世界贫困人口构成严重威胁,预计到2030 年将有 1 亿多人重新陷入贫困,尤其是在世界上最贫穷的地区——撒哈拉以南非洲和南亚将受到最严重的打击。[2]要想消除世界贫困,就必须应对气候变化带来的严峻挑战;否则全球贫困治理目标的实现会变得更加艰难。非政府组织长期致力于提高发展中国家适应气候变化的能力建设,对于全球贫困的治理具有重要意义。

(一)气候变化与发展中国家的贫困

多年来,全球气候变化与发展中国家的贫困形成了恶性循环。一方面,贫困使发展中国家为了生存不择手段地向大自然索取,导致超量排放温室气候、土地荒漠化、森林被毁、水土流失和农田侵蚀;另一方面,全球气候变化造成的极端天气,如飓风、暴雨、洪灾、干旱……不但频次增加,而且强度增大,对发展中国家贫困地区的农业、人民的生命财产、生计造成巨大损失;特别是灾害发生时期产生的严重后果对基础设施造成损坏,给灾后恢复和发展带来严重影响。

全球气候变化带来的影响及产生的灾害所导致的贫穷或使得贫穷加剧

---

① 世界银行.气候变化对非洲、亚洲和沿海贫困人口意味着什么[EB/OL].[2013-06-20].http://www.shihang.org/zh/news/feature/2013/06/19/what-climate-change-means-africa-asia-coastal-poor.

② Climate[EB/OL].[2016-06-20].http://ida.worldbank.org/theme/climate.

的现象，在发展中国家十分普遍。鉴于此，2007 年乐施会提出了气候贫穷（Climate Poverty）的概念，以描述气候变化与发展中国家贫困的紧密相关性。从全球来看，气候贫穷大多数发生在易受全球气候变化影响的地区，如山区和半山区、荒漠和沙漠地区，这些地区生存环境退化，旱涝成灾，自然条件极为恶劣。

1.气候变化与非洲国家的贫困

1971 年联合国确定的 44 个最不发达国家中有 31 个在非洲，虽然这些国家贫困的原因多种多样且十分复杂，但气候变化的影响无疑是非常重要的一个方面。非洲多数国家的农业靠雨季的质量，近年来，在气候变化的影响下，撒哈拉以南非洲地区的降雨情况变得十分不稳定，升温、干旱和洪水使农民种植的传统作物受到严重影响，导致连年饥荒蔓延，居民陷入持久贫困；气候变化导致的河水减少对水力发电产生不利影响，对这些国家寻求清洁能源的努力造成沉重的打击。

气候变暖使非洲 30%左右的海岸基础设施面临危险，其中包括几内亚湾、塞内加尔、冈比亚和埃及的设施，面临危险的还有东南部非洲沿海城市开普敦、马普托和达累斯萨拉姆；也使西非从塞内加尔到喀麦隆 4000 千米的海岸线发生大幅改变，使冈比亚、尼日利亚、布基纳法索和加纳等国家面临风险；气候变化引起的洪水频发，还可能使诸如疟疾、脑膜炎、裂谷热和霍乱等疾病在非洲分布范围发生变化，传播到以前从未受其影响的地区，给非洲的公共卫生系统带来巨大压力。

此外，气候变化与国家安全之间也有密切的联系，气候变化导致的水源、土地、食品和居住紧张，是引发有关非洲国家和群体之间冲突的主要原因，在一些冲突地区，气候变化加剧原来的冲突形势，冲突又导致人们流离失所和贫困。[①]

2.气候变化与亚洲国家的贫困

亚洲的贫困国家主要集中在南亚、东南亚以及太平洋岛屿，这些国家由于多种原因陷入贫困，但毋庸置疑，气候变化是使这些国家变得更加脆弱的因素。

南亚地区是世界上受到气候变化影响最大地区之一。在季风的影响下，

---

① 詹世明.应对气候变化:非洲的立场与关切[J].西亚非洲,2009(10):42-49.

南亚地区有些年份会因缺水而严重干旱，使大片农田干裂并且影响大米、糖、玉米的产量，对牲畜也造成灾难性影响；另外一些年份则因水量过多洪涝灾害不断，使大量人口面临缺水、缺粮、缺电和灾后流行疾病的威胁，加上基础设施差，抵抗自然灾害能力较差，每年会造成大批灾民。如在印度西北部和东北部地区自 2014 年起已经连续三年在季风季节遭受洪水的侵袭，而南部地区却因降水不足而饱受煎熬，季风季的变化无常和反常的极端高温使印度频繁遭受洪灾、飓风、海平面上升和气温升高的困扰，并导致贫困人口数量居高不下。①

在东南亚地区和太平洋岛屿区域，气温升高导致的海平面上升是贫困无法根除的重要原因：①海平面上升造成城市洪水泛滥，从而连续不断地造成新的城市贫困人口，曼谷、胡志明市、雅加达、马尼拉、仰光和一些小岛国都在受影响最严重之列。②海平面上升造成盐水侵入田地，不但影响饮用水清洁，而且会使农田盐碱化，农作物产量下降，如越南的湄公河三角洲是粮食主产地之一，海平面上升导致农作物产量下降。③使贫困人口处境更加艰难。东南亚国家的许多最贫困人口挤在极易受气候变化影响的危险的沿海区域生活，这些区域排水设施简陋、公共服务匮乏，缺乏有效防护。此外，沿海地区的大量人口及其物质财富高度暴露于强度增加的风暴中，生命和财产都受到更加严重的威胁；加之水温上升和栖息地破坏伤害到水产业、渔业、旅游业，当地人们生计艰难，收入、营养和健康受到严重影响，②常常反复陷入贫困状态。

3.气候适应对贫穷国家的意义

气候适应与气候减缓是目前国际社会治理气候变化的两项基本措施，而这两项措施在具体目标、空间、时间、治理模式、行动领域、气候公平和利益相关者等多方面都有显著差异，比较而言，气候适应对贫穷国家具有更加实际的意义。

气候减缓关注的是气候变化的长期影响和节能减排的经济可行性。从

---

①绿色和平组织.气候变化影响南亚季风，印度经济社会受威胁[EB/OL].[2009-06-05].http://www.greenpeace.org/china/zh/news/releases/climate-energy/2009/06/monsoon-india-threaten/.

② 中国广播网.全球变暖威胁东南亚人民生计[EB/OL].[2013-06-21].http://news.cnr.cn/gjxw/zh/201306/t20130621_512868189.shtml.

时间和空间来看,气候减缓实现的是长期的、全球性的气候收益,具有较为广泛的利益相关者包括全球机构、政府、私人企业和公众;气候减缓的治理路径是"自上而下"的压力传导机制;气候减缓政策执行中最主要的气候公平问题是减排效用的"搭便车",即碳排放者的环境成本外部化;减缓温室气体排放的重点领域有能源部门、工业部门、农林和生活消费领域(交通、建筑等)。

气候适应则是自然或人类系统在实际或预期的气候演变刺激下,做出的一种调整反应。这种调整能够减轻损害或开发有利的机会。其行动目标更关注减小气候风险和脆弱性,增强气候恢复能力,以及开发潜在的发展机会。气候适应行动的受益人往往是受到气候风险影响的群体和组织;气候风险预防、响应和灾后重建等适应行动具有"自下而上"的特点;适应行动的气候公平问题是不同国家和不同群体适应能力悬殊:高碳排放的发达国家和富裕群体往往具有更好的适应能力,而低排放的发展中、欠发达国家或者贫困人群,由于缺乏资金提升气候风险的适应能力,脆弱程度更高;适应气候变化的重点领域涉及农业、林业、水资源管理、海岸带、基础设施建设、人体健康和旅游等。[①]

从国际气候治理的进程来看,气候适应议题的起点与进程基本上都在气候减缓议题之后。减缓议题在《京都议定书》之后取得一定突破,在国际社会也获得更大关注;近年来与气候变化相关的国际会议和国际文件虽然在适应性问题上有所进展,但关注的焦点仍然是减缓,适应性问题并未得到充分重视。如果减缓顺利且取得成功,适应问题就不会成为迫切的问题,但气候变化的自然惯性和由种种因素制约减缓的难度,决定了气候变化制度目标无法仅仅仰赖减缓之力。如果适应问题不能有所突破并在解决气候变化问题中发挥实质性作用,以目前的趋势,气候变化将对发展中国家造成更大的危害。[②]另外,虽然气候适应与气候减缓中都存在气候不公平,但气候不公平在气候适应行动中表现得更为尖锐,发展中国家大多处于较低纬度,气候变化的不利影响更为突出,尤其是内陆国家与小岛屿国家。大多数发展中国家仍

---

① 宋蕾.气候政策创新的演变:气候减缓、适应和可持续发展的包容性发展路径[J].社会科学,2018(3).

② 张梓太,张乾红.国际气候适应制度的滞后性及其发展障碍[J].法学,2010(2):127–137.

处于工业化和城市化发展阶段,现有人均排放水平还很低,适应是更为紧迫和现实的任务。因此,气候适应问题对发展中国家也因此更具现实意义。[①]

(二)发展中国家适应气候变化能力建设面临的挑战

发展中国家更容易受气候变化影响,但它们利用资源抵御自然灾害适应气候变化的能力却更弱;发展中国家急需提高适应气候变化的能力,然而在能力建设方面却面临种种挑战。

从发展中国家自身来看,主要存在以下问题:

1.能力建设需求大范围广

发展中国家应对气候变化能力的建设不仅需要硬技术能力建设,也需要诸如制度、政策、模式、管理、经验之类的软技术;不仅需要专业人才的培养、科研机构研发能力的提升、促进技术转移和创新的制度和环境建设,也需要必要的基础设施配套。[②]以农业适应气候变化的能力为例:首先,发展中国家在制度、政策法规和战略规划层面的能力,包括加强各项适应政策之间的协调性,制定系统化的政策框架,增加政策实行的效果有待提高。其次,发展中国家适应气候变化的技术能力十分脆弱,在适应气候变化过程中缺乏相应的知识、工具和技能,如农业生产、加工和运输过程中适应气候变化的技术不足,支持农业生产适应气候变化的技术需要调整,建立新品种、新技术的推广体系有待改善。再次,在适应气候变化过程中,发展中国家政府部门之间、私营部门、市民社会组织和社区之间的协调不够顺畅、项目执行机构和人员的项目能力有待提高。最后,政府部门以及农户个体缺乏对适应气候变化及其重要性的意识,从国家层面的政策制定者到基层的农户尚未对适应气候变化形成足够的敏感性,对相关知识、技能的了解不充分,农户市场经营、组织、合作的能力也需要提高。[③]

2.资金严重短缺

发展中国家在适应气候变化方面需要提高能力的领域十分广泛,但资

① 郑大伟.适应气候变化的意义、机制与技术途径[EB/OL].[2016-05-12].http://nmg.sina.com.cn/news/zt/2016-05-12/detail-ifxsenvm0323573.shtml.

② 辛秉清,刘云,陈雄.发展中国家气候变化技术需求及技术转移障碍[J].中国人口·资源与环境,2016,v.26;No.187(3):18-26.

③ 何君,苟天来,马欣.发展中国家农业适应气候变化的制约因素与需求分析——以亚洲和非洲典型发展中国家为例[J].世界农业,2013(11):77-81.

金却十分有限。建设方面所面临的最大困难是缺乏充足的资金支持开展研究和实践活动,由于缺乏相关资金支持,以及气候灾害愈演愈烈,应对气候变化的资金缺口更是越撕越大。联合国环境规划署 2014 年 12 月发布的评估报告显示,即使能在 21 世纪末把全球气温升幅控制在 2 摄氏度以内,到 2050 年发展中国家每年仍可能需要 2500 亿至 5000 亿美元的资金,以应对气候变化所导致的海平面上升、暴风雨、干旱等极端天气问题。这一评估结果远高于此前 700 亿到 1000 亿美元资金缺口的估计。该报告还预测,如果到 2050 年全球气温升幅达 4 摄氏度,发展中国家面临的资金缺口将会翻倍。

3.传统文化、社会结构和政治体制的挑战

发展中国家的文化传统、社会结构和政治体制各不相同,适应气候变化的问题也存在不同侧重。如在乌干达,传统的部落和社区对于适应气候变化的措施和概念完全陌生,有的甚至存在文化上的排斥,在适应过程中的动员和配合存在诸多困难,基层传统社区观念、知识和文化上的制约对该国的能力建设造成了一定的限制;赞比亚在适应过程中面临着项目执行效果欠佳的问题,这主要因为赞比亚缺乏合格的基层项目执行人员,同时在项目的监测评估环节欠缺;埃塞俄比亚面临的独特问题是缺乏社区层面的有效环境延伸机制等。①

4.国际社会对能力建设议题不够重视

从国际谈判和国际公约来看,尽管发展中国家适应气候变化的能力建设问题在 20 世纪 90 年代进入了国际社会的视野,但发达国家与发展中国家在能力建设议题上有较大分歧,所以相关国际谈判和国际公约虽有一定的进展,但十分缓慢,也缺乏可操作性;②发达国家通过公约渠道开展的能力建设仅限于项目支持和国家信息通报等领域的支持,缺乏连续性和有效性,存在区域不平衡和不能审评等诸多问题,不能实现发展中国家国内相关领域能力的提高。③从发展中国家来看,在国际谈判中,相比对资金、技术议题的重视,对能力建设议题的重视程度明显不足;不仅对议题理解模糊,对未

---

① 何君,苟天来,马欣.发展中国家农业适应气候变化的制约因素与需求分析——以亚洲和非洲典型发展中国家为例[J].世界农业,2013(11):77-81.

② 曾文革,冯帅.巴黎协定能力建设条款:成就、不足与展望[J].环境保护,2015,43(24):39-42.

③ 张梓太,张乾红.国际气候适应制度的滞后性及其发展障碍[J].法学,2010(2):127-137.

来的能力建设机制设计不清晰,功能定位不明确,而且谈判力量的投入也十分不足。在谈判过程中,很难形成合力对发达国家施压以实现发展中国家在此议题上的诉求。①

(三)国际非政府组织提高发展中国家气候适应能力的行动

国际非政府组织很早就开始帮助发展中国家增强气候适应能力,如提高公众对气候变化问题的认识;建设水利项目;促进信息和经验交流;帮助发展中国家制定和实施适应气候变化计划;加强水资源的管理,特别是水的保护和利用,传授适用的灌溉技术,促进发展中国家农业的可持续发展。

下面以凯尔国际和乐施会为例说明国际非政府组织促进发展中国家气候适应能力建设的行动。

1.凯尔国际与发展中国家气候适应能力建设

凯尔国际是较早意识到气候变化对贫困国家影响的非政府组织之一,增强发展中国家适应气候变化能力很早就是该组织的主要工作。凯尔国际认为气候变化对于全世界的贫困家庭是一个巨大的威胁:难以预测的降雨造成水资源短缺、收成减少和饥饿加剧;飓风和飓风等极端天气正毁坏人们的家园、生活和生计;持久而严重的干旱威胁着牲畜和庄稼。因此,该组织的任务就是帮助上千万穷人和易受伤害的人增加粮食和营养安全,增强其对气候变化的适应力,减少生活风险或自然灾害对他们的威胁。为此,该组织在国际气候变化谈判中站在贫困国家的立场发出声音,帮助最贫穷和最易受伤害的人群在国际气候变化谈判中得到应有的权利,并在不同的地区实施应对气候变化的项目。

(1)凯尔国际在非洲的适应气候变化能力建设项目

早在20世纪70年代末,凯尔国际就在埃及推出饮用水项目,许多缺水居民从中受益。80年代以后,凯尔国际在阿斯旺水坝区提供了非常多的服务,如为高水坝湖区渔民提供物资、设备以及健康、生育方面的咨询,为湖区渔民在河岸边建造小屋。

进入21世纪后,为了帮助非洲国家提高适应气候变化能力,凯尔国际对南部非洲旱灾区形成了系统、长期、可持续的援助:首先,凯尔国际分析了

---

① 张永香,黄磊,袁佳双.联合国气候变化框架公约下发展中国家的能力建设谈判回顾[J].气候变化研究进展,2017(3):292-297.

非洲地区旱灾危机频发的原因,认为气候仅仅是危机的触发点,问题在于弱化了的政府缺乏能力应对,长期形成的结构性农业危机,艾滋病流行导致的劳动力损耗等,综合因素最终因为一场干旱导致连锁反应。然后,提出了具体扶贫方案:为受灾人群提供食物援助和营养支持;为受灾人群提供优质的、多样的种子,开始多样性农业种植,防备一种作物歉收导致全面危机;鼓励晚秋种植物,如豌豆和豆荚等的种植,使人群获得的营养更加全面;让灾民利用之前通过非政府组织建设的简单的灌溉系统获得的产物,发展家庭纺织业,使其在冬天仍然有所收入;为灾民提供长期的技术训练,为他们提供健康和教育服务,进行必要的资金安排以预防突发事件的出现。①

2010年凯尔国际在非洲地区推出了"非洲适应性学习项目(The Adaptation Learning Program for Africa,ALP)"旨在提高撒哈拉以南非洲脆弱家庭适应气候变化的能力。该项目得到英国国际发展部、丹麦、芬兰外交部、奥地利发展合作机构、丹麦气候环境基金的资助。凯尔国际与加纳、肯尼亚、莫桑比克和尼日尔及其他非洲国家的社区、政府机构和民间社会组织合作开展这一项目。该项目以社区为基础,推动农牧民融入当地和政府的气候变化适应系统和方案,使他们获得有用的气候信息,参与决策,加强适应气候变化的农业学习、减少非洲的风险和增强活力。②2015年该项目的外部评估证明,这种帮助社区提高适应气候变化能力的模式十分有效,如果进一步推广到小型农业、地方发展规划和减少灾害风险(DRR)系统中,也会对那些最容易受到气候变化影响的国家产生积极的影响,"非洲适应性学习项目"的价值在于,它为帮助发展中国家提高气候变化适应能力提供了"最佳实践",影响了各国政府、民间社会组织和非洲区域适应财政的准入和问责制度,为非洲国家提供了学习和培训机会。③

(2)凯尔国际在亚洲的适应气候变化能力建设项目

凯尔国际也致力于帮助亚洲国家适应气候变化。泰国和印度尼西亚的沿海地区人口稠密,但受到气候变化的影响,环境日益退化,因此造成的严重侵蚀不断加剧,海平面上升,风暴潮增加,盐水由此进入浅层淡水区对生

---

① 刘鸿武,沈蓓莉.非洲非政府组织与中非关系[M].世界知识出版社,2009:172-173.

②③ Adaptation Learning Program for Africa(ALP)[EB/OL].[2016-09-04].http://careclimatechange.org/our-work/alp/.

态系统造成显著破坏,危害到那些以此为生的穷人的生计。为此,凯尔印尼分部和泰东方慈善基金、凯尔德国卢森堡分支共同实施了"加强泰国南部和南苏拉威西省海岸线保护降低气候变化影响"的项目,将海岸线保护融入国家发展、环境、减灾战略和计划中,增强两国的气候适应能力,降低沿海灾害造成的风险。①

除了泰国和印度尼西亚外,凯尔国际也帮助其他亚洲国家,如在越南,帮助被台风严重破坏的沿海社区扩展海岸红树林,来抵挡未来的台风洪水。②凯尔澳大利亚分支在亚太地区的社区工作三十多年,执行了 11 个项目,帮助当地社会提高适应和应对灾害和气候变化的能力。

(3)参与绿色气候基金

绿色气候基金(Green Climate Fund,GCF)是发达国家向发展中国家转移资金的主要机制,资金的来源渠道非常广,包括公共财政、开发银行工具、碳市场和私人资本。③绿色气候基金通过各种金融工具和融资窗口向发展中国家提供资金,鼓励发展中国家的政府使用各种政策工具,在其经济的公共和私营机构和单位,包括大型公司、中小型企业、城市非正规部门、农民和农村实施气候变化相关的政策措施,鼓励它们在减缓、适应、技术发展、能力建设和体制发展方面的努力,并支持他们的参与。基金起初并未强调民间组织的参与,但后来日益重视民间组织的作用,强调增加民间社会组织对绿色气候基金项目的参与和介入,希望通过赋权于民间组织聚集丰富的专业知识,以批判性和建设性的方式参与政府及相关机构的活动,将更广泛的社会支持嵌入基金的资助活动中。在区域和全球范围内分享经验,支持扩大民间社会组织在非洲、南亚和其他地区的参与。④

凯尔国际是参与绿色气候基金项目的非政府组织之一,在政府制定和实施绿色气候基金项目的过程中,凯尔国际的作用主要有两个方面:一是进

---

① Building coastal resilience in Thailand and Indonesia[EB/OL].[2016-09-04]. http://careclimatechange.org/our-work/bcr-cc/.

② Climate Change[EB/OL].[2016-09-04].https://www.care-international.org/what-we-do/food-and-nutrition-security-climate-change/climate-change-1.

③ 张超,边永民.《巴黎协定》下国际合作机制研究[J].环境保护,2018(16).

④ Our Work[EB/OL].[2016-09-04]. http://careclimatechange.org/our-work/civil-society-climate-change-readiness/.

行倡议并跟踪绿色气候基金项目的进度进程，督促该基金帮助非洲和亚洲的发展中国家提高适应气候变化的能力；二是加强对项目所在国家政府的问责。①

2.国际乐施会与发展中国家气候适应能力建设

乐施会在全球九十多个国家开展各类扶贫项目,乐施会认为自然资源对繁荣非常重要,但穷人往往分享不到;而气候变化使这一状况更加恶化,国际社会至今无法找到适当的解决这一问题的方法,乐施会的任务是游说各国政府、国际组织和公司制定适当的土地政策,并在气候变化问题上有所行动,②帮助和促进发展中国家适应气候变化能力建设是乐施会的重要工作。

(1)增强国际社会对贫困国家适应气候变化能力建设重要性的认识

乐施会常常通过发布报告或在重大国际场合发表声明的方式,警示和提醒国际社会帮助贫困人口适应气候变化的必要性。2009年乐施会发布了《科学之痛——气候变化、人和贫穷》(*Suffering the Science-Climate Change, People and Poverty*)的报告,指出如果不立即采取行动,多种气候影响可能会抵消国际社会50年来消除贫困的成果。报告结合对气候变化的最新科学观察,乐施会与全世界近100个国家的社区合作的证据,揭示了气候变化已经对贫困人口造成了怎样的沉重打击；概述了气候变化如何影响与贫穷和发展有关的每一个问题:如饥饿、农业、健康、劳动、水、灾难、流离失所。报告警告说,与气候有关的饥饿可能是21世纪人类的悲剧。③2016年G20杭州峰会上,乐施会发表声明指出气候变化导致的作物歉收和饥饿正日益加剧,呼吁国际社会,特别是二十国集团成员采取行动遏制温室气体排放,帮助最贫困人口适应气候变化。

2018年乐施会再次指出,贫穷比任何其他因素更能决定贫困人群在各应气候变化问题上的脆弱性,贫穷限制了穷人的适应能力。气候变化对社区,特别是最贫穷和最边缘化的社区的影响已远远超出其应对能力。在世界

①　Our Work[EB/OL].[2016-09-04]. http://careclimatechange.org/our-work/civil-society-climate-change-readiness/.

②　CARE's History[EB/OL].[2016-09-04].https://www.oxfam.org/en/explore/how-oxfam-fights-poverty.

③　Millions face climate-related hunger as seasons shift and change[EB/OL].[2009-07-06].https://www.oxfam.org/en/pressroom/pressreleases/2009-07-06/millions-face-climate-related-hunger-seasons-shift-and-change.

各地,随着温度的变化,恶劣的天气、不稳定的降雨模式和不可预测的季节的变化正在改变农民的种植方式,扰乱农业循环;海平面上升导致作物被淹没;自给型作物的生存能力正接近极限。在气候变化的影响下,食品价格上涨,食品质量下降。气候变化影响到所有人的饮食,特别是穷人,对于近 10 亿贫困人口来说,更极端的天气和更多的灾难意味着更多的饥饿。如果不尽快创造贫困人口适应气候变化所需的有利条件, 寻找不到快速而显著的缓解气候变化影响的措施,世界贫困的消除将成为泡影。①

(2)帮助易遭受气候变化影响的人群防止人道主义灾难

乐施会认为由气候变化引起的许多灾害和紧急情况是可以预测的,如非洲的干旱易发和长期缺乏粮食安全性, 因此把预先知道的灾难诱因与实施计划联系起来,有益于提高人道主义救援的效果。在东非的索马里、埃塞俄比亚、肯尼亚异常高温、干旱;土壤失去水分,植物在干燥、开裂的土壤中枯萎;牲畜干热而死,粮食短缺,人们陷入饥饿,被迫离开家园,这一切与该地区人们燃烧化石燃料, 滥伐森林造成温室气体过量排放不无关系。鉴于此,乐施会一方面呼吁该地区国家减少燃烧化石燃料,另一方面,则积极采取行动防止干旱演变成灾难:在埃塞俄比亚,乐施会为 31.8 万人和 84 所学校和医院提供安全、清洁的水;在索马里,乐施会发起了一项行动,帮助境内至少 2 万人获得清洁水、卫生设施和食品现金援助;在肯尼亚,为了帮助基层社区做好应对下一次干旱的准备,乐施会帮助其修复和安装太阳能钻孔,使他们能够获得清洁的水和牲畜。乐施会认为即使是那些由于气候变化而严重恶化的干旱,也不必演变成人道主义灾难。②

(3)通过多种方式提高贫困人口适应气候变化的能力

首先是分享经验和提供建议。乐施会借鉴世界各地提升适应气候变化能力的案例,总结自身与贫困国家农村社区合作的实践,阐述了适应气候变化需要什么以及可以采取的一系列干预措施,汇集了在生计、自然资源管理和减少灾害风险方面的经验,使贫困人口能够适应气候变化。乐施会还向贫困国家建议可以通过强有力的决策来管理不确定性和风险, 以建立从家庭

---

①② How climate change is helping fuel a massive hunger crisis in East Africa[EB/OL].[2009-07-06]. https://www.oxfam.org/en/grow-ethiopia-food-crisis-ethiopia/how-climate-change-helping-fuel-massive-hunger-crisis-east-africa.

到国家和全球层面的适应能力。这样做不仅是为了帮助人们摆脱贫困,而且也使他们能够管理风险和不确定性,创造出应对气候变化的有效方法。这需要自下而上和自上而下相结合。

其次,为贫困人口提供可持续的创收渠道。在撒哈拉地区,农民和牧民极易受到极端天气的影响,仅 2018 年就有 2400 万人需要依赖人道主义援助才能维持生存。在尼日尔南部,气候变化导致反复干旱和水土流失,农民丧失了赖以为生的土地和牲畜,被迫离开社区去他乡求生存。为了改变这种状况,乐施会与当地合作伙伴一起为贫困人口提供可持续的创收渠道,如培训人们通过制造和销售手工产品增加收入。

此外,乐施会还在这一区域开展了一系列活动,使社区公众面对气候变化带来的粮食不安全更有适应力,主要有教授当地人学习改良土壤的技术,促进牧草重新生长,为牲畜提供饮料;提供维护油井的培训,并向当地人赠送测量水质和水深的设备,使人们不再需要为家庭水源担忧;对当地太阳能电池板进行投资和维修,为水泵供电;成立水资源委员会并对当地人进行水资源和能源维护和管理方面的培训。①

二、国际非政府组织与"贫困女性化"问题的治理

妇女作为食物的生产者、消费者及管理者,在照料孩子和为家庭准备食物方面发挥着重要作用,对于保证家庭的食物安全和儿童营养提高具有特殊意义。当妇女掌握更多的劳动技能和知识,拥有更多的创收渠道和更多的决策权时,往往能够更有效地支配和安排家庭的食物消费,促使整个家庭脱离贫困,这对于全球贫困的消除至关重要。然而贫困女性的生活状态令人担忧,女性的贫困成为一个世界性的问题。要想改变这种状况,必须改变塑造妇女和女孩生活的关系和社会结构,促进性别平等和妇女赋权,这是联合国千年发展目标和可持续发展目标的重要内容,也是国际非政府组织关注的重点问题。

(一)"贫困女性化"的原因及治理路径

---

① Building climate change resilience in Niger to keep hunger away[EB/OL].[2009-07-06]. https://www.oxfam.org/en/grow-niger/building-climate-change-resilience-niger-keep-hunger-away.

1.“贫困女性化”现象

贫困并不只限于女性,但大量的实践和研究表明,妇女较之男性往往更贫困,也更容易陷入贫困,贫困存在明显的性别差异。20世纪70年代以后,随着经济和社会的发展,大量的男子从贫困中解脱出来,而女性从经济增长中得到的好处却十分有限,有些妇女的贫困状况不但没有改善,还有加剧的趋势,特别是单亲母亲及其子女越来越成为贫困人口的主体,形成了“贫困女性化(feminization of poverty)”现象。①有研究表明,无论在发达国家,还是发展中国家,贫困人口中增长最快的、所占比例最高的,都是妇女和儿童,贫困女性化现象超越了国家界限。②

1980年联合国哥本哈根大会指出,全球2/3~3/4的劳动量由妇女承担,45%的食物是由妇女生产,但妇女仅获得全世界收入的10%。③1995年联合国《人类发展报告》指出,世界上的贫困人口中70%是妇女,贫困有一张“女性面孔”。1995年世界妇女大会通过的《行动纲领》再次描述了贫困女性化现象,指出:①世界上十亿多人生活在令人无法接受的贫穷状况下,其中大多数是妇女,多数是在发展中国家。②在过去十年中,生活在贫穷中的妇女人数的增加同男子相比不成比例,在发展中国家尤其如此;在转型期经济国家,妇女贫穷人数日增的现象也成为一个重要问题。③世界经济的变革正深刻改变所有国家的社会发展参数,一个重要的趋势是妇女更加贫穷,而贫穷的程度因区域而异。④许多城市妇女生活在贫穷之中,生活在农村和偏远地区的妇女更加贫穷,农村家庭的妇女贫穷问题特别严重;在发展中国家,即使在其国家指数显示出情况有所改善的国家,大部分农村妇女继续生活在经济发展不充分和社会边缘化的状况下。④

进入21世纪后,贫困女性化现象并没有很大的改善。2000年,美国学者莫格哈登在《贫困女性化——有关概念和趋势的笔记》中,对全球性的“贫困

---

① 姚桂桂.试论美国“贫困女性化”——20世纪后期的一个历史考察[J].妇女研究论丛,2010(3):73-81.

② 霍萱,林闽钢.为什么贫困有一张女性的面孔——国际视野下的“贫困女性化”及其政策[J].社会保障研究,2015(4):99-104.

③ 刘晓昀,李小云,叶敬忠.性别视角下的贫困问题[J].农业经济问题,2004(10):13-17.

④ 闫坤.我国女性贫困特征及致贫原因[EB/OL].[2017-01-18].http://www.sohu.com/a/124612497_114731.

女性化"现象进行了探讨,指出相比男性贫困,女性贫困更具有长期性。2014年,日本公共电视台(NHK)对日本女性中日益严重的经济贫困进行了采访,并连续播出两个纪录片《看不见明天:越来越严重的年轻女性之贫困》和《调查报告:女性贫困——代际传递效应》,揭示了日本女性的贫困状况。①在发展中国家,特别是南亚、非洲和中东一些地区,女性贫困问题更加严峻,女性贫困不但表现为资产贫困,还有教育贫困、健康贫困和社会资本贫困。2017年联合国人口基金会的《世界人口状况》报告显示,两性之间的差距依然"天壤之别",全球妇女人口中只有一半在从事带薪工作,平均失业率为 6.2%;同时,从事类似工作的女性比男性的收入平均少 23%。②联合国多次强调通过促进性别平等减少极端贫困,但不平等现象并没有缓解,男女不平等正在加剧全球贫困状况。

　　2."贫困女性化"的原因

　　全球贫困之所以会出现女性化现象,是由多种原因造成的。1995 年世界妇女大会通过的《行动纲领》列举了十几种导致妇女贫困的因素,既有全球和地区层面的因素,也有国家层面的因素;既有经济因素,也有政治、社会文化和环境卫生因素。

　　国际层面的因素如国际迁徙、战争、冲突和国内流离失所现象;国家层面的因素,如发展中国家的经济衰退,经济转型国家的改革;发展中国家的巨额外债,结构调整方案、政策和措施。国内的经济因素,如所有部门内的迅速变化和调整过程;农村和偏远地区的发展停滞不前。政治因素,如妇女的人权得不到保护,被排斥于决策过程之外。社会文化因素,如僵硬的社会认定的性别角色;缺乏获得生产资源的机会,无法获得信贷、土地所有权和继承权;国内城乡之间的人口移动;妇女报酬过低或价值估计过低的工作,以及其他基于性别的障碍;缺少或不得享有教育及职业培训、就业,住房和经济上的自给自足;社会福利制度没有充分考虑生活于贫穷之中的妇女的具体情况。环境卫生因素,如污染、有毒废弃物、大规模伐林、荒漠化、干旱和土

---

① 王姗.年轻女性背后"看不见"的贫困[EB/OL].[2017-10-27].https://www.sohu.com/a/200670667_100046839.

② 联合国人口基金.世界人口状况报告:两性差距"天壤之别"[EB/OL].[2017-10-22].http://www.sohu.com/a/199521093_193311.

壤及海岸和海洋资源耗损的威胁;各种疾病,特别是性传染疾病,包括艾滋病的传染。①

总之,在现有国际秩序和社会结构中妇女面临各种风险,女性在应对多重风险中具有更大的脆弱性,比男子更容易受到损害;各种不利的国际国内因素对女性产生的负面影响更大。②

3."贫困女性化"问题的治理路径

世界经济增长并不能自动惠及贫困的女性群体,也不能自动使男女两性平等受益,贫困与性别、性别不平等紧密关联。2005年联合国人口基金会的《世界人口状况》报告指出:性别歧视不成为历史,贫穷就不能成为历史。2017年联合国人口基金会的《世界人口状况》报告也指出,除非不平等现象能够得到及时解决,最贫穷妇女的权能得到加强,以使她们能够就自己的生活做出决定,否则贫困就不能成为历史。③

因此,国际社会采取了大量行动和措施消除妇女贫困,归结起来主要是两个方面:一是通过资金或物资对贫困妇女进行直接援助或救济,解决贫困妇女的生存问题;二是通过提高妇女能力与赋予妇女资源,解决贫困妇女的发展问题。因为直接援助或救济也许会在短期内使妇女贫困人口数量减少,使妇女贫困人口比例出现明显下降,但如果妇女贫困群体依然缺乏基本的能力和资源,依然缺少合适的权利或机会用以获得这些发展资源,那她们只是在统计上脱离了贫困,实质上仍然处于一种贫困状态。因此,在目前的全球贫困治理中,解决与妇女贫困相关的能力与资源问题,以及获得与此相关的机会或权利具有重要意义。

由此,妇女的能力建设作为一个新兴政策视角越来越受到关注,并被国际社会广泛应用于反贫困计划中。在贫困治理实践中,妇女的能力建设主要集中在三个方面:一是扩大机会。主要是通过教育、职业培训和技术培训等方式,提高妇女贫困群体的技能和知识水平,使妇女贫困人口获得工作、就业及其他机会的资本,通过人力资本投资治理贫困。二是促进妇女赋权。即

---

① 中国妇女研究网.北京行动纲领[EB/OL].[1995-09-15].http://www.wsic.ac.cn/internalwomenmovementliterature/71263.htm

② 金一虹.妇女贫困的深层机制探讨[J].妇女研究论丛,2016(6):10-12.

③ 联合国人口基金.世界人口状况报告:两性差距"天壤之别"[EB/OL].[2017-10-22].http://www.sohu.com/a/199521093_193311.

促进政府在机构设立和制度建设过程中考虑穷人的机会，督促政府的相关机构负责任地及时地对穷人的意见和建议做出回应，赋予穷人参与地方、社区决策和政治进程的机会，通过消除政策歧视治理贫困。三是增强妇女的收入来源和渠道，减少贫穷妇女遭遇经济歉收、各种疾病、自然灾害时的脆弱性，减轻灾难的影响。

国际非政府组织是治理妇女贫困问题的重要力量，目前致力于消除妇女贫困的非政府组织主要是两大类组织：一是妇女非政府组织，二是反贫困非政府组织。

（二）致力于消除妇女贫困的妇女非政府组织

1.妇女非政府组织消除贫困的历史

妇女非政府组织是专门关注并为妇女争取各个方面权益的社会组织，消除妇女贫困一直是其主要宗旨与重要活动。早在19世纪末20世纪初，国际妇女理事会（International Council of Women）、国际妇女同盟（International Alliance of Women）、国际妇女争取和平与自由联盟（Women's International League for Peace and Freedom）、国际民主妇女联合会（Women's International Democratic Federation）等就开始致力于反对奴役和剥削妇女，消除妇女在就业、教育等各方面受到的歧视，帮助妇女摆脱贫困。二战后，贫困问题中依然存在很多性别不平等的现实，妇女依然是贫困中的最贫困者，这些非政府组织在国际社会强调从性别角度出发考虑贫困问题，主张通过促进性别平等，帮助女性脱贫与发展，提高消除女性贫困的效果。这使得女性贫困议题即便在冷战中也保持了一定的可见度。

20世纪80年代以后，随着联合国对全球反贫困问题的重视，一些专门反贫困的妇女组织迅速崛起，著名的如"新世纪妇女发展选择网络（Development Alternatives with Women for a New Era，DAWN）"。1984年8月，联合国妇女进步十年国际会议前夕，来自十多个不同国家的妇女聚集在一起，分享她们在发展战略、政策、理论和研究方面的经验，形成了"新世纪妇女发展选择网络"。该组织讨论和质疑了发展对穷人，特别是全球经济和政治危机中妇女的影响；分析了正在伤害妇女的因素，认为非洲的粮食危机、拉丁美洲的债务、南亚的贫困以及太平洋岛屿的军事化，是影响妇女境遇的关键问题；向大会提交了文件：《环境与发展：基层妇女的观点》（Development，Crises and Alternative Visions：Third World Women's Perspectives）、《南方女权主义者对三十年发展的批判》(A South feminist critique of three decades of development)，指出全球危机、饥荒、军事化等对南方贫困妇女的影响，并提出了替代性发展方案。受该组织影响，联合国在 1984 年内罗毕会议上首次将宏观经济问题列入妇女运动议程。①此后，该组织多次向联合国环境与发展大会、人口与发展大会、社会发展首脑大会和第四次世界妇女大会提交文件，其中《人口与生育权利：南部女权主义者的观点》《对既成事实的挑战》《路标二：DAWN 关于可替代发展的辩论》都产生过较强烈的反响。该组织从南方女权主义者的角度为妇女发展提供全面的分析，影响了全球关于发展的辩论。②

2.冷战结束以来反贫困妇女非政府组织的发展

冷战结束后，国际政治格局发生重大变化，"贫困女性化"问题凸显，女性贫困问题受到国际妇女运动、国际妇女组织的进一步关注。1995 年，在北京召开的联合国第四次世界妇女大会有来自世界各国、各地区的超过三千个非政府组织派代表出席，妇女组织提出的"社会性别"和"赋权妇女"等词被国际社会和各国政府广泛接纳，并被确认为可持续发展必不可少的因素；大会以协商一致的方式通过的《北京宣言》和《行动纲领》被公认为是赋予妇女社会、经济和政治权力的一个综合性的新的行动计划；大会制定的《行动纲领》针对全球绝大多数女性面临的基本问题，提出了 12 个急需重点关注的领域，其中妇女的贫穷问题是重中之重，这很大程度上也是缘于妇女组织的努力。

第四次世界妇女大会后，涌现出了一大批国际妇女非政府组织，③进一步加强了反贫困妇女非政府组织的力量，活跃在全球、区域、国内及地方等

---

①② Development, Crises and Alternative Visions: Third World Women's Perspectives, written by Gita Sen and Caren Grown. History[EB/OL].[2015-01-02].http://dawnnet.org/about/history/.

③ 如："东南亚国家联盟妇女组织联合会"(ASEAN Confederation of Women′s Organizations, 1995)、"国际妇女研究中心"(International Center for Research on Women,1998)、"国际妇女民主中心"(International Women′s Democracy Center,1998) 、"国际女法官基金会"(International Women Judges Foundation,1999)、"亚太妇女资源与研究中心"(Asian-Pacific Resource and Research for Women,2000)和"妇女全球领导中心"(Center for Women′s Global Leadership,2000)、"国际妇女权利行动观察"(International Women′s Rights Act Watch,2001)、"妇女之声国际"(A Women′s Voice International,2002)、"社会性别、公民权利与发展行动"(Actions on Gender, Citizenship and Development, 2004)、"妇女社会文化社团"(Women Cultural Social Society,2004)、(Global Women's Leadership Network,2009)、"妇女研究国际中心"(International Center for Research on Women)、"国际研究协会女性主义理论和社会性别部"(International Studies Association Feminist Theory and Gender Studies Section)、"欧洲妇女国际研究"(Women′s International Studies Europe)等。

层面,其消除贫困的活动体现出如下特点:

(1)反贫困活动地区和层次广泛,形成了遍及全球的网络

如妇女全球领导中心、国际妇女权利行动观察、妇女之声国际、国际妇女论坛主要在全球层面从事反贫困的活动;东南亚国家联盟妇女组织联合会、亚太妇女资源与研究中心、欧洲妇女国际研究、欧洲妇女院外集团、非洲妇女全球网络则是在区域层面从事反贫困的活动。第三世界的妇女反贫困组织的发展尤其迅速,如"新世纪妇女发展选择网络"已成为一个覆盖非洲、亚洲、拉丁美洲、加勒比和太平洋的全球性网络。[1]此外,妇女组织之间也建立了密切的联系和强大的联盟,在国际场合共同发声,为形成促进妇女发展的政策而努力。

(2)活动的方式、主题和领域以及组织成员多样化

从活动方式来看,多为复合型的,主要有研究 + 倡议型、研究 + 操作型、倡议 + 操作型及倡议 + 研究 + 操作型。如国际妇女理事会是倡议 + 研究 + 操作型的组织,该组织的主要活动是对妇女问题进行研究,并在重大国际场合向国际组织、各国政府进行倡议,但也通过国际会议、区域或分区域和国家一级的讲习班和研讨会,协助各会员团体在各国争取妇女参政、受教育以及经济和社会权利,开展扫盲、职业培训、计划生育和社会福利等方面的工作。1987 年后该组织与国际机构合作,在会员境内举办妇女参与发展的活动,帮助农村和城镇的贫困、残疾、老年、移徙、难民妇女及她们的家庭改善生活条件,为她们提供平等的受教育、培训和就业机会。妇女研究国际中心则是在研究的基础上实施操作型项目,该组织长期就某些问题进行研究,如针对女性和男性在农业生产力与食品安全方面差异的研究已有三十多年的历史;该组织的操作型项目包括,分析男、女在责任、局限性和利益方面的不同,制定服务、训练和收入方针;帮助女童及少女发挥自身潜力;对妇女进行能力培养;帮助女性认识自身权利且获得平等发挥自身能力的机会;倡导以实证为基础的可行的方法来调整女性政策和项目。[2]

从活动的主题和领域来看,妇女非政府组织几乎介入了妇女权益的每

---

① Development, Crises and Alternative Visions: Third World Women's Perspectives, written by Gita Sen and Caren Grown. History[EB/OL].[2015-01-02].http://dawnnet.org/about/history/.

② 环球网.国际女性研究中心[EB/OL].[2018-08-06].http://charity.huanqiu.com/icrw.

个领域并形成了专门的组织，如国际少数民族妇女组织、国际妇女人权组织、妇女社会文化社团、国际民主妇女联合会、妇女合作信用社、妇女环境与发展组织、妇女全球科学和技术网络、国际妇女健康联盟。从职业和行业来看更是多种多样，形成了国际女法官基金会、国际乡村妇女协会、国际商界和职业妇女联合会、国际大学妇女联合会、国际女经理人互助福利会、国际女医务人员协会、国际女律师联合会等妇女组织。这些妇女组织响应联合国及其专门机构消除妇女贫困的倡议，协助国际机构制定促进消除妇女贫困的国际公约；协助各会员团体在国内争取妇女享有选举、公民、政治、经济、社会权利和平等的受教育机会；消除对妇女在就业、教育等方面受到的歧视，为妇女争取同工同酬，促进妇女掌握技术等长期努力。

（3）妇女组织对妇女贫困问题的全球决策的参与和全球治理的影响也更为突出。妇女组织得到了联合国及相关机构的支持，一些著名的非政府组织与国际机构保持着较为密切的关系，例如，国际妇女同盟在联合国经社理事会、教科文组织和欧洲理事会中享有咨询地位，与联合国儿童基金会有咨询协议，在联合国粮农组织享有联系地位，在联合国贸易和发展会议及联合国环境规划署享有观察员地位，还被列入国际劳工组织的特别名册；并与联合国人口活动基金和世界卫生组织有合作关系。广泛的国际联系使这类非政府组织具有较强的活动能力和国际影响力。此外，国际妇女争取和平与自由联盟、国际民主妇女联合会、全球妇女领导中心、妇女环境与发展组织在联合国经社理事会拥有咨商地位网络遍及全球，能量极大，显示了强劲的生命力和广泛的影响力。

妇女组织在反贫困过程中，专门从性别视角思考和实施扶贫，提高国际社会深刻认识贫困问题中的性别因素，倡导和推动国际社会在制定与实施扶贫政策和措施时纳入性别观念，将性别平等的目标在扶贫实践中实质化和制度化。

（三）致力于消除妇女贫困的反贫困组织

除了妇女非政府组织外，多数综合性或专门性的反贫困组织也将性别因素纳入了其工作中。如乐施会、凯尔国际、宣明会、英国救助儿童会、福特基金会、世界自然基金会、德国复兴银行、爱德基金会、国际计划、国际鹤类基金会、美国渐进组织、海外志愿服务社，以及国际小母牛组织等非政府组织，都将消除妇女贫困作为自己工作领域。有的致力于帮助妇女开拓收入渠道，专门设立妇女信贷项目，消除信贷资源的分配中存在的性别歧视，使妇女更容易获得信贷资源；有的致力于帮助妇女获得更好的工作机会，通过教育培训、技术推广培训满足妇女知识更新、技术进步的要求，减少就业差距，劳动力流动中存在性别不平等，特别是增加农村妇女的就业可能；有的则致力于妇女赋权，通过增强妇女在生产和消费过程中的决策权，改变妇女的弱势地位，避免妇女福利的损失和贫困的恶化，使之能分享到经济发展所带来的利益。下面以凯尔国际为例分析国际非政府组织致力于消除妇女贫困的行动。

凯尔国际是以消除贫困为宗旨的典型国际非政府组织，经过多年的总结，凯尔国际对妇女贫困有了更为深刻的理解。凯尔国际认为，妇女贫困的根源首先在于权利、机会和财富的缺乏，而这一切都源于社会排斥、边缘化和歧视。①其次是气候变化的影响，凯尔国际认为，妇女和儿童遭受自然灾害和气候变化直接影响的可能性是男性的 14 倍，妇女在飓风和洪水中更容易受伤或死亡，妇女和女孩还得负责耕种田地和收集水源，这意味着她们是极端干旱或洪水首当其冲的受害者。最后是缺乏资源，凯尔的经验表明，如果能够赋予妇女适当的资源，妇女会带领其家庭和社区脱离贫困过上更好的生活。一个接受过教育的女孩会成长为受过教育的妇女，她可以为自己的孩子提供教育，并使自己的孩子更加健康。由于上述原因，在全球范围内，妇女和女孩是受贫穷和歧视影响最大的群体，世界上最贫穷的 10 亿人口中，大多数是妇女和女孩，特别是亚洲南部、西亚和北非，女性的贫困最为严重，妇女和女孩的收入占世界收入比率很低。②

凯尔国际在意识到妇女对于整个家庭摆脱贫困的重要性后，采取了多种方法改变妇女的贫困境遇：首先是倡导赋权于妇女，提升妇女权利。通过加强妇女的声音，确保她们在影响她们生活的决定中有更强的发言权。③其次是增加妇女的创收渠道，自成立以来，凯尔国际长期实施一些项目，鼓励妇女参与创收活动，如畜禽饲养、养蚕、丝绸纺织、碾米、制作垫子，并为女性提供机会和培训，特别是帮助妇女和女孩学习新的耕作技术。此外，新世纪以来，凯尔国际强化了在反贫困领域的其他服务，如女孩教育、健康和社区

---

①③ CARE's History[EB/OL].[2017-06-16].https://www.care-international.org/who-we-are/cares-history.

② Our Focus on Women and Girls. https://www.care-international.org/what-we-do/our-focus-on-women-and-girls.

福利,改善水和卫生条件。

　　凯尔国际解决贫困的著名项目是建立"乡村储蓄贷款协会(VSLA)",该项目的理念是:通过培训和改善穷人的投资理念和营销技巧解决贫困问题。为改善妇女和女孩的境遇,"乡村储蓄贷款协会"为她们提供攒钱和借钱的机会,让她们通过做小生意获得收入增加家庭收入,有能力和权利决定家庭支出,使自己的孩子获得温饱和教育,也使自己逐渐成长为企业家,赢得社会的尊重和家庭幸福。多年来凯尔的这一模式被一些当地和国际援助组织成功模仿,在24个国家和地区得到了推广和发展,惠及三百多万人。凯尔的一些调研表明,"乡村储蓄贷款协会"项目和对妇女的关注,改变了贫困地区许多人关于妇女和女孩能力的认知,以前女孩被认为最适合做家务和其他家务劳动,但现在这种观念正在改变。

　　凯尔国际认为,妇女在全球消除贫穷斗争中发挥着关键作用,除了实施操作性项目外,也在重大国际场合大力倡导加强两性平等和赋予妇女权力,在全球进行倡导的优先领域包括:妇女与世界的和平、安全;妇女和粮食安全;性、生殖和产妇保健以及性别和气候变化。凯尔国际关注联合国的发展议程,特别是2015年后发展议程,要求妇女贫困问题成为任何新框架的核心。①

　　反贫困组织与妇女组织一样,在确保妇女和女孩有平等的权利和机会获得经济资源,向妇女提供利用储蓄和信贷机制和机构的机会,开展妇女经济研究,制定纳入性别观念的经济政策等方面都发挥着重要作用。

三、国际非政府组织与贫困国家债务的减免

　　二战以来,随着经济的发展,发展中国家出现了绝对贫困人口数目下降的趋势,相对贫困成为其贫困的主要形式。但20世纪70年代中期以后这种趋势发生了变化,发展中国家贫困问题的严重性和普遍性都非常突出,不仅相对贫困日益扩大,而且绝对贫困也开始上升。拉美和非洲的一些发展中国家开始不断举债,最终陷入了债务困境。这种状况对债务国和发达国家的债权银行,乃至整个国际社会形成了巨大压力,终于演变成了波及全球的社会

---

① What we do[EB/OL].[2017-06-16].https://www.care-international.org/what-we-do/advocacy-1.

问题,不仅影响这些国家的经济发展,也影响到国际金融制度的稳定,于是如何解决或减轻发展中国家的债务问题成为国际社会的重要议题。一些非政府组织长期关注发展中国家的债务问题,希望通过促进减免发展中国家债务,提升全球贫困治理的效果,推动世界可持续发展。

(一)关注贫困国家债务问题的国际非政府组织

贫困国家的债务问题起源于 20 世纪 70 年代,当时西方国家发生危机,全球经济衰退,国际市场原料价格下跌,依赖单一原料产品出口的发展中国家收入锐减,国际收支恶化,发展中国家的债务迅速增长。80 年代债务最多的地区是拉丁美洲,受债务困扰严重的主要国家包括巴西、墨西哥、阿根廷、委内瑞拉、智利。[①]到 90 年代,非洲成为重债穷国的主要聚集区。21 世纪以来,发展中国家不同程度地存在着债务负担,庞大并激增的债务规模与脆弱的经济基础形成鲜明的对比,使发展中国家不堪承受债务之重。但从重债穷国集团的构成看来,最贫穷国家突出的外部债务问题依然主要来自非洲,截至 2019 年 1 月,世界银行确定的符合重债穷国标准的国家有 39 个:拉丁美洲和加勒比地区有 5 个,亚洲有 1 个,非洲 33 个。[②]经过多年的发展,非洲的重债穷国并没有减少。综合经济水平、人均收入、出口收入和国内生产总值来看,非洲的债务十分严重,大大超过了经济的承受能力。非洲很多国家所欠外债已经成为贷款机构的呆账和死账,非洲国家的发展之路已陷入恶性循环:贫困导致债务的增长,沉重的债务又加剧贫困,可以说,非洲巨额债务是非洲贫困的根源之一。[③]

沉重的债务负担不仅制约着发展中国家自身的经济发展、生态环境和地区稳定,而且其负面效应还溢出国界,影响全球经济的可持续发展。这种现象引起了诸多国际非政府组织的关注。

---

① 沈安.全球贫困化趋势与拉美国家克服贫困的斗争[J].拉丁美洲研究,1995(1):46-51.
② 拉丁美洲和加勒比地区有 5 个:玻利维亚、海地、圭亚那、洪都拉斯、尼加拉瓜;亚洲 1 个:阿富汗;非洲地区:贝宁、布基纳法索、布隆迪、喀麦隆、中非共和国、刚果金、刚果民、埃塞俄比亚、冈比亚、加纳、几内亚比绍、利比里亚、马达加斯加、马拉维、马里、莫桑比克、尼日尔、卢旺达、塞内加尔、塞拉利昂、坦桑尼亚、多哥、乌干达、赞比亚、圣多美和普林西比、乍得、科摩罗、科特迪瓦、几内亚、厄立特里亚、索马里、苏丹、毛里塔尼亚。Heavily Indebted Poor Countries (39 countries)[EB/OL].[2019-01-29]. http://web.worldbank.org/WBSITE/EXTERNAL/TOPICS/EXTDEBTDEPT/0,contentMDK:20260049~menuPK:64166739~pagePK:64166689~piPK:64166646~theSitePK:469043,00.html.
③ 韩瑞珍.西方债权者减免非洲国家债务问题研究[D].湖南:湘潭大学,2006:6-7.

1.关注贫困国家债务问题的非政府组织的类型

债务问题是导致发展中国家贫困的一个重要因素，减免贫困国家债务是全球金融治理的重要议题。关注减免贫困国家债务议题的国际非政府组织可谓是五花八门，有反贫困团体，也有环保组织、劳工组织、政策研究机构、宗教团体、妇女组织。它们参与了有关全球金融治理政策的争论，也加入到了全球金融规则的制定中。其关注集中在五个方面：发展中国家的债务减免问题、多边开发银行的项目贷款、结构调整贷款、全球商业金融和全球金融大厦的总体构架。

（1）政策研究机构

1983年国际金融协会(Institute of International Finance,IIF)成立，为所有在国际层次上从事金融业务的机构提供服务，由拉美债务危机时为了保护自身利益而聚在一起的38个在国际上业务活跃的商业银行发起，后来其使命扩展到影响世界银行和国际货币组织的政策。日本国际金融中心(JCIF)从20世纪80年代出现发展中国家债务危机时介入金融问题；华盛顿海外发展理事会(ODC)关注债务缓解的机制问题。此外，还有伦敦的"海外发展机构"(ODI)、哈佛国际发展机构(HIID)。

（2）宗教组织

一些基督教团体如天主教救济会、世界宣明会和世界宗教发展对话(也译作世界信仰发展对话)、世界基督教协进会也非常关注发展中国家的债务问题，特别是南方国家债务负担的社会成本问题。特别是世界宗教发展对话(World Faiths Development Dialogue)，该组织于1998年由杰姆斯·D.沃尔芬森(前世界银行的总裁)、卡蕾克利夫顿勋爵、坎特伯雷大主教推动成立，与世界银行联系密切，其主要目标之一便是加强宣传宗教与发展机构在解决贫困问题的共同目标；该组织曾与其他宗教组织积极响应联合国的千年发展目标，提出千禧年免除落后国家债务的倡议。①千禧年债务运动(Jubilee Debt Campaign)是一个专门致力于债务减免的宗教组织，该组织认为，巨额债务是造成世界不稳定的根源之一，债务危机不仅是债务人造成的，也是由债权人造成的。该组织要求免于不公正债务的奴役，建立以人为本的新金融体系，使债务不再是富人剥削穷人的权力工具，走向共享世界，实现平等、正

---

① 刘义.宗教与全球发展，一种对话路径[J].世界宗教文化，2012(2)：23—29.

义、人类尊严。①

（3）劳工组织

如国际自由工会联合会（ICFTU）主张采取国际行动反对贫困、饥饿、剥削、压迫和不平等，并提出取消最不发达国家的债务。

（4）妇女组织

妇女非政府组织呼吁人们注意世界银行等金融机构援建项目对妇女造成的负面影响；支持发展的非政府组织批评多边开发银行贷款的具体条件和一般原则；一些思想库、工会、环保和发展非政府组织指责国际金融机构的结构调整贷款导致不可接受的社会和环境后果。

（5）环保组织

地球之友等非政府组织都参加了相关活动和讨论。

（6）反贫困组织

此类国际非政府组织有的既进行反贫困倡议，又进行消除贫困的发展援助活动，如乐施会、行动援助、凯尔国际；有的则只进行倡议活动，如为了世界的面包（Bread for the World）、替代性政策发展团体（Development Group for Alternative Policies）、全球化倡议（Globalization Initiative）、发展组织联盟（Coalition of Development Organizations）、最不发达国家观察（LDC Watch）、社会观察（Social Watch）、一次运动（One Campaign）、我们的世界是非卖品（Our World is Not For Sale）、人民的南亚区域合作联盟（People's SAARC）、南亚消除贫穷联盟（South Asia Alliance for Poverty Eradication–SAAPE）、第三世界网络（Third World Network，TWN）、阿拉伯非政府组织发展网络（Arab NGO Network for Development，ANND）。

（7）专门的免除债务组织

如美国的债务危机网络、菲律宾的免除债务同盟、2000 年大赦联盟（Jubilee 2000 Coalition）、世界发展运动（WDM），"减免债务"组织、乌干达债务网络（Uganda Debt Network）、债务和发展欧洲网络（European Network on Debt and Development）、②亚洲人民债务与发展运动（Asian Peoples' Move-

① Outcomes[EB/OL].[2018-01-28].http://advocacyinternational.co.uk/featured–project/jubilee–2000.

② 债务和发展欧洲网络是一个由来自 17 个欧洲国家的 54 个非政府组织组成的国际网络。关注的主要问题包括多边债务减免、债务可持续性、援助质量、出口信贷、金融发展与减少贫困。

ment on Debt and Development）等，①它们参加国际金融机构的研讨会、举行示威游行、推动跨国社会运动对国际机构和相关造成持续不断的压力，要求免除世界上最贫穷国家的不可偿还的债务。②

2. 关注贫困国家债务问题的非政府组织的作用

国际非政府组织在贫困国家债务减免问题上发挥的作用具有双重性。

积极作用主要有：①为贫困群体参与减免债务公共事务提供了机会。非政府组织推动减免贫困国家债务的活动加深了全球公民对全球金融治理的理解，表达了利益相关者的意见，通过为市场行为者、各种社会团体、公共治理机构提供信息、交流看法，做出分析，使不同的社会群体，尤其是贫困人群和妇女等缺少公共交流渠道的团体获得了参与金融治理的机会，赋予了这些群体更大的民主参与权力。②促进了不同社会群体之间关于全球金融治理问题的讨论，提升了全球金融机构的透明度，推动了全球金融机构对其公共责任的重视。③增强了全球金融治理的合法性。③

消极的作用体现在：①一些非政府组织的目标模糊且令人怀疑，有些非政府组织甚至是为了自身利益在国际论坛上进行游说。②非政府组织对全球金融的干预也会引出不良政策。许多非政府组织的批评往往缺少可替代性的政策方案，对于全球金融治理机构的政策也缺乏理解。如果实现效率的成本超过了平等和民主的所得，那么非政府组织的参与可能会导致全球金融治理偏离方向。③非政府组织参加了全球金融治理后，变成了政府间组织或机构的合作伙伴，可能会丧失原先挑起争论的立场，从而减少了提出不同意见的可能性。④非政府组织在全球金融中的活动可能会被一些不民主的做法削弱，即有些非政府组织自身组织的不民主会使其合法性道义的力量减弱。⑤参与全球金融的非政府组织可能缺少充分的代表性，再造或扩大阶级、种族、性别和国际方面的差别。⑥参与全球金融治理的非政府组织可能会拥有较为狭隘的文化基础。来自不同国家、不同历史文化的团体可能会有

---

① 亚洲人民债务与发展运动是一个区域性反不正当债务运动网络，由 7 个当地非政府组织组成，曾游说相关国家取消尼泊尔的外部债务，认为取消外部债务对尼泊尔地震后恢复和重建有重要意义。

② Calls for cancellation of nepals' external debt [EB/OL].[2018-01-28].http://www.ldcwatch.org/index.php/media-centre/media-coverage/63-apmdd-calls-for-cancellation-of-nepal-s-external-debt.

③ 王铁军.全球治理机构与跨国公民社会[M].上海世纪出版集团,2011:307-308.

冲突。①

（二）国际非政府组织推动减免贫困国家债务的行动

1. 在全球范围内进行减免贫困国家债务的宣传与教育

宣传与教育，是国际非政府组织动员国际社会，争取全球舆论支持自己主张的重要方式。在减免债务问题上，它们也使用了这一传统影响方式，如"2000 年大赦联盟"运用互联网在全球范围内宣传、教育和动员，争取更多的人支持其减债目标；提高公众对全球金融体系中债务及债权机构的了解；提高债务国对债务性质和规模的认识，揭露债务借贷背后的腐败现象，增强政府对本国人民对外借贷的责任意识。②非政府组织的宣传与教育在贫困的债务国起到了一定的成效。如起初在乌干达很少有人注意外债问题，大多数人认为那是政府的事，对普通人来说过于复杂；国际非政府组织的活动改变了这种状况，自 1992 年起乐施会专门为乌干达的债务问题开展群众性宣传活动，欧洲债务和发展组织为当地非政府组织"乌干达债务网络"提供有关重债穷国的具体信息，并对乌干达债务负担进行具体分析；此后，其他国际非政府组织纷纷介入，进行各种形式的宣传教育，最终使乌干达改变了看法。再如，"2000 年大赦联盟"曾帮助尼日利亚债务管理处在欧洲和亚洲制定宣传战略，在该组织的支持下，2005 年尼日利亚有 300 亿美元债务得以清理，180 亿美元债务被巴黎俱乐部取消，最终使全球 35 个最贫穷国家的一千多亿美元债务得以取消。③国际非政府组织的宣传教育，有助于那些深受影响的普通人明白债务与贫困之间的联系，也有助于增强全球经济决策规则中的透明性。

2. 在重大国际峰会上向发达国家施加压力

七/八国集团是主要工业国家会晤和讨论政策的论坛，其成员国都是富裕国家和债权国，七/八国集团峰会成为国际非政府组织向相关国家施加压力的重要场合。1998 年伯明翰峰会期间，非政府组织"2000 年大赦联盟"组织了和平游行队伍，向各国领导呼吁要求取消债务，得到了其他国际非政府组织的支持；1999 年科隆峰会与 2000 年冲绳峰会期间，国际非政府组织通

---

① 王铁军.全球治理机构与跨国公民社会[M].上海世纪出版集团,2011:307—308.

②③ Outcomes[EB/OL].[2018—01—28].http://advocacyinternational.co.uk/featured—project/jubilee—2000.

过和平示威、游说、街头表演、散发政策文件等方式，向相关政府和国际组织施加压力，并与商界、专家学者和其他利益共享者展开对话；2001年外长峰会筹备会议时，非政府组织举行了约二十万人的游行，一些非政府组织还组建了热那亚社会论坛（GSF），提出减免欠发达国家债务的问题。①

3.向所有的国际金融和发展机构提出倡议和建议

为了推动国际社会减免最不发达国家的债务，国际非政府组织试图将所有维度的力量都动员起来。首先是长期针对政府间国际组织进行倡议，国际货币基金组织、世界银行、巴黎俱乐部以及其他金融机构都是其倡议对象，在这些组织和机构的全球性会议或咨商会议上，提出自己的主张和观点；其次是国家层面的动员，国际非政府组织与多个国家层面的组织和运动建立了联系，推动国家层面的游说、倡议、抗议和教育行动，有些动员甚至深入国内的村落，从而将债务减免的全球性运动与国家及地方政府预算的联系起来；此外，国际非政府组织也参与一些双边机构的"重债穷国创议"讨论和协商，在讨论和协商过程中提出建议。②

4.为南方非政府组织的跨国减免债务运动提供支持

这方面的突出例证是乌干达债务网络，该组织是非洲国家众多债务动员网络的一员，受到国际乐施会、行动援助、宣明会、欧洲债务和发展组织、"合作与研究促进发展协会（ACORD）"的鼓励和支持。国际非政府组织不仅为它提供资金、培训、信息，还帮助它进入国家和国际决策程序。从国家决策来看，来自国际非政府组织的支持使乌干达债务网络能够及时获得信息，促使乌干达政府在债务问题上采取积极行动，如派官员参加市民社会组织减免债务的会议、在官方和民间建起良好的对话关系、互相通报信息、共同建立"贫困行动基金"使政府和非政府组织共同决定如何使用债务减免储蓄，最终形成有效减免债务的战略，极大地提高了南方非政府组织的活动能力。从国际决策来看，国际非政府组织与乌干达债务网络形成密切的伙伴关系，支持乌干达债务网络出席国际货币基金组织的研讨会，并在会上表明重债穷国债务减免计划。③随着南方减免债务的非政府组织的发展壮大，它们在

---

① 王铁军.全球治理机构与跨国公民社会[M].上海世纪出版集团，2011:313.

② Outcomes [EB/OL][2018-01-28].http://advocacyinternational.co.uk/featured-project/jubilee-2000.

③ 王铁军.全球治理机构与跨国公民社会[M].上海世纪出版集团，2011:353.

批判现行债务政策、动员公众支持"2000年大赦联盟"的行动目标、同本国领导人和金融部门交涉、加强市民社会组织在决策中的作用等方面赢得了声誉,与北方非政府组织形成了互相配合的局面,使后者更加关注他们曾经忽视的议程。①

(三)减免贫困国家债务问题上的成果与困境

1.国际非政府组织在减免贫困国家债务问题上的成果

第一,在一定程度上影响了债务国公众的认识和债务国政府的政策。如乌干达债务网络在国际非政府组织的支持下,使乌干达在1998年获得重债穷国债务减免,2005年多边债务减免倡议允许百分之百免除那些执行重债穷国后,乌干达的债务再次得到减免。该组织的宣传揭开了外债危机的复杂性,使国内公众广泛认识到外债对乌干达经济和社会的影响;该组织的游说则使乌干达政府在2006年和2013年修订了债务战略,以规范政府借贷,减轻债务负担。②

第二,国际金融机构的政策更具包容性。在国际非政府组织的压力下,国际金融机构在免除最贫穷国家债务问题上出台了一系列的文件,从鼓励发展的《综合发展框架》《减贫策略文件》到"重债穷国创议"和"多边债务减免创议",国际金融机构做出了重大的机构调整和政策调整。国际金融机构将"可持续的外债水平""减债援助""融资支持"等概念引入了新的政策话语之中,使帮助最不发达国家的政策更具包容性,表达出通过这些计划对被边缘化和被剥夺的人群进行更好的管理的愿望。③

第三,在减免债务的话语建构和机制建设上取得成效。国际非政府组织在减免债务的话语建构中取得了成效,七/八国集团领导人在官方声明中援引"2000年大赦联盟"的语言,如"更快、更深、更广泛地减免债务";还在科隆峰会宣布通过使预算过程透明化,形成"反贫困战略计划",除了进行减免债务的活动外,还在与债务相关的其他问题上影响着公众、决策者和媒体的讨论,如创立更为中性的国际债务仲裁机制,使借贷双方处于更加平等的地位;追缴国际货款中被盗取的公共财富;对官僚机构造成的债务增长进行批

① 王铁军.全球治理机构与跨国公民社会[M].上海世纪出版集团,2011:353.
② UDN. key achievements[EB/OL].[2018-09-10].https://www.udn.or.ug/about/our-achievements.html.
③ 王铁军.全球治理机构与跨国公民社会[M].上海世纪出版集团,2011:356.

评;坚决执行相关机构反贫困和反环境破坏的行动;确保未来的借款和还款由更加民主的、由借贷双方和多边金融机构参与的决策机构来指导,等等。①

第四,"重债穷国减债计划"自实施以来取得了一定的进展。到 2002 年有资格获得该计划援助的 42 个国家中,有 6 个国家达到"完成点",非洲国家有布基纳法索、毛里塔尼亚、莫桑比克、坦桑尼亚、乌干达;还有 20 个国家达到"决定点",非洲占 16 个;在实施"减贫战略文件"(Poverty Reduction Strategy Papers)的非洲 25 个国家中,6 个国家的全面减贫战略文件获得通过,其中 5 国达到了"重债穷国减贫计划"的完成点,可得到进一步债务减免与援助。该减债方案中承诺对符合条件的非洲重债国家减债 513.2 亿美元。以撒哈拉以南非洲为例,达到减债标准的 21 个国家在1996年的外债额为1073.64 亿美元,到 2002 年承诺减除债息 414.4 亿美元,减幅达 38.6%。②

2.减免贫困国家债务面临的问题

第一,贫困标准问题。重债穷国动议的目的是帮助最贫穷国家解决债务问题,但它使用的贫困标准却存在不少问题:首先,它将"国际开发协会 / 减贫与发展措施"作为界定最贫穷国家的唯一标准,而这个标准只考虑人均收入,过于简单,也是狭隘的;国际社会认为"贫穷"实际上是经济、政治、人类和社会文化等多方面缺失的环环相扣的网,其明显特征是不稳定、脆弱和无力。其次,这个标准可能会与其他标准发生冲突,如发展中国家人民贫困指数,这会将一些实际上达到了动议下债务减免资格标准的国家排除在外;动议最初是为了解决低收入国家的债务问题,但是到最后却只有满足"国际开发协会 / 减贫与发展措施"标准的国家,才有重债穷国减债资格,这意味着尼日利亚这样的国家无法获得动议下的减债资格。此外,在"国际开发协会 / 减贫与发展措施"标准的执行中也存在着矛盾,如科摩罗、冈比亚和马拉维等一些国家的债务额比预期的高,因此被列入了原始重债穷国名单中,而像吉尔吉斯共和国等严重负债的"国际开发协会 / 减贫与发展措施"国家却没有,赤道几内亚由于人均收入超过"国际开发协会 / 减贫与发展措施"制定的人均收入标准也被排除在外。③

---

① 王铁军.全球治理机构与跨国公民社会[M].上海世纪出版集团,2011:338.
② 杨宝荣."重债穷国减债计划"非洲案例研究[J].西亚非洲,2005(3):71-76.
③ 王晓凤.非洲债务与可持续发展研究[D].上海:上海师范大学,2012:57-58.

第二,政治和制度因素的影响。世界银行和国际货币基金组织的减免债务计划中的某些设计和要求已经被证明对发展中国家是不适用的,发展中国家的各种政治和制度的障碍使得这些计划的实施变得相当复杂。国际货币基金组织关于"重债穷国计划"的大部分进度报告也表明,处于"重债穷国计划"过渡阶段的 19 个国家中,有 8 个国家在推行他们的宏观经济调整计划时,其表现是无法令人满意的。这些国家的政治状况与国际货币基金组织和世界银行所设想和希望的不同,这些国家导致外债积累的政策实际上无法改变。因此,国际货币基金组织和世界银行的"减贫战略"并不一定能够真正改善受援国未来的经济状况,特别是不能保证能提高大多数穷人的生活条件,无法在公共投资和减少贫困方面达到预期的效果,甚至会出现"重债穷国"在完成"重债穷国计划"后,仍有可能再次背上沉重的外债负担的现象。

第三,最不发达国家的基础性问题。在国际发展援助领域,像"重债穷国计划"这样比较温和的政策干预并不能够解决问题。因为这些国家阻碍投资和经济增长的基础性问题很多,如艾滋病问题、贸易条件的不断恶化,以及政局不稳定,等等。以艾滋病为例,艾滋病普遍存在于世界各国,但最不发达国家却是发病率最高的地区,在撒哈拉以南的非洲最为严重;在这些国家感染了艾滋病的很多是劳动力效率最高、对国家经济发展贡献最大的中青年人,艾滋病及其造成的死亡直接减少了人力资本的存量;艾滋病患者的大量增加还加大了重债国家医疗服务的负担, 使本来就捉襟见肘的财政雪上加霜。[1]"重债穷国计划"是否能够有效地促进"重债穷国"的经济发展也取决于其他基础性问题的解决。[2]

第四,贫困国家自身的意愿和能力问题。国际非政府组织只是减免贫困国家债务和改变贫困国家状况的推动力量,并不是决定性力量。贫困国家要改变现状,还需要依靠自身。这包括:参与制定减贫战略文件的详细进程;在减贫问题上与国际社会积极对话;优先发展任务;对国内改革目标、相关经济指标以及改革和减贫实施的监管;结合国情制定适宜的发展规划,积极推动国内经济改革、促进增长等。有些债务国进行了一些积极的尝试,如莫桑

---

① 彭现美.艾滋病、非洲与国际援助[J].医学与哲学:人文社会医学版,2007,28(11):42-44.

② 胡晓山.浅论"重债穷国计划"对受援国的宏观经济影响[J].世界经济研究,2005(7):31-36.

比克、坦桑尼亚、乌干达、布基纳法索和毛里塔尼亚,但大多数国家缺乏意愿和能力。①

思考题:

1.致力于全球贫困治理的国际非政府组织有哪些?

2.国际非政府组织在联合国千年发展目标实现过程中的作用有哪些方面?

3.国际非政府组织在制定联合国 2030 年可持续发展议程中的作用是什么?

4.为什么发达国家要对参与政府对外援助的国际非政府组织进行规制?

5.国际非政府组织在全球贫困治理中的作用与挑战有哪些?

① 杨宝荣."重债穷国减债计划"非洲案例研究[J].西亚非洲,2005(3):71−76.

本书获得华东师范大学精品教材建设专项基金资助

全球政治中的国际非政府组织

·下·

张丽君 编著

天津出版传媒集团

天津人民出版社

第五章
国际非政府组织与国际人权的保护

人权的起源最早可追溯到古希腊和罗马时期,人权关注的是与人格、人的身份相关的尊重与尊严。在历史上,人权是作为国家内部政治生活和立法的原则而存在的。人权成为国际议事日程上的问题是在二战之后,随着联合国对人权问题的重视,国际社会日益认同人权是个人生存不可或缺的权利,是个人不可侵犯、不可分割和不可剥夺的基本权利。非政府组织对国际人权事务的参与十分广泛,不仅运用各自所掌握的资源在世界各地掀起保障人权的运动,还积极推动国际人权规范的形成及实施。非政府组织在人权领域的活动表现出观念在重构对国家利益的理解方面的力量,非政府组织的人权活动对人权与外交的关系产生了新的影响,需要重视和研究。

第一节　人权保护领域中的国际非政府组织

一、国际非政府组织从事人权保护的起源及其发展

(一)国际非政府组织从事人权保护的起源

人权问题是非政府组织最早关注的领域之一。早期非政府组织的活动主要集中在为奴隶、妇女和劳工等弱势群体争取人权方面。1775 年,第一个要求废除奴隶制度的社团——宾夕法尼亚促进废除奴隶制社团在美国成立;1787 年,一些英国人发起并成立了"有效废除奴隶贸易学会";1839 年,英国成立 "英国及外国反奴隶制社团"(也称国际反奴隶组织),1840 年该社团在伦敦召开国际反奴隶制会议,1842 年该社团在美英关于取缔奴隶贸易合作,以及引渡逃跑奴隶的《韦伯斯特 – 阿什伯顿条约》(Webster–Ashburton)

谈判中对谈判施加了影响。①在该组织及其他国际非政府团体和各国社会舆论压力下,好几个欧洲国家签约废除了奴隶贸易。

维护妇女人权也是国际非政府组织初期活动的主要内容,19 世纪 80—90 年代,妇女们开始致力于建立起稳固、广泛的组织,1900 年共建立起 12 个妇女国际非政府组织,到一战前已增加到 22 个,其中 1875 年成立的国际取缔者联盟、1894 年建立的世纪基督教妇女青年会、1909 年成立的国际社会主义妇女秘书处都颇有知名度。从一战到二战期间,围绕妇女人权的国际倡议活动也相当活跃,"和平与自由妇女国际联盟"是其中具有代表性的组织,曾直接游说国联采取措施保护妇女权利。②

(二)二战后国际非政府组织的人权保护活动

二战结束后,人权成为国际政治普遍关注的主题之一,为避免法西斯国家大规模残酷践踏、剥夺人的生命权与生存权暴行的再次发生,《联合国宪章》肯定了对基本人权的保障,并将其确立为联合国宗旨之一。人权保护问题写入《联合国宪章》,非政府组织发挥了重要作用。《联合国宪章》中有关人权的条款主要是由美国当时的一些民间组织游说产生的,如犹太人委员会、美国国家制造业联合会、商业协会、美国劳联、美国农场联盟、工业组织会议、教会联盟理事会和美国联合国协会,它们组成美国代表团咨询团体,参与了《联合国宪章》起草会议,会上它们要求美国国务卿和代表团务必在以下人权问题上努力,主要有:保护人权成为联合国的一项"目的";保障人权被设想为联合国所有成员国的义务;在《联合国宪章》中清晰地规定要建立人权委员会。这些要求都被联合国采用。

20 世纪五六十年代,美苏两大阵营在联合国激烈对峙,在政治、经济、文化、军事等领域处于全面对抗状态,人权自然也成为一个角力的战场。西方在人权问题上着重讨论政治自由、言论自由,避而不谈经济和社会权利;苏东国家在人权问题上将矛头对准资本主义阵营中的种族隔离和失业等问题。双方互相指责,侵犯人权问题成为东、西方政治斗争的手段,有些非政府组织被滥用为东、西方意识形态斗争的工具。这种状况使国际非政府组织在联合国人权事务中十分尴尬,难以发挥实质性的作用。

---

① 代兵.论 19 世纪初至 1918 年非政府组织的发展状况[J].国际关系学院学报,2007(6):27-30.
② 田芳.人权非政府组织研究[D].武汉:华中师范大学,2007:27-30.

1961 年,知名国际人权非政府组织——大赦国际成立,但 1968 年在德黑兰召开世界人权大会时,包括大赦国际在内,还没有什么非政府组织能够对大会施加特别明显的影响。人权非政府组织影响力大增是在 20 世纪 70 年代末,当时美苏在联合国的对峙趋于缓和,非政府组织的数量不断增加,据统计,1/5 的国际人权非政府组织成立于 1960 年之前,一半成立于 1979 年后,1/5 成立于 1988 年后,1988 年另一个全球性的国际人权非政府组织——人权观察(Human Rights Watch)正式成立,主要进行人权问题研究和倡议。人权非政府组织建立了密切联系的国际网络,在联合国范围内的活动也更加频繁。

总体来看,冷战时期尽管意识形态对立,对人权非政府组织的发展和活动有一定的影响,但无论是增长速度还是所占比例,国际人权非政府组织都在国际非政府组织中占据了重要地位。特别是把"人权"和"妇女权益"两类国际人权非政府组织加起来进行统计的话(由于妇女组织普遍把维护妇女人权作为自己的追求目标,是典型的人权非政府组织),人权非政府组织的增长速度以及占国际非政府组织的比例是相当高的。

(三)冷战后国际非政府组织的人权保护活动

冷战后,人权问题成为国际关系中的重要议题,联合国有关人权的机构和机制有了更大的发展,人权非政府组织活动的政治空间变得开阔。国际人权非政府组织的影响力有了很大提升,特别是进入新世纪以后,获得联合国咨商地位的人权非政府组织增加到四百多个。①

1.参加联合国会议并影响会议议题

具有联合国经济社会理事会咨商地位的非政府组织,可以参与联合国的各种人权会议,如联合国人权委员会、人权公约委员会会议、国际人权会议、联合国新闻自由会议、国际妇女年世界会议、反对种族主义和种族歧视世界会议、联合国妇女十年平等、发展与和平世界会议等。在这些重要的人权会议上,它们可以行使发言权、提出倡议、进行游说、协助起草文件,对联合国人权事务产生了重要影响。

其中,最为典型的案例是 1993 年维也纳世界人权大会。这是联合国人权会议历史上非政府组织参与的规模最大的一次会议。大量的人权非政府

① 刘贞晔.全球公民社会研究:国际政治的视角[M].中国政治大学出版社,2015:203.

组织活跃在会场,以各种形式影响了大会的议程和决议。最为著名的事件是人权非政府组织游说各国政府首脑和联合国设立了联合国人权高级专员,当时来自841个非政府组织的3681名代表作为大会观察员参加了会议,他们提出设立人权高级专员,当时几乎没有任何国家认为这一提议会在大会上得到认可。但国际非政府组织在大会召开前的酝酿和游说工作,却使大会最终接受了这一提议,各国同意设立联合国人权事务高级专员。而且在维也纳人权大会的最终决议文件中,人权非政府组织的几个重要游说观点都得到了回应,如确认人权的普遍性和不可分割性,并在人权高级专员向大会所作的报告中加进非政府组织的意见和建议。

2.为联合国人权事务提供人权信息

非政府组织提供的人权信息是联合国人权事务决策的重要依据。1995年,联合国人权委员会任意监禁工作小组(the Working Group on Arbitrary Detentions)发表的一份文件统计显示:该工作组在1994年期间所处理的案件信息中,有97%是由人权非政府组织报告的,其中74%是由国际非政府组织报告的,23%是由国内非政府组织报告的。其中,大赦国际的表现最为突出。大赦国际的前任法律官员海林纳·库克指出,大赦国际每年向联合国各人权机构递交的报告有500份之多,涉及上千的案例。以2001年为例,大赦国际向联合国人权委员会和反酷刑委员会提供了十几个国家(阿富汗、阿塞拜疆、玻利维亚、巴西、格鲁吉亚、印度尼西亚、以色列、朝鲜、瑞士、乌克兰、英国、沙特阿拉伯、巴拉圭)的人权信息,涉及征召儿童士兵、种族歧视等问题,该组织提出保护妇女、少数民族、难民和流离失所者的权利,并建议成立一个委员会处理豁免权问题,重建司法体制。

非政府组织通过向联合国人权机构递交有关侵犯人权事件的信息,扩大了事件的影响,也促进了迅速处理某些事件的外交进程。[①]非政府组织频繁和有力度的倡议、游说、谴责、新闻曝光活动,使联合国在人权领域的活动从过去的口头声明向实施、强制型发展,相当部分的人权规范不仅得到了实施,而且逐渐具有更大的强制性。随着国际人权非政府组织的急剧增长,以及它们在国际人权运动中影响力的增强,[②]国际人权规范将对主权国家产生更大的约束力。

①② 蔡拓.人权非政府组织与联合国[J].国际观察,2005(1):40-46.

二、国际人权非政府组织的定义、类型与活动方式

（一）国际人权非政府组织的定义

国际人权非政府组织（International Non-Governmental Organizations of Human Rights）是指那些独立于政府和政治团体，通过各种方式在国际和国内层面上致力于促进和保护人权的非政府组织。①简言之，凡是参与、从事与人权相关的活动，以人权保护为组织宗旨和主要目标的非政府组织都是人权非政府组织。但由于"人权"内容非常广泛，国际人权非政府组织的内涵并不十分明晰。国际社会所承认的人权有"三代"。

第一代人权，即公民权利和政治权利。包括生命、自由、人身安全、隐私和财产的权利；婚嫁和建立家庭的权利；接受公正审判的权利；免做奴隶、免受酷刑和任意逮捕的权利；自由迁徙和寻求庇护的权利；拥有国籍的权利；思想、良知和宗教自由的权利；言论自由的权利；自由集会和结社的权利，自由选举、普选和参与公共事务的权利。这些权利最初被理解为消极权利，意味着在不同领域不受政府干预的自由。这些权利由西方国家首先提出，是西方国家人权标准中的重要部分，也是他们对人权进行关注的重点，但这些权利被批评忽视了社会环境和现实，只是"形式"自由。

第二代人权，即经济、社会和文化权利，也被称为积极的权利，相对于第一代权利，它强调通过参与政治程序而保护个人权利免于政府的暴行。第二代权利强调消除对人民的剥削，并注重国家的干预以便实现公民的积极权利。主要有三类：一是社会权利，如适当的生活水准，包括足够的食物、营养、衣着和住房，是基于人人享有生存权的理念；二是经济权利，从社会保障到工作权都被列入其中，如劳动权与休息权、社会保障权、财产权；三是文化权利，如参加文化生活、享受科学进步及其应用所产生的利益、受教育权以及少数人群体保持文化身份的权利。这些权利由社会主义国家提出，最终被写入《世界人权宣言》，目前已成为包括西方国家在内的世界各国的共识。

第三代人权，即"集体权利"，也被称为"连带的权利"。这些权利主要被发展中国家所重视，并逐渐得到国际社会的认同，在相关国际法中得到了确

---

① 黎尔平.中国非政府人权组织面临的问题与出路[J].法商研究,2006(3):12-17.

认。主要包括民族自决权、免受种族歧视的权利、免受新殖民主义阶级压迫的权利、环境权、发展权、和平权以及人类共同遗产权、人道主义援助权。

从广义上讲,凡是参与、从事与三代人权涉及内容相关活动的国际非政府组织都是国际人权非政府组织。从狭义上讲,人权非政府组织仅指那些强调第一代人权内容中的公民权利与政治权利的非政府组织,它们的活动只涉及第一代人权内容。这类非政府组织多数是西方发达国家的非政府组织,尽管在章程、宗旨和目标中会包含完整的人权内容,但在实践中,它们较少关注、甚至忽视属于第二代和第三代人权内容的经济、社会和文化权利以及集体权利。[①]

(二)国际人权非政府组织的类型

总体来看,国际人权非政府组织有相似的目标和活动,包括监督和报告政府在人权问题上的暴力行为,通过制造压力和创立国际机制制止这种行为;促进或保护特定团体的权利、增强非政府组织的能力、促进或保护妇女的权利、监督特定地区或国家人权侵犯的情况、帮助人权受到侵犯的受害者、提升国际人权法律标准、促进保护人权的国际机构。通常而言,国际人权非政府组织多为倡议性的组织或非发展取向的组织。按照不同的标准,国际人权非政府组织可以分为不同的类型。

1.按照人权非政府组织的活动宗旨可将其分为综合性的和专门性的

综合性的人权非政府组织是保护普遍性人权的非政府组织,如大赦国际宣称自己以国际人权宪章为准绳,关注各个领域的人权问题。人权观察也是一个类似的组织,关注的侵犯人权行为可谓五花八门,如:刑讯逼供、政府腐败、司法公正、政治监禁、歧视、不公正审判、侵犯言论、结社和宗教自由、大规模处决、人为造成的失踪和酷刑、妇女儿童的权益、企业的人权责任、学术自由、同性恋的权利、难民的权益等。[②]同类的组织还有:"国际人权联合会"(International Federation for Human Rights)、"国际人权协会"(International Society for Human Rights)等。

专门性从事人权活动的国际非政府组织将注意力只集中在某一个领域

① 马婧.大赦国际的行动策略研究[D].北京大学,2013:67.
② 李敢,曹琳琳.人权领域中的国际非政府组织正负功能引发的思考:基于国际法学学科的认识[J].陕西行政学院学报,2011(4):101–105.

或某些特定人群。集中在某个领域的如"国际人权法律协会"（International Human Rights Law Association）、"国际人权与反腐败协会"（International Human Rights Association and Anti-corruption Society）；以特定群体为其活动对象（以保护同性恋、妇女、当地人、残疾者、劳工等特定群体的利益为目标）的如"国际青少年人权协会"（Youth for International Human Rights）、"结束针对女性暴力"（End Violence Against Women）、"国际同性恋者权利委员会"（International Gay and Lesbian Human Rights Commission）、"难民国际"（Refugees International）、"世界盲人联合会"（World Blind Union）、"移民者权利"（Immigrant Rights）、"全球自由互联网运动"（Global Internet Liberty Campaign）等。

2.按照人权非政府组织的发源地可将其分为北方的和南方的

北方的国际人权非政府组织源自发达国家，南方的国际人权非政府组织源自发展中国家。发达国家认为公民及政治权利（第一代人权）才是真正的人权，而广大发展中国家则倾向于认为社会、经济和文化权利（第二代人权）的改善，更有利于本国人民福祉的提高。

3. 按照人权非政府组织关注对象国的数目多寡可将其分为普遍性国际人权非政府组织和单一性国际人权非政府组织

如大赦国际将整个世界纳入自己的视野，监督的国家不分大小，其人权报告几乎囊括当今世界所有国家的政府。而另外一些人权非政府组织则只聚焦于某一个国家，如"自由缅甸"（Free Burma）、"自由尼日利亚运动"（Free Nigeria Movement），等等。

4.按照人权非政府组织的活动范围可将其分为区域性的和全球性的

区域性的人权非政府组织通常集中处理本地区所面临的人权问题。如"非洲权利"（Africa Rights）、"北美事业"（North America Project）、"阿拉伯人权联合会"（Arab Association for Human Right）、"亚洲地区人权理事会"（Asian Human Rights Commission）、"西撒哈拉在线（Western Sahara Online）等。全球性人权非政府组织主要关注全球所面临的主要人权问题，如"世界反酷刑组织"（World Organization Against Torture）、"拯救儿童"（Save the Children）、"国际营救委员会"（International Rescue Committee）、"国际红十字委员会"（International Committee of the Red Cross）、"无国界医生"（Doctors Without Borders）等。

5.按照人权非政府组织的活动类型可将其分为参与型及研究型

有些人权非政府组织对人权问题参与程度极高，如"大赦国际""保护人权反奴役协会""国际拯救儿童联盟",它们属于参与型的。研究型的人权非政府组织自己并不参与具体的人权活动,而是以提供详细的人权信息、人权研究成果以及开展人权教育和传播为自己的主要目的,如瑞典瓦伦堡人道主义研究所、挪威人权研究中心、丹麦人权研究所、国际法学家委员会、人权律师委员会、自由之家、"人权网络"(Human Rights Network)、"人权情报文献系统"(Human Rights Information and Documentation Systems)等。不过一些实力强大的国际人权非政府组织既参与人权倡议活动,也进行人权问题研究,属于混合型的。

6.按照人权非政府组织的规模(成员、经费)可将其分为大型的和小型的

国际人权非政府组织有大有小,相差非常悬殊,如大赦国际 2017 年在全球共拥有 220 多万名成员、支持者和定期捐款者,遍布 150 多个国家和地区,其成员有不同的背景,拥有不同的宗教和政治信仰,在某些国家就特定的主题进行倡议活动,具有强大的影响力,这样的国际人权非政府组织是少有的特例。[①]一般的国际人权非政府组织的人数不多,经费也非常有限,如有的非政府组织可能在某一时期只有两名全职工作人员,财政资源也极为有限。

(三)国际人权非政府组织的活动方式

第一,调查和曝光人权侵犯情况。非政府组织介入和调查人权和人道主义侵害事件是人权得到保护的重要途径。传统方式上,人权非政府组织主要是通过接触当地社会组织和宗教社团进行实地调查,掌握具体的权力滥用和人权虐待材料。随着信息技术的发展,人权非政府组织开始通过网络调查和曝光各种人权事件,如大赦国际的"紧急行动网络"(Urgent Action Network)。[②]

第二,监督特定国家或地区的人权状况。首先是在定期或不定期的出版中,跟踪特定国家和地区的人权状况,如大赦国际的出版物,很大一部分是对特定国家和地区人权状况或侵犯事件进行及时观察、通报和评估;其次是通过在世界各国和地区设立分支或执行机构,或派出调查组等方式,对人权热点地区和事件进行调查,发现并及早报告这些地区的人权事件。除此之

①　Amnesty International (AI) .United Kingdom[EB/OL].[2017-06-01].http://www.worldcoalition.org/93498-20403-amnesty-international.html.

②　刘贞晔.全球公民社会研究:国际政治的视角[M].中国政法大学出版社,2015:205.

外,人权非政府组织还会通过向联合国等政府间国际组织、各国政府、其他非政府组织等有影响力的各方提供专题人权报告,向新闻媒体提供新闻稿说明事实真相等方式制止侵犯人权的行为,如"国际人权联盟"曾就有关于巴拉圭、印度、苏联、北爱尔兰、希腊、墨西哥的人权状况,以及拉丁美洲"失踪者"的状况向联合国提供专题人权报告。通过跟踪监督特定国家或地区的人权状况,扩大事件的影响,形成国际和国内社会舆论压力,促进事件处理的外交进程。①

第三,发起并推动建立区域性人权保护机制。人权非政府组织曾参与欧洲和美洲区域人权标准和公约的发展与编纂,区域人权司法或准司法机构的设立,以及区域人权公约的实施和监督。在非洲和亚洲人权区域性保护机制的形成和发展过程中也是重要的推动力量。②

第四,游说国家和国际组织。人权非政府组织经常对世界上有重要影响的国家和国际组织展开游说,对某一人权事件施加影响和压力。如美国国会、欧盟议会、联合国都是人权非政府组织经常游说的对象。

第五,参与国际人权议程的设定,促进人权规范、标准的制定和国际人权机制的建立。主要是通过与联合国等政府间国际组织,以及其他相关国际非政府组织的合作,在重要的国际会议上提出国际人权议题,参与全球人权标准的制定和实施,倡议建立国际人权机制。

第六,监督各国际人权条约的实施情况,促使各种国际人权公约和协定有效推进和实施。因为在很多情况下,签署条约的国家或者是没有能力实施条约,或者是由于国家利益和国内阻力无法兑现承诺,所以国际非政府组织常常担任监督者的角色。

第七,开展研究和进行人权教育。传统上,非政府组织会与出版社签订长期出版计划,出版书籍、小册子,或在学术刊物上对各种人权问题进行全面关注,积极发布年报、新闻稿、报告通告人权信息,对公众或其他社会团体进行人权教育,为游说创造良好的环境。随着信息技术的发展,非政府组织开始更多地利用互联网和其他新媒体实时更新组织动态和全球人权状况,普及人权基本知识,提高全球民众对人权的关注程度。

---

① 马婧.大赦国际的行动策略[D].北京大学,2013:70-74.
② 谷盛开.亚洲区域性人权机制:理念与构建[J].现代国际关系,2006(2):20-26.

三、国际人权非政府组织及人权议题的争议性

非政府组织越来越多地参与到国际人权保护领域中，对国际人权保护产生了无法忽视的影响。但无论是国际人权非政府组织，还是人权议题在国际政治领域都极具争议性。

（一）国际人权非政府组织的争议性

1.国际人权非政府组织立场的偏颇性

在人权问题上，非政府组织总是强调自己的中立性，宣传自己是推动人权规则应用于实际的公正的监督者，是人权法的捍卫者。但在实践中，它们却并非完全像其所标榜的那样独立于政府、政治意识形态、经济利益或宗教信仰之外。人权非政府组织在活动过程中极大地受到文化价值理念的影响，发达国家的人权非政府组织常常以西方的人权标准去衡量发展中国家的人权问题，其调查往往也只集中在免受国家侵扰的自由权、民主参与权等公民权利和政治权利方面，而忽视经济、社会及文化权利。①

2.国际人权非政府组织信息的可信度

人权非政府组织赢得信任与尊重常常是由于它能够提供第一手的资料和信息，大赦国际在其成立之初，就曾因对政治犯、酷刑、死刑等方面的准确报道而在国际上享有盛誉。但是否能因此认为人权非政府组织所提供的所有信息都是客观准确的呢？显然答案是否定的。

首先，人权事件的信息来源是复杂的，或来自人权受害者自身，或来自其家人、朋友、其他团体，这些信息在调查时需要清除偏见，建立在严格的调和程序和规则之上，但人权非政府组织的调查往往是非正式的，具有随意性和选择性。

其次，由于人力、物力、财力所限，人权非政府组织可能会依赖一些未经证实的传闻或文件，或依据间接证据进行推断，这会导致其信息的不准确。

再次，人权非政府组织会通过媒体传播自己的观念或信息。一些媒体为了提高销量或收视（听）率，总是采用煽情及耸人听闻的手法，为了迎合媒体

---

① 黄志雄.国际法视角下的非政府组织：趋势、影响与回应[M].中国政法大学出版社，2012:192–193.

的这种需求，人权非政府组织撰写新闻故事时的准确性与真实性不免受到影响。在新媒体时代，非政府组织的传播成本降低，传播能力提高，对媒体的依赖不如从前，但有时为了吸引公众眼球，也会运用较为夸张的手法，导致信息失真。

最后，信息的提供总是与价值观念的传播联系在一起的，为了使受众接受自己的价值观念，非政府组织提供的有关政治犯、良心犯以及各国实施酷刑、死刑的信息总是有选择的，既不客观也不全面。

3.国际人权非政府组织的独立性问题

从理论上讲，非政府组织是非营利的，组织的运作和发展主要依靠捐赠，捐赠可以来自基金会捐款、私人捐赠和会费收入。但在现实中，非政府组织的资金有很大一部分来自政府，这使人权非政府组织难以保证自己的独立性，如"国际法学家委员会""人权观察"都接受政府捐助，所以也有很多人质疑这些人权非政府组织一直以来都是按其捐助者的喜好行事。

此外，还有一些人权非政府组织只是打着人权和人道主义的旗号，实质上是某国政府的政治工具，在实际活动中更是毫无独立性可言。①在这种情况下，许多政府对人权非政府组织持相当谨慎的，甚至是严厉的态度。

4.国际人权非政府组织的人权丑闻

人权非政府组织以保护人权为自己的责任，但有些工作人员在帮助服务对象的过程中，会借工作之便侵犯服务对象的人权。如2002年，几内亚、利比里亚和塞拉利昂爆出多起难民儿童遭性剥削丑闻，而肇事者均出自联合国下属机构以及国际知名的非营利组织。2008年，"人道主义问责国际伙伴关系"（HAP）以及救助儿童组织分别出具报告指出，在冲突地区或者重大灾区，难民对人道主义援助物资高度依赖，援助工作者在一定程度上掌握着其"生存权"，在此情况下，即便这些工作者行为不端，弱势的一方也不敢对外声张。面对这种状况，有些援助组织也会为了保持颜面和声誉隐瞒案情，致使施害者得不到惩处，受害儿童得不到有效支持与保障。非政府组织的人道主义工作者侵害儿童的现象在国际援助领域泛滥多年，也使国际社会对

---

① 黄志雄.国际法视角下的非政府组织：趋势、影响与回应[M].中国政法大学出版社，2012:194–199.

其人道主义服务产生了广泛质疑。[①]

(二)人权议题的争议性

在很长一个时期内，人权只作为国家内部政治生活和立法的原则而存在，专属国内管辖，由各国根据其主权自主处理，通过国家在政治、经济、社会、文化等各个领域的政策和措施促进和保护人权，通过国内立法、司法和行政措施对人权遭受侵犯的人给予救济。

人权在国际关系中受到广泛关注，保障和维护人权成为国际社会普遍接受的准则，始于联合国成立之后。二战中，德、意、日法西斯残杀各国人民的暴行激起了世界的公愤，世界人民普遍要求保障人权，主张战后的国际关系应以尊重基本人权为宗旨。1945 年通过的《联合国宪章》宣布：决心免除"后世再遭今代人类两度身历惨不堪言之战祸，重申基本人权，人格尊严与价值，以及男女与大小各国平等权利之信念"。1945 年以后，在联合国的主导下，国际社会制定了各种条约、习惯法，以及各种宣言、准则和决议保护人权，逐渐形成了国际人权法。

国际人权法形成后，在一些国际法规定的特殊情况下，人权不再专属国内管辖，保护人权成为国际政治中的一个重要问题。但是尊重人权和基本自由原则的产生，以及与人权有关的其他国际法规范的出现，并不意味着这些权力可以直接受现代国际法的调整，而不再成为各国的内政。而脱离内政的范围，也不意味着某一个人人权受到本国当局的侵犯，就必然构成外部干涉的理由。1981 年 12 月 9 日，联合国大会通过的《不容干涉和干预别国内政宣言》明确规定："不得利用人权干涉别国内政"，这说明人权在本质上仍属国内管辖事项，属一国内政。[②]

人权在本质上属于一国的国内管辖事项，应由各国依据其国情自主处理，其他国家不得加以干涉。理论上的依据是：第一，人权问题历来都是由国内法规定的，国际人权文书仅仅是使国家承担了保护和促进人权的国际义务，而没有赋予个人以国际法上的权利。国际人权文书承认国家有权根据本

---

① 陶短房，陆家成.人道主义活动家被控强奸，舆论反思性剥削何以泛滥[EB/OL].[2018-05-16]. http://www.dzwww.com/xinwen/guojixinwen/201805/t20180516_17375105.htm.

② 谷盛开. 从国际人权法看不干涉内政原则 [EB/OL].[2014-11-02].http://www.humanrights.cn/html/2014/1_1102/2792.html.

国安全等需要,通过法律对某些人权加以限制。第二,人权主要是由国内法加以保障的。在人权遭受侵犯的情况下,主要通过概念立法、司法、行政措施加以救济,这在《公民权利和政治权利国际公约》中得到了集中而准确的表述。第三,国际人权公约规定的国际监督程序,未经一个国家的明示同意,对该国不发生拘束力。在《公民权利和政治权利国际公约任意议定书》中就有相关的规定。第四,人权在多大程度上属于国内管辖事项,或国际干预事项,须完全依据国际人权法的具体规定和确认,《国家权利义务宣言草案》就体现了这一精神。由此可见,人权在本质上是国内管辖事项,只是在某些特定情况下才属于国际关心的事项。①

在人道主义救助实践中,一些非政府组织在关注弱势群体,包括死刑犯、良心犯、妇女、儿童、老人、侨民、智障人士、残疾人、土著居民、迁徙工人、难民和流离失所者等个人人权遭到侵害的个案时,不考虑当事国的传统习惯、法律体系和国家安全问题,一味强调人权至上,通过信息政治、杠杆政治、责任政治战略向国家施加压力挑战国家的主权,这就导致了人权领域的活动极具争议性。

第二节　国际非政府组织与国家在人权问题上的变化

在人权问题上,非政府组织对主权国家施加了各种各样的影响,这些影响是国家所不能忽视的,主权国家对来自国际人权非政府组织的压力进行了不同程度的回应,一些国家在人权问题上的态度和行为也出现了相应的变化,但这种变化非常有限,在人权问题上影响国家认知和态度的主要是国家利益、宗教信仰和长久以来形成的风俗和习惯。下面以"死刑的限制与废除""同性恋人权问题""关塔那摩囚徒的人权"为例,说明非政府组织对国家在人权问题上变化的影响。

---

① 谷盛开.从国际人权法看不干涉内政原则[EB/OL].[2014-11-02].http://www.humanrights.cn/html/2014/1_1102/2792.html.

一、国际非政府组织与国家在死刑问题上的变化

(一)废除与限制死刑的历史

死刑是最古老、最严厉的一种刑罚,它的正式适用可以追溯到有文字记载的人类历史初期,从许多历史记录和大量部落记录中都可以看到死刑曾被强者用来表达虔诚、祭祀神灵、取乐、处罚异教徒和罪犯。在历史上,死刑是刑罚体系的重要部分,是统治阶级镇压政治异议者的重要手段,执行方法多种多样且极端野蛮残酷。死刑作为一种控制社会的刑罚工具其具有的威慑作用在世界范围内得到普遍认同。①

死刑废除运动起源于 18 世纪末的启蒙运动,初步成型于 19 世纪,其思想根源是自由主义和人道主义观念。1764 年,意大利改革家切萨雷·贝卡利亚(Cesare Beccaria)发表了著名的论文《论犯罪与刑罚》(*On Crimes and Punishment*),文中用大量篇幅论述了限制以及废除死刑的观点,主要有:死刑的威吓作用是多余的;死刑容易引起旁观者对受刑人的怜悯;死刑的影响是暂时的;死刑可能造成不良的社会环境;死刑的错误是不可挽回的。滥施极刑从来没有使人弃恶从善,历史上任何最新的酷刑都从未使决心侵犯社会的人们回心转意。②贝卡利亚对死刑的批评成为全世界范围内死刑存废争论的导火索。1794 年,宾夕法尼亚州成为美国第一个废除死刑的州(一级谋杀除外);1861 年,英国也将死刑限制在谋杀罪;1863 年,南美洲的委内瑞拉颁布了废除死刑的法令,成为世界上第一个真正对所有犯罪废除死刑的国家。

20 世纪死刑废除运动迅速发展,并在全球造成了巨大的影响。20 世纪前 25 年,一些欧洲国家和拉丁美洲国家在和平时期对所有的罪行都废除了死刑。20 世纪 20 年代以后由于一些重大国际事件的发生,原来一些已经废除了死刑的国家又重新恢复了死刑,如意大利在墨索里尼上台后又恢复了死刑;德国的纳粹政府将死刑变成了种族和政治操纵的工具。二战结束之际,死刑被国际社会用来处罚战争罪犯,各国国内和国际对战犯及其同谋广

---

① 武晓雯.再议死刑之存废与替代:以欧美等国废止死刑的历史实践为切入[J].河北法学,2016(11):155-171.

② 贝卡里亚.论犯罪与刑罚[M].中国法制出版社,2005:56-57.

泛适用死刑,死刑与人权并无关联。

联合国成立后,通过并宣布了《世界人权宣言》,但在死刑问题上保持了沉默——没有提及死刑问题,没有任何直接或者间接地与死刑相关的条款。尽管宣言第 3 条规定"人人有权享有生命、自由和财产",确认生命权是人的三大基本权利之一,宣言第 5 条规定了"任何人不得加以酷刑,或施以残忍的、不人道的或侮辱性的待遇或刑罚",但从宣言产生的具体历史背景来看,第 3 条中所说的人人所享有的生命权并不适用于应处死刑的罪犯,而第 5 条所禁止的"残忍的、不人道的或侮辱性的刑罚"也不包括死刑。宣言通过时,世界上只有 7 个国家废除了死刑。

1950 年《欧洲人权法案》(The European Convention on Human Rights)第 2 条规定:"每一个人的生命权都受到法律的保护。每一个人的生命权都不能被有意剥夺,除非根据法律由法庭判决他死刑。"①《欧洲人权法案》为以国家法律的名义判处和执行死刑提供了法律依据。1966 年《公民权利与政治权利国际公约》第 6 条规定:"人人有固有的生命权。这个权利应受法律保护。不得任意剥夺任何人的生命",第 7 条重申"任何人均不得加以酷刑或施以残忍的、不人道的或侮辱性的待遇或刑罚",但并未指明死刑是否属于"酷刑或残忍的、不人道的或侮辱性的待遇或刑罚"。公约只是附加了一些死刑适用的条件,如:"判处死刑只能是作为对最严重的罪行的惩罚","任何被判处死刑的人应有权要求赦免或减刑。对一切判处死刑的案件均得给予大赦、特赦或减刑","对 18 岁以下的人所犯的罪不得判处死刑,对孕妇不得执行死刑",②以限定死刑的使用,由原来对死刑的沉默转向了限制死刑,但并未禁止死刑适用。

20 世纪 60 年代,二战带给人们的阴影尚未消除,人们对二战时期罪大恶极的战犯践踏人权的罪恶行径记忆犹新,不可能不对悲剧的重演心存恐惧。因此在这样的背景下,很少看到与死刑相关的国际文件,也几乎没有听到过对死刑不满的呼声。因为人们担心再出现希特勒、墨索里尼与东条英机之类的国际屠夫,没有死刑如何惩治这些屠杀人类的凶手? 在这样的问题面前,国际社会难以提出与接受排斥死刑的动议,任何试图反对死刑的声音都显得底气不足,国际社会尚未形成排斥死刑的政治气候。

---

①② 喻贵英:《欧洲死刑废除的启示[J].法学评论,2006(3):142–152.

(二)国际非政府组织限制和废除死刑的行动

从 20 世纪 70 年代起,国际政治环境发生了很大变化,为非政府组织参与人权事务提供了机会。非政府组织为限制和废除死刑采取了一系列行动,主要有以下几个方面:

1.将死刑与国际人权理论联系起来

《联合国宪章》《世界人权宣言》《公民权利与政治权利国际公约》等国际人权文件规定:人人有权享有生命、自由与人身安全;任何人不得承受酷刑或者残忍、不人道或侮辱性的刑罚,但并未对生命权在人权中的首要地位加以肯定与关注。首次将死刑与人权联系在一起的是国际非政府组织,它们认为生命权是人权中最重要、最基本的权利,是一切权利的源泉,而死刑威胁了人的生命权。

详细阐述这一观点的是大赦国际。该组织认为:首先,死刑侵犯了人的生命权。依据《世界人权宣言》,享有生命权的主体——"人人"包括任何人,无论其身份、地位、性别、种族以及年龄,只要其出生为人,便拥有生命权;而罪犯无论其犯罪轻重,总是作为人而存在,因此,他与普通人一样享有作为基本人权的生命权。然而,死刑以剥夺犯罪人的生命为内容,因而构成对犯罪人的基本人权的侵犯。其次,死刑是一种残忍的刑罚,死刑与酷刑一样,对一个无助的人构成了一种极度的肉体与精神上的痛苦,死刑是对犯罪人不受残忍刑罚的权利的侵犯。[①]

大赦国际将死刑与人权联系起来使国际社会开始思考这些问题:

第一,死刑在国际人权法上的合法性问题。有人认为,大赦国际对有关国际人权法保护生命权条款的解释牵强而且过激,但是不可否定的是,正是这样的解释促进了国际人权界对罪犯生命权的重视,进而促成了国际人权法上限制死刑的态势的形成。[②]

第二,国家适用死刑的正当性问题。依据大赦国际的观点,所有支持死刑的论据都是功利性的(如死刑可以有效地威慑犯罪维护公共安全、死刑能有效抚慰被害人及其家属),但即便死刑能够满足那些功利性的目的也应该

---

① 邱兴隆.从信仰到人权:死刑废止论的起源[J].法学评论,2002(5):10:19.

② 邱兴隆.国际人权与死刑:以国际人权法为线索的分析兼及中国的应对[J].现代法学,2001(2):63-72.

予以废除,因为任何人的生命和尊严都是神圣而不可侵犯的。保护人的生命包括被告人的生命,应是刑事政策的目的而非手段。①

第三,死刑国际化问题。依据大赦国际的解释,死刑从一个国内司法议题转变为了国际人权议题,这为死刑的限制和废除添加了超越国家疆域的意义。死刑不仅是各国国内刑事司法与刑事政策的问题,而且是世界范围内、跨越国别和文化的共同和普遍存在的社会现象,对人的生命权与尊严的保护没有国别界限。这也使国家有无剥夺罪犯生命的权利,以及严重罪犯是否拥有不可剥夺的生命权等问题被提上国际议事日程,并成了一个影响国际行为体之间关系的问题。

大赦国际将死刑与国际人权理论联系在一起,影响人们对死刑问题的理解和认知,为后来在全球形成排斥死刑的政治气候奠定了基础。

2. 促进相关国际文件的形成和发展

国际非政府组织将死刑与国际人权理论关联起来,不只是希望国际社会重新理解和认知死刑,还想使这种理念融入国际文件,以国际文件的形式督促各国政府限制和废除死刑。联合国是制定国际人权文件和保障国际人权的重要机构,于是成为国际非政府组织长期游说和倡议的对象。在国际非政府组织的影响下,联合国日益重视废除死刑以保护国际人权,自 20 世纪 70 年代以来制定了一系列有关死刑问题的文件。

1971 年,联合国大会第 16 届会议通过《死刑问题》决议,首次宣称将废除死刑作为一个全球目标,提出为了充分保证《世界人权宣言》第 3 条规定的生命权利,今后所应追求的主要目标便是逐渐减少可处死刑的罪行种类,以期所有国家都能废除死刑。1977 年,大赦国际在《斯德哥尔摩宣言》中提出的,死刑在根本上是残忍、不人道与堕落并侵犯生命权的刑罚对联合国产生了深刻影响,当年联合国在第 32 届大会通过决议申明:"死刑问题方面所追求的主要目标,是逐渐限制可处死刑罪行的数目,以期达到废止死刑。"1980 年,大赦国际首次在全球范围内发起反死刑运动,联合 42 个具有联合国经社理事会顾问身份的人权国际非政府组织,向联合国第 6 届犯罪预防与罪犯待遇大会提交了《废除死刑的联合声明》,"呼吁保留死刑的所有政府停止

---

① 赵秉志,苗苗.论国际人权法规范对当代中国死刑改革的促进作用[J].吉林大学社会科学学报,2013(4):5-17.

死刑的使用；呼吁联合国大会发布一项宣言极力主张在全世界范围内废除死刑；呼吁关于人权的所有非政府组织在国内与国际范围内做出每一努力，以确保死刑的废除"。①1984年，《关于保证面对死刑的人的权利的保障措施》作为联合国经济及社会委员会批准的正式文件得以通过；1989年，联合国第43届大会最终通过了《公民权利与政治权利国际公约第2任择议定书》(简称《联合国废止死刑公约》)；2007年，大赦国际及其他非政府组织向联合国提交了500多万个签名，要求全球暂停使用死刑，当年联合国大会第62届会议通过了"暂停使用死刑"的决议。②

3.劝说主权国家改变在死刑问题上的观念和决策

二战结束至20世纪70年代，国际社会对死刑有很高的认同度。许多西方国家的公众对死刑的支持度都较高。在这种情形下，一些将限制直至废除死刑作为宗旨的国际非政府组织开展了一系列活动劝说主权国家改变关于死刑的观念和政策。1977年，大赦国际在斯德哥尔摩举行关于废除死刑的大会，并通过《斯德哥尔摩宣言》，敦请"国内的与国际的非政府组织，以集体或个人的努力提供旨在废除死刑的资料"，同时敦请"所有政府造成死刑的立即而彻底的废除"。③此后，国际非政府组织通过自己在世界各地的分支机构，关注死刑在各个国家的适用情况；通过出版物公布所了解到的死刑信息、发表废除死刑的言论；甚至直接致函适用死刑的各国政府或知名人士，号召限制与废除死刑，或者直接以顾问身份参与联合国有关死刑的会议与讨论。

经过长期的努力，非政府组织在劝说主权国家改变观念和政策上取得了一定的成效。以法国为例，死刑在法国执行了数百年。法国大革命之后，法国曾多次试图废除死刑，但或以失败告终，或仅持续了很短的时间。在整个19世纪和20世纪前期，死刑始终是法国惩罚致死性暴力犯罪的通用刑罚。二战结束后，意大利和联邦德国首先废除死刑，50年代开始西欧与北欧各国也陆续废除死刑。但法国始终坚持死刑，70年代进行的多次民意调查一再表

---

① 邱兴隆.从信仰到人权:死刑废止论的起源[J].法学评论,2002(5):10:19.

② 孙世彦.从联合国报告和决议看废除死刑的国际现状和趋势[J].环球法律评论,2015(5):116-135.

③ 邱兴隆.国际人权与死刑:以国际人权法为线索的分析兼及中国的应对[J].现代法学,2001(2):63-72.

明,多数法国人赞成保留死刑。在此情形下,法国人权组织坚持通过多种途径在多种场合推动法国政府废除死刑。1981年,人权组织直接对法国左翼候选人密特朗及其他左翼政治人物展开密集游说和动员,密特朗赢得选举成为总统后,法国议会以150票对126票通过了废除死刑的法律。①

法国是西欧最后一个废除死刑的国家,废除死刑后还有很多法国人在观念上依然认为死刑是合法、必要和有效的。法国的人权组织为了改变公众对死刑的态度长期进行相关宣传和教育。几十年后法国公众已经认同了人权组织关于死刑的观念,法国也变成了积极推动废除和限制死刑的国家。目前,法国认为死刑并不是体现正义的形式,也无助于遏制犯罪;死刑造成的生命丧失是不可弥补的,而任何司法体系都无法避免误判;死刑并不比其他刑法具有更大的威慑力,因此在很大程度上是无效的;死刑也并不总能受到被害者家庭的支持,因为死刑并不能让被害亲人复活,凶手的死亡不是伸张正义的必要条件,杀死凶手是在复仇,而复仇不是正义;死刑不是简单的刑法工具,而是侵犯人权。法国还认为,无论各国在语言、文化、宗教信仰、政治制度,乃至文明上有多大的差异,也无论各国处于什么样的经济发展水平,司法错误可以不被纠正的想法是不能容忍的,死刑应该废除。

除了法国外,大赦国际等人权组织也对其他未废除死刑的国家进行游说和劝说,如大赦国际与乌兹别克斯坦的本土非政府组织形成国际合作伙伴关系,经过长达数十年的运动和倡议,终于在2008年使该国废除了所有罪名的死刑;2016年,大赦国际几内亚的分支与当地合作伙伴一起开展密集的运动和倡议,使该国议员投票通过新刑法,在适用刑罚中删除了死刑;2017年,大赦国际蒙古分支及其支持者经过21年的努力,使死刑在蒙古成为历史。

4.公布各国的死刑执行情况向相关国家施加压力

除了劝说外,国际非政府组织还以施加压力的方式影响国家的行为。最为常用的方式是向国际社会公布数据,并进行相应的评价。1979年,大赦国际公布了首份全球死刑统计数据报告,成为监察和报告世界各国判处和执行死刑情况的重要机构。公布死刑统计数据是大赦国际监督各国死刑情况的主要方式,在公布数据的同时还会发布对数据的分析,分析涉及的地区包

---

① 崔敏.西方国家死刑制度的演变[J].中国人民公安大学学报(社会科学版),2006,22(4):1-10.

括欧洲、美洲、亚洲,以及大洋洲和太平洋岛屿,分析报告会指出哪个地区少数死刑和不执行死刑的步子迈得最快,哪个地区废除和限制死刑的步伐缓慢,哪些国家完全废除了死刑,哪些国家对普通犯罪废除死刑,哪些国家实际不执行死刑。大赦国际在数据分析中会对一些国家进行重点关注并做出批评,①引导国际舆论对这些国家施加压力。

5.发起全球运动增强公众对死刑问题的关注

限制和废除死刑的全球性运动始于 2001 年,法国的一些非政府组织发起并组织了第一届世界反死刑会议,并通过了《斯特拉斯堡宣言》,签署宣言的组织期望建立一个全球合作机制限制和废除死刑。2003 年,世界反死刑联盟和来自全球的 180 多个非政府组织共同设立了第一个"世界反死刑日",得到非洲人权及人民权利委员会和欧盟的官方支持, 自 2005 共举行过 260 多场活动。国际非政府组织在每年的世界反死刑日活动都会设置一个特定的主题,②吸引公众对死刑问题的关注。目前,参加活动的非政府组织涉及加勒比、中东和北非、欧洲、撒哈拉以南非洲、北美、亚洲等地区,共 146 个成员,③已经形成了一个声势浩大的废除和限制死刑倡议的国际网络。该网络在每年的"世界反死刑日"组织国际性的活动,进行废除和限制死刑倡议,对增强国际公众对该问题的关注有不可忽视的影响。④

(三)国家在限制与废除死刑问题上的变化

1.大多数国家实质上已废除死刑或严格限制死刑的使用

1961 年大赦国际成立时, 世界上只有 9 个国家废除了死刑,1977 年有 30 个国家废除了死刑。在 1990 年之前,死刑在世界范围内还广泛适用。2001 年,完全废除死刑的国家已有 75 个;废除普通犯罪死刑的国家有 14 个;在法律上仍然保留死刑,但在过去 10 年内没有执行过死刑,可以视为在事实上废除了死刑的国家有 34 个;保留死刑并继续执行死刑的国家和地区只剩

---

① 赵怡蓁.大赦国际称 2015 年全世界处决犯人破纪录[EB/OL].[2016-04-06].http://world.huanqiu.com/exclusive/2016-04/8799638.html.

② History[EB/OL].[2017-06-01]. http://www.worldcoalition.org/History.html.

③ Member organizations[EB/OL].[2017-06-01].http://www.worldcoalition.org/Member-organizations.html.

④ 14th World Day Against the Death Penalty: Terrorism [EB/OL].[2017-06-01].http://www.worldcoalition.org/worldday.html.

下 76 个。①2009 年,全球 197 个国家中有 139 个国家实质上废除了死刑。其中,有 94 个国家完全废除死刑,10 个国家废除普通死刑,只有在特定条件下才执行死刑(军事犯罪或战时犯罪),还有 35 个国家虽然保留死刑,但是在 10 年里没有执行过死刑,相应地,保留死刑的国家和地区只剩下 58 个。②2017 年底,全球有 106 个国家在法律上废除了所有罪名的死刑,142 个国家在法律上或者事实上废除了死刑。

保留死刑的国家里,情况有所不同,但越来越多的国家倾向于对死刑持严格限制的态度,表现之一是在立法上大幅度减少适用死刑的条款,将其限制在谋杀、叛逆和战时犯罪等少数几种性质极其严重的犯罪上。表现之二是在司法上对死刑进行严格控制,有的国家一年仅判决或执行几例或一例死刑,有的国家甚至数年才执行一例死刑。

目前世界上有影响的国家中,美国、日本、印度都保留死刑,但都对死刑持审慎态度。美国现在有 12 个州废除了死刑,38 个州保留死刑,但对死刑的适用也是持相当严格的立场。在保留死刑的州,绝大多数都规定只有严重的谋杀罪(通常是一级谋杀罪)才可以判处死刑。而要判处一个罪犯的死刑,司法程序非常烦琐。日本每年执行死刑数量很少,且都限于严重谋杀罪,日本是实行死刑制度的国家,但被执行者很少。从 2004 年到 2010 年,日本最高法院判处死刑犯的数量连续 6 年都超过 10 例,2013 年,日本死刑犯仅为 8 人。印度的死刑适用也受到严格限制,且执行死刑的人数呈下降趋势。从 1996 年到 2000 年,印度 5 年间适用死刑的总共才 49 例,平均每年不到 10 例,考虑到印度是世界上第二人口大国,这个数字应当是比较低的。③

2.部分国家积极主张所有国家废除死刑

世界上有部分国家与人权非政府组织在死刑问题上持相同观念,通过各种途径积极推动所有国家都废除死刑。

(1)主张完全废除死刑的国家的基本观点

第一,施行死刑方面的任何司法错误或失败都是无法逆转和无可挽回

---

① 崔敏.西方国家死刑制度的演变[J].中国人民公安大学学报,2006(4):1-10.

② 孙世彦.从联合国报告和决议看废除死刑的国际现状和趋势[J].环球法律评论,2015(5):116-135.

③ 薛洪涛.废除死刑运动正在席卷全球[EB/OL].[2010-09-09].http://www.legaldaily.com.cn/zmbm/content/2010-09/09/content_2277217.htm?node=7579.

的。任何司法制度都不可避免地有误判情况，只要采用死刑，就完全有可能有人因为没有犯下罪行而被处死，而有多少无辜的人被处以死刑是不可能确定的，因为执行死刑后，很少对可能出现的差错进行司法审查或调查，死刑的使用具有无可挽回性。即使是在法制最为完善、良好和得力且有多重司法保障的国家，也有许多被处决的人事后证明是无辜的，死刑的存在事实上导致了误将他人生命权剥夺的情况时有发生，因此有必要彻底废止死刑的适用。

第二，没有任何确切证据证明死刑的威慑价值。与其他形式的惩罚相比，死刑并不能有效威慑和阻止犯罪，死刑具有威慑作用的一般说法缺乏依据。重罪犯罪率的高低与罪犯所处社会的文化环境密切相关，是一个复杂的社会学问题，并非只是对死刑威慑作用的反应。死刑对威慑相关重罪时的作用很微弱。杀人者在实施行为时很少考虑该行为可能的后果是什么，如果他由于什么原因没有实施杀人，那明显不会是该行为可能面临着死刑的惩罚。换言之，普通民众之所以不选择杀人并非他们惧怕被处死，而是因为没有那样一种坏的情境迫使他们不惜违背自己的道德观念、价值取向而剥夺另一个人的生命。然而，当这样一种坏的情境出现时，即使是面临被处死的可能也无法阻挡行凶者的行为。①采用死刑并不是打击犯罪的方法，而是表征着司法制度的失败。死刑的警示效果短暂即逝，而长期监禁可发挥更有效的威慑作用。

第三，死刑是对每个人与生俱有的生命权的极端不尊重和剥夺，是对人身心的极端暴力，是一种最残酷、最不人道、最侮辱人格和待遇的处罚，是对人类尊严的侮辱；死刑也是对公民免受过分的、极端的、扭曲性惩罚的权利的侵犯。死刑侵犯了人的生命权这一基本人权，违反了国际法。

第四，死刑的使用不能弥补被害人及其家属遭受的伤害，还会引起其他人权问题，如各种歧视问题。死刑的适用往往具有歧视性，从适用情况看，被判处死刑的往往是无法获得法律帮助的弱势群体。一个人如果属于种族、宗教、民族、族裔和性别群体，这往往是导致其死刑判决和处决的决定的重要因素。

---

① 武晓雯.再议死刑之存废与替代：以欧美等国废止死刑的历史实践为切入[J].河北法学,2016(11)：155–171.

第五,公众舆论不应成为废除死刑的障碍。公众舆论的支持,并不意味着剥夺人的生命就是正确的。历史上不乏根据多数人的意见而导致的大规模侵犯人权的事件,最终都受到了谴责。废除死刑,强调人权和人类尊严,应是精英阶层和政治家的任务。①

(2)赞成废除死刑的国家的行动

赞成废除死刑的国家成为废除死刑的重要力量,如近年来,法国在全球范围内积极推动废除和限制死刑,主要活动有:①要求议员在支持全球废除死刑中发挥重要作用;②在《欧洲人权公约第 13 号议定书》生效 10 周年之际,与欧洲委员会的其他国家发出全球废除死刑的呼吁;③在区域组织(如欧盟、欧安组织、法语国家组织)中推动废除死刑,呼吁成员国把在全球废除死刑视为外交政策的一项重点;④与共同反对死刑协会等人权组织在国际场合进行游说;⑤发起全球废除死刑运动(2012 年由法国外长洛朗·法比尤斯发起);⑥在全球废除死刑运动框架下,法国驻外所有外交机构在世界各地积极开展行动,法国的使领馆和文化中心定期组织各类活动,如讲座、媒体互动等,使公众舆论关注这一主题;⑦在联合国内运用自己的影响力,加强在全球暂缓执行死刑的活动。在法国的推动下,联合国人权理事会于 2014年 6 月通过一项关于死刑的决议,决议将死刑问题持久纳入人权理事会的议事日程:每两年召开一系列高级别会议以推进最终废除死刑。

联合国成为赞成完全废除死刑国家倡议的重要平台。这些国家持续不断地在联合国推动"暂停使用死刑"议题,2007 年 12 月 18 日,联合国大会终于通过了具有里程碑式意义的"暂停使用死刑"决议。此后,联合国大会又分别于 2008 年、2010 年、2012 年、2014 年、2016 年通过了关于暂停使用死刑的决议,一再发出保护生命权的强烈信号。

2018 年 11 月,六十多个国家在联合国大会第三委员会再次共同提交了《暂停使用死刑》决议草案。草案重申,没有任何确切证据可证明死刑的威慑作用,而施行死刑方面的任何审判不当或不公都是无法逆转和补救的。草案对继续使用死刑深表关切,促请所有国家尊重就保护死囚权利所规定的国际标准,具体内容包括:确保死刑的适用不是基于歧视性法律或任意适用法律的结果,呼吁逐步限制死刑使用;对未满 18 岁者、孕妇、精神或智力残疾

①　毛立新.联合国关于死刑的政策和立场[J].河北法学,2014(4):109-117.

者所犯罪行,不得处以死刑;减少可判处死刑的罪名,包括为此考虑取消死刑的强制适用;暂停执行处决,目标是废除死刑;促请已废除死刑的国家不再恢复死刑;鼓励暂停使用死刑的国家保持这一做法,并分享它们在这方面的经验;促请尚未加入或批准《旨在废除死刑的〈公民权利和政治权利国际公约〉第二项任择议定书》的国家考虑加入或批准该议定书。①

虽然联合国大会暂停使用死刑决议属软法性质,不像国际条约那样有明确的法律约束力。然而,从历年的表决情况看,投赞成票的国家不断增加,投反对票的国家不断减少,国际社会限制和废除死刑的趋势不断加强,积极落实该决议的国家跨越不同法系和文化传统,已遍及世界各个地区。②

3.非政府组织为什么能使国家在死刑存废问题上发生积极改变

上述情况表明,非政府组织倡导的废除和限制死刑的运动在一定程度上对各主权国家的国内死刑法与实践产生了影响。那么国家在死刑问题上的行为为什么会出现积极变化呢?

从国家社会化理论来看:①国家是有理性的,如同个人一样,可以理性地选择自己所从事的行为。②国家具有相对独立的利益和文化,有相对独特的行为和价值偏好。在通常情况下,国家认为遵守国际规则能够得到物质和名誉上的利益,而违反国际规则会受到物质上的制裁和声誉上的损失。③国际力量会对国家的行为产生影响。国际力量影响国家行为的方式包括:强制、说服、文化适应,即国际社会要么使用强制力迫使目标国家遵守国际法,要么通过劝说使目标国家信服应该遵循国际法准则,要么通过改变目标国家的周边环境来对其进行潜移默化的影响。④在国际社会促使某一个国家服从国际人权规范的机制下,后者可以出于自愿而遵从国际规范,也可以是受到胁迫而不得不服从国际规范。③

依据国家社会化理论的观点,非政府组织发起的运动之所以能发挥作用,原因在于:在倡导限制并废除死刑的国际社会大环境下,一个国家适用

---

① 搜狐网.联合国:保留还是废除死刑,各国难以达成共识[EB/OL].[2018-11-22].https://www.sohu.com/a/277153550_313745.

② 赵建文.联合国大会暂停使用死刑决议主要内容及其启示[EB/OL].人民检察,2015(5),http://www.iolaw.org.cn/showArticle.aspx?id=5086.

③ 赵秉志,苗苗.论国际人权法规范对当代中国死刑改革的促进作用[J].吉林大学社会科学学报,2013(4):5-17.

死刑的法律、政策与实践是判断这个国家是否属于国际社会中的"文明国家"的重要标尺之一。如果保留死刑的国家不能在法律上做出积极变动，满足所谓得到国际社会公认的"最低的标准"，那么该国是否能成为国际社会中值得尊重的一分子有待商榷。而每个国家都很珍视自己在国际上的名誉和声望，也都渴望被认同、被尊重，因此就产生了遵守并履行国际法规范的动力。这一策略首先针对目标国家树立、倡导并传播遵循人权法规则的国际及区域周边环境，然后利用国家维护和珍惜自身身份和名望的心理来影响国家的决策起到了明显效果——保留死刑的国家迫于无形的心理压力，产生了效仿其他国家来废除或严格限制死刑的动力。①

例如，在欧洲死刑的废止过程中，较迟废止死刑的国家（如英国和法国）曾经一直处于舆论的下风，因为这些国家的欧洲邻国已经先于他们废除了死刑，采用了更为人道和文明的刑罚方式。这种心理压力促使后废除死刑的国家也向"零死刑"的目标靠拢，欧洲大陆终于成为世界上第一个"无死刑大陆"，成为无死刑的刑罚文化的典范。再如，欧洲几十年如一日密切关注与批评美国仍存留死刑的州的死刑政策、法律和实践。这种跨越大西洋、对另一个国家的死刑法律与实践施加影响的举措，也是欧洲废除死刑力量试图扩大其文化影响力的一个典型例子。②

（四）国际非政府组织在死刑存废问题上面临的困境和质疑

20世纪70年代以来，人权组织倡导废除死刑的运动轰轰烈烈，波及整个世界，但并不是所有国家和所有公众都接受了废除死刑的观念。目前有50多个国家坚持保留死刑，多数处于亚洲、中东地区，在这些国家，死刑的限制和废除依然是一个充满争议的议题，死刑问题上人权概念的接受度与欧美国家的情况尚不可同日而语。

1.一些主权国家依然强调保留死刑

其理由主要有：

（1）被害人的生命权、社区公共安全也需要考虑

坚持保留死刑的国家认为，既然废除死刑是以尊重生命权为出发点，那被害人的生命权就不需要尊重吗？这难道不违背天赋人权、人人平等的理念

①② 赵秉志，苗苗.论国际人权法规范对当代中国死刑改革的促进作用[J].吉林大学社会科学学报，2013（4）：5-17.

吗？非政府组织的死刑观念侧重于保护罪犯的权利,没有考虑受害者及其家人的权利,也没有考虑社区的公共安全问题。

（2）死刑是一个国家的主权

在保留死刑的国家看来,死刑不是一个人权问题,而是事关一国司法独立的问题,是一个主权国家国内刑事法的问题。在法律框架内,各国拥有制定本国法律制度的主权权利。如越南认为,保留或废除死刑是一项主权权利,因此关于暂停死刑的讨论不应成为人权辩论的一部分。伊朗认为,任何暂停或废除行动都应被视为一项自愿措施。印度认为,每个主权国家都有权自主决定其司法制度,这与是否尊重和保障人权没有必然的联系。

（3）执行死刑并不违反国际法

保留死刑的国家认为,依据国际人权公约,保留死刑与保护人权并不截然对立。如《公民权利和政治权利国际公约》和《关于保护死刑犯权利的保障措施》都规定:在未废除死刑的国家,死刑可以是对最严重罪行的惩罚。由此,美国认为,国际人权法已经确定,会员国可以使用死刑这种形式的惩罚。日本也指出,死刑的存废除需要认真考虑各种因素,如公众舆论。日本不对18岁以下的罪犯适用死刑,其做法符合《公民权利和政治权利国际公约》的要求。

（4）死刑观念是文化的一部分

死刑观念是一个民族长期以来文化传统积淀的产物,处于不同文化背景之下的各个民族,在长期的历史过程中会形成自身对死刑的认识,从而成为一种较为固定的观念。一般来讲,刑罚的文化因素,特别是死刑的文化因素也是影响死刑废止的因素之一。文化是个非常模糊的概念,但是一定的法律文化和宗教传统能够影响到死刑在文化上是否可被接受的问题。有些国家在死刑问题上强调国家的宗教和文化,如沙特认为,社会和宗教价值观是主权的支柱,一些国家或组织不能将自己的价值观强加于其他国家。

2.部分国家公众关于死刑的观念变化有限

在亚洲大多数国家中,公众在死刑问题上存有较强的复仇观念、刑罚报应观念和威慑观念。如2010年2月,韩国宪法法院就死刑制度是否应该废除进行投票表决。9名大法官最后以5票赞成保留、4票反对的投票结果,判定现行死刑制度不违背宪法,声明根据韩国目前的文化水平和社会现实,废除死刑制度还不妥当,象征性地将死刑保留,可以对国民感情上实在无法容忍的犯罪以"例外形式"判处死刑。受民意影响,韩国光州地方法院对沉没的"岁月"号客轮的船长提出"死刑"的量刑建议。

在欧美国家,一些民意调查也显示支持死刑的公众占较高比例,如2014年10月的美国盖洛普民调结果显示,63%的美国人支持对凶杀犯判处死刑,该比例与过去7年几乎一致。越来越多的俄罗斯人也支持恢复死刑。2013年初,伊尔库茨克州发生的一起残忍杀死小女孩的案件,让很多俄罗斯人呼吁"应恢复死刑"。俄舆论调查基金会2014年9月的民意调查显示,63%的人认为原则上可以恢复判处死刑,因为这种应有的惩罚有助于降低犯罪率,列出的死罪有:恋童癖(73%)、谋杀(63%)、恐怖主义(53%)、强奸(47%)、贩毒(28%)和叛国(13%)。①

对于死刑存废,几十年来世界一直争论不休。死刑问题在世界上争议不断,对于它的存废,各国政府和公众一直没有达成共识。②人权非政府组织在推动废除和限制死刑国际规范的形成,促进主权国家接受废除和限制死刑国际规范方面都有重要影响,但对主权国家在废除和限制死刑问题上行为的影响依然是有限的,主权国家是否存废和限制死刑很大程度上受其传统文化、习俗及社会法律体制的影响。

3.学术界对非政府组织在废除死刑问题上的质疑

(1)非政府组织在死刑存废过程中作用有限

有些学者认为,大多数废除死刑的国家并非受到非政府组织的推动。欧洲废除死刑的国家是由国内的政治变革所致,与政府的更迭或者早期右翼独裁者的倒台相关。根据大赦国际的统计报告,英国废除死刑发生在工党分别被选举执政的1965年和1969年,葡萄牙废除死刑发生在大独裁者萨拉查统制转型时期的1976年,西班牙废除死刑发生在佛朗哥统治转型时期的1978年,法国废除死刑发生在左翼政府上台执政的1981年。③每个欧洲国家在其国内废除死刑议题的讨论中,从不在意其他国家对这个问题曾经有过

---

① 纪双城.死刑存废在全球争论不休,惩恶除害是民众心声[EB/OL].[2014-10-31].http://world.huanqiu.com/exclusive/2014-10/5185935_2.html

② 薛洪涛.废除死刑运动正在席卷全球[EB/OL].[2010-09-09].http://www.legaldaily.com.cn/zmbm/content/2010-09/09/content_2277217.htm?node=7579

③ 喻贵英.欧洲死刑废除的启示[J].法学评论,2006(3):142-152.

的讨论,欧洲死刑的整体衰落并无国际合作与国际计划。[①]

国际组织,特别是区域性国际组织,如:欧盟、欧安组织,才是部分国家废除死刑的关键,如欧盟将废除死刑作为加入欧盟的先决条件。这使希望融入欧洲或加入欧盟的所有东欧国家和部分苏联国家,加快了废除死刑的步伐。1989年以来,27个欧洲国家已经不再保留死刑,其中彻底废除死刑的国家为25个,拉脱维亚1999年废除了对普通罪行的死刑。2004年欧盟第五次扩大的10国和2007年欧盟第六次扩大的2国,全部在1989年以后废除了死刑。目前,欧洲44个国家中已经有43个国家废除了死刑,而且其中41个是废除所有罪行死刑的国家。欧洲只有白俄罗斯保留死刑,不过,白俄罗斯执行死刑的人数在减少,关于死刑的状况也在改善。此外,《欧洲人权公约第十三议定书》的生效对欧洲周边国家也产生了影响,横跨欧亚两洲的土耳其为了加入欧盟,在2002年废除了对普通罪行的死刑后,又于2004年彻底废除了死刑。同样,地处欧亚交界的格鲁吉亚于1997年彻底废除了死刑,阿塞拜疆于1998年彻底废除了死刑,塞浦路斯于2002年彻底废除了死刑。[②]

(2)废除死刑与人权保护之间的关联存在争议

学者们认为,人权与死刑的关系极其复杂,死刑的存废与人权并无必然联系。从实践来看,战后的前30年死刑改革缺乏统一、可行的国际刑事标准。不管是死刑赞成者还是死刑反对者,都没有将死刑的存在视为对人权的违反,更没有因此而主张将一国的死刑废除扩展到他国。[③]对死刑保留论者来说,保留死刑是为了保护人权;对于死刑废止论者来说,废除死刑也是为了保护人权,保护人权是二者都十分在意的命题。

人权的普适性要求法律的保护对象不仅包括普通公民的生命权,也包括罪犯的生命权。为了维护社会秩序以及保护其他公民的生命、财产安全之需要,如果唯有牺牲罪犯的生命权方能保障普通民众的生命权,通过适用死刑剥夺罪犯的生命权就是必要的、正当的。因此,保留死刑并不意味就是侵犯人权,人权保障也不能当然得出废止死刑的结论。[④]

①② 叶小琴.欧洲死刑政策的区域化[J].法学杂志,2008(3):116-118.

③ 喻贵英.欧洲死刑废除的启示[J].法学评论,2006(3):142-152.

④ 赵秉志,王水明.当代国际死刑废止趋势及其影响因素研究[J].中南民族大学学报,2013(4):97-103.

（3）死刑的废除是否应该包括所有人

比如伊拉克新政府为了判处伊拉克前总统萨达姆·侯赛因死刑,在该国废止死刑一年后又恢复了死刑的适用。在对萨达姆·侯赛因执行死刑的问题上,那些常常指责其他国家人权问题特别是死刑问题的国家和国际组织,在这一问题上没有提出多少有分量的反对意见。这一事例充分说明废止死刑的人权理由是多么经不起现实的考验。通过萨达姆案件,人们不得不承认,在恶行达到极限的时候,唯有死刑才能了结一切。在极端恶行地彰显下,人们对死刑的人权关怀似乎如潮水般消退了。同样,如果追讨对二战超级战犯的处决决定,比如处死墨索里尼、东条英机,或若希特勒没有自杀而将其处死,今天力主废止死刑的人士有几人又能心安理得地坚决维护其人权,而反对对他们适用死刑呢？ 刑罚的人道,并不能只体现在对生命的保留上,而是对所有生命权的保护上。①

二、国际非政府组织与国家在同性恋人权问题上的变化

同性恋是一种少数人的性取向,其历史与人类出现的历史一样长。凡有人群的地方,同性恋的比例约占 1%—5%。一般将同性恋区分为绝对同性恋与相对同性恋。绝对同性恋者是先天的,被认为与基因有关;相对同性恋则由其生活环境、社会风气诱导而成,如英国伊顿贵族公校,全收男生,全部住校,不少在校生成了同性恋者,到十六七岁才回归社会,恢复正常。再如有些人受到父母不良婚姻状态的影响,对异性婚姻产生恐惧或厌恶而成为同性恋。此外,社会上还有一些人可能是双性恋者:其中有的以同性恋为主,间有异性恋行为;有的以异性恋为主,间有同性恋行为。如果说绝对同性恋就是一种由基因决定的生理现象,相对同性恋就有心理的、社会文化的因素在起作用了。②

西方社会对同性恋的认知是一个漫长的过程,经历了古代文明、罪行化与非刑事化、病理化和非病理化的过程。《圣经》有对同性恋者严惩的论述,

---

① 赵秉志,王水明.当代国际死刑废止趋势及其影响因素研究[J].中南民族大学学报,2013(4):97-103.

② 谈大正.同性恋的历史及其伦理法律嬗变[J].中国性科学,2011(4):51-60.

特别是男同性恋者会被处以死刑。到了古罗马时期,同性恋得到了宽容,但进入中世纪后,同性恋被视为一种罪行而受到监禁、苦役甚至死刑。经过文艺复兴,17—18世纪的欧洲不再把同性恋视为一种罪行,但仍认为同性恋是一种非常态的状态,是精神病。19世纪末,医学将同性恋列入精神病的一种,使得同性恋完成了从罪孽到病态的转变,但病态的认识并没有摆脱同性恋的污名化,而且病人形象也没有博得社会的同情,更没有消除社会的歧视和道德上的谴责。[①]20世纪上半叶,同性恋仍然受到许多国家的法律制裁,即便是在美国这个开放程度较高的国家,仍有二十几个州规定同性恋是一种必须受到法律制裁的病态行为。[②]宗教罪孽、医学疾病和法律犯罪既是人们歧视同性恋的主要理由,也是影响同性恋自我认知的重要因素。

(一)国际非政府组织争取同性恋人权的历史

1. 非政府组织与舆论对同性恋态度的宽容

早在19世纪末,欧美就开始出现一些支持同性恋的组织。1897年,人道主义科学委员会成为世界上第一个致力于保卫同性恋者权利的组织,主要是为维护同性恋者权利,发起废除处罚同性恋法律的运动,传播同性恋知识,出版关于同性恋的杂志和小册子,培养组织会员的政治意识。1921年,希尔施费尔德组建了被称为同性恋国际的世界性改革联盟。后来建立的德国友谊联合会、人权联盟,美国的芝加哥"人权社会"(Society for Human Rights)也都致力于宣传同性恋知识和同性恋权利保护,促进同性恋者主体意识的觉醒,但这些运动并未对公众产生多大的影响,其行动在很大程度上是象征性的。[③]

20世纪40年代,"自由同性爱运动"从荷兰和丹麦发起,并在50年代波及瑞典、挪威、美国、法国、比利时等国,同性恋组织也陆续形成,如1950年迈特什协会(Mattachine Society)在洛杉矶成立,1955年比利蒂斯之女(Daughters of Bilitis)在旧金山成立;同性恋出版物增加,如《单个》(One)、《阶梯》(Ladder)等杂志陆续出版。这些组织的目的是保护和改善当地同性恋者的权利,帮助其重新认识自我,接受自我,并且试图通过文化传播的手段扭转世人对同性恋人群的歧视和偏见。在这些组织的努力下,一些同性恋者开

---

①③ 王森波.同性婚姻:无力的守护与尴尬的诉求[J].东方法学,2011(2):40–54.

② 黎尔平.同性恋权利:特殊人权还是普遍人权[J].法学,2005(10):39–40.

始主动融入主流社会,同性恋者的权利逐渐受到关注,世界同性恋运动有了明显进展。

西方社会舆论和政府对同性恋的态度开始转向宽容。英国非政府组织"同性恋和卖淫行为研究委员会"(也称作"沃尔芬登委员会")1957年提出的沃尔芬登报告(Wolfenden report)是这一转变的标志。报告提出,要在道德与法律之间划出界线。法律的职责是调整公共秩序,维护可接受的公共风俗标准,而不是侦察人们的私生活。报告力主避免通过建立公共法规去建立道德风尚,公共法规要规范或禁止的是那些有伤风化或损害社会秩序的性行为。报告建议成年人之间的同性恋性行为不宜纳入刑罚范围。报告为人们正确认识同性恋群体推开了一扇窗,为结束对同性恋群体的偏见和在就业等方面的歧视奠定了基础。①

总体来看,这一时期同性恋人群及其组织的抗争并未上升到政治高度,同性恋者组织的多次争取合法权利的活动受时代的局限,在社会上并未产生更大的影响。

2.非政府组织与同性恋解放运动

20世纪60年代,西方出现了轰轰烈烈的平权运动,为女性、有色人种、少数族裔等各种"少数人"争取权利。在传统的社会价值观、宗教观和道德伦理观的作用下,当时的同性恋群体也是严重缺乏权利的"少数人",饱受法律与社会的公然歧视,被禁止参军,不得在政府部门任职,政府和军队对同性恋者的歧视与迫害屡见不鲜,甚至有不少同性恋者受到当局的严密监控,一些公开同性恋身份或者显露同性恋特征的政府雇员、军人被扣上"道德败坏者"的罪名遭到解职或开除,或遭到警察等执法人员的辱骂和殴打,许多人为求生存隐藏身份,也因此缺乏共同的政治组织。②平权运动使同性恋群体发现了争取权利的契机,他们仿效女性运动和黑人权利运动组建社团,将同性恋人权议题作为一种"少数人的权利"提出来,要求社会舆论承认同性恋人群合法权利和存在的地位。

以美国为例,各地同性恋者形成了为数众多的非政府组织,著名的如华

---

① 谈大正.同性恋的历史及其伦理法律嬗变[J].中国性科学,2011(4):51-60.

② 徐阿龙.美国同性恋群体维权的百年孤独[EB/OL].[2015-07-11].https://www.jiemian.com/article/323452.html?open_source=weibo_search.

盛顿马特辛协会(Mattachine Society of Washington, MSW, 1961)、纽约同性恋联盟(Homosexual League of New York, 1962)、东海岸同性恋组织(East Coast Homo-sexual Organization, ECHO, 1963)、①宗教与同性恋理事会(The Council on Religion and the Homosexual, CRH, 1964)、北美同性恋组织会议(North American Conference of Homophile Organizations, 1966)、学生同性恋社团(Student Homophile League, SHL, 1967)、同性恋解放阵线(The Gay Liberation Front, GLF, 1969)。1969年底,美国成立的同性恋组织约有五十至七十个,此后此类组织数量继续上涨,到70年代末已达数千个。②

这些同性恋权利组织从不同的侧面展开运动,如东海岸同性恋组织着力于唤起同性恋者的身份认同和群体意识,探索更密切的群体间合作方式;宗教与同性恋理事会主要是从宗教的角度为同性恋者提供他们所缺乏的指控警察骚扰的合法言辞,并广泛讨论同性恋问题;北美同性恋组织会议则建议建立全国法律基金,为关闭酒吧、排斥同性恋移民等案件提供法律援助,发动抗议联邦政府雇佣政策和军队中排斥同性恋政策的示威游行,发起同性恋与法律、同性恋与雇佣政策的学术研究。③还有的同性恋组织出版杂志,积极发起同性恋与法律、同性恋与雇佣政策领域的学术研究,直接反对在移民、接受政府、企业雇佣,以及参军入伍等诸多领域针对同性恋的歧视政策。

受此影响,一些主流非政府组织也开始关注同性恋者的权利,如全国宗教理事会(The National Council of Churches)1967年在纽约专题讨论会上提出,同性恋应被看作道德中性,同性恋关系应该用适用于异性婚姻的同样标准来评价。美国公民自由联盟(American Civil Liberties Union)改变了对同性恋的立场,把同性恋表达作为民权解放问题进行了重新评估,推动了法院对保护个人隐私法律的制订,领导了反对歧视性佣工、违反正当程序的和法律不公正执行的斗争。④

非政府组织的同性恋解放运动深受民权运动的鼓舞,在民权运动后期,同性恋权利运动的组织程度大为提高,组织规模不断扩大,种类不断增多,

---

① 由贝里特之女、纽约迈特什、费城杰内斯协会和华盛顿迈特什四大同性恋组织在费城成立。

② 徐阿龙.美国同性恋群体维权的百年孤独[EB/OL].[2015-07-11].https://www.jiemian.com/article/323452.html?open_source=weibo_search.

③④ 赵庆寺,王启华.20世纪60年代美国同性恋运动兴起的历史考察[J].安徽史学,2003(2):39-44.

涵盖了性别、种族、职业各个方面,联合趋势不断加强。它们借鉴其他"少数人"群体平权运动的模式,争取和改善自身的生存和发展权益,使人们注意到同性恋人群受到的歧视,与种族歧视、性别歧视在性质上并无差别,同性恋人群的权利由此成为一个重要的人权问题。它们的活动深刻改变了世人对同性恋人群的认知,使人们重新审视由性别、种族和性取向等分类范畴建构起来的社会生活,性、性别和性取向等不再被想当然地认为是生物性的自然法则,它们也是政治和文化的建构。①

3.非政府组织与同性恋的"去病态化"

经过 20 世纪 60 年代激烈的直接行动,至 70 年代,同性恋者的境遇大为改观,公开的聚会不再被警察骚扰,违反正当程序的执法不公受到遏制,同性恋行为在"去罪化"道路上有了重大进展,但依然被"病态化"。

一些医学类的非政府组织在校正同性恋是一种病症的观念方面做出了重要贡献。20 世纪 70 年代,美国心理学会(American Psychological Association)发表了《有关男女同性恋问题的政策声明》,②支持美国精神病学会(American Psychiatric Association)于 1973 年 12 月采取的行动,③将同性恋从精神疾病的正式条目中删除,并通过了以下决议:同性恋并不导致对判断力、稳定性、可信赖性或一般社会和职业能力的损害。而且美国心理学会呼吁所有的精神卫生专家发挥引导作用,消除长期以来将同性恋倾向和精神疾病联系起来的偏见。④既然同性恋者是正常人,那么就不该对他们歧视。此外,美国心理学会还进行了以下活动来消除人们将同性恋看作是疾病的观念:第一,支持通过涉及同性恋者民事和法律权利的决议,反对诸如就业、住

---

① 王晴锋.同性恋研究的范式之争:本质主义与建构主义[J].学术论坛,2017(5):62-68.

② 美国心理学会成立于 1892 年,是目前美国规模最大、最权威的心理学学术组织,成员主要是医学研究人员、教育工作者、临床医生、会诊医生和医学学生。其使命是促进心理知识的创造、交流和应用,造福社会,改善人们的生活;鼓励心理学的发展和应用,促进心理学研究,改进心理学研究方法和条件,加强心理学研究成果的应用;通过会议、专业接触、报告、文件、讨论和出版物传播心理学知识。Our Work[EB/OL].[2017-12-04].http://www.apa.org/about/index.aspx.

③ 美国精神病学会成立于 1844 年,是世界上最大的一个精神科组织,致力于为所有精神疾病患者提供人道关怀和有效治疗。其使命是促进精神疾病患者,包括物质使用障碍患者及其家庭的高质量护理;促进精神病教育、研究和精神医学专业的前进。APA's Vision, Mission, Values, and Goals[EB/OL].[2017-12-04].https://www.psychiatry.org/about-apa/vision-mission-values-goals.

④ 谈大正.同性恋的历史及其伦理法律嬗变[J].中国性科学,2011(4):51-60.

房、供应和执照方面,对参与或参与过同性恋活动的人的公开的和私下的歧视;第二,支持并呼吁在地方、州和联邦层次上颁布民事权利法,为发生同性恋行为的公民提供基于种族信仰和肤色等的其他人所得到的保障;第三,支持并呼吁取消所有歧视性法律,比如针对成年人私下同意的同性恋行为的法律。医学类非政府组织的行动终结了美国社会坚持了近一个世纪的同性恋病理化立场。①

除了医学类非政府组织外,同性恋者自己的组织在这一进程中也发挥了重要作用。1978 年,国际同性恋者协会(the International Lesbian,Gay,Bisexual,Trans and Intersex Association,ILGA)在英国成立,成员来自澳大利亚、英格兰、丹麦、法国、北爱尔兰、爱尔兰、意大利、荷兰、苏格兰和美国,在全球和地方层面致力于实现女同性恋、男同性恋、双性恋、跨性别者和双性人(LGBTI)的平等权利。自 1979 年开始,该组织在议事日程上提出推动世界卫生组织将同性恋从国际疾病与相关健康问题统计分类移除的目标,并为改变世界卫生组织对同性恋的分类进行倡议和运动。②经过 10 年的努力,最终使世界卫生组织在 1990 年从《国际疾病伤害及死因分类标准(ICD-10)》(The International Statistical Classification of Diseases and Related Health Problems 10th Revision)中把同性恋排除于心理障碍疾病范畴之外,并将其作为一种少数人的与异性恋平行的自然状态。③

(二)冷战后非政府组织与同性恋者权利的争取

经过冷战时期的"去罪化"与"去病态化"后,同性恋者逐渐被纳入主流政治轨道,个别公开身份的同性恋者甚至竞选公职成功。但同性恋的权利还是缺乏法律保障。所以争取立法取消就业、住房、竞选公职、入伍服役,以及与婚恋相关联的退休、养老、税收待遇方面的歧视性法律规定,实现同性婚姻合法化成为同性恋者争取完全平等的新目标。④在这一目标的实现过程中,同性恋权利运动的力量不断壮大,主要体现为以下三个方面:

第一,冷战后一些主流和重要人权组织加入到了争取同性恋权利运动

---

①③ 谈大正.同性恋的历史及其伦理法律嬗变[J].中国性科学,2011(4):51-60.

② The history of ILGA: 1978/2012[EB/OL].[2018-06-30].https://www.ilga.org/ilga-history.

④ 刘辉.同性婚姻、制衡政治与国际关系[EB/OL].[2015-06-30].https://www.guancha.cn/liuhui/2015_06_30_325057_s.shtml.

中,如大赦国际就将争取同性恋权利纳入了自己的工作范围。1991 年大赦国际发起了维护特别性特征者权利的运动,大赦国际发起该运动的目的既是为了维护同性恋者的权利,也是想向世界表明,人权不仅仅是多数人的权利,同时还包括那些被忽视或遗忘的极少部分人的权利,维护同性恋者运动极具象征意义。①在大赦国际看来,人们有权决定是否结婚、何时和跟谁结婚,以及自由地选择自己的性取向,大赦国际致力于维护所有人都可以自由地选择自己的性取向的权利。②美国公民自由联盟(ACLU)也开始支持同性婚姻和同性恋者收养儿童的权利;支持节育和堕胎的权利;支持消除对妇女、少数民族和同性恋者的歧视。

第二,专门致力于保护同性恋者权利的非政府组织不断涌现,如"国际同性恋协会"(International Lesbian, Gay, Bisexual, Trans and Intersex Association)、"国际同性恋及青年与学生组织"(International Lesbian, Gay, Bisexual, Transgender and Queer Youth and Student Organization)、"国际同性恋法律协会"(International Lesbian, Gay, Bisexual, Transgender & Intersex Law Association)、"跨性别全球行动"(Global Action for Trans Equality)、"全球尊重在于教育"(Global Respect In Education)、"同性恋国际运动协会"(Gay and Lesbian International Sport Association)、"中性人国际组织"(Organization Intersex International)。

第三,争取同性恋权利的国际非政府组织的地位有了较大提升。冷战后国际社会对同性恋者的权利问题更加重视,给予了此类非政府组织参与国际事务决策的机会,如 2010 年在纽约联合国总部召开的联合国经济与社会理事会全体会议上,各国代表以 23 票赞成、13 票反对、13 票弃权的结果,批准国际同性恋者人权委员会(IGLHRC)成为经社理事会咨商会员的申请,这意味着该组织正式成为合法的世界组织,也使得该组织能在这个重要的世界论坛上表达对同性恋者的关切和要求。自获得联合国咨商地位以来,其报告屡次被联合国和其他重要人权监测机构引用,③在联合国人权事务中占有

---

① 黎尔平.同性恋权利:特殊人权还是普遍人权 [J]. 法学,2005(10):39–40.

② Sexual and reproductive rights[EB/OL].[2018–09–28].https://zh.amnesty.org/sexual–and–reproductive–rights/.

③ Documentation[EB/OL].[2017–07–28].https://www.outrightinternational.org/documentation.

重要地位。

冷战结束以来,国际非政府组织在全球范围内开展了以下争取同性恋权利的活动:

1.发行出版物阐述和宣传同性恋者应有的平等权利

大赦国际发行了名为《令人憎恨的犯罪沉默意味着共谋:基于性别特征的酷刑和虐待》的小册子。小册子对同性恋者进行了定义和分类,对特别性取向、性身份、性别认同、跨性别倾向等概念进行了界定。此外,该组织还提出关注 LGBT(Lesbians、Gays、Bisexuals、Transgerder)人群所受到的歧视和虐待。该组织认为,尽管这些人的数量很少,但毕竟其人权受到了侵犯。要改变不公平的现状,需要对他们的权利进行平等的保障:一是要将同性恋者视作与异性恋平等的保护对象。也就是说对同性恋者权利的平等保护的要求是将同性恋者与异性恋者平等对待,不因其同性恋的状态而剥夺其权利或者进行歧视。二是平等保护的权利内容。对同性恋者进行平等保护的权利内容既包括在学习、工作社交等社会生活中不受到歧视,得到与异性恋者平等的待遇,包括平等的家庭环境、工作待遇、社会保障、失业救济等。三是要使同性恋者在法律上享有与异性恋者平等的法律人格,得到与异性恋者相同的保障。①

2.将同性恋权利与酷刑议题联系起来提高国际社会对此问题的关注

大赦国际的反酷刑运动在全球范围内取得了显著成果,得到了许多国家、国际组织和公众的支持。为了提高国际社会对同性恋人权议题的关注,大赦国际将同性恋遭受迫害问题与酷刑联系在一起进行宣传和游说。

大赦国际指出,一直以来同性恋者受到了各种不公平对待:(1)他们因性别特征被认为不是公民,或是低人一等,甚至被排除于家庭成员之外;(2)有的国家为了政治竞争,鼓动社会的反同性恋情绪,或将同性恋人群作为自己政策失误的替罪羊进行迫害;(3)有的国家认为虐待同性恋者是"私事",超出了司法管辖的范围,是同性恋者自己的行为所致,对残害同性恋者的行为置若罔闻,同性恋者在国家的默许下受到酷刑,甚至受到政府公职人员施行的酷刑或虐待。大赦国际认为,这些不公平对待无异于对同性恋者施加酷刑,在这种情况下,同性恋者缺乏最基本的人权。该组织认为,性特征是一个

---

① 黎尔平.同性恋权利:特殊人权还是普遍人权[J].法学,2005(10):39-40.

人身体和心理尊严的核心，每一个人都有自由决定和表达自己性倾向的权利，基于性特征的酷刑与基于种族和性别的歧视相似，解决同性恋人群的人权问题与解决种族和性别歧视问题一样重要。同性恋者所要求的权利并不是一种新的或特别的权利，无论一个人有什么样的性别特征，他们都应该享受《公民权利和政治权利公约》中所赋予的权利。①

3.推动国家立法保护同性恋群体的权利

国际非政府组织不仅要树立同性恋者与其他人群平等的观念，而且还致力于推动国家立法保护同性恋者的权利。以南非为例，20世纪80年代后，南非的同性恋组织积极地投入到反种族歧视和反性取向歧视的斗争中。在临时宪法起草过程中，"同性恋者反压迫政治组织（OLGA）"以及其他11个同性恋团体与各个政党积极沟通，询问并影响其关于宪法保护同性恋的立场。在最终宪法起草的过程中，同性恋平等全国联盟代表全国73个同性恋组织也就同性恋的宪法保护问题做了大量工作，包括向宪法大会发出提案，与各政党沟通，与宪法文本起草者协调立场，发起请愿活动等。由于同性恋组织的不断游说，越来越多的政党认识到把禁止性取向歧视纳入宪法的重要性。南非立法机关不得不修正法律中包含的歧视同性恋的条款，宪法颁布后制定的法律通常都刻意避免产生性取向歧视。宪法颁布后，"治安官法""刑事程序法""性犯罪法""法官任命及雇佣条件法""外侨控制法""无遗嘱继承法""儿童保护法""监护法"中的一些条款都因包含同性恋歧视而被修改。②

4.以教育推动青年学生对同性恋人群的认同

人们生活在社会环境中，会受到各种各样观念的影响，这些影响使人们表现出不同的性格、观念、不同的看待事物的态度。在一些国际非政府组织看来，如果能在一个人的学生时代就受到教育，认同同性恋者的平等权利，接受同性恋者的生活，对于改善同性恋人群的处境无疑是有益的。"全球尊重在于教育""国际同性恋及青年与学生组织"就是这样的国际非政府组织。前者是一个由英国青年学生建立的争取同性恋权利的非政府组织，后者是全球最大的青年和学生同性恋者网络，它们的主要工作有：一是使同性恋人群在教育上拥有平等的权利，呼吁在教育过程中不欺凌、不歧视同性恋人

---

① 黎尔平.同性恋权利：特殊人权还是普遍人权[J].法学,2005(10):39-40.
② 宁立标.论南非对同性恋者权利的宪法保护[J].西亚非洲,2009(4):59-62.

群,改变同性恋人群在教育中得不到尊重的现象,通过写信、修改立法、抗议等方式,使同性恋人群在教育问题上被接受,获得正义和尊重。二是对学校不同层级的学生进行不歧视同性恋人群的教育,开设了各种相关课程,设立了"同性恋人群历史月"进行教育活动,所有的教育活动都以反欺凌为主题,适合不同年龄层次的孩子。①三是加强与政府、专家、教师、父母与学生之间的沟通,使青年同性恋者的声音和面临的问题得以展现,为青年同性恋者创造安全包容的教育环境。②

4.发布文件和报告揭露全球范围内侵害同性恋者的事件

较为有影响力的是"国际同性恋者人权委员会"(IGLHRC)。该组织活跃在世界的许多地区,包括美洲、非洲、中东和亚洲,致力于在全球范围内为同性恋者等少数人群争取平等权利、呼吁消除基于性倾向和性别身份的歧视。该组织的核心工作是保护女同性恋、男同性恋、双性恋、变性人与携带艾滋病病毒的人或艾滋病患者 (lesbians, gay men, bisexuals, intersex people, transgender people and people with HIV/AIDS)的权利和利益。主要活动方式是通过发布文件,揭露世界范围内侵犯同性恋人群权利的事件。自成立以来,国际同性恋者人权委员会与维护同性恋人权的活动家们一起发布了上百份报告,揭露一些国家在公共和私人领域对同性恋人群的歧视和侵权。③

5.以联合国为平台促进同性恋者权利的争取

首先是游说联合国关注同性恋保护问题。联合国一直是致力于保护同性恋人群的非政府组织的重要游说对象。在人权非政府组织的游说下,联合国对同性恋人群的人权问题日益关注。2010 年"世界人权日",联合国纽约总部举行了以"结束基于性取向和性别认同的暴力与刑事处罚"为主题的高级别讨论会。潘基文秘书长在会上指出,尽管围绕性取向和性别认同问题存在着许多争议,但尊重人权的神圣性是所有人的共识。2011 年,潘基文秘书长发表题为"停止欺凌——结束基于性取向和性别认同的暴力和歧视"的致辞,表示所有国家必须采取必要措施使所有人民免于暴力和歧视,包括基于性取向和性别认同的暴力和歧视。2016 年 6 月 30 日,联合国人权理事会以

①　Educational Activities[EB/OL].[2017-07-20].http://www.grincampaign.com/Education.html.

②　Making education safe and inclusive for all[EB/OL].[2017-08-27].http://www.iglyo.com/about/.

③　Documentation[EB/OL].[2017-07-28].https://www.outrightinternational.org/documentation.

23 票赞成、18 票反对、6 票弃权通过决议,决定首次任命一名"采取保护措施防止基于性取向和性别认同的暴力和歧视问题独立专家",以便推动执行有助于保护所有人免遭基于性取向和性别认同的暴力和歧视的措施。

其次是支持联合国为同性恋人群争取权利的行动。2011 年,联合国人权理事会在日内瓦就关于性倾向和性别身份人权保障的一项决议进行投票,[①]非政府组织发表声明对此表示欢迎和肯定。2013 年,针对 LGBT 社群的仇恨暴力和迫害行为在一些国家持续加剧,联合国人权事务高级专员办公室首次在全球范围发起一项名为"自由与平等"(Free & Equal)的活动,通过播放视频、社会媒体、新闻网站、一系列说明资料和世界各地的知名人士进行公开宣传,支持同性恋人权的活动,呼吁国际社会弘扬宽容精神,要求各国保障同性恋人群的平等权益,"跨性别全球行动"等许多非政府组织都参与和支持了此项活动,希望以此激励全世界数百万持不同观念的人们就同性恋话题展开对话,改变全球民众对同性恋议题的态度。[②]

最后是向联合国提交具体国家报告。如国际同性恋者人权委员会与当地倡导者一起撰写报告,强调基于性取向、性别认同或性别表达的虐待在特定国家的普遍性,然后提交给联合国系统的人权条约机构,如消除对妇女歧视委员会、人权理事会进行普遍定期审查。该组织对有关巴巴多斯、智利、哥斯达黎加、罗马尼亚和韩国等国的报告做出了贡献。一些联合国报告随后明确提到了性取向、性别认同或性别表达,确立了使政府今后对侵犯性权利行为负责的基准。[③]

(三)国家在同性恋人权问题上的变化

在非政府组织的推动下,联合国已将同性恋人权列为重要议题,并开展了一系列的宣传和立法活动。与联合国对非政府组织倡议的积极回应相比,主权国家则显得非常谨慎。尽管有些国家出现了同性恋合法化现象,但多数主权国家在同性人权问题上仍小心翼翼,有些国家出于宗教和传统文化的原因,甚至坚决反对同性恋婚姻合法化。

---

① 爱白网.联合国通过性倾向和性别身份人权决议引发各国激烈辩论[EB/OL].[2011-06-20].http://www.chinadevelopmentbrief.org.cn/news-3680.html.

② United Nations[EB/OL].[2017-04-05].https://transactivists.org/2017/04/05/united-nations/.

③ United Nations[EB/OL].[2017-04-05].https://www.outrightinternational.org/region/united-nations.

1.部分国家和地区在同性恋人权议题上的态度发生了变化

20世纪90年代以来,同性恋者的权益保护和立法运动、同性恋合法化、同性恋婚姻合法化运动首先在欧洲形成浪潮,然后向北美洲、南美洲、大洋洲、南部非洲,甚至亚洲迅速发展。如荷兰、比利时等国家通过立法修改,确立了同性婚姻的合法性。丹麦、挪威等国通过立法修改确认家族伙伴登记制度(domestic partners)或公民联姻制度(也译作民事结合,civil union)。而英国等国家则将关注的重点放在了对性倾向歧视的保护问题上。[1]2009年世界同性婚姻合法化的国家有18个,[2]2017年同性婚姻合法化国家增加至27个。

2.部分国家明文规定禁止同性恋

中东和北非的国家大多仍判定同性恋行为有罪,如伊朗、毛里塔尼亚、沙特阿拉伯、苏丹和也门,同性恋会被处以死刑。当地的法律常常将同性恋视为放荡的、堕落的不道德行为或恶习,同性恋依然被视为病态或变态行为。目前,至少有70个国家的法律明文规定禁止同性恋,在这些国家,同性恋者被拒绝进入公共场所,他们没有结社、和平集会的自由。在监狱里,同性恋者常常受到酷刑和虐待,他们被迫忍受暴力、压制、羞辱,得不到医疗保健及其他应有的待遇。社会环境和大众媒体形成了一个使同性恋者受到歧视,以及有可能受到暴力侵犯的环境。

3.联合国通过的性倾向和性别身份人权决议引发各国激烈辩论

改变人们的态度从来就不是一件容易的事。2011年联合国人权理事会在日内瓦投票,通过了关于性倾向和性别身份的人权决议,这是联合国人权理事会和联合国大会历史上第一次投票通过类似决议。与以往在联合国会议上与性倾向或性别身份相关的联合声明不同,这次的决议是联合国官方的正式文件,被认为是国际社会争取同性恋、双性恋和跨性别者平等权利的重要进展,但背后的争议却不可谓不激烈。

支持的国家有二十多个,这些国家认为,人们不应遭受针对性倾向或性别身份的歧视和暴力,希望促成在此问题上的对话,以结束针对性倾向或性别身份的歧视和暴力。强烈反对的国家约十个,它们认为,关于性倾向和性

① 张剑源.性倾向、性别认同、同性恋立法运动回顾及相关问题研究[J].环球法律评论,2008,30(4):90-99.

② 谈大正.同性恋的历史及其伦理法律嬗变[J].中国性科学,2011(4):51-60.

别身份的概念仍存在极大争议,决议中的表述"不具有国际法和国际人权准则的基础",决议案是试图"创造新的人权标准"、试图纳入"未经承认的表述",不考虑文化和宗教,把价值观强加给其他国家的做法是错误的。①

非政府组织推动同性恋人权议题使部分国家对同性恋的观念和政策发生了变化,但有的国家反对同性恋人权的声音更加坚决。

(四)国际非政府组织在同性恋人权问题上面临的困境

同性恋人权问题是一个非常复杂的问题,国际非政府组织在同性恋人权问题上的观念和行动面临着诸多困境。

1.宗教自由与同性恋人权的冲突

在很多国家,宗教自由被规定为公民应享有的权利和自由。但随着同性婚姻合法化的实施,在这些国家,同性恋者也有不因自己的性取向而被歧视和受到平等对待的权利。于是出现了这样的问题:一个人是否可以因为恪守自己的宗教信仰,而拒绝为同性恋者提供商品和服务? 以美国为例,印第安纳州的《宗教自由恢复法》明确规定,政府不得给一个人的宗教活动增加"实质性的负担",即不能干涉个人的宗教自由,除非能证明有这样做的"迫切的需要",并且以最少限制的方式实施,目的是"保护教会、基督教企业和基督徒不会因为实践宗教信仰而受到处罚"。依据法律信奉基督教的商家和个人有拒绝为同性恋者提供服务的权力,但却由此引发了诉讼案。其他州也出现了类似问题:在俄勒冈州,一个基督徒面包商以违反其宗教信仰为由,拒绝向一对男同性恋伴侣出售婚礼蛋糕;在新墨西哥州信奉基督教的摄影师,拒绝为同性伴侣拍摄结婚照受到起诉;在纽约州信奉基督教的房主不愿意把农庄出租给同性伴侣举办婚礼被处以罚款;在华盛顿州花店主以宗教信仰为由,拒绝卖花给同性恋者举行婚礼。②

由此,个人宗教自由权和享有平等保护权之间出现了一个悖论,即基督徒如果可以"自由"实践自己的宗教信仰,就可能侵犯同性恋群体的平等权利;而如果尊重了同性恋者的平等权利,则可能违反了自己的宗教信仰。③对于人权非政府组织而言,宗教自由和同性恋群体的平等权利都是人权,那么

---

① 爱白网.联合国通过性倾向和性别身份人权决议引发各国激烈辩论[EB/OL].[2011-06-20]. http://www.chinadevelopmentbrief.org.cn/news-3680.html.

②③ 张业亮.美国"宗教自由"的新难题[J].世界知识,2015(11):70-72.

该如何选择呢?

2. 人们对同性婚姻的担忧

同性婚姻对人类社会未来发展的影响是人们担忧的重要原因。首先,婚姻的一个重要功能是子女的生养问题。同性婚姻中最起码有一方和孩子缺少生物学上的联系,这不利于孩子的抚养。尽管单亲家庭和重组家庭也面临同样的问题,但这只是一种无奈,社会没有必要另外再创造一种婚姻制度使这种情况进一步恶化。其次,事实证明同性婚姻的稳定性不如传统婚姻,其关系解除没有孩子的影响也比异性婚姻容易得多,这对儿童成长可能会产生不利影响,同时即使同性婚姻得到社会的认可,但社会对同性恋的歧视不可能在短时期内完全消除,在同性婚姻家庭中成长的儿童往往容易受到疏远和鄙视,这会增加儿童成长的风险。最后,很多人还相信同性恋者或多或少地对子女有负面影响,因为长期与同性恋者亲密相处的子女,其身体、情绪将会受到影响,孩子会对性别产生迷惑,并模仿父母从而增加子女产生同性恋的倾向。社会是为传统异性婚姻设计的,现行社会政策也都是为异性婚姻设计的,承认同性婚姻会带来一系列意想不到的变化,并可能造成一系列不可预料的困境。①

3.失去传统的支持者

非政府组织在推动同性恋人权议题的过程中,自身也面临巨大的挑战——失去传统的支持者。如大赦国际将维护同性恋者权利包括在普遍人权的范围内,在其内部掀起了不小的波澜。大赦国际执委会决定"准许将因同性恋而被囚禁者接纳为良心犯"时,不少分部也表示异议。对此,执委会不得不做了解释"考虑到不同地区的文化背景,大赦国际正在提出更为合适的办法"。②但很显然,兼顾各方的办法并不存在。因为在人权的普遍性与特殊性之间很难做到相互兼顾。大赦国际若要促进所有人权的进步,除非它放弃自己组织的一些特殊性,失去部分组织成员,放弃一些行动目标。近些年来的情况表明,维护同性恋者运动使大赦国际在吸引了一批同性恋群体支持者的同时,也失去了另一群来自第三世界的支持者。③

① 王森波.同性婚姻:无力的守护与尴尬的诉求[J].东方法学,2011(2):40-54.
②③ 黎尔平.同性恋权利:特殊人权还是普遍人权[J].法学,2005(10):39-40.

三、国际非政府组织与美国在"虐囚"问题上的变化

(一)美国的"虐囚"问题

2001 年 9 月 11 日,美国遭遇了前所未有的恐怖袭击,之后阿富汗战争打响。美军在阿富汗战场上抓获了上千名恐怖组织嫌疑人和阿富汗的非正规军。由于恐怖嫌犯不属于任何国家的军队,所以不具备战俘身份,对他们的关押和审讯办法因而也和《日内瓦公约》等国际公约中的要求不同,而美军急于了解本·拉登的下落,需要在一个安全和方便的环境下,从这些武装分子口中搜集情报。但是被抓获的这些拘留者不能被关押在美国本土,因为不经审判就无限期关押嫌疑人在美国是违法的。于是,五角大楼在 2001 年底开始仓促选择可以关押这些恐怖嫌犯的地点。经过仔细筛选,最终选中了紧邻美国, 而又与世隔绝的关塔那摩基地作为关押和审讯基地组织高级成员的地点。

关塔那摩基地之所以被选择成为关押"恐怖嫌疑人"的地方,是因为它是一个享有治外法权的美国海军基地,其主权属于古巴,其法律地位既不同于美国本土各州,也不同于美属领地,是可以规避美国本土法律管辖的"灰色区域",这意味着它不必向任何国家的法庭报告其活动,可以羁押那些无法用美国法律惩戒的恐怖嫌犯,同时限制对其羁押行为的质疑。嫌犯关在这里没有罪名,也不能请律师,或是进入司法程序。这些"恐怖嫌疑人"无法享有被关押在美国领土上的犯人所拥有的美国宪法赋予的权利。[①]

"9·11"事件后,美国在全世界范围抓捕了近 3000 名"基地"组织成员及其支持者,关塔那摩战俘营设立后,陆续有 779 名被俘人员(或称作"恐怖嫌犯")关押于此。美国在关塔那摩基地"虐囚"的方式是由司法部法律意见中提出的 35 种审讯方式,包括单独禁闭、暴打、睡眠剥夺、感观剥夺等。美国政府认为这些嫌疑人不是战俘,而是美军在"反恐"军事行动中抓获的"非法战斗人员",因此不享有《日内瓦公约》所规定的战俘权利。

除了关塔那摩外,美国还在全球开设了全球连锁的"幽灵监狱"。任何被美国怀疑是"基地"分子或者恐怖嫌犯的人都可能被投入这个绝密系统中,

---

① 王孔祥.美国在关塔那摩监狱的法律分析[J].法治研究,2014(4):44–52.

过着炼狱般的生活。美国还与叙利亚、埃及等国签订代为施刑的"发包合约",把许多被怀疑与恐怖主义有关的人运到这些可以动用"酷刑"的国家,以便迫使他们供出对美军有用的情报。①尽管美国国防部授权实施的各种强制性审讯手段主要是针对关塔那摩海军基地的,但据美国军方的调查报告,这些强制性审讯手段也在伊拉克和阿富汗美军的关押场所使用。2004年发生阿布格莱布"虐囚"事件,国际舆论哗然;同年美国国防部发布关于在伊拉克和阿富汗被拘留者遭到虐待问题的报告,有62件被拘留者遭虐待事件,26名被拘留者死亡。非政府组织"人权优先"(Human Rights First)2006年的报告称,自2002年8月以来有近100名被拘留者在美国关押期间死亡,有1/3被杀,其中至少有12名因酷刑致死,还有1/2的死因是"官方未确定或未知的",但美国军方却疏于调查和追究责任。②

(二)国际非政府组织在美国"虐囚"问题上的作用

美国政府否认国际人道法对"反恐"行动中抓获人员的适用,规避禁止酷刑的法律和条约,实施酷刑和虐待造成了被拘留者的大量死亡,引起了大量国际非政府组织的强烈关注,并在此问题上采取了持续行动。

1.为被俘人员提供信息和法律援助

从2002年起,不断有被俘人员的朋友和家人在有关人权组织的支持下向联邦法院提起诉讼,申请人身保护令。这些案件将美国总统、国防部部长等行政分支的首脑作为被告,一直上诉至美国最高法院,其间众多人权组织在各个阶段给被囚人员提供了大量帮助。③主要有:

(1)为被羁押者发送与接收信息

关塔那摩被羁押人员同外界的通信是受到严格限制的,他们只能同他们的直系亲属或直接律师通信。开始时,这些被羁押者只能经由国际红十字会发送与接收信息。

(2)推动和支持相关诉讼案

例如"拉苏尔诉布什案"是由"宪法权利中心"(Center for Constitutional

---

① 刘昂.人权视野下"9·11"后反恐与反酷刑的博弈[J].中国人民公安大学学报,2010(6):141–146.

② 龚刃韧."9·11"事件后美国政府的酷刑政策及其影响[J].中国社会科学,2012(8):131–152.

③ 曹琳琳.国际人权保障公约实施中的困境:以美国对关塔那摩在押人员处置为例[J].社科纵横,2012(3):85–87.

Rights)大力推动和支持,最终得以完成的,在"布迈丁"案中,美国公民自由联盟以"法庭之友"的身份提交支持原告的意见书,促成了案件的胜诉。①

2.通过抗议活动和信件向美国政府施加压力

2010年,反酷刑组织成员拿着写着"承诺缺失""法律崩坏""生命流逝"等标语的旗帜,在美国首都华盛顿国会大厦前集合抗议,要求美国政府按照总统奥巴马签署的行政命令,在一年内关闭关塔那摩监狱。2013年,美国争取公民自由联盟、大赦国际、保卫人权组织、美国伊斯兰关系委员会等二十多个人权组织的代表写信,要求奥巴马采取特别措施转移关塔那摩监狱的囚犯并关闭监狱。

3.撰写和发布出版物羞辱美国政府的"虐囚"行为

从2002年关塔那摩监狱建立到2011年底,大赦国际共发布了469篇有关关塔那摩监狱侵犯人权状况的报告、新闻稿和紧急行动等出版物,以极高的频率和极强的力度向国际社会汇报审判进展和决议。为了增强国际社会对该问题的关注度以及对美国政府的羞辱作用,大赦国际在关注关塔那摩监狱时,高频度地使用了"丑闻(scandal)"这一词语,有时甚至直接出现在其出版物的标题中。大赦国际还总结了美国已经参加的国际人权公约和在国际社会对相关问题的公开表态,指出美国在"反恐"行动中的种种行为与其承诺以及在国际社会所达成的共识形成强烈对比,要求其尽快改正。②

4.调查和曝光美国"虐囚"状况

国际非政府组织提出派代表进入关塔那摩监狱的要求,对美国的监狱条件和侵犯人权的情况进行实地考察;全程旁听美国对关塔那摩监狱在押囚犯的审判并认真记录,及时向全球提供有关关塔那摩监狱的信息,包括囚犯的基本信息、背景、入狱经过和狱中情况等,呼吁会员和支持者通过给美国政府写信、寄明信片等方式表达关注,实施救助行动。大赦国际还每年在关塔那摩监狱建立的日期对该问题表示关切;追踪美军公开或非公开地向关塔那摩监狱转移囚犯的行动,包括较大规模的、普遍的转移行动和零星的、单独的转移行动,呼吁参与转移的国家停止对美国转移行动的支持;对囚犯的绝食行动进行关注和支持,谴责美军对绝食囚犯进行强制喂食的不

---

① 周强.美国关塔那摩系列人权案中的权力制衡[J].美国研究,2011(3):59-73.
② 马婧.大赦国际的行动策略研究[D].北京大学,2013:163-168.

人道行为。①

5.在美国"虐囚"问题上游说国际组织对美国施加压力

国际非政府组织选择对美国重要的时间点或事件前在联合国进行游说,直接向联合国提供关塔那摩监狱侵犯人权的消息;还在联合国人权委员会(后来的人权理事会)会议中提出关塔那摩监狱的问题,要求美国做出关闭的承诺并尽快行动。2006年,联合国人权委员会的独立专家联合呼吁美国关闭关塔那摩监狱,并以独立、合格的法庭审判被关押者,或将他们释放;在美国白宫发言人拒绝了联合国关闭关塔那摩监狱的要求后,时任联合国人权高专的阿尔布尔和当时的秘书长安南又对美国政府发出了尽快关闭关塔那摩监狱的敦促。大赦国际还就关闭关塔那摩监狱问题发布给欧盟外交部部长和德国总统的公开信,也曾在美欧峰会时提请欧盟注意美国向关塔那摩监狱转移囚犯的行动。②

(三)美国政府在"虐囚"问题上的变化

1.国际非政府组织的行动对美国政府产生了一定影响

在国际公开批评某个国家,并对其提出自己的要求,是国际非政府组织影响这个国家政府,使其改变政策的主要方式。随着国际形象在外交中重要性的不断提升,面临国际非政府组织在国际社会公开的批评和要求时,一国政府通常会出于维护自身国际形象的考虑,在一定程度上同意国际非政府组织的要求,美国也不例外。在国际非政府组织强大的舆论攻势下,美国政府允许大赦国际等非政府组织派出调查团进入关塔那摩监狱进行考察。对于大赦国际对关塔那摩监狱条件和酷刑等人权问题的曝光和指责,美国政府也进行了一些回应。

2005年,美国国务院提交的履行《禁止酷刑公约》报告称:"美国毫不含糊地反对酷刑的利用和实践。无论任何情况包括战争、战争威胁、国内政治不稳定、公共紧急状态等,或者上级官员或公权力的命令,都不能成为实施酷刑合法化或辩护的理由。"③在阿布格莱布"虐囚"事件曝光之后,迫于国际和国内的压力,布什政府关于酷刑的政策有所收敛。2009年,奥巴马在第一任期上任之初签署了一道总统令和三道行政命令,明确表达了关闭关塔那

①② 马婧.大赦国际的行动策略研究[D].北京大学,2013:163-168.

③ 龚刃韧."9·11"事件后美国政府的酷刑政策及其影响[J].中国社会科学,2012(8):131-152.

摩监狱的态度,并给出了实现的时间表。①

2.美国在"虐囚"问题上改变甚微

在"虐囚"问题上,美国并没有真正改变酷刑政策,美国中情局的非常规引渡和强制性审讯照常进行。2009年,奥巴马虽然公开谴责酷刑,并严令在其任期内禁止酷刑,但由于各种政治压力和阻力,关闭关塔那摩监狱的进程屡屡受阻,迟迟无法实现。奥巴马政府也并没有打算彻底"修补"布什政府酷刑政策所带来的损害,奥巴马政府期间布什政府的某些措施仍然有效。2011年,奥巴马最终解除了持续2年的禁令,重新恢复了关塔那摩监狱的使用。2014年,美国宣布阿富汗战争结束了,但关塔那摩监狱依然开放着。2016年,奥巴马向美国国会递交方案,要求关闭关塔那摩监狱。但这一方案立即遭到全面控制国会的共和党的强烈反对。2018年,特朗普在国会发表首份年度国情咨文时表示,下令取消前任总统奥巴马启动的关闭关塔那摩监狱的计划。

有些美国人认为,如果美国政府仍然不给予关塔那摩监狱囚徒们应有的人权,可耻的历史就将持续下去。但也有许多美国人反对关闭,盖洛普咨询公司的跟踪调查结果显示,自2009年以来,反对关闭关塔那摩监狱的美国人比例一直保持在66%左右。②

利益与价值观是美国国家安全战略的两个重要立足点,美国的利益与价值观有时一致,有时背离,当利益与价值观发生冲突时,美国优先选择的是利益,美国在"虐囚"问题上的行为充分说明,在国家安全利益和囚徒人权问题上,美国优先考虑的是国家安全利益,此时人权就没有那么重要了。是否能够解决好关塔那摩监狱囚徒问题涉及美国的国际声誉,但与国家安全利益相比,国际声誉只是次要利益,因此国际非政府组织在这一问题上对美国国家行为的改变十分有限。

---

① 龚刃韧."9·11"事件后美国政府的酷刑政策及其影响[J].中国社会科学,2012(8):131-152.

② 陆佳飞.臭名昭著的关塔那摩监狱能否走向终结[EB/OL].[2016-2-26].http://world.huanqiu.com/hot/2016-02/8613262.html

第三节　国际非政府组织与国际人权规范的形成及实施

国际非政府组织在国际人权规范的形成及实施过程中扮演着极其重要的角色。它们常常与联合国等政府间国际组织合作,提出人权议题,参与国际人权议程的设定,促进人权规范和标准的制定,建立国际人权机制。根据联合国出版的《国际人权文件汇编》,迄今为止,联合国已经制定了上百个关于人权的国际文书(包括各种人权公约、议定书、宣言、建议和决议)。主要有:《世界人权宣言》(1948)、《防止及惩治灭绝种族罪公约》(1948)、《消除一切形式种族歧视宣言》(1963)、《公民权利和政治权利国际公约》(1966)、《经济、社会和文化权利国际公约》(1966)、《消除一切形式种族歧视国际公约》(1966)、《消除对妇女歧视宣言》(1967)、《禁止并惩治种族隔离罪行国际公约》(1973)、《消除对妇女一切形式歧视公约》(1979)、《禁止酷刑和其他残忍、不人道或有辱人格的待遇或处罚公约》(1984)、《维也纳宣言和行动纲领》(1993)、《北京宣言和行动纲领》(1995)、《罗马规约》(2002),等等。下面以《禁止酷刑公约》《消除对妇女一切形式歧视公约》等妇女人权规范以及《罗马规约》为例,说明国际非政府组织在国际人权规范的形成及实施中的作用。

一、国际非政府组织与《禁止酷刑公约》的形成及实施

《禁止酷刑公约》全名为《禁止酷刑和其他残忍、不人道或有辱人格的待遇或处罚公约》(The United Nations Convention against Torture and Other Cruel, Inhuman or Degrading Treatment or Punishment)。1984年,联合国大会通过了这个公约,目的是要防止世界上继续存在有酷刑或其他相似的行为。该公约要求各个缔约国必须在其管辖的领域内,采取各种有效的方法避免酷刑的存在与发生,且禁止各缔约国将人送回可能使该人遭受到酷刑的国家。该公约对于禁止刑事司法中出现的酷刑行为有重要意义。

（一）历史上的酷刑现象及相关规范

酷刑现象在人类历史上早就存在,在专制社会中,酷刑现象是普遍存在的合法现象。酷刑的存在与使用反映了人恃强凌弱的自然习性。但自近代以来,酷刑制度的合理性开始遭到质疑和批评,人们开始有意识地对酷刑进行

限制。1689 年的《英国人权法案》、1787 年的《美国宪法》、1789 年的《法国人权宣言》都规定了不得实行残忍和不寻常的惩罚的内容。不过,这些对酷刑限制的规定都较为抽象,缺乏具体的法律制度和实施机制。

20 世纪以来,两次世界大战中大规模发生的酷刑现象令人恐惧和憎恶,国际社会深感通过共同努力来遏止酷刑的必要性和重要性。1945 年,战胜国联盟发布《纽伦堡宪章》,将"违反战争法规或习惯,出于某种目的或在占领区内,实施包括但不限于谋杀、虐待或奴役平民居民,谋杀、虐待战俘,谋杀、虐待海上人员杀害人质"归为战争犯罪,将"对任何平民居民进行谋杀、生物实验、放逐和其他非人道行为,或基于政治、种族、宗教背景的迫害"归为反人道罪。1948 年,联合国通过《防止及惩治灭绝种族罪公约》(Convention on the Prevention and Punishment of the Crime of Genocide), 将针对某一民族、种族或宗教团体成员的酷刑行为列为种族灭绝罪之列。此后,《关于难民地位的公约》《囚犯待遇最低限度标准规则》《消除对妇女歧视的宣言》《消除一切形式种族歧视公约》《公民权利和政治权利国际公约》都从不同角度规定了对酷刑的禁止使用。禁止酷刑成为世界上的一种"约定俗成"的规范。

但上述国际禁止酷刑的规范并不具备什么约束力。对于主权国家内发生的酷刑问题,并不存在一种国际社会的监督和督察制度。也就是说,现实中发生的一个个具体的酷刑案例还属于国际社会关注的盲区, 并不存在任何具体的司法制度和国际规制来实施这项禁令。

(二)国际非政府组织与《禁止酷刑公约》的形成与通过

在与大量频繁发生的具体案例的接触中,国际非政府组织认识到,只有根据国际人权文件的精神,建立起一套清晰的强有力的反酷刑规范,建立起明确具体的监察制度和司法保护制度,而不是泛泛的含糊原则,才能改变普遍存在的酷刑滥用状况。为了达到这一目标,国际非政府组织在全球范围内广泛采取行动进行推动,最终促成了《禁止酷刑公约》的形成和通过。

1.国际非政府组织对反酷刑议题的推动

(1)利用重大事件在国际社会的影响推动反酷刑议题

主要有两个重大的事件:一个是希腊军事政变中酷刑问题的大规模发生,对酷刑议题的塑造起到了直接推动作用。1966 年,国际社会流传着各种希腊左翼分子受到酷刑的报道,大赦国际决定对这一案例进行调查。1967 年12 月和 1968 年 3 月,大赦国际两次派特使到希腊,发现希腊存在大量酷刑,而且实施酷刑是政府的一项政策。通过对希腊酷刑问题的调查,大赦国际以第一手的资料,揭示了军事政变中希腊当局严重虐待犯人、滥施酷刑的行为。之后,大赦国际将收集到的大量酷刑证据公布于众,并将这些材料送到欧洲议会外交部,指名批评希腊政府。①希腊是北约和欧洲理事会成员,被誉为人类文明中的"民主的摇篮",大赦国际将其在政变后实施了大范围的酷刑和严厉限制公民自由的措施公布后,引起了整个欧洲社会的强烈谴责。这使欧洲各国政府开始关注酷刑问题,并在禁止酷刑方面采取进一步行动。大赦国际还将相关材料送到联合国人权委员会,并在联合国人权委员会工作小组上做口头发言,虽然联合国规定不允许对联合国成员国的人权记录做任何口头或书面的批评,但在大赦国际的压力下,联合国开始处理发生在希腊的酷刑问题。②

另一个事件是 1973 年智利民选政府被右翼军人发动的政变推翻之后,智利军政府实行独裁统治残酷镇压反对者,大赦国际把智利的真实情况揭露出来后,国际红十字会、联合国难民事务高级专员、美洲人权委员会的代表团立即访问了智利。智利事件迅速被全球关注,酷刑议题的关注层次得到提升。受到智利事件的刺激,1973 年联合国大会会议上,瑞典、奥地利、哥斯达黎加、荷兰、特立尼达和多巴哥等国一起提交了关于酷刑的决议草案,就在智利政变仅仅 2 周后,联合国大会通过了联合国第一个关于酷刑的决议。在联合国人权讨论中,如此集中讨论酷刑议题非常少见。此后,酷刑问题在联合国的不同会议上被频繁地提及,通常都会引有智利案例中的事实。③

(2)利用重大场合推动反酷刑议题

1948 年,联合国大会颁布《世界人权宣言》,作为国际社会第一份普遍性的人权文件,宣言的颁布标志着人权由地域性概念转变为全球性概念,为后续多项国际人权法律文件的形成奠定了坚实基础。1972 年《世界人权宣言》发表二十四周年之日,大赦国际成立了一个专门负责酷刑问题的工作小组推动反酷刑问题。大赦国际认为,《世界人权宣言》是人权史上具有里程碑意义的文件,如果联合国能够在《世界人权宣言》周年纪念的大会上明确地发表一份反对酷刑的声明,会对建立新的酷刑规范具有重要意义,会纠正人们

① 黎尔平.反酷刑国际公约现状分析[J].江苏警官学院学报,2004(4):63-67.
②③ 刘贞晔.全球公民社会研究:国际政治的视角[M].中国政法大学出版社,2015:238.

对酷刑的传统认知,使废止酷刑运动逐渐成为一个全世界的关注点。

(3)以地区性与国别性研讨促进关于酷刑的共识

1973年,大赦国际发起了一次又一次的专家研讨会,既有地区性的,也有国别研讨(分别在英国、挪威、联邦德国、爱尔兰、加拿大、墨西哥、瑞士、新西兰、美国、澳大利亚举行研讨)。研讨主题包括如何在法律上、医学上和政治上与酷刑作斗争,以及酷刑对身体和精神上的影响,从而在关于酷刑的危害及如何应对酷刑的滥用方面达成共识。1973年,大赦国际还发起了地区性会议——巴黎世界酷刑会议,邀请了专家、政府代表在巴黎举行声势浩大的会议,会议主题包括:关于个人和机构对酷刑应负责任的研究;关于导致酷刑的社会经济和政治因素研究;关于酷刑问题的法律特性分析;关于酷刑的医学上的考察。在大会上,报告建议将大赦国际的目标确定为创建关于酷刑的新规范。

(4)建立"信息工程"加快反酷刑信息的传播

为了尽快传播有关酷刑的消息,大赦国际发起了一个针对酷刑的国际"信息工程"。该工程中最具有代表性的是1973年大赦国际发表的关于酷刑的长篇研究报告《酷刑报告》,该报告描述了酷刑的特点,报道了它在全球范围内的使用状况,按年代顺序叙述了61个国家的酷刑和虐待情况,并就国际法律补偿的状况进行了详细研究和分类。此外,该组织还发布国别报告和月度简报,挑选重点案例,突出强调酷刑的使用导致的个人苦难。在传播中,该组织强调快速反应,因为酷刑经常发生在羁押的头几个小时或前几天,花费太长时间则无疑会降低传播效果,为此还制定了"紧急行动"快速反应措施保证及时传播。①此外,国际非政府组织还发起全球性废止酷刑运动(Campaign for the Abolish of Torture),加快反酷刑议题在世界各国的传播。

通过以上行动,反酷刑议题在国际社会受到了更多的关注,这为非政府组织建立广泛的反酷刑公众基础,要求各国政府对支持反酷刑运动,敦促联合国重视酷刑问题,制定禁止酷刑标准创造了条件。

2.国际非政府组织与《反酷刑公约》的通过

1975年,联合国预防犯罪大会允许与反酷刑有关且具有咨商地位的非政府组织,参与联合国非正式的反酷刑工作小组会议,大赦国际的一名成员

---

① 刘贞晔.全球公民社会研究:国际政治的视角[M].中国政法大学出版社,2015:235.

被邀请参加公约的起草工作,开始直接参与并影响到联合国的《禁止酷刑公约》草案的起草工作。此后,联合国主持召开了多次有关反酷刑标准建立的会议,大赦国际的代表应邀出席这些会议。在大赦国际等国际非政府组织的协助下,联合国大会正式通过了《反酷刑宣言》。宣言对反酷刑有关内容的原则性规定,是人类历史上第一个专门针对禁止酷刑和一切残忍、不人道或有辱人格行为所做的指导性文件,明确要求所有签署国保证,将一切酷刑行为在本国刑法中规定为犯罪,但宣言只是一个政治宣言,并不具有约束力。①

1977 年,由瑞典政府起草和由大赦国际与国际法学家委员会、国际法律联合会共同起草的《禁止酷刑公约》草案相继提交给联合国大会。两草案相比,瑞典的草案把实施酷刑的主体限定于官方工作人员,遭受酷刑的对象限定于被拘押的囚犯范围内;而在大赦国际的草案中,实施酷刑的主体不仅局限于官方工作人权,遭受酷刑的对象也远超出被拘押囚犯的范围,同时对酷刑的监督程序更为严格细致,并要求无条件地反对酷刑。监督机制的建立也充满争议, 一些国家对此存有较大的异议。为使公约能获得更多国家的签署,联合国采纳了荷兰代表的建议,以瑞典代表提出的草案为蓝本。1984 年,《禁止酷刑公约》在争执中正式形成,②1987 年正式生效。

公约在严格遵守《世界人权宣言》和《联合国反酷刑宣言》原则的基础上,从实体到程序都做了比较详细具体的规定,例如规定了酷刑的定义,明确了各缔约国必须承担的各项义务,包括采取有效的立法、行政司法或其他措施,防止在其管辖的任何地方出现施行酷刑现象,对境内发生的酷刑行为进行及时查处和有效惩治,对被害人进行一定补偿等;还决定在联合国内成立专门的"反酷刑委员会",专门负责对各国履行公约义务情况进行审查和监督。③

《禁止酷刑公约》的通过展现出国际非政府组织构建议题的能力。它们通过发动全球禁止酷刑运动和各种专业的研讨会,将一个约定俗成的传统议题构建为一个规则性更强、更具有强大执行力和约束力的新规范议题。公约的通过也展示出国际非政府组织在人权领域的专业知识、活动策略、组织国际网络的能力、动员资源的能力和运动技巧,其信息和数据为公约形成提

---

① 金翌昀."禁止酷刑公约"研究[D].复旦大学,2010:4.

② 同上,2010:5.

③ 张绍谦.论国际社会反酷刑运动的成就和特点[J].45–47.

供了论证依据和证据,其传播活动为公约的通过奠定了公众基础。①

(三)国际非政府组织与《禁止酷刑公约》的实施

1.《禁止酷刑公约》的实施现状

《禁止酷刑公约》实施以来,国际社会已经对预防、惩治酷刑的规范形成了许多共识,例如普遍管辖、起诉或引渡、禁止酷刑义务的不可克减性、排除酷刑所得口供的定罪证据效力。多数国家在本国立法的修改完善过程中,也都以不同形式将有关反酷刑国际公约所规定的各国在惩治、预防本国酷刑犯罪方面必须遵循的义务内化到本国法律之中,从而实现国际义务与国内法律的接轨,使国际反酷刑规范的落实具有国内法的依托。②目前世界上许多国家刑法典中都有关于禁止酷刑的规定,有的是制订专门的反酷刑法,例如斯里兰卡。有的则在刑法中做出相关的规定,其中有的将酷刑规定为独立的犯罪,例如日本。有些国家和地区不但制订有自身的反酷刑共同规范,而且建立有比较健全的反酷刑督查和救济机制,能够比较迅速地发现和处理酷刑案件。③

但《禁止酷刑公约》在实施过程中也存在诸多困境,这使非政府组织推动《禁止酷刑公约》成果有限,困境主要有:

(1)实施酷刑的主体和遭受酷刑的对象界定不清

公约没有将酷刑的实行主体做具体限定,扩大了酷刑概念的外延,在国际社会引起了争议。公约未将酷刑的对象限定在刑事诉讼的被告人、嫌疑人和其他当事人的范围之内,初衷是希望全面遏制人类残酷行为、不人道行为,但却产生了不确定性。酷刑的关键构成因素,是所施加的行为实际上造成人的肉体疼痛或精神痛苦的行为。为了区别于一般的暴力行为,公约用"剧烈"这一限定语来加以分别。但是"剧烈"本身并非可量化的概念,人的体验和外部环境对体验的遏制和促进,具有模糊界限的作用。因此,究竟何种程度、何种形式方能满足"剧烈"的标准,其实没有特别客观的评判依据。公约还有例外规定,也有很大争议,如新加坡特有的法律制裁鞭刑是否属于酷刑等争议也经常出现。④这使公约在执行中遇到很多问题,降低了公约的有效性。

---

① 刘贞晔.全球公民社会研究:国际政治的视角[M].中国政法大学出版社,2015:245-246.

②③ 张绍谦.论国际社会反酷刑运动的成就和特点[J].河南省政法管理干部学院学报,2004(4):45-47.

④ 金翌昀."禁止酷刑公约"研究[D].复旦大学,2010:7-9.

（2）公约的监督机制存在问题

首先是酷刑在许多国家普遍存在，但公约中所使用的监督机制并没有得到应有的发挥，只有少数国家受到监督，大多数国家并没有受到监督。其次，公约设有监督特使，担任该职的特使可以直接要求公约批准国政府提供有关酷刑问题的报告；凡无任何保留地批准包括该公约第 20 条在内的所有公约签署国，该特使可以随时进入该国进行调查取证，直接进行调查和与主要的政府官员接触，并有权巡视提出请求巡视的国家。但随时进入某一国家调查取证，常常有干涉别国内政的嫌疑，相当多的国家难以接受这种监督形式。①

（3）联合国禁止酷刑委员会对公约的执行情况存在问题

该委员会仅依据公约的条款，从法律的角度对各国政府提交上来的报告做出"积极方面"和"主要关切"的一般性评议，这使评议的法律效力极其有限。同时，在各国报告的质量、禁止酷刑委员会的素质和报告的积压等方面上存在诸多问题。②

（4）目前酷刑的使用不仅没有消减，而且在不断增加

许多国家存在酷刑和虐待的案件。例如：酷刑在非洲大陆上的 30 多个国家（如安哥拉、乍得、加蓬和塞拉利昂）被广泛使用，酷刑的使用甚至不会受到任何法律惩处；在美国也一样，虽然美国拥有世界上最坚决反对酷刑的一些法律和组织机构，但酷刑仍然普遍存在，酷刑的实施者们很少能被绳之以法；在欧洲和中亚，尽管出台了一系列禁止使用酷刑的法律，实施酷刑的残忍行为也相当普遍。③

（5）反恐与反酷刑的博弈造成酷刑滥用

"9·11"事件之后恐怖主义犯罪增加，使西方国家更强调国家安全。在美国国内，打着保护"国家安全利益"旗号的审讯中也存在大量酷刑。由此引出的问题是：打击恐怖主义能否成为施行酷刑的借口，反恐与反酷刑能否携伴而行？反酷刑应不应该有例外？这实质上反映的是国家安全的维护与犯罪嫌疑人权利保障之间的深层冲突，和一个国家在安全危机面前的价值选择。④

---

①② 黎尔平.反酷刑国际公约现状分析[J].江苏警官学院学报,2004(4):63-67.

③ 张奕珂.大赦国际发起"废除酷刑"运动 称酷刑在全球仍严重[EB/OL].[2014-05-14].http://news.163.com/14/0514/15/9S7EHNRB00014JB6.html.

④ 刘昂.人权视野下"9·11"后反恐与反酷刑的博弈[J].中国公安大学学报,2010(6):141-146.

二、国际非政府组织与妇女人权规范的形成及实施

二战后,联合国和一些地区性国际组织制定了一系列国际人权规范,其中涉及妇女人权的国际规范主要有:《联合国宪章》《世界人权宣言》《公民权利和政治权利国际公约》《经济、社会和文化权利国际公约》《维也纳宣言和行动纲领》《欧洲人权公约》《美洲人权公约》以及《非洲人权与民族权利宪章》;专门阐述妇女人权的规范主要有:《受雇于工业的妇女夜间工作公约》《禁止贩卖人口和取缔意图营利使人卖淫的公约》《男女工人同工同酬公约》《生育保护公约》《已婚妇女国籍公约》《禁止就业及职业歧视公约》《取缔教育歧视公约》《关于婚姻的同意、结婚的最低年龄及结婚登记公约》《有家庭负担的男女工人享有同等机会和同等待遇公约》《关于妇女的平等地位的宣言》《实现国际妇女年目标世界行动计划》《消除对妇女歧视宣言》《在非常状态和武装状态保护妇女和儿童的宣言》《消除对妇女一切形式歧视公约》《消除对妇女暴力宣言》《北京宣言和行动纲领》《消除对妇女一切形式歧视公约任择议定书》。非政府组织在一系列妇女人权规范的形成及实施中扮演着重要的角色。

(一)国际非政府组织争取妇女权利的运动

1.第一次女权运动中的非政府组织

妇女何以享有人权是一个很早就被关注的问题。早在 18 世纪,西方国家就开始讨论妇女的权利;19 世纪,西方关于妇女的社会和政治地位问题讨论得更多,并于后半期出现了第一次女权运动。在这个时期,随着西方工业革命的深入发展,社会经济结构和人的观念意识发生了很大改变,为人们重新认识性别问题开辟了广阔的道路。在此背景下,妇女们纷纷建立自己的参政团体,如 1869 年法国妇女建立的"妇女权利同盟"和 1890 年美国妇女成立的"全美妇女参政协会",主要目标是为妇女争取选举权、就业权和受教育权。这些妇女组织通过出版报刊、组织集会、签名请愿、召开大会等方式呼吁男女平等,对政府的社会政策施加影响,争取通过制定相关的法律实现在政治、教育、经济、婚姻等方面的男女平权。

此外,在第一次女权运动中,许多妇女组织还积极介入国际事务,如其领导人作为政府代表团成员参加国际联盟、妇女国际组织联络委员会(Liaison Committee of Women's International Organizations）、国际劳工组织（International Labor Organization）的活动；①还在国际层面呼吁给予妇女选举权和合法的公民身份，如 1902 年，来自 11 个国家的主张妇女权利的人在美国华盛顿建立了国际妇女同盟（the International Alliance of Women），1904 年在柏林召开第二次会议，直至国际联盟建立后，一直致力于为妇女争取选举权和平等的公民权。②

2.第二次女权运动中的非政府组织

联合国成立后，一些妇女非政府组织竭力主张将男女平等问题载入《联合国宪章》，并在经社理事会设立妇女地位委员会。1946 年，安理会第 11 号决议决定成立妇女地位委员会作为经社理事会的执行委员会，并就妇女在政治、经济、公民、社会和教育等领域的权利的改善提出建议和报告。委员会的任务是就妇女权利方面迫切需要引起关注的问题向理事会提出建议，目标是从全球层面推进男女权利平等原则的贯彻落实和提高妇女的地位，为妇女非政府组织参与国际事务创造了条件。

继《联合国宪章》之后，全球性国际人权文书——《世界人权宣言》《公民权利和政治权利国际公约》《经济、社会和文化权利国际公约》都明确提及有基于性别的平等规定。这些文件无一例外地强调，人人有权享有宣言所提及的一切权利和自由，不分种族、肤色、性别、语言、宗教、政治或其他见解、国籍或社会地位、财产、出生或其他身份等任何区别。此外，扩大和强化了人权基础的专门和区域人权文书也明确规定了性别平等，致力于保护人权的三个区域文书——《欧洲人权公约》《美洲人权公约》《非洲人权与民族权利宪章》都和其他国际人权文书一样，明确载有性别平等。③尽管国际上禁止基于性别的歧视，且得到人权文书的确认，人们也广泛接受公民权利和政治权利的普遍性，但这些权利却是社会性别化了的，妇女远远没有享有言论、政治参与等平等权。

20 世纪 60 年代，西方国家掀起了第二次女权运动，要求消除两性差别，

---

① 胡传荣.国际关系、全球治理和妇女非政府组织[J].妇女研究论丛,2006(5):55-60.

② What is IAW[EB/OL].[2017-09-08].http://womenalliance.org/what-is-iaw.

③ [美]凯利·阿斯金,多萝安·科尼格编,黄列,朱晓青译.妇女与国际人权法[M].生活·读书·新知三联出版社,2007:31-32.

摆脱作为"第二性""他者"的屈从和被动地位,改变主流文化价值观中的两性二元对立状态,实现充分的、全面的公民权和真正的两性平等。这次运动冲破了传统政治概念的狭隘定义,提出了"个人的就是政治的"口号,维护妇女对自己身体的权利,并认为妇女关注的问题,如性、生育、婚姻家庭、家务劳动等都是政治问题。与第一次女权运动浪潮相比较,这次运动的目标和范围更加广泛,涉及婚姻、家庭、就业、参政、生育、堕胎、社会福利等各方面的权利和权益。在这次运动中,妇女协会、妇女组织大量涌现,①如美国的"黑人妇女联合战线"代表少数民族妇女抗议其所遭受的阶级、种族和性别压迫;全国性女工组织"工会妇女联盟"反对工会对女工的歧视和排挤;全国妇女组织呼吁立即采取行动把妇女完全融入美国社会的主流;"妇女争取平等行动联盟"致力于通过教育、诉讼和立法来提高妇女的地位和生活;"妇女解放运动"倡议打破性别、家庭和堕胎等传统的价值观;"妇女健康运动"强调妇女获取关于自己健康信息,积极参与个人和社会的卫生保健的重要性。②

（二）国际非政府组织与国际妇女人权规范的形成

经过长期的理性启蒙和妇女运动,国际社会总体上已经对妇女人权的基本理论达成了共识:妇女权利是人权的一个部分,其所追求的并不是妇女的特权,而仅仅是尊重和保护妇女作为人、作为社会一部分所应当享有的基本人权,使其得到符合生理特征、符合社会能够提供的保护水平的适当对待。③尽管如此,歧视妇女的现象仍然屡屡发生。为消除妇女受歧视的现象,1967年,联合国大会制定了《消除对妇女歧视宣言》(Declaration on the Elimination of Discrimination against Women)。但是宣言的作用十分有限,歧视妇女的现象仍然普遍存在,国际社会需要进一步制定国际规范消除歧视妇女的现象。

1.国际非政府组织与《消除对妇女一切形式歧视公约》的形成与通过④

1975年,联合国第一次世界妇女大会在墨西哥城召开,会议将1975—1985年确立为联合国"国际妇女十年",要求所有成员国在经济、政治、文化

---

① 裔昭印.国际妇女运动一百年[EB/OL].[2010-03-08].http://www.huaxia.com/zhwh/gjzt/2010/03/1782091.html.

② 胡传荣.国际关系、全球治理和妇女非政府组织[J].妇女研究论丛,2006(5):55-60.

③ 孙璐.妇女权利的国际法保护:问题与变革[J].当代法学,2007(4):12-19.

④《削除对妇女一切形式歧视公约》(The Convention on the Elimination of All Forms of Discrimination against Women,CEDAW,简称《消歧公约》).

和司法等各个领域,给予妇女与男子同样的发展机会,以推动全球对于妇女问题的关注和讨论,妇女非政府组织参加了与大会同期举行的非政府组织论坛,共同提出了消除歧视妇女问题。1976 年,布鲁塞尔举行第一届针对妇女犯罪行为的国际论坛,来自 40 个国家的 2000 名妇女在论坛上对家庭暴力、殴打妻子、强奸、卖淫、女性割礼、杀害妇女,以及迫害女性同性恋者等问题畅所欲言,在国际非政府组织的要求下,布鲁塞尔大会促成了国际女权主义网络的建立;同年,妇女地位委员会通过了以《消除对妇女歧视宣言》为基础的消除对妇女歧视公约草案。公约草案的目的在于用一个在法律上有约束力的文件来消除拒绝和限制妇女在政治、经济、社会和文化领域及家庭关系中享有平等地位的歧视。1979 年,在国际非政府组织的推动下,《消歧公约》作为妇女权利的主要法律规范终于得以通过。

　　《消歧公约》是一项有关妇女权益的国际公约,是联合国为消除对妇女的歧视、争取性别平等制定的一份重要国际人权文书。作为妇女人权公约,《消歧公约》是全球妇女运动用来敦促、推动和监督各国政府采取有效措施保护妇女不受暴力侵犯的核心工具。公约为保护妇女权利提供了全面的标准,要求在政治、经济、社会、文化、家庭等领域给予妇女平等的权利;还要求缔约国必须采取法律措施禁止歧视妇女,将男女平等原则写入国家宪法,或者制定男女平等法;缔约国不得提出与公约目的相抵触的保留。此外,该公约还规定建立消除对妇女歧视委员会,以审查各国执行公约所取得的进展。这些规定为消除对妇女的歧视提供了法律依据,保障了妇女在政治、法律、工作、教育、医疗服务、商业活动和家庭关系等各方面的权利。

　　但《消歧公约》也存在一定的缺陷,作为妇女权利的国际法律规范,公约仍未提到对妇女暴力侵害的问题,对于强奸、家庭或性虐待、割礼及其他对妇女暴力侵害情况只字未提。《消歧公约》并没有对"对妇女的暴力行为"给出明确的定义。黛安娜·奥托认为,《消歧公约》促进妇女与男子的平等,并要求缔约国能够消除"对妇女的歧视"的措施,却没有承认或保护由于妇女的基于性别的经历和肉体而独有的那些权利,如基于性别的暴力没有得到承认,完全忽视了基于性别形式的体制和结构改革的必要性。①

---

　　① [美]凯利·阿斯金,多萝安·科尼格编,黄列,朱晓青译.妇女与国际人权法[M].生活·读书·新知三联出版社,2007:125.

2. 国际非政府组织与《消除对妇女暴力宣言》的通过

由于《消歧公约》并未达到国际非政府组织的预期，于是在公约通过后国际非政府组织继续展开活动，促进国际社会对消除对妇女的暴力问题的关注，并形成相关的国际规范。

（1）使"暴力侵害妇女"成为联合国关注的议题

暴力侵害妇女一直都是一个普遍性问题，世界各地数以百万计的女性长期遭到攻击、殴打、强奸、残害甚至谋杀，女性的人权受到肆意侵犯和践踏。但是国际社会对妇女的暴力侵害问题却没有给予足够的关注，在20世纪60—70年代的女权运动中，尽管欧美等国家和地区的妇女运动开始关注强奸、家庭暴力、性骚扰等性别暴力问题，但它既未列入妇女运动议程，也未列入人权团体的议程。人们对暴力侵害妇女问题的重视程度，完全不能与妇女一直以来进行的争取投票和平等地位等传统问题相提并论。70年代中期以后，随着女性意识的提高，妇女非政府组织不再把自己的目光仅仅局限于争取与男性平等的权利、提高自身的政治和社会地位有关的活动，也开始致力于解决暴力侵害妇女问题。

1980年，联合国第二次世界妇女大会在哥本哈根召开，联合国的145个会员国、联合国系统有关组织和机构的代表2000多人与会，参加非政府组织论坛的约8000人，会后非政府组织的跨国社会运动将"暴力侵害妇女"列为主要内容，"暴力侵害妇女"随之成为联合国关注的议题，但到1985年才真正成为联合国活动的目标之一。1985年，联合国第三次世界妇女大会在内罗毕举行。157个联合国会员国，及联合国有关政府间和非政府组织的代表约6000人与会，参加非政府组织论坛的约15000人。这次大会通过了提高妇女地位的内罗毕前瞻性战略，突出强调了妇女的暴力问题需要得到更多关注。"暴力侵害妇女"问题列入联合国议程后，很快引起了广泛关注。

（2）改变话语框架

在妇女非政府组织的压力下，20世纪80年代中期以后"对妇女的暴力侵害问题"成为联合国日程上的议题。但妇女非政府组织在暴力侵害妇女问题上放弃了已经体现在《消歧公约》中制度化了的"歧视"框架，转向采用体现反对暴力侵害妇女的话语中的"权利"框架，由寻求"平等"转向争取"妇女人权","承认妇女人权"成为非政府组织的新全球战略。① 1991 年,全球妇女领导中心（Center for Women's Global Leadership）举办了全球妇女领袖讲习班,讲习班帮助参加者把妇女权利问题同人权问题联系起来,进一步推动了妇女非政府组织话语框架的变化,还呼吁维也纳大会在其各个程序层面全面论及妇女的人权,承认基于性别的暴力是普遍现象,立即采取行动制止许多超越文化、种族和阶级的针对妇女的暴力行为。

新战略有效地引发了众多对人权法的男权形式与内容的批判,同时在将基于性别的暴力被纳入国际议程上也取得了一些突破。在非政府组织跨国网络的压力下,负责监督公约实施的消除妇女歧视委员会对公约重新进行了"解读",认为国际社会有责任针对暴力侵害妇女问题采取措施。②

(3)形成致力于"暴力侵害妇女"问题的跨国网络

内罗毕大会后,为了推动反对暴力侵害妇女议题,妇女非政府组织形成了庞大的跨国网络。到 1987 年,妇女非政府组织跨国网络对暴力侵害妇女问题的关注及施加的压力都已达到了比较高的程度,联合国组织召开了一次有关家庭暴力问题的会议,并授权进行了一项"对妇女家庭暴力侵害"的调查,这是首次对该问题进行的全面调查研究。从此以后,这个问题开始越来越受到重视,非政府组织活动激增;世界不少地区都相继建立了妇女问题网络。

20 世纪 90 年代,各种国际、区域和地方非政府组织为了强化妇女人权的视角和人们对侵犯妇女权利的认识,在国际层面形成了"全球妇女人权运动",全球妇女领导中心是这一运动的核心组织。1990 年,该组织召开国际筹备大会,会上来自不同地区和项目的 21 位妇女对自己的工作进行了总结,并对未来的工作重点提出了建议,这次筹备会议形成了"网络思维",对以后的妇女人权运动起了促进作用。

1993 年,全球妇女领导中心举办了国际妇女战略筹备会议,汇集了来自世界各地的妇女,共同为维也纳会议做准备。在筹备活动中,荷兰的共同筹资机构——荷兰国际开发合作组织召集亚洲、拉丁美洲、非洲、欧洲和北美洲妇女组织,组成区域性网络召开"咨询会议",讨论在维也纳和北京大会上应采取的战略。③妇女网络的活动得到了主流人权组织的支持。大会期间既有非政府的妇女核心小组,也有主流人权非政府组织、政府代表团和

①②③ 雷才丽.反对暴力侵害妇女的跨国倡议网络简述[J].妇女研究论丛,2008,9(5):69-74.

联合国机构的妇女成员，它们共同游说参与国政府，追踪宣言起草过程，为妇女了解在会议上的信息、论证妇女在整个进程中希望获得的目标提供了平台。①

国际妇女网络的充分准备，使1993年维也纳人权会议特别关注实现人权中的性别不平等问题。会议明确承认，妇女权利即人权，妇女的人权是普遍人权不可分割的部分，大会最终通过了《消除对妇女暴力宣言》，首次承认对妇女的侵犯构成违反人权法，并且将妇女权利视为普遍人权不可剥夺和不可分割的组成部分；第一次给"对妇女的暴力行为"下了定义：不论发生在公共场所或私人生活中，对妇女造成或可能造成身心上或性行为上的伤害或痛苦的任何基于性别的暴力行为。宣言承认妇女经历着不同形式的暴力，而不同形式的暴力又取决于不同的社会、经济、政治和文化语境；指出对妇女的暴力是男女两性之间历史上不平等的权利关系的表现，对妇女的家庭暴力是对妇女人权和基本自由的侵犯。②这是妇女跨国网络在维也纳大会上游说的直接结果，加强了各个国家和国际社会反对暴力侵害妇女活动的配合，为北京妇女大会做了准备，奠定了基础。③

3. 国际非政府组织与《北京宣言与行动纲领》(Beijing Declaration and Platform for Action)的通过

1993年维也纳人权大会后，世界范围内的妇女组织开始致力于动员、制定战略和游说，起诉基于性别的暴力，为北京妇女大会做准备。④这一时期，非政府组织一直采用的是"妇女的权利是人权"的全球战略。⑤1995年北京第四次世界妇女大会召开时，妇女全球领导中心收集的请愿书已得到100万人签名，在148个国家散发，被译为26种语言；会议期间，31000多名来自世界各地2000多个非政府组织分散到各个会场，参加了5000多场研讨会和1000多场其他活动。

---

① [美]凯利·阿斯金，多萝安·科尼格编，黄列，朱晓青译.妇女与国际人权法[M].生活·读书·新知三联出版社,2007:100-101.

② 胡玉坤.走向国际论坛的妇女 NGOs[J].中国妇运,1997(9):44-45.

③ 雷才丽.反对暴力侵害妇女的跨国倡议网络简述[J].妇女研究论丛,2008,9(5):69-74.

④ [美]凯利·阿斯金，多萝安·科尼格编，黄列，朱晓青译.妇女与国际人权法[M].生活·读书·新知三联出版社,2007:(67).

⑤ 同上,2007:131.

　　与以往历次大会上的听证和法庭活动一样,①在怀柔的非政府论坛上,非政府组织举办了"全球对妇女人权负有责任法庭"。该法庭的目的是:①让世界聆听妇女的声音,以文件的形式记录侵犯妇女人权的事实,尽力将妇女人权的议程从可见可视推向负有责任,从认识到侵犯行为到积极保障妇女的人权,培育不再容忍侵犯妇女人权行为的政治氛围。②展示在家庭和冲突局势中对妇女的暴力行为,如:经济歧视与剥削、侵犯健康和身体完整以及政治迫害。③反映妇女经受暴力的多样性,跨越地缘政治、种族、阶级、性取向、族裔和宗教。④与证据提供者共同工作准备"责任概要",识别出未得到遵守的具体人权公约、法律和标准,并且阐述人权倡导者曾利用过的政治或法律战略,或曾为受害者制定过的计划。⑤巩固妇女人权运动在基于性别的暴力领域已经取得的成就,同时强化在社会、经济和文化领域实现妇女人权。②

　　该法庭还与政府间组织"亚洲妇女人权组织"共同举行世界对妇女犯罪公开听证会,证明在政府会议上形成的《行动纲领》所辩论的人权议题的重要性。非政府组织论坛中的许多活动自觉论及妇女人权问题,一切妇女的权利属于人权的认知广为传播。通过非政府论坛妇女人权活动的高度可视性,使妇女权利是人权的基本理念得到强化。在围绕北京宣言和行动纲领的辩论中,随处可感受到具有性别意识的人权视角,过去联合国有关妇女的会议始终主要在讨论妇女与发展、妇女与和平等议题,而北京大会则拓展了妇女人权的领域,包含了妇女在整个联合国妇女十年和20世纪90年代联合国召开的世界会议中所汇集的所有领域。③

　　此外,为促进北京大会采纳妇女人权的视角,非政府组织还举办了各种请愿活动、"16天行动",在区域和国际意义上形成了网络系统,妇女全球领导中心召开的妇女人权核心小组会议,致力于将《北京宣言和行动纲领》的

---

　　① 举办听证会和法庭活动是非政府组织提供证据,宣传理念,争取公共舆论的方式之一,在维也纳人权会议时,它们通过维也纳法庭记录和汇集对女性人权侵犯的文件;在开罗国际人口与发展大会上,它们举办关于生育健康与人权的听证会传递妇女的健康是人权的信息;在哥本哈根世界发展峰会上,它们举办听证会让世界各地妇女举证证明丝毫不考虑人权的贸易政策和经济制裁对妇女人权的侵犯。

　　②③ [美]凯利·阿斯金,多萝安·科尼格编,黄列,朱晓青译.妇女与国际人权法[M].生活·读书·新知三联出版社,2007:104-105.

许多内容纳入人权视角。《北京宣言和行动纲领》呼吁各国政府普遍批准《消歧公约》及其任择议定书,以便加强公约的实施。还呼吁在整个联合国制度下纳入妇女人权。在所有这些努力中,以往会议做出的对妇女的承诺得到肯定,并且在若干领域对妇女的承诺有所拓宽。①

在妇女非政府组织的努力下,《北京宣言和行动纲领》重申了针对妇女的暴力是对妇女基本人权和人身自由的侵犯,并将针对妇女的暴力列为 12 项关键议题之一,②消除妇女贫困,推进教育、保健事业,最终消除对妇女一切形式的歧视和暴力,为妇女平等参与经济和社会发展,以及决策创造必要的条件。至此,对妇女的暴力侵害成为会议最重要的问题和最令人关注的国际人权问题,反对暴力侵害妇女已成为妇女运动和人权运动的"共同倡议立场"。③

(三)国际非政府组织与妇女人权规范的实施

1.通过社会压力促使各国政府执行《消歧公约》

《消歧公约》的主要执行机制是"国家报告"制度,即公约要求缔约国在缔约之后的一年之内,以及呈交第一份报告之后,每隔四年须向消除对妇女一切形式歧视委员会(简称消歧委员会)递交一份书面报告,说明该国在行政、立法,以及其他领域采取了哪些措施和行动执行了公约的各项内容,在消除本国一切形式针对妇女的歧视方面取得了哪些进展, 以及遇到了哪些问题等。④消歧委员会通过以下工作监督《消歧公约》在各缔约国的执行情况:当面询问各国政府派来的汇报代表,定期审阅国家报告,对被评审国家提出"总结性意见",就该国执行《消歧公约》的积极进展、影响因素、执行难点、关切议题领域,以及相关建议进行总结。可见,公约对于缔约国并无制裁权或其他强制力。

在这种情况下,通过社会压力督促缔约国执行公约就成为必要。国际非政府组织在这方面可以起到其他组织无法替代的作用。拥有跨国网络的国际非政府组织可以动员在各国的分支机构观察所在国的履约状况, 对相关

---

① [美]凯利·阿斯金,多萝安·科尼格编,黄列,朱晓青译.妇女与国际人权法[M].生活·读书·新知三联出版社,2007:104-105.

②④ 张璐.针对妇女暴力的全球治理与社会性别主流化进程[J].世界经济与政治,2010(7):115-129.

③ [美]玛格丽特·E.凯克,凯瑟琳·辛金克.超越国界的活动家——国际政治活动中的倡议网络[M].北京大学出版社,2005:186.

情况进行统计和分析,并做出相应的评价,动员舆论力量对国家形成社会压力,从而对国家在妇女权利保护问题上的行为产生较为有效的影响。这种压力虽然不能保证国家严格遵守或全面执行《消歧公约》,但是能够起到一种使国家自觉服从的作用。

2.以"影子报告"补充或更正各国政府向消歧委员会提供的信息

《消歧公约》规定了非政府组织参与公约执行的机制性渠道,那就是向消歧委员会提交"影子报告"(shadow report),也叫平行报告。根据相关规定,在消歧委员会每年定期的会前工作会以及正式审核国家报告的常规会议上,非政府组织有向消歧委员会口头陈述的机会;在审查国家报告的过程中,非政府组织可以旁听消歧委员会与各国政府代表之间的面询,并就非政府组织的"影子报告"展开讨论。委员会非常重视非政府组织提供的对于《消歧公约》在各国执行情况的反馈和意见,"影子报告"起着补充或更正各国政府提供信息的功能。在这方面一个典型的事例是,2004 年,英国的三名女性学者与一家关注全球妇女权益和发展状况的英国慈善机构合作,撰写的英国针对妇女暴力的"影子报告"。报告涵盖了英国家庭暴力、性暴力、出于性剥削目的的妇女拐卖、以维护家族和文化"荣誉"等名义加害于妇女的行为、逼婚和强迫未成年女孩的婚姻、女性生殖器割礼、难民和寻求避难的妇女,以及跟踪妇女和性骚扰多种不同形式的针对妇女的暴力行为。报告通过消歧委员会提请英国政府注意,要把不同形式的针对妇女暴力行为联系在一起看待和治理。①

3.运用公约的任择议定书机制监督缔约国履约

《消歧公约》任择议定书是监督各缔约国政府执行公约情况的一个重要监管机制。②根据规定,任择议定书允许个人因受到某种性别歧视向国家诉求无效或国家保护不力的情况下,直接向消歧委员会递交申诉,由消歧委员会出面调查并与相关国家进行交涉和沟通。在这方面,最受国际关注的应属

---

① 张璐.针对妇女暴力的全球治理与社会性别主流化进程[J].世界经济与政治,2010(7):115-129.

② 由于《消歧公约》中没有规定申诉程序,1991 年为《消歧公约》制定任择议定书的建议被提出来。1999 年第 54 届联大通过了《消歧视公约任择议定书》,该议定书包括一个序言和 21 个条文。该议定书规定了消除对妇女歧视委员会的两种职权。第 2 条至第 7 条是申诉程序,委员会有权接受和处理来自议定书缔约国的个人来文。第 8 条至第 10 条是调查程序,除非缔约国在批准或加入该议定书时表示不接受,委员会有权调查在议定书缔约国境内是否发生了系统的或非常严重的侵犯人权的情形。

墨西哥百名女性被害案。在该案中，妇女非政府组织联名向消歧委员会致文，陈述了政府对案件的态度，如拖延调查、不及时采证、篡改或者销毁证据，对受害人家属淡漠以及逼供嫌疑人以迅速结案，要求委员会就墨西哥发生的女性被杀和失踪案对墨西哥政府进行问责。在接到投诉后，消歧委员会通过调查和走访，做出了专门报告和答复，要求墨西哥政府重视此案，建议墨西哥政府迅速对未解决的案件，以及相关政府部门玩忽职守和纵容共谋的行为落实调查，人道和有同情心地对待受害者家属，使正义得到伸张。墨西哥政府对消歧委员会的建议做出了正式的书面回应，列举了政府为防治这个区域针对妇女的暴力行为所采取的一系列行政、司法、程序性和机制性的措施。①

4.帮助缔约国公众理解公约，形成执行公约的社会环境

在《消歧公约》执行过程中常常遇到缔约国社会不理解的问题，在这种情况下，非政府组织通过把公约条款"翻译"成为社会成员所能理解的内容，使公约进一步发展和充实。通过记录违反人权的行为、收集信息、开展社会调查、撰写影子报告、向社会宣传公约内容、使用社会运动的手段和政府及国际机构交涉等方法，非政府组织推动形成了执行公约的社会环境，使国际规范更好地融于具体环境中，在问题治理中变得更为有用和有效。②

5.开展连续性固定化的社会动员活动

每年的 11 月 25 日即"消除对妇女的暴力国际日"，是国际非政府组织在全球范围内进行动员的固定日子。每年的这一天，国际非政府组织会与联合国系统内的各种基金和机构，连同联合国驻各国办事处等实体单位，开展形式多样的反性别暴力的活动，以提高公众对此问题的认识；还会呼吁各国政府关注和惩罚对妇女和女孩各种形式的暴力，落实以预防为主的多部门国家行动计划；建立各种形式对妇女和女孩暴力流行情况的数据收集和分析系统，预防和终止对妇女和女孩各种形式的暴力。③

联合国妇女地位委员会会议期间也是国际非政府组织进行国际动员的重要时机。如在 2010 年联合国第 54 届妇地会上，国际非政府组织呼吁男性

---

① ② 张璐.针对妇女暴力的全球治理与社会性别主流化进程[J].世界经济与政治,2010(7):115-129.

③ 胡玉坤.消除对妇女暴力的国际机制探究[EB/OL].[2016-10-28].http://www.360doc.com/content/16/1028/13/16534268_602072758.shtml.

和男孩参与到制止针对妇女的暴力的行动中来，采取有效措施制止武装冲突中妇女遭受暴力，推动预防和制止对妇女的暴力的国家法律和政策变革，增加对遭受暴力的妇女受害者/幸存者的支持和服务，包括避难所和安全屋，提供信息、咨询、支持和转诊介绍服务的全国热线和中心。① 2016 年联合国第 60 届妇地会上，国际非政府组织向国际社会呼吁实施反对针对妇女和女童的暴力的法律和政策，消除暴力的潜在根源和风险因素，以及加强针对暴力侵害妇女和女童行为的多部门服务等。②

(四)实施国际妇女人权规范的成果与挑战

1.实施国际妇女人权规范的成果

(1)引起了国际社会对暴力侵害妇女议题的思考

国际非政府组织将反对暴力侵害妇女议题纳入人权话语之中，凸显了暴力侵害妇女问题的严重性和普遍性，引发了国际社会对这一问题的思考。从 20 世纪 80 年代开始，在国际非政府组织的压力下，国际社会对妇女的暴力侵害问题从毫无关注转变为高度关注，对妇女的暴力侵害问题已成为国际组织政策议程上的重要问题。在内罗毕、维也纳、北京召开的联合国大会上，各国政府都保持了谴责暴力侵害妇女的立场，这反映了无论是在国家层面还是在国际层面上，妇女权利都发生了重要的变化。

(2)促成了一些区域性国际组织程序上的变化

一些区域性国际组织开始重视妇女权利的保护，并在程序上出现了变化。如美洲国家组织的公约。与以前所通过的有关妇女问题的任何公约相比，它包含了更强有力的执行机制。该公约专门有一节规定，禁止各国政府暴力侵害妇女，以及各国政府有义务防止、调查和惩罚在公共和私人场所发生的、对妇女进行暴力侵害的行为。该公约规定，任何个人、团体，或在法律上得到美洲国家组织一国或多国承认的任何非政府组织，都可以向泛美人权会提出起诉，谴责或控告有关国家政府违反该公约第七款的行为。③

---

① 张永英,刘伯红.北京+15:未完成的议程——联合国第 54 届妇地会内容综述[J].妇女研究论丛,2010,5(3):82-86.

② 和建花.联合国妇地会第 60 届非政府组织论坛观察——可持续发展与妇女赋权[J].妇女研究论丛,2016,5(3):124-128.

③ 雷才丽.反对暴力侵害妇女的跨国倡议网络简述[J].妇女研究论丛,2008,9(5):69-74.

（3）一些国家的话语立场、程序改革和政策发生了变化

就国家层面来说，也发生了话语立场、程序改革和政策方面的变化。如20世纪80年代末90年代初，玻利维亚提出了《预防和消除对妇女暴力侵害全国计划》，在人类发展部设立了专门负责性别问题的副部长，并组建了殴打妇女问题办公室；巴哈马群岛、巴巴多斯岛、洪都拉斯和马来西亚均宣布家庭暴力为违法行为；部分拉美国家建立了只负责妇女问题的警察局，以便于家庭虐待案件的报案；还有一些国家制定了反对基于性别的暴力行为的举措，打击侵害妇女的暴力行为。[1]2010年，联合国第54届妇女地位委员会在回顾和评估《北京行动纲领》《千年发展目标》和《消除对妇女一切形式歧视公约》的执行情况时指出，在对妇女的暴力问题方面，很多国家加强了法律、政策和专门机构工作以制止暴力侵害妇女行为。[2]

2. 实施国际妇女人权规范面临的挑战

国际妇女人权规范的实施取得了一定的成果，但依然面临一系列严峻的挑战。

（1）妇女权利保护呈现出区域不平衡状态

从全球层面看，由于妇女权利的保护与社会经济的发展程度、社会文化的认知的水平密不可分，所以对妇女权利保护的程度极不均衡。大体来讲，西欧地区国家、北美地区国家、澳大利亚和新西兰的妇女权利水平较高，东欧、拉美和东亚地区稍微逊色，非洲、中亚地区的妇女权利水平则让人十分忧虑。到2006年《消歧公约》共有185个成员国，依然有一些国家对公约持拒斥态度，对公约的功能造成了负面影响。

妇女遭受暴力侵害和未能充分享有人权的状况在不同的地区和国家存在较大的差异：多数西方社会的主要问题是社会保障和家庭暴力；亚洲国家除了上述问题，还存在妇女缺乏财产权及相应的劣势地位；在中东和非洲妇女受到的困扰更多，这些地区常常处于战争与武装冲突状态下，妇女也最容易成为暴力侵犯的对象。[3]这些地区和国家的自然灾害、移民和难民、早婚等

---

[1] 雷才丽.反对暴力侵害妇女的跨国倡议网络简述[J].妇女研究论丛,2008,9(5):69-74.

[2] 张永英,刘伯红.北京+15:未完成的议程——联合国第54届妇地会内容综述[J].妇女研究论丛,2010,5(3):82-86.

[3] 孙璐.妇女权利的国际法保护:问题与变革[J].当代法学,2007,7(4):10-16.

情境,也增加了妇女和女童遭受暴力的可能性,基于性别的各种暴力,尤其是性暴力是这些国家妇女最经常遭受的暴力形式。

(2)世界范围内暴力侵害妇女和女童的发生率居高不下

依据联合国和其他国际组织的研究报告,世界范围内暴力侵害妇女和女童的发生率依然居高不下。世界卫生组织2013年发布的全球最新估计数据表明,35%的妇女遭受过亲密伴侣的暴力和非伴侣的性暴力。联合国经济和社会事务部2015年的数据表明,1/3的妇女遭受过身体暴力或性暴力的侵害。即使是欧盟的一些发达国家,基于性别的暴力数据状况也同样令人担忧。①

(3)暴力侵害妇女依然是一个普遍性问题

针对妇女和女童的暴力行为依然是一个普遍性问题,在全球不同地域、环境中均有发生,无论在和平环境下还是在冲突中、冲突后和人道主义背景脆弱等环境下,无论发达国家还是发展中国家,也无论是在城市还是农村,暴力侵害妇女都普遍存在,这是一个跨越国家、民族、地域、文化、阶层等因素的全球性问题。②

(4)各国在预防和应对暴力方面存在各种挑战

目前各国在预防和应对暴力的领域存在着各种挑战,如案例报告不足、数据有限、不能充分执法、司法救助和服务有障碍、非政府妇女组织可利用的资源有限、利益相关方缺乏协调,以及有的国家的政府对反暴力问题的重视程度有限等。③此外,在冲突和危机中妇女的需求没有得到适当承认,也没有为其提供适当资助;在和平重建中进行的需求评估和规划中,国际机构对妇女参与和需求的考虑不充分;国际社会在采取更为有力的措施推进对妇女的保护方面缺乏进展;作为性暴力的受害者,妇女在快速得到适当的和足够的医疗照顾和咨询以及救济方面远远不够;战争、冲突和自然灾害使妇女获得保健服务、教育和谋生的机会受到严重影响。④

① 孔丽娟.联合国发布《2015世界妇女:趋势和统计》报告[EB/OL].[2015-10-25].http://fwh.cumt.edu.cn/3b/7e/c2484a277374/page.htm.

②③ 和建花.联合国妇地会第60届非政府组织论坛观察——可持续发展与妇女赋权[J].妇女研究论丛,2016,5(3):124-128.

④ 张永英,刘伯红.北京+15:未完成的议程——联合国第54届妇地会内容综述[J].妇女研究论丛,2010,5(3):82-86.

三、国际非政府组织与《罗马规约》的形成及实施

在历史上,人类常常经历严重的暴力冲突,冲突中大量平民,特别是妇女儿童丧失生命、财产和尊严。二战期间,整个欧洲曾对纳粹屠杀犹太人的暴行保持了沉默,标榜为自由民主的西方大国袖手旁观,成为人类文明史上难以抹去的污点。二战后尽管世界各国有各种各样的法律和规则对各种战争罪、危害人类罪和灭绝种族罪下了定义,并加以制止,也有各种各样的国际条约、国际公约、议定书和附件禁止从毒气到化学武器等各种杀人手段的使用。然而,时至冷战结束,大规模的人道主义灾难在一些国家和地区,如伊拉克、波斯尼亚、黑塞哥维纳、科索沃、索马里、海地仍时有发生,尤其是1994年发生在卢旺达的暴行,极大地震撼了国际社会,几十万卢旺达人不是丧生于现代文明的枪炮,而是惨死于前现代文明的砍刀和长矛。但国际和国内的政治法律制度却未能对这些罪行实施有效的阻止和惩罚。虽然各国都同意在正常情况下,罪犯应该由国家机构来审判,但由于各种原因,国家机构或不是不愿意,或是没有能力采取行动对违犯者追究个人刑事责任;国际社会则缺乏相关规范对大规模人道主义灾难的制造者进行阻止和惩罚。

在此情形下,国际非政府组织与联合国、部分主权国家联合共同促成了《国际刑事法院罗马规约》(Rome Statute of the International Criminal Court,简称《罗马规约》)的形成和国际刑事法院(International Criminal Court)的建立。②

（一）国际非政府组织与《罗马规约》的形成

冷战结束后不断发生的人道主义危机,使联合国面临着巨大压力,联合国国际法委员会决定建立一个常设国际法院,并形成相应的公约,以惩治犯有种族屠杀和其他严重国际罪的人。国际非政府组织在此过程中非常活跃,在很多方面发挥了作用。

1.参与公约的起草

在公约准备过程中,刑法学高等研究国际学院、美国律师协会等学术性

---

① 《国际刑事法院罗马规约》简称《罗马规约》,1998年联合国在罗马召开会议上,由联合国设立的国际刑事法院全权代表外交会议通过,2002年7月1日生效,旨在保护国际人权、打击国际犯罪的刑事法律。

非政府组织,协助联合国国际法委员会形成了《罗马规约(草案)》。1995 年,联合国大会决定设立国际刑事法院预备委员会,制定可以被广泛接受的《罗马规约》综合案文,以提交给即将召开的罗马全权外交大会讨论通过。预备委员会根据联大的决议,邀请了联合国所有成员国、非政府组织和各种国际组织参加《罗马规约》的谈判起草工作,非政府组织较为全面地参与《罗马规约》的准备工作。

2.动员更多的民间团体支持公约的谈判活动

从公约的准备到谈判,在核心组织国际刑事法院联盟①的动员下,许多非政府组织都积极参与了公约的谈判。主要有:律师和法律专业组织(如国际刑法学协会、人权律师委员会、国际法学家委员会);人权组织(如大赦国际、人权观察、国际人权联盟);宗教组织(一些主流基督教会、犹太教、伊斯兰教、佛教联盟);关注全球治理的组织(如世界联邦主义者 World Federal-ists,也译作国际联邦者联盟、环球行动议员组织 Parliamentarians for Global Action、没有公平就没有和平 No Peace Without Justice,也译作通过正义维持和平组织);妇女组织(如妇女性别公正小组 Women's Caucus for Gender Jus-tice);和平组织(如赫尔辛基市民大会 Helsinki Citizens' Assembly)等。1998 年 6 月 15 日至 7 月 17 日在罗马举行的全权外交大会,除了 160 个国家和 17 个国际组织代表参加了会议以外,有来自 236 个非政府组织的 450 位代表经批准参加了大会,国际刑事法院联盟成为大会上最大的代表团。

3.积极游说参与谈判的国家代表并形成合作

游说是非政府组织参与国际立法的传统方式。在罗马外交大会上,他们直接拜访各国代表,与部长、议员、媒体接触,向弱小和贫穷国家提供专家支持,提供会议最新进展情况。国际刑事法院联盟与罗马会议上的由一些国家组成的"志同道合国家"(Like-Minded Group)形成了密切的合作,为后者提供建议,并加强其立场。②

①　国际刑事法院联盟(NGOs Coalition for the International Criminal Court),它由 6 个重要国际非政府组织于 1995 年 2 月在纽约成立,由一小部分负责监督联大委托国际法委员会主持的《国际刑事法院罗马规约草案》讨论的非政府组织组成,是一个致力于建立广泛的非政府组织和国际法律专家的网络,国际刑事法院联盟后来吸引了很多的非政府组织的加盟,现已发展成一个全球性的非政府组织联盟。

②　赵海峰,李晶珠.非政府组织与国际刑事法院[J].当代法学,2007,21(5):27-33.

4.参与公约谈判

在罗马大会上，非政府组织被允许参与开幕式全体会议和大会期间的正式会议，可以收到正式文件副本，被许可向会议代表提供文件资料，在一些会议的开幕和闭幕式上讲话。会议召开期间，联盟成员分成12个组，以监督外交大会上由成员国和国际组织组成的工作组的工作。在谈判中，国际刑事法院联盟和其成员为联合国和各国代表提供了包括意见书和建议在内的各种信息，广泛深入地参与了实质性谈判并监督谈判程序。

从准备《罗马规约》草案、制作专家意见书、发表论文、传递信息、召集会议、筹集资金资助贫困国家的代表参加会议，到宣传游说，提高民众意识，国际非政府组织对谈判紧密关注的同时，一直在推进维持和加强谈判的合力，营造了有利于达成公约的有利环境。①在《罗马规约》谈判过程中，非政府组织在专门领域的专家知识和按谈判主题建立各种小组进行的密集监督和跟踪游说活动，使其在许多方面对《罗马规约》产生了实质性影响，如诉讼启动机制的确立、对独立检察官、侵犯妇女的犯罪和使用非区别性武器犯罪等方面的影响。②

(二)国际非政府组织与《罗马规约》的批准及实施

1.国际非政府组织与《罗马规约》的批准

《罗马规约》通过后，国际刑事法院联盟、国际红十字会、妇女性别公正小组等非政府组织继续为法院的运作而努力。1999年，国际刑事法院联盟发起了一场世界范围内的批准《罗马规约》运动，大大推进了《罗马规约》生效进程。到2000年底，共有139个国家签署了《罗马规约》。在《罗马规约》通过后不到四年(即2002年4月)批准书的数目达到了《罗马规约》生效所要求的60个，《罗马规约》于2002年7月1日正式生效。

但时至今日，依然有很多国家没有批准《罗马规约》，所以包括国际刑事法院联盟在内的许多非政府组织，仍在推动《罗马规约》的广泛批准和适用。目前，国际刑事法院联盟是推动未批准国家尽快尽早批准《罗马规约》的核心组织，经过20多年，该组织已发展成为一个成员组织遍布150个国家的国际联盟，在非洲、美洲、亚太、欧洲、中东北非五大区域拥有2500个成员。

---

① 赵海峰,李晶珠.非政府组织与国际刑事法院[J].当代法学,2007,21(5):27-33.

② 刘贞晔.国际政治领域中的非政府组织[M].天津人民出版社,2005:161-164.

成员组织既有国家和地方层面的社区和草根组织，也有全球和区域层面的著名国际人权和人道主义非政府组织，拥有众多人权问题、受害者问题、妇女和儿童权利、和平与和解以及法律和司法专业方面的专家学者。

2. 国际非政府组织与《罗马规约》的实施

为了促进《罗马规约》的实施，国际非政府组织在国家、地区和全球层面开展了一系列活动。

（1）在国家层面

国际刑事法院联盟等国际非政府组织开展的活动包括：协助有关国家制定实施《罗马规约》的国内立法；继续游说活动；召开各种研讨会和讲习班以扩大人们对国际刑事法院的了解；同当地非政府组织合作，提供有关国际刑事法院发展的最新信息；监测《罗马规约》定义的罪行和条例的执行情况，将对《罗马规约》的执行纳入国家法律。①

国际刑事法院联盟还与非洲各国的民间组织和团体合作，加强对犯有严重罪行的人追究责任。国际刑事法院联盟与贝宁、布隆迪、喀麦隆、中非共和国、科特迪瓦、刚果民主共和国、肯尼亚、马里、尼日利亚、塞内加尔和乌干达的非政府组织结成了长久性联盟，共同敦促该国政府加入或批准《罗马规约》，并充分执行规约，改善国家治理和稳定状况；协助国际刑事法院进行一系列活动，如被害人参与和赔款，整理罪行文档，纠正错误宣传和政治化；强烈反对肯尼亚和其他非洲国际刑事法院成员国退出的呼吁；国际非政府组织还通过国家层面的诉讼支持《罗马规约》。②

（2）在地区层面

国际非政府组织也从地区层面监督《罗马规约》的实施。如同美洲国家组织合作监督《罗马规约》在美洲地区层面的实施；督促非洲联盟与《罗马规约》对人权的保护（包括追究严重国际罪行的责任）保持一致，推进自身机制建设履行义务，包括过渡司法框架，并与国际刑事法院进行对话。③

非洲是人道主义危机多次爆发的地区，也是国际非政府组织的重点推

---

① Americas[EB/OL].[2017-09-08].http://coalitionfortheicc.org/countries/americas.

② African civil society demands justice[EB/OL].[2017-09-08]. http://coalitionfortheicc.org/countries/africa.

③ 2015 Africa Regional Strategy meeting – the takeaways[EB/OL].[2017-09-09].http://coalitionfortheicc.org/countries/africa.

动和监督地区。大多数非洲国家加入了国际刑事法院，①但并不是所有国家都批准了《罗马规约》，也不是所有国家都将规约纳入国内法并充分执行。②为了使更多的国家加入规约，国际刑事法院联盟在非洲形成了约八百个成员的地区性组织网络，通过 21 个国家民间社会联盟开展工作；还在贝宁设有非洲罗马区域办事处密切合作，开展非洲民间社会运动，促进在整个非洲区域对公约的批准和执行；提高非洲地区对国际刑事法院任务的认识；敦促非洲作为最大的区域集团加强对国际刑事法院活动参与和合作；还通过贝宁区域办事处的创新媒体推广计划，努力促使非洲媒体对国际刑事法院和国际司法的报道更为广泛和公正。③

（3）在全球层面

国际非政府组织在全球层面的促进活动主要是提高公众意识，赢得公众对公约的支持。如在国际正义日（International Justice Day），呼吁各国政府重视国际正义的承诺，努力追究涉嫌犯下严重罪行的嫌疑人的责任，纪念终结国际法中最严重罪行有罪不罚现象的历史性进步；④举办讲习班和会议提高公众对国际刑事法院各个方面，诸如其作用、期望、局限性以及其保护非洲人民和平与正义权利重要性的认识；提高公众对非洲和其他地区暴行的认识，以及民间社会为根除这些罪行所做的努力。

此外，国际非政府组织在国际刑事法院的诉讼程序中也扮演着非常重要的角色：第一，作为信息提供者向法院检察官办公室提供信息，如提供有关案件的细节、被调查的犯罪的历史和政治背景，帮助检察官更好地理解具体情势，决定国际刑事法院对案件是否有管辖权。第二，作为"法庭之友"做出评论。⑤国际刑事法院《程序和证据规则》规定，在审判和上诉中运用"法庭之友"，非政府组织作为"法庭之友"可以做出法律上和事实上的评论，但可用性由法院来决定。第三，作为法院与受害人和证人之间的桥梁。非政府组

---

① 2016 年，布隆迪、南非和冈比亚相继退出《罗马规约》后，目前只有 31 个国家留在规约内。

② 只有 8 个国家完全这样做，11 个国家部分地这样做。

③ African civil society demands justice[EB/OL].[2017-09-08]. http://coalitionfortheicc.org/countries/africa.

④ 由于《国际刑事法院罗马规约》是 1998 年 7 月 17 日正式通过的，国际正义日是每年的 7 月 17 日。

⑤ "法庭之友"是指对法院存有疑问的事实或法律观点善意地提请法院注意或向法院提交报告的人。

织可以协助受害人和证人向检察官办公室提供证据，告知法庭程序和进行准备工作，如告知受害人和证人将信息制作成检察官办公室容易接受的形式、帮助受害人选择有资格的可信任的律师、告知受害人法院保护他们的有限性，必要时帮助寻求保护手段等。①

（三）实施《罗马规约》面临的挑战

在实践中，《罗马规约》的实施遇到了种种障碍，国际非政府组织所倡导的国际刑事司法理念也面临着严峻挑战。

1.全球正义观念与传统管辖豁免制度的冲突

根据《罗马规约》的条款，任何人无论是普通的公民，还是掌控国家权力的高级官员、代表国家利益的外交官，甚至是国家元首，如果犯有以上罪行都必须受到相应的惩罚。个人被确立为国际刑事责任的主体，这相对于传统的以"国家间"为特征、以国家权利和义务为关注核心的国际法来说，无疑是个历史性的突破，其背后的价值理念就是全球正义。②但这一规定明确地对传统的管辖豁免制度造成冲击，在一些国家和地区引起了反对的声音。《罗马规约》虽已通过多年，但众多国家至今仍然游离于规约体制之外；即便是那些已经加入规约的缔约国，也无法确保其总能经受得住国内和国际政治的考验。

2.正义优先还是和平优先

《罗马规约》面临的另一个挑战是正义优先还是和平优先。正义与和平都是人们珍视和追求的价值，但二者并不是在任何地方都能相融的，在某些地区和国家，国际正义可能对地区、国内和平进程带来消极影响。

以非洲为例，非盟这个曾一度在推动非洲国家支持《罗马规约》方面发挥了重要作用的区域性国际组织，在国际刑事法院将调查和起诉的正义之剑指向该地区国家首脑时，出现了"和平优先于正义"的说法。在国际刑事法院对苏丹总统巴希尔发出逮捕证后，非盟声称，在国际社会推动苏丹走向持久和平、和解以及民主施政的紧要关头，寻求司法审判会阻碍或危害苏丹的和平进程，因此要求联合国安理会根据《罗马规约》第 16 条，要求法院推迟

---

① 赵海峰，李晶珠.非政府组织与国际刑事法院[J].当代法学,2007(5):27-33.

② 朱杰进，傅菊辉.全球正义与国际制度设计:以国际刑事法院为例[J].世界经济与政治,2009(2):32-38.

对巴希尔案件的调查和起诉。① 2011 年 6 月 27 日,国际刑事法院对利比亚领导人卡扎菲等人签发逮捕证后,该组织再次声明,法院对卡扎菲发出的逮捕证,严重阻碍了非盟在利比亚政府军和反对派武装之间进行斡旋,以期通过谈判和平解决利比亚危机的努力。为此,非盟将不会执行该逮捕令。同时,它还呼吁联合国安理会为了利比亚的司法公正与和平,阻止国际刑事法院针对利比亚的相关法律行动。受非盟影响,不少非《罗马规约》缔约国也开始违背其加入规约时的承诺。②

显然,尽管《罗马规约》及其体现的国际刑事司法理念在非洲得到了大部分国家的支持,但在具体的现实面前,一些非洲国家和地区所持的正义观念与法院秉承的国际刑事司法理念之间仍然存在较大分歧。在非盟或部分非洲国家看来, 国际刑事司法固然重要, 但当其与和平的政治进程相冲突时,国际刑事司法理应让位于和平,或者至少让和平暂时优先,因为若不能实现和平,持续的战争或冲突只会进一步加重国际犯罪受害者的苦难。③

3.西方价值观与发展中国家价值观的冲突

《罗马规约》面临的第三个挑战,是西方国家价值观与发展中国家价值观的冲突。从《罗马规约》的起草和准备到其正式通过和生效,国际刑事法庭联盟立下了汗马功劳, 但国际刑事法庭联盟最初的成员: 国际法学家委员会、人权律师委员会、大赦国际、人权观察、"没有公平就没有和平""全球议员行动""世界联邦主义者运动"都是来自发达国家的人权组织,倡导的都是西方国家的正义观念,所以《罗马规约》和国际刑事法院的正义观念基本上是以西方价值观为基础的, 而较少考虑发展中国家以及冲突地区的价值观与传统观念。④

在实践中,《罗马规约》在价值观层面把西方式正义强行施加于当地,撇开或者忽视了当地的冲突解决与社会和解观念及机制的作用。以在乌干达北部的冲突为例, 当地传统的冲突与暴力解决实践的核心是和解, 注重悔罪、补偿与关系修复,当地人主张通过传统的仪式,让所有实施过暴行的上帝抵抗军指挥官进行悔罪与和解,以鼓励他们释放儿童,放下武器,结束冲

①②③ 刘仁文,杨柳苹.非洲问题困扰下的国际刑事法院[J].比较法研究,2013(5):77-92.

④ 颜琳.国际正义与武装组织的治理困境:以国际刑事法院与上帝抵抗军为例[J].世界政治与经济,2014(3):69-86.

突。而按照《罗马规约》却要将他们送上国际法庭,西方价值观与发展中国家的价值观发生了冲突,国际刑事法院在此问题上的干预就可能成为一种新殖民主义。①

4.主权优先还是人权优先

从本质上来看,《罗马规约》在实践中遇到的问题,还是一个主权优先还是人权优先的问题。一方面,《罗马规约》充分肯定了国家主权的中心地位,依然强调只有在国内审判机构和程序不存在、不能有效地履行职责,及国家不愿意或其他特殊情况下,国际刑事法院才能行使管辖权;法院对法人和国家无权行使管辖;对事管辖权范围仅限于那些引起国际社会关注的、最严重的国际罪行,即灭绝种族罪、侵略罪、严重违反战争法规罪(战争罪)和反人道罪;②另一方面则突破了国家对个人及社会组织的全面管辖权,赋予国际刑事法院对最为严重的国际罪行予以裁断的权力,并将非国家行为体列入共同缔约方,赋予与国家同等的法律地位。国际刑事法院所管辖的犯罪——灭绝种族罪、危害人类罪、战争罪、侵略罪——从前都是一国主权内部的事务,所以由规约所产生的国际刑事法院的权力对国家主权构成了一定的侵蚀,③陷入了主权优先还是人权优先的困境。

第四节　国际非政府组织与难民的人权保护

一、国际非政府组织致力于难民人权保护的历史

难民问题古已有之,在人类社会漫长的历史长河中,由于战争、侵略、宗教政治迫害、内战冲突,难民作为一个受苦受难的特殊群体,早已在人类历史上刻下深深的烙印。政府间国际组织意识到有责任向难民提供保护并帮助他们解决困难,始于国际联盟时代,但在此之前,一些非政府组织就已经在从事保护和救助难民的事务了。

---

① 颜琳.国际正义与武装组织的治理围境:以国际刑事法院与上帝抵抗军为例[J].世界政治与经济,2014(3):69-86.

②③ 李栩.从《国际刑事法院规约》看美国霸权维系的困境[J].美国研究,2008,22(1):79-97.

（一）国际非政府组织在难民保护问题上的早期活动

历史上，一旦战祸连绵，必然民生凋敝经济衰退甚至病疫流行，造成大量流离失所和贫病交加的人。处于战争状态的政府焦头烂额、自顾不暇，无力也无心保护国民，这时往往会有一些教会组织或民间慈善组织为困顿的人们，特别是无家可归的妇女和儿童提供避难所和必需的衣食。如目前全球最大的人道主义救助组织国际红十字会，在 1863 年创建时主要是在战争中以中立团体身份进行人道主义援助，不但救护伤病战斗人员，也帮助伤病平民，后来在各种战争和武装冲突中为伤亡的军人和平民提供了大量的人道主义救助。在 1913 年一战爆发前，英国红十字会为难民提供食品、衣物和医疗设备，并把很多为他们工作的人培训成为护士。全球著名移民和难民救助组织 "路德移民和难民服务社"（Lutheran Immigration and Refugee Service，LIRS）的前身全国路德委员会（National Lutheran Council，NLC）为适应一战后安置移民和难民的需要，专门在 1918 建立福利部办公室用于"难民身体康复和安置"，在第一年就帮助了 522 个难民。[①]再如，建立于 1881 年的美国红十字会，在 1922 —1923 年间对希腊难民实施紧急救济，为希腊难民实施了最广泛的救济援助，包括分发衣食必需品、开展募捐活动、提供资金援助、医疗和卫生援助等，总计为希腊难民分发了 2.4 万吨食物、衣服和医疗用品，近20 万难民每天从美国红十字会获得食物，近 22.5 万美元被电汇至雅典的美国救济委员会用于购买食品、衣服和毛毯，还帮助重组希腊医院，为医院提供医疗设备并且开展疾病治疗，美国红十字会承担救济工作的总成本超过260 万美元。[②]

在早期难民救援活动中，另一知名组织是 "国际救援委员会"（International Rescue Committee），它源于 1933 年著名物理学家爱因斯坦建立和领导的"国际救援协会"，起初主要是致力于帮助遭到希特勒政权迫害的德国犹太人摆脱苦难，后来墨索里尼统治下的意大利人和佛朗哥统治下的西班牙人也得到过它的救援。1942 年"国际救援协会"和紧急营救委员会合并，改称国际救援和营救委员会，简称国际救援委员会，启动紧急救援项目，在欧洲

①　About us[EB/OL].[2016-09-08].http://lirs.org/our-work/about-us/historyfaith/
②　顾国梅.1922-1923 年美国红十字会对希腊难民的救济 [J]. 安庆师范学院学报,2012（6）:121-124.

建立医院和儿童中心,开展难民重新安置工作。二战时期这样的组织还有乐施会、凯尔国际(Care International)。牛津饥荒救济委员会是1942年医生亨利·吉列(Henry Gillett)等人建立,曾救助由于纳粹德国的军事占领和盟军海军封锁造成的希腊饥民,为那些饥民运送粮食。凯尔国际于1945年二战结束之时由22个美国慈善团体、公民团体、宗教团体、合作和劳工组织联合成立,为战争造成的欧洲难民提供帮助,凯尔国际的行动带动了成千上万美国人热情投入其中,甚至连当时的美国总统哈里·杜鲁门也被这种大规模的慈善义举感染,对其大加赞扬。

(二)冷战时期国际非政府组织在难民保护问题上的行动

二战后,大规模战争结束了,但欧洲难民问题还有待解决,牛津饥荒救济委员会、凯尔国际成为著名的人道主义救援组织,继续在帮助欧洲难民的人道主义救济行动中发挥重要作用。特别是凯尔国际的"凯尔包"在当时成为"同情和慷慨的象征、饥民和无家可归者的希望灯塔"①。此外,专门解决难民问题的非政府组织陆续出现,但数量并不多,知名的如挪威难民理事会(Norwegian Refugee Council, NRC)成立于1946年,致力于救助二战后的欧洲难民,后发展成为救助全球难民,并为其争取权利及援助的独立人道主义非政府组织。基督教会世界服务社也是成立于1946年,由37个基督教派和宗教团体组成的,在全世界范围内提供自救、发展、灾难援助、难民救助。丹麦难民委员会(Danish Refugee Council, DRC)成立于1956年,主要是解决由于苏联入侵匈牙利造成的难民问题,当时的匈牙利事件造成冷战时期的严重危机,引发了将近20万匈牙利人的逃亡,后来发展成为在全世界30多个国家拥有成员组织的难民救助机构。

从60年代末开始,非洲一些国家的内战和冲突导致大量难民出现,其中1967年到1970年的"尼日利亚内战"最为严重。这场空前惨烈的战争使"比夫拉"人挣扎在死亡线上,许多人或是在肮脏不堪的临时住所里忍饥挨饿,或是在肮脏、污秽的帐篷里悲惨地饿死,大规模的国际救援组织每天向这个国家运送救援物资。当时的法国黑白电视已经较为普及,通过电视民众很快就看到在世界偏远的角落儿童惨死于饥饿的场景,法国红十字会呼吁志愿者帮助这一地区的受害者。于是一些由法国医生、护士、记者组成的

---

① 孙茹.凯尔国际[J].国际资料信息,2002(12):34-38.

志愿者团体奔赴尼日利亚参与了救助行动。①1970 年,伯纳德·库彻纳、克劳德·马尔赫热特和夏维尔·伊曼纽里等参加过"比夫拉"救助行动的医生成立了"紧急医疗救助和外科治疗组织"。同年,法国医学杂志编辑雷蒙·博热呼吁法国医生为孟加拉湾潮汐受害者伸出援手,并成立了"法国医疗救济"组织,1971 年,两个组织合并正式成立无国界医生组织。②1974 年,飓风和洪水袭击洪都拉斯造成了无数难民流离失所,无国界医生组织与其他非政府组织及联合国难民总署等合作,在难民营内提供基本医疗援助,协助控制疫情及设立有效的卫生系统。1975 年,由于波尔布特的暴虐统治造成柬埔寨难民危机,无国界医生组织建立了第一个大型医疗项目为难民提供医疗护理。③

　　1978—1979 年,越南对内强制征兵,厉行苛政,对外出兵柬埔寨,同时不断地制造和输出难民。在陆地上,它用暴力向中国、泰国驱赶难民;在海上,它向其他东南亚国家用破船输出难民。此外,越南当局又在柬埔寨和老挝用刺刀把十多万柬埔寨人和二十多万老挝人赶离他们的国土。1975—1980 年,将近有一百万人从越南、柬埔寨和老挝离开自己的国家寻求庇护,1979 年达到最高峰,越南当局制造了罕见的难民潮。④为了帮助这些流离失所的印支难民,1979 年,难民国际(Refugees International)建立,作为"不接受政府或联合国资金"的救助难民的非政府组织,主要对流离失所难民提供食品、水、医疗、教育、住房等人道主义援助。当时 65 个国家的非政府组织代表在印支难民问题国际会议上承诺合作救援和安置海上逃亡"船民"。路德移民与难民服务社管理的联合志愿机构负责帮助前往香港和澳门附近的"船民",在 15 年内共为 75065 名难民提供服务。⑤

　　1978 年政变及 1979 年苏军入侵制造了第一股阿富汗难民潮,不仅导致大批阿富汗人死亡,而且使得阿富汗人成批地迁徙到巴基斯坦、伊朗等周边国家成为难民。⑥当时在阿富汗工作的国际非政府组织都撤离了战区,随着

　　①③ Founding msf[EB/OL].[2016-09-08].http://www.doctorswithoutborders.org/founding-msf.

　　② 孙茹.无国界医生组织[J].国际资料信息,2002(10):27-31.

　　④ 陈艳.论大规模涌入中难民的国际保护[D].华东政法大学,2004:19-23.

　　⑤ About us[EB/OL].[2016-09-08].http://lirs.org/our-work/about-us/historyfaith/http://lirs.org/our-work/about-us/historyfaith/.

　　⑥ 朱永彪,闫培记.阿富汗难民:历史、现状及影响[J].世界历史,2009(4):86-95.

阿富汗难民迁徙转移到了这些国家。[①]20 世纪 80 年代,国际救援会、阿富汗援助会、丹麦援助阿富汗难民委员会都在巴基斯坦西北部境内开展对阿富汗难民的人道主义救济工作。1989 年,红十字国际委员会工作组在阿富汗东北巴达赫尚省执行历时两个月的使命。

二、冷战后国际非政府组织在不同地区保护难民人权的行动

冷战结束后,世界性的民族主义浪潮异军突起,民族冲突、宗教纷争和种族纠纷明显加剧, 强烈地震荡和冲击着转换中的世界政治格局和重整中的国际关系。以苏东剧变为开端,以亚非欧结合部为中心,包括中东欧、巴尔干、中东、西亚直至非洲,形成一条民族主义的地震带,不断引发武装冲突和恐怖活动。种族矛盾、民族纠纷所引发的摩擦和冲突此起彼伏,继而导致较大规模的战争——中东战争、非洲部族混战、波黑战争和拉丁美洲的海地军人政变等等,战争的直接后果则是一浪高过一浪的难民潮。

(一)国际非政府组织在中东欧、巴尔干地区的难民保护

难民问题成为中东欧和巴尔干地区的重大问题是在冷战结束后。1991年,南斯拉夫解体后不久爆发了旷日持久的波黑内战,连绵不断的战火给波黑人民带来了巨大灾难,难民人数持续上升,1995 年需要援助的人数为 350万,1996 年已达 270 万,占波黑总人口的三分之二。波黑冲突产生了二战后欧洲最大的难民潮。1991—1995 年波黑战争期间,英国红十字会协助安排难民在英国的生活,如注册家庭医生,帮助其子女入读学校,与失散的家人团聚。1998 年,南联盟的科索沃地区的塞尔维亚族和克罗地亚族之间爆发了近半个世纪以来最大的流血冲突。1999 年,由于科索沃危机、车臣冲突,以及土耳其、希腊大地震等自然灾害,欧洲有上百万居民不得不离开自己的家园。路德移民与难民服务社帮助安置了约一千七百个被迫离开科索沃逃到马其顿的阿尔巴尼亚族人。[②]国际红十字会、大赦国际、人权观察等非政府组织到

---

① Leila Jazayery, The Migration‐Development Nexus: Afghanistan Case Study, International Migration, 2002, 40(5):231‐254(236).

② About us [EB/OL]. [2016‐09‐08]. http://lirs.org/our‐work/about‐us/historyfaith/http://lirs.org/our‐work/about‐us/historyfaith/.

处为这些难民的处境进行呼吁。

（二）国际非政府组织在中东地区的难民保护

中东地区是难民问题的"重灾区"。长期以来，中东国家间存在着尖锐的民族和宗教矛盾以及现实的国家利益纷争，西方大国的频繁介入使得这些矛盾愈加复杂，由此引发了该地区持续的动荡和战乱。冲突、动荡加之贫困共同造成了中东地区难民问题积重难返。2010年底开始的中东剧变延续至今，持续动荡的地区形势让很多民众被迫逃离家园，加剧了中东地区既有的难民危机。从难民的输出情况看，巴勒斯坦、伊拉克、阿富汗、叙利亚是世界最大的难民来源地。中东地区在世界范围内成了最主要的难民输出地。中东地区主要的难民群体为巴勒斯坦难民、叙利亚难民、伊拉克难民、阿富汗难民。在中东的难民事务上，联合国难民署同国际红十字会和红新月会、乐施会、基督教福利援助组织、拯救儿童基金会等非政府组织有长期的沟通与合作。①

1.在巴基斯坦、阿富汗工作的国际非政府组织

根据联合国近东巴勒斯坦难民救济和工程处1990年至1991年的报告，到1991年年中，在该机构注册的巴勒斯坦难民总数接近二百五十二万人，难民营是巴勒斯坦难民的主要生活场所，难民营由联合国近东巴勒斯坦难民救济和工程处管理，一直以来，非政府组织协助联合国为其提供各种人道主义服务，并呼吁国际社会为该地区的难民提供人道援助。②

在阿富汗，1992年内战造成的第二股难民潮，和塔利班的兴起造成的第三股难民潮，使阿富汗产生数量巨大的难民群体。包括联合国难民署在内的帮助阿富汗难民遭返的主要机构和组织，由于自身安全在阿富汗难以得到保障等原因常常被迫中断工作，一些国际非政府组织主要在喀布尔等大城市开展针对流民的食品发放、医疗卫生等救援工作，部分在阿一些省份的偏远地区展开救援活动，乐施会在阿富汗北部和西部开展救济工作，阿富汗发展网络在阿富汗东北部通过塔吉克斯坦向阿境内发放食品等援助物，日本、韩国、孟加拉国、印度等国的非政府组织也在阿富汗开展重建工作。③战争导

---

① 刑新宇.中东难民治理面面观[J].唯实,2016(11):84-88.

② 陈天社.阿拉伯国家的巴勒斯坦难民及其影响[J].世界民族,2009(3):72-81.

③ Leila Jazayery, The Migration‑Development Nexus: Afghanistan Case Study[J].International Migration, 2002, 40(5):231‑254.

致大量避难者的出现,虽然各国都宣称会依据国际法、难民公约开放边界收容难民,但实际上却是采取各种各样的措施禁止难民入内,非政府组织对于各国阻止难民入境等方面做了很多工作。

2010 年,在阿富汗部分地区发生的洪水、地震等自然灾害给当地居民生活带来了严重的影响。联合国就阿富汗的自然灾害设立了阿富汗紧急应对基金(Emergency Response Fund for Afghanistan),基金预设为 500 万美元,最初只有瑞典认捐了 350 万美元。为了达到认捐目标,拯救儿童基金会等非政府组织呼吁各国尽快认捐。最终在澳大利亚、挪威的努力下,金额达到 400 万美元。一些非政府组织,如丹麦援阿团、瑞典援阿会、医生无国界组织则为返乡难民提供临时居所、医疗服务、粮食等救济品以及改善饮用水服务。①

2.在伊拉克工作的国际非政府组织

伊拉克战争爆发时, 活跃在伊拉克进行人道主义救援工作的非政府组织有近百个,提供了大量的救援物资。凯尔国际从 1991 年就持续在伊拉克中部、南部进行人道主义援助,对于伊拉克难民的需求非常清楚,对于处理紧急状况也较有应变能力。2003 年美军对巴格达进行第一次轰炸时,国际红十字会已在巴格达待命,并在南部的巴士拉设有分部;战争期间,国际红十字会是唯一留在巴格达继续工作的主要国际人道援助组织。伊拉克大规模战事停止以后,国际红十字会加强了人道主义援助,如医疗服务、向医院运送医疗用品和清洁用水,协助失散家庭团聚、战俘探访等。2003 年初,无国界医生组织在巴格达西北开展工作,为伊拉克患者提供医疗服务。乐施会主要致力于在伊拉克南部提供干净饮水、医疗服务、儿童安置、儿童安全与医疗保健等援助项目,并一直与联合国儿童基金保持合作关系。拯救儿童基金会在伊拉克境内主要的工作是,帮助流离失所的儿童、妇女与家人团聚并给予适当的安置。国际援助委员会在美伊战争结束后进入伊拉克进行援助,工作内容包括修复供水设施及污水系统、整建医院与学校、训练医疗人员以及保护儿童等。国际残疾人协会主要帮助那些因地雷受伤而致残者,为其免费安装假肢及进行康复检查,并派遣两组地雷清除小组到危险地区进行扫雷。②"难民国际(Refugees International)"也是活跃在伊拉克的一个较为典型的非

---

① 黄荣. 国际非政府组织与阿富汗重建[D].南京大学,2011:23-24.
② 李维健.在伊拉克的国际人道救援组织[J].世界知识,2004(24):34-35.

政府组织。该组织致力于为伊拉克难民提供援助并号召国际社会都来关心伊拉克难民的现状。

3.在叙利亚工作的国际非政府组织

自 2011 年,由于叙利亚国内冲突的不断升级,人们不得不设法逃离家园以躲避战乱,大批的叙利亚人越过边境,逃往邻国黎巴嫩、土耳其、约旦、伊朗和埃及。不断增加的难民,给接收叙利亚难民的国家带来了沉重的负担。虽然联合国人道主义机构决定,将援助叙利亚难民所需的资金总额上调,联合国难民署也表示要募集更多的资金为难民提供服务,但这些难民 75% 以上是妇女和儿童,大部分是完全依赖人道主义援助而维生,国际社会不堪重负。在此情形下,国际非政府组织在全球范围内进行呼吁,允许叙利亚难民合法进入邻国,并把紧急救援物资运送给那些在叙利亚内战中的受困者。

此外,国际非政府组织对叙利亚难民遭遇的性侵犯问题进行了关注。国际救援组织在 2013 年 1 月的报告中称:"在叙利亚内战中,强奸是一个显著的又令人不安的特点。"[1]在叙利亚的官方和非官方的拘留中心,强奸和性攻击已成为折磨酷刑的一部分。从国际法的角度出发,这种对平民采取广泛而又系统的攻击行为都能被视为反人类罪。除了政府军的一些性暴力行为,同样很多的反政府武装也会采取这样的性暴力行为,受到性侵犯的难民以妇女儿童为主。国际非政府组织对受害人进行面对面采访或电话采访,搜集了大量证据,不断地发布人权报告向联合国以及当局施压来解决女性难民被骚扰的问题。[2]

(三)国际非政府组织在非洲地区的难民保护

在非洲,战乱、贫困和自然灾害这三者互相影响,加上人口增长过速、生态环境遭到破坏以及西方推行"多党民主"等因素,形成恶性循环,致使非洲难民问题长期得不到解决。冷战结束后,战争、政局动荡、内乱、侵犯人权、旱灾等产生难民问题的根源并未消除,致使难民不断出现。在有些国家,难民的处境不但没有得到改善,离国际公约规定的要求相去甚远,甚至还时有大批杀害难民的事件发生。1994 年卢旺达发生大规模种族仇杀后产生大量难

---

①② 田密. 试析人权观察组织在叙利亚难民人权保护中的作为与困境 [J]. 法制博览,2015(2):275–277.

民,1996 年非洲难民总数达到 900 万,1998 年非洲人口仅占世界总人口的 12%,但非洲难民人数则占世界难民总数的一半。①一些非政府组织长期在非洲的难民区工作,为难民提供服务。

国际非政府组织为非洲难民提供的最重要的服务之一是医疗服务,突出表现在冲突地区。冲突发生时,往往出现大量难民。由于卫生条件极差,难民比和平时期更容易患上疾病。而在逃难中,原有的医疗设施和原本可以得到的医疗服务往往因冲突而荡然无存。这时,一些非政府组织提供的基本医疗服务就显得弥足珍贵。例如,在苏丹达尔富尔危机中,一个名为梅林(Merlin)的非政府组织非常活跃,为难民提供医疗服务。②另一项服务是为难民提供食品和饮用水,如 2014 年尼日利亚恐怖主义危机的持续升级,该州北部大部分地区被博科圣地攻占并血洗,大批难民被迫开始了向南逃亡,乐施会在与尼日利亚接壤的迪法村附近的难民营照顾难民,还给他们提供饮用水。③

(四)国际非政府组织在东南亚地区的难民保护

在东南亚地区,难民问题较为突出的是缅甸,自 20 世纪 80 年代末到 90 年代末,由于政局不稳定及其他动荡不安,出现了大量难民。缅甸难民营中的医疗保健服务主要由国际非政府组织完成。其中之一是荷兰的无国界医生组织,该组织管理住院和门诊病人的治疗部门、治疗的和辅助性的哺养中心、生殖健康计划、健康和卫生宣讲会;还负责公共厕所和公共浴室的建造与维护,负责废物收集和处理。"关怀组织"是另一个在东南亚难民区服务的非政府组织,主要负责健康和营养、公共卫生、非食物项目的分配、食物定额监控、初等教育、非正式的成人教育、种子和家禽分配。④2012 年以来,多个武装组织与缅甸政府军开展武装斗争,双方多次发生大规模流血冲突,造成至少十多万难民流离失所。这使得国际非政府组织对难民的救援更加吃力。

---

① 潘蓓英.非洲难民问题难解之源[J].亚非论坛,2000(1):33-37.

② 胡志方.试论非政府组织在非洲医疗卫生领域的作用与影响[J]. 西亚非洲,2009(10):75-78.

③ Building climate change resilience in Niger to keep hunger away[EB/OL].[2016-10-08]. https://www.oxfam.org/en/grow-niger/building-climate-change-resilience-niger-keep-hunger-away.

④ 杨超.难民问题治理上的各相关行为体分析:对缅甸罗兴亚难民的个案研究[J]. 东南亚纵横,2012(12):39-45.

三、国际非政府组织在 2015 年欧洲难民危机中的人权保护

（一）2015 年欧洲难民危机的特点

一直以来，西亚、北非不少国家由于国内政局动乱、经济不振，移民欧洲是这些国家不少国民的"追求"。利比亚、叙利亚、伊拉克、阿富汗的国内战争以及跨国的"伊斯兰国"的兴起，加剧了本已存在的难民危机。由于欧洲地区地理位置的邻近、物质生活的稳定和富裕、移民网络链的完善以及国际社会对难民援助计划的调整，大批来自叙利亚、阿富汗和伊拉克的难民以各种方式前往富裕的欧洲国家，尤其是西欧国家，①最终造成了 2015 年的欧洲难民危机。

此次欧洲难民潮有如下特征：第一，难民数量规模大、途中惨案多。据联合国难民机构的数据，在 2015 年有多达 110 万人进入欧洲的基础上，2016 年有 24.2 万人进入欧洲，其中从利比亚跨越地中海入境意大利的难民和非法移民就有 8.4 万人，主要来自撒哈拉以南的非洲国家。其中，有 3000 人葬身地中海，这是欧洲难民危机发生以来，在如此短的时间内出现难民和移民死亡的最高数字，②可谓真正的人道主义灾难。第二，难民大多为战争难民，而非经济移民。第三，难民危机波及欧盟成员国多。直接波及的"第一线"国家不仅有传统的难民涌入国家意大利、希腊等，更有匈牙利等中、东欧新成员国。③

（二）国际非政府组织在 2015 年欧洲难民危机中的行动

欧洲出现难民危机后，国际非政府组织加入到了救援工作中。拯救儿童、红十字国际委员会、欧洲红十字国家协会、国际美慈、无国界医生、明爱会等非政府组织在希腊、埃及、意大利沿海到达区、土耳其、黎巴嫩、约旦、伊拉克、叙利亚、塞尔维亚、马其顿和匈牙利的迁徙和集结区以及德国、奥地利的安置区进行难民救助工作。

这些国际非政府组织展开的工作有：第一，提供应急物资，包括正式和

---

① 刘益梅.欧洲难民危机的影响及其解决路径[J].山东社会科学,2016,246(2):138-144.
② 宋全成.难民危机:撕裂欧洲的一道伤口[J].2016(17):42-45.
③ 丁纯.欧洲难民潮缘何遭遇"尴尬"[J].人民论坛,2015(9):49-51.

非正式难民营中的水、住所、食物、衣服、毛毯、床垫、卫生用品、保健、婴儿用品和儿童游戏,确保为难民提供安全的环境,如红十字国际委员会与叙利亚红新月会合作为难民提供食物、清洁饮用水、卫生用品以及基本生活用品。第二,帮助失散的难民家庭重聚,并为在逃难途中受到心理创伤的难民提供心理救助,如无国界医生在希腊、意大利为难民提供门诊咨询、个人或群体心理健康咨询。①第三,提供口译人员帮助难民与援助机构进行沟通。第四,为难民提供寻求救助的信息,如国际美慈与联合国难民事务高级专员办事处与国际救援委员会合作推出了一个网站,用英语、希腊语、阿拉伯语等多种语言,以重要公告的方式推出欧洲各国难民入境的管理要求以及最新动态,并详细列出16所难民集中地的衣食住行信息。②第五,对一些接纳难民不积极的国家进行批评。难民危机发生后,欧洲成员国之间在应对难民问题上缺乏信任,不少成员国反应冷淡,欧盟内部寻求共识和采取协调行动进展不力,有的中东欧国家甚至自行关闭边境,尽量把移民限制在自己的国门之外,③非政府组织对这些国家提出了强烈批评。

(三)欧洲难民人权保护面临的困境

1. 国家安全与难民保护之间的冲突

国家安全优先还是难民人权优先是难民人权国际保护面临的首要问题。联合国发表的《世界人权宣言》第14条规定,人人有权在其他国家寻求和享有庇护以避免迫害。但"9·11"后这项权利被大大克减,它开始被认为是一种可能被恐怖分子滥用的权利,从而应该严格限制。以欧洲为例,欧洲难民潮愈演愈烈,数千名恐怖分子或混迹于叙利亚难民当中,准备前往欧洲从事恐怖袭击。在此情形下,难民在向其他国家申请获得难民地位时,首先要面对的是证明自己不是恐怖分子的尴尬,特别是来自叙利亚、伊拉克和阿富汗等热点区域的难民,如果他们与恐怖活动有千丝万缕的联系,就不能够获得难民地位。此外,来自不同文化和宗教背景的难民也给接收国社会带来其他安全问题,如德国一些地方不时发生右翼极端分子袭击难民安置点的排

---

①　黄浩然.当前欧洲难民危机治理研究[D].暨南大学,2017:41

②　张莹.非政府组织借助新媒体手段应对欧洲难民危机的有关做法及启示[J].中国共青团,2017(8):60-61.

③　房乐宪,江诗琪.当前欧盟应对难民危机的态势与挑战[J].同济大学学报,2016(4):31-39.

外事件,如放火、砸车和玻璃,普通百姓对难民涌入带来的社会治安问题忧心忡忡。从有效防止恐怖主义以维护国家安全的角度来讲,完全有理由这样做。在现实中,各国政府也确实是将国家的安全利益放在首位,对安全的追求超过对难民的保护。但这却使得本应该享有庇护的难民无法获得难民地位,这等于是剥夺了他们的最后一丝生机。国家安全与难民保护这两种价值之间已然形成了一种对立、紧张的关系。①

2.难民涌入造成了大量经济社会问题

根据国际公约以及地区性组织条约,关于难民保护的原则包括"国际协作的原则""不推回原则"以及"不歧视原则"等。安置难民作为一项人道主义救助措施,主权国家有义务承担,但是难民救助工作需要的人力、物力成本高昂,接收国社会秩序、经济社会利益都会受到冲击,②容易引起接收国国内公众的反对。在欧洲的难民危机中,位于欧洲边缘的希腊、土耳其等国家由于难民大量涌入,导致国内出现了严重的政治、经济以及社会治安问题;③其他欧洲国家也面临着同样的问题,如德国、法国、英国,以及中东欧国家,难民的不断涌入给这些国家造成了严重的财政负担和就业压力,特别是对发展较慢的中东欧国家来说,尤为担心难民涌入给社会经济带来的负面影响。国际人道主义原则与国家利益发生重大碰撞,加剧了治理难民问题的困难。

3.各国民粹主义势力的崛起使各国难民政策收紧

面对汹涌的难民潮,各国反对外来移民的民粹主义声浪不断高涨,使各国政府面临沉重的压力。如作为欧洲难民政策的主要推动者,德国总理默克尔正受到来自国内各派势力越来越多的批评,尤其在巴黎系列恐怖袭击后,连其所属的基民盟内部也出现尖锐分歧。严重排外的反移民情绪和极端种族主义思想蔓延,使得右翼政党势力崛起,不少欧洲国家政治右转,难民政策不断收紧。有分析指出,民粹主义作为意识形态和社会思潮已经蔓延至欧洲各国,改变了欧洲的政治生态;几乎所有欧洲国家中,民粹主义政党都在发展,他们拒绝普适性、跨国性,还抵制和反对外来移民。④这种状况使国际

---

① 王佳.是难民,还是恐怖分子:国际反恐进程中的新问题[J].国际法研究,2015(6):68-76.
② 王海滨,戴长征.国际难民现状与难民机制建设[J].教学与研究,2011(6):78-84.
③ 顾炜程.论难民的国际法保护困境与出路[J].法制与社会,2016(7):5-6.
④ 房乐宪,江诗琪.当前欧盟应对难民危机的态势与挑战[J].同济大学学报,2016(4):31-39.

人道主义思潮发生重大变化,使难民治理问题的国际环境更加严峻。

　　4.非政府组织的激进行为受到质疑

　　在难民救助问题上,非政府组织的立场和目标与主权国家有很大的差异,特别是一些观念激进或目的不纯的国际难民救助组织,救助难民的方式往往不合常规,甚至以救助难民为名进行非法移民活动。目前,世界上存在数以百计的跨国家跨大洲的关注难民人权的非政府组织,其中一些非政府组织(如德国的"海洋观察""英国移民观察"、法国的非政府组织"佐薇方舟")救助难民的行为在国际社会引起了诸多的批评和质疑,[①]对难民的状况并无改善,反而恶化了难民的处境。如"海洋观察"的救援船在意大利海域与意海军对峙,并直接撞击意大利军方巡逻艇,导致刺激意大利极右翼势力壮大,反对难民的声音高涨,意大利不再允许非政府组织运作的难民救援船只进入自己的国家。

　　思考题:

　　1.如何界定国际人权非政府组织?

　　2.国际人权非政府组织及其议题的争议性体现在哪些方面?

　　3.如何评价国际非政府组织对国家在人权问题上的影响?

　　4.国际非政府组织在国际人权规范形成中的作用是什么?

　　5.国际非政府组织在国际人权规范实施中的挑战有哪些?

　　6.国际非政府组织在难民人权保护问题上的困境有哪些?

---

① 郭会杰.当代国际难民问题研究[D].辽宁:中共辽宁省委学校,2008:27-28.

第六章
国际非政府组织与全球环境治理

20世纪六七十年代以来,联合国对全球环境问题日益重视,环境问题成为国际日程上的重要议题。世界各地的环境非政府组织迅猛发展,环境非政府组织之间,环境非政府组织与主权国家、政府间国际组织之间形成密切互动,积极影响人们环境观念的变化,参与全球环境规范的制定,参加全球环境治理的制度创建,推动全球环境治理进程,使以国家为中心的环境治理模式向多元中心的环境治理模式转变。然而,国际非政府组织的环境治理理念与其他治理主体并不完全一致,在全球环境中取得的成效也十分有限,关于国际非政府组织在全球环境治理中的作用也存在诸多争议。

第一节 全球环境领域中的国际非政府组织

一、国际非政府组织从事全球环境治理的起源及其发展

（一）国际非政府组织从事环境治理的历史

环境非政府组织历史悠久,在19世纪末期就已经出现。根据《环境组织世界名录》相关资料显示,最早的国际环境非政府组织是建立于1891年的森林研究组织国际联盟(The International Union of Forestry Research Organizations),其次是1895年建立的国际自然之友(The International Friends of Nature)和建立于1903年的野生动植物保护国际(Fauna and Flora International)。这些国际环境非政府组织在当时的活动多数集中在环境研究方面,在国际事务中发挥的作用很微小。还有一些非政府组织则是从事与环境有关的法律研究,并参与国际法律制度的制定,如国际法研究院(前名为国际法学

会），它是国际上历史最悠久的国际法学术团体，由世界各国著名国际法学家组成，早在 1910 年就从水力资源利用的角度，研究有关国际河流的国际法律制度，并于 1911 年通过了《国际水道非航行用途的国际规则》，在国际事务中的作用还是不容忽视的。

一战之后至二战前组建的国际环境非政府组织，数量仍然较少。比较典型的有 1922 年建立的鸟类保护国际委员会（The International Committee for Bird Preservation）、1924 年建立的国际土地科学协会（International Union of Soil Sciences）、1930 年成立的国际猎物及野生动植物保护委员会（International Council for Game and Wildlife）等。虽然这些数量有限的国际环境非政府组织也曾围绕动物保护等问题向国际联盟等机构发出倡议，但是它们的活动没有得到国际社会和主权国家的任何有力回应，究其原因，除了与当时国际环境非政府组织自身的机构设置不够完善、能力尚且较弱有关，主要还和全球环境问题在当时尚且没有足够凸显，从而得不到国际社会的足够重视相关。

二战后，国际环境非政府组织以联合国为平台得到了迅速发展。1948年，在联合国教科文组织的支持下，世界自然保护联盟（International Union for Conservation of Nature）成立，其麾下不仅网罗了大批的环境专家，而且吸纳了大量有关医疗卫生、农业、经济和人口等问题的专业技术人员，技术含量和专业水准在国际层面上首屈一指。1949 年，世界自然保护联盟全程参与了由联合国教科文组织召开的首次以环境为主题的世界性会议——国际自然保护技术大会议程的准备过程，并在会上同国际鸟类保护委员会等其他一些国际环境非政府组织共同提出了与保护自然相关的建议。

20 世纪 50—60 年代，全球环境呈现恶化的态势。西方国家长期以来"先污染，后治理"的做法使得环境生态危机进一步凸显，人与自然关系严重失衡，发生了震惊世界的一系列公害事件，人类的生存与发展面临严峻的挑战，引起了国际社会的普遍关注，使人们认识到破坏环境不但会造成经济损失，而且还直接威胁到人类自身的生命和安全，不能再对此回避或视而不见。于是，一场轰轰烈烈的反污染、反公害，强调人与自然应和谐相处的环保运动首先在西方国家拉开了帷幕。

伴随着环保运动的兴起，各种各样的环境非政府组织逐渐发展起来，如世界自然基金会(World Wide Fund for Nature,1961)、①防止空气污染及环境保护协会国际联合会（The International Union of Air Pollution Prevention and Environmental Protection Associations,1964)、美国环保协会(Environmental Defense Fund,1967)。它们的国际活动十分频繁。如世界自然基金会在成立之初的几年里,为各类环保项目筹集资金约二百万美元,并对世界自然保护联盟和国际鸟类组织捐赠了一定数额的资金；还出资帮助哥斯达黎加对白蝴蝶猴进行调查和研究,帮助国际鸟类组织的部分成员参加一些重要的国际环保会议等。除了环境非政府组织外,其他国际非政府组织也越来越多地介入到全球环境治理活动中,如国际法协会1966年通过了《关于国际河流利用的规则》(也称《赫尔辛基规则》),规定了国际河流水资源利用的权利和义务,受到各国普遍重视,在国际上也发挥了积极影响,比如印度和巴基斯坦就以其为基础签订了关于印度河利用的条约。不过总体而言,这一时期国际环境非政府组织活动的中心内容多集中在野生动物和自然资源保护领域,规模和活动区域都比较小,影响力也较弱。

20世纪70年代以来,环境问题更加突出。生物物种以每天40～140种的速度灭绝,森林因砍伐和燃烧不断地锐减,沙漠却在一片片地扩张,河流海洋污染严重,掠夺性、破坏性开采使地球有限的石油、煤炭、稀有矿藏几近枯竭,每天几千万吨的废气排向天空……随之而来的便是一系列严重的后果:全球气候变化异常,淡水资源严重短缺,海平面上升,臭氧层出现空洞,酸雨、酸雾时时可能降临……媒体每天都在惊呼资源危机、能源危机、生态危机。

在这种背景下,环境非政府组织如同雨后春笋般地出现在国际舞台上。随着数量规模的扩大,预算开支的大幅上升,财力的日趋强大,环境非政府组织的活动范围和领域越来越广泛,环境非政府组织全球网络体系形成和建立起来,使它们能够更为便捷地相互交流,在重大环境问题上形成强大的声音和影响力。

(二)环境非政府组织的全球网络体系

环境问题的全球化为非政府组织的存在和发展提供了丰富的议题和充足的理由,现代信息技术和相关产业的迅猛发展,则为非政府组织间的沟通

---

① 曾用名"世界野生生物基金会(World Wildlife Fund International)"。

联系、协调彼此的行动、向公众传播信息提供了强大的支持和便捷的渠道。20 世纪 70 年代以后,非政府组织之间的跨国交往日益频繁,各种团体之间形成了不同的网络和联盟。网络和联盟使非政府组织的活动能力和辐射能力大大增强,能够更迅速和深入地渗透到环境治理活动中,更有效地发动大众和影响国际关系。

1.环境非政府组织全球网络体系的支点

环境非政府组织的全球网络体系是以几个大的跨国非政府组织为核心的。这些环保组织运作良好,经费充足,有较多和较好的机会参与政府间国际组织的会议和其他决策过程,并在许多国家开展活动。

这些大型跨国环境非政府组织主要有:

一是世界自然保护联盟 (International Union for Conservation of Nature)。该组织由政府和公民组织共同组成,是目前世界上规模最大、历史最悠久的全球性环保组织,致力于保护自然的完整性和多样性,促进人类进步和社会发展,建立珍惜、保护自然的公平世界。该组织是唯一具有联合国永久观察员地位的环境组织,拥有遍及世界 160 多个国家的 1300 多个成员组织和超过 1 万名专家学者的体系网络,凭借着丰富的专业知识、经验及资源,曾参与制定了《生物多样性公约》《濒危物种国际贸易公约》《世界遗产公约》,是环境法规和气候变化、生物多样性、可持续发展等多个环境领域的权威机构。

二是世界自然基金会 (World Wide Fund for Nature or World Wildlife Fund)。该组织是世界上最大的从事自然和野生动物保护的国际组织。其宗旨是促使人们认识破坏自然生态系统在气候变化、水土流失,以及干旱和洪水泛滥等方面可能造成的严重后果;呼吁人们注意和及时保护世界上濒临灭绝的动物、植物。该组织的联盟成员约四百五十多个,在加拿大、法国、澳大利亚、比利时、美国、日本等 24 个国家设有分部,从成立以来,该组织共在超过 150 个国家投资超过 13000 个项目,资金近 100 亿美元。目前在全世界拥有超过 500 万支持者和超过 100 个国家参与的项目网络。

三是国际绿色和平(Greenpeace International)。该组织的前身是 1971 年成立于加拿大的"不以举手表决委员会",1979 年改为目前的名字。该组织的宗旨是保护物种多样性,避免海洋、陆地、空气与淡水之污染及过度利用;应对核威胁,促进世界和平,全球裁军及不使用暴力,促进实现一个更为绿色、和平和可持续发展的未来。目前在全球世界 26 个国家和地区设有工作办公室,活动分布在欧洲、美洲、亚洲、非洲和太平洋的 55 个国家中,在全球范围内有 280 万支持者。

四是"地球之友"国际(Friends of the Earth International)。该组织是一个分散型的国际非政府组织,1971 年由来自法国、瑞典、英国和美国的 4 个非政府组织建立。目前在全球有大约来自不同国家的 75 个成员组织,5000 多个地方性倡议性团体,成员人数和支持人数加起来超过 200 万。在国际、国家和地方层面进行倡议活动,保护环境创造可持续发展社会。①

作为网络的支点,这些大型的跨国环境组织与其成员组织拥有同样的价值观念,在信息与服务方面实行共享;作为网络的核心它们扮演着组织者和创新者的角色,为网络成员介绍新观点、提供新信息,并组织网络成员为改变政府间国际组织或相关主权国家的政策,在国际场合进行游说或其他集体活动。

2.环境非政府组织全球网络体系的发展

环境非政府组织的全球网络体系是一个动态发展过程,它们不断从国内、地区向全球扩展。自斯德哥尔摩环境会议以来,国际环境非政府组织的网络开始不断发展,到 20 世纪 80 年代已经有数百个之多,分布在非洲、亚洲、欧洲、美洲,网络成员发展出明确的、可见的联系,从事着大量操作性的活动,并在追求共同目标的基础上认可彼此的角色,广泛参与国际社会的活动。

在非洲,1972 年在联合国环境规划署的支持下,一个名为"第三世界环境与发展"的非政府组织网络在西非建立,这个组织的网络伸展到拉美、欧洲以及印度洋沿岸诸国,它的活动得到西欧各国政府的资助。1982 年,21 个非政府组织建立起了非洲非政府组织环境网络,到 1992 年其成员组织达到了 530 个,分布在 45 个国家。

在亚洲,东亚、南亚和东南亚地区都有环境非政府组织网络,其中日本和印尼最为发达。"亚洲农业改革与农村发展非政府组织联盟""日本热带森林行动网络""印尼环境论坛""关于印度尼西亚"都是著名的非政府组织网络。"印尼环境论坛"是在 1980 年由 79 个非政府组织建立的,到 1992 年其成员达到了 500 个。"关于印度尼西亚"1985 年以来每年举行年会讨论环境问题,成员组织来自许多国家,如印尼、菲律宾、泰国以及荷兰、美国、日本和

① History[EB/OL].[2018-09-12].https://www.foei.org/about-foei/history.

德国等,是非政府组织国际论坛。"日本热带森林行动网络"1987年成立的时候是一个只拥有10个本组织成员的非政府组织联盟,90年代初它已发展为分支机构遍布亚洲、北美、拉美以及欧洲的跨国非组织网络。

在北美,五大湖联盟(the Alliance for the Great Lakes)围绕着五大湖地区的水资源保护开展活动。全球明天联盟有120多个非政府组织成员,宗旨是促进美国和全世界的可持续发展。总部设在华盛顿的南极和南洋联盟有来自33个国家的非政府组织盟员。①

在欧洲,1989年,来自22个国家的63个非政府组织建立了气候行动网络(The Climate Action Network),1991年,来自21个国家的126个非政府组织形成了欧洲环境组织,直接参与欧洲委员会的活动。目前,气候行动网络已成为一个在世界范围内拥有1100多个来自不同国家的非政府组织全球网络。这些非政府组织在120多个国家致力于促进政府和个人行动,将人为引起的气候变化控制在生态可持续的水平。气候行动网络的成员通过协调信息交流和非政府组织在国际、区域和国家层面上气候问题战略实现这一目标。气候行动网络有7个地区办公室分别负责协调其在非洲、欧洲、拉丁美洲、北美、东南亚、南亚、太平洋地区和中东地区的活动。②

3.环境非政府组织全球网络体系的覆盖面

在国际环境非政府组织的全球网络体系中,充满了各种功能性组织,覆盖了全球环境治理的各个环节和各个领域。它们以个体或联合的形式在环境治理的各个环节发挥着不同的作用。

从环节来看,环境信息的搜集和传播,环保知识的宣传与教授,环保观念的建构与培养,环境问题的研究,环境议题的建构与倡议,国际、国内环境法及环境制度的形成、实施、监督,以及国际、国内环保项目的操作,都有环境非政府组织的身影。从领域来看,非政府组织涉足了人们可以想象出的各个领域,如在资源问题领域,它们倡议减少不可再生能源的使用,增加可再生能源的使用;在污染控制领域,它们致力于传播和推广增加循环利用和开发更环保的技术,倡议减少经济活动废弃物所造成的污染,并身体力行参与控制有害废弃物、海洋和极地的污染治理;此外,它们还倡导和参与保护野

① 赵黎青.环境非政府组织与联合国体系[J].现代国际关系,1998(10):24-28.

② About CAN[EB/OL].[2018-01-02].http://www.climatenetwork.org/about/about-can.

生动物和植物,如森林植被管理、自然资源养护、禁止滥捕鲸鱼和鲨鱼,倡导尊重其他物种和改变人类实践,恢复人与自然的和谐。

4.环境非政府组织全球网络体系的立体性

国际非政府组织不但彼此之间连接成为网络,还与其他全球环境治理主体形成网络。其中最为重要的是,环境非政府组织与联合国的主要机构部门和专门机构形成的网络。

环境非政府组织与联合国主要机构的联系:①经社理事会。自斯德哥尔摩会议以后,在联合国经社理事会注册的非政府组织中,很多是环境非政府组织,如世界资源研究所、世界自然保护联盟以及自然保护国际等。它们通过对环境问题的研究、宣传、组织报告会以及游说等影响联合国经社理事会有关环境的决策过程。②环境规划署与环境联络中心国际(Environmental Liaison Centre International)的非政府组织网络。目前有八百多个成员组织,分别来自非洲、亚洲、欧洲和美洲等地区,其宗旨是加强环境非政府组织之间以及环境非政府组织同各国政府、联合国各有关机构之间的联系,促进成员间在全球、国家和地区层面的学习、信息交流和网络活动。①③可持续发展委员会。可持续发展委员会为各类非政府组织参与该委员会活动提供机会,凡注册了的非政府组织都可以出席该委员会的各种会议,在会上做简单的口头发言和提交书面陈述。④联合国新闻部。新闻部有一套与非政府组织保持关系的规定,并设有“新闻部非政府组织科”。环境非政府组织可利用该平台发表自己的宣言主张,引起新闻媒介的注意。

环境非政府组织与联合国专门机构的联系:①粮农组织。粮农组织同环境非政府组织联系较多,受环境非政府组织影响也较大。例如,受到“农药行动网络”的影响,粮农组织邀请产业界和非政府组织参加该组织关于有毒化学物的文件制定与设计的工作。②教科文组织。教科文组织专门设有非政府组织——联合国教科文组织联络委员会(the NGO-UNESCO Liaison Committee),并在其下又设气候变化小组,来自26个国家的70多个非政府组织都与教科文组织有正式伙伴关系, 目标是提高非政府组织对气候变化的认识,形成关于气候变化的共同声明,并提交联合国气候变化大会。②③世界银行。

---

① About Us[EB/OL].[2017-09-21].http://elci.org/about/.

② The NGO-UNESCO Liaison Committee [EB/OL].[2017-02-01].http://www.ngo-unesco.net/en/.

在世界银行的发展项目中，非政府组织参与对项目的环境后果与社会后果的评估非常重要。在一些跨国界环境问题上，如全球升温、国际水域的污染、生物多样性的破坏以及臭氧层的破坏等，允许非政府组织参与项目的拟议、执行、监督和评估工作。世界银行同环境非政府组织之间保持着经常性的联系。①

二、国际非政府组织从事全球环境治理的优势、影响与挑战

(一)国际非政府组织在全球环境治理中的优势

环境非政府组织迅速发展的一个重要原因，是国家在处理全球环境问题上有诸多局限性：首先是各国政府的主权有限性同环境问题的跨国性之间的矛盾。地球上所有国家都处在同一个生物圈内，在生态上是相互关联、不可分割的，生态环境危机具有整体性，不论是其原因还是其后果都是跨国的，任何一国的环境行为都不可避免地影响到其他国家。但是，地球在空间上是以民族国家为基本单位划界的，在治理全球环境问题的过程中，有不少问题涉及国家主权。其次，各国政府都具有民族利己主义，为了维护本国利益，往往会无视国际环境公益，在政府的议程上，优先事项一般都是与国家利益、实力和经济增长挂钩的，环境事项总是处于次要和从属地位。最后，全球性环境问题的解决，需要巨大的人力、物力、财力和科技力量的投入，单一主权国家的力量是有限的。②

与主权国家相比，环境非政府组织在治理全球环境问题上有自己的优势，如非政府组织形成了国际网络，其治理活动可以是跨越国界的；非政府组织声称自己在环境问题上追求的是全球利益，而非某个国家或某些集团的利益，树立了一定的国际声誉；非政府组织拥有自己的科学家和相关资源，积累了专业知识，具有专业权威性，可以为全球环境治理补充人力、物力、信息、知识及其他资源。

(二)国际非政府组织对全球环境治理的影响

国际非政府组织对全球环境治理的影响是多层次的，既体现在国际层

---

① 丁金光.国际环境外交[M]. 中国社会科学出版社,2007:106-107.

② 同上,2007:91-93.

面、区域层面,也体现在国家层面、地方层面和公众个体层面。国际非政府组织对全球环境治理的影响也是多领域的,每个环境领域都活跃着相应的非政府组织,影响着该领域的观念、规范、政策和行动。

国际非政府组织对全球环境治理最为突出的影响是话语的改变:首先是话语含义的变化。人们观念和行为发生普遍变化的一个重要标志是话语的变化。在这方面国际非政府组织做出了很大贡献,比如"绿色"这个词最初只是一个表示颜色的词,但现在则暗示一种关于环境的政治立场、价值观念,甚至是一种行动。其次是创造了新的环境观念,如可持续发展的思想最初是由世界自然保护同盟(IUCN)提出的,后来成了里约峰会的核心议程,进入新千年以来,可持续发展战略已步入实施阶段。[①]最后是使有争议的环境观念普遍化,比如DDT(双对氯苯基三氯乙烷)的危害,在20世纪上半期,DDT被广泛地用于防止农业病虫害,减轻疟疾伤寒等蚊蝇传播的疾病,人们强调它带来的好处,如农作物的增产,有效治疗疟疾、痢疾等疾病,而否认它对人的身体和环境造成的危害,关于它的害处只有少数科学家意识到了。在非政府组织的努力下,人们关于DDT的消极作用达成了共识。

国际非政府组织对全球环境治理中的议题也产生了重要影响。首先是使原来只属于个人健康的问题转变为了国际环境议题。如一些非政府组织指出,空气被污染后,空气中的灰尘、煤烟等微小的颗粒物对人类健康构成巨大威胁,生活在空气污染地区的人们会因此生病,甚至死亡,要求国际社会和政府机构重视环境污染问题。健康问题本来只是一个个人问题,但非政府组织将其解释成为一个环境议题,并将其公共化和政治化,健康问题便变成了一个国际公共问题和国际政治问题。其次,环境领域关切的议题扩大。比如在环境保护领域,人们最初只是关注清洁环境,后来则关注到废物回收利用、贫穷与环境的关系、国际贸易与环境的关系以及环境治理中的社会正义问题。

此外,国际非政府组织对国际环境规范的制定及实施、对国家的环境行为和政策也产生了重要影响。但由于全球环境治理的复杂性、环境非政府组织本身的局限性,国际环境规范实施的效果,以及环境非政府组织对国家环

---

① 徐步华,叶江.浅析非政府组织在应对全球环境和气候变化问题中的作用[J].上海行政学院学报,2011(1):79—88.

境行为的影响都非常有限。

（三）非政府组织在全球环境治理中面临的问题

非政府组织在全球环境治理中也面临一系列的问题，主要有：

1.独立性问题

环境非政府组织开展活动主要是依靠会员会费和各方的资助，这使其经费少而不稳定，影响活动的可持续性。为了生存与正常运转，非政府组织不得不寻求政府或企业的捐助，因而难以保持独立性。以世界自然基金会为例，2010 年，该组织 10 亿欧元的收入中，企业捐款占到 10%，"拯救雨林"（Rettet den Regenwald）和"罗宾森林"（Robin Wood）等非政府组织批评它通过向企业颁发破坏自然的执照换取大量捐款，早已不是纯粹的动物保护组织了，而是企业的共犯。德国记者兼制片人惠斯曼撰写的《世界自然基金会黑皮书：熊猫标志下的黑幕交易》指出，世界自然基金会每年从各国政府和大企业获得数以百万计美元的捐款，还与可口可乐、壳牌石油、孟山都、汇丰银行、美国嘉吉、英国石油、美国铝业、挪威耕海等跨国公司合作，使这些跨国公司"漂绿"其获取的大量商业利益。①

2.透明度问题

环境非政府组织经常指责国际组织、政府和企业等在政策制定、财政税收等方面缺乏透明度。但事实上其自身的透明度也备受质疑。根据一些国际机构的调查报告，许多国际环境非政府组织没有定期发布财政和行动报告，在政策制定和决策方面的透明度也相对偏低。2003 年，全球信托对包括世界自然基金会在内的全球多家知名国际非政府组织进行了抽样调查，结果显示，类似世界自然基金会在全球环保领域具有很高知名度的非政府组织，整体诚信度并没有高于参评的跨国公司和政府间国际组织，都或多或少地存在没有及时或最大限度地向公众公开财政状况、运作管理、组织活动等方面情况的问题，导致公众获取到的信息缺乏完整性和深入性。

3.代表性问题

一直以来，国际环境非政府组织自称为"国际环保卫士""全球环保的良知者和先驱者"，但活跃在全球环境治理舞台上的大多数都是成立于发达国家的国际环境非政府组织，如绿色和平组织、世界自然基金会、国际地球之

① 叶士春.试论国际环境非政府组织的作用[D].外交学院，2010：30-32.

友等；源于发展中国家的国际环境非政府组织不仅数量比较少，名气也不大，普遍缺乏资金和技术，在国际上参与环境事务的能力也较弱。在此情形下，发展中国家环境非政府组织在环境问题上的立场和理念得不到重视，也很难广泛传播。所以有人质疑国际环境非政府组织是代表着全人类的利益，还是只代表着发达国家的利益诉求？①

4.合法性问题

目前，国际环境非政府组织的国际法主体地位并没有得到国际社会的普遍承认。比如，由于没有专门的国际条约对其做出定义和规范，非政府组织国际法律人格就不能够确定下来，它不能像国家和政府间国际组织那样拥有各项特权和豁免，不具有法律、财政、安全等各项保障。由于国际法地位的缺失，国际环境非政府组织只能遵循其所在国的国内法来从事活动，而国与国之间法律的不同导致国际环境非政府组织在国际范围内的活动面临诸多法律问题。②

5.与其他行为体的利益冲突问题

国际环境非政府组织为了追求自己的环保目标，常常会采取一些激进的措施和行动，阻止其他行为体（主权国家、跨国公司及当地居住民）的"破坏环境行为"。以绿色和平组织为例，该组织冲动和过激的行为往往使它与其他行为体之间出现尖锐矛盾，面临被追究法律责任和逮捕的风险。如2011年，绿色和平组织成员抗议英国凯恩石油公司在格陵兰进行石油钻探，遭到丹麦海军的拘捕；2012年，绿色和平组织成员抗议壳牌公司在楚科奇海的石油开采活动，被新西兰奥克兰地方法院起诉；2013年，绿色和平组织成员抗议俄罗斯开发北极石油资源被俄边防人员逮捕，发生了轰动世界的"极地曙光号事件"，对北极石油政策开采的激烈反对导致绿色和平组织与北极周边国家关系紧张。此外，绿色和平组织的活动方式和治理手段也导致了它与部分北极原住民之间的矛盾，如在绿色和平组织的呼吁下，欧洲议会禁止海豹皮在欧洲的销售，此举对部分北极原住民的生活造成重大影响，导致彼此间的矛盾。③

---

① 刘杏.国际环境非政府组织在全球环境治理中的作用[D].外交学院,2013:31.

② 叶士春.试论国际环境非政府组织的作用[D].外交学院,2010:30-32.

③ 郭培清,闫鑫淇.环境非政府组织参与北极环境治理探究[J].国际观察,2016(03):78-91.

6.与其他国际组织的观念冲突

在全球环境治理过程中,非政府组织不但与主权国家、商业团体及当地人存在利益冲突,与其他国际组织的全球环境治理观念也存在极大的差异。从它们与欧盟和七国集团的冲突可见一斑。

(1)与欧盟的冲突

欧盟在气候和环保领域一直走在世界前列,尤其在应对气候变化问题上,一直希望成为世界领袖。作为应对气候变化的战略之一,欧盟提出到2020年生物燃料比例需占到运输燃料的10%。然而一些非政府组织认为欧盟这一目标的设定不适当,也不合道德。其理由如下:

生物燃料产业化发展会带来诸多问题,如清除森林或泥沼地用于种植燃料作物破坏了自然环境和生物多样性;生物燃料的转换能量太低,新型生物燃料的发展过于缓慢,下一代生物燃料的成本过高;投机行为和土地价格之间的相互作用、生物燃料对森林附近的道路港口等基础设施的影响;政策变更对土地权利的影响,生物多样性、生态系统和气候之间的相互关系等。

最为重要的是新燃料技术的发展是以与粮争地为代价的,从环境目标较低的国家进口燃料会导致粮食价格攀升,特别提到会直接导致2020年全球主要大宗农产品价格的上涨,如谷物价格的波动、增加粮食不安全、为一些跨国公司掠夺土地创造条件,特别是在社区的土地权利已经受到威胁的地方。世界上近十亿人在忍饥挨饿,人们应以不威胁世界食物安全的方式满足自己的能源需求,逐步取消对生物燃料的财政奖励是实现这一目标的关键。①

持这种观点的著名国际非政府组织有国际行动援助、地球之友、生物燃料观察组织、英国纳菲尔德生物伦理委员。其中,英国纳菲尔德生物伦理委员成立二十多年来一直致力于生物学和医学发展中的伦理问题研究,它提出生物燃料的发展须遵循以下原则:不以牺牲人权为代价;环境可持续发展;能为减少温室气体排放做出贡献;遵守公平贸易原则;成本和效益合理分配。目前,欧盟出台的生物燃料政策就现阶段而言,不适当也不符合道德标准。需要建立一个以严格认证作为支撑的新道德标准,从而改善生物燃料的生产方式。生物燃料认证制度将保证农业用地不被侵占。要将燃料作为生

---

① Publications[EB/OL].[2017-07-09].http://www.actionaid.org/publications/biofuels-and-g20-actionaid-international-briefing.

态系统平衡和生物多样性的一部分来考虑。政府必须果断地废弃生物燃料目标，而将重点放在发展更环保的汽车、更完善的公共交通、更快捷便宜的铁路服务上，并鼓励大家骑自行车和步行；希望欧盟各国政府采取更多措施，鼓励减少生物燃料生产使用的土地、肥料和农药等。

这些非政府组织提出了一个发达国家政府有意回避的问题，即生物燃料与粮食作物的冲突。在现实生活中，人们需要清洁的环境，也需要粮食果腹，特别是那些贫穷的国家，有众多人口常年处于饥饿之中或饥饿的边缘，而欧盟生物燃料目标的实现无疑会加剧那些最不发达国家的粮食危机。

（2）与七国集团的冲突

七国集团的发展理念与非政府组织的发展理念相去甚远，从非政府组织对七国集团提出的"食品安全和营养新联盟"的反对就可以看出它们在发展观念上的差异。

致力于保护食品主权和非洲食物权利的社会运动组织和草根组织一起参加了2015年3月联合国在突尼斯举行的世界社会论坛，联合起来反对七国集团提出的"食品安全和营养新联盟"。它们认为小型食品生产商是农业中的主要投资商，在非洲生产70%的食品。解决非洲大陆的粮食和营养不安全需要小型食品生产商充分参与，小型食品生产商是控制自然资源、种子、土地、水、森林、知识和技术的地方力量，能够促进保护人权和食品主权的农业体系发展。然而在七国集团的推动下，非洲各国政府和国际捐助者对非洲农业的支持越来越侧重于大企业主导的粮食和农业系统的推广，这种做法会带来一系列不良后果。

首先，忽略了食品和营养的安全性。七国集团在10个非洲国家发起和实施的"食品安全与营养新联盟"只是简单地假设大企业在农业上的投资会增加生产，生产的增加会自动提高粮食和营养安全、减少贫困。然而，食品和营养的安全性需要多样化和营养丰富的饮食，并不能简单地通过增加粮食生产来实现。

其次，小型生产者会被进一步边缘化，不利于千年目标的实现。新联盟支持的大部分农作物价值相对较低，目的是出口或用于非粮食生产。这是一种掠夺土地和其他自然资源的做法。这项行动缺乏小型生产商和营养不良群体的参与，削弱了它们获得充足的食物和营养的权利，忽视了它们所承担的风险，没有涵盖千年目标中具体的饥饿和营养不良指标。

最后,非洲国家实行新联盟政策的承诺会导致一系列变化,如出口管制和税收法律放松,社区土地更容易转让给投资者,种子法律变得更有利于跨国公司,减少对农业的投入,忽视本地市场,生物多样性和土壤肥力丧失,小规模农民生产权益受损害,这是在冲击小规模农民生产,而不是提高他们的适应能力。①

三、国际环境非政府组织的定义与类型

(一)国际环境非政府组织的定义

从《环境组织世界名录》《绿色全球年鉴》等文献来看,国际环境非政府组织（International Environmental Non-governmental Organizations,IENGOs)应符合这些标准:第一,是跨国家的,拥有组织成员、国家分支机构或办事处;第二,它们的活动已经持续了一段时间,即特设组织不包括在内,包括若干影响已经超越某特定事件的网络;第三,它们的绝大部分活动是在环境与发展领域,对于主要致力于发展的组织,还要求有环境方面的成分。概言之,国际环境非政府组织是以环境保护为目的的非政府组织,是解决全球环境问题的重要行为主体之一,具有非政府性、独立性以及公益性特征。②总而言之,国际环境非政府组织是一种除了具备一般非政府组织的特性之外,主要从事环境与资源保护议题的非政府组织。

(二)国际环境非政府组织的类型

国际环境非政府组织遍布全球,数目庞大,种类繁多。按照不同的角度,可以分为不同的类型。

第一,以最初成立的地点为标准,可以分为北方国际环境非政府组织和南方国际环境非政府组织。如世界自然基金会(World Wide Fund for Nature,WWF)、绿色和平国际(Greenpeace International)、地球之友国际(Friends of Earth International)等都属于北方国际环境非政府组织。中东欧区域环境中心

---

① Antoine Bouhey,Call of Civil Society Organizations to their Governments on the New Alliance for Food Security and Nutrition in Africa[EB/OL].[2015-06-08]. http://www.actionaid.org/2015/06/call-civil-society-organizations-their-governments-new-alliance-food-security-and-nutrition-.

② 郭培清,闫鑫淇. 环境非政府组织参与北极环境治理探究[J].国际观察,2016(3):78-90.

（Regional Environment Center for Central and Eastern Europe）、非洲非政府组织环境网络（African NGOs Environment Network）则是南方国际环境非政府组织的代表。目前，真正的全球性的国际环境非政府组织大多数都来自发达国家。一些发展中国家的国际环境非政府组织也在努力建立起全球网络。造成这一差异的原因在于发达国家的环境非政府组织拥有更多的资源。一般来说，北方国际环境非政府组织的行动比较强调环境保护，而南方国际环境非政府组织更加关注环境恶化与贫穷的关系，以及对自然资源的主权等。

第二，按其活动领域分，可分为综合型国际环境非政府组织和专门型国际环境非政府组织。综合型的国际环境非政府组织几乎关注环境问题的方方面面，专门型国际环境非政府组织则主要关注某一具体的环境领域活动。如绿色和平组织关注有毒物质、核领域、气候变化和生物多样性等几乎所有的环境问题，属于综合型国际环境非政府组织。气候行动网络（CAN）专注于防止气候变暖，巴塞尔行动网络（Basel Action Network）主要关心有害产品和废物的越境转移，野生生物保卫者（Defenders of Wildlife）的活动领域主要为保护野生生物，因而属于专门型国际环境非政府组织。

第三，按其活动方式，可分为操作型、倡议型、研究型。有些大型环境组织三种活动方式兼具，如世界自然保护联盟；有些只进行倡议，如地球委员会联盟（Earth Council Alliance）主要通过倡议活动，促进实现联合国环境与发展会议目标和建设一个更加安全、公平和可持续的世界；有些主要从事倡议活动，也从事一定的研究活动，如绿色和平；有些则主要从事研究工作，但也会参与一些倡议活动，如世界资源研究所（World Resources Institute）主要致力于研究全球环境与社会经济的共同发展。世界观察研究所主要研究气候变化、资源退化、人口增长以及贫困问题；第三世界网络（the Third World Network）关注与全球经济及环境相关的问题，在不同地点举行的全球性谈判，如世界贸易组织会议、联合国贸易及发展会议、可持续发展委员会、生物多样性会议、气候变化会议都在其研究范围之内，但这些组织也会发起或参与许多倡议活动。还有一些组织是纯粹的学术性机构和国际标准制定机构，如国际法研究院和国际法协会主要是对国际法规则进行研究、解释和制定，促进国际环境法的编纂发展和国际环境标准的制定；国际标准化组织（ISO）研究和制定国际环境标准，为制定国际环境法律原则、规则和制度以及开展国际环保活动提供科学依据，同时也为保证这些原则、规则和制度的执行提供衡量尺度。①

第四,按其组织规模,可分为大型和小型两类。国际环境非政府组织的规模相差悬殊,大型的如绿色和平组织,在全球拥有会员数超过 500 万,其年度预算开支达 1 亿美元,属于大型国际环境非政府组织;世界自然保护联盟拥有大约一千三百个成员组织,包括政府的代表机构、各种大大小小的非政府组织、土著人民组织(Indigenous Peoples' organizations)、科学和学术机构、商业协会,以及大量的环境问题专家;②世界自然基金会通过一个由 27 个国家级会员、21 个项目办公室及 5 个附属会员组织组成的全球性网络,在北美洲、欧洲、亚太地区及非洲开展工作,在全球拥有近五百二十万支持者。而小型的国际环境非政府组织,如地球理事会(The Earth Council),成员仅包括来自世界各领域的 18 名知名人士。

第五,按其成员的活动方式来分,可分为研究型、参与型、综合型。研究型国际环境非政府组织主要由相关领域的专家学者组成,通过监测、研究和分析,向社会提供最新的环境研究成果或向有关政府提供政策研究报告,如世界资源研究所通过调查研究提出环境领域的研究报告或政策建议;参与型国际环境非政府组织强调环境保护活动的群众性和大众参与的重要性,擅长组织大规模的群众环保运动;综合型国际环境非政府组织既重视环境问题研究,拥有一支实力强劲的环境科研队伍,也重视群众参与,拥有数目庞大的普通会员。③

第六,依据地域可以分为全球性的和地区性的。全球性如绿色和平组织、世界自然基金会、地球之友国际、世界自然保护联盟等,主要关注全球面临的环境问题。地区性如欧洲环境局(European Environmental Bureau, EEB),把活动重点放在欧盟,因而属于地区性国际环境非政府组织。

第七,从政治理念和行动方式划分,可以分为激进型和温和型。绿色和平组织是激进型国际环境非政府组织的典型代表,对破坏环境的政府、企业采取的抗议活动通常带有"惊险刺激、个人英雄主义、戏剧性、稀奇古怪"等特色,如用铁链把自己与即将被砍伐的大树绑在一起,或者乘坐一只充气小

---

① 何艳梅.非政府组织与国际环境法的发展[J].环境保护,2002(12):10—12.
② IUCN.Members[EB/OL].[2019—01—03].https://www.iucn.org/about/union/members.
③ 胡玉坤.走向国际论坛的妇女 NGOs[J].中国妇运,1997(9):44—45.

橡皮筏冲撞太平洋上的捕鲸船，或者乘坐一艘小船阻止载有核废料的万吨巨轮航行，或者驾船闯入军事禁区来干扰导弹试验等等。比绿色和平组织更激进是 1993 年成立于英国的环境解放阵线（Environmental Liberation Front）和 1980 年成立于美国的地球第一（Earth First）。它们采用暴力手段阻止人类对自然，尤其是原始环境的破坏，因而被称为生态恐怖主义组织。1998 年，环境解放阵线成员为了保护猞猁狲（lynx）的栖息地，将美国科罗拉多的一个滑雪场纵火烧毁，造成 1200 万美元的财产损失，轰动一时；地球第一组织曾将长钉嵌入树木中以阻止森林砍伐。①温和型的国际环境非政府组织主要通过对政府、企业进行游说和倡议等温和的方式来解决环境保护的问题，例如世界自然基金会和地球理事会等。

第八，从资金（经费）来源来划分，可以分为内部支持型（自给型）和外部支持型（外援型）。自给型组织的经费来源主要依赖于会费以及组织成员的捐款，如地球之友、绿色和平的资金主要来源于内部成员，不轻易接受政府和公司的捐赠，只接受个人捐助、社会捐助和基金会的赞助。而外援型主要是依靠政府、企业以及社会捐助。如世界自然基金会、世界自然保护联盟，通过与政府、企业和其他非政府组织进行大量合作来达到其保护环境的目的。

第二节　国际非政府组织与国际环境规范的形成及实施

自斯德哥尔摩会议以来，联合国通过了一系列国际环境规范，规范所涉内容十分广泛，既有关于大气和气候保护、海洋环境保护、生物保护、淡水保护、土壤和森林的保护等一般性问题的，也有专门控制危险物质和活动的。如《濒危野生动植物种国际贸易公约》（Convention on International Trade in Endangered Species of Wild Fauna and Flora, 1973）、《关于消耗臭氧层物质的蒙特利尔议定书》（Montreal Protocol on Substances that Deplete the Ozone Layer, 1989）、《21 世纪议程》（Agenda 21, 1992）、《联合国气候变化框架公约》（United Nations Framework Convention on Climate Change, 1992）、《生物多样性公约》（Convention on Biological Diversity, 1992）、《联合国防治荒漠化公约》

---

① Elizabeth L. Chalecki, A New Vigilance: Identifying and Reducing the Risks of Environmental Terrorism[J].Global Environmental Politics,2002(2).48.

(United Nations Convention to Combat Desertification,1994)、《京都议定书》(Kyoto Protocol,1997)以及《巴黎协定》(The Paris Agreement,2016)。

在这些全球性环境规范的起草、谈判、签署和审议条约的实施进展中,以及在敦促有关国家执行条约,或对其做相应修改和调整的过程中,环境非政府组织都发挥了不可忽视的作用。它们通过各种正式和非正式的途径提出议题、确定问题、拟定议程及目标、提供专家意见和有关信息、进行游说,一直到条约的最终缔结和后续实施,对国际环境规范的形成及实施产生了重要影响。①下面以《联合国气候变化框架公约》《防止荒漠化公约》和《濒危野生动植物种国际贸易公约》为例进行说明和分析。

一、国际非政府组织与《联合国气候变化框架公约》的形成及谈判

(一)国际非政府组织与《联合国气候变化框架公约》的形成

20世纪70年代,致力于全球环境问题的国际非政府组织迅速发展,其他国际非政府组织对全球环境问题的关注和参与也空前提高。在非政府组织的努力下,1972年,联合国人类环境会议首次将环境问题列入全球政治议程,环境问题从过去的国内专业技术问题变成国际关系中的重大问题,但气候变化作为一个具体的问题还未列入国际议程。气候变化问题进入国际公共视野源自1979年举行的第一次世界气候大会,国际非政府组织与联合国大会、联合国环境规划署共同推动气候变化进入会议议题,从此气候变化成为一项专门的全球议程。进入80年代,气候变化问题逐渐受到国际社会的重视,要求对气候变化进行研究并制定相应对策的呼声越来越高,于是以气候变化为重点的政府间会议、多边会议大量增加,国际非政府组织推动制定关于气候变化问题国际公约的机会变得多起来。

为了推动关于气候变化的国际公约早日形成,国际非政府组织很早就发动公众和舆论,向各国政府和政府间国际组织施加压力;研究气候变化问题,收集和传播气候变化知识;向国际、国内公众宣传气候变化对人类生存和未来发展产生的影响,以唤醒和提高国际社会对制定气候变化国际公约重要性的认识。此外,一些研究型的环境非政府组织还向联合国提出建立解

---

① 丁金光.国际环境外交[M].中国社会科学出版社,2007:106-107.

决气候变化问题的专门机构，最早推动政府间气候变化专门委员会（IPCC）建立的，就是 20 世纪 80 年代末从属于瑞典斯德哥尔摩环境研究所（The Stockholm Environment Institute）的两个工作室。1988 年，世界气象组织与联合国环境规划署共同发起成立了政府间气候变化专门委员会，负责搜集、整理和汇总世界各国在气候变化领域的研究工作，提出科学评价和建议。

1990 年，联合国启动了《联合国气候变化框架公约》（United Nations Framework Convention on Climate Change）谈判，国际非政府组织对谈判进程及谈判中的相关问题进行了关注，并在国际社会进行相应的宣传和游说；1992 年公约正式通过，为未来数十年的气候变化设定了减排进程；1994 年公约正式生效。《联合国气候变化框架公约》是世界上第一个为全面控制二氧化碳等温室气候排放，以应对全球气候变暖给人类经济和社会带来不利影响的国际公约，也是国际社会在应对全球气候变化问题上进行国际合作的一个基本框架。

（二）国际非政府组织与国际气候谈判

公约自生效以来，每年都会举行一次缔约方大会。历次缔约方大会都会有来自世界各地的非政府组织参加，它们在会上、会议期间和会后通过各种方式对国际气候谈判的过程和结果产生影响。

一是界定议题性质。气候变化如何被界定，决定了问题如何被理解和解决。在国际谈判中，界定气候变化问题议题性质的主体不止有非政府组织，还有其他主体。例如，主权国家会将气候变化界定成一个可能增加经济发展成本的议题，关于限制温室气体排放的决定与能源价格和工业产品紧密相连，这一问题被看作是工业国家经济的核心。而来自国际非政府组织的科学家们则将气候变化问题界定为由人类活动引起的全球性的重大威胁。可以说，这将影响之后的一系列谈判和政策，比如谁应该对气候变化的起因承担更多的历史责任、气候变化问题是否应被放在国际政治议程的首位等。非政府组织在议题提出时对议题性质的界定能起到重要作用。

二是传播气候变化知识和信息影响公众认知，促进全球关于气候变化共识的形成。气候变化具有很大的不确定性，其潜在危害、控制成本和收益等都需要有说服力的数据信息和科学结论来进行说明。国际非政府组织在这方面做了大量的工作，如通过研究报告、展览、研讨会或各种网络化的形式，将专业人士所提供的科学依据和信息提供给全球公众，宣传气候变暖给世界带来的危害,号召公众积极参与减排和应对全球气候变化。世界自然基金会和绿色和平就经常发布这样的报告,向国际社会通告气候变化对生物多样性的影响,以及世界各地出现的极端天气,[①]这在很大程度上影响了公众和决策者对此问题的认知。

三是为气候变化谈判提供建议、解决方案和思路。在国际气候谈判中,国际非政府组织常常凭借专业知识和研究能力直接为会议提供相关解决方案。例如在 1995 年主要进行京都议定书谈判的柏林授权特设工作组会议中,几乎每次会议都包括一次正式的"非政府组织介入程序",非政府组织通过该程序提出针对谈判中某项具体问题的建议;在《京都议定书》谈判中,非政府组织关注碳排放交易、碳沉降、遵约机制等问题,并为代表团提供碳沉降和碳排放交易的知识,帮助他们在政策中做出选择。拥有"咨商地位"的国际非政府组织还可以根据《联合国气候变化框架公约》及《京都议定书》的规定,申请以"观察员"的身份参与公约体系下的气候大会。在会上,可以通过与谈判代表进行私人性质的交流、在会议间隙散发传单等非正式方式来宣传自己的立场;还可以作为公民社会代表或专家顾问加入政府代表团从而参与国际气候谈判,国际环境法与发展基金、绿色和平组织和世界自然基金会都曾为小岛国家联盟(AOSIS)参与国际气候谈判提供过政策建议和技术支持,国际环境法与发展基金的律师也曾作为小岛国家联盟的代表参与会议。

四是谈判期间举行各种活动制造压力。制造压力的首要方式是示威游行。如 2007 年巴厘岛会议期间,与国际非政府组织在会前和会议中纷纷发表自己在全球气候变化和减排上的立场,强烈批评不愿意主动推进会议决议的政府,通过跨国活动制造声势浩大的舆论压力,推动各国政府在巴厘岛会议上达成具体的减排协议,最终促使会议于 2007 年 12 月通过了"巴厘岛路线图",取得了应有的成果。制造压力的第二种方式是与媒体联合。在缔约方大会上,国际非政府组织往往会与大众媒体形成紧密关系,主动向媒体发布各国对谈判的态度和谈判进程,这方面的信息会使拖后腿的国家面临尴尬境地。此外,国际非政府组织还会以"颁奖"的方式"羞辱"在气候变化问题上不作为的国家。如 2009 年哥本哈根气候大会期间,"气候行动网络"给不作为的

---

① 罗辉. 国际非政府组织在全球气候变化治理中的影响:基于认知共同体路径的分析[J]. 国际关系研究,2013(2):51–62.

国家颁发了"每日化石奖";2011年德班气候大会上,加拿大政府宣布要退出《京都议定书》,遭到了气候行动网络的批评并被再次授予"化石奖"。①

五是形成关于气候变化问题的跨国网络。在国际气候谈判中,国际非政府组织还采取将地方和全球层面的非政府组织连接成为广泛网络的方法,对谈判各方施加压力,推动所在国政府采取行动兑现承诺。在国家和全球层面的决策中,跨国网络的成员组织通过卷入国家、地区和国际层面的政策制定之中,动员民众影响国内政治的潜力,对决定者产生了重要影响。此外,发达的北方和发展中的南方的环境非政府组织也在这样的广泛网络中相互接触和交流,使北方环境非政府组织对应当关注的议题更加留意,并为南方的团体提供了国际支持。这样的国际网络如"气候行动网络""雨林行动网络"。

国际非政府组织通过上述行动对国际气候谈判产生了一定的影响,谈判中对非政府组织提出的某些事项进行了讨论。如:环境非政府组织希望在2005年前发达国家与1990年相比能减少20%温室气体排放量,最终《京都议定书》要求工业国家在2008—2012年期间的总排放量低于1990年水平的5%;它们还促进了代表们对碳排放交易和碳沉降问题的辩论。②在2011年的坎昆联合国气候大会召开期间,全球船舶运输行业、乐施会及世界自然基金会联合发表声明,为政府规划未来国际船舶运输业的温室气体排放提出建议,这些建议没有直接被国际气候谈判会议采纳,但仍产生了一定程度上的影响,比如欧盟在2012年下半年开始针对国际航海运输业的温室气体减排采取行动,国际海事组织(IMO)也制定了一套全球航行行业温室气体市场化减排机制。这些虽然并非直接的国际气候变化谈判成果,但其仍在一定程度上推动了国际气候变化治理。③

(三)国际非政府组织在国际气候谈判中面临的问题

由于温室气体排放空间是一种全球性公共资源,地球上每个国家都有利用的权利,也非常在意这种权利带来的利益,并在国际气候谈判中尽最大努力维护自己的权利和利益,这使得国际非政府组织在国际气候谈判中面

---

① 宋效峰.非政府组织与全球气候治理:功能及其局限[J].云南社会科学,2012(5):68-72.

② 卓君恒.国际环境非政府组织在全球环境机制中的作用及其影响因素[D].中国政法大学,2010:28-33.

③ 侯佳儒.国际气候谈判中的非政府组织:地位、影响及其困境[J].首都师范大学学报,2013(2):55-60.

临诸多问题。

1.主权国家担心国家利益受损

主权国家普遍担心国际气候条约的深化会威胁国家主权,主权是国家最基本也是最重要的权利,气候治理问题属于一个国家的内政管理问题,国家基于主权原则肯定不希望受到任何限制或者约束;而国际环境法作为一部法律,势必要求其主体承担相应的国际环境保护的义务,这就需要国家在环境保护领域让渡一定的主权,共同承担起保护环境、治理已出现的环境问题的责任,因而国际环境法越是发展,就意味着成员国承担的环境保护义务越多,各个国家在主权方面就会受到越多的限制。

气候问题除了涉及国家主权受损外,其经济色彩亦十分浓厚。目前世界各国政府在观念上仍把气候变化问题的治理与经济发展对立起来,认为环境保护势必增加经济负担从而阻碍经济发展,因而在处理本国环境保护和经济发展问题上犹豫不决,不愿在环境保护问题上立即采取措施。就国际层面而言,全球性的环境保护事业具有较强的公益性,因而没有哪一国愿意率先承担国际环境保护这一国际义务,也更不愿意推动《国际环境法》向实质化、可操作化方向发展,从而导致了《国际环境法》实施困难的问题。①

2.公约本身存在的问题

首先,公约规定的内容具有超前性。为了达到保护全球环境的目的,国际社会常常会通过科学预测,提前制定、调整和控制未来可能出现的问题的法律文件或法律规范。《气候变化框架公约》的内容也具有一定的超前性,这是由气候问题的特点所决定的,气候问题在发展过程中具有缓发性和潜在性,囿于科学技术发展的局限,人类对于损害环境的活动所产生的最终影响和后果很难及时发现,一旦环境受到损害,往往具有不可逆转性,因此需要预先制定有关的国际环境法规则以避免损害的发生。但有些国家却认为气候变化问题存在不确定性,质疑采取措施的必要性。其次,公约采用"框架公约"形式,不能将各方具体的权利义务及相关的具体事项做出明确的规定,只能待以后对环境问题有了更明确的认识后,再由缔约国以议定书和附件的形式加以规定。这就意味着在框架公约的形式下,缔约国各方承担的义务

---

① 崔亚楠. 从《联合国气候变化框架公约》分析国际环境法的实施困境[J].法制与社会,2013(5):162–163.

较少且不能明确。最后,发达国家和发展中国家对共同但有区别的责任原则的不同态度。在公约形成过程中,发展中国家与发达国家通过协商和妥协,逐渐形成了共同但有区别的责任原则。这一原则由于体现了发展中国家有限发展经济的诉求,并且尊重发展中国家平等参与全球环境问题谈判的意愿,因而得到广大发展中国家的赞同。但发达国家对此却存有异议,认为仅以造成全球气候恶化的历史责任,作为区别责任的依据有着很大的局限性,忽略发展中国家日益增加的排放量也不科学。①

3.关于国际非政府组织参与气候谈判的质疑

近年来参加或期望参加国际气候谈判的非政府组织数量剧增,有人质疑这种现象会带来的问题:一是越来越多的非政府组织参与其中,会增加国际气候谈判的成本。国际气候谈判的规模是有限的,不可能允许所有的非政府组织都参与其中,以2009年哥本哈根气候大会为例,由于会场容纳量远远低于申请参与者数量,导致大部分非政府组织代表一度被拒绝进入会场,引发了大规模的示威游行,不仅为会议主办方增加了秩序维持费用,而且还给谈判秩序带来了不良影响;二是相对于"北方非政府组织",来自发展中国家的非政府组织和草根非政府组织缺少资金和相关资源,在国际谈判中的影响力极其有限,谈判中南方国家的非政府组织依然处于弱势地位;三是非政府组织群体虽然数量庞大,但难免良莠不齐,虽然发展迅速,能力建设却并非全部到位。非政府组织的使命、行动方式、运作模式、资金来源、人员结构等方面千差万别,会导致其在国际气候谈判领域不易形成一致的步调和声音,②从而影响谈判的效率。

二、国际非政府组织与《防治荒漠化公约》的形成及实施

荒漠化是历史悠久而又影响深远的自然灾害之一。目前,全球2/3的国家和地区,约10亿人口,全球陆地面积的1/4受到不同程度荒漠化的危害,

---

① 崔亚楠.从《联合国气候变化框架公约》分析国际环境法的实施困境[J].法制与社会,2013(5):162-163.

② 侯佳儒.国际气候谈判中的非政府组织:地位、影响及其困境[J].首都师范大学学报,2013(2):55-60.

而且仍以每年 5 万至 7 万平方千米的速度在扩大，由此造成的经济和社会损失每年约为 423 亿美元，[①]特别是在荒漠化严重的国家，干旱和缺水这两种相互联系的现象彼此影响，使处于社会边缘的弱势群体饱受饥荒折磨，流离失所，甚至出现严重的人道主义问题。1992 年，联合国环境与发展大会期间，以非洲国家为首的发展中国家要求联合国设立政府间谈判委员会，拟订具有法律约束力的文件，来帮助发展中国家进行荒漠化防治；同年，联合国正式设立政府间谈判委员会，希望形成防治荒漠化、保护全球资源的多边环境协议。

1994 年《联合国防治荒漠化公约》(United Nations Convention to Combat Desertification)在巴黎通过，并成立秘书处，1996 年公约正式生效。公约的宗旨是在发生严重干旱或荒漠化的国家或地区，尤其是在非洲，防治荒漠化，缓解干旱影响，协助受影响的国家和地区实现可持续发展；公约还促进发达国家和发展中国家合作，特别是在可持续土地管理知识和技术转让方面的合作；公约要求各国政府、地方、公众和民间组织合作制订国家级、次区域级和区域级的行动方案，以及通过这些方案实现履约。公约是《21 世纪议程》框架下的三大重要国际环境公约之一，与《联合国气候变化框架公约》和《生物多样性公约》一起被称为"里约三公约"，[②]是将环境、发展与可持续土地管理联系起来的，具有法律约束力的重要国际协定。[③]在公约的形成和实施过程中非政府组织发挥了重要作用。

(一)荒漠化问题的界定及影响

1.荒漠化问题的界定

荒漠化问题可以追溯到人类文明的开始，古巴比伦、古埃及等古代文明的衰落就与荒漠化问题有关。"荒漠化"一词最早是由科学家路易斯·拉瓦登(Louis Lavauden)于 1927 年提出来的。1949 年以前学术界相关的研究和关注焦点主要是沙丘移动、干旱化、沙漠和撒哈拉扩张以及人为沙漠化等。荒漠化是指沙漠的扩张或类似沙漠(没有生产力或只具有较低的生产力)的情况，从沙漠地区扩展到了沙漠边缘原非沙漠的区域，表现为沙子向绿洲移动和入侵。1949 年，科学家利布维尔在题为《非洲的气候、森林和荒漠化》的报

---

①② 王珏.《联合国防治荒漠化公约》缔约方大会知多少[J].内蒙古林业,2017(9):27.

③ The Drought Initiative[EB/OL].[2018-08-09].https://www.unccd.int/actions/drought-initiative.

告中,描述了"荒漠化"问题,引起了学术界关于这一问题的探讨。当时,大部分人认为荒漠化的成因主要是人为作用的影响,其中最主要的理论依据是气象学家朱利斯·查尼(Jules Charney)1975 年提出的假说:地表植被变化与降雨量的相互作用理论,即地表植被的减少引起气候变干和降雨减少,而降雨的减少又可强化植被退化的过程。也就是说,植被退化是导致荒漠化的主要原因,人为作用下植被退化会造成荒漠化不断加重,出现植被减少—降雨减少—植被再减少的恶性循环。①

　　荒漠化问题首次引起国际社会的关注是在 1968—1974 年撒哈拉地区大旱和饥荒之后。1977 年"联合国荒漠化大会"(UNCCD)在内罗毕召开,环境署首次发布了全球荒漠化评估数据:全球受荒漠化影响的国家有一百多个,有 7850 万人生活在受荒漠化影响的地区,会议对荒漠化的定义是"指土地生物学潜力的降低或破坏最终导致的类似沙漠景观的出现,它是生态系统普遍退化的一个方面,是为了多方面的用途和目的而在一定的时间谋求发展、提高生产力,以维持人口不断增长的需要,从而削弱或破坏了生物的潜能,即动植物生产力"。②同时,会议还通过了一项防治荒漠化的行动计划。③ 1984—1985 年,年非洲撒哈拉地区旱灾和饥荒的重现,使荒漠化问题再次引起了国际社会的重视。1990 年,联合国环境署于内罗毕召开了荒漠化评估特别咨询会议,修订了荒漠化的定义:"荒漠化或土地退化是在干旱、半干旱和干旱的湿润区由于人为影响造成的土地退化。"④1992 年环境发展大会后,国际社会对荒漠化问题基本达成共识,荒漠化即主要由于人类不合理活动和气变化所导致的干旱、半干旱及具有明显旱季的半湿润地区的土地退化,包括土地沙漠化、草场退化、旱作农田的退化、土壤肥力的下降等。⑤ 1994 年在巴黎最终通过的公约文本的表述基本类似,"荒漠化是指包括气候变异和人类不合理的经济活动在内的种种因素造成的干旱、半干旱和亚湿润干旱地区的土地退化"。⑥

---

　　①④ 贾晓霞.全球荒漠化变化态势及《联合国防治荒漠化公约》面临的挑战[J].世界林业研究,2005(6):11-16.

　　②⑥ 匡志盈.全球防治荒漠化情况综述[J].世界农业,2006(10):8-10.

　　③ UNCCD History[EB/OL].[2018-08-09].https://www.unccd.int/convention/about-convention/unccd-history.

　　⑤王珏.《联合国防治荒漠化公约》缔约方大会知多少[J].内蒙古林业,2017(9):27.

2.荒漠化问题的影响

荒漠化严重威胁着人类的发展与安全。首先,荒漠化加剧了粮食危机。对于大多数发展中国家来说,农业是发展进程的关键驱动力,但许多国家正在由于土地退化而失去农业国内生产总值。由于沙漠化和干旱,每年有1200万公顷的生产性土地变得贫瘠,导致生产2000万吨粮食的机会丧失,成千上万的人因此而陷入粮食严重不足和营养匮乏。饥荒是发展中国家最为严重的人道主义危机, 以非洲为例,70%—80%的非洲农村人口的生计主要依靠旱地种植和畜牧业, 非洲的荒漠化和干旱状况对粮食供应体系产生巨大冲击,非洲的粮食供应体系变得更脆弱和低效,使非洲的饥饿人口多年居高不下,从联合国粮农组织发布的数据看,非洲地区持续处于饥饿状态的人口数量高于其他任何区域,强烈、频繁和广泛的旱灾不断摧毁土地——地球上主要的淡水储存地,由此而造成的死亡人数比其他天气灾难都要多。这威胁着非洲为实现联合国2030年可持续发展议程而进行的消除饥饿的努力。

其次,荒漠化会影响国家安全。土地和水是人类赖以生存和可持续发展的支柱。在过去的许多年中,多数国家内部和国家之间的冲突与自然资源的控制和分配有关,越来越多的穷人面临缺水和饥饿,这为脆弱国家和地区的动荡和不稳定打开了大门。武装团体和恐怖组织等非国家行为体越来越多地利用大量跨境移民和废弃土地制造安全问题,长此下去,会使土地等自然资源资产脱离合法政府的控制,而暴力成为控制资源的主要手段,摧毁国家安全的基石。

最后,荒漠化导致了环境退化、大量生态移民和难民。失去生产性土地驱使人们做出危险的生活选择, 在农村地区土地退化是被迫迁移的一个驱动力。非洲特别容易受到影响,因为该地区90%以上的经济依赖于气候敏感的自然资源基础,如雨水灌溉、自给自足的农业,土地荒漠化使更多的弱势穷人别无选择,只能选择逃离原来的居住地。①在非洲干旱荒漠区的国家,有上百万人被饥饿和四处蔓延的疾病夺去了生命,有上千万人背井离乡,沦为"生态难民"。根据联合国难民署2010年发布的报告,非洲大陆的难民约占全球难民人口的25%,流离失所者占41.4%,其中相当一部分与气候干旱和

---

① Land and human security[EB/OL].[2018-08-09]. https://www.unccd.int/issues/land-and-human-security.

自然生态恶化有密切关系。①

(二)国际非政府组织与《防治荒漠化公约》的形成

国际非政府组织在《防治荒漠化公约》的形成中扮演着重要的角色,如游说政府代表团、为谈判提供建议和信息、对政府施加压力、促成致力于防治荒漠化问题的非政府组织之间的国际联合,对《防治荒漠化公约》的最终形成有重要意义。

1.游说政府代表团

非政府组织在《防治荒漠化公约》谈判期间进行了诸多活动,在会议期间每天碰面,游说代表团,召开研讨会,还专门成立了自己的工作小组来关注它们认为重要的问题。在《防治荒漠化公约》谈判中,非政府组织关注的问题有组织机构、能力培养、教育和公共意识、财政资源、科学技术等;此外,它们还在《生态》杂志上发表自己的发言、社论、简短的案例研究和其他评论,使自己得到众多政府代表团的信任,并有机会正式和非正式地与代表团见面,最终成功地使自己的建议得到政府代表团的认可。

2.为谈判提供信息和建议

技术知识是非政府组织最宝贵的资源。在防治荒漠化谈判者眼中,环境非政府组织拥有有效实施条约的知识,而且被视为"发展的伙伴"。如世界自然保护联盟与联合国《防治荒漠化公约》有着长期的伙伴关系,对条约中恢复退化的土地条款的发展、通过和执行产生过积极影响。世界自然保护联盟是该公约科学政策用户界面的机构观察员,也是联合国荒漠与防治荒漠化十年(UNDDD)跨机构工作组成员,长期为联合国提供防治荒漠化的建议。②一些本地非政府组织在荒漠化防治中也扮演着重要角色,代表了公约所称的"当地或传统知识",这类知识是关于解决旱地退化的科学知识的重要补充。

在《防治荒漠化公约》谈判中,非政府组织为谈判提供了丰富的口头和书面信息,向联合国提出许多有益的建议影响主权国家,如坚持采用"自下

---

① Land and human security[EB/OL].[2018-08-09].https://www.unccd.int/issues/land-and-human-security.

② IUCN. IUCN and UNCCD[EB/OL].[2018-04-30].https://www.iucn.org/theme/ecosystem-management/our-work/global-drylands-initiative/iucn-and-unccd.

而上"的方法来解决土地退化的问题,并且建议各国设立国家防治荒漠化专项基金,最终这些内容成为《防治荒漠化公约》的重要组成部分。再如,让荒漠化地区那些在政治上曾被忽视的民众参与到各种项目中。在国际防治土地荒漠化的谈判中,非政府组织的诉求和建议直接被写入了条约中,对该谈判进程施加了直接影响。参与谈判的联合国工作人员和政府代表对非政府组织的工作给予了高度评价,认为非政府组织在防治荒漠化问题上拥有主人翁意识,把自己当成进程的一分子,对《防治荒漠化公约》的谈判结果有着很大的影响力,对它们未来所能做出的贡献抱有很大的期待。①

　　3.取得主权国家的支持

　　在《防治荒漠化公约》谈判中,非政府组织与各国都保持了良好的关系。非政府组织获得了来自发达国家的捐款,发达国家把这些南方草根非政府组织视为发展中国家政治经济转型的一个重要标志,持支持态度。同时各方也赞同荒漠化问题的解决离不开受荒漠化影响的当地居民的参与,而非政府组织被看作是他们的代表,都支持采用"自下而上"的方法。主权国家聆听来自受灾地区有经验和知识的非政府组织的意见,并在公约文本中强调非政府组织的参与,主权国家乐于见到非政府组织参与问题的解决进程。②

　　《防治荒漠化公约》谈判和制定的氛围非常好,非政府组织在公约的制定过程中获得了较多的参与机会,如谈判期间能够获得谈判文件、知道辩论的焦点问题、能够被允许在会上发言,从而发表或多或少与政府相当地位的言论。非政府组织的参与还获得了防治荒漠化公约执行秘书处主席的支持,尤其是那些来自发展中国家的非政府组织获得了更多的帮助。环境非政府组织在谈判期间会面以协调各自的诉求得到了秘书处的鼓励,发展中国家非政府组织参加会议还获得了秘书处给予的资金支持,这为非政府组织在《防治荒漠化公约》谈判中发挥作用提供了保障。③

　　(三)国际非政府组织与《防治荒漠化公约》的实施

　　国际非政府组织通过多种方式推动《防治荒漠化公约》的实施,是促进

　　① 卢琦,周士威. 全球防治荒漠化进程及其未来走向[J]. 世界林业研究, 1997(3):35-44.

　　② 卢琦,杨有林,贾晓霞.全球履行《联合国防治荒漠化公约》的进程评述[J].世界林业研究,2001(4):1-9.

　　③ 卓君恒.国际环境非政府组织在全球环境机制中的作用及其影响因素[D].中国政法大学,2010:28-33.

公约实施的重要力量,联合国《防治荒漠化公约》秘书处指出,公约旨在采用自下而上的方法,直接改善受干旱和荒漠化威胁的人口的生计,而民间组织能够发出来自基层的声音,因此支持它们在公约缔约方会议以及其他进程中发挥重要作用。①

1.参加公约的缔约国大会就相关问题进行磋商

1997 年,在意大利罗马"联合国粮食与农业组织(FAO)"总部召开了第 1届缔约国大会,64 个非政府组织的代表与政府机构、联合国机构的人员共同参加了这次大会,就政府间谈判悬而未决的议事规则及全球机制问题进行了多种形式的磋商,最后确定国际农发基金(IFAD)为公约全球机制的融资机构,联合国开发计划署作为融资机构的支持单位。1998 年,83 个非政府组织参加了联合国环境署于塞内加尔达卡召开的第 2 届缔约国大会,与十七个联合国专门机构、一百三十多个国家、二十一个政府间组织共同审查了公约的实施及对区域方案的支持等 13 项议程,关注了发达国家与发展中国家之间的基本矛盾。因公约主要关系到发展中国家的利益,而发达国家在公约中基本上是处于捐助国的地位,因而对公约进程持消极和抵制的态度,竭力阻挠公约执行进程。1999 年,57 个非政府组织参加了在巴西召开的第 3 届缔约国大会,大会特别安排了非政府组织会议,主要审查了公约在非洲的实施和机构安排的运作,讨论了公约秘书处的中期战略全球机制、与东道国的总部协定等问题。② 2017 年,公约第十三次缔约方大会召开,各缔约方围绕落实联合国 2030 年可持续发展议程、制订公约新战略框架以及推动实现土地退化零增长目标等议题,进行了广泛深入的探讨和磋商,非政府组织在会上发言。③截至 2019 年,约五百个市民社会组织获得了公约缔约方会议的观察员地位,这些组织的代表可直接参加公约秘书处的会议,就联合国的政策和方案事项提供咨询;还可作为伙伴参与联合国国家层面的会议,参加公约

① Civil society organizations[EB/OL].[2019-08-01]. https://www.unccd.int/convention/civil-society-organizations.

② 卢琦,杨有林,贾晓霞.全球履行《联合国防治荒漠化公约》的进程评述[J].世界林业研究,2001(4):1-9.

③ 李晓梅,许云飞.《联合国防治荒漠化公约》第十三次缔约方大会闭幕　取得五项重要成果[J].国土绿化,2017(9):7-9.

的执行并对各种会议做出贡献,是成功执行公约的必要组成部分。①

2.在区域层面上推动防治荒漠化

1997 年,独联体各国非政府组织会议在吉尔吉斯斯坦举行,这次会议加强了该地区非政府组织之间的交流,提高了对公约的认识,鼓励该地区非政府组织参加公约的各项履约工作。1998 年,区域和次区域一级的非政府组织会议在区域一级筹备第 2 届缔约国会议,刺激了各种信息的交流。同年在安提瓜和巴布达举行第 4 次区域性会议,非政府组织与 27 个国家及国际机构的代表审议并确定了以下项目:发展防治荒漠化的区域网络、发展和加强国家网络;选择和探索各种措施,用以荒漠化评价和监测工作,促进在国家层面采用地理信息系统;加强横向合作和履约培训;建立管理防治荒漠化的投资区域制度;开展防治荒漠化教育;完善《防治荒漠化公约》拉美区域协调机制。②2000 年,中亚区域经济合作组织(CAREC)成立,其区域任务是协助中亚各国政府、区域和国际利益攸关方应对中亚地区的环境和可持续性挑战,并与公约秘书处讨论公约干旱倡议范围内的区域项目以及处理沙尘问题的项目方面的潜在合作,在中亚五国和阿富汗开展更系统的合作,以加强《防治荒漠化公约》的执行。③

3.督促发达国家兑现履约承诺

虽然《防治荒漠化公约》强调荒漠化的消除要与国家可持续发展和贫困的治理相结合,要求受影响的发展中国家通过制定和履行《国家行动方案》与荒漠化做斗争,呼吁通过国际合作和建立伙伴关系为履约提供资金支持。但是由于公约没有对缔约方履约的约束性规定,公约生效以来发达国家一直不愿兑现谈判期间承诺的资金和技术支持,其理由是荒漠化主要是由于发展中国家不重视生态环境与自然资源保护所致,发展中国家不合理的土地利用方式是造成当地环境问题的主要原因,荒漠化防治是各主权国家自

---

① Civil society organizations[EB/OL].[2019-08-01].https://www.unccd.int/convention/civil-society-organizations.

② 卢琦、杨有林、贾晓霞.全球履行《联合国防治荒漠化公约》的进程评述[J].世界林业研究,2001(4):1-9.

③ UNCCD meets with CAREC to discuss cooperation in Central Asia. https://www.unccd.int/news-events/unccd-meets-carec-discuss-cooperation-central-asia.

身的事情,因此受影响国家自身应承担更多责任。①这样双方的伙伴关系形同虚设,履约进程受到限制,不但已制定的《行动方案》因没有资金无法实施,还有一些国家甚至没有完成方案的制定。在这种情况下,非政府组织成为督促发达国家兑现履约承诺的重要力量,它们在相关的国际会议上不断呼吁发达国家应重视荒漠化防治问题并兑现承诺。

4.教育公众强化防治荒漠化的意识

强化公众防治荒漠化的意识既是非政府组织活动的强项,也是非政府组织工作的重点,非政府组织从不同的层面和角度促进公众的防治荒漠化意识。如自然保护联盟秘书处与联合国《防治荒漠化公约》秘书处之间以工作计划和谅解备忘录为指导形成了伙伴关系,并以此为基础签署了联合工作计划,世界自然保护联盟关于实现公约目标的建议形成了技术简报,使公众意识到防治荒漠化与保护生物多样性之间的关系,积极参与土地荒漠化防治。②国际农业广播组织(Farm Radio International)以广播节目的形式为人们提供有关土地和自然资源管理方法的信息和教学,通过农村电台的通讯媒介提高人们对荒漠化问题的认识。地球行动网络出版时事通讯"沙漠之花",提高记者、议员和公众对荒漠化问题的认识。

5.实施防治荒漠化项目

中国绿化基金会与日本小渊基金、日本世界沙漠绿化协会、奥伊斯嘉国际等多个国际非政府组织在甘肃、内蒙古、宁夏、新疆等地开展了一系列防治荒漠化行动,取得了良好的效果。③非政府组织生物合成(Nongovernmental Organization BIOS)在沙漠化严重地区组织水土保持、可持续农业和可持续社区发展方面的培训,派出农业推广培训师协调参与培训课程,还通过大众媒体准备和传播有关环境问题的材料,并在试点村实施土壤、水和生物多样性项目,承担水土质量研究项目。卡拉哈里保护协会(Kalahari Conservation Society)对博茨瓦纳沙漠化问题进行研究,支持和参与沙丘复垦项目,协助制定

①人民政协网."土地退化零增长"世界愿景如何落实? [EB/OL].[2013-09-28].http://cppcc.people.com.cn/n/2013/0928/c34948-23063746.html.

② IUCN. IUCN and UNCCD[EB/OL].[2018-04-30].https://www.iucn.org/theme/ecosystem-management/our-work/global-drylands-initiative/iucn-and-unccd.

③ 防治荒漠化,民间组织在行动[EB/OL].[2018-04-30].http://gongyi.sina.com.cn/greenlife/2016-06-20/doc-ifxtfrrf0679960.shtml.

保护区的管理计划,并在跨界公园倡议中发挥主导作用,还承担环境教育计划并协助社区自然资源计划。宣明会在马里、塞内加尔、毛里塔尼亚组织防治荒漠化方案,与当地社区(特别是小规模灌溉地区)密切合作解决灌溉问题。

此外,还有一些非政府组织长期从事土壤科学、土地退化和荒漠化领域的研究,安排有关土壤科学问题的会议,支持土壤科学家开展活动,为荒漠化问题的解决提供知识和技术,[1]如世界自然保护联盟、世界自然基金会、国际土壤科学联合会(International Union of Soil Sciences)、斯德哥尔摩环境研究所(Stockholm Environment Institute)、世界资源研究所(World Resources Institute)、沙漠研究所(Instituto Desert),出版有关土地利用管理系统的出版物,包括退化土地的恢复、生物量系统生产力的详细研究,气候变化对半干旱地区的影响,以及气候变化与土地管理问题,为防治荒漠化项目提供技术支持,并向政府间组织提供咨询服务。[2]

2015年,公约得到196个国家和欧洲联盟的批准,公约缔约方将扭转土地退化(SDG目标15.3)作为公约的首要目标,提出到2020年,保护、恢复和可持续利用陆地和内陆的淡水生态系统,特别是森林、湿地、山麓和旱地;推动对所有类型森林进行可持续管理,停止毁林,恢复退化的森林,大幅增加全球植树造林;到2030年,恢复退化的土地和土壤,包括受荒漠化、干旱和洪涝影响的土地,建立一个不再出现土地退化的世界。[3]防治荒漠化任重道远,不论是过去还是未来,非政府组织都是推动公约目标实现的重要力量。

三、国际非政府组织与《濒危野生动植物种国际贸易公约》的形成及实施

(一)濒危野生动植物非法贸易的影响

野生动物贸易的历史可追溯到几百年前,野生动物制品的买卖活动则一直可以追溯到两千年以前,主要是在靠近印度洋和南中国海一带。公元一

---

① UNCCD.Knowledge[EB/OL].[2018−03−09].https://knowledge.unccd.int/cso/international−union−soil−sciences.

② UNCCD.Knowledge[EB/OL].[2018−03−09].https://knowledge.unccd.int/cso/instituto−desert.

③ 联合国.可持续发展目标[EB/OL].[2018−03−04].https://www.un.org/sustainabledevelopment/zh/biodiversity/.

世纪,埃利色雷各海(古代对阿拉伯海、红海、波斯湾之总称)航海志、古代印度很多文献和中国史书都记载了基督纪元以前野生动物贸易的路线、港口和产品。但早期野生动物贸易只是人类的一种生存策略,人们把捕猎的野生动物拿到集市换回自己所需物质,满足生产生活的需要。当时由贸易引起的对野生动物的捕猎数量相对于物种的种群数量来说是很少的,对物种构不成什么威胁,对生物多样性可以说没有什么影响。然而,在最近几个世纪,情况则完全不同,非法偷猎滥猎、加工销售、运输、走私野生动物现象快速增加,野生动物贸易在全球屡禁不止且愈演愈烈,自然界生灵的灭绝速度在不断加快,对自然环境的可持续发展和国家的社会经济安全都造成了严重威胁。

1.野生动植物非法贸易对自然环境的影响

屡禁不止的非法野生动物及制品的贩卖,使犀牛、大象等动物濒临灭绝,严重影响了生物多样性和气候变化,以及人与大自然的和谐,对环境和可持续发展造成了重大影响。如大象种群的密度会对干旱季节的地表水、灌木林、对该区域的树栖型鸟类、犀牛和羚羊等产生影响,从而给该地区的物种多样性带来负面影响,使生物和景观结构多样性遭到破坏。

野生动物非法贸易还暴露出人性中最黑暗残忍的一面,使动物遭受灾难。以偷猎为例,偷猎是现代野生动物贸易普遍采取的手段,偷猎过程中采取的残酷方法常常会给动物带来毁灭性打击。如在老挝,偷猎者为了获取熊胆或小熊,会将母熊屠杀;在贩运小熊时,给小熊服用安眠药,或把野生动物密封装箱,以邮寄或托运等方式进行贩运,导致小熊骨折,内脏淤血,甚至死亡。在菲律宾,偷猎者竟在珊瑚海里放入氰化物、敌敌畏、乐果等剧毒物,然后趁机捞出眩晕的各种热带鱼类。在阿根廷,有一种世间奇鸟至为美丽,总是把巢筑在高高的白坚木树上,不易捕捉。捕猎者为了获得它,就伐倒白坚木。1976年以后的二十多年里,偷猎者在阿根廷伐倒了100万株白坚木,这种鸟的数量因此减少了75%,对这一地区的自然环境造成灾难性破坏。此外,现代科学技术还发明了捕鱼的"流网",又称"死亡之墙",所至之处可以把捕捞区域内所有的海洋生物一网打尽。偷猎滥捕、走私贩运、销售赚钱,在每一个环节上非法者都采取非常不人道的方法对待野生动物,给动物带来了残忍伤害。[①]野生动植物是自然生态系统的重要组成部分,野生动植物非

---

① 杨清,陈进,白智林,邓晓保.野生动物贸易对生物多样性的影响[J].野生动物,1999(6):4-5.

法贸易对自然环境造成了严重的负面影响。

2. 野生动物非法贸易对国际社会经济影响

与组织严密的国际武器和毒品贸易不同,非法动物交易是由个人或小业主组成一个不正规的关系网,所以很难估出确切数据。但据一些专家估计,20 世纪 90 年代,野生动物非法贸易数额每年就可达 100 亿美元,是排在毒品和武器贸易之后的第三大非法贸易。①21 世纪以来,野生动物非法贸易数额更加巨大,造成的损失也相当惊人,2014 年,联合国环境规划署、国际刑事警察组织、联合国毒品和犯罪问题办公室、经济合作与发展组织联合发布的《环境犯罪危机》报告指出,全球环境犯罪造成的损失每年高达 700 亿~2130亿美元,是全球海外发展援助基金的 1.6 倍。野生动物犯罪造成的损失达到50 亿~300 亿美元, 占据全球环境犯罪价值评估的 7%~10%。②截至 2017年,野生动物盗猎走私已形成一个价值 200 亿美元的贸易链,是仅次于毒品、军火及人口贩卖的全球第四大非法贸易。③

3.野生动物非法贸易对国际安全的影响

随着野生动物及其制品国际价格的不断攀升,象牙和犀牛角及相关制品每年的市场价值高达 1.65 亿~1.88 亿美元和 0.638 亿~1.92 亿美元。由于野生动物资源犯罪具有低风险和高收益等特性, 可以得到更高收益,所以有部分非政府武装力量和恐怖组织纷纷涉足进来,使象牙或犀牛产品贸易收入部分流入非政府武装组织和恐怖组织, 为其犯罪活动提供财力支持,较为保守的估计,恐怖组织在刚果、中非、苏丹和索马里等区域每年获得 1.11 亿~2.89 亿美元的非法收入,这使非洲国家及至整个国际社会更加不安全。④

据世界自然基金会的研究,在非洲动荡不安的地区,暴利让越来越多的犯罪集团盯上了野生动物贸易,不少贩毒集团也加入了盗猎大军中,他们通过走私象牙来供养自己的恐怖活动, 如盘踞在非洲东部的极端组织索马里青年党和反叛武装组织"圣灵抵抗军",他们疯狂捕杀非洲野生动物,并形成

---

① 辛白.全球野生动物非法贸易扫描[J].林业与社会:1995(1):14-15.

②④ 骆家林,陈积敏.野生动物资源犯罪的行为特征及治理思路[J].林业经济,2016(10):74-77.

③ 如:《国际植物新品种保护公约》(1961)、《关于特别是作为水禽栖息地的国际重要湿地公约》(1971)、《濒危野生动植物种国际贸易公约》(1973)、《保护野生动物迁徙物种公约》(1979)、《生物多样性公约》(1992)、《国际植物保护公约》(1999)。

了完整产业链,分工明确,有组织性,且装备精良。如同塞拉利昂的血钻,一根根血迹未干的象牙成为恐怖组织的财富来源，也给该地区的人们带来危险，有些恐怖组织会绑架附近村庄的孩子，胁迫他们盗猎大象或是走私象牙,甚至还会强迫他们吃下大象的肉,使人们生活在恐惧之中。

(二)国际非政府组织与《濒危野生动植物种国际贸易公约》的形成

1973 年,21 个国家的全权代表受命在美国华盛顿签署了《濒危野生动植物种国际贸易公约》(The Convention on International Trade Endangered Species of Wild Fauna and Flora,CITES)，公约诞生以来已发展成为世界上最大的野生物种保护公约，共有 178 个成员国。公约制定了一个濒危物种名录,规定了不同保护等级的动植物种,包括国际贸易中所有涉及的动植物种活体、产品和衍生物，被收录在公约中的物种包含了大约 5000 种动物与28000 种植物,并且被分列入三个不同的附录。附录 1 囊括了受到灭绝威胁的物种,这些物种通常是禁止国际交易的,除非有特别的必要性。附录 2 囊括了没有立即的灭绝危机，但需要管制交易情况以避免影响到其存续的物种。如果这类物种的族群数量减少到一定程度,则会被改置入附录 1 进行全面的贸易限制保护。附录 3 包含了所有至少在某个国家或地区被列为保育生物的物种,换言之就是区域性贸易管制的物种。公约通过对野生动植物出口与进口限制,控制这些物种及其产品的国际贸易,确保野生动物与植物的国际交易行为不会危害到物种本身的延续,是打击非法贸易、限制过度利用的有效手段,被誉为国际环境公约的范本。公约的形成及实施都与非政府组织有着密不可分的关系。

在公约产生前，国际贸易致使大量野生生物灭绝的问题一直没有得到应有的重视。直至 20 世纪后半叶,国际上逐渐开始关注野生动植物贸易致使物种加速灭绝的问题。1960 年，在全球享有盛誉的国际环境非政府组织——世界自然保护联盟召开了第 7 届缔约国大会，会议议题之一就是呼吁各国政府采取措施限制野生动植物进出口。1963 年,该组织在肯尼亚首都内罗毕召开会议,重点讨论濒危野生生物国际贸易问题。此次会议通过一项决议，要求国际社会达成一个国际公约以控制和规范濒危野生生物的国际贸易。1964—1967 年,该组织起草了公约文本初稿,对公约本文初稿和第二稿进行了修改,并向各国政府散发,征询意见,共有 39 个国家和 18 个国际组织反馈了意见。1969 年,该组织在印度举行会议,拟定了一份需要在国际贸易中加以控制的动植物物种名单。1973 年,该组织发起,八十多个国家在美国首都华盛顿召开会议,公约正式签署,并于 1975 年正式生效。

世界自然保护联盟等国际非政府组织长期致力于野生动植物物种现状和相关国际贸易的跟踪和监测,为公约的成功签署与日后生效做了大量前期工作,公约的形成与国际非政府组织的不懈努力是分不开的。

(三)国际非政府组织与《濒危野生动植物种国际贸易公约》的实施

1.国际非政府组织在公约实施中的功能

公约生效后,面临着两个直接关系其能否成功运作的关键问题:一是如何获得各国濒危野生生物贸易的准确信息? 二是如何确保成员国认真履行公约规定的义务? 对此,公约对成员国作了一系列要求,如成员国应对公约附录物种进行进出口许可管理, 具体包括审核及颁发进出口许可证或证明书,评估物种资源量及开发利用状态,监督物种及产品出口的实际情况,控制物种及其产品的过境和转运,监管物种的运输和安置等。此外,各国还需保存附录 1、附录 2、附录 3 所列物种标本的贸易记录,并向公约秘书处提交贸易情况的年度报告和国内相关立法、规章和行政措施的双年度报告。①

然而这些仅仅是公约对成员国的单方面要求。由于各成员国利益和实力均大相径庭,对公约的执行力也相去甚远。有些国家虽有能力履行公约,但由于本国狭隘利益驱使,不愿意认真执行公约决议;而有些国家虽有心履行公约,但由于本国能力有限,确实无力完全执行决议。因而,仅依靠公约对成员国的单方面要求是无法保障其目标真正实现的。②

为了确保公约能够切实得以履行, 公约在运作过程中加强了与非政府组织的合作,在管制体系中赋予了非政府组织一定活动空间,非政府组织在公约实施中充分发挥了以下功能:

(1)信息收集

准确而客观的大量信息是公约能够正常运转的重要基础, 公约任何一项决策或建议都是建立在大量资讯基础上的。但单纯依靠公约的组织机构或是成员国负责收集这些资讯显然是不够的。究其原因,公约资金和人力并不充足,并没有多余的力量收集相关信息,各国成员国提供的资讯则会夹杂本国的利益倾向,从而影响信息的全面性和客观性。在此情形下,依靠实力

---

①② 褚晓琳.CITES 和国际环境非政府组织[J].中国人口·资源与环境,2013,23(11):333-336.

雄厚、触角众多的国际环境非政府组织承担信息收集功能是公约较为明智的选择。

实践证明,国际非政府组织在专业领域的知识和经验相当丰富,为公约提供的信息也经得起检验,在公约管制体系运作中,国际非政府组织发挥着重要的情报功能。例如 1976 年,世界自然基金会与世界自然保护联盟共同成立了动植物贸易记录分析中心(World Conservation Monitoring Center),①该中心总部设在英国,在世界各地建立了 17 个办公室,通过监视记录贸易物种状况,收集和处理世界自然资源数据,提供有关濒危动植物的国际贸易情报,揭发濒危物种的非法走私行为,整合全球各办公室的资讯交流和工作,为公约提供了大量重要信息,该中心已发展成全球最大的野生动植物贸易监视系统。②

动植物贸易记录分析中心和公约保持着紧密的合作关系。在公约缔约国大会之前,动植物贸易记录分析中心会针对每项建议提出具体且科学的分析;该中心工作人员不仅长期与公约秘书长一起工作,提供资讯、参与会议,甚至建议立法,而且还与国家政府配合,唤醒公众环保意识、培训保育人才。动植物贸易记录分析中心在世界各地的办公室承担着"公约触角"的功能,预先搜寻可能发生的问题,并主动寻求解决之道,有时候动植物贸易记录分析中心的研究报告甚至可以左右公约的决策方向。例如在 1997 年公约第 10 次缔约国大会上,由于该中心的游说和推动,公约决定建立监督全球大象制品非法贸易的信息系统——大象贸易信息系统(ETIS),并将这一任务交给了动植物贸易记录分析中心。2012 年,公约第 12 次缔约国大会允许博茨瓦纳、南非和纳米比亚三国部分进行象牙贸易就是在参考了大象贸易信息系统提供的有关信息后作出的决定。③

(2)制定保护动植物行动纲领和研究计划

制定保护动植物行动纲领、研究计划、出版相关文件也是非政府组织支持公约的重要方式。如 1974 年,世界自然保护联盟成立了濒危植物委员会,出版了植物红皮书,阐述了世界各地珍稀、濒危植物的详细历史背景,对每个树种的威胁程度、分布情况、适宜生境、潜在价值、保护现状等方面进行了

---

① World Conservation Monitoring Center 也译作世界自然保护监测中心.

②③ 褚晓琳.CITES 和国际环境非政府组织[J].中国人口·资源与环境,2013,23(11):333–336.

详尽介绍。1980年,该组织在教科文组织的支持下,又制定了《世界自然资源保护策略》,提出了"抢救植物就是拯救人类"的行动纲领。后来,世界自然保护联盟、世界自然基金会还与联合国环境规划署制定了"全球生物多样性保护战略"研究计划,涉及森林遗传资源保护的诸多方面,如濒危树木遗传资源的保护和利用、热带森林自然保护区的管理、就地保护和迁地保护的技术研究、全球气候变暖对森林生物多样性的影响。①

(3)监督公约执行

国际公约的履行效果主要反应在成员国所提供的执行报告中,《濒危野生动植物种国际贸易公约》也不例外。然而,公约成员国往往不能自觉履行签约时所做的环保承诺,如不情愿提交报告,捏造、谎编报告信息,或是没有能力履行公约,如一些发展中国家由于财力、人力资源匮乏,执行公约心有余而力不足。这不仅会直接影响到公约现有决策的执行成效,还会妨碍下一步决策的定夺。在此情形下,监督公约的执行变得必要。对于有能力却不情愿的国家,国际环境非政府组织通过建立全球信息网络,以监督、批评、揭露和谴责等方式对各成员国履约过程施加压力,提高执行透明度,催促它们履行各自的环保承诺和责任;对于能力不足的国家,国际非政府组织侧重于提供帮助,如世界自然保护联盟帮助75个国家制定和实施了国家自然保护和生物多样性计划。动植物贸易记录分析中心则依靠世界各地的办事处以及与各国航运码头的长期工作关系追踪野生动植物贸易资料,评估保育进度,随时发现违约事件并向公约秘书处报告,在监督野生动植物国际贸易方面发挥了巨大作用。②

(4)影响缔约国大会和公约的修订

国际非政府组织通过提交研究报告、发表声明以及提供资金援助等方式广泛参与公约各项活动,对缔约国大会和公约的修订产生了重要影响。

世界自然基金和世界自然保护联盟参加了公约召开的各种会议,并就会议议程与内容提出各种方案和建议,表达自身的立场。例如,1989年公约第7届成员国大会关于提高非洲象的保护等级争论时,世界自然保护基金

---

① 彭方仁.有关林木遗传资源保护的国际组织活动简介[J].南京林业大学学报(自然科学版),1995(3):82-87.

② 褚晓琳.CITES和国际环境非政府组织[J].中国人口·资源与环境,2013,23(11):333-336.

会等非政府组织向大会和各成员国提交了批驳公约秘书处主张的"独立法律意见"，并利用其观察员身份将此问题列入成员国大会的议程，对成员国产生了较大的影响。最后大会决定将非洲象从附录 2 提升到附录 1。①再如，非政府组织在公约第 12 次缔约国大会举行前发表了书面声明和研究报告，就濒危野生物种保护问题阐述了各自的立场，并提出了具体建议。其中，世界自然基金呼吁加强对海洋生物的保护，将鳘鱼类、鲸类等海洋生物列入公约附录；世界自然保护联盟发表题为《濒危野生动植物国际贸易公约在鳘鱼类养护和管理中的作用》的研究报告，呼吁将鲨鱼列入公约附录，报告最终为大会采纳。②

（5）与相关国际组织共同打击野生动物资源犯罪

世界自然基金会、世界自然保护联盟与联合国毒品和犯罪问题办事处、国际刑事警察组织、联合国预防犯罪和刑事司法委员会等政府间国际组织保持着较为密切的关系，将治理野生动物资源犯罪问题视为中心议题，联合展开行动，或为政府间国际组织的行动提供帮助。

（6）进行保护野生动物的教育和宣传

国际野生物贸易研究组织（TRAFFIC）、世界自然基金会、伦敦动物学会（ZSL）共同执行了"中国领跑——减少非法野生动植物制品需求"的欧盟项目，加大向公众的宣传力度，促使多家行业企业承诺拒绝非法野生动植物贸易，提升公众对野生动植物保护意识，并继续努力改变社会和目标群体消费非法野生动植物的行为。

2.非政府组织推动公约实施面临的挑战

（1）野生动物管理环节多，增加了保护的难度

野生动物保护涉及野生动物的种源监督和管理、栖息地保护和管理、猎捕手段和猎捕许可、人工繁育许可、出售、购买、利用、运输、寄递野生动物及其制品，进出口管理，检疫、检查一系列环节，任何环节都可能出现不规范或违法。野生动物及其制品的源头国、中转国和消费国都是野生动物非法贸易重要节点，使得链条上的野生动物非法贸易行为更为复杂，增加了保护的难度。③

---

①　张骥.全球环境治理中的非政府组织[J].社会主义研究,2005(6):107–109.

②　褚晓琳.CITES 和国际环境非政府组织[J].中国人口·资源与环境,2013,23(11):333–336.

③　骆家林,陈积敏.野生动物资源犯罪的行为特征及治理思路[J].林业经济,2016(10):74–77.

（2）野生动物资源犯罪作案团伙化和专业化

在野生动物保护愈加规范的国际背景下,对野生动物进行精细化管理,促成野生动物资源犯罪行为团伙化趋势。同时,国际合作机制下国际社会应对野生动物资源犯罪行为的技术和策略逐渐发展和成熟,犯罪团伙为了谋取更大利益和免于处罚必须追寻更隐蔽、更专业化的作案手段和方法。在犯罪团伙中,各犯罪行为人会根据各自特点进行专业性分工,在野生动物资源犯罪案件中一般有卖家、联系人、运输人、买家等多种角色,各角色之间除有明确分工之外,还有严格的纪律约定,通过单一联络人进行联系,角色之间互不进行信息沟通。此外,犯罪团伙熟知野生动物相关的国际条约、各国法律法规,尤其是各国对待野生动物的立场、态度和主张,会钻法律政策的漏洞,极力掩饰违法犯罪行为。①

（3）野生动物资源犯罪跨区域化和网络化

国际上,野生动物资源一般是从资源丰富的南美洲的亚马孙热带森林、非洲地区（南非和东非为主）、印度尼西亚、巴布亚新几内亚、缅甸等地向北美、西欧、亚洲等区域流动,呈现跨区域化特征。此外,随着互联网的快速发展,利用互联网实施犯罪的比例不断上升,网络已经成为贩卖野生动物的重要渠道,是犯罪的"高发地"。在互联网时代,犯罪行为人通过网络社交平台和商业平台发布信息,买卖双方通过线上联系和线下联系相结合的方式进行交易,借助尚处于监管盲区的寄递服务业,使交易更隐蔽,更容易成功,涉案区域更广跨度更大。②

第三节　国际非政府组织与国家在环境问题上行为的变化

在各种国际环境规范的实施中,环境非政府组织扮演着教师的角色,为各国提供相关知识信息、进行说服教化、制定行动纲领、推出研究计划、实施监督批评。在国际非政府组织的影响下,有的国家鉴于国家利益、国内民族主义情绪以及利益集团的强大影响,根本就没有执行环境公约的意愿和动力,最终选择退出国际环境公约,如美国在气候变化问题上的行为和日本在捕鲸问题上的行为;有的国家通过被动学习接受了新的国际规范和

---

①② 骆家林,陈积敏.野生动物资源犯罪的行为特征及治理思路[J].林业经济,2016(10):74-77.

价值观念，在保护环境问题上承担起了自己的职责，如中国在大象保护问题上的行动。

一、国际非政府组织与美国在气候变化问题上行为的变化

（一）致力于美国气候变化问题的国际非政府组织

在美国，致力于气候与环境问题的国际非政府组织非常多，著名的如世界自然基金会、气候行动网络、世界资源研究所、绿色和平、地球之友、美国环保协会、行动援助，等等。影响美国气候变化问题的国际非政府组织有以下特点：

第一，类型多。从关注领域来看，有的是关注自然保护和污染控制的传统环境非政府组织，有的是关注环境风险与公平的环境公义非政府组织，有的是关注气候变化适应问题的发展非政府组织；从信仰来看，有世俗的，也有宗教组织（如福音教派等宗教组织也关注气候和其他环境问题）。根据环境伦理或行为方式的对抗性程度，可分为激进的深绿派、温和派以及具有较强合作倾向的亮绿；按活动方式，可分为以研究为主的思想库（如世界资源研究所）、结合政策实践的倡导型组织（如美国环保协会）、直接行动型非政府组织（如绿色和平）以及擅长于公众教育和意识培养的组织（如世界自然基金会）。此外，由于气候变化已经被建构成一个涉及发展、能源、安全、健康等方面的议题，关注贫困与发展、人道主义援助、卫生与健康等领域的国际非政府组织也参与到应对气候变化领域，如扶贫领域的行动援助（Action Aid USA）是国际行动援助的分支机构，也是气候行动网络的重要成员。

第二，与美国地方和社区层次的非政府组织联系不紧密。在美国除了国际非政府组织外，在全国、区域、州、地方、社区等不同层次也活跃着诸多非政府组织推动美国气候政策，但国际非政府组织与它们的联系并不紧密。国际非政府组织（也包括一些全国性非政府组织）专业性强，成员包括科学家、经济学家以及律师等专业人士，以影响联邦立法及白宫政策为重要目的，通常在华盛顿设有办公室，在联邦层面的倡导和游说活动；而地方及社区的草根非政府组织则主要关注本地或社区的环境问题和直接行动，几乎不参与

全国性的政策倡导,彼此之间并不存在一个整体的战略,也没有哪一个组织有能力或号召力来协调这样一个庞杂的群体。非政府组织之间"紧密的、制度化的、常规化的整合少,松散的、随意性的、临时性的整合多"。①

第三,以多种策略参与美国气候变化问题治理。主要策略包括:"直接 – 合作""间接 – 合作""直接 – 对抗""间接 – 对抗"。如世界资源研究所采取"直接 – 合作"策略,以政治系统中的立法者和决策者(国会及州议会议员、行政机构及其工作人员)为对象,以实事、数据、研究结果等信息辅助决策者,达到影响立法或政策制定的目的;该组织通过"间接 – 合作"策略推动奥巴马签署了 13514 号行政令,促进政府机构自身的节能行动。美国环保协会、地球之友、绿色和平等非政府组织则采取"直接 – 对抗"策略对美国环保署(EPA)进行问责。妇女环境与发展组织(Women's Environment and Development Organization)采用"间接 – 对抗"策略,在诸如联合国气候谈判、七国峰会和二十国集团峰会等重要国际场合,通过自身所属的国际网络或其他国际力量向美国国会和政府施压。②

(二)美国在气候变化问题上的变化

在美国气候变化问题上,国际非政府组织可谓尽心竭力,运用的策略可谓多种多样。但时至今日,美国在气候变化问题上行为的变化却证明国际非政府组织的行动并不成功,或者说作用十分有限。从 20 世纪 90 年代至今,国际非政府组织及美国地方非政府组织成功地阻止了传统能源行业的对手们提出的法律提案,也协助国会议员多次起草气候法案并列入立法议程,③但从冷战后历届政府的气候政策来看,美国终究未能实现气候政策的重大突破,反而常常出现倒退。

1.老布什政府的气候变化政策

在老布什政府时代,美国认识到气候变化问题亟待关注,但并未将问题提升到战略高度给予对待。当时整个社会对气候变化带来的危害性后果缺乏思考,关于气候变化的研究结论及相关判断受到许多质疑。老布什政府认为,在全球变暖的问题上存在多种观点,并没有看重这个问题,在国内政策上就表现为不重视在应对气候变化方面的投入。不过,在国际层面,老布什

①②③ 杨丽,蓝煜昕,曾少军.美国 NGO 参与气候变化的组织生态探析[J].中国人口、资源与环境,2012(5):114-116.

政府表现出了积极的合作态度，积极推动 1992 年联合国首次环发大会，还迅速批准了《联合国气候变化框架公约》。①

2.克林顿政府的气候变化政策

相比老布什政府，克林顿政府在气候变化问题上的政策比较积极主动。在 1993 年 10 月公布的《气候变化行动方案》承认，人类活动导致了大气中温室气体浓度增加，从而导致了海平面上升、沿海地区被淹没、生态体系遭到不可避免的损坏，以及农业生产的不稳定等严重后果。因此，美国采取了一系列应对气候变化的措施，但是成果非常有限。1997 年 7 月，在美国代表团签署《京都议定书》之前，美国参议院一致通过了"伯德－海格尔决议案"规定，美国不应该签署任何会对美国经济造成严重损害且对发展中国家没有限制性目标和时间表的国际协议。其中特别强调，《京都议定书》正在谈判的减排方案，会导致对美国经济的严重损害，包括重要工作岗位减少、贸易地位不利、能源和消费者成本增加。鉴于参议院的态度，当年 12 月克林顿总统签署了《京都议定书》，但并没有采取行动降低排放，而是以议定书"有缺陷和不完整"为由拒绝提交参议院批准。②克林顿政府想在全球气候治理中发挥领导作用的想法未能落实。

3.小布什政府的气候变化政策

小布什政府在应对气候变化问题方面非常保守，甚至出现倒退。小布什在上任初期，就宣布美国将不批准《京都议定书》。2001 年出于内政和利益集团的需要，小布什政府退出了《京都议定书》。小布什不落实和退出《京都议定书》的原因在于：一是落实《京都议定书》规定的条款会导致失业、通货膨胀等经济问题；二是气候变化在多大程度上是由人类活动造成的，答案并不明确，同时也缺乏在商业上消除与储藏二氧化碳可行的技术；三是认为中、印等温室气体排放大国也必须受到约束；四是反对采取强制性限排措施来减少温室气体排放，主张采取自愿性的限排措施。小布什政府在全球气候变化问题上的立场一直消极。直到 2005 年的"卡特里娜"飓风造成严重的灾难，才使美国人开始真切感受到气候变化对他们生活的危害，同年美国通过《能源政策法》，提倡使用清洁能源和可再生能源，鼓励企业和个人提高能源使用效率，但其真实的目的并不在于减少温室气体排放，而是要减少美国对

①② 王维，周睿.美国气候政策的演进及其析因[J].国际观察,2010(5):73-79.

进口石油的依赖,解决美国的能源安全问题。小布什执政时期,美国在国际气候治理中的角色基本上是"拖后腿者"。①

4.奥巴马政府的气候变化政策

相比前几届政府,奥巴马政府在气候问题上有明显不同:首先,明确表示接受全球变暖的科学事实,承认气候变化及美国对石油的依赖会削弱美国经济、威胁美国国家安全;其次,决定制定一系列低碳和环保的具体政策,以市场机制为基础的"总量管制与排放交易"来减少温室气体排放,为此,签署了两份关于限制温室气体排放的备忘录,还确立了构建绿色经济、研发新能源的行动方针。然而奥巴马政府在国际层面上并没有实质性的改变。在哥本哈根气候谈判中,仍然不愿意承诺减排目标,反对《京都议定书》式的条约,反对强加的国际法定义务,坚持认为发展中国家必须承诺放缓温室气体排放量的增长速度。②

5.特朗普的气候变化政策

特朗普在应对气候变化方面一向态度消极,成为美国总统后多次否定奥巴马政府的气候变化政策,最为典型的就是 2017 年不顾国际社会的普遍反对,一意孤行宣布退出《巴黎协定》。

《巴黎协定》是继《京都议定书》之后,应对气候变化、遏制全球变暖趋势的又一份具有法律约束力的气候协议,2015 年在巴黎气候变化大会上由《联合国气候变化框架公约》195 个缔约方一致同意通过,2016 年正式生效。协定致力于降低碳排放,令全球经济在 2050 年以后不再依赖化石燃料、把全球平均气温升幅控制在工业革命前水平以上低于 2℃之内,并努力将气温升幅限制在工业化前水平以上 1.5℃之内;协定允许各缔约国自行制定应对气候变化的目标,即"自主贡献"目标。特朗普退出《巴黎协定》的理由主要有以下三点:

第一,气候变化本身是一个不确定的问题,没有确凿证据证明人类要对气候变化负责;即使《巴黎协定》得到了全面实施、所有国家实现了减排承诺,到 2100 年所能降低的温升也少于 0.2 摄氏度,这是非常小的量。

第二,《巴黎协定》会阻碍美国经济且对就业带来负面影响,特朗普引用美国国家经济研究协会(NERA)的报告数据指出,按照《巴黎协定》相关条款

---

①② 王维,周睿.美国气候政策的演进及其析因[J].国际观察,2010(5):73–79.

及其对能源消费的苛刻限制,到 2025 年,美国将损失 270 万个工作岗位,其中包括 44 万个制造业岗位。他认为《巴黎协定》将导致美国利益受损的同时让其他国家获益,美国的财富将被重新分配到其他国家,美国工人和纳税人将不得不为此承担失业、降低工资、关闭工厂、大规模削减经济生产等一系列损失, 全球气候变暖是为了让美国制造业变得毫无竞争力而制造的一个"骗局"。

第三,《巴黎协定》对美国十分不公平。特朗普认为,根据《巴黎协定》,中国、印度,甚至欧洲都可以获得比美国多的利益:中国可以在未来 13 年内以惊人的数字增加碳排放;印度将被允许在 2020 年之前实现煤炭产量翻番;即便是欧洲也被允许继续建造燃煤电厂。《巴黎协定》给美国带来"苛刻的财政和经济负担",让美国处于不利位置,这不公平。①

从美国历届政府气候政策变化的过程中可以看到,美国担心承诺减少温室气体排放会阻碍经济发展,所以在国际气候谈判中拒绝承诺减排目标,拒绝现有的国际气候合作框架,强调采用市场手段来减少温室气体排放,而不是强制手段,强调无论是发展中国家还是发达国家都必须同时承担减排责任。

(三)限制国际非政府组织影响美国气候变化行为的因素

美国气候政策上未能取得大的突破,说明国际非政府组织对美国在气候变化问题上行为的影响非常有限。国际非政府组织在促使美国在气候变化问题上行为发生变化,存在诸多不能跨越的障碍因素。主要有:

1.美国传统的消费习惯

美国作为"车轮上的国家",对化石能源高消费的生活生产模式依赖严重,已经形成了习惯,民众普遍反对能源税等相关政策。美国的气候变化立法特别注重公众的支持,因此千方百计在法律文案和解释、辩论中体现纳税人的愿望。同时,立法进程也与公众的支持相呼应,只有得到公众支持的法案,才能在国会顺利通过,一项政策出台需要建立在公众广泛认同的基础之上。②美国公众长久的消费习惯导致了大量的温室气体排放,要在短时间内改变他们的消费文化是很难的, 要使他们支持限制温室气候排放的法律并

---

① 林小春等.特朗普宣布退出《巴黎协定》并未终止[EB/OL].[2017-06-02].http://news.xinhuanet.com/world/2017-06/02/c_1121076088.htm

② 高翔,牛晨. 美国气候变化立法进展及启示[J].美国研究,2010(3):39-51.

非易事。

2.气候变化政策与能源政策的相关性

从某种意义上来讲,应对气候变化问题是能源问题的延伸,减排温室气体主要涉及能源的生产和利用。对大多数国家而言,气候变化对发展的影响是远期制约,在温室气体排放的全球环境容量不明确、各国排放权的产权不明确之前,减排温室气体问题只是道义上的问题;而能源问题对发展的影响,对任何国家而言均是现实制约和物质基础的制约,属于硬约束。①能源安全是国家的核心战略,气候变化政策与能源政策的这种相关性,使国家在气候变化问题上相当谨慎。

3.利益集团之争

落实温室气体减排的政策会影响生产要素在整个社会生产中的配置,如资本、劳动和技术等要素的转移。这使美国国内在应对气候变化问题上出现了各种利益集团。对于美国正在兴起的新能源产业来讲,减少温室气体排放无疑是一种发展机遇,因为这会促使资本和技术往环保产业转移,推动有益于新能源产业发展的政策出台;对于美国传统能源产业及相关高耗能产业来说则非常不利,因此,对减排及相关国际条约都非常抵触,以种种理由反对政府实施控制温室气体排放的各种政策。不同利益集团围绕气候变化问题的博弈不只是一个环境问题,而是涉及未来发展的政治经济利益;由于各个利益集团之间处于一种相对均势状态,没有哪一个利益集团占有压倒性优势而能够完全实现自己的利益诉求,所以每一个利益集团都会通过正常的政治程序,加紧对政府机构施加影响。②美国的气候变化政策只能摇摆,或屈从于势力强大的传统能源利益集团的要求。

4.经济的国际竞争力问题

气候政策的变化将会给产业集群带来正负两个方面的效应。严格的气候政策将会导致有关提供环境服务的企业进入传统的产业集群,或者形成围绕新能源、新材料的企业组成新的产业集群,从而达到提升产业集群竞争力和促进经济增长的目的。但严格的气候政策也将迫使原有产业集群中的部分企业由于环境治理成本太高而搬走,降低整个产业集群的竞争力,甚至

---

① 高翔,牛晨.美国气候变化立法进展及启示[J].美国研究,2010(3):39—51.

② 赵行姝.美国气候政策转向的政治经济学解释[J].当代亚太,2008(6):39—54.

导致一些失业问题。在美国的环境保护制度下,美国的一些污染和高耗能的产业已经转移到了发展中国家,如果继续实施严格的温室气体排放政策,将会导致更多的美国企业转移到国外去,产业空洞化将导致失业增加;这些政策还会导致美国企业的生产成本提高,特别是对传统产业的企业而言,在全球竞争中处于不利的状态。目前,美国的五大湖地区是美国的钢铁、化工等传统产业的集聚地,这些产业面临着来自日本、韩国、欧盟以及新兴发展中国家的挑战,其国际竞争力出现了下降。如果采取严格控制温室气体排放的政策,将会进一步降低这些产业的竞争力,导致传统产业地区的经济衰退,影响美国经济的国际竞争力。①

上述因素致使美国在控制温室气体排放时顾虑重重,国际非政府组织很难突破这些障碍而取得成果。

二、国际非政府组织与日本在捕鲸问题上行为的变化

人类捕鲸的历史十分悠久,9世纪挪威人就开始在沿海捕鲸,北极区的人们也很早就利用石制工具来捕鲸,17世纪荷兰人及英格兰人组建过庞大的捕鲸船队。经过18、19世纪的低迷期,20世纪人们发现了鲸鱼的新用途,捕鲸业再次振兴,但鲸鱼的种群却面临绝灭的危险。1900—1911年间鲸鱼的捕杀从2000只增加到20000只以上。1931年,世界上第一个《国际捕鲸公约》签署。1946年,《国际管制捕鲸公约》签订。1948年,国际捕鲸委员会(I-WC)成立,加入国际捕鲸委员会的会员国必须承认《国际管制捕鲸公约》。1972年,联合国人类环境大会做出决议,呼吁禁止10年商业捕鲸。国际捕鲸委员会1983年规定全面禁止商业捕鲸行为,1986年《禁止捕鲸公约》生效,每年被捕杀的鲸鱼数量从2.2万头减少到2700头。此外,国际捕鲸委员会分别于1979年和1994年建立了印度洋鲸类保护区和南大洋鲸类保护区。21世纪以来,多国动物保护组织与政府都曾对捕鲸活动进行过抗议、抵制甚至干预,但始终没有让日本彻底放弃捕鲸计划。

(一)日本对商业捕鲸禁令的漠视和反对

根据1946年《国际捕鲸管制公约》第五条第三款规定,"任何政府在满

---

① 王维,周睿.美国气候政策的演进及其析因[J].国际观察,2010(5):73-79.

九十天的时期之前,对委员会的修正提出异议时,则此项修正在延长的九十天内对任何缔约政府不生效,此后,该修正对未提出异议的一切缔约政府即行生效,而对提出异议的任何政府在未撤销其异议之前不生效"。①据此,日本对商业捕鲸禁令提出反对意见,直到1986年仍然"合法地"进行商业捕鲸活动。后来,由于美国拟议对继续进行商业捕鲸活动的日本进行经济制裁,并剥夺日本在美国专属经济区内的捕鱼权,日本才于1988年撤销其反对意见,不再进行"商业捕鲸",但其捕鲸活动并未停止,日本以"科学考察"为名,其捕鲸船队南北奔走,进行大规模的"科研捕鲸"。日本"科研捕鲸"的数额由1987—1988年捕鲸季的273头增加至2006—2007年捕鲸季的1000多头。②日本一直捕杀鲸鱼,对大型鲸鱼进行少量的捕杀,对海豚和小型鲸鱼维持着大规模捕杀的传统。因为公约允许少量商业捕鲸,没有禁止对小型鲸鱼的捕杀。

2009年以后,不论是民主党执政还是自民党执政,日本政府官员都在多个国际场合明确表示支持捕鲸活动,特别是要求荷兰、澳大利亚、新西兰采取措施阻止非政府组织的反捕鲸行动;日本政府还高度重视捕鲸及其外交活动,并没有因为外界压力及政府更迭而轻易改变其捕鲸既有立场。日本国内长期存在着支持捕鲸的政党、官僚、财界"铁三角"政治机制。在政党政治层次上,各主要政党都拥有支持捕鲸的国会议员组织——自民党捕鲸议员联盟(每年都要派一名议员代表出席国际捕鲸委员会年会)、民主党捕鲸对策议员协议会、公明党保护捕鲸议员恳谈会;在官僚政治层次上,农林水产省下属机构水产厅和外务省配合处理捕鲸时遇到的问题,前者居主导地位,后者是辅助者角色;在财界层次上,日本渔业联合会等捕鲸利益团体不断通过政治资金加强与政党、官僚的政治沟通。国内政治中的这种"铁三角"不断鼓动民众支持捕鲸活动,并宣称欧美国家反捕鲸行为是"文化帝国主义"的表现。③这种情形使日本国内形成了空前强大的国内公众和政治基础。

2010年,澳大利亚向国际法院状告日本以"科研"为名捕鲸属违约行为,2014年国际法院下令日本停止捕鲸。但到2015年,日本又恢复了在南极海

①② 孙凯,冯定雄.论日本对商业捕鲸禁令的抵制[J].浙江海洋学院学报(人文科学版),2008,25(4):75-80.

③ 王海滨.浅析日本捕鲸外交[J].现代国际关系,2011(10):30-35.

域的捕鲸。近年来,日本捕鲸船遍布全球,除了常去南极地区,还到太平洋海域、印度洋海域、大西洋海域捕鲸。由于日本捕鲸是在公海进行的,所以各国都无法采取强制行动进行拦阻。长期以来,国际非政府组织是反对日本捕鲸的主要力量。

(二)国际非政府组织反对日本捕鲸的行动和策略

1. 动员公众反对日本的捕鲸活动

20 世纪 70—80 年代, 捕鲸成为环境非政府组织共同关注的重要问题,非政府组织采取了多种方式动员公众反对日本捕鲸:

一是联合媒体向公众宣传鲸鱼形象。地球之友、绿色和平组织共同举办的活动吸引了众多媒体的关注,活动为公众描述了鲸鱼的形象:鲸鱼是地球上最大的动物,有着地球上最大的大脑,能唱出动听的歌曲,十分友善可爱,等等。鲸鱼形象深入人心后,国际非政府组织又提出"拯救鲸鱼"的口号,动员公众向美国政府施加压力放弃商业捕鲸,并对日本捕鲸行动实施制裁。①

二是发动消费者抵制日本的鲸鱼食品。受日本政府委托进行"科研捕鲸"的有两家机构——日本鲸类研究所和共同船舶株式会社。前者是日本捕鲸的宣传机构,后者是日本鲸肉的主要销售商,拥有和运作捕鲸船队,以回收科研经费的名义制定鲸肉的价格,并销售鲸肉,日本市场上流通的鲸肉中,70%由共同船舶株式会社销售,每年销售额为 45 亿～50 亿日元。②而日本水产株式会社掌握着共同船舶会社三分之一的股权,绿色和平组织发动消费者行动,敦促日本水产株式会社运用自己的影响力阻止日本的捕鲸行动。一个成功的案例是,绿色和平动员公众发了十万份邮件,并在日本水产株式会社的商品上张贴反对捕鲸的宣传贴画,成功地令日本水产株式会社失去了在阿根廷的水产品合同。

三是在重大国际会议召开前通过广告标语动员公众反对日本捕鲸。如2006 年国际捕鲸委员会年会前, 日本捕鲸船大张旗鼓出发前往西北太平洋捕杀其"新配额"中的 260 头鲸。国际爱护动物基金会就在美国展开一系列

① 卓君恒.国际环境非政府组织在全球环境机制中的作用及其影响因素[D].中国政法大学,2010:24-25.

② 马琼.日本逆潮捕鲸背后的政治[EB/OL].[2018-02-14].http://www.xinhuanet.com/globe/2018-02/14/c_136952546.htm.

反对捕鲸的宣传活动,包括在纽约地铁投放广告、在纽约时代广场和洛杉矶日落大道竖立标语牌等。①

2.在国内联合发起诉讼迫使本国制裁日本

1984 年底,非政府组织联合发起诉讼,目标是迫使里根政府根据佩利和派克伍德－马格努森两项修正案来制裁日本。②在非政府组织的压力下,经过美日双边讨论,两国政府终于达成协议:日本同意在 1988 年停止商业捕鲸,并撤销对商业捕鲸禁令的反对;但里根政府也承诺不会根据两项修正案对日本进行贸易制裁。对此,非政府组织并不满意,所以进行了进一步的法庭诉讼,非政府组织声称,美国政府没有权利和日本做交易。美国渔民也十分不满,在由绿色和平组织领头的 14 个非政府组织的支持下,把日本告上了法庭。③美国是国际捕鲸委员会的关键国家,有能力制裁那些在捕鲸问题上与其立场不一致的国家,国际非政府组织与美国国内非政府组织合力,以诉讼的方式向美国政府施加压力,要求日本转变立场,目标得到了更好的实现。④

3.通过视频或报告揭露日本捕鲸的残忍行为

2017 年,国际动物保护组织海洋守护者协会披露了一段日本捕鲸船在澳大利亚南部海域疯狂虐杀鲸鱼的血腥视频。在视频中,日本捕鲸船先是对鲸鱼进行追踪,然后向它们投射爆炸鱼叉,鱼叉刺中鲸鱼后尖端会像炸弹一样爆炸,鲸鱼死亡后被头朝下拖到船上,成群的海鸟争相啄食流出鲸鱼体外的内脏,场面惨不忍睹。这段视频形象地展现出日本人对美丽、聪明的鲸鱼进行了怎样血腥、残忍和毫无意义的杀戮。此外,动物繁盛协会（Animal Welfare Institute）、海洋保护组织（Ocean Care）、野生动物保护团体（Pro Wild life）、世界自然基金会、国际爱护动物基金会（IFAW）都曾发表报告,将日本捕鲸之血腥残忍暴露于全世界的目光之下,引起了国际社会的强烈愤慨。⑤

---

①⑤ 李琴.反对捕鲸 NGO 在行动[EB/OL].[2006-06-30]. http://news.sina.com.cn/c/2006-06-30/160610298957.shtml.

② 1973 年《渔民保护法令》的"佩里修正案"（Pelly Amendment to the Fisherman′s Protective Act 1973）和 1979 年通过的对 1976 年《渔业保护和管理法令》的"派克伍德－麦格森修正案"（Packwood/Magnuson Amendment to the Fishery Conservation Management Act 1976）。

③ 吴溪.日本:捕鲸是我的过去、现在和将来[J].海洋世界,2009(8):16-21.

④ 卓君恒.国际环境非政府组织在全球环境机制中的作用及其影响因素[D].中国政法大学,2010:24-25.

4.实施阻止行动

反对捕鲸是绿色和平组织多年来一直坚持的项目。该组织一直采取各种方式阻止日本捕鲸,该组织的船只曾多次与日本捕鲸船发生冲撞,甚至直接挡住捕鲸炮的炮口。绿色和平的船队第一次拦截捕鲸船是在1975年,自那时起,绿色和平的志愿者们以自己的身躯去阻挡捕鲸叉,挽救了众多鲸的生命。2005年底,"绿色和平"的船只"希望号"和"极地曙光号"载着来自全球20多个国家的57名志愿者在南极海域阻止日本捕鲸船展开行动,行动持续了73天,共行进14500海里,在28天的航程里,与捕鲸船队交锋整整12天,成功阻止了船队的捕鲸行动。2007年、2008年、2012年绿色和平也分别派遣船只跟踪日本捕鲸船队。

5.推动和支持反捕鲸国对日本的国际诉讼

国际社会存在一批反对捕鲸的国家,主要有澳大利亚、新西兰、法国、美国、阿根廷、巴西、智利、哥斯达黎加、厄瓜多尔、墨西哥、巴拿马、秘鲁和乌拉圭等,它们一直采取各种外交措施反对日本捕鲸。其中以澳大利亚最为积极和坚决,2005年,澳大利亚质疑日本扩大捕鲸规模出于科研需要的说法,敦促日本重新考虑在捕鲸问题上的立场。国际爱护动物基金会一直支持澳大利亚政府将日本告上法庭,2014年,海牙国际法庭最终就澳大利亚诉日本违反《国际捕鲸管制公约》要求停止捕鲸一案做出判决,判定日本目前的捕鲸活动违反公约,今后不得继续捕鲸活动,迫使日本放弃2014年南极海域捕鲸计划。[①]

(三)日本坚持捕鲸的原因

尽管国际非政府组织在捕鲸问题上对日本施加了强大的压力,但日本在捕鲸问题上的基本观念和行为并没有实质性的改变,而且还出现了巨大的倒退,2018年12月,日本宣布了一个令人震惊的消息——退出国际捕鲸委员会,并于2019年7月重新启动商业捕鲸。在全世界各国、各地区都越来越重视保护环境、保护生物多样性、保护海洋环境的情况下,日本政府突然宣布这样的政策改变令全世界为之震惊。究其原因,是日本国内存在各种支持捕鲸的错综复杂的因素。

---

① 刘戈,陈建军.日本为何与鲸过不去? 兼盘点日本的捕鲸历史[EB/OL].[2015–12–02].http://japan.people.com.cn/n/2015/1202/c35467–27880625.html.

1.经济原因

从经济上看,捕鲸对日本而言有着巨大的商业利益。日本是岛国,是世界上最大的公共海洋资源消耗大国,这也造就了日本发达的渔业,渔业作为日本一个重要的产业,其规模与效益也是世界上最大的。日本渔业衍生出来的产业链十分庞大,仅太平洋海域日本就有捕鲸船一千多艘,有捕鲸工人10万人。在失业率较高的日本,如果放弃捕鲸势必会对渔民就业产生巨大的冲击,对捕鲸衍生的相关产业产生重大打击,任何一届政府都不敢冒此风险。①另外,由于长时期与鲸保持着"亲密接触",日本的捕鲸技术发达,可以向世界输出颇具竞争力的鲸制产品,赚取巨大红利。安倍政府宣布退出国际捕鲸委员会,就是希望重振与扩大鲸鱼肉的消费市场,并带动其他相关产业链的发展,为乏力的日本经济提供动力。

2.官僚政治的影响

从政治上看,首先是官僚政治的影响。捕鲸是日本政府运作的,是庞大的官僚结构,有研究预算、年度计划、职业晋升、养老保险。这就意味着大多数官员会顽强抗争,不惜代价保住自己的捕鲸部门。政客亦然,若捕鲸和选区关系密切,他们会承诺通过游说重新开始商业捕鲸,重振"鲸文化"来保住席位;选举后会对捕鲸业提供大力支持,每年不惜斥巨资在国民中推广"食鲸文化"。日本自民党数十年来能稳操胜券的重要原因之一,就是从事农林渔业和出身农村的选民的支持,捕鲸行业涉及数万渔民的生计,自民党自然看重。

3.对粮食安全和失去海洋资源控制权的担心

政治上的另一个原因是日本一些人认为日本是岛国,以鲸鱼为食事关日本的粮食安全,乃至国家安全,若此传统习惯被断绝,不仅与之相关的传统产业会灭绝,日本粮食安全也将完全依赖别国的陆地粮食。在二战后极端困难时期,鲸鱼肉曾大大缓解日本的粮食危机,一度成为日本主要的动物蛋白来源,特别是1947年国民食谱的动物性蛋白质中,鲸肉占到47%。②今天的日本虽然已经变得十分富足,但依然拥有高度的危机感,要想方设法维持

---

① 董杰.日本"科研"捕鲸:谎言下的杀戮[J].生态经济,2014,30(6):2-5.

② 厓史.捕鲸历史悠久的日本这次"退群"意味着什么? [EB\OL].[2018-12-27]http://news.ifeng.com/a/20181227/60211822_0.shtml.

这一传统与产业。日本学术界和政界有些人认为,美国在反对日本捕鲸活动上最为积极,主要是为了让日本在粮食上对美国产生依赖感,加强美国牛肉对日本的出口,从饮食文化上同化和控制日本。日本国内的保守势力对此颇以为然,认为年轻一代着迷于吃面包、牛肉的生活习惯会影响日本的民族意识,只有保持吃大米与海鲜的传统,日本的粮食安全才能不受欧美控制。此外,日本坚持捕鲸与其作为岛国,陆地资源匮乏,害怕失去海洋资源控制权的心理也有关系,国际捕鲸委员会成员克拉彭说:"日本捕鲸业和其他海洋资源控制之间有着千丝万缕的联系。作为一个极度依赖海洋资源的岛国,在日本看来,一旦离开捕鲸业,日本的渔业政策就得不到保障,捕鲸更像是一场海洋资源的战争。"①由此可见,日本执着捕鲸也是其岛国危机意识的体现。

4.民族主义情绪

日本人普遍喜爱吃鱼肉和其他海产品,食用鲸鱼等海产品已经成为日本的民族风俗与饮食文化。日本一直把国际社会反对其捕鲸的声音解读为打压日本的国际攻势。在民意层面,民调显示日本国民反对捕鲸的声音并没盖过赞成捕鲸的声音,一度有 90%的日本人支持重新开启商业捕鲸,日本渔民无法理解国际社会和国际非政府组织对捕鲸的指责,认为国际非政府组织的那种环保主义调调不过是"虚伪的神圣",是西方人对其生活习俗指手画脚。②一部分日本官员也感觉在捕鲸问题上受到了"不公正"待遇,如自民党干事长二阶俊博就曾反问:"外国人爱吃什么我们日本人从来不管,日本人爱吃什么要外国人管?"③国际社会越是对日本施加压力,日本的这种感觉就越强烈,因此日本把在捕鲸问题上对抗国际社会看成是一种"压力的释放"。

(四)国际非政府组织保护鲸鱼的困境

非政府组织很早就致力于反对捕鲸,在过去的数十年间拯救了无数条鲸鱼的生命,如海洋守护者协会(Sea Shepherd Conservation Society)自 1977

①　马琼.日本逆潮捕鲸背后的政治[EB/OL].[2018-02-14].http://www.xinhuanet.com/globe/2018-02/14/c_136952546.htm.

②　吴溪.日本:捕鲸是我的过去、现在和将来[J].海洋世界,2009(8):16-21.

③　厘史.捕鲸历史悠久的日本这次"退群"意味着什么? [EB\OL].[2018-12-27]http://news.ifeng.com/a/20181227/60211822_0.shtml.

年起就致力于反对捕鲸,在某些年份取得了一定的成绩,根据日本水产厅的统计,2013 年,日本计划在南极海域捕鲸的数量是 935 头,但实际的捕鲸数量则为 251 头,就是由于海洋守护者协会等组织的阻挠。①在国际非政府组织的努力下,许多鲸鱼免遭被肢解的命运,日本政府一度宣布暂停在南极海域的捕鲸活动,日本社会也出现了一些反对继续捕鲸的声音。但总体来看,国际非政府组织反对日本捕鲸的活动面临着诸多困境。

1.国际非政府组织与日本捕鲸者之间实力悬殊

国际非政府组织与日本捕鲸者之间的实力悬殊。如海洋守护者协会在与日本捕鲸船缠斗中,驾驶的船只小而且慢,志愿者们不得不将自己所驾驶的小船横亘在捕鲸船与鲸鱼之间,筑起"人肉盾牌",这样做非常危险。而捕鲸者们会向志愿者的小船抛掷缆绳,缠住小船的发动机螺旋桨,使小船无法正常行驶;用强力水柱喷射环保主义者,向其投掷金属块和高尔夫球;还可用能导致耳聋的"军用级别"的噪音武器;②在 2016—2017 年,渔季日本的捕鲸船队又配备了军事侦察技术,能通过卫星随时掌握跟踪船的实时动向,尽可知悉海洋守护者协会的小船何时位于何处,从而能轻易避开。面对日本捕鲸者先进的军事技术,海洋守护者协会显得无能为力。③

为了对抗国际非政府组织的阻挠活动,日本政府为捕鲸者提供了坚强的法律和军事后盾。日本政府将"反捕鲸"与"恐怖主义"等同起来,新出台的"反恐法"中的某些条款专门用来对付"海洋守护人";日本政府官员称,任何暴力制止合法正当捕鲸活动的行为都是恐怖主义,这种行为决不能被容忍。④日本政府还宣布,为保护其捕鲸船队,有可能动用海上自卫队。⑤

2.捕鲸问题上的伦理与文化障碍

从伦理学的角度看,很难说反对捕鲸是正确的还是支持捕鲸是正确的。对于鲸类保护者而言,保护鲸"对他们是正确的",因为根据他们的文化标

① 韩超,李珍海洋.守护者协会筑"人肉盾牌"阻挡日本捕鲸船[EB/OL].[2014-04-10].http://world.people.com.cn/n/2014/0410/c157278-24865728.html.

② 吴溪.日本:捕鲸是我的过去、现在和将来[J].海洋世界,2009(8):16-21.

③ 聂舒翼.海洋守护者也放弃了,还有谁能阻止日本捕鲸? [EB/OL].[2017-09-06].http://www.sohu.com/a/190238093_654328.

④ 时宏远.日本:疯狂捕鲸为哪般[J].世界知识,2008(3):60-61.

⑤ 李夏君.德媒:日捕鲸船队动用军事侦察技术对付鲸鱼保护者[EB/OL].[2017-09-05].http://www.chinanews.com/gj/2017/09-05/8322675.shtml.

准,他们必须保护濒危灭绝的物种。但是对于日本捕鲸者来说,鲸和普通的鱼没什么两样,只不过是海洋送给人类的大礼物,无所谓特别聪明或可爱,所以捕鲸、以鲸为食在伦理上并无不可接受之处。①

从文化的角度看,捕鲸如同神道教一般,已经成为日本传统文化的重要组成部分。日本人认为,捕鲸活动技术要求复杂,是以强力对抗大自然的行为,日本民族性格中的坚韧、执着在捕鲸活动中可以得到淋漓尽致的体现,并在民谣、舞蹈、传统工艺承载和传承,形成了文化信仰。因此,日本捕鲸协会称,捕鲸不仅仅是一项职业,更是历史和骄傲。日本宣布退出国际捕鲸委员会时,农林水产大臣吉川贵盛表示,从文化多样性角度考虑,鲸类的利用应该受到尊重,希望国际社会理解日本的"鲸食文化"。此外,二战后,日本民族自信心遭到一定程度的打击,不少日本人认为通过捕鲸可以宣扬其勇敢、冒险的精神,对增强民族自信心大有裨益。②

3.日本通过捕鲸外交强化和提升了支持捕鲸的国际力量

国际社会在捕鲸问题上的立场并不相同,日本采取了多种外交手段,以多层次、多领域的外交活动,降低国际社会反捕鲸压力:①加强与挪威、冰岛等传统捕鲸国之间的沟通与合作,三国在 2006 年达成公开支持恢复商业捕鲸活动共识以来,在每年的国际捕鲸委员会年会上始终保持密切合作,共同抵制反捕鲸国的"护鲸"活动;②通过发展援助拉拢南太平洋岛、加勒比海地区、非洲地区的受援国家加入国际捕鲸委员会,增加支持捕鲸国的影响力;③在与发展中国家多边合作机制中引入捕鲸议题,谋求更多政治支持。③根据国际爱护动物基金会的资料,从 1998 年起日本向圣卢西亚、圣文森特和格林纳丁斯、安提瓜和巴布达、多米尼加、圣基茨和尼维斯、格林纳达 6 个加勒比海国家提供了超过 1 亿美元的渔业援助,换取这些国家支持日本的立场;还游说危地马拉、马绍尔群岛等国加入国际捕鲸委员会,这使得按日本意愿投票的成员增加到约三十七个,而反对方约为三十个。④日本的捕鲸外交促进了国际社会形成支持捕鲸的氛围。

---

① 刘佳奇.理论与现实:对澳大利亚诉日本南极捕鲸案的理性审视[J].国际论坛,2013(5):42-47.

② 董杰. 日本"科研"捕鲸:谎言下的杀戮[J].生态经济,2014,30(6):2-5.

③ 周暗明.日本捕鲸"文化"的现象与本质[J].日本学刊,2011(2):126-139.

④ 李琴.反对捕鲸 NGO 在行动[EB/OL].[2006-06-30].http://news.sina.com.cn/c/2006-06-30/16061 0298957.shtml.

4.日本的反捕鲸外交弱化了国际捕鲸委员会的权威

一直以来,日本不断抛出捕鲸提案以阻挠"护鲸"决议投票通过,并以威胁退出会议的方法破坏国际捕鲸委员会任何有利于"护鲸"决议的达成。如2011年国际捕鲸委员会年会讨论拉美提出的设立"南大西洋鲸类保护区"提案时,日本联合挪威和冰岛等国家退出会场以示抗议,使国际捕鲸委员会在"护鲸"问题上陷入困境。日本的这种做法令国际捕鲸委员会持续陷入捕鲸与反捕鲸的分裂状态,国际捕鲸委员会的权威性日益弱化,既不利于鲸类资源保护工作的开展,也不利于国际捕鲸委员会作为一个权威性国际组织的存在,国际捕鲸管理体制面临瓦解的危险。[1]

5.国际法上的困境

首先,《国际捕鲸公约》体现的是维护捕鲸业者和鲸类产品消费者的利益的精神,其出发点和目标是要保护捕鲸业者和鲸类产品消费者的利益。但在实践中却很难,在强势的捕鲸业者和鲸类产品消费者与弱势的濒临灭绝的鲸类之间找到平衡点极为不易。其次,关于捕鲸特别许可证的条件过于模糊。根据《国际捕鲸公约》,缔约国政府被颁发捕鲸特别许可证的条件有两项:一是捕获鲸类以科学研究为目的,二是捕获的数量为该政府认为适当之数量。问题在于"以科学研究为目的"如何确定、"捕获的数量为该政府认为适当之数量"中的"适当"如何确定都有很大的主观性。[2]最后,"全面禁止捕鲸"仅指向"商业捕鲸",日本修订了捕鲸计划中的数量后,国际法庭只能认定日本的行为规模不符合"科研捕鲸",日本一旦投入远洋捕鲸,没有人能监督得了究竟捕杀了多少头鲸。[3]

6.日本退出国际捕鲸委员会带来的挑战

首先,日本和冰岛不同,有强大的捕鲸船生产能力和巨大消费潜力的食用鲸鱼肉群体。日本政府如果不加限制的话,日本的工业能力可以在短时间内就建造大量的远洋捕鲸船,恢复强大的捕鲸生产能力,世界海洋的鲸鱼将面临重大灾难。其次,一旦恢复大规模的商业捕鲸,日本人食用鲸鱼肉的传统得到彻底恢复,将形成一个巨大的需求市场,促使捕鲸企业和捕鲸船只大量

① 王海滨.浅析日本捕鲸外交[J].现代国际关系,2011(10):30-35.
② 何田田.国际法院"南大洋捕鲸"案评析[J].国际法研究,2015(1):95-109.
③ 董杰.日本"科研"捕鲸:谎言下的杀戮[J].生态经济,2014,30(6):2-5.

捕鲸。市场的大量需求使世界海洋中的鲸鱼面临被大规模持久捕杀的危险。最后,在国家利益和国家声誉之间,日本选择了国家利益,日本的这种做法很有可能引起其他国家的效仿,一些传统的捕鲸国家可能模仿日本退出国际捕鲸委员会,导致国际非政府组织之前的努力也都取不到任何的效果。

三、国际非政府组织与中国在大象保护问题上的变化

中国有悠久的利用野生动植物的传统和实践,是世界上野生动植物资源的主要贸易国。但是在保护野生动植物的国际背景下,特别是《濒危野生动植物种国际贸易公约》通过后,中国的象牙贸易受到了很大影响,中国在国际社会也经常受到指责,影响到了中国的国际形象。

(一)禁止象牙贸易对中国的影响

象牙贸易禁令的形成源于 20 世纪 80 年代末非洲象数量的急剧减少和种群的迅速下降。在生态系统中,生态学家把那些分量大的物种形象地称为"旗舰物种""领袖物种"或"冠石物种",大象则被称为"超级冠石物种"。①大象的牙坚固、耐用、光洁如玉,珍贵程度可与宝石相比,因而有"有机宝石"之美誉。象牙主要来自非洲象和亚洲象。②80 年代末,非洲象猛减至六十万头左右,奥地利、冈比亚、匈牙利、肯尼亚、坦桑尼亚和美国六国分别向《濒危野生动植物种国际贸易公约》第七届缔约国大会,提交了有关将非洲象从附录2 提升入附录 1 的提案,在非政府组织的游说下,提案得到了大部分西方国家的支持,非洲象问题成了那次大会的焦点,非洲象问题修正案获得通过,1989 年《濒危野生动植物种国际贸易公约》对国际象牙贸易下达禁令,并于1990 年 1 月正式生效,从而宣布了非洲象国际贸易的中断。

中国是这条禁令的签署国之一。象牙贸易禁令对中国影响十分大,因为中国的象牙贸易由来已久,在中国象牙被视为"白色黄金",中国的象牙制品在唐代就已驰名中外,象牙艺术品象征着财富和身份地位,深受帝王将相、

---

① "超级冠石物种"即广受喜爱和关注,知名度高,易于吸引资金的濒危物种,通过保护该物种可顺带保护大片重要生态区域及区域内的其他物种。

② 非洲象与亚洲象的主要区别在于非洲的两性象牙均突出于口外,但雄性较长;亚洲象仅雄性象牙突出于口外。非洲象牙属软性象牙,价格比亚洲象牙贵。由于亚洲象比非洲象珍稀,因而早于非洲象被列入 CITES 附录 1。

文人雅士的喜爱,也深受与中国有贸易往来的国家的喜爱。后来,作为中国精湛民族工艺顶峰的象征，象牙销往世界各地，但由于象牙雕刻品价格昂贵,主要是销往欧美国家,国际象牙贸易禁令出台后,欧美国家将象牙列入禁售项目,对中国象牙雕刻品贸易造成了严重打击。①

　　21 世纪以来,随着亚洲中产阶级的崛起,亚洲出现了一批新贵消费者十分青睐象牙礼品,形成了对象牙艺术品的旺盛需求(如在越南,1000 克象牙可以卖到 1800 美元)。海关总署国际野生物贸易研究组织的数据显示,在亚洲国家中,中国有兴趣且有能力购买象牙制品的人群最多。②2005 年《濒危野生动植物种国际贸易公约》的大象贸易信息系统（The Elephant Trade Information System，ETIS）文件显示，过去十年间被查获的全球大宗象牙走私案中,有一半在中国香港、菲律宾、新加坡、中国台湾和越南,中国巨大的消费市场成为非法象牙贸易剧增的重要原因。2013 年大象贸易信息系统向缔约国大会提交的报告指出,2008 年后象牙非法贸易显著增长,2011 年全球非法象牙贸易次数和重量分别是 1998 年的三倍左右。其中,中国 2009—2011 年的非法象牙贸易增长最为显著,占 2006—2011 年总量的 83%,从国家排名来看,无论是贸易次数还是重量都居首位。③

　　中国的象牙贸易不但受到国际监管机构的监督，也受到境外媒体的广泛关注。有关资料显示,1997—2007 年境外媒体报道的 663 起象牙违法案件涉及 70 个国家和地区,其中报道中国案发数量最高,达 109 起,占境外报道已知查获地点的案件总量的 17%,远远超过其他国家和地区。④2008 年,国外媒体批评中国从非洲合法进口象牙原料用于雕刻,使大象偷猎与象牙走私活动越发猖獗,还将对非洲象偷猎的加剧与中国在非洲的影响力与日俱增联系在一起。⑤2012 年,《纽约时报》《名利场》《国家地理》等杂志再次对非洲爆发的血腥屠杀大象事件进行了系列报道，称中国通过垄断市场中的象

　　① 刘元.非洲象及其贸易(上)[J].野生动物,1997(6):35-36.

　　② 杨威.非法象牙交易为何难以制止[EB/OL].[2016-12-26].http://china.huanqiu.com/hot/2016-12/9863241.html.

　　③ 秦红霞等.中国象牙"禁贸"政策的影响及对策分析[J].林业经济,2016(9):33-37.

　　④ 文理卓等.象牙走私国际形势分析与对策研究[J].野生动物学报,2016,37(2):151-156.

　　⑤ 章轲."销牙"背后的野生动物非法贸易[J].环境教育,2014(Z1):47-51.

牙投放量人为抬高象牙价格,增大大象偷猎风险。①随着媒体的广泛报道,国际社会出现了很多指责"中国推动了非法象牙交易"的声音,②即便中国出台了法律严打非法象牙贸易,国外媒体仍大肆炒作。

(二)国际非政府组织在中国保护大象的行动

为了保护大象,禁止象牙贸易,国际非政府组织在中国开展了一系列活动。

1.提高和强化公众保护野生动物的意识和社会舆论

国际爱护动物基金会(IFAW)、世界自然基金会、世界自然保护联盟、自由天地基金会(Freeland Foundation)、自然资源保护协会(NRDC)、大自然保护协会(TNC)、根与芽环境教育项目(Roots & Shoots)、野生救援(Wild Aid)、国际鹤类基金会、国际野生生物保护学会(WCS)等国际非政府组织一直在中国进行野生动物、生物多样性、自然保护等领域的活动,其中有些直接从事保护大象的项目。受其影响,中国本土也出现了一批关注自然保护和野生动物保护的非政府组织,如中华环境保护基金会、中国绿化基金会、中国生态文化协会、自然之友、山水自然保护中心、野性中国工作室等。多年来,国际非政府组织与中国本土非政府组织在全国和地方层面开展"保护野生动物宣传月",举办各类公益活动和志愿者活动,并通过新闻媒体、网站大力宣传野生动物保护的科普知识和法律知识,提高公众保护野生动物的意识和法治观念,强化保护野生动物的社会舆论。③

2.宣传和普及关于大象的知识

国际爱护动物基金会的一项调查显示,70%的中国公众并不知道获取象牙需要杀死大象,而83%的公众在了解该事实后表示会停止消费象牙。为此,该组织在2010年设计制作了"妈妈,我长牙了"公益广告,投放在机场、地铁、公交和社区中,辐射上亿人群。这则广告的评估调查显示,75%的中国城市人口曾见到这则广告,广告有效地将象牙消费的潜在人群比例从54%降到26%;而在已有象牙制品消费行为的人群中,这则广告将承诺"未来不

① 李蕴贤,张璇.中国成为全球最大非法象牙交易国[EB/OL].[2012-09-20].http://data.163.com/12/0920/16/8BS0AAF200014MTN.html.

② 文理卓等.象牙走私国际形势分析与对策研究[J].野生动物学报,2016,37(2):151-156.

③ 钟义.我国野生动物非政府保护组织面临的挑战和对策[J].国家林业局管理干部学院学报,2014(3):13-16.

消费象牙"的人数翻了一番,其比例从 33% 提升到了 66%。①2014 年底,国际爱护动物基金会又联合王石、王珞丹、李宇春、张越等家喻户晓的公众人物拍摄了一组倡导保护大象的公益广告;根与芽环境教育项目也正式启动了"大象守护者"项目,旨在让青年人在了解象牙真相的基础上行动起来,推动整个社会消费观念和行为的改变。②

3.对中国的象牙贸易进行调研和监测

国际非政府组织常常会在中国相关地区进行调研,并制定有效方案减少居民对象牙的需求。如野生救援组织、非洲野生动物基金会和拯救大象组织曾对香港居民在禁售象牙制品问题上的态度进行调查;国际野生物贸易研究组织和世界自然基金曾针对收藏者、出境游客、商务人士和中医药使用者实施若干转变消费行为的项目,以减少市场对象牙、犀角和虎骨等非法野生动物产品的需求;国际野生物贸易研究组织和世界自然基金会曾委托全球扫描(Globe Scan)在中国开展象牙消费研究,以揭示中国 15 个抽样城市的象牙消费情况、了解消费者对象牙禁令的认知、评估有效的观念信息和传播方案,以及能够降低象牙需求的相关机制,为国际野生物贸易研究组织和世界自然基金会未来的转变消费行为的策略和项目提供基础。③

国际非政府组织会定期或不定期地发布各种监测报告,如国际爱护动物基金会发布的《中国象牙市场监测报告》、国际野生物贸易研究组织的《网络非法野生物贸易的监测报告》《中国象牙市场回访调查》,指出中国政府历年在禁止象牙贸易方面采取的措施和行动,分析中国合法的象牙市场,如在合法的象牙市场上摆卖的象牙制品是否做到一物一证,每件象牙制品是否具有对应的收藏证,店内是否摆放象牙指定销售场所的牌匾,并有相关的"象牙制品仅限中国大陆销售"的警示语以及大象保护的宣传材料;监督中国的非法象牙市场,包括实体市场、网络市场、社交媒体市场,并在此基础上得出结论和提出建议。④

---

①② 李想.大象保护:掠杀中的一丝微光[EB/OL].[2015-05-15].http://gongyi.china.com.cn/2015-05/15/content_7908792.htm.

③ 国际野生物贸易研究组织.禁贸下的需求——中国象牙消费研究(2017)[EB/OL].[2017-09-09]. http://www.trafficchina.org/node/334.

④ 国际野生物贸易研究组织.中国象牙市场回访[EB/OL].[2016-09-20].http://www.trafficchina.org/.

4.通过多种途径向政府部门提出建议

国际非政府组织的在华机构和国内动物保护机构曾把联合署名的信件递交到了国家林业和草原局、全国人大环境资源委员会和全国政协人口资源环境委员会,希望国家林业和草原局和相关主管部门销毁中国政府近年来收缴的非法走私象牙。中国野生动物保护协会、国际野生物贸易研究组织和世界自然基金会曾共同举办"减少非法野生动物制品需求研讨会",邀请政府相关部门,如国家濒管办、国家林业和草原局、国家森林公安局、国家市场监督管理总局、海关总署的代表参加,建议政府部门加强有效执法及各执法部门间的联合行动;建议向在非洲的中国公民普及非洲野生物贸易法律法规和中国关于濒危物种制品的法规和限制,以提高其相关意识;还建议用不同的信息、手段和途径来有效定位不同的消费群体,影响其对非法野生物制品的需求和消费行为。①

5.支持中国政府销毁象牙和打击象牙非法贸易的行动

对于2013年中国政府销毁象牙的行为,有些人认为象牙属于受管制濒危物品,同时亦是珍贵物品,销毁未必是唯一恰当方法。但非政府组织对中国政府的这种行为表示了支持,对于中国政府严厉打击野生动物非法贸易的姿态,世界自然保护联盟、国际野生动物保护学会、野生救援、大自然保护协会、自由天地基金会、珍·古道尔的根与芽、自然资源保护协会以及国际爱护动物基金会共同表示,将罚没的象牙销毁是一个里程碑式的决定,这向全世界包括非洲国家展现了打击非法象牙贸易的坚定决心;②野生救援组织表示,中国政府决定全面停止商业销售和加工象牙及象牙制品,对大象来说是个好消息,象牙贸易的停止会给象牙价格造成压力,从而使肯尼亚等非洲国家的象牙捕猎出现下降趋势,这是正确的方向发展。③国际野生生物保护学会、大自然保护协会等非政府组织认为,政府的倡导会对消费者的购买行为

---

① 国际野生物贸易研究组织.中国政府、专业机构和非政府组织召开研讨会,商讨减少非法野生物制品需求的策略[EB/OL].[2013-02-18].http://www.trafficchina.org/node/93.

② 高文兴.大象保护:掠杀中的一丝微光[EB/OL].[2015-05-15].http://gongyi.sina.com.cn/gyzx/2015-05-15/103152643.html.

③ 杨宁昱.中国承诺彻底取缔国内象牙贸易[EB/OL].[2015-06-01].http://www.cankaoxiaoxi.com/china/20150601/801206.shtml.

产生重要的影响,中国政府销毁象牙向消费者表达了遏止非法象牙贸易、不支持象牙消费的明确态度,彰显了中国成为负责任的大国的决心和实力。①

（三）中国在保护大象问题上的变化

在非政府组织的监督、批评、倡议、游说、宣传下,中国在国内层面和国际层面都采取了保护大象的行动,中国的态度和行为都在朝着非政府组织的期望变化。

1.中国在国内层面的积极行动

中国在国际层面采取了一系列的行动打击和禁止象牙贸易。2012—2014年,中国海关立案侦办打击象牙走私刑事立案犯罪案件282起,抓获犯罪嫌疑人458人;2014年,中国政府在东莞销毁了6.1吨的罚没象牙及其制品;2015年,原国家林业局发布公告,宣布实施临时禁止进口公约生效后所获的非洲象牙雕刻品措施,为期一年,要求中国公民不要购买和携带象牙雕刻品入境;2016年,国务院发出《关于有序停止商业性加工销售象牙及制品活动的通知》,规定2017年3月31日前先行停止一批象牙定点加工单位和定点销售场所的加工销售象牙及制品活动;同年,原国家林业局发布公告宣布《分期分批停止商业性加工销售象牙及制品活动的定点加工单位和定点销售场所名录》,规定第一批67家单位和场所在2017年3月31日前停止商业性加工销售象牙及制品活动,第二批71家单位和场所在2017年12月31日前停止商业性加工销售象牙及制品活动。

在象牙加工利用管理方面,中国严格按公约要求对象牙雕刻行业实行规范管理,建立了从定点加工销售、象牙原料注册到象牙制品加载标识等系列追踪管理措施,严密防止盗猎、走私来源的象牙原料及其制品混入合法流通渠道。在停止商业性加工销售象牙及制品活动的同时,中国林业、公安、海关、工商等各有关部门还严格管理单位和个人合法收藏的象牙制品,加大对违法加工销售、运输、走私象牙及制品等行为的打击力度。②自此,商业性的象牙交易在中国境内被全面禁止,包括社交媒体在内的一切形式的象牙及

---

① 中国政府销毁罚没象牙得到国际组织高度认可[EB/OL].[2014-01-06].http://hope.huanqiu.com/domesticnews/2014-01/4727309.html.

② 王晓易.野生救援负责人:全面禁止象牙贸易显示中国在该领域承担起领导者角色[EB/OL].[2017-01-01].http://news.163.com/17/0101/12/C9MPDINH00018AOQ.html.

象牙制品交易在中国都被视为违法行为。

2.中国在国际层面的积极行动

中国认为象牙问题是一个全球问题，遏制非法象牙贸易不是某一个或几个国家的事情，需要全世界共同努力。

在多边国际合作层面，2012—2014年，中国海关会同亚洲、非洲的多个国家开展了一系列濒危物种联合缉私活动；2015年，中国承诺愿与《濒危野生动植物种国际贸易公约》和象牙贸易的源头国、中转国、目的国，以及相关国际组织紧密合作打击非法象牙贸易，在盗猎、运输、走私、中转、加工销售等诸多环节阻断非法象牙贸易链，务实合作，切实强化执法监管，有效遏制盗猎现象；中国还先后参加了非洲象峰会、打击野生动植物非法贸易伦敦会议，组织了"眼镜蛇一号""眼镜蛇二号"国际联合执法行动，积极资助东南亚、中亚、非洲各国派员来华开展野生动植物保护培训，将野生动植物保护列入中国政府对外援助优先领域。①此外，中国还积极响应联合国的倡议，如2015年联合国大会通过了全球范围打击野生动植物犯罪的历史性决议（A/RES/69/314），中国迅速表示支持，并提出了国家与部门间合作打击野生动植物犯罪的综合举措。

在双边合作层面，2015年，中美达成打击野生动植物非法贸易的共识，双方认识到打击野生动植物非法贸易具有重要性和紧迫性，承诺在各自国家颁布禁令停止象牙进口和出口，包括明显且及时限制象牙狩猎纪念物进口，采取明显且及时步骤停止各自国内象牙商业性贸易；同意进一步开展打击野生动植物非法贸易的联合培训、技术交流、信息共享和公众宣传，强化国际执法合作；同意与其他国家合作，以全面开展打击野生动植物非法贸易工作。②此外，中国还与埃塞俄比亚共同打击非法野生物贸易，与马来西亚、老挝通过双边活动打击非法象牙贸易。

（四）保护大象行动对中国的影响

就目前的国际形势而言，大象等野生动植物资源能否利用的决定权已

---

① 华夏.中国将进一步严厉打击非法象牙贸易 [EB/OL].[2015-01-30].http://news.xinhuanet.com/fortune/2015-01/30/c_127442218.htm?prolongation=1.

② 李东舰.中国宣布将禁止国内象牙贸易，环保组织称创造历史[EB/OL].[2015-09-27].http://news.china.com/focus/xjpfm/11174229/20150927/20473414.html.

经超越了国家内部事务,不能仅仅由相关国家自己决定,而且成了国际问题,且在很大程度上成了国际力量博弈的结果。对中国而言,通过象牙贸易取得经济利益,传承中国非物质文化遗产是国家利益;[①]通过禁止象牙贸易,展现对环境负责任的国家形象,提升国家软实力,加强中国在全球环境治理问题上的话语权也是国家利益。[②]保护大象的行动对中国具有重要意义,但是禁止象牙贸易也会使中国陷入一定的困境。

如果中国积极采取禁贸行动后效果不明显会带来以下问题:首先,中国的禁贸措施和禁贸成效是在国内外各种官方和非官方的机构、组织和媒体的关注和宣传报道下进行的,处于较为透明的状态。如果效果不理想,各种机构、组织和媒体会继续对此进行评价、表达意见、提出要求,影响整体的野生动植物保护和利用政策,中国很难拒绝各种建议和帮助,国家事务在一定程度上受到干涉。其次,国际社会将怀疑中国的禁贸决心、力度和打击犯罪的能力,如果是被认为禁贸决心和力度不够,中国的国际形象还会受到影响,在今后的野生动植物保护理念、保护模式等的博弈中处于劣势地位。[③]

如果禁贸效果显著,也会带来相应的问题。禁贸成效显著意味着国内外官方和非官方的执法或监测数据表明,中国国内的非法象牙贸易大幅下降;以中国为目的地的走私也大幅下降;调查问卷显示中国公众保护大象、拒绝消费象牙的意识和意愿提高;非洲象的盗猎量显著降低。这应该是各方对中国禁贸的共同期待和愿望,符合保护大象的最终目的。中国借此在野生动植物保护领域的国际声誉将大大提高,中国政府和人民保护大象的决心、执行力和行动力都将受到国际社会的肯定。但这也会向国人和外界传递出这样的信息:禁止合法贸易就能够成功打击非法贸易,实现保护物种之目的,且完全在中国政府的能力范围之内。在此情形下,人们会认为面临濒危和受威胁状态的其他物种(如穿山甲、赛加羚羊、红木等)的问题也可以通过这种模式解决。那么可以预见,未来中国政府将面临巨大的在国内禁止诸如穿山甲、红木之类物种的合法贸易的压力。禁贸成功后的中国为保护大象所做出

---

① 2006年象牙雕刻入选了中国国家级非物质文化遗产名录,中国开始寻求象牙进口的途径,并最终于2009年以"传承象牙雕刻非物质文化遗产而非发展象牙产业"为由说服了《公约》委员会,同意中国购买南部非洲三个国家出售的60吨存量象牙。

② 徐阳.全球象牙问题破局——拯救大象的最后希望[J].绿色中国,2015(19):8-12.

③ 秦红霞等.中国象牙"禁贸"政策的影响及对策分析[J].林业经济,2016(9):33-37.

的牺牲和贡献将得到世界的承认,同时也将被置于道德的高架上。中国其他利益相关物种保护不力,将很难抵住禁贸压力。①

第四节　国际非政府组织与极地及海洋环境治理

一、国际非政府组织与北极环境治理

(一)北极地区的环境问题

北极地区是全球生态环境系统的重要组成部分，也是全球环境治理的核心议题。北极的环境问题可归纳为以下方面：

1.核污染问题

随着世界大国核设施的不断发展、核能利用中放射性事故的频发以及核恐怖主义威胁的加大，北极地区的放射性核污染对北极地区的环境和北半球国家造成了严重威胁。北极地区的放射性核污染来源于：第一，核试验。苏联时期几乎所有核武器试验都在北极地区进行，地理上集中在新地岛群岛(Novaya Zemlya)和巴伦支海(Barents Sea)地区。第二，核使用。俄罗斯退役核潜艇多数停泊在摩尔曼斯克港(Murmansk)、巴伦支海、符拉迪沃斯托克(Vladivostok)和太平洋的日本海(Japan Sea)，这些船厂没有足够的安全设施来储存由退役核潜艇产生的核废料，且缺乏国际标准的管理和操作规程，也易造成放射性核污染。第三，民用核能。英国塞拉菲尔德工厂(Sellafield)和法国拉哈格呷工厂(LaHague)所排放的放射性物质已扩散至巴伦支海和格陵兰海(Greenland Sea)，进入北极盆地。第四，核废物处理。美苏曾将一些低能核废物倾倒在北冰洋，苏联时期向北冰洋倾倒了大量核废料，大量核废料封闭灌沉入巴伦支海和喀拉海(Kara Sea)。随着全球变暖，该地区核污染物将随洋流在全球范围内蔓延并对人类健康构成严重威胁，在未来极有可能对周边海域的生态环境产生不利影响。②

---

① 秦红霞等.中国象牙"禁贸"政策的影响及对策分析[J].林业经济,2016(9):33-37.
② 唐尧.核安全观视角下的北极核污染治理问题研究[J].南京政治学院学报,2015(1):79-84.

2.北极原住民的生存环境问题

北极的油气勘探和油气开采、北极航道的开发、北极与其他区域之间的海上贸易、航船在北极的频繁行使,以及北极捕鱼船队的出现,这些人类活动带给北极的潜在环境危害日益明显:海底油气矿产的开采必然伴随着相关海洋生物的被动迁移,开采设施的建设将造成环境的干扰,施工过程中随时可能发生的事故会给北极带来致命的生态破坏;北极航道通航将干扰北极海洋生物生境,漏油危机随时发生,船舶垃圾排放和噪音也是棘手问题。北极日益频繁的人类活动不仅带来了环境污染,也引起了北极原住民的担心和抗议。①

3.野生动物出现生存危机

北极地区拥有丰富的生物资源,例如北极狐、麝牛、环斑海豹、海象、白鲸、北极熊等。随着北极环境的变化,这些野生动物正面临着生存危机。首先,受北极极端寒冷气候的影响,北极大部分动物均是依靠自身厚重的皮毛得以生存,这些动物的皮毛具有极高的商业价值,受到经济利益的驱使,北极熊、北极狐、麝类动物等物种遭到大量的捕杀。②其次,北极海冰、冰盖的逐渐消融影响到北极整体气候环境,使这些野生动物赖以生存的自然环境发生变化,如栖息地和食物链出现问题,威胁到这些动物的延续。

(二)北极环境治理中的国际非政府组织

北极的环境问题日益复杂,以主权国家和政府间国际组织为主体的传统北极环境治理体系面临诸多挑战:效率低下、透明度缺乏、执行力差、缺少实质性的具体行动措施。在此情形下,环境非政府组织成为解决北极环境问题的重要参与者。从北极地区现有的非政府组织的背景和诉求看,主要与北极原住民、北极社区基础设施建设、北极环境保护等事务相关。相关的非政府组织有:贝洛纳基金会、地球之友/挪威自然保护协会、世界海洋保护组织、太平洋环境组织、世界自然基金会、阿拉斯加荒野联盟、国际湿地组织和绿色和平组织,以及一些北极原住民非政府组织。

---

① 邹磊磊,付玉.北极原住民的权益诉求——气候变化下北极原住民的应对与抗争[J].世界民族,2017(04):106–113.

② 王玫黎,武俊松.国际法视野下的北极濒危野生动物保护研究[J].野生动物学报 2019,40(4):1101–1107.

北极地区的环境非政府组织有三个特点:第一,形成了跨国网络。如北极原住民非政府组织的数量较多,根据联合国经济和社会理事会的数据,截至 2012 年,北极区域 8 国的原住民非政府组织数量已达 215 个。①其中,俄罗斯有 15 个,北欧国家有 10 个,北美有 191 个,北极区域原住民非政府组织跨国化发展成为明显趋势。第二,有较高的国际地位。如因纽特人北极圈理事会、俄罗斯北方土著人民协会和阿留申人国际协会分别于 1983 年、2001 年、2005 年获得了联合国经济和社会理事会特别咨商地位,很难想象没有北极区域非政府组织参与的北极区域治理过程,进入 21 世纪之后的北极区域治理被深深地打上了北极区域非政府组织的印记。②第三,重要国际非政府组织的介入。除北极原住民非政府组织外,在涉及北极地区的环境治理中,绿色和平组织和世界自然基金会是两个重要的国际非政府组织,其关注重点既有交集又有区别:世界自然基金会侧重于从事研究和知识建构、发布报告及提供政策建议,绿色和平组织则更倾向于通过宣传、游说及抗议等活动参与北极环境的保护与治理。

(三)国际非政府组织参与北极环境治理的方式

1.展开知识影响力竞争,提升民众环保意识

气候问题是北极环境治理中的核心议题。全球气候变化对北极敏感脆弱的生态环境日益造成重要影响。世界自然基金会一直关注北极的气候问题,为使各国民众对北极气候问题的重要性具有更为清楚的认识,2009 年,世界自然基金会在其发布的题为《北极气候反馈:全球影响》的报告中发出了北极气候变暖可能引发殃及全球 1/4 人口的洪灾,难以预料的全球极端天气的增加等警告,敦促人们尽快认识到北极气候问题的严重性。绿色和平组织也制作和发布了大量关于北极环境治理的资料和视频,唤起人们对于北极环保的关注,提升人们的环保意识。

2.开展研究提供专业咨询和政策建议

世界自然基金会作为北极地区唯一享有北极理事会观察员地位的非政府环保组织具有如下资格:参加北极理事会会议、就相关项目发表自己的见

---

① 北极区域 8 国为丹麦、芬兰、冰岛、挪威、瑞典、加拿大、美国和苏联(苏联解体后为俄罗斯)。

② 叶江.试论北极区域原住民非政府组织在北极治理中的作用与影响[J].西南民族大学学报,2013(7):21—25.

解、与北极地区相关机构开展合作。2008 年，为有效遏制北极海洋石油的泄漏及清理其污染，该组织开展了一系列研究，在题为《应对北极水域溢油时间的挑战》的报告中，分析了北极地区溢油清理工作所受到的具体条件限制，为该地区石油天然气开发及溢油应急计划的制定提供了参考。2015 年，世界自然基金会致函北极理事会，要求其对途经北极地区的废弃燃料驳船给予关注，以防止该船舶可能给当地环境造成污染。绿色和平组织也发挥着类似的作用，如 2013 年该组织对北极理事会推出的《北极海洋油污预防及反应合作协定》提出批评，认为其草稿内容毫无约束力，不足以应对北极可能出现的漏油事故，允许石油公司代表参与草稿制定的行为难以让人接受，并提出修改建议。

3.开展北极环境治理项目和计划

早在 1992 年，世界自然基金会就启动了北极环境治理项目，以发布报告、参与规则制定、建立保护区和加强与北极理事会等区域治理机构的合作方式，参与北极环境治理。世界自然基金会最早开展的项目是“世界自然基金会全球北极项目”（WWF Global Arctic Program），以在 7 个北极国家合作设立办事处的方式介入北极环境治理，对北极的气候变化、航运、石油、天然气和北极熊等问题尤为关注。为加强北极环境治理，世界自然基金会后来又开展了“最后的北极”（The Last Ice Area）项目，通过与加拿大的环境管理机构及相关科学家的合作，进一步分析气候变化对北极海冰的影响，以及海冰变化对北极野生动物生存环境的影响。2015 年，在世界自然基金会的推动下，加拿大、美国、丹麦（格陵兰）、俄罗斯、挪威等北极熊主要分布国共同制定了“极地北极熊管理计划”（Circumpolar Polar Bear Management），对北极熊及其栖息地进行保护。

4.监督和制止政府和跨国石油公司在北极的活动

2007 年，针对美国内政部公布的阿拉斯加波弗特海石油天然气开发计划，绿色和平发布了题为《北极不是赌场：波弗特海项目与北极海上石油钻探的持久危害》的科学报告，敦促美国政府放弃危险的北极石油开发计划。2011 年，凯恩能源进入格陵兰实施其北极石油开采计划，绿色和平要求它向公众公布其石油泄漏处置方案并接受监督；绿色和平还登上凯恩能源的石油钻井平台，要求其停止北极石油开采，公布溢油应急计划副本。在该组织巨大的压力下，格陵兰政府终于公布了凯恩能源的溢油应急计划，并表示愿意接受公众的监督。2014 年,绿色和平针对壳牌公司力图重返北极从事石油开发的举措开展了一系列抗议和游说活动, 其中之一是游说壳牌重要的合作伙伴——乐高公司停止与壳牌的商业合作;该组织在公众中发起"一人一信"活动,运用网络视频,呼吁人们给乐高公司写信,表达自己对壳牌开采北极石油的担忧,在不到三个月时间内,该活动获得一百多万人的支持,慑于强大的社会压力,荷兰乐高公司决定停止与壳牌的商业合作。①

5.为北极环境治理提供原住民知识

原住民知识对北极理事会各个工作组的工作有着重要的意义。北极区域原住民非政府组织加入到北极理事会后, 直接推动了工作组对原住民知识的利用。如在北极动植物保护(CAFF)工作组,有多个项目设计都使用了原住民知识,包括收集阿拉斯加地区原住民捕鲸的知识、创建原住民知识的数据库,以及研究北极冰边缘的生态系统和原住民,非政府组织都是相关知识的重要提供者。②

(四)国际非政府组织参与北极环境治理的困境

1.合法性和独立性遭到质疑

例如, 一些激进环保组织对世界自然基金会的独立性及其与商界合作的运作模式产生怀疑。因为壳牌石油、英国石油等跨国公司曾通过与世界自然基金会的合作以"漂绿"其获取的大量商业利益。尽管世界自然基金会声称反对壳牌对北极石油的开发,但人们对它的合法性和独立性打上了问号。

2.常常面临被追究法律责任的可能

以绿色和平为例,该组织成员因抗议英国凯恩石油公司在格陵兰巴芬海的石油钻探活动,遭到丹麦海军的拘捕;因抗议壳牌公司在楚科奇海的石油开采活动,被新西兰奥克兰地方法院起诉;因抗议俄罗斯开发北极石油资源被俄边防人员逮捕。

3.环境理念与北极原住民文化之间存在矛盾

例如,国际非政府组织在国际社会倡导保护鲸鱼,对北极原住民捕杀海洋动物的行为也持批评态度。为了阻止北极原住民捕杀鲸鱼,绿色和平会采

---

① 郭培清,董利民.北极经济理事会:不确定的未来[J].国际问题研究,2015(1):100–113.

② 叶江.试论北极区域原住民非政府组织在北极治理中的作用与影响[J].西南民族大学学报,2013(7):21–25.

取不计后果的行动,如为了保护海豹夸大加拿大原住民"虐杀"的事实,为干扰捕鲸船或垃圾运输船而造成海上事故,甚至撞毁珊瑚礁等。但是北极原住民却认为自己的捕鲸与以商业利益为目标的捕鲸行为并不相同,而是生计及文化传承的一部分;加拿大政府和民众也接受原住民的传统生活方式和习惯,认为原住民捕杀海洋动物的量很少,只用于自给自足,具有可持续性,不足以威胁鲸类的生存和发展,在他们看来,只要某种文化不损害他人的利益,就有被维护和保持的权利,这是加拿大多元文化的核心。绿色和平的激进理念和行为影响了当地部分居民的利益,致使双方之间产生矛盾。①

二、国际非政府组织与南极环境治理

(一)南极地区的环境问题

南极位于世界的最南端,长年被冰雪覆盖,寒冷至极,人烟稀少。但是,自 20 世纪 50 年代以来,这块大陆日益引起国际社会的关注。

首先,在南极发现了丰富的海豹、鲸鱼和磷虾等海洋生物资源,人们开始猎杀海豹和鲸鱼,大规模的无节制地捕捞磷虾等海洋生物,破坏南极生态资源,威胁南极物种生存。以磷虾为例,作为南极食物链的最底层,磷虾为小到企鹅、大到鲸类等众多生物提供了在严寒中生存所需的能量与营养;但人类大肆在南极捕捞磷虾,做营养品与饲料,使磷虾数量持续下降,会对南极其他物种的生存也造成破坏性影响。其次,一些国家开始对南极内陆和周边海域海底勘探,储量丰富的矿产、石油资源被先后发现,商业开发严重威胁着这块净土。最后,气候变化让南极东部海域出现反常的大面积海冰,影响了企鹅的生存环境,外出觅食的企鹅不得不长途跋涉更远距离,导致嗷嗷待哺的小企鹅因此丧生。如果温室气体仍按当前速度继续排放,企鹅将由于栖息地丧失而被迫迁徙,或者消失。此外,各种各样来自水产捕捞业的垃圾,浮标、渔网和防水布漂流于冰块之间,南极上臭氧层空洞不断扩大,导致海洋污染越来越严重。在这样的背景之下,国际非政府组织把目光投向了南极环境治理。②

---

① 郭培清,闫鑫淇.环境非政府组织参与北极环境治理探究[J].国际观察,2016(3):78—90.

② 刘杏.国际环境非政府组织在全球环境治理中的作用:以南极环境保护为例[D].外交学院,2013:23.

(二)南极环境治理中的国际非政府组织

从 1973 年起,有关南极的大量非政府组织异军突起,通过各种手段参与政府南极决策。目前参与南极事务的非政府组织数目达三十多个,主要有南极研究科学委员(Scientific Committee on Antarctic Research)、环境与发展国际学会(International Institute for Environment and Development)、南极洲和南大洋联盟 (The Antarctic and Southern Ocean Coalition)、皮尤慈善信托基金(Pew Charitable Trusts)、世界自然保护联盟、绿色和平、世界自然基金会、国际地球之友、皇家森林和鸟类保护协会(新西兰)、澳大利亚保护基金会和一些南美组织及其他团体。

最具代表性的是南极研究科学委员会,该组织是国际科学联合会理事会(International Council of Scientific Unions,ICSU)的一个多学科科学委员会,主要是管理南极科学事务。1957 年刚刚建立时的目的是协调 1957—1958 年国际地球物理年期间的科学研究活动,致力于国际南极研究计划的制定、启动、推进和协调。通过每两年一次的大会和组织一系列的学术研讨会,定期发布国际南极研究的最新发展,并提出南极科学研究新的优先领域,为成员国指明研究方向。南极研究科学委员会虽不是专门致力于环境问题的非政府组织,但却是南极事务中不得不提的最有名的非政府组织。南极研究科学委员是迄今为止国际上南极科学研究的最高学术权威机构,不仅引导世界对南极地区问题的科学认识,也影响政策制定者的决策,在南极事务中极具影响力。①

南极洲和南大洋联盟建于 1978 年,初衷是推动南极生物资源的保护和非政府组织对南极事务的参与。目前该组织包括来自 49 个国家的 200 多个环境非政府组织,在美国、澳大利亚和新西兰设有秘书处,在 35 个国家建立了 200 多个分支机构。该组织的功能是以秘书处为行政和财政基地,筹集资金,为行动者提供行政支持,回应公众和网站维护;通过具有处理南极问题丰富经验的专家,向公众进行教育和环保宣传;为各国非政府组织提供参与和了解南极活动的平台,把非政府组织的南极活动推向新阶段;促进各国之间南极情报的交换。1983 年,南极洲和南大洋联盟得到世界广泛认可,成为传

---

① 刘杏.国际环境非政府组织在全球环境治理中的作用:以南极环境保护为例[D].外交学院,2013:24—25.

播南极知识的重要团体,1991年被授予南极条约体系观察员地位,开始参加年会,目前关注的南极事务涉及动物保护、旅游、运输和气候变化等问题。①

世界自然保护联盟也是参与南极环境治理事务的重要非政府组织,46个南极条约体系缔约国中27个是该组织的成员。该组织关注南极问题由来已久,1987年在第14届南极条约协商会议上,该组织获得了"特邀专家"的地位,此后出席了历次南极海洋生物资源保护公约会议。南极条约协商国非常重视该组织的咨询地位,该组织的很多建议被吸收进南极条约体系中。该组织与南极洲和南大洋联盟、国际海事组织会议有很长的合作历史。②

(三)国际非政府组织参与南极环境治理的方式

1.对南极环境问题进行科学研究

从1959年南极条约签署到20世纪70年代初,国际非政府组织的目光主要集中在南极科学研究上,主要目标是在南极推动国际合作,力求让南极科学活动惠及所有国家。南极研究科学委员是南极条约体系中能够调动大量资源以实现科学合作研究目标的核心组织,它的科学研究对《南极动植物保护公约》《南极海豹养护公约》以及《关于环境保护的南极条约议定书》和未能生效的《南极矿物资源活动管理公约》的出台都发挥了重要作用。其权威性不但得到南极科学界的认可,更因其专业化特点备受南极条约成员国的共同推崇。多年来,南极条约组织已经养成了对南极研究科学委员的依赖关系。③

2.巡视南极环境

绿色和平组织专注于南极环境监督,每年定期到各国考察站上巡视,检查细节,甚至包括每次都要数一数考察站周围的企鹅数目;还经常驾船进入南大洋,监督各国的南极捕捞活动。绿色和平常常在自己的南极环境问题报告中批评相关国家不负责的环境行为,迫使它们向公众做出解释,在从事南极活动时小心谨慎。

3.介入与南极环境治理相关公约的谈判与出台

1979年海洋生物资源保护公约谈判期间,非政府组织批评南极协商会

---

①② 刘杏.国际环境非政府组织在全球环境治理中的作用:以南极环境保护为例[D].外交学院,2013:24-25.

③ 郭培清.非政府组织与南极条约关系分析[J].太平洋学报,2007(04):14-20.

议的环境原则不够完善,而且没有得到很好的实施,对南极环境构成了很大的威胁,指责南极管理制度封闭,要求增加透明度,加强责任感。非政府组织的指责让南极协商国感受到了巨大压力。1982 年南极矿产资源管理制度谈判开始,非政府组织积极参与了谈判,指出矿物资源公约的透明度和责任制度仍不完善,公约制度下的科学数据保密制度限制了公众的知情权。①

4.提供专业化水平的知识和咨询

非政府组织主动为各国政府的南极决策提供咨询参考,通过各国行政部门和立法部门,监督各缔约国南极条约体系的执行情况。许多非政府组织代表同南极缔约国的大会代表保持着良好的私人关系,对南极决策发挥着无形的巨大影响。特别是当南极决策者们出现分歧时,非政府组织声音的魅力就显现出来。②

(四)国际非政府组织在南极环境治理中的困境

非政府组织在南极环境治理中有一定的积极影响:首先体现为大量非政府组织的参与强化了南极条约组织的合法性;其次,来自非政府组织的大量专家资源也是南极条约协商国家非常需要的,在条约形成和出台过程中发挥了知识与信息供给者的作用。此外,正是仰赖非政府组织的督促,南极条约秘书处才得以最终成立。作为协调机制和执行制度的机构,南极条约秘书处有效地改变了南极条约组织议而不决、决而不行的尴尬局面。

但由于一些国际非政府组织在南极环境治理中行事偏激,其治理活动也面临着困境。如智利非政府组织"生态政治研究会"的行为方式就十分激进,它坚决反对现存南极条约制度,反对在南极大陆和周边海域任何形式的探险旅游和其他形式的人类活动。非政府组织行动的过度自由和行事偏激对南极的发展和治理带来了负面影响,不但增加了南极条约体系发展中的复杂因素和不可预测性,而且增加了南极环境治理的难度。随着它们介入南极事务的深化,与主权国家的矛盾也随之增加,有国家批评他们行动偏激,不是理性的环保者,而只专心宣传造势。

国际非政府组织对各国南极违规行为的屡屡曝光尤其让南极条约协商国家尴尬异常,招致了协商国的纷纷诘难。不少人指责它们是在借环境保护之名行阻碍科学之实。因此,只有很少几个国家愿意吸纳非政府组织的成员

---

①② 郭培清.非政府组织与南极条约关系分析[J].太平洋学报,2007(04):14—20.

进入本国的南极会议代表团中。到 20 世纪 80 年代初只有美国、澳大利亚和新西兰的协商会议代表团中有非政府组织成员。在很多时候,非政府组织与"官方"的南极条约协商组织处于对立状态,它们的提议常被指责为"不现实的幻想",比如双方围绕"世界公园"运动的争斗。国际非政府组织在南极环境治理中的行动增加了南极治理的复杂性。①

三、国际非政府组织与海洋环境治理

随着全球化的深入, 日益严重的海洋治理问题摆在国际社会面前,《21世纪议程》要求各国政府、各种国际组织及发展机构、非政府组织以及相关独立团体采取行动,共同应对海洋环境治理中出现的一系列问题,其中特别强调了非政府组织需要为沿海和海洋区及其资源的综合管理及可持续发展发挥重要作用。国际非政府组织在海洋环境治理中发挥着重要作用,是全球海洋治理中的重要力量。

(一)海洋环境问题

海洋环境对人类的生存和发展具有重要的意义。海洋环境包括海水、溶解和悬浮于海水中的物质、海底沉积物和海洋生物,海洋本身具有一定的自净能力,污染物进入海洋后,在物理、化学、生物和地质的综合作用下,会不断地扩散、稀释、氧化、还原和降解。但随着人类开发海洋资源规模的日益扩大,船舶倾倒废物、油船事故、海底矿产开采、海边垃圾造成的污染,以及气候变化造成的海洋酸化,远远超过了海洋的自净能力,海洋环境问题日益严峻。目前,全球共同关注的海洋环境问题主要有:

1.海洋污染

海洋污染的成因主要有:①海洋垃圾遍布海上生物栖息地,每年漂流、倾倒入海的塑料垃圾数量巨大,且没有得到有效回收利用,废弃渔网、绳索等渔具组件的"幽灵渔具"也加剧了海洋垃圾的堆积,海洋成了"人类最大的垃圾回收站"。②人类向海洋倾倒工业废弃物,如造纸、印染、食品、洗涤剂等行业产生的重金属、矿物质、有机物进入海洋形成污染;人类施用于森林、农田等的农药,如含有汞、铜等重金属农药、有机磷农药、百草枯等除莠剂,随

---

① 郭培清.非政府组织与南极条约关系分析[J].太平洋学报,2007(04):14-20.

水流迁移入海,或漂入大气,经搬运而沉降入海造成污染。此外,生活污水造成的成分复杂的污染物入海也对海洋造成了污染。③石油及其产品在开采、运输、炼制及使用过程中流失,直接或间接排放入海造成污染,如海洋石油泄漏事故,包括油田泄漏、油井井喷、油轮泄漏等破坏了海洋水生环境,使海上浮游生物大大减少,扩散的油污对鲸鱼、海豚等海洋生物造成严重威胁。④核武器爆炸、核工业和核动力船舰等的排污,以及核电站泄漏事故造成的放射性物质污染,对海洋环境造成持久的影响。①

2.海洋资源的浪费使用和开发利用问题

由于过度开发和粗暴式开发,人类对于海洋不可再生资源的浪费使用问题和开发利用不可持续问题并存:①自然海岸线被过度占用、破坏和侵蚀,大量原始海岸线、优质近岸海域被围填,海洋环境质量下降。②海洋生物物种减少甚至灭绝,生物多样性遭到破坏,珍贵水产资源大幅减少;潮间带生态系统、红树林、珊瑚礁等重要海洋资源大面积退化。③海洋油气、海洋矿产等不可再生资源勘探开发缺少科学统筹;可再生、可重复利用海洋资源和能源的开发利用进展缓慢,难以形成规模;海洋资源勘探开发技术存在风险,却没有足够的预见、防范和处理的经验和能力。

3.气候变化对海洋环境的负面影响

气候变化正在给世界海洋环境带来前所未有的威胁。气候变化导致海洋环境出现以水温升高、海平面上升和海洋酸化为主要特征的一系列物理和化学的连锁反应。人类活动和气候变化之间的协同作用,进一步加剧了全球气候变化对于海洋生态系统的负面影响:①按照目前的发展趋势,太平洋上的低地岛国(如基里巴斯、库克群岛、瑙鲁和西萨摩亚等国)、拥有灌溉耕地平原的亚洲国家(如中国、印度、泰国、越南、印尼等),包括欧美在内的许多濒海国家都将面临海平面上升侵吞国土的严峻威胁;②受温室气体的影响,地球正经历过去3亿年来速度最快的海洋酸化进程,海洋酸化对海洋生物的生长、发育、繁殖、生理产生影响,进而影响整个海洋生态群落,众多海洋生物面临生存威胁;③海水酸化与温室气体排放造成了频繁的海洋灾害,如暴潮灾害、海浪灾害、海冰灾害、海雾灾害、飓风灾害、地震海啸灾害及赤潮、海水入侵给

① 梁甲瑞,曲升.全球海洋治理视域下的南太平洋地区海洋治理[J].太平洋学报,2018,v.26(04):52-68.

沿海国家造成巨大的经济损失,制约经济建设和可持续发展。①

(二)海洋环境治理中的国际非政府组织

非政府组织很早就参与到了海洋环境治理过程中,不仅直接参与各项保护海洋的活动,还通过广泛的宣传和引导,不断增强公众的海洋保护意识和参与环境保护的意识。世界自然保护联盟是世界上规模最大、历史最悠久的全球性环境非政府组织,也是自然环境保护与可持续发展领域唯一的联合国大会永久观察员,其工作的主要领域之一就是确保海岸、海洋和极地生态系统得到恢复和维护,使海洋资源的使用具有可持续性和公平性,并确保海洋生态系统的保护问题纳入国家气候变化减缓和适应政策。②自20世纪70年代海洋环境问题加剧以来,保护海洋环境的国际非政府组织异军突起,主要有绿色和平、海洋保护协会(Ocean Conservancy)、海洋守护者协会(Sea Shepherd)、海洋管理委员会(Marine Stewardship Council)、环境与发展国际学会(International Institute for Environment and Development)、南极洲和南大洋联盟(Antarctic and Southern Ocean Coalition)、太平洋环境(Pacific Environment)、蓝丝带协会(Blue Ribbon Ocean Conservation Society)、清洁海洋基金会(Clean Ocean Foundation)等,它们的活动区域遍及太平洋、大西洋、印度洋、北冰洋和南极地区。

1.国际非政府组织与海洋污染的治理

(1)清除海洋塑料垃圾

大部分海洋塑料来自陆源,如城市和暴雨径流、下水道溢流、海滩游客、废物处置和管理不足、工业活动、建筑和非法倾倒。另一部分则来自捕捞业、航海活动和水产养殖。塑料进入到海洋永远不会消失,因为它不会被生物降解,只是在自然因素(太阳紫外线辐射、风、电流等)的影响下破碎成小颗粒,成为微塑料和纳米塑料。海洋塑料威胁着海洋健康、野生动物的健康,也影响着人类的健康、食品安全和沿海旅游业。③

为了清理海洋塑料垃圾,国际非政府组织主要展开了以下工作:

---

① 黄任望.全球海洋治理问题初探[J].海洋开发与管理,2014,31(03):48-56.

② Marine and Polar[EB/OL].[2018-09-08].https://www.iucn.org/theme/marine-and-polar.

③ 温源远,李宏涛,杜譞.海洋塑料污染防治国际经验借鉴[J].环境保护,2018,v.46;No.633(08):69-72.

第一，分析塑料污染的程度，制定相关政策和计划。如国际自然保护联盟在波罗的海和地中海已经开展了几项分析工作，并制定了相关支持政策和计划。虽然海洋塑料是一个全球性的问题，但它的治理需要针对塑料的不同来源和途径而量身定制区域和地方解决方案。国际自然保护联盟目前正在进行治理海洋塑料和保卫沿海社区的倡议，并寻求将倡议扩展到东部、南部非洲和亚太地区。①

第二，研究海洋中的塑料污染问题。自 1997 年以来，国际非政府组织阿尔加利特海洋研究中心（Algalita Marine Research Foundation）就开始研究海洋塑料污染，起初只是以北太平洋为研究对象，后来慢慢将研究范围扩大，北大西洋和印度洋也逐渐成为近年该非政府组织的研究和治理目标。2009年，国际非政府组织海洋航行研究所（Ocean Voyages Institute）和斯克里普斯海洋研究所（Scripps Institution of Oceanography）共同合作"海星计划（Project Kaisei）"项目，以北太平洋环流为污染对象进行研究，共同治理该区域的海洋塑料污染。

第三，通过提高海洋海岸清理加强对海洋垃圾的清除和防治。1986 年，海洋保护协会的工作人员开始了第一次国际海岸清理工作，并发起全球性的海岸清理志愿活动。此后，海洋保护协会制定了保护健康海洋以及依赖海洋的野生动物和社区的解决方案，②每年都会举办"国际净滩行动"，号召世界环境保护者在海滩上收集各种垃圾和废物，减少废旧垃圾进入海洋的数量。在该项活动中，参与者在捡拾垃圾、清洁海滩的同时，使用全球统一的数据表格记录海滩上垃圾的种类与数量，为全球各地的科学研究、政策倡导以及社会动员等工作提供有力的数据支撑。目前全球 112 个国家，超过 50 万志愿者参与此项活动。③

（2）治理海洋化工污染

油田泄漏、油井井喷、油轮泄漏等工业活动严重破坏了海洋水生环境，使海上浮游生物大大减少，扩散的油污对鲸鱼、海豚等海洋生物造成严重威

---

① Our work[EB/OL].[2018-09-08].https://www.iucn.org/theme/marine-and-polar/our-work/marine-plastics.

② History[EB/OL].[2018-07-08].https://oceanconservancy.org/about/history/.

③ Trash free seas[EB/OL].[2018-06-07].https://oceanconservancy.org/trash-free-seas/.

胁;核武器爆炸、核工业和核动力船舰等的排污,以及核电站泄漏事故造成的放射性物质污染,也会对海洋环境造成持久的影响。为此,国际非政府组织将海洋化工污染也作为自己的重点领域。

近年来最为著名的事件是2010年美国墨西哥湾石油泄漏事故。这是美国所遇见的最严重的环境灾难之一,这场事故向海湾泄漏了2.1亿加仑的石油和180万加仑的化学分散剂,覆盖、毒害和杀死大部分野生动物,造成当地经济陷入瘫痪,沿岸的社区陷入困境,墨西哥海湾现在比以往任何时候都更加脆弱。国际非政府组织对此类事故的后果十分关注,特别是对已经造成严重后果的海洋化工污染保持了持续关注,如海洋保护协会一直与海底测绘技术人员、专门的海洋哺乳动物康复人员、政策领导人和成千上万的支持者们一起致力于恢复墨西哥海湾状况,增强海湾在未来面临威胁时的弹性。①

国际非政府组织治理海洋化工污染的另一项工作是阻止化石燃料继续对海洋造成污染。以非政府组织太平洋环境(Pacific Environment)为例。该组织认为要想避免气候变化带来的灾难性后果,人类需要放弃以化石燃料来满足工业生产的能源需求。为了减少化石燃料的使用,该组织与当地社区开展合作进行了以下工作:首先,动员社区不再使用煤、石油和天然气等带来严重污染的能源,阻止化石燃料项目,保护环太平洋地区独特的生态系统;其次,与其他环境组织形成国际联盟,防止船舶发动机排放的污染物带来的危害,推动实施强有力的排放控制,以遏制公海沿北极和东南亚海岸线的有害排放;最后是倡导气候正义,为健康、繁荣的社区提供当地的解决方案。②

2.国际非政府组织与海洋资源的保护及开发利用

海洋资源的保护及开发利用也是海洋环境治理的重要方面,长期以来,一些非政府组织致力于拯救海洋生物,促进海洋生物资源的可持续发展,为海洋环境治理做出了贡献。

(1)拯救海洋生物

国际非政府组织拯救海洋生物的行动主要有三项。

---

① Restoring the Gulf of Mexico[EB/OL].[2018-12-12].https://oceanconservancy.org/restoring-the-gulf-of-mexico/.

② Mobilizing People to Protect Our Air and Climate[EB/OL].[2018-12-12].https://www.pacificenvironment.org/what-we-do/the-climate-challenge/.

第一，唤醒国际社会对海洋生物的危机意识。致力于拯救海洋生物的国际非政府组织通常都会在自己的官网上普及海洋及海洋生物的知识，培养人们对保护海洋生物的危机意识。海洋保护协会的官网上就有这样的内容：海洋在调节全球气候系统和缓冲气候变化方面发挥着核心作用，海洋维护着生物多样性和海洋生物的丰富生活，鲸鲨在海水中漫步，海豚在水流中跳跃，海龟在海滩上筑巢。海洋是鱼类、珊瑚、鲸鱼、海龟、海豚和数千种海鸟的共同家园，但由于气候变化、人类的商业活动，这些海洋生物的未来正受到威胁。①

该组织的网站还以北冰洋的野生动物为例，指出了海洋生物危机给人类带来的挑战。该组织指出，北冰洋有大量野生动物，包括一些世界上最具标志性的动物，如北极熊、环纹海豹、太平洋海象、白鲸、灰鲸等。北极的变暖速度是世界其他地区的两倍。北极许多动物的栖息地——季节性海冰正在迅速减少。一些科学家预测，这一地区的海洋动物到2037年可能会完全消失。依赖海冰栖息地的动物，如海象、北极熊和某些北极海豹物种面临着巨大挑战，使依赖这些动物和海冰维持着传统生存方式的土著人也将面临巨大挑战。②

第二，动员公众抵制威胁海洋生物的商业活动。国际非政府组织认为，石油公司在北极地区进行海上石油开采造成漏油事故也威胁着该地区的野生动物。目前仍没有行之有效的方法来有效地清理在冰冷的北极水域溢出的石油。此外，随着北极水域温度的上升和海冰的消退，对北极航线感兴趣的船只也更容易到达该地区，更多的航运公司正在使用北方航线，特别是俄罗斯北冰洋沿岸的北海航线；北极旅游也将游轮带到这些偏远的水域，包括加拿大著名的西北航道，船只运输使野生动物和北极社区面临新的风险，包括污染加剧、对海洋哺乳动物的船只袭击、入侵物种的引入、石油泄漏，以及对当地猎人和使用小船的渔民的干扰。为此，相关环境非政府组织在不同的国际场合不断呼吁拯救北极地区的海洋生物，动员公众抑制和阻止旅游商船进入该地区。

第三，呼吁和参与制定保护海洋生物的国际公约。以海洋守护者协会为例。由于历史文化原因和商业利益的诱惑，少数国家的过度捕鲸，使鲸类面

---

①② Climate Change and the Ocean[EB/OL].[2018-02-03].https://oceanconservancy.org/climate/.

临种群灭绝的危险。海洋守护者协会1972年成立后的第一个行动就是拯救鲸鱼。为了拯救鲸鱼,该组织展开了一系列活动,如设立鲸鱼保护基金;向公众筹款对鲸鱼进行科学研究;抗议俄罗斯和日本的商业捕鲸;发起请愿活动,并在报纸上刊登广告,提高公众对捕鲸业的认识。其最知名的行动是自1979年以来弄沉了10艘捕鲸船。①在该组织及其他相关非政府组织的推动和游说下,国际捕鲸委员会最终在1982年颁布了禁止和限制商业捕鲸的条文,1986年通过《全球禁止捕鲸公约》。最初该组织的工作重点只是鲸鱼、海豹和海龟等物种,后来该组织意识到不保护海洋物种的栖息地就无法保护这些物种,于是在20世纪80年代通过海洋保护区计划(The Marine Sanctuary Program)开展了保护物种主要栖息地的活动,并推动联合国讨论和磋商"全球公海海洋生物多样性保护公约"。②

(2)促进渔业的可持续发展

世界自然基金会2015年发布的《蓝色星球生存报告》指出,1970—2012年间,海洋种群数量下降了近一半。造成这一问题的关键因素是过度捕捞、非法和破坏性捕捞。这不仅是物种和生态系统的丧失,而且对生物社区产生了严重的影响。2018年联合国粮农组织发布的《世界渔业和水产养殖业现状》(SOFIA)称,全球33.1%的渔业捕捞超过了可持续的限制。

造成这种状况最重要的原因是IUU捕捞,即非法(Illegal)、不报告(Unreported)和不管制(Unregulated)捕捞。其中,非法渔获量是指故意隐瞒、谎报违反管理规定(如禁渔区或禁渔期、鱼种配额、网具限制)、在外国码头上岸及在海上进行外贸交易的渔获量;不报告是指没有向其本国政府及区域渔业管理组织报告必要的资料而进行的作业,包括渔获量的低报、谎报、不报等;不管制是指不遵守国家、区域或全球性渔业养护管理措施而从事的捕捞。无视环境保护和关于捕鱼配额的严格规定,是国际上严重违规的捕捞活动,非法捕捞量的价值每年约100亿~235亿美元,威胁着鱼类种群和生态系统的可持续发展,也影响合法捕鱼者的生计。

为了改善这种状况,一些非政府组织一直致力于相关工作。其中最为著名的是海洋管理委员会(Marine Stewardship Council),该组织以保护海洋中

---

① Who we are[EB/OL].[2018-02-03].https://www.seashepherdglobal.org/who-we-are/.

② History[EB/OL].[2018-02-13].https://oceanconservancy.org/about/history/.

的鱼类资源作为该组织的目标，在促进人类享受海鲜的同时能与海洋生物资源可持续发展建立平衡关系。①

该组织指出，人类的非法捕鱼、误捕、滥捕、肆意破坏鱼类栖息地等行为对海洋环境造成了极大的破坏。加拿大的纽芬兰渔场曾是世界四大渔场之一，曾有"踩着鳕鱼背可上岸"的传说，但在长期肆意捕捞之后陷入困境。1992年，纽芬兰的鳕鱼渔业崩溃，四百多个沿海社区的四万人因此而失业。此事件促使国际社会思考如何解决过度捕捞问题。②

为了保证海鲜资源的可持续发展，促进渔业的可持续发展和良好管理，最大限度地改善海洋环境，该组织开展了海鲜资源的认证和生态标签项目（The certification and ecolabelling program），通过制定项目标准对捕捞者进行评估，取消非法捕捞者的渔业资格，最终被行业淘汰。海洋管理委员会的认证标准实施以来取得了明显效果，IUU捕鱼在南大西洋基本上消失，全球14%的海洋捕捞通过了认证或参与了海洋管理委员会的计划。该组织希望到2020年全球海洋捕捞量的20%能经过该组织的认证，进而支持全球海洋系统的生产和恢复，2030年超过1/3的全球海洋捕捞量得到认证，强化渔业管理，促进市场转型。③

海洋管理委员会之所以能得到广泛认同，主要有三个原因：一是在标准制定过程中，充分考虑了政府、学术界、渔业行业、市场部门、环境非政府组织和沿海社区的观点、利益、经验和专业知识，该组织邀请各方就标准和要求进行讨论和充分磋商，使标准和评估具有普遍性和平衡性。因此，不论是渔民、零售商、科学家还是消费者都信任该组织的认证，达到了可信认证和生态标签的最高国际标准。二是该组织的渔业标准部分是基于联合国粮农组织负责任的捕鱼行为准则，该准则于1995年制定，作为鼓励可持续和与环境协调的捕鱼活动的国际框架，它为世界各地渔业的保护、管理和发展提供了原则和标准。同时，该组织的海鲜认证和生态标签计划也完全符合联合国粮农组织国际商定的野生捕捞海鲜生态标签原则。④三是该组织在加强科

---

① About the msc[EB/OL].[2018-02-13].https://www.msc.org/about-the-msc/what-is-the-msc.

②③ Our Strategy[EB/OL].[2018-03-03].https://www.msc.org/about-the-msc/our-strategy.

④ 2001年，联合国粮农组织通过了《防止、阻止和消除非法、不报告、不受管制捕捞的国际行动计划》，要求各国和国际渔业组织采取措施加以实施，保护渔业资源。

学参与和研究、完善监测评价体系及扩大海洋科学和政策领域之外,还投资研究了解消费者对可持续海鲜的需求并开展宣传活动,提高公众对可持续渔业和海洋管理委员会生态标签的认识和支持。①

3.国际非政府组织与海洋酸化问题的治理

为了减少海洋酸化问题对当地社会和生物的影响,国际非政府组织也从各个层面促进海洋酸化问题的治理。以海洋保护协会为例,该组织将科学研究、政策制定和知识传播三个方面结合起来发挥影响力:首先是在相关科研领域投资,以支持对海洋酸化问题的研究,了解问题的复杂性。该组织在海洋酸化问题研究领域一直处于前沿,其次是召集相关各方商讨解决问题的方案,最后是海洋酸化问题的知识和信息,该组织认为公众对海洋酸化问题如何影响海洋了解得越多,就越能够联合起来应对这一挑战。②

该组织认为,海洋酸化问题是一个与全球气候变化紧密联系在一起的议题,应对气候变化对海洋未来的健康至关重要,气候行动和政策的实施应考虑如何有效解决海洋酸化问题。海洋酸化与气候变化相互影响,如果不能成功地在整体上减少温室气候排放,海洋生态系统就面临崩溃的危险。同样,如果海洋酸化问题不能得到缓解,各国及至全球的气候目标也无法实现。③为此,该组织呼吁各方降低温室气体排放量,减少温室气体对气候的影响,为此提出要了解和跟踪二氧化碳的排放,观察其对海洋的影响;理解和保护海洋生态系统自然储存二氧化碳的方式;管理全球碳循环,使地球能够维持生命;使用基于科学、数据驱动的方法来收集和储存碳,保护和恢复海洋和沿海地区;保护重要的地方,减少其他人为因素对海洋和沿海生态系统造成的压力;制定严格的审计和透明的制度,在当前和今后的全球进展评估中纳入有关海洋下沉状况的信息;与合作伙伴共同创新管理办法,以确保商业、娱乐、生存和其他海洋资源的使用能够持续到未来。该组织认为,可持续的海洋适应战略是确保人类能够为无法避免的气候变化的影响做好准备的

① How we meet best practice[EB/OL].[2018-08-02].https://www.msc.org/about-the-msc/how-we-meet-best-practice.

② Confronting Ocean Acidification[EB/OL].[2018-08-02].https://oceanconservancy.org/ocean-acidification/.

③④ Climate Change and the Ocean[EB/OL].[2018-08-02].https://oceanconservancy.org/climate/.

关键部分,这需要实施各种可持续的适应措施,了解和保护海洋在气候系统中的作用。④

(三)国际非政府组织在海洋环境治理中的作用

1.提高国际机构处理海洋事务的能力与效率

在全球海洋环境治理中,国际非政府组织凭借自身所具有的专业知识、对海洋事务的认知、倡议行动网络,对提高国际机构处理海洋事务的能力与效率有重要意义。①以海洋保护协会为例,该组织与世界各国、国际海事组织、航运业和其他机构合作,共同制定严格的规定,处理北极的航运排放、全球航运的温室气体排放以及与航行和安全有关的问题;该组织还与北极国家和北极理事会常任理事国合作,强调对北冰洋进行国际保护的必要性,主要工作包括:制定管理北极地区的各项条约和区域管理计划;在海洋管理方面加强合作;建立海洋保护区网络;确保有可供利用的最佳科学信息。该组织认为,北极的管理如果没有非政府组织参与制定周密的规划、管理和监管,就会使石油钻探和航运这样的工业活动更加频繁,从而加剧北极地区的污染。②非政府组织的介入和监督有助于提高现有国际机构在北极的管理水平和效率。

2.为国际海事保护机构提供咨询和建议

以非政府组织太平洋环境(Pacific Environment)为例。2017年,该组织联合北极的土著和环境非政府组织,在伦敦与国际政策制定者共同讨论环境保护问题。该组织提议保护白令海峡和相关海域的社区和野生动物,避免船舶运输量增加。在会议上,联合国国际海事组织(IMO)的决策者出人意料地要求美国政府代表解释正在考虑中的北极保护的根本原因和公共投入过程。由于缺乏充分的准备,美国政府代表无法回答。因为长期在该地区从事保护工作,与当地社区及土著人非常熟悉,太平洋环境北极项目的负责人为国际海事组织提供了相关信息。首先,该负责人从土著人的情况出发叙述了为什么这一地区需要保护,阿拉斯加土著人在这个地区生活了几千年,依靠白令海峡的资源维持生计,这既是其后花园和生活来源,也是其文化遗产的

---

① 梁甲瑞,曲升.全球海洋治理视域下的南太平洋地区海洋治理[J].太平洋学报,2018,v.26(04):52—68.

② Protecting the Arctic[EB/OL].[2018-08-20].https://oceanconservancy.org/protecting-the-arctic/.

重要组成部分。其次,太平洋环境提供了由环境活动家和土著领导人提出的保护措施。最后,太平洋环境的负责人还与社区领导人共同提出海岸警卫队应该认真对待土著人的关切,包括保护海洋野生动物、脆弱的海洋生态系统和土著生存活动的相关措施。①

3.约束和限制企业(或公司)的污染行为

近年来,从事航运业和旅游业的企业(或公司)如全球知名的嘉年华、皇家加勒比,在利益的驱动下在北极地区的活动日益频繁,据专家称,一艘邮轮的污染物排放量相当于7.3万个高能耗家庭,体积庞大的邮轮的二氧化碳排量相当于8638辆汽车,二氧化氮排放量相当于42.1万辆汽车,二氧化硫排放量相当于3.76亿辆汽车,②它们造成的污染给北极海洋环境带来重创。这些现象受到非政府组织的重视。为了约束和限制企业(或公司)的污染行为,国际非政府组织主要进行了以下工作:

首先,非政府组织要求船只避免侵害脆弱的北极海洋生态系统,减少漏油威胁和环境灾难对野生动物和猎人生存的伤害。非政府组织在国际社会传播这种观念,并使国际社会逐渐接受了这样的规则。其次,非政府组织(环境联盟)和合作伙伴(当地社区)正在共同努力将保护措施付诸到位,它们在阿留申群岛南部推动的类似保护措施已经产生积极影响,一些船舶已从敏感和危险区域转移。最后,非政府组织不断向航运业施压,要求其尽快停止使用化石燃料,并尽快实现100%的零排放,其中包括世界上最大的邮轮运营商嘉年华公司(Carnival Corporation)。③

在这方面工作最为突出的是太平洋环境。该组织指出,嘉年华公司在北极地区的旅游项目不断增多,为游客提供了亲身体验北极美景的独特机会,但在这一过程中的重油泄漏,也对野生动物和依赖这些原始水域的土著社区造成了十分严重的破坏。太平洋呼吁嘉年华这样的游轮公司必须尽其所能保护北极环境,同时逐步淘汰危险、污染严重的重质燃料油。该组织指出,重质燃料油在燃烧时会释放大量温室气体和其他危险污染物,如二氧化硫

---

① ③ Kevin Harun. Do You Want to Help Protect the Arctic? [EB/OL]. [2018-12-20]. https://www.pacificenvironment.org/do-you-want-to-help-protect-the-arctic/.

② 财经网. 世界最大邮轮污染惹争议:相当于7.3万个高能耗家庭[EB/OL]. [2016-06-09]. http://finance.china.com.cn/roll/20160609/3760196.shtml.

和烟尘(或黑炭)。在北极和亚北极地区,这些烟尘沉积在海冰上,并加速其融化。海冰的减少对北极野生动物来说是毁灭性的,还严重影响了北极社区的稳定和发展。①

太平洋环境与地球之友以及欧洲的运输与环境组织等环境非政府组织联合起来,要求嘉年华船队的所有船舶必须改用低硫柴油,立即停止加拿大、阿拉斯加和其他北极航线的所有重质燃油和混合燃料的使用和运输;还要求该船队通过安装柴油微粒过滤器减少所有船舶的黑炭污染;率先开发和实施清洁航运技术,帮助不使用化石燃料的邮轮提供动力。非政府组织希望嘉年华公司承担责任,使用清洁燃料,走向一个真正可持续的未来。这一诉求吸引了成千上万的人在推特上的关注,这使嘉年华公司无法掩盖在北极造成的大量污染气体排放的事实。此外,太平洋环境(Pacific Environment)还与北极土著领袖和其他海洋和环境专家组成代表团向嘉年华公司递交了超过10万人签名的请愿书,要求该公司停止在北极和亚北极地区的相关污染行为,批评嘉年华虽然在表面上将可持续性和人权作为公司的核心价值观,但却在北极地区使用肮脏的化石燃料,破坏了北极的可持续发展和北极人民生存的人权。该公司认为,虽然嘉年华拥有超过40%的全球市场份额和10个在全球运营的品牌,但是现在他们应该开始重视并且尊重北极人民的意愿,并结束在这个脆弱和危险地区停止不人道的行为。②

4. 提高公众保护海洋环境的意识

以海洋保护协会为例,该组织长期致力于保护海滩和海洋环境,提高公众保护海洋环境的意识。三十多年来,该协会组织了多次国际海岸清理工作,来自153个国家的近1200万志愿者齐心协力,收集了超过2.2亿磅的垃圾。该协会在活动中强调,解决海洋的塑料问题先要重视陆地的塑料污染,减少塑料的使用,特别是一次性产品的使用,以及发展中国家塑料的回收,有助于减少进入海洋的塑料废物的数量。海洋保护协会一直将热情的海洋爱好者聚集在一起,帮助他们实现"无垃圾海洋"的愿景。这种观念和行动上的影响力,有效地传播了他们的环保理念,提升了公众的海洋保护意识。

---

①② Domenique Zuber. Stop Polluting the Arctic, Indigenous Leaders Tell Carnival[EB/OL]. [2018-10-24].https://www.pacificenvironment.org/breakingstop-polluting-the-arctic-indigenous-leaders-tell-carnival/.

该组织还加强基础研究,与公众、科学界和决策者分享破坏海洋行为的关键细节。通过与个人和企业合作,改变污染海洋环境的各个环节,防止污染物进入水域。该组织每天都带领着志愿者采取行动,甚至具体到为每一个街角、河床和海岸水道上的人们提供可行的建议,使他们能够在垃圾到达海岸之前阻止废物的流动。该组织希望在这一过程中加强对公众科学意识的培养。此外,海洋保护协会还建立了"无垃圾海洋联盟"(Trash Free Seas Alliance),将来自工业界、政府界、非政府组织合作伙伴和科学界的领导人聚集在一起,为海洋垃圾问题提供系统、持久的解决方案,推动出台良好的政策。①

5.影响国家对自身海洋利益的认知

在海洋环境保护方面,国际环境非政府组织活动范围非常宽泛,既包括海洋环保宣传教育、海洋环保策划组织活动、海洋环境的科学研究活动,也包括海洋环境相关的公共政策的参与活动和海洋环境相关问题解决和事件处理的监测、咨询及评估事务;②还包括各种海洋及海洋生物保护公约的形成及实施。就此来讲,非政府组织能够及时从各个角度和层面影响国家对自身海洋利益的认知,在一定程度上促使国家注意到海洋环境保护中全球利益与国家利益的紧密联系,从而使国家在寻求海洋利益时不是仅仅停留在国家和利益集团层面。不过,国际非政府组织对国家的海洋利益认识影响非常有限。③

(四)国际非政府组织在海洋环境治理中的困境

从国际非政府组织自身来看,在海洋环境治理中,国际非政府组织有诸多不足:首先,目前在全球海洋环境治理中,国际非政府组织的很多倡议还停留在口头上,没有真正转化为行动;其次,国际非政府组织参与海洋环境治理的实力有限,在具体行动中所需的资金和技术都有赖于国家或个人的支持;最后,国际非政府组织能否在全球海洋治理中发挥更大的作用也取决于组织之间的协调性,而实际治理过程中,国际非政府组织之间存在明显分歧和冲突。

---

① Trash free seas[EB/OL]. [2018-06-07].https://oceanconservancy.org/trash-free-seas/.

② 赵宗金. 从环境公民到海洋公民:海洋环境保护的个体责任研究[J]. 南京工业大学学报(社会科学版), 2012,11(02):18-22.

③ Protecting the Arctic[EB/OL].[2018-08-20].https://oceanconservancy.org/protecting-the-arctic/.

　　从海洋环境治理体系来看,国际非政府组织缺乏优势。首先,全球海洋治理主体包括国家、政府间国际组织、国际非政府间组织、跨国公司、个人等,不同的主体在治理中的地位不同,所发挥的作用也不相同——主权国家是全球海洋治理中最具影响力的主体, 其他行为体只是充当补充治理的角色,非政府组织在全球海洋治理中依然处于边缘地位。其次,不同的行为体存在着不同的世界观、价值观和利益差别,它们的观念和利益具有一定的一致性,同时也体现出较强的排他性。非政府组织的海洋环境治理理念并不一定能够被其他行为主体全部接受,事实上,说服其他行为主体在一定程度上放弃自身利益,服从全球利益,也不是一件容易的事。在全球海洋治理体系中,国家间治理体系与非国家间治理体系在权力上具有很强的竞争性。[1]最后,国际非政府组织在协调不同国家和不同区域的利益和合作时,因为利益分化和冲突使得海洋环境治理效果十分低下, 非政府组织在其中也常常陷入尴尬的局面。[2]

思考题:

1.如何界定国际环境非政府组织?

2.国际环境非政府组织在全球环境治理中的优势体现在哪些方面?

3.如何评价国际非政府组织对国家在环境问题上的影响?

4.国际非政府组织在全球环境规范形成中的作用是什么?

5.国际非政府组织在全球环境规范实施中的挑战有哪些?

6.参与极地和海洋治理的国际非政府组织有哪些?

---

① 袁沙,郭芳翠.全球海洋治理:主体合作的进化[J].世界经济与政治论坛,2018(1):45-65.

② 庞中英.在全球层次治理海洋问题——关于全球海洋治理的理论与实践[J].社会科学,2018(9):3-11.

第七章
国际非政府组织与全球卫生治理

自然因素与人类生产行为、生活方式等社会因素造成的问题,如重大的传染性疾病、食品药品安全、公共环境和卫生安全,正随着世界范围内人口和货物的大规模快速流动,从国内问题变成跨国问题,威胁和困扰着人类。不同层次的国际行为主体都在寻找和尝试着解决卫生与健康问题的办法,作为新兴的力量,国际非政府组织与国家及政府间国际组织形成了密切的关系,凭借自己的专业优势促进国际卫生规范的形成和实施,防治传染病,改善公共环境卫生,指导人们对疾病进行早期确诊及防预治疗,应对突出性公共卫生事件,建立保障人们达到健康生活水准的全球机制,在全球卫生治理中发挥着重要的作用。

第一节　全球卫生治理领域中的国际非政府组织

一、国际非政府组织致力于全球卫生治理的起源及发展

（一）国际非政府组织从事医疗卫生活动的历史

人类的疾病和传染病史与人类的历史几乎一样长,鼠疫、霍乱、麻风病、疟疾等流行性疾病对人类文明进程产生了深刻影响。早期的西方国家为了控制这些疾病的传播和蔓延进行了大量的研究,并修建了大量的公共卫生设施,但常常会出现资金或技术的缺乏。在这种情况下,一些民间医学人士或卫生团体就会参与到其中进行志愿服务。随着人类与瘟疫和各种疾病的斗争中经验的积累和增加,各国预防疾病的意识不断提高,措施不断健全,非政府团体在公共卫生领域中的作用也越发明显。早在18世纪美国清洁城市公共卫生行动中,妇女非政府组织就发挥了很好的领导作用。到

了 19 世纪,伴随着发达国家的工业化、城市进程,出现了大量公共健康志愿团体。这些公共志愿团体的工作人员大多是招募来的志愿者,其运作资金依靠私人或工商界的捐款支持,或者其他方式的社会集资,除很少一部分用于支付某些专家的薪金外,绝大部分用于购买设备、举办与公共健康有关的活动。它们常常通过宣传和展览吸引公众,向公众普及传染性疾病的成因、传播途径和预防方法;还进行社会调查,及时发现、报告传染病影响的程度和规模,向政府提出意见和建议,改善传染病的失控状况。[1]19世纪中期以后,非政府组织的公共健康活动逐渐扩散到国外,一些医学传教团体作为最早的国际卫生团体影响殖民地卫生实践,如伦敦传教会在印度改进当地治疗疟疾、痢疾和霍乱等疾病的制度。但在 20 世纪之前,非政府组织数量不多,规模也不够大,形不成气候,在公共卫生领域也没有发挥很大的作用。

　　一战结束后,许多非政府组织开始介入国际卫生领域,它们实施的项目和培养的人才对后来国家合作产生了重要影响。这些机构包括国际红十字会、福特基金会、威尔康基金会,等等。其中,成立于 1913 年的洛克菲勒基金会国际卫生委员会是最早开展区域性的疾病根除和控制计划的组织,并且积极支持在美国和世界各地成立公共卫生学院,北京协和医院就是由洛克菲勒基金会创立的。

　　二战后,随着全球经济、政治、社会发生剧烈变革,卫生非政府组织不断发展,作为新兴主体逐渐参与到全球公共卫生的治理中,活跃在公共卫生健康、妇女儿童健康、传染病及非传染性慢性疾病、性与生殖健康等领域,非政府组织的活动极具专业性、广泛性和灵活性,为解决一系列重大问题提供了新的选择和可能,为全球公共卫生治理注入了新的元素,成为各国政府之外的全球卫生治理的重要补充。

　　冷战结束后,东、西方解除了隔绝的状态,为国际社会加强各方面的合作奠定了基础。面对公共卫生领域不断出现的新问题,世界各地的非政府组织也加强了沟通与交流,初步建构了国际化网络与新兴的国际协调解决机制,形成了特定的法律和制度框架。在一些政府间国际组织难以处理和解决的问题上,尤其是在传染病的预防和治疗中能够发挥独特的作用,成为全球

---

[1] 宋云伟.美国公共健康志愿组织的兴起和作用[J]. 武汉大学学报,2004(4):517–521.

公共卫生治理中不可或缺的力量。①

　　(二)医疗卫生非政府组织的生成与发展环境

　　目前,致力于全球公共卫生领域的非政府组织绝大多数来自西方,卫生非政府组织在西方的兴起与迅速发展,与其所处的政治、经济以及文化环境都有很大关系。

　　从政治环境来看,西方的政治环境有利于卫生非政府组织的生成与发展。首先是准入"门槛"低。西方各国对非政府组织成立与注册的法律规定较为宽松,准入"门槛"低,公民可以自由地自愿结成组织,这比较有利于卫生非政府组织的生成发展。其次是政府对卫生非政府组织实行减免税政策,这对鼓励卫生非政府组织的生成发展起到了重要作用。同时政府逐渐注重与卫生非政府组织合作,鼓励卫生非政府组织参与卫生保健服务:通过合同承包、特许经营等方式,政府将公共卫生服务转包给某些医疗非政府组织,或者从卫生非政府组织那里购买特定的卫生保健服务。像美国已有200多种社会公共服务项目被纳入政府的购买体系中,其中与卫生非政府组织有关的包括心理咨询、社区医疗卫生服务、疾病防治、老年人医疗服务、残疾人救治、医学研究等。

　　从经济环境来看,西方发达的经济环境对于卫生非政府组织的生成与发展也有积极影响。首先,西方国家社会资本雄厚,能够承担起组建、运行卫生非政府组织的成本。经济基础决定上层建筑,卫生非政府组织这种制度安排的出现,需要以一定的经济资本为前提基础。西方发达国家的市场经济使得民间力量握有雄厚的经济资本,这无疑是西方世界卫生非政府组织数量较多的重要原因。其次,西方发达的市场经济给人们带来了灵活的思维倾向,在公共卫生服务领域也不例外。市场型的运作模式在公共卫生领域屡见不鲜,也促使非政府组织机构进入公共卫生服务体系。

　　从文化环境来看,西方不信任政府政治是卫生非政府组织发展的另一个重要前提。西方政治文化强调个人理性、个人价值和个人自由,主张对自己的行为负责,自我支配、自我管理与自我发展;主张"大社会,小政府"模式,认为政府的职能必须是有限度的,因为政府即使处于一种最佳状态,也是一种不可避免的邪恶。西方思维中对政府的不信任,决定了政府职责范围

---

① 曹敏.全球公共卫生治理中的非政府组织:以盖茨基金会为例[D].外交学院,2013:16.

之外客观存在的公共事务仍然需要不同种类的组织机制处理。卫生非政府组织便是除政府之外提供卫生保健服务的重要主体,因而备受器重。以美国为例,自20世纪60年代初期,美国联邦政府为促进卫生事业的发展,大量投入财政资金,但不是用扩大政府雇员规模、广设政府服务机构的办法来促进这一事业,而是把民办医院、社区医疗机构等医疗非政府组织作为公共卫生服务的直接提供者。在这一过程中,联邦政府出钱,把公共卫生服务转包给卫生非政府组织,极大地促进了美国卫生非政府组织的发展。此外,西方的基督教文化强调慈善捐赠和做善事的重要性,参与公共卫生服务体系,向有需要的社会群体提供卫生保健服务,这种博爱的文化传统有助于公益性卫生非政府组织的生成与发展。①

总体来看,西方环境有利于卫生非政府组织的生成和发展,但也并不是每个国家都如此,如英国的非政府组织在教育、文化娱乐、社会服务等领域非常活跃,但在医疗领域就十分薄弱,原因是二战之后英国的许多民间非营利医院转为国有,国家提供的医疗卫生服务急剧增长,抑制了卫生非政府组织的发展。

二、国际非政府组织致力于全球公共卫生治理的机遇与优势

(一)国际非政府组织致力于全球公共卫生治理的机遇

在全球化时代,人类的全球化行为催生和加剧了大量公共卫生问题,并戏剧性地改变了全球疾病谱。当前无论是传染性疾病、非传染性疾病,抑或对大众健康的其他威胁,正逐渐变成越来越复杂且多样化的全球性挑战,这为非政府组织发挥自己的特长提供了机遇。

1.人类遭遇疾病全球化威胁,催生了各种各样的卫生非政府组织

目前,各种新旧传染病仍然是人类健康的重大威胁。在全球化背景下,由于社会生活的急剧变迁,肺结核、疟疾、梅毒等传染性疾病死灰复燃。一方面,传统疾病如大流感、疟疾、结核病等不断产生变种,并增强了抗药性,从而使预防和控制变得更加复杂,结核病仍是全世界传染病中的最大杀手,每年夺去200万~300万人的生命;另一方面,艾滋病、严重急性呼吸道综合征

---

① 何晔.论医疗非政府组织生成发展的环境因素与外部原因:以美国为例[J].学会,2010(3):3-7.

和禽流感等具有更强传播性与更大威胁性的新型传染病也持续蔓延，有时甚至会在短时间内演变为跨国越界的全球性危机，威胁全球公共安全。世界卫生组织发布的《2017年世界卫生统计》报告显示：2015年，全球约有210万人新感染了 HIV，有110万人死于 HIV 相关疾病，到2016年中期，全球已有1820万 HIV 感染者接受抗反转录病毒疗法；2015年还有2.12亿例疟疾病例、1040万新发结核病例、140万结核死亡病例，有130万人死于肝炎，包括急性肝炎、肝炎所致肝癌和肝炎所致肝硬化导致的死亡。此外，约有2.57亿人感染 HBV，7100万人感染 HCV。[①]

除了传染性疾病外，非传染性疾病也威胁着人类的健康。伴随着经济的不断发展，人们的行为模式和生活方式发生了急剧转变，心脑血管疾病、肥胖症、恶性肿瘤、中风、糖尿病等非传染性慢性病，不仅成为富裕社会的普遍现象，也开始侵扰许多第三世界国家，发展中国家死于非传染性疾病和伤损的人数迅速上升，并超过传染病带来的疾病和死亡负担。世界卫生组织发布的《2017年世界卫生统计》报告显示：2015年约4000万人死于非传染性疾病(NCD)，占总死亡人数(5600万)的70%。其中，心血管疾病(1770万死亡)占45%、癌症(880万死亡)占22%、慢性呼吸系统疾病(390万死亡)占10%、糖尿病(160万死亡)占4%。

复杂多变的全球化过程以史无前例的速度将疾病和死亡风险带到地球各个角落，这种状况催生了大量卫生非政府组织，致力于各种疾病的研究、预防和治疗，以改善全球公共卫生环境。

2. 全球卫生治理中的不平等现象为非政府组织提出公共卫生治理新倡议提供了机遇

因全球化过程而扩大的健康不公平大大加剧了弱势人群的健康风险和脆弱性。根据世界银行和世界卫生组织2017年的相关报告，世界上有半数人口无法获得基本卫生服务，还有1亿人因卫生费用而陷入极度贫困。[②]全世界每年仍有一千多万儿童和孕妇死于可以预防或医治的疾病。国与国之

---

① 世界卫生组织.WHO 发布 2017 世界卫生统计报告[EB/OL].[2017-05-26].http://www.cn-healthcare.com/article/20170526/content-492712.html.

② 世界卫生组织.世界上有半数的人缺乏基本卫生服务,还有 1 亿人因卫生费用而陷入极度贫困[EB/OL].[2018-01-08].http://www.who.int/mediacentre/news/releases/2017/half-lacks-access/zh/.

间的预期寿命之差高达近 50 岁,一国之内有的也相差 20 岁以上。[①]目前贫困已成为判断是否最易感染艾滋病病毒的最重要因素。以艾滋病病毒感染人口的地理分布为例, 全球感染艾滋病病毒或死于艾滋病的人,90%在发展中国家,但每年用于发展中国家防治的钱不足 10 亿美元,而用在发达国家的钱差不多是 70 亿~100 亿美元。[②]这显然都是全球和地方各级权力失衡和社会极度不公平的产物。在一个越来越不平等的全球化时代,地区和国家之间以及一国之内不同人口群体之间,不断扩大的社会经济不平等,也日益体现为健康状况的不平等和不公平。由于地区与地区、国家与国家、穷人与富人,以及女性与男性之间的发展鸿沟越来越大,不同人群在医疗保健服务利用上的差距也变得越来越大。

在这种情况下, 一些卫生非政府组织提出了消除全球卫生治理中不平等现象的倡议,强调发达国家在卫生健康方面应承担更多国际义务,放弃自私的态度;国际社会应做到程序正义与实质正义并重,维护发展中国家的正当权利,照顾到发展中国家的特殊情况,确立发达国家向发展中国家提供技术与财政援助的责任与机制,加强发达国家对发展中国家的援助,避免流行性疾病的进一步全球扩散。卫生非政府组织的这些倡议有助于改善全球卫生治理中的不平等现象。

3.联合国对全球公共卫生问题及合作的重视,为非政府组织提供了更为广阔的活动空间

很多公共卫生问题是历史遗留下来的, 更多的则是因全球化过程而变复杂化了,或因全球化冲击而前所未有地被凸显和放大。公共卫生问题的全球化使该领域的国际合作变得十分迫切且极其必要。世界各国的依存性和脆弱性因此成为刺激公共卫生领域国际合作的一个助推器。公共卫生问题的跨国化也促进了公共卫生干预的全球化。鉴于公共卫生干预对于改善人类生活质量和福祉的巨大潜力, 以联合国为首的国际社会介入其中并进行了大量干预。公共卫生问题从来没有像今天这样在国际发展议程中占有如此重要的地位。

自 20 世纪 90 年代以来,在人类可持续发展的框架之下,联合国系统对

---

① 苏静静,张大庆.全球化进程中的卫生外交[J].自然辩证法研究,2011(10):60-65.
② 龚向前.传染病全球化与全球卫健治理[J].国际观察,2006(3):24-28.

健康与发展采取了以人权为本的整合性探讨。2000 年通过的《联合国千年宣言》及据此制定的千年发展目标将健康置于发展议程的核心位置。最初制定的千年发展目标的八大目标中有三大项、18 项具体目标中有 8 项、48 个指标中有 18 项都同健康有关。这三大目标分别是降低儿童死亡率,改善孕产妇健康,遏制艾滋病、疟疾和其他疾病。联合国千年发展目标提出的健康议题,对推动全球健康发展和国际卫生合作起到了重要作用。

此外,有关健康与发展的国际政策与立法措施不断推出,而且愈来愈关注全球化对人类健康的影响。例如 2005 年第六届健康促进国际大会通过的《关于在全球化世界中健康促进的曼谷宪章》。同时,各国在加强全球防范并应对共同挑战上也达成了越来越多的共识。其中,《烟草控制框架公约》(2003 年)和《国际卫生条例》(2005 年)是国际公共卫生政策新发展的两个标志性成果。2005 年,世界卫生组织呼吁各国采取全球性行动共同应对导致不良健康和健康不公平的社会因素,得到了众多卫生非政府组织的响应。这对动员全球公众运用全球健康的理念和方法,采取跨国界的全球共同行动,应对人类健康面临的挑战发挥了积极作用。

4.全球卫生人力短缺问题严峻要求非政府组织发挥更多的作用

2013 年,世界卫生组织在第三届全球卫生人力资源论坛上发布了《普遍真理:没有卫生人力队伍就没有健康》的报告。报告认为,全球卫生人力短缺问题依然严峻,如果得不到及时处理,将对全球人口健康产生严重负面影响。报告指出,之所以出现卫生人力短缺,首先是卫生人员队伍老龄化,一方面人员退休或离职后得不到及时补充,另一方面年轻的卫生人员数量不足、培训不够。其次是随着世界人口以及慢性非传染性疾病风险的不断提高,各国对卫生的需求也不断增加。同时,卫生人员的国内和国际迁徙加剧了区域间的不平衡。报告就如何处理卫生人力短缺问题提出了行动建议,如支持长期卫生人力资源的开发;收集可靠数据,构建卫生人力资源数据库;提高基层卫生服务的可及性和可获得性;平衡卫生人员的地理分布;确保卫生人员在制定和实施全民健康覆盖政策和战略过程中的声音、权利和责任。[①]这种紧迫需求使卫生非政府组织有更多的机会参与其中,为全球卫生治理人才的培训、卫生人员地理分布的均衡,以及基层卫生服务的可及与可获建言献策。

---

① 世界卫生组织.全球卫生人力短缺问题依然严峻[J].中国卫生政策研究,2013(11):14.

概言之,全球化既导致或加剧了大量跨国化和全球性的公共卫生问题,也为公共卫生领域的干预提供了各种新机遇。全球重构对公共卫生的影响,无论正面还是负面,都是国际社会和各国政府不可回避的重大政策问题。①这一切也为卫生非政府组织进行大量的跨国活动、预防疾病、救死扶伤、提供人道主义服务创造了机会。

(二)国际非政府组织参与全球公共卫生治理的优势

非政府组织是一些不以营利为目的,并在特定法律系统下不被视为政府部门的协会、社团、基金会、慈善信托、非营利公司或其他法人组织或机构,它们的组织性、民间性、非营利性、自治性和志愿性等特征决定了其在应对全球公共卫生问题和危机上的优势。

1.跨国界优势

同政府相比,国际非政府组织的行动较少受国界限制,因而比政府公共卫生部门触角伸得更远,如传染性疾病快速蔓延时,国境已不能成为阻止病毒传播蔓延的天然屏障,但政府部门却很难突破国境实施有效治理,控制疾病在全球蔓延。在此情形下,水平分布于世界各个角落的国际非政府组织在疫情监测、传染病早期控制等方面比政府部门更有优势,它们可以就某种流行性疾病进行社会调查,及时发现、报告传染病影响的程度,并和多个组织联合起来共同应对传染病问题,起到政府不具有的独特作用。②

2.行动更加灵活

世界卫生组织是由成员国驱动的国际政府间组织,成员国的同意是世界卫生组织开展行动的前提条件。而非政府组织则无此顾虑,在制定政策时考虑相对简单,行动更加灵活,只要和所在国或者当地政府、派别达成协议就可以行动。如1991年索马里中央政权崩溃,其北部地区随后成立"索马里兰共和国"。中央政府缺乏有效控制,国际社会不承认,当地政府又根本没有能力提供基本卫生服务,成了真正的"三不管"地带,只有像无国界医生这样的非政府组织在当地能够自如地开展医疗救援活动。③

---

① 胡玉坤.公共卫生全球化的挑战与机遇[N].[2012-07-28].科学时报。
② 张鸿石,李丽.非政府组织在全球公共卫生治理中的地位和作用[J].当代世界,2011(4):36-38.
③ 汤蓓.卫生 NGO 在抗击埃博拉中扮演什么角色[EB/OL].[2014-10-29].http://www.thepaper.cn/newsDetail_forward_1273793.

3.医学专业优势

疾病控制是一个专业性很强的全球问题，需要具有医学知识和技术专长的人员介入。非政府组织聚集了大批公共卫生领域的专家,这些专家在自己的专业领域进行研究和实践多年，特别是一些历史悠久的卫生非政府组织的专家,不仅在药品与疫苗研发、病毒分析鉴定与医疗技术援助、推动和监督政府行动,以及参与国内国际制度的设计等方面十分重要,而且在传染病监测与信息的网络流动方面发挥着巨大作用。此外,专业医疗人员和专家在公共卫生领域的公益活动对促进健康教育、消除人们的无知状态也有很大优势,不但可以消除患者对身患一些疾病的耻辱感,而且可以消除周围人群对这种疾病的神秘感。

4.补漏补缺

在公共卫生领域始终存在政府无暇顾及和不便涉足的领域，非政府组织的草根性使其能够迅速发现亟须支持的节点，在必要的领域中开展服务以补充政府公共卫生服务。如同性恋人群、城市游民、无业人员等,由于长期游离于主流社会之外,没有纳入政府行政管理的范畴,这部分人群的危机防范往往是政府部门最难以顾及的软肋,相应的管理和约束皆处于缺失状态,在这些人群中开展 HIV 预防，就体现了非政府组织在政府不便涉足的特殊领域提供服务的优势。以非政府组织在泰国的活动为例,一些非政府组织长期在泰国对艾滋病目标群体进行政策宣传、知识教育、生活救助和治疗等。其初期的目标人群以青少年和普通民众为主,从 1988 年开始,关注对象扩展到了性服务者、同性恋、吸毒者和性病患者的个人及其家庭。1989 年关注对象扩展到了体力劳动人群,1991 年开始关注泰国山地居民和贫民区居民,[①]在这些领域,非政府组织起到了重要的补充作用。

5.补充社会资源和资金

由于世界卫生组织的职责范围涵盖全球疾病控制的方方面面，近年来发达国家又严格限制世界卫生组织的预算,2011 年世界卫生组织预算被削减 6 亿美元,传染病部门职员人数从 95 人减少到 30 人,资源的匮乏使世界卫生组织在一些公共卫生难题前"只能动嘴、不能动手",在一些公共卫生危机爆发时也显得反应缓慢。与世界卫生组织相比,国际卫生领域内的非政府

---

① 万悦容.泰国非政府组织[M].知识产权出版社,2013:127.

组织关注的议题比较集中,资源和资金上或有基金支持,或有比较稳定的捐赠来源, 或是能够通过游说、呼吁有效地募集国际援助。如无国界医生在2012—2013 年募集到的资金超过 24.7 亿美元,约为世界卫生组织同时期预算总额的 60%。①

6.创新服务模式

如英国救助儿童会在中国云南省开展的青少年艾滋病防治教育项目中,采用了参与式和同伴教育的方法,依靠学生的参与,由他们自己设计活动,项目人员从旁引导,通过讨论、宣传画、诗歌创作以及自编自演小品等方式,由学生自己传授青春期性知识、预防吸毒、预防艾滋病的知识和抵御同伴压力的技能等。由于形式活泼,项目参与者得到了充分的尊重和发挥主动性的机会,所以受到了师生和家长们的热情欢迎,师生积极参与,项目取得了很大成功。②非政府组织的新型服务模式更有利于激发服务对象的责任感、主动性、决策力和自信心,更能调动服务对象的积极性,帮助服务对象自立、自主,让服务对象自觉自愿地加入对抗疾病的行列中。

7.对新出现的全球性健康问题更加敏感

手机、平板电脑或者无线联网玩具可能会对人们,特别是对儿童的认知系统(记忆力、注意力和协调能力)产生影响。非政府组织最早对此有清楚认识,法国的两家非政府组织“为环境而行动”和致力于关注电磁辐射问题的组织 Priartém 向法国卫生部和卫生及食品安全署呼吁, 要求通过部长令形式,紧急禁售某些种类的手机以及其他所有特别针对幼龄儿童的类似产品,防止电磁辐射对儿童造成损害。

8.促进国家和全球卫生公平

在全球卫生治理中,非政府组织追求的目标与主权国家有明显区别:非政府组织的核心关注是人类的健康利益, 而主权国家首先关注的则是经济竞争力。因此,国家的卫生法律与卫生政策的导向重心不是放在促进卫生公平方面,而是更多地放在提高经济竞争力上。例如,有些发展中国家的医疗改革以市场化、商业化为导向,这并不符合卫生服务是公共产品这一本质属

---

① 汤蓓. 卫生 NGO 在抗击埃博拉中扮演什么角色 [EB/OL].[2014–10–29].http://www.thepaper.cn/newsDetail_forward_1273793.

② 周弘,张浚,张敏.外援在中国[M].社会科学文献出版社,2013:365.

性。非政府组织在国家层面上呼吁国家审思与重构自身卫生法律与政策,积极开展医疗卫生体制改革,提高"基本医疗卫生服务"的覆盖率,加强国家卫生能力建设,促进不同人群的健康公平;在国际层面上协助世界卫生组织推动《国际卫生条例》和《烟草控制框架公约》等国际卫生立法,更多地关注卫生公平而非经济竞争力,尤其是在国际卫生投资与援助政策上,要求国际社会减少全球卫生不平等、促进全球卫生分配更加公平。[①]

三、国际卫生非政府组织的定义与类型

(一)国际卫生非政府组织的定义

国际卫生非政府组织 (International Health Non-governmental Organization)是指那些独立于政府和政治团体,通过各种方式在国际和国内层面上致力于治疗和预防各种疾病, 促进和保护人类健康而自身并不追求权力的组织。简言之,即参与、从事与医疗卫生及健康相关活动,以促进人类健康卫生、健康卫生公平及正义、生命安全为目标,以治疗和预防各种疾病、提供卫生健康信息及服务为业务范围的非政府组织,都属于国际卫生非政府组织。由于"卫生"和"健康"涉及的内容都非常广泛,其中"卫生"涉及卫生发展、卫生安全、卫生体系、信息与知识、合作伙伴关系,"健康"涉及全球人群健康状况、疾病负担、健康社会决定因素、制定全球健康策略、确定全球健康治理议题,研究全球健康治理模式,等等,所以围绕这些议题出现了各种各样的国际卫生非政府组织。

(二)国际卫生非政府组织的类型

治疗和预防各种疾病是医疗国际非政府组织的服务主题, 由于疾病类型繁杂,相应的非政府组织也可以分为多种类型。

1.根据国际卫生非政府组织关注的疾病类型可以分为:

一是关注传染性疾病、恶性肿瘤及突发的流行疾病的组织。传染性疾病包括通过空气、触摸、唾液、血液及母婴等途径传播的各种疾病,常见的传染性疾病如甲型 H1N1 流感、H7N9 禽流感、艾滋病、结核病、重症急性呼吸征(SARS)。相关的非政府组织有世界性健康协会(WAS)、美国生殖医学学会

---

① 张彩霞. 全球卫生治理面临的挑战及其应对策略[J]. 中国卫生政策研究,2012(7):60-68.

（ASRM）、国际艾滋病协会（IAS）、艾滋病病毒/艾滋病患者全球联合网络（HIV/AIDS GNP）、国际结核病与肺部疾病联合会（International Union Against Tuberculosis and Lung Disease）、结核和疟疾基金、国际麻风病协会（ILA）、国际防止感染性病的联盟（IUSTI）、国际抗癌联盟（UICC）、国际癌症治疗与研究网络、无国界医生、全球基金、克林顿基金会、疫苗联盟、国际艾滋病服务组织联盟、国际艾滋病疫苗协会、国际婴儿食品行动网络、抗生素慎用联盟。这些卫生非政府组织积极参与传染病的防治工作，为预防与治疗各种新发和复发的传染病发挥了关键性的作用。

二是关注非传染性疾病及慢性疾病的组织。这类病包括癌症、肝病、血液病、心脏病、糖尿病、心血管疾病、恶性肿瘤等。如国际牙科研究协会（I-ADR）、世界心脏联盟（WHF）、国际疼痛研究协会（IASP）、国际耳鼻喉科学学会联合会（IFOS）、国际地中海贫血协会（TIF）、国际脊髓学会、世界肥胖协会（WOF）、世界心脏联盟（WHF）、世界肝炎联盟（WHA）、世界高血压联盟（WHL）、血液和骨髓移植全球网络（WBMT）、国际肾脏病学会（ISN）、国际糖尿病联盟（IDF）。

三是关注因环境恶化带来的健康问题的组织。包括酸雨、辐射、噪音、全球气候变暖、化学污染、生物污染引发的健康危机。例如空气污染严重引起人类呼吸道疾病的频发、河流污染造成人体重金属沉淀、化学试剂中毒，等等。如国际固体废物协会（ISWA）、国际水协会（IWA）、国际环境流行病学学会（ISEE）、防止核战争国际医师（IPPNW）、国际职业卫生委员会（ICOH）。如"地球之友国际"长期关注基因工程，研究生物科技对人类健康与环境的影响，2000年该组织动员了世界100多个组织共同呼吁美国停止出口一种可能引发皮疹、腹泻以及呼吸问题的转基因玉米。

四是关注普遍健康问题的组织。这类关注人类整体健康问题，如家庭健康国际（FHI）、全球改善营养联盟、国际健康行动协会（HAI）。

五是关注不良生活习惯造成的健康问题的组织。例如由于长期吸烟可能引发肺癌等二十多种疾病，长期吸烟引发直接死亡或结合其他疾病引发死亡；过量饮酒导致肝病和各种心血管疾病；药物滥用、吸毒、高危性行为及性攻击等不良行为习惯都成为健康的杀手。如国际妇女反烟草网络、烟草控制框架公约联盟（FCTC）、反烟草非政府组织联盟、抗慢性呼吸性疾病全球联盟。

　　六是关注现代人面临压力引发各种精神疾病的组织,如抑郁症、精神分裂症、痴呆、癫痫等。相关的组织有国际抗癫痫联盟(ILAE)、国际心理科学联合会、世界心理卫生联合会(WFMH)、世界社会心理康复协会(WAPR)。①

　　2.根据卫生非政府组织服务的对象可以分为:

　　①为老年人服务的,如国际助老、国际老龄联合会(IFA);②为残疾人服务的,如世界盲人联盟(美国)、国际明爱、海伦凯勒国际(基金会)、国际防盲机构(IAPB)、世界聋人联合会(WFD)、国际残疾人联合会、国际扶轮(Rotary International);③服务于儿童和青少年的,如国际婴儿食品行动网络(IBFAN)、国际防止虐待和忽视儿童协会(ISPCAN)、国际儿童和青少年精神病协会、儿童健康、微笑联盟;④服务于妇女的,非政府组织特别关注妇女与儿童的生命健康,在保护妇女权利、降低儿童死亡率、改善孕产妇健康,如国际妇女同盟、国际妇女儿童联合会、玛丽斯特普国际组织;卫生非政府组织的服务对象通常都是社会中的弱势群体。此外,还有为一些特殊疾病病人服务的,如国际心理健康联合会(International Federation for Mental Health)。

　　3.根据卫生非政府组织的功能可分为:

　　①研究型的,如全球健康大学联盟(CCUGH)、世界医学会(WMA)、国际医学组织理事会(CIOMS)、卫生研究与发展委员会(COHRED)、国际药理学联合会、国际免疫学会联合会(IUIS)、国际微生物学会联合会、国际营养科学联盟(国际营养科学联合会)、国际心理科学联合会(心理学会)、皮肤病学协会国际联盟(ILDS)欧洲化学品生态毒理学和毒理学中心(ECETOC)、国际出生缺陷监测与研究中心(ICBDSR);②技术型的,如全球医疗技术联盟(GMTA);③教育型的,如世界医学教育联合会(WFME)、国际健康促进及教育联盟;④综合型的,如比尔及梅琳达·盖茨基金会(The Bill & Melinda Gates Foundation)。

　　4.根据卫生非政府组织的活动方式可分为:

　　①研究型的主要以医学研究为主要工作,如前所述的世界医学会(WMA)、国际医学组织理事会(CIOMS)、卫生研究与发展委员会(COHRED)、国际药理学联合会;②操作型的主要是在一些发展中国家和地区进行医疗卫生援助,促进当地健康卫生的发展,如无国界医生、国际明爱;③倡议型的主要活

---

① 曹敏.全球公共卫生治理中的非政府组织:以盖茨基金会为例[D].外交学院,2013:10.

动就是进行倡议。如一些非政府组织向政府、烟草等行业领军的跨国企业、"金砖国家""八国集团"等具备国际影响的集体行动联盟以及社会运动、游说团体、跨国企业和知名人士等发起倡议活动。再如,国际明爱通过在联合国艾滋病规划署和世界卫生组织的倡议活动促进健康和卫生政策。此外,由于全球化所导致的经济收益不均,贫穷国家与富裕国家在享受低廉高质医疗保健服务方面的差距越来越大,而一些国家和地区由于受贫困和传染病的影响其人口死亡率甚至出现了上升趋势,一些非政府组织专门就卫生公平和健康公平问题向联合国以及各国政府进行倡议,以缓解全球卫生治理中的不公平问题。

5.根据卫生非政府组织人员的组成可分为:

由医疗专业技术人员组成的非政府组织和其他职业人员组成的组织。前者如国际外科医生学会、国际助产士联合会(ICM)、国际护士协会(ICN)、国际职业妇女协会(BPW)、国际妇产科联合会(FIGO)、国际大学生体育联合会(世界医学生联盟)、国际放射技术专家协会(ISSRT)。后者如环境与安全国际网络(INCHES)、国际建筑师协会(UIA)。不同的职业人员组织相关的非政府组织,从自己的行业角度保护人类健康在西方已有悠久的历史,早在19世纪,一些建筑师、教育家、工程师、企业家、女权主义者、牧师和医生就开始组织关注公共健康问题的公益组织,当时它们不但推动防治霍乱的相关立法,还向政府当局提出意见和建议,改善传染病的失控状况。[①]

6.根据卫生非政府组织服务的地区可以分为:

全球性的与地区性。全球性的卫生非政府组织的服务对象和活动范围具有全球性,如全球基金(GFATM)、全球疫苗免疫联盟(The GAVI Alliance)、国际营养科学联盟(国际营养科学联合会)、国际心理科学联合会(心理学会)、无国界医生(Medecins Sans Frontieres)、全球卫生联合理事会、国际护士理事会、国际流行病学协会等。地区性的则主要服务于一些特定的地区或国家,如非洲医学和研究基金会、阿加汗基金会(AKF)、欧洲避孕和生殖健康学会、亚太避孕协会、拉丁美洲妇女健康中心。

但通常情况下,国际卫生非政府组织主要集中服务于一些贫困地区和战争冲突严重地区。原因是疾病和贫困与战争形影不离,一些国家及动乱

---

① 宋云伟.美国公共健康志愿组织的兴起和作用[J].武汉大学学报,2004(7):517-521.

地区频发的冲突往往会引发各种公共卫生问题,例如战争、混乱导致民众流离失所,性产业不断升级,使得艾滋病更容易传播。战争是滋生传染病的温床。战争对基础卫生设施造成严重破坏,使交战国人们的生存环境更加恶劣,伤口感染、饥荒与难民潮加速传染病的传播与蔓延,这在非洲贫困地区尤其严重。另外,一些地区如南亚虽然没有战争,但由于全球气候变暖以及各种自然灾害频繁爆发陷于极端贫困,贫困造成公共卫生资源匮乏、条件落后以及环境污染、生态破坏,导致妇女儿童的死亡。这一方面增加了传染病发生与传播的风险,另一方面也使得传染病的治理变得更加复杂与艰难。

此外,一些综合型的国际非政府组织,如国际行动(Inter Action)、国际志愿机构委员会(ICVA)、乐施会、拯救儿童基金(拯救儿童)和一些宗教组织,如国际天主教护士和社会医疗助理委员会 (CICIAMS)、世界基督教联合会(WCC)也在全球公共卫生治理中扮演着重要角色。

第二节　国际卫生非政府组织与世界卫生组织的联系

世界卫生组织是联合国系统内卫生问题的指导和协调机构,不但负责拟定全球卫生研究议程,制定规范和标准,向各国提供医疗技术支持,监测评估卫生趋势,而且还致力于防治疾病,包括流感和艾滋病毒等传染病,以及癌症和心脏病等非传染性疾病。正因为如此,卫生非政府组织与世界卫生组织之间有着十分密切的关系。鉴于非政府组织在全球卫生健康领域发挥的重要作用,世界卫生组织曾制定了《世界卫生组织与非政府组织的关系准则》来加强和规范彼此之间的合作。随着新的全球卫生健康问题的不断涌现,世界卫生组织与卫生非政府组织的合作也更加迫切和重要。为指导合作、规避风险,从 2014 年开始,世界卫生组织草拟了《世界卫生组织与非国家行为者交往的框架》,为世界卫生组织选择什么样的非政府组织进行合作、如何合作、如何规避和管理风险、该听取哪些非政府组织的意见、增强哪些非政府组织的能力、选择哪些非政府组织参与到联合项目中提供了行动指南。①

---

① 侯志远等.全球健康领域政府对非政府组织的定位与合作:以世卫组织、美国和英国为例[J].中国卫生政策研究,2016(1):18–23.

一、世界卫生组织与非政府组织建立联系的意义及风险

（一）世界卫生组织与卫生非政府组织建立联系的意义

解决全球卫生治理的管理问题，需要一个具有较强权威的政府间组织进行调和，主导制定规则，使重叠职权的不同组织进行有效的国际合作。而世界卫生组织无疑是最合适的，通过充当协调者和主导者，世界卫生组织不仅能为卫生治理的国际合作提供重要平台，也会促进全球卫生治理更一致和更有序地发展。长期以来，世界卫生组织在传染病重大疫情暴发期间展示了其不可替代的作用。但协调或主导并不意味着将所有国际公共卫生管理事项皆纳入世界卫生组织的主持之下。[1]

对此，世界卫生组织自身亦有清醒的认识，所以在《世界卫生组织与非国家行为者交往的框架》中指出，世界卫生组织是联合国系统内卫生问题的指导和协调机构，根据其章程，主要负责拟定全球卫生研究议程，制定规范和标准，向各国提供技术支持，以及监测和评估卫生趋势。但是，随着全球健康前景在许多方面变得更加复杂，非国家行为主体对公共卫生治理的参与越来越多，特别是国际非政府组织在推动和促进公共卫生治理过程中发挥着重大作用，鉴于此，世界卫生组织鼓励国际非政府组织及其他非国家行为主体利用自己的活动保护和促进公众健康。同时，根据《世界卫生组织组织法》第二条，世界卫生组织的职责包括充任国际卫生工作之指导及调整机构；与不同组织建立并维持有效合作；对致力于促进卫生之科学团体与专业团体，鼓励他们之间的合作，世界卫生组织也有责任加强与非国家行为体在全球公共卫生治理中的合作。目前，世界卫生组织已将包括国际非政府组织在内的非国家行为主体参与世界卫生组织活动的政策作为其改革的重要组成部分。

世界卫生组织交往的非国家行为体有以下类型：①非政府组织，主要为独立于政府之外运作的非营利实体，通常是会员制，就非政府组织的政策行使表决权，或出于非营利的公共利益目标，以其他方式构成。包括基层社区组织、民间社会团体和网络、信仰组织、专业团体、针对具体病患的团体和患者团体。其活动是为了公益，不应有私人、商业或营利性质的考虑。②私营部

---

[1] 龚向前.传染病全球化与全球卫生健康治理[J].国际观察,2006(3):24-28.

门实体,通常是工商企业,也即旨在为业主营利的企业,还包括(但不限于)代表工商企业的商会。③国际商会,指无意为自身营利,但代表其成员利益的私营部门实体,这些成员或为工商企业,或为国家的或其他商会,拥有通过其受权代表为其成员发言的权力,其成员可就国际商会的政策行使表决权。④慈善基金会为非营利实体,其资产由捐助者提供,收入用于造福社会之目的。它们在管理和决策方面应明确独立于任何私营部门实体。⑤学术机构为通过研究、教育和培训追求和传播知识的实体。

其中,非政府组织、慈善基金会、学术机构都属于非营利非政府的组织,但私营部门实体和国际商会则需要甄别。世界卫生组织将通过尽职调查,确定非国家行为者是否受私营部门实体的影响,以致该非国家行为者应被视为私营部门实体。如果非国家行为者的决策过程和机构始终独立于私营部门的不适当影响,世界卫生组织可决定将该实体视为非政府组织、慈善基金会或学术机构,但可能适用世界卫生组织与私营部门实体交往政策和业务程序的有关规定,例如不接受其对规范性工作的资助和实物捐赠。

世界卫生组织认为,与非政府组织的交往,不论是重大的和长期的合作,还是较小规模和较短时间的互动,都可给全球公共卫生和实现《组织法》、原则和目标,包括在公共卫生中的指导和协调作用带来极大好处。首先,世界卫生组织可对非政府组织产生影响,以加强后者对全球公共卫生的影响,和对卫生的社会经济和环境决定因素的影响。其次,世界卫生组织可对非政府组织遵守世界卫生组织的政策、规范和准则产生的影响,如通过促进非政府组织与世界卫生组织的交往,使其在食品安全、化学品安全、药物产品的合乎伦理的促销、烟草控制和其他领域的活动中,充分执行或更乐于遵守世界卫生组织的公共卫生政策、规范和标准,以增进非政府组织对世界卫生组织政策、规范和标准的理解和遵守。最后,可以促使非政府组织在遵守世界卫生组织政策、规范和标准的同时,利用非政府组织的资源,广泛传播世界卫生组织的政策、规范和标准。①

(二)世界卫生组织与非政府组织建立联系的风险

但世界卫生组织也承认非政府组织鱼龙混杂,与世界卫生组织建立联

---

① 世界卫生组织.与非国家行为者交往的框架[EB/OL].[2017-10-11].http://www.who.int/about/collaborations/non-state-actors/zh/.

系的动机并不相同，世界卫生组织与非政府组织的交往也存在一定的风险，需要加以适当管理，酌情避免。世界卫生组织认为，与非政府组织交往可能涉及的重大风险主要涉及下列情况：①交往中出现利益冲突；②非政府组织可能会对世界卫生组织的工作，尤其是但不限于对政策、规范和标准制定得过度或不当影响；③对世界卫生组织的廉正、独立性、声誉和公信力，以及公共卫生职能造成负面影响；④二者的交往主要是服务于有关非政府组织，而对世界卫生组织和公共卫生很少或没有裨益的活动；⑤交往导致对非政府组织名称、品牌、产品、意见或活动的认可；⑥非政府组织通过与世界卫生组织的交往美化自身的形象；⑦通过交往提升和加强了非政府组织的竞争优势。

鉴于此，世界卫生组织不得不小心翼翼地在风险与预期效益之间权衡，既要本着相互尊重的原则保持互动，保障与非政府组织合作的有效性，促进全球卫生的效益和利益，又要预防和防止非政府组织活动对世界卫生组织廉正、声誉和公共卫生使命的损害。这就要求世界卫生组织在与非政府组织的交往过程中形成一些适当或格外审慎的交往原则。经过长期的探索和讨论，目前世界卫生组织要求与自己关系密切的非政府组织必须遵循以下交往原则：①明确显示有益于公共卫生的目标；②符合世界卫生组织的《组织法》、职能和工作总规划；③尊重世界卫生组织的政府间性质和世界卫生组织《组织法》规定的会员国的决策权力；④坚决支持并加强作为世界卫生组织工作基础的科学和基于证据（Evidence-Based）的方针；⑤保护世界卫生组织制定和适用政策、规范和标准的过程不受任何不当影响；⑥不损害世界卫生组织的廉正、独立、公信力和声誉；⑦受到有效管理，包括在可能时避免与世界卫生组织的利益冲突以及其他形式的风险；⑧在透明、开放、包容、问责、廉正和相互尊重的基础上开展合作。①

二、世界卫生组织与非政府组织的互动方式

（一）参加会议

非政府组织可参加世界卫生组织召开的各类会议。其参与的性质取决

---

① 世界卫生组织.与非国家行为者交往的框架[EB/OL].[2017-10-11].http://www.who.int/about/collaborations/non-state-actors/zh/.

于有关会议的类型。非政府组织参加协商、听证和其他会议的形式和方式，应由世界卫生组织理事机构或秘书处在个案基础上做出决定。首先，非政府组织可以参与理事机构的会议。此类会议系指世界卫生大会、执行委员会和六个区域委员会的届会。非国家行为者的参与依照理事机构各自的议事规则、政策和惯例，以及本框架处理正式关系的部分而定。其次，非政府组织可以参与世界卫生组织的磋商会议，包括为交流信息和意见的目的而举行的非理事机构届会的任何实体或虚拟会议。再次，非政府组织可以参加世界卫生组织的听证会。参加者可在此类会议上表明其证据、意见和立场，并就此接受质询，但不参与辩论。听证会可为电子形式，也可当面进行。与会者和听证期间表明的立场应记录在案，在任何可能的地方都应对公众开放。最后，非政府组织也可以参加世界卫生组织的其他会议，这些会议非制定政策或准则进程的一部分，例如通报会、情况介绍会、科学会议，以及有关行为者进行协调的平台。①

（二）资源共享

非政府组织可以与世界卫生组织共享资源。这里的资源包括资金、人力、技术工作、执行世界卫生组织规划和政策，进行应急反应的人力或实物捐助。世界卫生组织可要求非政府组织按照工作总规划和规划预算尽可能灵活地提供捐助、人力（这里的人力不包括世界卫生组织职员，或世界卫生组织借调人员。但可为紧急工作接受人员。此类人员绝不用于与政策、规范和标准制定有关的活动或实物捐助）。实物捐助包括药品和其他商品捐助，以及免费提供服务。世界卫生组织可规定非国家行为者自愿捐款的上限，任何超出该限额的捐赠都应进入核心资源基金，秘书处有充分自由将资源调拨给资金不足的规划。任何捐助都应与规划预算完全保持一致。资源必须在与工作总规划和规划预算一致的情况下提供，并应尽可能保持灵活。世界卫生组织应就从非国家行为者那里收到的资金和实物资源提供详尽信息，包括捐助者姓名、数量、目的和分配情况。②

（三）提供证据

非政府组织可以为世界卫生组织提供证据。证据是指将世界卫生组织

①② 世界卫生组织.与非国家行为者交往的框架[EB/OL].[2017-10-11]. http://www.who.int/about/collaborations/non-state-actors/zh/.

独立分析,建立在最新信息、关于技术问题的知识和对科学事实的审议基础上的投入。世界卫生组织的证据生成包括搜集、分析和生成信息,以及管理知识和开展研究。非国家行为者可根据本框架规定、四项具体政策和WHA68.9 Annex 业务程序,以及其他适用的世界卫生组织规则、政策和程序,提供其关于技术问题的最新信息和知识,并与世界卫生组织适当分享其经验。此类贡献只要可能,即应酌情予以公布。生成的科学证据应予以公布。①

（四）倡议与技术合作

非政府组织可以就提高公共卫生治理在一些问题上对世界卫生组织进行倡议，如对关注度不足的一些卫生问题的认识；为公共卫生目的改变行为；促进二者的联合行动等。技术合作则指非政府组织在《工作总规划》载明的活动中进行其他适当合作,包括产品开发、能力建设、紧急情况中的业务合作,促进执行世界卫生组织的政策。②

三、世界卫生组织与非政府组织的利益冲突和交往风险管理

（一）利益冲突

世界卫生组织与非政府组织的利益冲突包括两种情况：一是在世界卫生组织内的个人利益冲突,如涉及专家(无论其身份标志如何)以及职员的冲突;二是机构利益冲突。所有机构都有多重利益,世界卫生组织在与非政府组织的交往中,往往同时面对彼此趋同或相互冲突的利益。利益的冲突体现为世界卫生组织的主要利益可能受到非政府组织利益的不当影响，或非政府组织的活动影响了世界卫生组织工作的独立性和客观性。

（二）交往风险管理

对此，世界卫生组织积极提出要积极管理机构利益冲突或其他交往风险，以避免听任非政府组织对世界卫生组织决策过程施加或可合理地视为施加不适当的影响,或凌驾于其利益之上。在如何管理,包括酌情避免利益冲突和其他交往风险方面,世界卫生组织采取了一系列步骤：

首先是初步审查。在考虑进行交往的可能性时,秘书处的有关单位将进

---

① ② 世界卫生组织.与非国家行为者交往的框架[EB/OL].[2017-10-11].http://www.who.int/about/collaborations/non-state-actors/zh/.

行初步审查，以确定此类交往是否符合本组织的利益，并使世界卫生组织与非政府组织交往的原则，以及《工作总规划》和规划预算确定的重点保持一致。如果情况确实如此，技术单位将请非政府组织提供基本信息。该单位随后使用整个组织范围的电子手段补充这一信息，包括陈述拟议的交往，以及其对所涉利弊的评估。该信息随后转呈负责分析信息的中央专门机构。

其次是尽职调查。在与任何非政府组织交往之前，世界卫生组织为维护其廉正起见，需要进行尽职调查和风险评估。尽职调查将审查非政府组织提供的信息，从其他来源搜求有关实体的信息，以及分析所掌握的所有信息。这包括筛选不同的公共、法律和商业信息来源，例如媒体、有关实体的网站、公司分析报告、公司名录和简介等。尽职调查的核心是澄清拟议与世界卫生组织交往的实体的性质和宗旨；澄清该实体与世界卫生组织交往的利益和目的及其期待的回报；确认该实体的法律地位、活动领域、成员资格、管理方式、资金来源、宪章、章程、议事规则和隶属关系；厘清该实体在以下方面的主要历史和活动情况：卫生、人和劳工问题，环境、伦理和商业问题，声誉和形象，以及财务稳定性；确定非政府组织的性质或活动是否与世界卫生组织工作和使命不相容（例如与烟草和军火业的联系），或是否要求本组织在与该实体交往时保持特别审慎（例如与其他影响人类健康或与世界卫生组织规范和标准相抵牾的行业的联系），或确定非政府组织的性质、活动以及与世界卫生组织之间预见到的关系类型是否与世界卫生组织工作和使命不相容，与该实体交往时保持特别审慎。

再次是风险评估。如果说尽职调查涉及有关非政府组织的性质，而风险评估则是指评估与非政府组织进行的具体拟议交往。世界卫生组织进行风险评估，以确定伴随每次与非政府组织的交往而来的特定风险。

最后是透明度管理。在透明度管理方面，世界卫生组织向理事机构提交有关其与非政府组织的交往情况，包括交往协调组工作的年度报告，关于秘书处开展的尽职调查、风险评估和风险管理的摘要信息。①

---

① 世界卫生组织.与非国家行为者交往的框架[EB/OL].[2017-10-11].http://www.who.int/about/collaborations/non-state-actors/zh/.

第三节 国际非政府组织与国际卫生规范的形成及实施

全球公共卫生领域的法律总体上属于"软法",世界卫生组织单独或其他国际机构共同颁布的决议、建议、标准和指南等卫生规范,并不具备任何强制力;《国际卫生条例》《烟草控制框架性公约》也并不具备较强的强制执行力。①随着与世界卫生组织联系的日益紧密,国际非政府组织已越来越多地参与到国际卫生法规和制度的创设中。国际非政府组织积极推动和促进国际卫生规范的形成,并在国际卫生规范的实施中扮演教师角色,对相关行为体诱导、说服、批评、教育,是国际卫生规范社会化的一个重要途径。

一、全球卫生治理中的国际"软法"

(一)国际卫生"软法"的概念

国际法可分为"国际硬法"(international hard law)和"国际软法"(international soft law)。前者通常指在国际法领域具有较强的法律约束力的规范性文件,主要包括国际条约、国际习惯和一般法律原则,而后者统指不具有强制法律约束力的国际法规范文件,主要包括政府间国际组织和非政府间国际组织制定的指南、宣言、倡议、谅解备忘录和行动计划等。"软法"虽不具有强制性,但从功能主义的角度来看,仍然具有规范性的特征,并在传统国际法渊源力所不及之处发挥着积极且重要的作用。

世界卫生组织是制定国际卫生规范和制度的重要主体。自成立以来,已单独或和其他国际机构联合颁布了大量的决议(resolution)、建议(advice)、标准(standard)和指南(guideline),这些规范性文件既没有严格法律意义上的拘束力,也不是完全没有任何法律意义,往往被称为"软法",②世界卫生组织对于无法律拘束力的决议、建议、标准和指南的偏好形成了一种庞大的"软法"体系,重要的领域如下:

第一,传染病控制的旅行警告。其中最著名的是发布"旅行警告"。这些

① 陈颖健.公共卫生全球合作的国际法律制度研究[D].东政法大学,2008:229.
② 龚向前.试析国际法上的"软法":以世界卫生组织"软法"为例[J]. 社会科学家,2006(3):98-100.

警告有时指出适宜或可以到某地旅行,在特定时候又建议人们应为了重要目的前往某个国家或地区。虽然这些建议并没有创立新的国际法义务,但它提供了传染病控制国际合作的重要手段,是国际法上"软法"权力的极佳范例。

第二,在医药、环境卫生、食品等方面发布了大量标准、建议和指南。医药方面最有影响的是《基本药品标准目录》,其核心目录是指为基本卫生保健系统所必需的最起码的药物目录,列入对治疗一般疾病最有效、安全和符合成本疗效的药物。环境卫生方面有《健康饮用水标准》《健康住宅标准》《航空卫生指南》和《传染物质与诊断样品指南》等。在食品方面是1961年世界卫生组织与联合国粮农组织联合成立了共同的分支机构——国际食品法典委员会(CAC)。CAC系统地组织起草并颁布的国际食品法典通常被称为"Codex",所包含的各种标准实际是国际上采纳的统一的食品标准的汇总。CAC标准涉及食品卫生和营养质量方面的规定(在必要和可行时包括微生物标准)以及食品添加剂、农药残留、抗生素、污染物、标签以及分析和采样方法等方面的规定。①

第三,世界卫生大会的宣言、报告。如1978年提出的具有里程碑式意义的《阿拉木图宣言》,宣言中提出了"2000年人人享有卫生保健"的战略目标。这一战略目标被全体成员国接受,在加强卫生体制的基础结构建设、发展社区卫生保健网方面,发挥了巨大推动作用。1986年世界卫生组织又创制了"全球艾滋病规划"以制定和协调抗击艾滋病的全球战略;1999年通过了不得歧视艾滋病感染者的有关决议;2000年发表了《宏观经济与健康》要求各国政府把卫生问题提高到社会经济发展的中心地位。②

(二)全球卫生治理中"软法"偏多的原因

根据《世界卫生组织组织法》,世界卫生组织具有国际立法权,可以提议国际公约、协定与规章的签订及对其他国际卫生事态提出建议;可以根据需要制定并修订有关疾病、死因及公共卫生实施方面的国际定名;规定诊断程序标准;发展、建立并促进食品、生物制品、药物及其他类似制品的国际标

---

① 龚向前.试析国际法上的"软法":以世界卫生组织"软法"为例[J].社会科学家,2006(3):98-100.

② 韦潇.不同时期世界卫生组织主要政策及其变化趋势研究[J].中国卫生政策研究,2009(12):47-53.

准。①但是世界卫生组织却极少行使立法权力。据统计,自 1948 年《组织法》通过以来,世界卫生组织只缔结了 1 项公约(《烟草控制框架公约》)和 2 项条例(《国际卫生条例》和《国际疾病分类法》)。与同步发展起来的国际劳工组织、国际海事组织、GATT/WTO 等国际组织相比,世界卫生组织更多的是依靠决议、指南、建议、标准等"软法"来履行其使命与职责。

全球卫生治理中"软法"偏多的原因主要有:

1.世界卫生组织信仰传统的保守主义文化

世界卫生组织由公共卫生和医药领域的专家组成,一直秉承以医疗技术为中心的保守主义文化,倾向于把全球卫生问题看作是医药技术议题,认为这些问题是可以通过医疗技术的应用解决的。因此,工作重心偏向于通过组织医学界内部的技术合作与交流, 提高卫生服务, 以达到防控疾病的目的。②全球公共卫生的实践也为世界卫生组织的理念提供了支持:二战后科学和医疗技术在解决疾病问题, 甚至整个公共卫生领域获得了突飞猛进的进展,改善了人类的卫生环境和健康状况。这使世界卫生组织把注意力集中在医疗技术上,而不是制定相关国际法上。在世界卫生组织看来,国际法在解决人类卫生与健康问题方面只具有间接作用。

2.各国不愿放弃在公共卫生方面的自由

在国际卫生领域,自愿遵守和强制遵守之间一直存在紧张关系,主权国家不愿放弃在公共卫生上的行动自由。在实践中,各国在公共卫生措施上也存在较大的政策差异,更好的选择是依靠建议性方针,而不是有法律拘束力的条约。在此情形下,即使缔结了国际条约,也只能招致普遍违反而自取其辱,从而破坏国际合作。相反先制定从无拘束力的文件,如建议、指南、决议、原则声明与行为准则, 然后时机成熟在制定条约之类的有拘束力的法律文件可能更可行。国际组织认为,订立国际"硬法"成本高、效率低,与"硬法"的强制遵守相比,"软法"的自愿遵守能得到更多的国际认可,给公共卫生提供了一个新的基础,因此一直不愿意制定、实施公共卫生方面的具有强制性的国际公约。

---

① 世界卫生组织.世界卫生组织组织法[EB/OL].[2019-11-11].http://apps.who.int/gb/bd/PDF/bd47/CH/constitution-ch.pdf?ua=1.

② 张彩霞.从国际卫生法迈向全球卫生法[J].医学与法学,2012(4):1-8.

3."软法"机动灵活

公共卫生涉及极为复杂多变的医学问题，只依靠国际协定或公约难免挂一漏万。多种多样的国际"软法"通常具有相当大的弹性，不仅能保持与科学认识的同步，也有利于根据各国的具体情况具体分析。世界卫生组织通过"软法"的方式对有关问题做出一种界定，不仅填补了国际规制上的真空，也有利于引导各国实践朝着符合国际潮流的方向迈进。①

4."软法"也具有一定的法律效力

无拘束力的"软法"并不是在法律上毫无意义，"软法"也具有一定的规范化影响和法律效力，即"引起法律后果，改变法律情势以及对法律的形成和发展产生影响和作用"，如"旅行警告"对于各国会产生较大的经济影响，特别是会给"非典"受害国带来沉重的经济损失。然而，当时相关国家几乎没有质疑这些建议或警告的法律效力。这一方面是由于世界卫生组织官员委员会聚集了权威的医学专家，另一方面则是由于非典型肺炎这一不曾为人类了解、传播极为迅速的新发现传染病造成了极大恐慌，在短时间内给国际社会带来了极大冲击，各国情愿接受世界卫生组织的指导，使本来既无法律约束力也无强制执行力的建议得到了各国的普遍履行。②

此外，21世纪以来，全球的"逆全球化"趋势日渐强大，各国的民粹主义势力崛起，主权国家不再愿意忍受国际"硬法"的强制性约束，不断退出各种国际组织，国际社会的组织化倾向面临危机。这种状况也使国际组织更偏爱国际"软法"，更多地出台国际"软法"。

二、国际非政府组织与食品安全"软法"的形成及实施

(一)国际食品安全问题

食品贸易的全球化为消费者带来了大量品质高、价格合理且安全的食品，使消费者的食品营养均衡，改善了人体的营养状况，增进了人类健康。但食品贸易全球化也给人类的食品安全带来了一系列问题。

首先是食品生产、流通方式变化带来的公共卫生和健康问题。在食品全

---

① 陈颖健.公共卫生全球合作的国际法律制度研究[D].华东政法大学,2008:53-55.
② 龚向前.试析国际法上的"软法":以世界卫生组织"软法"为例[J].社会科学家,2006(3):98-100.

球生产和流通的情形下，一个国家或地区生产的食品一旦被污染，就可能同时威胁其他国家乃至整个世界消费者的健康。这种污染包括有害微生物的污染（如沙门氏菌、空肠弯曲菌、肠出血性大肠杆菌）、有害化学物质污染（如霉菌毒素、海洋类毒素）、环境污染物（如汞、铅、二恶英、核污染）和天然植物毒素（如马铃薯中的龙葵素）等。食品和饲料的集约性生产、异地市场销售为食源性疾病的传播流行创造了条件。

其次是新技术的跨国发展和使用带来的问题。为了提高农业生产率，增加粮食产量，延长食品的货架期，发达国家首先在农业和食品生产领域中广泛采用各种高新技术，常见的如转基因技术、现代加工、贮藏技术中的食品辐照、欧姆加热和改变包装气体环境等。但基因产品、农药化肥以及各类添加剂的使用对人类健康的影响和安全性并不确定，如转基因食品的安全是一个目前在全球被广泛争议的问题，目前没有任何科学家能够给出定论。此外，食品添加剂、营养素（如维生素和矿物质）的大量使用，以及农药和兽药等残留的增加也带来不安全因素。[①]

此外，食品安全问题也对国际关系造成了负面影响。如一些国际性食品安全事件（英国的疯牛病、法国的污水饲料事件、欧洲的口蹄疫，以及具有多重抗药性的鼠伤寒沙门氏菌病在多国的流行）发生后，消费者拒绝并抵制相关食品，对食品生产链上的个体、企业、国家造成巨大的经济损失，甚至波及国家形象和贸易国家之间的外交关系。欧盟与美国在转基因食品安全问题上的争论就是一个十分典型的事例，1998年，欧盟拒绝批准任何新的转基因作物在一些成员国里种植和食用，欧盟的观点是目前各相关科学研究没有得出转基因对人类无风险的结论，为了消费者的安全利益应拒绝转基因食品，但包括转基因玉米和大豆在内的生物技术农作物已在美国大面积地种植了多年，欧盟的政策给美国带来了巨大的损失。转基因问题成为双方贸易摩擦的根源。[②]

为了改善国际食品安全状况，减少食品安全造成的消极影响，各主权国家和国际组织已经将食品安全列入公共卫生治理议程，提出各国政府、国际组织、企业要在保障全球食品安全、促进食品国际贸易、开展食品安全技术研发等领域共同合作。随着食品安全全球治理运动的兴起，国际法在规制食

---

①② 吴苏燕.食品安全问题与国际贸易[J].国际技术经济研究,2004(02):7-12.

品安全中发挥着越来越重要的作用,而国际非政府组织在创制相关"软法"中发挥着重要作用。

(二)国际非政府组织在食品安全"软法"形成中的作用

目前, 规制食品安全的国际法既包括与食品安全相关的国际条约、公约、宣言等正式有效的国际"硬法",也包括相关的国际"软法",如国际食品标准、实施食品安全控制的计划、战略、活动和方案,检验服务、实验室活动、食品监测和疫病数据等服务,以及信息、教育、交流和培训等。对食品安全具有直接法律约束力的国际"硬法"和不具法律约束力,但具实际影响力的"软法"共同规范着国际食品安全。①国际非政府组织在其中的作用如下:

1.帮助联合国机构制定食品安全"软法"

世界卫生组织、联合国粮农组织等国际组织是发布旨在控制食品安全的各种指南、计划、规划、战略、劝告等国际卫生"软法"的重要国际机构,对保障食品安全具有重要影响。国际非政府组织在此类"软法"的制定中发挥着协助相关国际机构的作用。

一些有影响力的国际非政府组织与世界卫生组织、联合国粮农组织一直保持着正式或非正式的工作关系。在非正式工作关系中,国际非政府组织与这两个组织之间经常通过相互交换信息、参加彼此会议的方式进行合作;而在正式工作关系中, 一旦这两个组织讨论的项目与相关国际非政府组织关注的事项和议题有紧密联系, 就会邀请或同意国际非政府组织在会上做阐述性发言;此外,国际非政府组织还可得到相关文件,并提交备忘录,协助这两个组织促进食品安全的目标。这两个组织制定食品安全"软法"的准备工作离不开国际非政府组织的支持, 国际非政府组织是这两个组织制定食品安全"软法"的重要伙伴。例如,国际非政府组织为世界卫生组织和粮农组织颁布《保障食品质量与安全——强化国家食品控制体系指南》(2003)提供了最佳实践证据,分享了最佳食品安全操作规范和相关信息。该文件强调了"从农田到餐桌"的综合概念,指出在食品生产、加工和销售链条中要始终遵循预防性原则,为各国食品安全控制体系的建立指明了方向。②

2.自身主导制定和推动食品安全"软法"

为了保证食品安全,国际社会形成了食品安全国际合作法律机制,食品

---

①② 张彩霞.国际法规制食品安全的发展趋势[J].中国卫生政策研究,2014,(2):44-49.

安全"软法"的制定主体可分为三大类：专业性政府间国际组织、区域性政府间国际组织、国际非政府组织。全球性的专业性政府间国际组织，如世界卫生组织、食品法典委员会、世界动物卫生组织、联合国粮农组织；区域性的政府间国际组织，如欧盟、东盟、亚太经合组织；国际非政府组织，如国际标准化组织、消费者权益倡议组织等。它们制定的国际"软法"形式不拘一格，包括原则、宣言、指导、建议、行动计划和标准。国际非政府组织不但参与前两类组织"软法"的制定工作，自身也主导制定相关的"软法"。

国际非政府组织在食品安全国际"软法"的制定上具有以下优势：首先，在食品安全领域，需要的相关国际"软法"数量众多，所涉内容十分广泛，[1]而相关的非政府组织数量多并形成了跨国网络，对食品安全的实践了解更多，在推动食品安全国际法律规制发展上可以起到重要作用。其次，食品安全类的国际"软法"在内容上有极强的技术性，涵盖"从农田到餐桌"的各个环节，都是基于成熟的科学数据，对生产设备、包装材料、食品添加剂、辅料、兽药最高残留量等的规定极为具体和专业，同时对风险分析和食品溯源等进行了深入且细致的考察，[2]相关非政府组织拥有具有丰富经验的专家，并积累了相应的专业知识，非常适合此类国际"软法"对制定者的要求。

其中，国际非政府组织制定的食品安全监管国际"软法"是食品安全监管国际"软法"体系的重要组成部分。国际标准化组织就特定专业事项形成的私营标准一般不直接指导政府监管，而是指导食品经营者自我监管与认证。该组织的多数食品标准出自它的食品技术委员会、精油技术委员会、淀粉及其副食品技术委员会，以及渔业和水产养殖技术委员会。该组织制定的ISO9000质量管理、ISO31000风险管理等普适性标准可以适用于食品，ISO22000食品安全管理项下还有一系列专门针对食品安全管理的"软法"。据该组织的官方统计，在超过一万九千五百项ISO国际标准中，大约一千项是专门针对食品的，并且还有多种多样的有关农业机械、物流、交通、制造、标签、包装和贮存的标准。国际标准化组织的食品安全监管标准在全球范围

---

① 韩永红.论食品安全国际法律规制中的软法[J].河北法学,2010,28(8):145-151.

② 冯帅.食品安全监管国际软法变革论——食品安全全球治理的视角[J].北京理工大学学报(社会科学版),2018,20(06):133-143.

内都具有相当强的权威性和通用性。①

除国际标准化组织以外，全球食品安全倡议（Global Food Safety Initiative）、安全食品国际(SFI)及食品安全质量机构(Safe Quality Food Institute)也制定了诸多自治性"软法"，这些非政府组织在环保、食品等专业性领域、食品零售等重要行业领域，以及保护消费者国际联合方面规模巨大、作用十分突出。

3.国际非政府组织参与制定或主导的食品安全"软法"具有重要意义

首先，这些"软法"有助于挣脱国际硬法发展缓慢的困境，更好地保障食品安全。食品安全秩序的建构和任务的维持十分繁重，致使相关国际硬法出现了更多规则缺漏，而食品安全监管国际软法补充了传统"硬法"的力所不及之处，实质性地建构并维持着国际食品安全领域的秩序。其次，这些"软法"有助于克服国际硬法的抽象性弱点，以更细致的技术指标兼顾正义和效率等人文价值与关怀。此外，这些"软法"也有助于柔化国际硬法的刚性，更好地协调各国的食品安全监管权。②

(三)国际非政府组织在食品安全"软法"实施中的作用

1.宣传和呼吁国际社会重视和遵守食品安全"软法"

国际社会不断发生的食品安全危机事件带来了跨国的连锁反应，引起了全球范围内消费者的恐慌。各主权国家和国际组织积极应对全球食品安全问题，不断出台、修改、完善食品安全立法，形成食品安全国际"软法"。然而，不同国家法律实施食品安全国际法的情况差异很大。为了促进国际社会重视和遵守食品安全"软法"，国际非政府组织在国际层面和各国层面都进行了宣传，呼吁各国积极履行相关"软法"，借鉴全球先进的食品安全标准和管理方案，提升本国食品安全管理水平，打造诚实守信的食品行业，增强消费者信心，形成全球食品安全文化。

2.监督跨国食品公司履行食品安全"软法"承担社会责任

食品安全的实现有赖于食品产业链的生产者、加工企业和流通业者自

---

① 林婧,曾文革.食品安全监管国际软法体系探析[J].中南大学学报,2015,21(2):94-100.
② 冯帅.食品安全监管国际软法变革论——食品安全全球治理的视角[J].北京理工大学学报(社会科学版),2018,20(06):133-143.

觉遵守食品安全法,但并不是所有跨国食品公司都会自觉履行。为此,2010年国际标准化组织(International Organization for Standardization,ISO)发布了社会责任国际标准,并尝试将社会责任标准(包括食品安全)引入世界贸易组织的谈判框架中,提高跨国食品公司的责任感和使命感,切实履行食品安全主体责任。国际非政府组织的监督对跨国食品公司产生了一定的外在约束,提高了跨国食品公司不履行国际"软法"的声誉风险。

3.总结"软法"实施过程中的经验和教训,进一步完善"软法"

以全球食品安全倡议(Global Food Safety Initiative,GFSI)组织为例。该组织于 2000 年成立, 由七十多个国家的六百五十余家世界领先的食品生产、零售企业和餐饮等供应链服务商组成,是一家独立的国际非政府组织。该组织在汇总、梳理了各类食品安全标准体系,如零售商的标准、各行业标准、公开和内控的标准之后,认识到由于各国文化和历史差异,制定一个"放之四海而皆准"的食品安全标准是非常困难的。于是该组织致力于建立一个比对、核审现有食品安全标准体系的基准框架,形成覆盖源头、过程、零售终端的全产业链的行为规范,实现各食品安全标准体系之间的趋同,系统解决食品安全问题。①该组织的做法得到了国际社会的高度认可。

三、国际非政府组织与《烟草控制框架公约》的形成及实施

1998 年,世界卫生组织总干事布伦特兰博士提出无烟倡议行动,并将制定《烟草控制框架公约》作为任期目标。1999 年,第 52 届世界卫生大会通过了制定《烟草控制框架公约》(The Framework Convention on Tobacco Control,FCTC)的决定,经过两次工作组会议和六次政府间谈判机构会议的艰苦谈判,2003 年第 56 届世界卫生大会一致通过了该公约。公约涵盖了目标、原则、一般义务、控制烟草的具体义务、与责任有关的问题、科技合作与信息通报、机构安排和财政资源、争端解决、公约的发展等条款,规定了控制烟草供应和控制烟草需求的措施, 是国际社会针对烟草的第一个世界范围内的多边协议,也是第一个具有法律效力的国际卫生公约,代表着国际卫生法发展的重

---

① 朱其太,刘天鸿,华从伶.全球食品安全倡议组织的发展现状[J].中国动物检疫,2014,31(7):33—36.

要分水岭。①国际非政府组织在该公约的形成及实施过程中扮演了重要角色,为控制烟草对人类健康的危害,建立一个强有力的全球烟草控制管理体系,遏制与烟草有关的疾病和死亡的增加做出了努力。

(一)烟草的危害

人类对烟草的认识有一个逐渐深入的过程。烟草最初从美洲进入欧洲时是被作为药物看待的,并不是一种与健康对立的产品,人们并未意识到烟草产业发展对人类健康的威胁。直到1950年美国科学家将吸烟与肺癌联系起来,人们才对烟草的性质提出质疑。此后,研究机构得出了"烟草危害健康"的研究结论,政府机构也将吸烟与人的健康联系起来。

经过多年的深入研究和全球范围内大量流行病学研究的证实,人们现在普遍确信,烟草是对人类健康和生命威胁最大的公共卫生问题。烟草几乎可以损害人体的所有器官,包括缺血性心脏病、脑血管疾病、下呼吸道感染、肺病、人类免疫缺陷病毒 / 获得性免疫缺陷综合征、腹泻、结核、肺癌和其他癌症、心脏病及肺部疾患在内的 25 种危及生命和健康的疾病都与吸烟有关;②烟草使用不但对吸烟者本人的健康造成严重损害,也会造成户内空气污染,从而对其亲友和周围人群造成多种健康方面的不利影响,特别是会对儿童和孕妇造成严重后果。

此外,国际机构和学术界还以数据和报告表明,烟草使用还会给家庭和国家带来巨额的经济损失, 包括收入损失和医疗卫生保健费用的增加等。2018 年,世界卫生组织和美国国家癌症研究机构发布的报告称,抽烟这种行为每年让全球经济损失在 1 万亿美元以上,到 2030 年全球死亡人数中的三分之一是因抽烟而死。

(二)国际非政府组织与《烟草控制框架公约》的形成

1.国际非政府组织控烟的历史

非政府组织的控制烟草运动最初只是在一国范围内, 如美国反烟草协会、芝加哥反卷烟联盟和美国非吸烟者保护联盟自 19 世纪前半期开始的活动。直到 20 世纪 60 年代它们的活动才走向国际。当时,在非政府组织的影响下,美国官方出台了关于烟草控制的报告,烟草作为社会可接受的商品形象开始扭转,人们对与卷烟相关的态度和行为发生变化。非政府组织形成的

---

①② 张彩霞.从国际卫生法迈向全球卫生法[J].医学与法学,2012(4):1–8.

跨国反烟倡导团体的数量不断增加,并在全球迅速扩散,成为国际国内活动的焦点。

烟草控制从国内走向国际,演变为一种跨国现象,与非政府组织的跨国倡议活动有着密切关系。一些非政府组织,尤其是专业性的卫生组织,如美国癌症协会(ACS)、国际抗癌联盟(UICC)、国际反肺结核和肺病联盟(IU-ATLD)、国际心脏病学协会和联合会(ISFC)、国际消费者组织联盟(IOCU)和国际促进健康和教育联盟(IUPHE),都曾经参与对烟草使用的研究和动员各种力量参与反对烟草使用的集体行动。在非政府组织的努力推动下,世界卫生组织将控制烟草列入自己的议事日程,从 1969 年开始推动全球的烟草控制工作。

2.国际非政府组织推动控烟议题的活动

20 世纪 70 年代以后,国际非政府组织围绕控烟议题开展了多种活动。

第一,一些专业性的反烟倡导团体为烟草使用的危害性提供了更有说服力的科学证据。如国际抗癌联盟(UICC)、美国医疗协会(AMA)、国际反肺结核和肺病联盟(IUATLD)、美国肺协会(ALA)、美国心脏协会(AHA)、美国癌症学会(ACS)反复宣传吸烟危害健康的知识,引起人们对烟草危害的关注;不断收集和传播有关烟草问题的相关信息,并与国际机构合作开展和支持关于烟草问题的各种研究工作,其研究结果证明,烟草使用对吸烟者和非吸烟者产生严重的健康影响,这为加强控烟健康教育和全球性反烟运动提供了更多的权威性证据和原动力。

第二,通过游说向在控烟问题上持顽固立场的国家施加压力。美国、日本、德国、古巴等烟草大国,以及一些对烟草经济依赖较大的发展中国家,担心烟草控制对本国经济、贸易政策和社会可能产生的影响,因而在控烟问题上持保守和谨慎的态度。一些国际非政府组织与欧盟、加拿大、澳大利亚、新西兰等控烟激进,且对烟草经济依赖较小的国家及国内控烟力量联合起来,促使政府将烟草干预规划纳入国家和地方政策,确保实施烟草控制政策的技术和财政支持,并进行教育、宣传和培训活动。

第三,促进反烟非政府组织之间的相互支持,共同推动全球烟草控制运动的开展。自 1970 年起,世界卫生大会通过多项决议,敦促会员国重视和引导民间社会倡导团体的反烟运动,并号召民间社会团体参与全球反烟运动。国际非政府组织在促进反烟社会力量团结和采取共同行动方面发挥了重要作用,如发达国家的倡导团体对发展中国家的倡导团体在资金上提供赞助,使其能够参加全球烟草会议;还向发展中国家的社会团体传播和扩散烟草使用和控制烟草的知识和信息,提升其关于烟草使用及干预措施重要性的认识,鼓励它们动员国内力量采取集体行动,以遏制烟草的使用和流行。

3.国际非政府组织与《烟草控制框架公约》的谈判

1994 年巴黎第九届世界烟草与健康会议前,烟草控制倡导团体分布于世界各地,影响力较为分散。巴黎会议上,国际抗癌联盟、国际反肺结核和肺病联盟以及国际心脏联盟等国际非政府组织联合组成了反烟联盟(ING-CAT),目的是联合在世界各地的成员和其他国际力量,促进国际、地区和国内非政府组织和社会力量的反烟行动,更有力地推动控烟谈判。世界卫生组织对此表示欢迎,并于 1995 年第 48 届世界卫生大会上提出缔结控烟条约的构想。1996 年,无烟草青少年运动(Campaign for Tobacco-Free Kids)成立,并在美国及全球层面开展控烟倡导活动。1998 年,世界卫生组织总干事布伦特兰博士提出无烟倡议行动(Tobacco Free Initiative,TFI),加强了和非政府组织的对话和讨论,并将制定《烟草控制框架公约》作为任期目标。同年,来自一百多个国家的三百五十多个反烟组织成立烟草控制框架公约联盟(The Framework Convention Alliance,FCA),共同支持烟草控制框架公约的谈判、批准和实施。

烟草控制框架公约联盟成立后,将公约的制定视为优先事项,动员民间社会促进和支持"烟草控制框架公约"及其议定书和准则的制定,并极力通过宣传教育影响参与谈判的国家代表们。1999 年,第 52 届世界卫生大会通过了 WHA52.18 号决议,决定着手制定烟草控制框架公约及相关议定书,公约谈判开始之后,非政府组织开展了进一步的联合。1999 年,来自五十多个国家的超过七十五个非政府组织成立了烟草跨国责任网络 (The Network for Accountability of Tobacco Transnationals,NATT), 以促成强有力和可执行的《烟草控制框架公约》。在公约谈判中,更多的反烟倡导团体联合起来,组建联盟、同盟和网络进行参与,2001 年,执行委员会决定接纳烟草控制框架公约联盟和婴儿饮食行动联盟(The Infant Feeding Action Coalition)与世界卫生组织建立正式关系。①

---

① 陈颖健.公共卫生全球合作的国际法律制度研究[D].华东政法大学,2008:66-69.

在谈判过程中,国际非政府组织开展了以下活动:

(1)举行会议、出版每日快讯进行游说

在谈判机构第一次会议期间,烟草控制框架公约联盟组织了烟草工业代表与烟草控制非政府组织团体之间的会议,从中获取烟草工业的意见和支持;美国公共卫生团体举行了联合媒体会议,号召美国支持《烟草控制框架公约》。国际非政府组织还积极参与了公约谈判的所有会议,出版并散发每日快讯,宣传烟草使用的危害性,鼓励抗击烟草流行的集体行动,说明公约谈判中的重要问题和谈判机构进展情况。国际非政府反烟联盟通过宣传和游说等方式,敦促政府谈判代表制定一个强硬的公约,做出有利于公众健康的决定。[①]

(2)通过提供材料、信件和舆论宣传等形式向不合作的国家施加压力

在公约谈判期间,跨国烟草公司责任网络组织(NATT)和婴儿饮食行动联盟(INFACT)通过调查材料,揭发了跨国烟草公司为破坏国家与国际健康政策而进行游说、出资的事实,并在会议上广泛发放给与会代表,呼吁各方代表警惕烟草工业的干扰,说明制定一份框架公约以控制大烟草公司政治影响的紧迫性。针对美国在第二次机构谈判会议期间企图削弱公约条款的行为,非政府组织游说美国一名国会成员写信给美国总统布什,抗议美国代表的行为和谴责美国的立场。此外,非政府组织还通过舆论宣传向政府施加压力,如美国援引宪法和自由贸易条款而不愿意接受强有力的条约时,婴儿饮食行动联盟等国际非政府组织通过媒体制造舆论,敦促美国代表团在谈判中把公众利益放在首位,并要求跨国烟草公司为它们的行为承担责任。

(3)联合烟草受害国和积极支持控烟的国家壮大控烟力量

在谈判中,国际非政府组织对烟草受害国和支持控烟的国家则采取了联合的策略。首先是向非洲等原先对烟草危害性缺乏充分认识的国家宣传烟草带来的健康、经济和社会问题,使非洲意识到烟草流行的危害后果后采取行动。2001年,在南非和阿尔及利亚举行的国际会议上,非洲国家宣布支持强有力的《烟草控制框架公约》。其次是与积极支持控烟问题的国家或组织结成伙伴关系,共同推动控烟议题,如欧盟的一些国家已经有了综合性的控烟政策,试图在这场全球性谈判中寻求领导地位,国际非政府组织与它们

---

① 陈颖健.公共卫生全球合作的国际法律制度研究[D].华东政法大学,2008:66-69.

联合形成了对公约谈判的强有力的支持。①

(4)为公约议题的"最佳实践"(Best Practice)②提供证据

"最佳实践"原先是医学、护理学中的一个概念,后逐渐被引入社会学科领域和社会工作的实践性研究中。在公共卫生领域,"最佳实践"常常被用来解决烟草控制问题。非政府组织、世界卫生组织、世界银行、联合国其他分支机构和一些主权国家,都曾经为公约进行过不同角度的烟草控制"最佳实践"研究。一些非政府组织曾从世界各地,尤其是从控烟效果良好的国家(如新西兰、澳大利亚、英国、美国、爱尔兰、新加坡、加拿大、挪威、瑞典),收集烟草控制政策和可效仿模式的信息,为世界卫生组织制订公约提供"最佳实践"的证据。"最佳实践"使烟草控制的落后者能效仿领先者,并节省资源和时间去实施有效的烟草控制计划,在这个过程中国际非政府组织发挥了重要作用。③

(5)为解决谈判中的矛盾提供建议

在公约的谈判过程中存在大量矛盾,如烟草和贸易谁优先的问题。烟草出口大国和烟草依赖进口的国家在烟草问题上因经济利益不同而严重对立。烟草出口大国强调卫生不应该构成国际贸易歧视的手段,而烟草进口国则强烈要求卫生优先于贸易。再如关于公约规定的控烟措施是否要严格的问题。烟草在经济中占有较大比重的国家与经济上对烟草业依赖较小的国家矛盾很大:非洲46国集团、东南亚国家、太平洋岛国反烟激进,希望公约严厉;烟草大国则由于关注烟草控制对本国经济贸易政策和社会产生的影响,力求公约应该宽松和宽泛。国际非政府组织就这些问题为公约的谈判提出了自己的建议。④

---

① 袁利华.《烟草控制框架公约》研究[D].西南政法大学,2012:31.

② "最佳实践"是指依据基于经验的范例而进行的实践性活动。"基于经验的范例"包括:最大限度地利用科学研究结果;系统地搜集干预的监测数据;干预是否有效的经验证明;说明干预问题和结果;使用科学的方法来界定问题,收集评估数据和评价干预的有效性,并使用证据;将研究和实践视为同一问题解决程序的一部分;将研究视为运用于实践的工具。见:袁利华.《烟草控制框架公约》研究[D].西南政法大学,2012:72-73.

③ 袁利华.《烟草控制框架公约》研究[D].西南政法大学,2012:72-73.

④ 陈颖健.全球治理视角下的《烟草控制框架性公约》研究[J].新疆大学学报(哲学人文社会科学版),2008(1):42-47.

（6）对公约文本发表意见和提供建议

反烟倡导团体关心制定一个什么样的公约，并就此发表意见和提供建议。如美国责任公司组织在分析了大会主席做出的《控烟框架公约》新文本之后，发现它在扭转国际烟草流行，使烟草跨国公司承担责任方面还缺乏较多的必要措施，于是指出，公约草案没有将公共健康优先于贸易，没有列入许多国家，包括非洲和东南亚地区的国家所赞成的全面禁止烟草广告、宣传和赞助的内容；此外，还高度强调得到充足科学支持的干预措施，如烟草税收和价格、广告和促销、警告性标志、禁止室内吸烟的措施、烟草依赖型的治疗。非政府组织的这些建议引导了公约的修改。①

（三）实施《烟草控制框架公约》的意义与困境

2003 年《烟草控制框架公约》正式通过，2005 年生效。《烟草控制框架公约》具有里程碑式意义，标志着国际社会实现了制定国际条约解决疾病决定因素，和对协调一致的国际行动提出建议的任务。公约具有强烈的国际道义，已有 174 个国家签署，但公约在实施过程中也面临诸多困境。

1.《烟草控制框架公约》的国际意义

第一，公约再次确定了健康权是基本人权，并确定优先考虑和保护公众的健康权利。公约反复强调了先前各种国际人权公约，如《经济、社会、文化权利国际公约》《消除对妇女一切形式歧视公约》以及《儿童权利公约》中对健康权的规定，指出健康权是最基本的人权。公约表明，当贸易和健康这两种价值发生冲突时，健康权应该得到优先关注；②公约认识到烟草的广泛流行对公众健康产生的严重后果，对家庭、穷人和国家卫生系统造成的沉重负担，指出烟草使用和接触烟草烟雾与健康权之间存在严重的冲突。

第二，公约规定了健康标准和缔约方义务。公约认为，健康不仅是不患病、不羸弱，而是要达到生理、心理与社会适应性的完好状态，提出了人人有权享有能达到的最高的身心健康的标准，而且确认这个标准是人类生存和发展的基本权利之一，不会因为种族、宗教、政治信仰、经济或社会情境各异

---

① 陈颖健.全球治理视角下的《烟草控制框架性公约》研究[J].新疆大学学报（哲学人文社会科学版），2008（1）：42-47.

② 孙晓云.国际人权法视域下的健康权保护研究[D].西南政法大学，2008：65-66.

而有区别。公约的政策目标是提供一个由各缔约方在国家、区域和全球各级实施烟草控制措施的框架,使烟草使用和接触烟草烟雾持续大幅度下降,以保护当代和后代免受烟草消费和接触烟草烟雾对健康、社会、环境和经济造成的破坏性影响。③

第三,公约强化了对儿童权利的保护。国际人权法确认儿童为脆弱群体,有必要予以特殊保护以确保其持续获得所有可能正确发展的机会。公约不仅指出了烟草烟雾给健康带来的损害,还将"烟草依赖"单独列为一类疾病,明确烟草使用与儿童权利之间存在冲突,指出烟草使用将影响儿童的健康发育、自然的生理功能和预期的寿命,危及儿童固有的生命权和健康权。此外,公约提出了阻止烟草侵害儿童的措施,如第6.1条强调,价格和税收措施尤其能够对青少年吸烟产生良好的阻止效果,应有效地利用这一措施阻止青少年吸烟;第16条特别针对未成年人提出了"减少供应的措施",要求每一缔约方采取措施禁止向未成年人出售烟草制品,禁止向未成年人免费分发烟草制品,努力禁止分支或小包装销售卷烟,考虑禁止使用自动售烟机,禁止由未成年人销售烟草制品,以及对违反规定向未成年人销售烟草制品的销售商和批发商实行处罚。①

第四,公约强化了对妇女权利的保护。公约也关注到了烟草所带来的严重的性别问题,其序言中阐明,在世界上男性吸烟总体水平下降的同时,"全世界妇女和少女吸烟及其他形式烟草制品消费的增加",所以"需要有针对两性的烟草控制战略"和"妇女需充分参与各级决策和实施工作",并强调妇女对国家和国际烟草控制努力的特殊贡献,及其参与烟草控制政策制定和实施的重要性。②

此外,公约也体现了对发展中国家穷人的保护。诸多研究表明,20世纪80年代以后,北美、西欧等经济发达国家的烟草消费量逐渐减少,而发展中国家的烟草消费量却迅速增加,吸烟正日益成为穷人和穷国的问题。很多贫穷家庭抽烟花费比率相对更高,这些家庭要花费比例惊人的一部分收入在烟草上,而不是在营养和其他家庭需要上,因此由烟草引发的疾病及造成的经济、社会负担也以惊人的速度增长。造成这种不平等的重要原因,在于烟草公司把战略目标定位在发展中国家。传统的国际卫生法的核心价值在于

---

①② 袁利华.《烟草控制框架公约》研究[D].西南政法大学,2012:77–81.

国家主权与国家利益,而《烟草控制框架公约》则建立在全球社会正义的道德基础之上,从传统的国家利益至上变成了人类利益至上,涵盖了发展中国家穷人的利益。

2.实施《烟草控制框架公约》的困难

(1)《烟草控制框架公约》与国家的经济利益相冲突

对于全世界来说,烟草都是超级大宗商品,也是世界各国非常重要的财政来源,甚至是一些国家的财政支柱。《烟草控制框架公约》与国家的经济利益存在冲突,这使公约的实施并不顺利,国际非政府组织在推动公约实施过程中也困难重重。因为公约对健康权等人权保证的深层含义在于,不仅是对疾病的控制,而且是对危害健康的经济行为的控制。公约明确表示优先考虑其保护公共健康的权利,并规定了相应措施保护健康。其中,减少烟草需求的措施包括:通过价格税收措施、非价格措施、提供保护免于被动吸烟、管制烟草制品的成分和披露,以及烟草制品的包装和标签等;减少烟草制品供应的措施包括:禁止烟草制品非法贸易、对未成年人的销售和取消烟草补贴并由政府提供其他合理经济支持。①而对于主权国家而言,不仅追求健康,也追求经济利益。美国、日本、古巴等烟草大国,以及一些对烟草经济依赖较大的发展中国家,特别重视烟草控制对本国经济利益和社会产生的影响,在跨国界广告方面表现得尤为突出。比如关于"全面禁止烟草广告",日本、美国、德国表示强烈反对,提出言论自由环境下不能全面禁止。

(2)《烟草控制框架公约》与企业利益的冲突

要控制烟草生产与消费,必然会对某些部门的利益造成损害。《烟草控制框架公约》认为,在某些部门利益与人民健康的权衡中,一个"正义"的政府的"合法的、正义的"选择必然是维护后者,但相关企业却未必会进行同样的选择。烟草利益集团认为,烟草不仅与健康有关,而且与一个国家或地区的经济发展、劳动就业、农业经济结构、人民生活水平,以及市场和社会的稳定等方面都有直接或间接的关系。控烟的形式、范围、程度,以及具体的进展情况应充分尊重各国国情和不同选择,国际组织不应该过多地干预属于国家主权范围以内的事情。②2012 年第 15 届世界烟草与健康会议召开,会议

---

① 孙晓云.国际人权法视域下的健康权保护研究[D].西南政法大学,2008:65—66.

② 刘伟.国际公共政策的扩散机制与路径研究[J].世界经济与政治,2012(4):40—58.

期间讨论了卷烟包装和烟草税等控烟问题。澳大利亚的卷烟包装立法成为会议上的焦点之一。作为全球控烟措施最为严厉的国家之一,澳大利亚声称要成为全球首个强制烟草包装标准化、简单化的国家。根据新规定,澳大利亚卷烟包装只能用"最不诱人"的橄榄绿色,生产厂家的名字也只能以统一的小字体出现在指定位置。澳大利亚的做法引起烟草行业的强烈反对。美国烟草巨头菲利普·莫里斯公司表示,要在澳大利亚国内和国际上提起针对澳大利亚政府的诉讼。此外,土耳其、乌拉圭等国也面临烟草公司的诉讼威胁。[1]

（3）贸易自由化带来的问题

大量双边、多边协议,尤其是世界贸易组织协议对贸易减少了关税壁垒和非关税壁垒,全球烟草贸易有了迅速的增长。烟草贸易壁垒的消除导致更多的供应量和更低的价格,此外贸易自由化所带来的更激烈的竞争,还带来更低的价格和广告费用的上升,而品种增加则进一步扩大了市场规模。这些因素均可以导致烟草消费的进一步增长。与烟草有关的直接投资对于烟草的使用也产生了类似的影响,特别是它使跨国烟草公司在当地站稳脚跟,这有助于游说政府官员。烟草流行的全球化的一个突出特征就是跨国公司的作用。英国、美国和日本等跨国烟草公司正在尽力扩展全球烟草贸易,在发展中国家搞市场渗透。因而,贸易与投资自由化可以导致与烟草有关的死亡率与致残率的上升。这种威胁随着诸如烟草制品的因特网交易和非法交易等新跨国界挑战有所增加。烟草制品的非法贸易(如烟草走私)和因特网交易可以使消费者以低于市场的价格获得烟草。[2]在全球贸易自由化和直接投资增长的背景下,烟草对于公共健康的威胁越来越大。

第四节　国际非政府组织与全球卫生状况的变化

非政府组织在全球公共卫生治理中的贡献,不仅是推动国际卫生规范的形成和执行,而且还通过倡议和游说政府改变政策,在一些重大决策和相

---

① 陈济朋.世界烟草与健康会议聚焦卷烟包装和烟草税[EB/OL].[2012-03-25].http://365jia.cn/news/2012-03-25/311233351DCABFDC.html.
② 陈颖健.公共卫生全球合作的国际法律制度研究[D].华东政法大学,2008:66-67.

应制度安排以及国际卫生立法中发挥作用。如利用自己的专业优势就艾滋病防治问题发表看法，提出倡议和主张，积极推动国际社会最终达成共识，并采取制度性的措施对国家行为形成一定制约，在一定程度上迫使一些国家的政府调整工作重点，将更多的公共资源投向艾滋病防治领域。此外，非政府组织还参与全球公共卫生危机的应对，直接为发展中国家提供医疗卫生援助，帮助改善发展中国家的卫生状况。

一、国际非政府组织与全球艾滋病的防治

（一）艾滋病的性质及其危害

1.艾滋病的性质

艾滋病在世界范围内的扩散是疾病全球化的一个典型例子。1981年，美国疾病控制中心向全世界宣布发现了一种新的致命性传染病——艾滋病。艾滋病是由艾滋病病毒侵入人体后，破坏人体免疫功能而使人体发生一系列不可治疗的感染和肿瘤，最后导致患者死亡的传染病。艾滋病流行的实践证明，艾滋病已经成为一国或者地区人权状况恶化的重要原因。不管其社会经济发展程度如何，迄今几乎没有任何国家能将艾滋病阻挡在国门之外。尽管国际社会、各国政府和非政府组织都做了不懈的努力，但艾滋病仍在全球范围内肆虐。[①]

由于人类目前尚未发明治愈艾滋病的药物，艾滋病已成为夺取人类生命的超级杀手。世界卫生组织因此强调，全球处在史上疾病传播速度最快、范围最广的时期，艾滋病对人类的威胁将继续加大。若不从根本上加强预防措施，即便80%的病人未来享受到抗反转录病毒治疗，艾滋病致死人数仍将不断上升，在2006年至2030年的25年里，全球死于艾滋病的人数将高达1.17亿。到2030年，全球因患艾滋病而死亡的人数将上升至680万。[②]2017年，从全球范围看，艾滋病防治有了明显进展，但依然存在很多问题——约有30%的艾滋病病毒感染者仍然不了解他们的感染状况，

---

① 陈颖健.公共卫生全球合作的国际法律制度研究[D].华东政法大学，2008：6.
② 程春华、杨久华.未来中长期全球公共卫生安全：发展趋势及其国际政治影响[J].社会科学，2012（11）：20-30.

1710万艾滋病病毒感染者无法获得抗病毒治疗,一半以上的感染者体内病毒未受到抑制。在东部和南部非洲的艾滋病防治取得了重大进展,但在中东、北非以及东欧和中亚地区"90–90–90"目标的进展还很差,艾滋病相关死亡人数分别上升了48%和38%。①

2.艾滋病的危害

联合国统计数据发现,用于艾滋病防治的巨大消耗已经导致二十多个发展中国家社会和经济发展开始出现倒退现象,并成为其致贫的主要因素。

在经济方面,由于艾滋病主要侵袭发展中国家青壮年人口,导致这些国家的农业、工业及服务业的劳动力大大减少。与此同时,国家不但需要照护艾滋病感染者,还必须在教育、医疗方面寻找替代者,这些都带给公共卫生巨大的资金负担,国家经济发展严重受限。在有些国家艾滋病与贫困互为因果,艾滋病的流行加剧这些国家的贫困,贫困又导致这些国家缺乏治理和治疗艾滋病的资金和资源,使穷人患病的风险逐渐增加,艾滋病病毒感染更多地侵入到穷人的世界。

在社会方面,由于生理结构的差异,女性往往更容易被感染,但女性的法律权益却得不到保障,这使得妇女的社会地位更加低下。妇女不仅是艾滋病易感者,还可能是艾滋病的传播者,妇女的怀孕、分娩和育儿也导致了艾滋婴儿和艾滋孤儿的比率大大上升,带来一系列社会问题。此外,社会上对艾滋病患者的歧视十分普遍,可以说发生在社会生活的各个层面,包括政府、公司机构及个人,患者在职业、教育、医疗及其他生活中遭到歧视和排斥,人权受到严重侵犯。而人权的侵犯又恶化了艾滋病疫情,在艾滋病危机中,人权虐待是造成艾滋病泛滥的一个重要原因。

在安全方面,艾滋病对于国内秩序的稳定和国际和平都产生了一定程度的威胁。高额的艾滋病治疗费对于大多数艾滋病病毒携带者而言是一道艰难的门槛。有的艾滋病患者由于没有能力获得适当的治疗,出现不满情绪,因仇恨社会而恶意传播艾滋病,威胁国内社会的安全;艾滋病也可能在警察和军队中传播,造成警察和军事力量的缺失,影响国家法律法规的执行,削弱国家维护国内安全和保卫国家的能力。从国际层面来看,维护国际

---

① 帅筠,邱烨.联合国艾滋病规划署:自2005年以来艾滋病相关的死亡人数减半[EB/OL].[2017–07–27].http://jx.people.com.cn/n2/2017/0727/c186330–30533584.html.

和平的警察和军队通常都在艾滋病流行的地区执行任务,如果被感染则使维和力量受损,如在艾滋病病情最为严重的非洲地区。联合国前秘书长安南曾指出:"艾滋病作为非传统安全威胁,所产生的破坏性绝不亚于战争本身,……警察和武装部队中的高感染率已使非洲国家在面对安全威胁时束手无策。"①

(二)国际非政府组织的艾滋病防治行动

1.国际非政府组织在艾滋病防治中的意义

在艾滋病全球治理的多元行为主体中,各国政府、联合国、世界卫生组织,以及国际非政府组织在艾滋病治理中的合作正在不断加强。其中,国际非政府组织在艾滋病防治方面的影响正日益受到重视。

国际非政府组织参与艾滋病防治有益于公民社会建设。非政府组织在艾滋病防治中进行的慈善活动体现了人道主义和利他主义精神,会提升社会公益水平;非政府组织在促进艾滋病防治中倡导性别平等和阶层平等,保护艾滋患者特别是女性患者的合法权益,会促进社会公平和正义;通过广泛的社会动员和草根非政府组织的参与进行艾滋病防治,也有益于促进社会民主和理性参与,推动公民社会的建立。

国际非政府组织参与艾滋病防治有益于改善治理效果和效率。首先,非政府组织可以在一定程度上弥补政府和市场对艾滋病弱势群体服务的不足,促进对艾滋病患者公共服务的均等化。其次,由于非政府组织扎根基层,可以开展广泛的社会动员,积极引导艾滋患者参与公共议题的讨论,通过政策倡导影响相关政策制定和资源分配,为艾滋患者的社会参与和权益维护提供理性的通道。最后,由于非政府组织深入民众,可以切实了解服务对象需求,一方面可以促进艾滋病防治服务的人本化,另一方面在参与式社区服务过程中,也可以有效提供艾滋病相关知识的宣传教育,针对艾滋病病人的紧急救护和医疗照顾可以消除社会对艾滋病的偏见、歧视和污名化,最终达到高效率的服务目标。

在国际交流与合作方面,非政府组织基于其人道主义的价值原则,更能够促进不同政治立场的国家与机构之间知识、技术、资金及服务的合作。在

---

① 晋继勇.全球公共卫生治理中的国际人权机制分析:以《经济、社会和文化权利国际公约》为例[J]. 浙江大学学报,2010(4):48-57.

艾滋病防治领域,没有哪个国家可以独立于国际之外,艾滋病防治领域非政府组织的发展一方面可以有效提升获得参与国际合作的机会,获取国际社会的资金和技术援助,培养更多的国际性专业人才,提高本国参与国际事务的机会和能力;另一方面还可以通过非政府组织促进不同国家在艾滋病防治方面的了解和合作,减少其本身在国际环境中被孤立的可能。①

2. 参与艾滋病防治行动的国际非政府组织

在艾滋病预防和帮助艾滋病感染者方面,非政府组织一直扮演着关键性的角色。由于艾滋病传播的流动性、隐蔽性和广泛性,仅靠政府已难以控制,非政府组织深入基层社区,开展防治艾滋病宣传教育、提倡人们采取预防手段、无偿发放避孕套、帮助艾滋病患者、发放抗艾滋病病毒药品、帮助和收养艾滋病孤儿等活动,世界各地的非政府组织积极参与艾滋病抗争队伍,正如联合国艾滋病规划署所言,自艾滋病大流行以来,一直活跃于行动前线的非政府组织数以万计。全球参与艾滋病防治的非政府组织主要有:

专门研究和从事艾滋病防治的专业组织,如国际艾滋病协会、国际艾滋病服务组织联盟、国际艾滋病疫苗协会、全球企业抗艾滋病联合会、国际妇女艾滋病病毒感染者和艾滋病病人联合会、全球艾滋病病毒感染者和艾滋病病人网络、艾尔顿·约翰艾滋病基金会(The Elton John AIDS Foundation)等,在宣传艾滋病的预防、安全套发放、生殖健康教育、艾滋病药物研发、直接组织或参与救治艾滋病患者的合作项目等方面都发挥着重要作用。②

妇女组织。如在非洲,半数以上的艾滋病患者是女性,非洲妇女为了抗击艾滋病进行自救,组织了许多妇女非政府组织,"非洲妇女艾滋病协会"就是由非洲妇女建立的防治艾滋病的团体,已在 28 个国家设有网络组织。该组织为妇女提供宣传和行动的平台,以应对引起妇女对艾滋病易感性的特殊和普遍的因素。此外,妇女非政府组织还通过其在实践中的切身体验收集有用的数据,促进以实行妇女和青少年为目标群体的艾滋病预防项目。2002年,肯尼亚有 21 个防治艾滋病的非政府组织,其中"抗艾滋病妇女组织"是由妇女建立并服务于妇女抗艾滋病的支持组织。该组织通过帮助受感染的

---

① 刘斌志,邓晓.论艾滋病防治的全球治理:基于全球基金的例证[J].太平洋学报,2011,19(1):82-89.

② 曹敏.全球公共卫生治理中的非政府组织:以盖茨基金会为例[D].外交学院,2013:24.

妇女控制自身健康、过积极的生活、防止家人和社区其他人员感染该疾病等方式来防治艾滋病。正如联合国艾滋病规划署官员曾经指出:"与艾滋病有关的非政府组织,自艾滋病大流行以来一直处于行动的前线。"①

此外,还有青年组织、宗教组织(世界宣明会、天主教救济会)、综合性卫生组织(如无国界医生组织、比尔和梅林达·盖茨基金会)。

3.案例:天主教救济会与艾滋病的防治

天主教救济会(Catholic Relief Services ,CRS)是隶属美国天主教理事会的一个国际宗教非政府组织,由美国天主教教会于1943成立,以艾滋病预防工作闻名,向非洲、亚洲、拉丁美洲、中东和东欧九十多个国家和地区的1.3亿人提供援助。

在非洲,天主教救济会向三十多个国家对艾滋病的宣传教育和救治提供大量而持续的资金支持,受惠者已达200万人。2003年,该组织在马达加斯加开展了一个为期四年、总计150万美元的项目,其目的是培训人们有关艾滋病和性病的知识,以控制艾滋病在这个岛国的传播。2002—2004年,该组织发起了"非洲崛起——希望和医治"的运动,主要目的是反对歧视艾滋病患者和减少因艾滋病所导致的贫穷。津巴布韦是这项运动的重点国家,33.7%的15～45岁成年人是艾滋病病毒携带者,且有90万艾滋病孤儿。于是,该组织开展了一项名为"津巴布韦年轻人"项目,让为人父母者、社区领袖、政府官员参与,帮助这些幸存的年轻人恢复原有生活状态。此项目的年轻受惠者已达3.4万人。②

在天主教救济会看来,艾滋病既是一种生理疾病,同时也与人的行动偏差密切相关。对于前者,天主教救济会主要是筹集大量资金和药物进行援助;对于后者,则重视通过行为改变来预防艾滋病。具体做法是:①进行艾滋病教育。主要是利用其宗教网络,在宗教礼拜或其他的活动中邀请艾滋病防治专家给信徒宣传预防艾滋病的知识;②提供直接的援助和服务。这既包括医疗和药品方面的援助, 也包括为艾滋病患者提供精神支持缓解他们的心理压力,同时基于人人在上帝面前平等的宗教理念消除社会对他们的歧视;③通过信仰约束来改变人们的行为, 这是国际宗教非政府组织最普遍采用

---

① 胡志方.试论非政府组织在非洲医疗卫生领域的作用与影响[J].西亚非洲,2009(10):75-78.
② 马恩瑜.宗教非政府组织在非洲国家的角色参与及影响[J].西亚非洲,2009(7):38-42.

的,也是最具信仰特色的防治措施;④除各组织自行制定的艾滋病防治项目外,天主教救济会还经常联合相关的世俗和宗教组织一起开展活动,动员信徒和社会公众,呼吁相关的企业、国家和国际组织的共同关注。①

天主教救济会通过"教育 + 医疗(物质)援助 + 尊严(精神)维护 + 信仰约束 + 与世俗组织合作"的艾滋病防治方式获得了国际社会的认可,它们在乌干达的实践被视为是世界银行、政府与宗教非政府组织合作的典范。联合国儿童基金会在 1995 年的报告中指出,以信仰为基础的组织在地方发展和艾滋病防治等方面扮演着至关重要的角色,原因是宗教在大多数发展中国家起着核心、整合的作用……在这些地区,宗教组织与社会中的所有年龄层的团体都保持着较密切和正式的联系,人们高度尊重他们的意见。在传统社区,宗教领袖常常比地方政府官员和世俗社区领袖更有影响力。联合国艾滋病联合规划署的前执行主任比特·皮尔特也认为:"政治组织来了又去,政治家、商人、联合国机构去了又来,然而从长远的目光来看,只有基于信仰的团体和宗教组织一直存在于(艾滋病防治的)历史和未来当中。我们在抵抗艾滋病蔓延的时候,往往忽略了这一点。"②

4.案例:比尔和梅林达·盖茨基金会的艾滋病防治项目

比尔和梅琳达·盖茨基金会(Bill&Melinda Gates Foundation)是由比尔·盖茨与梅琳达·盖茨夫妇资助的、全球最大的慈善基金会。该基金会以美国华盛顿州西雅图市为基地,于 2000 年 1 月通过盖茨学习基金会和威廉·盖茨基金会的合并而创立。该组织的目标是提高全球健康水平,缩小富国和穷国在卫生保健方面的差距,确保卫生保健领域取得能挽救生命的技术进展,并将这些技术提供给最需要的人。该组织的重点领域为传染病、HIV/ 艾滋病及肺结核、生育保健及儿童保健。由于在全球健康方面的重大贡献,2010 年 3月获联合国人口基金颁发的联合国人口奖。

艾滋病是比尔和梅林达·基金会较早关注的重要领域之一。鉴于全球艾滋病的迅速蔓延和极大危害,该组织倡导把全世界疫苗研究者、开发者的力量集合起来共同应对。于是 2006 年盖茨基金会开始加快步伐努力研制艾滋病疫苗,投资 28.7 亿美元与各国科学家、政策倡导和制定者合作建立了艾

---

①② 李峰."救世与救心":国际宗教非政府组织国际发展援助的特征[J].世界宗教研究,2014(2):33-44.

滋病疫苗新的国际合作网——CAVD(The Collaboration for AIDS Vaccine Dis-covery)。六年内,CAVD 所资助的 3~5 年项目高达 20 个,全球超过 20 个国家的 101 个机构均受益,500 名研究者积极参与疫苗研制,全部金额超过 32 个亿,另外 3 个由盖茨基金会 GCGH 计划支持的研究机构被纳入合作框架中。CAVD 项目的主要目的是促进研究者的合作,开放经验交流与成果分享,即建立国际合作交流网络,提供标准化的实验室,密切联系世界各地科学家共同进行艾滋病疫苗开发, 此项目的实施对于全球艾滋病的防预和治疗做出了重大贡献。

在艾滋病防治问题上, 盖茨基金会 1/3 资金用于改善妇女生殖健康、攻克艾滋病病毒感染难题,除国际合作网外,盖茨基金会还参与了博茨瓦纳预防艾滋病项目——非洲防治艾滋病合作伙伴(ACHAP)计划。由于博茨瓦纳是世界艾滋病病毒感染率最高的国家之一,联合国艾滋病规划署统计,由于较早就遭受艾滋侵袭,目前一个 180 万人口的小国几乎 1/3 成年人都感染了 HIV 病毒,受到民族灭绝的威胁。而盖茨基金会与非洲防治艾滋病合作伙伴计划可以很好地开展艾滋病防治工作, 尤其基金会源源不断的捐赠基金对于当地艾滋病预防措施的开展发挥了明显作用。①

5.案例:全球基金的艾滋病防治行动

全球基金(The Global Fund to Fight AIDS, Tuberculosis and Malaria,GFATM)是一个政府与民间合作创办的国际金融机构,主要致力于抗击艾滋病、结核病和疟疾。全球基金的目的在于集政府、基金会、私人机构、宗教团体、非政府组织以及个人资源之力共同对抗艾滋病、疟疾及肺结核。

全球基金体现了国际卫生治理的新途径:首先,全球基金将联合国艾滋病规划署、世界卫生组织,以及世界银行吸纳为理事以负责监督基金运作,获得了其所提供的相关知识、技术与资源支持。其次,全球基金将公共部门、私营企业以及各类非政府组织当作不可或缺的合作伙伴。这种做法改善了全球基金计划申请和执行过程中的透明度,发展出了清楚透明的评估标准,获得了多方技术与财政上的支持。

全球基金在各国的艾滋病防治计划包括:制定、实施并推广有效的艾滋病防治项目; 为艾滋病患者提供基本医疗服务; 强化艾滋病防治的宣传教

① 曹敏.全球公共卫生治理中的非政府组织:以盖茨基金会为例[D].外交学院,2013:46.

育;推广保险套普及活动;提供测试母子垂直传染的设备;降低医疗人员被感染概率;增加对艾滋病孤儿的照顾与援助,以及建立各区域对艾滋病的监督与评估机制。自成立以来,该基金在全世界开展抗击恶性疾病的工作,批准了对 136 个国家共四百五十多个计划的资助,共计 87 亿美元,并且已有98%的计划书签署资助协议。该基金的业务覆盖一百五十多个国家和地区,包括位于撒哈拉沙漠以南的非洲地区,以及东亚和太平洋地区。全球基金的独特运作方式被视为艾滋病全球治理的一种具体实践,并在减少艾滋病、疟疾和肺结核的危害方面做出了重大贡献。①

以柬埔寨为例,20 世纪 90 年代中期,艾滋病在柬埔寨迅速蔓延,1996年柬埔寨政府向国际社会发出正式求援书,指出柬埔寨政府存在巨大的财政缺口,没有足够的资源应对艾滋病危机。柬埔寨的求援引起国际社会的极大关注,大量双边和多边艾滋病治理援助资金源源不断进入柬埔寨,为柬埔寨艾滋病治理提供了重要的资金保障。全球基金是柬埔寨艾滋病治理最大的资金支持者之一。2002 年,全球基金向柬埔寨提供了约 1600 美元的援助。2003 年,全球基金又向柬埔寨提供 1500 万美元用于艾滋病病人的 ART 治疗。截至 2010 年,柬埔寨从全球基金得到的援助金额达到 1.5 亿多美元。经过多年的努力,柬埔寨艾滋病治理取得了显著的成效,得到国际社会的高度认可,成为全球治理艾滋病的典范。②

(三)全球艾滋病防治的成效与问题

艾滋病本来是一个公共卫生问题,属于医学范畴,但非政府组织防治艾滋病的行动与倡议将其转化成了一个与社会经济发展、人权保护、国家安全、国际公平联系在一起的议题。国际非政府组织的行动与倡议成功地引起了国际社会及各国政府的重视,不仅为预防和治疗艾滋病争取到了更多的资源,改善了全球艾滋病防治状况,而且也为感染和携带艾滋病病毒的人群争取到了更多的权利,改善了他们的生存状况和生活质量。但国际非政府组织的艾滋病防治工作也存在不少问题。

_____

① 刘斌志,邓晓.论艾滋病防治的全球治理:基于全球基金的例证[J].太平洋学报,2011,19(1):82-89.

② 周龙.柬埔寨艾滋病治理成效及其原因评析[J].东南亚研究,2016(5):24-32.

1.国际非政府组织推动全球艾滋病防治的成效

非政府组织在全球范围内的防治艾滋病倡议活动，成功地使艾滋病引起了所有国家的重视，国际社会对艾滋病问题给予了广泛关注并投入了大量资金，远远超过了对其他公共卫生问题的关注与投入。在 1990 年，全球投入艾滋病防治的总资金大约为 0.2 亿美元，占全球卫生发展援助资金的 3.4%。2007 年上升到了 5.1 亿美元，占全球卫生发展援助资金的 23.3%。艾滋病问题显然成为国际卫生援助中最优先的事项。由于发展援助总量是有限的，艾滋病问题吸引了越来越多的资金。[1]据联合国艾滋病规划署统计，全球每年投入艾滋病防治领域的资金高达二百多亿美元，且每年有数百万个专项行动与合作项目。[2]

在非政府组织与全球卫生治理中其他行为体的共同努力下，全球范围内，特别是发展中国家的艾滋病防治出现了可喜的进展。联合国艾滋病规划署 2017 年发布的一份报告——《终结艾滋病：90-90-90 目标进展情况》显示，[3]2016 年，全球 3670 万艾滋病病毒感染者中有 1950 万人获得治疗，这是有史以来第一次有半数以上的艾滋病病毒感染者得到治疗；艾滋病相关死亡人数从 2005 年的 190 万下降到 2016 年的 100 万；2016 年，76%的携带艾滋病病毒的孕产妇获得了抗反转录病毒药物，比 2010 年的 47%有所增加；2010—2016 年全球新增艾滋病感染减少了 16%。与此同时，新增儿童艾滋病病毒感染病例减少了一半，从 2010 年的 30 万降低到 2016 年的 16 万。其中进步最大的地区是东部和南部非洲，这里是受艾滋病病毒影响最大的地区，该地区艾滋病病毒感染者占全球总感染者的一半以上。2010 年以来，艾滋病相关死亡人数下降了 42%，新增艾滋病病毒感染人数下降了 29%，其中同期儿童艾滋病病毒新增感染人数下降了 56%，2006—2016 年 10 年间，东部和南部非洲人口预期寿命增长了近 10 年。这是艾滋病防治工作取得的显著成就，使东部和南部非洲步入结束艾滋病这一流行病的轨道。[4]

---

① 张彩霞.全球卫生治理面临的挑战及其应对策略[J].中国卫生政策研究,2012(7):60-68.

② 曹敏.全球公共卫生治理中的非政府组织:以盖茨基金会为例[D].外交学院,2013:24.

③ 即到 2020 年,90%的艾滋病病毒感染者知道自己的感染状况,90%已经诊断的感染者接受抗病毒治疗,90%接受抗病毒治疗的感染者病毒得到抑制。

④ 帅筠,邱烨.联合国艾滋病规划署:自 2005 年以来艾滋病相关的死亡人数减半[EB/OL].[2017-07-27].http://jx.people.com.cn/n2/2017/0727/c186330-30533584.html

2.国际非政府组织在全球艾滋病防治中存在的问题

国际非政府组织的艾滋病防治工作，特别是在发展中国家依然存在不少问题：

（1）项目短暂性因素导致出现断层

国际非政府组织在发展中国家支持的艾滋病项目帮助、参与制定了当地艾滋病防治工作的战略规划，引进了健康需求评估、行为监测等多种新技术，输入了新的管理理念。但一段时间后，由于资金的短缺，国际非政府组织支持的这些艾滋病项目出现了难以持续的问题，不得不中断或者是减少资金支持。项目的服务对象是边缘性、被歧视的弱势人群，项目的目的不仅是给予他们治病和生活的资金，而且是要帮助他们争取权利，增强自信心和自尊心，自立、自助和自主发展。当这些项目结束和出现断层时，对艾滋病病人的帮助消失有可能使接受帮助者丧失信心和产生怀疑。

（2）治理行动缺乏与当地环境的联系

国际非政府组织在发展中国家实施艾滋病项目时，主要聚集于卫生领域，但艾滋病流行通常与当地社会经济、地理、风俗都有密切关联，如所处地区位于边境，易于获取毒品；经济不发达；文化教育落后，因此单纯从卫生领域角度防治比较狭窄，影响了治理效果。

（3）项目实施过程中的本土化与国际化冲突

国际非政府组织进入发展中国家实施艾滋病防治项目，常常会遭遇到"本土化"的问题。国际非政府组织通常都有自己的意识形态和指导思想，贯穿着利他主义和人道主义精神，工作人员和志愿者也秉持公共服务意识、关怀意识、责任意识、参与意识和奉献精神。但在实践过程中，当这种良好的伦理精神遭遇不同文化背景人的误解和排斥的时候，会使国际非政府组织工作人员的积极性受到打击，这就产生了动机与效果的矛盾。[①]此外，国际非政府组织在发展中国家从事艾滋病防治时，容易衍生出一种道德优越感，总想试图改造些什么，将社区变成西方的模样，总试图用"先进"的东西取代社区"落后"的东西，但实际上却不是社区真正的需要。国际非政府组织长期以来都假设社区的居民和他们对一些价值观的理解是基于共同信念，社区出于

① 张文英.国际非政府组织在云南实施艾滋病项目面临问题探讨[J].医学与哲学,2010,31(15):25-26.

"敬畏"假装接受了这些信念,但是接受他人信念的代价就意味着将自我认同剔除,削弱社区的自信,反而偏离了国际非政府组织帮助艾滋病患者建立"尊严和信心"的初衷。①

二、国际非政府组织与埃博拉危机的应对

公共卫生危机是公共危机中的一种。从广义上讲,凡是与人们健康相关的公共危机都是公共卫生危机。具体而言,公共卫生危机具有以下特点:①对不确定社会群体健康的威胁性。公共卫生危机不是针对特定的人,而是不确定的社会群体,公共卫生危机对不确定社会群体健康的损害和影响达到一定的阈值后会造成社会恐慌和混乱。②突发性。由于环境的不确定性、人类的有限理性以及信息的不对称性,公共卫生危机事件没有固定的发生时间、发生方式,危机产生的诱因难以预测,危机的发生、发展和造成的影响难以预测。由于事件的突发性导致了事件反应时间的有限性,使决策者面临着巨大的压力和不确定性。③引发原因的多样性。引发公共卫生危机的原因多种多样,如法定传染病的暴发、新发现传染病的进入、核物质与放射源污染事故、农药和有毒化学品污染事故、食物中毒、食源性疾患、饮用水污染事故、职业性中毒和自然灾害的次生危害等都是导致公共卫生危机的重要原因。④形成途径的复杂性。公共卫生危机事件,如传染病、食物中毒、水污染事故、职业危害射线事故等形成的途径都比较复杂,可在正常的公共场所活动中,经过人与人接触,通过饮食为载体和日常工作不知不觉地受到侵害,不易引起人们的注意,用常规的手段也无法检查到,具有极大的隐蔽性和不确定性。②⑤强烈的扩散性。公共卫生事件暴发时,所有人群都缺乏免疫力,任何人只要有接触史就可能发病,重大的传染病、疫情,重大的环境污染都具有强烈的扩散性。③

---

① 戴光全,陈欣.国际NGO在中国:艾滋病合作项目个案的社会人类学观察[J].社会科学家,2009(9):100-103.

② 楚安娜,许迎喜,吕全军.我国公共卫生危机管理应对机制研究中国卫生政策研究[J].2014,7(7):50-55.

③ 赵海燕,姚晖,胡晓抒.以非传统安全观审视公共卫生危机[J].中国公共卫生,2006,22(12):1535-1536.

由于全球背景下的频繁交往、密切联系,人类社会日益成为一个有机的整体,个别地区、公共卫生领域的危害事件能够迅速发展为涉及整个国际社会的全局性、多领域的复合危机。从 20 世纪上半叶的鼠疫、霍乱、结核病等传染性疾病,到进入 21 世纪后的口蹄疫、疯牛病、SARS、禽流感、日本福岛核电站核泄漏、埃博拉疫情等突发性公共卫生事件频繁发生,给公共卫生和人群健康带来了严重挑战。在历次国际公共卫生危机事件的应对中,非政府组织都是不可或缺的。以埃博拉疫情中非政府组织为例来看,非政府组织在国际公共卫生危机的应对中既有一定的优势,也存在不少问题。

(一)埃博拉危机的特点

近年以来,在世界所经历的各种重大灾难和公共安全危机之中,最令人关注和难忘的当属由西非地区暴发的埃博拉疫情所引发的全球公共卫生紧急状态。埃博拉(Ebola)这种以非洲中部一条静谧河流的名字命名的烈性热带传染病,占据了 2014 年度"热搜榜"的前三名。2014 年以后新的感染病例还在不断出现。埃博拉本不是什么新鲜事物,人们知晓它已经有将近四十年历史。但这一次疫情的形势之严峻,情况之复杂,应对难度之大,使得国际社会始料不及,由此引发的连环震荡和连锁反应,在二战以后的世界卫生历史上也是绝无仅有的。那么,埃博拉疫情所造成的危机到底有什么特别之处?卫生非政府组织在"埃博拉战争"中扮演了什么样的角色?做出了哪些贡献?

2013 年底以来,埃博拉疫情主要肆虐于三个地处非洲西部的国家:几内亚、利比里亚和塞拉利昂,是 1976 年人类首次发现并命名埃博拉病毒以来所经历的最惨烈的公共卫生灾难,呈现若干不同以往的鲜明特点,具体如下:

一是规模空前,延续时间特别长,危害巨大。这是埃博拉病毒在西非地区的首次暴发,也是它第一次入侵人口密集的城市。截至 2015 年 4 月各国已经累计发现和报告病例 26079 人,死亡 10823 人。这两个数字均远远超过 1976—2012 年 36 年间累计埃博拉病例数和死亡人数的总和。在此次疫情中,西非各个治疗中心收治的患者死亡率为 70%,而那些待在家里的患者有多达 90% 的人不幸病陨。

二是病毒传播速度和范围超出预期。此次疫情暴发的标志性案例是 2013 年 12 月几内亚偏远地区一名男童因感染埃博拉病毒死亡。此后,埃博拉病毒在几乎无人察觉、无任何医学干预的情况下传播了三个月,从几内亚农村扩散到包括首都科纳克里在内的都市区域,直至2014年3月世界卫生组织非洲办事处确认新一轮埃博拉疫情暴发。与此同时,埃博拉病毒开始跨越国界,经陆路传播到几内亚的邻国塞拉利昂和利比里亚,又通过飞机传到尼日利亚,通过陆路传到塞内加尔。截至2014年底,先后发现并报告埃博拉病例的国家共计九个,分布在非洲、西欧和北美洲,它们是几内亚、利比里亚、塞拉利昂、马里、尼日利亚、塞内加尔、西班牙、英国和美国。

三是多重危机连锁或叠加暴发,造成前所未有的经济与社会困境。西非疫区的公共卫生系统出现大面积瘫痪。疫情重灾区几内亚、塞拉利昂和利比里亚都是最不发达国家,长期内战和政局动荡,使当地原本就极为脆弱的卫生基础设施与公共卫生体系遭受重创。埃博拉病毒的可怕之处是它可以对医务人员造成毁灭性打击。疫情暴发前,西非三国每十万居民只有一至二名医生,如此稀缺的医疗人员在疫情暴发后又因缺乏必要的培训和防护装备而折损过半。由于缺乏最基本的防疫服务和卫生常识,各种谣言四起,大批疫区居民陷入极度惊恐,盲目逃离家园。

四是公共卫生危机引发了人道主义危机。为防止病毒扩散,西非三国政府被迫采取一系列强制性隔离措施,学校停课,集市关闭,地面交通中断,不少居民社区粮食等生活必需品严重短缺,百姓生活几乎陷入绝境,只能依赖有限的外部援助。因英航、法航、阿联酋航空等重要国际航空公司纷纷停飞西非航班,加之海上客货航线及码头运转受到连累,打乱了正常的国际交通运输秩序,西非三国一时成为"孤岛",致使很多急需运往抗击埃博拉一线的人员、物资不能及时抵达,公众对政府的不信任、恐惧与绝望情绪在疫区不断蔓延。①

(二)埃博拉疫情中的非政府组织:类型与作用

非政府组织在应对西非埃博拉疫情中发挥了关键作用,有三十多个国际卫生非政府组织参与其中。

1.参与应对埃博拉疫情的非政府组织的类型主要有以下四类:

一是以独立法人机构的联合体形态存在的著名全球性非营利组织,如红十字会与红新月会国际联合会(International Federation of Red Cross and Red Crescent, IFRC)、天主教慈善国际(Caritas Internationalis)、无国界医生

---

① 徐彤武.埃博拉战争:危机、挑战与启示[J].国际政治研究,2015(2):33–60.

组织(Médecins Sans Frontières, MSF)、救助儿童会(Save the Children)、乐施会等。

二是以海外紧急救助或扶贫开发为己任的各国民间慈善团体，如加拿大事业(CAUSE Canada)，以色列援助(Isra AID)，美国的关爱非洲(Africare)、国际医疗服务队(International Medical Corps)和撒玛利亚救援会(Samaritan's Purse)，爱尔兰的世界关怀会(Concern Worldwide)，英国的灾难应急委员会(Disasters Emergency Committee, DEC)，荷兰的 ZOA 组织，丹麦的鹮鸟组织(IBIS)，德国的世界饥饿救助会(Deutsche Welthungerhilife)，法国的世界医生组织(Médecins du Monde)，意大利的紧急救援组织(EMERGENCY)、西班牙的胡安城市非政府组织 (Juan Ciudad ONGD) 和天主的圣胡安教友会(San Juan de Dios)等。

三是向参与防控埃博拉疫情的组织或相关生物医学研究机构提供资金支持的私立基金会或非营利性基金组织，如德国的罗伯特·博施基金会(Robert Bosch Stiftung)，英国的维康信托基金会(Wellcome Trust)，美国的比尔和梅琳达·盖茨基金会(Bill & Melinda Gates Foundation)、保罗·艾伦家族基金会(Paul G. Allen Family Foundation)和美国疾控中心全国基金会(National Foundation for the Centers for Disease Control and Prevention Inc.)等。

四是西非疫区当地的民间社会组织，如利比里亚基督教卫生协会(Christian Health Association of Liberia,CHAL)，以及众多非正式的"草根型"基层社区民间组织。[①]

2.埃博拉疫情中非政府组织的作用

自从埃博拉疫情开始，非政府组织已经在利比里亚、几内亚、尼日利亚和塞拉利昂等国开展了四百多个项目，非政府组织和当地卫生工作人员一起在医疗机构、埃博拉治疗团队等提供医疗服务，组织健康教育和促进项目,挽救了许多人的生命,得到国际社会的广泛称赞。[②]

具体来讲,非政府组织在埃博拉疫情的控制中主要发挥了以下重要作用:

第一,预警与预防。非政府组织最早察觉到了疫情苗头、从一线发出了

---

① 徐彤武.埃博拉战争:危机、挑战与启示[J].国际政治研究,2015(2):33-60.

② 查利.无国界医生与埃博拉的两次交战[EB/OL].[2014-7-31].http://www.csrworld.cn/article-2490-1.html.

"报警信号",并直接向国际社会提出采取紧急行动,呼吁世界卫生组织、各国政府和相关非政府组织加强协作,采取及时、具体的对应措施;宣布暴发疫情后,无国界医生的紧急救援队伍在卡加迪(Kagadi)医院设立了埃博拉病毒治疗中心,以推行防控措施,训练乌干达医疗人员照顾病人,并减低传播风险,起到了预警与预防的作用。

第二,宣传、动员与建议。疫情开始后,非政府组织一方面深入疫区开展各类埃博拉健康宣教,宣传防病知识、防疫常识,增加疫区公众对疫情的认知;另一方面也为疫区提出建议,如尽快通过广播、手机短信、宣传画或村落首领的宣传等渠道,增强居民对疫情和相关知识的了解,改善医疗场所,加装围栏、聘请安保人员,避免人员出入无秩序的情况。此外,还进行了广泛的动员,动员疫情防控急需的人力、物力、财力,特别是动员数千名医护人员在埃博拉疫情地区工作。

第三,第一线的医疗救助、卫生防疫。最初在第一线进行救援的就是无国界医生组织和国际红十字会等非政府组织。早在2014年3月,无国界医生组织就派遣了一支由24人组成的队伍前往几内亚开展紧急救援工作。截至7月世界卫生组织拉响全球警报之时,无国界医生组织已向几内亚、利比里亚、塞拉利昂三国派驻72名国际救援人员,提供了400余张床位,调用480名当地人士参与救援工作,直接为埃博拉病人提供医疗服务,确保感染得到控制。①此外,非政府组织的工作人员还亲自参加防疫工作,如安慰病人和家属,隔离、治疗感染者,运营救护车,对病者房屋进行消毒等。根据联合国的统计,大约57%的埃博拉感染是通过不适当的墓葬传播的,因此非政府组织也常常在现场指导对遇难人员遗体的安全掩埋,参与埋葬程序,妥善处理埃博拉病毒受害者的尸体,减少传播。一直到2015年无国界医生一直战斗在对抗埃博拉疫情第一线,在相关区域部署了超过1300名国际志愿者,并在当地拥有4000多名工作人员。②

第四,进行支持、协调与重建工作。首先是为当地医疗机构和团队提供技术和物资支持,如培训卫生工作者、提供医疗卫生用品;其次是为疫区提

---

① 郭佳.抗击埃博拉,国际社会正在行动[J].世界知识,2014(20):38-39.

② 中国新闻网.无国界医生:埃博拉疫情早期求助遭忽略[EB/OL].[2015-03-23].http://news.nen.com.cn/system/2015/03/23/016919600.shtml.

供后勤援助,在救援队伍中,除了医生、护士、流行病学专家外,还派遣后勤人员、水利卫生专家、健康专家、心理学专家,由他们向病人、家属和医疗人员提供精神健康护理;最后是密切观察和监控与患者接触过的人群,做传染病研究确认,追踪和监测埃博拉高风险人群,参与疫苗筛选流程,与世界卫生组织共同开展疫苗试验。此外,还协调西非疫区的内外联系与国际援助的分配,计划疫区的重建工作,如拯救儿童(Save the Children)建立了一个埃博拉治疗点,国际计划(Plan International)领导了一个社区推广项目,国际医疗组(The International Medical Corps)在埃博拉治疗点提供服务,并与上述社区推广项目进行合作。①

(三)国际非政府组织在应对埃博拉疫情中面临的问题

非政府组织是应对埃博拉疫情的重要力量,从预警、预防、宣传、动员、建议到第一线的医疗救助、卫生防疫、支持协调与重建工作,为疫情的控制做出了重大贡献,但非政府组织在应对埃博拉疫情中也面临不少问题。

1. 世界卫生组织缺乏与非政府组织共同应对国际公共卫生危机的正式和有效的机制

非政府组织的报告没有得到及早重视。在埃博拉病毒暴发一年后(2013年),无国界医生组织就对后来的埃博拉疫情发出警示,但被当地政府和世界卫生组织忽略了。无国界医生称,世界卫生组织本应更早承认此次埃博拉疫情需要更为合适的部署,而不是限制其本身在数月时间中为相关国家政府提供咨询支持的作用。世界卫生组织并未能及时表明需要更多的人力,也没有额外调动人手或对培训护理人员进行足够投资。由于未能及时采取设立隔离中心、排查与患者有接触的人群等措施,导致当前西非地区已出现多个疫情集中暴发中心,加大了控制疫情发展的难度。直到2014年3月,世界卫生组织才正式宣布埃博拉病毒为全球健康的紧急情况,此时已经有1000人因此丧命。②

2.当地人对国际非政府组织缺乏信任和理解

在应对疫情的过程中,当地人对无国界医生表示出的是怀疑和敌意。由

---

① 钱熠等.非政府组织在全球健康治理中的作用研究[J].中国卫生政策研究,2016(11):5-10.

② 王莉兰.埃博拉:无国界医生严厉痛斥世卫组织反应迟缓[EB/OL].[2015-03-23].http://world.huanqiu.com/exclusive/2015-03/5985956.html.

于当地人缺乏对埃博拉病毒的认识,所以当有人染病死亡,无国界医生严严实实地穿着如太空服似的防护服在整个村子周围喷洒消毒水时,当地人们得出的结论是无国界医生喷撒了埃博拉病毒致使人们死亡。尽管无国界医生做了大量解释,但很难消除当地人的疑虑,所以当无国界医生组织来到被埃博拉病毒肆虐的村落时,往往会遇到手持砍刀和弹弓的当地人的拦截。

3.非政府组织缺乏充足的人力资源

随着埃博拉疫情的加剧,塞拉利昂和利比里亚的病例数量急剧增加,疾病扩散到更多村庄和乡镇,感染和死亡数目不断上升。无国界医生虽已派出大量人员,但还是无法应付大量的新病例和新增受影响地点,也无力再加大救援力度。要获得受感染社区人群的信任,调遣高质量的医疗人员,扩大接触者追踪的能力,进行预防感染和治疗疾病的培训,开展提高公众认知的活动,以及传播基本的卫生知识,还需要更多应对埃博拉有经验的人士。[1]

此外,疫区的一些风俗习惯也给非政府组织的防疫工作带来极大困扰,如在几内亚、塞拉利昂、利比里亚,当一名埃博拉出血热患者死亡时,按照习俗会有大量亲友从四面八方前来参加葬礼,接触或参与清洁尸体,在这种情况下,亲友极有可能感染病毒并带到其他地区,加速疫情的蔓延。

三、国际非政府组织在发展中国家的卫生治理行动

为了改善发展中国家的卫生状况,许多非政府组织如全球基金、无国界医生、国际红十字会、国际艾滋病协会、疫苗联盟、国际救助儿童联盟、比尔和梅林达·盖茨基金会、福特基金会、世界健康基金会、美国国际卫生基金会、拉丁美洲妇女健康中心都实施了治理行动,包括改善医疗基础设施和服务;促进饮用水安全;控制流行性疾病、非传染性疾病与慢性病;预防妇女和儿童疾病,提高妇女儿童健康状况;进行医学研究、帮助发展中国家进行医疗人才的培训及医疗政策制定。非政府组织的卫生治理对于遏制发展中国家各种流行性疾病、非传染性疾病与慢性病非洲的蔓延与及时的治疗、改善发展中国家的医疗基础设施、为发展中国家培养医疗人才都起到

---

[1] 中国新闻网.无国界医生:埃博拉疫情早期求助遭忽略[EB/OL].[2015-03-23].http://news.nen. com.cn/system/2015/03/23/016919600.shtml.

了重要作用。

(一)改善医疗基础设施和服务

在许多发展中国家,医疗卫生网点少、技术水平低、设施差等相关问题普遍存在,饮用水不但匮乏,安全性也极其令人忧虑。非政府组织在这些国家的医疗卫生服务产品供给和饮用水安全促进方面都扮演着重要角色。以非洲为例,非政府组织在许多国家都是基本医疗服务的重要提供者,如"医生援助非洲"是一个长期在非洲大陆提供基本医疗服务的非政府组织,在安哥拉、埃塞俄比亚、肯尼亚、莫桑比克、卢旺达、坦桑尼亚、乌干达等国,特别是条件极其恶劣艰苦的农村地区开展活动。它们积极与地方政府展开对话与合作,帮助建立基层诊所,努力在现有的社会和医疗背景下改善和提高当地人民的健康水平。目前,80 多名"医生援助非洲"成员广泛活跃在上述国家,推动着 32 项具体计划的实施工作。该组织还发展了数以百计的地方成员,使 20 多所医院、14 个公共卫生机构参与了他们的计划实施工作。[1]

再如国际梅迪克斯·曼迪组织是世界卫生组织辖下的一个非政府组织,长期支持在撒哈拉以南非洲农村地区提供基本医疗服务的非政府组织医院,这些医院在当地医疗服务系统中扮演关键性的角色。据国际梅迪克斯·曼迪组织统计,20 世纪 90 年代后期,在撒哈拉以南非洲的一些国家中,非政府组织的医院提供的基本医疗服务占很大比重:在坦桑尼亚,非政府组织提供了 43%的医疗服务;在马拉维、加纳和刚果,这个比例分别是 40%、34%和9%;而在肯尼亚,非政府组织提供的医疗服务量达到了该国医疗卫生部门的50%左右。在塞拉利昂,在全国仅有的 284 名社区医务官(CHOs)中,有 190名在为非政府组织和私立诊所工作。非政府组织吸纳各种资源后,成了社区医疗服务的重要提供者。[2]

此外,很多发展中国家,特别是撒哈拉以南的非洲国家和南亚国家的饮用水严重匮乏或者存在很多安全隐患。国际非政府组织在促进饮用水安全方面也做了很多有价值的工作。如 1998 年—2002 年,凯尔国际与赞比亚卢萨卡的社区组织联合设立提供清洁水的项目使 30 万人受益,在喀布尔的供

---

① 胡志方.试论非政府组织在非洲医疗卫生领域的作用与影响[J].西亚非洲,2009(10):75–78.

② 张彩霞.国际非政府组织在全球卫生治理中的作用与职能[J].经济研究导刊,2011(34):245–247.

水项目让 40 万人喝上清洁水。①

(二)控制流行性疾病、非传染性疾病与慢性病

20 世纪 90 年代以来，随着商品和人口在全球范围内流动日益频繁，新发传染病先后在全球范围内暴发并传播，引起人们的恐慌，使得控制传染病的需求更加紧迫。新发传染病的全球流行，严重危及人们的身体健康与生命安全，影响经济和社会的发展，甚至威胁到地区与全球的安全与稳定，引起了国际社会、各国政府和社会各阶层人们的高度重视。非政府组织长期关注发展中国家的流行性疾病的控制，如"非洲疟疾防治组织"就一直从事有关疟疾的危害和防治措施等方面的教育与宣传工作。该组织通过向国际社会通报关于非洲疟疾流行和防治的情况，揭示疟疾对非洲社会、经济的巨大危害，以唤起国际社会对非洲防治疟疾工作的支持。在该非政府组织的游说下，世界卫生组织曾一改以往在控制疾病方面不同意使用杀虫剂的立场，于 2006 年宣布非洲可用 DDT 灭蚊，以控制疟疾的传播。在肯尼亚，"共同抗疟"(TAM)组织长期向基层卫生所发放抗疟疾用的长效药物、蚊帐，其工作的目标人群是孕妇和新生儿。在其他非洲国家，非政府组织也积极参与防治疟疾，遏制疟疾的肆虐，保护人民的生命和健康。正如"抗击艾滋病、肺结核和疟疾全球基金会"指出的："公民社会和非政府组织是对艾滋病、肺结核与疟疾做出有效回应的基础，在许多国家和地区，是它们第一次唤起了人们对艾滋病的认识和回应。它们是对这些疾病所开展的预防和治疗项目的最重要的支持者与执行者。尤其在那些最脆弱的偏远社区，对这些疾病的防治更是离不开非政府组织。"②

非传染性疾病与慢性病的危害也不可小觑。导致大多数因非传染性疾病死亡的四组重大疾病有：心血管疾病、癌症、糖尿病和慢性肺病，更广义的非传染性疾病还包括胃肠道疾病、肾病及神经系统疾病和精神疾患等健康问题。非传染性疾病是世界上最大的死因，尤其在低收入和中等收入国家危害更大，将近 80% 死于非传染性疾病的人来自低收入和中等收入国家。

① 张彩霞.国际非政府组织在全球卫生治理中的作用与职能[J].经济研究导刊,2011(34):245-247.

② 胡志方.试论非政府组织在非洲医疗卫生领域的作用与影响[J].西亚非洲,2009(10):75-78.

在非洲国家,非传染性疾病也在快速增长,预计到 2030 年将超过传染病、孕产妇疾病、围产期疾病和营养性疾病,成为最常见的致死原因。到 2030 年,非传染性疾病的致命率预料将比传染性疾病高五倍,非传染性疾病预计将夺走5200 万条人命。①慢性非传染病的迅速上升已经成为全球发展的主要卫生挑战。

为此,世界卫生组织呼吁国际社会在全球范围展开一致行动,发挥非政府组织的重要作用。国际糖尿病联盟(IDF)、国际抗癌联盟(UICC)和世界心脏病联盟(WHF)已经响应了这个号召。这三个联盟联合起来之后,代表着全球 170 多个国家的 730 多个成员组织的利益。它们已经联合发表声明,呼吁国际社会迅速防治非传染性流行病,这些非传染性流行病每年造成 3500 万人死亡;呼吁国际社会加大对非传染性流行病的资金投入,提供更多的基本医疗设施以及其他应急反应,从而加快完成健康千年开发目标。此外,反烟草非政府组织联盟、抗慢性呼吸性疾病全球联盟、国际医院联盟、国际骨质疏松基金会、国际助残等国际非政府组织也在抗击非传染性流行病方面发挥了重要作用。②

(三)医学研究、人才培训及医疗政策制定

资助医学前沿研究, 促进医学技术的更新与发展也是国际非政府组织的重点资助项目之一。如比尔及梅林达·盖茨基金会资助的主要方向之一就是改善全球健康状况,资助资金广泛用于研究艾滋病、疟疾、肺结核、癌症等疾病的治疗途径与新技术。英国著名的医药慈善机构为尔开信托重点资助人类基因组的研究,并长期关注发展中国家的麻疹和糖尿病等疾病。此外,他们还资助发展中国家的医学技术人员出国进修学习, 以提高临床技能与研究能力,或者资助医生到当地去为患者做手术。③

在长期的医疗卫生服务中,非政府组织认识到,国家或地区医疗卫生领域中存在的一些问题,其根源在于不合理或者不恰当的政策制定,解决这些问题仅靠非政府组织提供具体的医疗服务是无法做到的, 如不进行政策上

---

① 程春华,杨久华.未来中长期全球公共卫生安全:发展趋势及其国际政治影响[J].社会科学, 2012(11):20–30.

②③ 张彩霞.国际非政府组织在全球卫生治理中的作用与职能[J].经济研究导刊,2011(34):245–247.

的改革,将无法从根本上解决问题。所以非政府组织在为各国社会提供医疗服务的同时,还积极地进行政策倡议和游说,甚至直接参与国家有关医疗卫生政策的制定。2001 年,博茨瓦纳的"青年卫生组织"、尼日利亚的"青年行动突击队"、南非的"城镇艾滋病事业"和发展组织南非中心发起了"青年领导反流行性疾病"的运动,该运动包括技能培训、项目倡议等内容,同时还非常重视确保各国青年有权参与政府有关流行性疾病的政策制定。此外,"女性健康事业""关节炎基金会"等非政府组织也都积极开展关于政策革新的倡议活动,在许多卫生政策文件的起草中发挥了不容忽视的作用。总之,非政府组织在非洲国家医疗卫生政策制定方面的影响越来越大。在非政府组织的努力下,不少非洲国家改革了以往不合理的医疗卫生政策,推动了医疗卫生事业的发展。[①]

尽管非政府组织在改善发展中国家卫生状况的过程中起到了重要作用,但由于其本身的缺陷以及国际机制的不完善,非政府组织在全球卫生治理中也会带来一些负面效果,主要表现为由于非政府组织之间很少相互沟通,又缺乏相互联系与合作的平台,有时会出现多个非政府组织的多个投资项目高度重合,或者互不衔接的情况,造成资源的大量浪费,降低了国际非政府组织参与全球卫生治理的有效性等。[②]

思考题:

1.如何界定国际卫生非政府组织?

2.国际卫生非政府组织在全球卫生治理中的优势体现在哪些方面?

3.试析国际卫生非政府组织与世界卫生组织的关系?

4.国际非政府组织在国际卫生规范形成中的作用是什么?

5.国际非政府组织在国际卫生规范实施中的挑战有哪些?

6.试析国际非政府组织对发展中国家卫生治理的影响?

[①] 胡志方.试论非政府组织在非洲医疗卫生领域的作用与影响[J].西亚非洲,2009(10):75-78.

[②] 张彩霞.传染病问题的全球治理机制及其完善[J].中国卫生政策研究,2012(1):62-68.

参考文献

一、著作

1. 安春英.非洲的贫困与反贫困问题研究[M].中国社会科学出版社,2010.

2. 贝卡里亚.论犯罪与刑罚[M].中国法制出版社,2005.

3. 储祥银.国际经济合作务实[M].对外经济贸易大学出版社,2015.

4. 崔开云.国际制度环境下中国政府与非政府组织关系研究[M].南京大学出版社,2011.

5. 邓国胜.非政府组织评估[M].社会科学文献出版社,2001.

6. 丁金光.国际环境外交[M].中国社会科学出版社,2007.

7. 黄志雄.国际法视角下的非政府组织:趋势、影响与回应[M].中国政法大学出版社,2012.

8. 李小云,唐丽霞,武晋.国际发展援助概论[M].社会科学文献出版社,2009.

9. 刘鸿武,沈蓓莉.非洲非政府组织与中非关系[M].世界知识出版社,2009.

10. 刘华平.非政府组织与核军控[M].中国社会科学出版社,2008.

11. 刘贞晔.国际政治领域中的非政府组织:一种互动关系的分析[M].天津人民出版社,2005.

12. 刘贞晔.全球公民社会研究:国际政治的视角[M].中国政法大学出版社,2015.

13. 玛格丽特·E.凯克,凯瑟琳·辛金克.超越国界的活动家——国际政治活动中的倡议网络[M].北京大学出版社,2005.

14. 盛红生.当代国际关系中的"第三者"[M].时事出版社,2004.

15. 万悦容.泰国非政府组织[M].知识产权出版社,2013.

16. 王杰,张海滨,张志洲.全球治理中的国际非政府组织[M].北京大学出版社,2004.

17. 王铁军.跨国社会力量与国际治理体系的演变[M].上海世纪出版集团,2011.

18. 王铁军.全球治理机构与跨国公民社会[M].上海世纪出版集团,2011.

19. 徐昕.非政府组织制度性参与 WTO 事务研究[M].同济大学出版社,2011.

20. 徐莹.当代国际政治中的非政府组织[M].当代世界出版社,2006.

21. 张静.全球化背景下跨国公司伦理冲突与沟通[M].时事出版社,2013.

22. 张清.非政府组织的法治空间:一种硬法规制的视角[M].知识产权出版社,2010.

23. 周弘,张浚,张敏.外援在中国[M].社会科学文献出版社,2013.

24. 邹昭晞,李志新.跨国公司管理[M].清华大学出版社,2013.

二、报刊文章、学位论文

1. 安春英,孟立红.解决债务问题:新世纪非洲经济发展的当务之急[J].西亚非洲,2001.

2. 安春英.非洲贫困化与全球化[J].西亚非洲,2003.

3. 白建才.美国民间的冷战斗士:亨利·迈耶斯及其冷战委员会[J].陕西师范大学学报,2016.

4. 毕莹.从国际法视角看国际非政府组织在华法律地位[J].社团管理研究,2012.

5. 蔡拓,刘贞晔.人权非政府组织与联合国[J].国际观察,2005.

6. 蔡拓.人权非政府组织与联合国[J].国际观察,2005.

7. 曹琳琳.国际人权保障公约实施中的困境:以美国对关塔那摩在押人员处置为例[J].社科纵横,2012.

8. 曹敏.全球公共卫生治理中的非政府组织:以盖茨基金会为例[D].外交学院,2013.

9. 曾文革,冯帅.巴黎协定能力建设条款:成就、不足与展望[J].环境保护,

2015(24).

　　10. 曾宪洪.俄罗斯安全战略的演变与核裁军政策[J].武汉大学学报(哲学社会科学版),2006(2).

　　11. 陈炳福.SIPRI 是如何进行国际军火贸易统计的[J].世界经济,1992(3).

　　12. 陈庆鸿.核恐怖主义并非"天方夜谭"[J].现代国际关系,2016(3).

　　13. 陈天社.阿拉伯国家的巴勒斯坦难民及其影响[J].世界民族,2009(3).

　　14. 陈艳.论大规模涌入中难民的国际保护[D].华东政法大学,2004.

　　15. 陈迎.联合国 2015 年后发展议程:进展与展望[J].中国地质大学学报(社会科学版),2014(5).

　　16. 陈颖健.公共卫生全球合作的国际法律制度研究[D].华东政法大学,2008.

　　17. 陈颖健.全球治理视角下的《烟草控制框架性公约》研究[J].新疆大学学报(哲学人文社会科学版),2008(1).

　　18. 陈玉荣."颜色革命"与美俄角逐独联体[J].国际问题研究,2005(4).

　　19. 陈蕴.核军控领域的非政府组织及其在 9·11 之后的发展[N].环球市场信息导报,2012(3).

　　20. 程春华,杨久华.未来中长期全球公共卫生安全:发展趋势及其国际政治影响[J].社会科学,2012(11).

　　21. 程晓勇."无核世界"构想及其区域性实践:基于东南亚无核区的分析[J].太平洋学报,2014(5).

　　22. 程志勇,刘志超.境外非政府组织的另一面[J].党政论坛,2012(2).

　　23. 迟德强.论跨国公司的人权责任[J].法学评论,2012(1).

　　24. 迟德强.论跨国公司社会责任的国际立法[J].东岳论丛,2011(1).

　　26. 楚安娜,许迎喜,吕全军.我国公共卫生危机管理应对机制研究[J].中国卫生政策研究,2014(7).

　　27. 褚晓琳.CITES 和国际环境非政府组织[J].中国人口·资源与环境,2013,23(11).

　　28. 崔敏.西方国家死刑制度的演变[J].中国人民公安大学学报(社会科学版),2006,22(4).

　　29. 崔亚楠.从《联合国气候变化框架公约》分析国际环境法的实施困境[J].法制与社会,2013(5).

30. 代兵.论 19 世纪初至 1918 年非政府组织的发展状况[J].国际关系学院学报,2007(6).

31. 戴光全,陈欣.国际 NGO 在中国:艾滋病合作项目个案的社会人类学观察[J].社会科学家,2009(9).

32. 邓超.论当代西方和平运动的主要发展趋势[J].当代世界与社会主义,2015(4).

33. 丁纯.欧洲难民潮缘何遭遇"尴尬"[J].人民论坛,2015(9).

34. 丁韶彬.国际援助制度与发展治理[J].国际观察,2008(2).

35. 董杰.日本"科研"捕鲸:谎言下的杀戮[J].生态经济,2014(6).

36. 鄂晓梅.国际非政府组织对国际法的影响[J].政法论坛,2001(3).

37. 樊吉社.核安全与防扩散:挑战与应对[J].美国问题研究,2010(1).

38. 范士明.国际关系中的非政府组织浅析[J].当代亚太,2000(4).

39. 房乐宪,江诗琪.当前欧盟应对难民危机的态势与挑战[J].同济大学学报,2016(4).

40. 冯帅.食品安全监管国际软法变革论——食品安全全球治理的视角[J].北京理工大学学报(社会科学版),2018(06).

41. 傅小强.从全球治理角度认识国际核安全问题[J].现代国际关系,2016(3).

42. 高翔,牛晨.美国气候变化立法进展及启示[J].美国研究,2010(3).

43. 龚刃韧."9·11"事件后美国政府的酷刑政策及其影响[J].中国社会科学,2012(8).

44. 龚向前.传染病全球化与全球卫健治理[J].国际观察,2006(3).

45. 龚向前.试析国际法上的"软法":以世界卫生组织"软法"为例[J].社会科学家,2006(3).

46. 谷盛开.亚洲区域性人权机制:理念与构建[J].现代国际关系,2006(2).

47. 顾国梅.1922—1923 年美国红十字会对希腊难民的救济[J].安庆师范学院学报,2012(6).

48. 顾杰,胡伟.对跨国公司开展公共外交的思考[J].青海社会科学,2014(4).

49. 顾炜程.论难民的国际法保护困境与出路[J].法制与社会,2016(7).

50. 郭会杰.当代国际难民问题研究[D].中共辽宁省委学校,2008.

51. 郭佳.抗击埃博拉,国际社会正在行动[J].世界知识,2014(20).

52. 郭培清,董利民.北极经济理事会:不确定的未来[J].国际问题研究,2015(1).

53. 郭培清,闫鑫淇.环境非政府组织参与北极环境治理探究[J].国际观察,2016(3).

54. 郭培清.非政府组织与南极条约关系分析[J].太平洋学报,2007(04).

55. 郭婷.后千年发展目标制定在即民间组织发力政策倡导[J].中国发展简报,2013(3).

56. 韩朝东.论跨国公司的权力性质及其对世界政治的影响[J].世界经济与政治,1996(11).

57. 韩永红.论食品安全国际法律规制中的软法[J].河北法学,2010,28(8).

58. 韩自强,顾林生.核能的公众接受度与影响因素分析[J].中国人口·资源与环境,2015(6).

59. 何君,苟天来,马欣.发展中国家农业适应气候变化的制约因素与需求分析——以亚洲和非洲典型发展中国家为例[J].世界农业,2013(11).

60. 何田田.国际法院"南大洋捕鲸"案评析[J].国际法研究,2015(1).

61. 何艳梅.非政府组织与国际环境法的发展[J].环境保护,2002(12).

62. 何晔.论医疗非政府组织生成发展的环境因素与外部原因:以美国为例[J].学会,2010(3).

63. 何易.论跨国公司的国际人权责任[J].武汉大学学报(哲学社会科学版),2004(5).

64. 何志鹏,刘海江.国际非政府组织的国际法规制:现状、利弊及展望[J].北方法学,2013(4).

65. 和建花.联合国妇地会第60届非政府组织论坛观察——可持续发展与妇女赋权[J].妇女研究论丛,2016(3).

66. 贺建涛.论加拿大特鲁多政府官方发展援助的特点和目标[J].福建师范大学学报(哲学社会科学版),2011(2).

67. 侯佳儒.国际气候谈判中的非政府组织:地位、影响及其困境[J].首都师范大学学报,2013(2).

68. 侯志远等.全球健康领域政府对非政府组织的定位与合作:以世卫组

织、美国和英国为例[J].中国卫生政策研究,2016(1).

69. 胡城军.论国际人道法在非国际武装冲突中适用的几个关键问题[J].法学评论,2011(5).

70. 胡传荣.国际关系、全球治理和妇女非政府组织[J].妇女研究论丛,2006(5).

71. 胡嘉晋.全球千年发展妇幼健康目标的差距与实现[J].医学与哲学,2015(8A).

72. 胡澎.日本 NGO 的发展及其在外交中的作用[J].日本学刊,2011(4).

73. 胡晓山.浅论"重债穷国计划"对受援国的宏观经济影响[J].世界经济研究,2005(7).

74. 胡玉坤.走向国际论坛的妇女 NGOs[J].中国妇运,1997(9).

75. 胡志方.非政府组织在解决非洲冲突中的作用与影响[J].西亚非洲,2007(5).

77. 胡志方.非洲非政府组织研究综述[J].西亚非洲,2006(1).

78. 胡志方.试论非政府组织在非洲医疗卫生领域的作用与影响[J].西亚非洲,2009(10).

79. 黄超.理想与现实:"千年发展目标"的局限与前景[J].外交评论(外交学院学报),2013(05).

80. 黄超.千年发展目标塑造中的全球共识性与大国主导性[J].国际展望,2014(4).

81. 黄承伟.论发展扶贫开发领域国际交流与合作的作用及对策[J].学术论坛,2005(1).

82. 黄德明.论非政府组织与联合国关系的现状及改革前景[J].当代法学,2006(3).

83. 黄浩然.当前欧洲难民危机治理研究[D].暨南大学,2017.

84. 黄河.全球化转型视野下的跨国公司与全球治理[J].国际观察,2017(6).

85. 黄任望.全球海洋治理问题初探[J].海洋开发与管理,2014(03).

86. 黄荣.国际非政府组织与阿富汗重建[D].南京大学,2011.

87. 霍萱,林闽钢.为什么贫困有一张女性的面孔——国际视野下的"贫困女性化"及其政策[J].社会保障研究,2015(4).

88. 季开胜.法国对外援助的经验教训及其借鉴意义[J].法国研究,2015(2).

89. 贾琳.再论跨国公司的国籍问题[J].企业经济,2012(09).

90. 贾晓霞.全球荒漠化变化态势及《联合国防治荒漠化公约》面临的挑战[J].世界林业研究,2005(6).

91. 江天骄.日本的核战略选择:理论与现实[J].当代亚太,2016(2).

92. 姜川.非政府组织在当代国际关系中的影响和作用[J].国际关系学院学报,2006(5).

93. 焦佳凌.中国反贫困行动中国际资源利用问题研究[D].复旦大学,2008.

94. 杰勒德·克拉克.朱德米.发展中地区的非政府组织与政治[J].国外社会科学文摘,2000(7).

95. 金彪.试析中亚"颜色革命"中外国非政府组织的作用[J].学会,2008(4).

96. 金一虹.妇女贫困的深层机制探讨[J].妇女研究论丛,2016(6).

97. 金翌昀."禁止酷刑公约"研究[D].复旦大学,2010:4.

98. 晋继勇.全球公共卫生治理中的国际人权机制分析:以《经济、社会和文化权利国际公约》为例[J].浙江大学学报,2010(4).

99. 孔光,姚云竹."无核武器世界"运动评析[J].世界经济与政治,2009(9).

100. 匡志盈.全球防治荒漠化情况综述[J].世界农业,2006(10).

101. 雷才丽.反对暴力侵害妇女的跨国倡议网络简述[J].妇女研究论丛,2008(5).

102. 黎尔平.多维视角下的国际非政府组织[J]. 公共管理学报,2006(3).

103. 黎尔平.反酷刑国际公约现状分析[J].江苏警官学院学报,2004(4).

104. 黎尔平.同性恋权利:特殊人权还是普遍人权[J].法学,2005(10).

105. 黎尔平.中国非政府人权组织面临的问题与出路[J].法商研究,2006(3).

106. 黎文涛.发展援助背后的玄机[J].世界知识,2009(18).

107. 李宝俊,金彪.全球治理中联合国与非政府组织的关系[J].现代国际关系,2008(3).

108. 李春林.跨国公司的国际人权责任:基本现状与发展趋势[J].云南社

会科学,2012(4).

109. 李丹.NGO 反全球化运动与全球治理[J].东南学术,2006(1).

110. 李丹.全球危机治理中国际非政府组织的地位与作用[J].教学与研究,2010(3).

111. 李峰."救世与救心"：国际宗教非政府组织国际发展援助的特征[J].世界宗教研究,2014(2).

112. 李峰.全球治理中的国际宗教非政府组织[J].求索,2006(8).

113. 李敢,曹琳琳.人权领域中的国际非政府组织正负功能引发的思考：基于国际法学学科的认识[J].陕西行政学院学报,2011(4).

114. 李立凡."颜色革命"后西方非政府组织在独联体国家的发展演变[J].国际问题研究,2011(4).

115. 李敏.论跨国烟草公司的人权保护责任[D].浙江大学,2018.

116. 李栅.从《国际刑事法院规约》看美国霸权维系的困境[J].美国研究,2008(1).

117. 李培林,徐崇温,李林.当代西方社会的非营利组织：美国、加拿大非营利组织考察报告[J].河北学刊,2006(2).

118. 李维健.在伊拉克的国际人道救援组织[J].世界知识,2004(24).

119. 李维维,曹慧.联合国《武器贸易条约》及其对中国的影响[J].现代国际关系,2014(02).

120. 李湘云,王涛.论国际非政府组织在非洲的扶贫模式及成效[J].思想战线,2011(5).

121. 李雪平. 联合国集体安全体制发展的重要里程碑:《武器贸易条约》述评[J].国际法研究,2014(1).

122. 梁甲瑞,曲升.全球海洋治理视域下的南太平洋地区海洋治理[J].太平洋学报,2018,v.26(04).

123. 林婧,曾文革.食品安全监管国际软法体系探析[J].中南大学学报,2015(2).

124. 林利民,袁凑.当前国际安全乱象与国际安全治理的困境与出路[J].现代国际关系,2017(04).

125. 刘昂.人权视野下"9·11"后反恐与反酷刑的博弈[J].中国人民公安大学学报,2010(6).

126. 刘斌志,邓晓.论艾滋病防治的全球治理:基于全球基金的例证[J].太平洋学报,2011(1).

127. 刘超.非政府组织的勃兴与国际法律秩序的变塑[J].现代法学,2004(4).

128. 刘华平.奥巴马"无核世界"倡议对国际核裁军的影响[J].和平与发展,2009(5).

129. 刘华平.析冷战结束后核军控领域的非政府组织[J].世界经济与政治,2002(1).

130. 刘佳奇.理论与现实:对澳大利亚诉日本南极捕鲸案的理性审视[J].国际论坛,2013(5).

131. 刘鸣.经济全球化条件下国家与非国家行为体的关系[J].世界经济与政治,2002(11).

132. 刘仁文,杨柳苹.非洲问题困扰下的国际刑事法院[J].比较法研究,2013(5).

133. 刘胜湘,张弘杨.宗教非政府组织解决宗教冲突机制探析[J].深圳大学学报,2015(5).

134. 刘伟.国际公共政策的扩散机制与路径研究[J].世界经济与政治,2012(4).

135. 刘晓豹.武器贸易条约与国际人道法的实施[D].对外经贸大学,2016.

136. 刘晓昀,李小云,叶敬忠.性别视角下的贫困问题[J].农业经济问题,2004(10).

137. 刘杏.国际环境非政府组织在全球环境治理中的作用[D].外交学院,2013.

138. 刘义.宗教与全球发展,一种对话路径[J].世界宗教文化,2012(2).

139. 刘益梅.欧洲难民危机的影响及其解决路径[J].山东社会科学,2016(2).

140. 刘毅强.《武器贸易条约》流产幕后[J].中国经济周刊,2012(40).

141. 刘毅强.武器贸易条约倡议与中国[J].北大国际法与比较法评论,2012(12).

142. 刘元.非洲象及其贸易(上)[J].野生动物,1997(6).

143. 刘贞晔.国家的社会化、非政府组织及其理论解释范式[J].世界经济与政治,2005(1).

144. 徐步华.跨国社会运动对全球治理的影响——以减债、禁雷和反大坝运动为例[J].世界经济与政治论坛,2011(4).

145. 楼冕.冷战后的核扩散及防扩机制浅析[J].世界经济与政治论坛,2003(2).

146. 卢琦,杨有林,贾晓霞.全球履行《联合国防治荒漠化公约》的进程评述[J].世界林业研究,2001(4).

147. 卢琦,周士威.全球防治荒漠化进程及其未来走向[J].世界林业研究,1997(3)

148. 罗辉.国际非政府组织在全球气候变化治理中的影响:基于认知共同体路径的分析[J].国际关系研究,2013(2).

149. 罗建波.非政府组织在非洲冲突管理中的角色分析[J].国际论坛,2008(1).

150. 罗蔚婷.千年发展目标和2015后发展议程中的性别平等与妇女赋权[J].中国妇运,2013(9).

151. 罗遐.1980年代中期以来中国贫困问题研究综述[J].学术界,2007(6).

152. 骆家林,陈积敏.野生动物资源犯罪的行为特征及治理思路[J].林业经济,2016(10).

153. 马恩瑜.宗教非政府组织在非洲国家的角色参与及影响[J].西亚非洲,2009(7).

154. 马婧.大赦国际的行动策略研究[D].北京大学,2013.

155. 马库斯·洛伊. 千年发展目标与可持续发展目标——人类发展目标同全球公共产品目标的结合?[J].国际展望,2014(4).

156. 马黎.可持续发展与跨国公司的环境责任[J].湖北社会科学,2005(12).

157. 马秋莎.全球化、国际非政府组织与中国民间组织的发展[J].开放时代,2006(2).

158. 马全中.非政府组织概念再认识[J].河南社会科学,2012(10).

159. 毛立新.联合国关于死刑的政策和立场[J].河北法学,2014(4).

160. 莫万友. 非政府组织参与全球治理的准入制度探析 [J]. 河北法学,2013(2).

161. 宁立标.论南非对同性恋者权利的宪法保护[J].西亚非洲,2009(4).

162. 潘蓓英.非洲难民问题难解之源[J].亚非论坛,2000(1).

163. 潘妮妮,李俊莲.新战争条件下红十字国际委员会的中立困境:以在阿富汗的行动(1989—2014)为例[J].国际论坛,2016(4).

164. 庞中英.在全球层次治理海洋问题——关于全球海洋治理的理论与实践[J].社会科学,2018(09).

165. 彭方仁.有关林木遗传资源保护的国际组织活动简介[J].南京林业大学学报(自然科学版),1995(3).

166. 彭光谦.世界核安全态势处在"临界点"[J].现代国际关系,2007(1).

167. 彭现美.艾滋病、非洲与国际援助[J].医学与哲学:人文社会医学版,2007,28(11).

168. 钱熠等.非政府组织在全球健康治理中的作用研究[J].中国卫生政策研究,2016(11).

169. 秦红霞等.中国象牙"禁贸"政策的影响及对策分析[J].林业经济,2016(9).

170. 卿志军,李民.互联网对 NGO 发展作用机制的研究[J].今传媒,2012(3).

171. 邱兴隆.从信仰到人权:死刑废止论的起源[J].法学评论,2002(5).

172. 邱兴隆.国际人权与死刑:以国际人权法为线索的分析兼及中国的应对[J].现代法学,2001(2).

173. 萨楚拉.跨国公司人权责任探析[J].湖北大学学报,2015,42(3).

174. 桑颖.国际环境非政府组织:优势和作用[J].理论探索,2007(1).

175. 尚玥佟.发展中国家贫困化理论与反贫困战略[D].中国社会科学院研究生院,2001.

176. 沈安.全球贫困化趋势与拉美国家克服贫困的斗争[J].拉丁美洲研究,1995(1).

177. 沈丹阳.官方发展援助:作用、意义与目标[J].国际经济合作,2005(9).

178. 时宏远.日本:疯狂捕鲸为哪般[J].世界知识,2008(3).

179. 世界卫生组织.全球卫生人力短缺问题依然严峻[J].中国卫生政策研究,2013(11).

180. 宋博.试论颜色革命冲击下转型国家青年政治组织的治理[J].俄罗斯东欧中亚研究,2016(1).

181. 宋蕾.气候政策创新的演变:气候减缓、适应和可持续发展的包容性发展路径[J].社会科学,2018(3).

182. 宋全成.难民危机:撕裂欧洲的一道伤口[J].2016(17).

183. 宋效峰.非政府组织与全球气候治理:功能及其局限[J].云南社会科学,2012(5).

184. 宋云伟. 美国公共健康志愿组织的兴起和作用 [J]. 武汉大学学报,2004(4).

185. 苏静静,张大庆.全球化进程中的卫生外交[J].自然辩证法研究,2011(10).

186. 孙海燕.从国际法视角看联合国与非政府组织的制度化联系[J].北京大学学报,2008,45(4).

187. 孙凯,冯定雄.论日本对商业捕鲸禁令的抵制[J].浙江海洋学院学报(人文科学版),2008,25(4).

188. 孙璐.妇女权利的国际法保护:问题与变革[J].当代法学,2007(04).

189. 孙茹.凯尔国际[J].国际资料信息,2002(12).

190. 孙茹.无国界医生组织[J].国际资料信息,2002(10).

191. 孙世彦.从联合国报告和决议看废除死刑的国际现状和趋势[J].环球法律评论,2015(5).

192. 孙晓云.国际人权法视域下的健康权保护研究[D].西南政法大学,2008.

193. 谈大正.同性恋的历史及其伦理法律嬗变[J].中国性科学,2011(4).

194. 谈世中,彭磊.实现千年发展目标需要全球共同努力[J].求是,2005(23).

195. 唐钧.追求"精准"的反贫困新战略[J].西北师大学报(社会科学版),2016,53(1).

196. 唐丽霞,李小云.国际发展援助体系的演变与发展[J].国外理论动态,2016(7).

197. 唐丽霞,周圣坤,李小云.国际发展援助新格局及启示[J].国际经济合作,2012(9).

198. 唐尧.核安全观视角下的北极核污染治理问题研究[J].南京政治学院学报,2015(1).

199. 陶短房."穷国峰会"呼唤自己救自己[N].环球时报,[2008-07-11].

200. 田芳.人权非政府组织研究[D].华中师范大学,2007.

201. 田密.试析人权观察组织在叙利亚难民人权保护中的作为与困境[J].法制博览,2015(2).

202. 田胜,吕伟.《武器贸易条约》与《联合国常规武器登记册》比较研究[J].中国航天,2017(3).

203. 汪沁.发达国家民间组织参与对外援助制度初探[J].国际经济合作,2015(1).

204. 汪舒明.叙利亚冲突与国际人道主义法"劫难"[J].国际安全研究,2016(4).

205. 汪玮敏.跨国公司人权责任的规制及其反思[J].行政与法,2008,22(4).

206. 汪铮.和平运动:历史与现实[J].欧洲研究,1996(1).

207. 王东.论非政府组织在区域人权法庭中的法律地位[J].云南大学学报(法学版),2014(04).

208. 王国庆.国际官方发展援助分配研究[D].中国社会科学研究生院,2012.

209. 王海滨,戴长征.国际难民现状与难民机制建设[J].教学与研究,2011(6).

210. 王海滨.浅析日本捕鲸外交[J].现代国际关系,2011(10).

211. 王佳.是难民,还是恐怖分子:国际反恐进程中的新问题[J].国际法研究,2015(6).

212. 王珏.《联合国防治荒漠化公约》缔约方大会知多少[J].内蒙古林业,2017(9).

213. 王孔祥.国际禁止地雷运动中的非政府组织[J].南京理工大学学报,2012(3).

214. 王孔祥.美国在关塔那摩监狱的法律分析[J].法治研究,2014(4).

215. 王立新,王睿恒."积极和平":美国的和平运动与一战后国际秩序的构建[J].社会科学战线,2013(8).

216. 王玲.反地雷被炒热的背后[J].世界知识,1997(6).

217. 王玫黎,武俊松.国际法视野下的北极濒危野生动物保护研究野生动物学报[J].2019,40(4).

218. 王名.NGO 及其在扶贫开发中的作用[J].清华大学学报,2001(1).

219. 王晴锋.同性恋研究的范式之争:本质主义与建构主义[J].学术论坛,

2017(5).

220. 王荣华,王晓杰.论国际环境侵权的法律适用——以跨国公司环境侵权为视角[J].学术交流,2014(12).

221. 王森波.同性婚姻:无力的守护与尴尬的诉求[J].东方法学,2011(2).

222. 王维,周睿.美国气候政策的演进及其析因[J].国际观察,2010(5).

223. 王文.论非政府组织在联合国体系中的地位和作用[J].国际论坛,1999(6).

224. 王小林.改革开放 40 年全球贫困治理视角下的中国实践[J].社会科学战线,2018(5).

225. 王小林.贫困标准及全球贫困状况[J].经济研究参考,2012(55).

226. 王晓凤.非洲债务与可持续发展研究[D].上海师范大学,2012.

227. 王晓文."霸权稳定论"与西方跨国公司对外投资行为[J].理论视野,2008(8).

228. 王学军.非洲非政府组织与中非关系[J].西亚非洲,2009(8).

229. 王燕.WTO 体制下法庭之友意见书制度评析[J].国际经贸探索,2010(3).

230. 王飚.非政府组织与农村贫困的消除[J].海南大学学报,2009(3).

231. 王哲.跨国公司侵犯人权行为的法律规制[J].时代法学,2014(1).

232. 王震."阿拉伯之春"与西方意识形态渗透[J].现代国际关系,2012(6).

233. 王仲春,刘平.试论冷战后的世界核态势[J].世界经济与政治,2007(5).

234. 韦潇.不同时期世界卫生组织主要政策及其变化趋势研究[J].中国卫生政策研究,2009(12).

235. 温源远,李宏涛,杜譞,李乐.海洋塑料污染防治国际经验借鉴[J].环境保护,2018(08).

236. 文德盛.日本重视非政府组织在外交中的作用[J].当代世界,2003(11).

237. 文理卓等.象牙走私国际形势分析与对策研究[J].野生动物学报,2016(2).

238. 吴琳.联合国是非政府组织参与国际事务的重要舞台[J].当代世界,2010(4).

239. 吴鹏.论世界核军备的发展与控制[J].世界经济与政治,1999(4).

240. 吴苏燕.食品安全问题与国际贸易[J].国际技术经济研究,2004(02).

241. 吴溪.日本:捕鲸是我的过去、现在和将来[J].海洋世界,2009(8).

242. 吴宇.全球贫困治理的困境及其创新发展的中国贡献[J].天津社会科学,2017(6).

243. 武晓雯.再议死刑之存废与替代:以欧美等国废止死刑的历史实践为切入[J].河北法学,2016(11).

244. 肖巍,钱箭星.公平的发展:2015后议程之"钥"[J].复旦学报:社会科学版,2015(5).

245. 辛白.全球野生动物非法贸易扫描[J].林业与社会:1995(1).

246. 辛秉清,刘云,陈雄.发展中国家气候变化技术需求及技术转移障碍[J].中国人口·资源与环境,2016(3).

247. 辛平.跨国公司对国家主权影响的多重性[J].外交评论,2006(6).

248. 徐步华,叶江.浅析非政府组织在应对全球环境和气候变化问题中的作用[J].上海行政学院学报,2011(1).

249. 徐蓝.第一次世界大战与欧美和平运动的发展[J].世界历史,2014(1).

250. 徐奇渊,孙靓莹.联合国发展议程演进与中国的参与[J].世界经济与政治,2015(4).

251. 徐涛、张晨曦.论跨国公司保护人权的社会责任[J].政治与法律,2005(2).

252. 徐彤武.埃博拉战争:危机、挑战与启示[J].国际政治研究,2015(2).

253. 徐阳.全球象牙问题破局——拯救大象的最后希望[J].绿色中国,2015(19).

254. 徐莹.残缺的独立性:国际非政府组织首要结构性困难解析[J].世界经济与政治论坛,2008(3).

255. 徐莹.国际非政府组织参与人道主义救援的基本路径[J].今日中国论坛,2007(7).

256. 徐莹.政治机会结构视角下国际非政府组织与发达国家间关系探析[J].云南师范大学学报(哲学社会科学版),2008(4).

257. 闫文虎.浅析俄罗斯和中亚非政府组织[J].新疆大学学报,2008(1).

258. 严婷婷.多边发展援助及中国参与情况研究[D].外交学院,2011.

259. 颜琳.国际正义与武装组织的治理围境:以国际刑事法院与上帝抵抗军为例[J].世界政治与经济,2014(3).

260. 杨宝荣."重债穷国减债计划"非洲案例研究[J].西亚非洲,2005(3).

261. 杨宝荣.西方减贫战略对非洲国家的政治影响[J].西亚非洲,2003(5).

262. 杨超.难民问题治理上的各相关行为体分析:对缅甸罗兴亚难民的个案研究[J].东南亚纵横,2012(12).

263. 杨丽,蓝煜昕,曾少军.美国 NGO 参与气候变化的组织生态探析[J].中国人口、资源与环境,2012(5).

264. 杨怒,郭旭岗.美国对哈萨克斯坦公共外交述评[J].俄罗斯东欧中亚研究,2015(3).

265. 杨清,陈进,白智林,邓晓保.野生动物贸易对生物多样性的影响[J].野生动物,1999(6).

266. 杨扬.全球治理视角下联合国与非政府组织的关系[J].河南师范大学学报,2008(1).

267. 杨义凤,邓国胜.发达国家 NGO 参与对外援助的制度比较与经验借鉴[J].经济社会体制比较,2014(4).

268. 杨义凤,邓国胜.国际 NGO 参与对外援助的变迁及对中国的启示[J].中国行政管理,2014(3).

269. 杨振姣,罗玲云.日本核泄漏对海洋生态安全的影响分析[J].太平洋学报,2011(11).

270. 姚桂桂.试论美国"贫困女性化"——20 世纪后期的一个历史考察[J].妇女研究论丛,2010(3).

271. 姚琨.联合国 2015 年后发展议程浅析[J].国际研究参考,2015(10).

272. 叶江,崔文星.联合国千年发展目标实绩评析[J].上海行政学院学报,2014(2).

273. 叶江.试论北极区域原住民非政府组织在北极治理中的作用与影响[J].西南民族大学学报,2013(7).

274. 叶江.试论国际非政府组织参与全球治理的途径[J].国际观察,2008(4).

275. 叶江.试论国际非政府组织对当代国际格局演变的影响[J].国际观察,2007(3).

276. 叶士春.试论国际环境非政府组织的作用[D].外交学院,2010.

277. 叶小琴.欧洲死刑政策的区域化[J].法学杂志,2008(3).

278. 余芳东.国际贫困线和全球贫困现状[J].调研世界,2016(5).

279. 余芳东.世界贫困现状、减贫措施[J].世界经济,1998(2).

280. 喻贵英.欧洲死刑废除的启示[J].法学评论,2006(3).

281. 袁利华.《烟草控制框架公约》研究[D].西南政法大学,2012.

282. 袁沙,郭芳翠.全球海洋治理:主体合作的进化[J].世界经济与政治论坛,2018(01).

283. 袁文全.跨国公司社会责任的国际法规制[J].法学评论,2007(3).

284. 詹世明.应对气候变化:非洲的立场与关切[J].西亚非洲,2009(10).

285. 张彩霞.传染病问题的全球治理机制及其完善[J].中国卫生政策研究,2012(1).

286. 张彩霞.从国际卫生法迈向全球卫生法[J].医学与法学,2012(4).

287. 张彩霞.国际法规制食品安全的发展趋势[J].中国卫生政策研究,2014(2).

288. 张彩霞.国际非政府组织在全球卫生治理中的作用与职能[J].经济研究导刊,2011(34).

289. 张彩霞.全球卫生治理面临的挑战及其应对策略[J].中国卫生政策研究,2012(7).

290. 张超,边永民.《巴黎协定》下国际合作机制研究[J].环境保护,2018(16).

291. 张国凤.非洲的非法军火贸易及其影响[J].西亚非洲,2004(3).

292. 张宏,岳杨.中东地区核军备控制态势分析[J].国际论坛,2011(4).

293. 张鸿石,李丽.非政府组织在全球公共卫生治理中的地位和作用[J].当代世界,2011(4).

294. 张骥.全球环境治理中的非政府组织[J].社会主义研究,2005(6).

295. 张剑源.性倾向、性别认同、同性恋立法运动回顾及相关问题研究[J].环球法律评论,2008(4).

296. 张璐.针对妇女暴力的全球治理与社会性别主流化进程[J].世界经济与政治,2010(7).

297. 张舒雅.冷战后非洲地区冲突解决中的非政府组织研究[D].湖南师范大学,2012.

298. 张思思.试论跨国公司之人权责任[J].武汉大学学报(哲学社会科学版),2012(3).

299. 张沱生.非国家行为体的核扩散与核安全[J].外交评论,2010(3).

300. 张文英.国际非政府组织在云南实施艾滋病项目面临问题探讨[J].医学与哲学,2010(15).

301. 张湘东.地雷：非洲发展的毒瘤[J].西亚非洲,2008(3).

302. 张晓君.跨国公司的环境法律责任缘起[J].甘肃社会科学,2004(6).

303. 张业亮.美国"宗教自由"的新难题[J].世界知识,2015(11).

304. 张莹.非政府组织借助新媒体手段应对欧洲难民危机的有关做法及启示[J].中国共青团,2017(8).

305. 张永香,黄磊,袁佳双.联合国气候变化框架公约下发展中国家的能力建设谈判回顾[J].气候变化研究进展,2017(3).

306. 张永英,刘伯红.北京+15：未完成的议程——联合国第54届妇地会内容综述[J].妇女研究论丛,2010(3).

307. 张梓太,张乾红.国际气候适应制度的滞后性及其发展障碍[J].法学,2010(2).

308. 章轲."销牙"背后的野生动物非法贸易[J].环境教育,2014(Z1).

309. 赵秉志,苗苗.论国际人权法规范对当代中国死刑改革的促进作用[J].吉林大学社会科学学报,2013(4).

310. 赵秉志,王水明.当代国际死刑废止趋势及其影响因素研究[J].中南民族大学学报,2013(4).

312. 赵海峰,李晶珠.非政府组织与国际刑事法院[J].当代法学,2007,21(5).

313. 赵海燕,姚晖,胡晓抒.以非传统安全观审视公共卫生危机[J].中国公共卫生,2006(12).

314. 赵行姝.美国气候政策转向的政治经济学解释[J].当代亚太,2008(6).

315. 赵黎青.非政府组织的扶贫事业[J].中国农村经济,1998(9).

316. 赵黎青.非政府组织同世界银行的协作机制[J].世界经济研究,1999(5).

317. 赵黎青.非政府组织与联合国体系[J].欧洲,1999(5).

318. 赵黎青.环境非政府组织与联合国体系[J].现代国际关系,1998(10).

319. 赵裴.轻小武器出口国际管制机制的现状与问题[J].现代国际关系,2009(7).

320. 赵平.美国"无核武世界"主张与国际核裁军展望[J].当代世界与社会主义,2010(4).

321. 赵庆寺,王启华.20 世纪 60 年代美国同性恋运动兴起的历史考察[J].安徽史学,2003(2).

322. 赵晓芳.非政府组织的界定及其参与扶贫的战略分析[J].兰州学刊,2010(4).

323. 赵洋.非政府组织对国家行为的影响——以国际人权事务为例[J].教学与研究,2015(2).

324. 赵宗金.从环境公民到海洋公民:海洋环境保护的个体责任研究[J].南京工业大学学报(社会科学版),2012(2).

325. 郑安光.市民社会组织和大规模毁灭性武器控制:一种全球治理的视角[J].国际观察,2004(6).

326. 郑光梁,魏淑艳.浅议国外非政府组织扶贫机制及其启示[J].辽宁行政学院学报,2006(6).

327. 郑启荣.试论非政府组织与联合国的关系[J].外交学院学报,1999(1).

328. 钟青.理想主义 VS 现实主义——WTO 坎昆会议反全球化运动侧记[J].时代经贸,2003(4).

329. 钟伟云.非洲在国际体系中的地位[J].西亚非洲 2002(3).

330. 钟义.我国野生动物非政府保护组织面临的挑战和对策[J].国家林业局管理干部学院学报,2014(3).

331. 周龙.柬埔寨艾滋病治理成效及其原因评析[J].东南亚研究,2016(5).

332. 周强.美国关塔那摩系列人权案中的权力制衡[J].美国研究,2011(3).

333. 周暗明.日本捕鲸"文化"的现象与本质[J].日本学刊,2011(2).

334. 朱贵昌.实现联合国千年发展目标:中国的贡献与经验[J].当代世界与社会主义,2015(4).

335. 朱杰进,傅菊辉.全球正义与国际制度设计:以国际刑事法院为例[J].世界经济与政治,2009(2).

336. 朱利江.从国际法角度看《集束弹药公约》[J].武大国际法评论,2010(1).

337. 朱明权.核军控:新的挑战和美国的责任[J].美国问题研究,2010(1).

338. 朱其太,刘天鸿,华从伶.全球食品安全倡议组织的发展现状[J].中国动物检疫,2014(7).

339. 朱素梅.全球环保领域中的跨国公司及其环境外交[J].世界经济与政治,2000(5).

340. 朱霞梅.反贫困的理论与实践研究——基于人的发展视角[D].复旦大学,2010.

341. 朱晓黎."安全化"语境中的宗教非政府组织:基于组织行为学的分析[J].国际论坛,2010(2).

342. 朱晓黎.浅论宗教组织与社会运动:以前东德新教教会主导的独立和平运动为例[J].世界宗教文化,2010(5).

343. 朱永彪,闫培记.阿富汗难民:历史、现状及影响[J].世界历史,2009(4).

344. 卓君恒.国际环境非政府组织在全球环境机制中的作用及其影响因素[D].中国政法大学,2010.

345. 邹磊磊,付玉.北极原住民的权益诉求——气候变化下北极原住民的应对与抗争[J].世界民族,2017(04).